Jugend in Ostdeutschland:
Lebenssituationen und Delinquenz

Dietmar Sturzbecher (Hrsg.)

Jugend in Ostdeutschland:

Lebenssituationen und Delinquenz

Leske + Budrich, Opladen 2001

Gedruckt auf säurefreiem und alterungsbeständigem Papier.

Die Deutsche Bibliothek – CIP-Einheitsaufnahme
Ein Titeldatensatz für diese Publikation ist bei Der Deutschen Bibliothek erhältlich

ISBN 3-8100-2987-4

© 2001 Leske + Budrich, Opladen

Diese Studie wurde mit Mitteln des Ministeriums für Bildung, Jugend und Sport des Landes Brandenburg gefördert.

Druck: Druck Partner Rübelmann, Hemsbach
Printed in Germany

Jugend zehn Jahre nach der „Wende" in Brandenburg: Ein Vorwort

Wie sich die Zeiten ändern! Schlug man in meiner Jugendzeit in Ostdeutschland die Zeitung auf, fand man vielfältige Anzeichen für eine prächtige Landesjugend. Die Jugend siegte bei Olympiaden aller Art, erfand planmäßig auf der „Messe der Meister von Morgen" für die Menschheit Wichtiges, kämpfte in Tagebauen und auf Kartoffeläckern gegen den Winter und Versorgungsengpässe (die es eigentlich nicht geben durfte) und trat uns zuweilen sogar in Heldengestalt entgegen, denken wir an den Bau der sibirischen Erdöltrasse. Und heute? Junge Gewalttäter, Extremisten, Drogenabhängige und Verkehrsrowdies dominieren die Titelseiten der Tagespresse. Mißtrauisch umfahren die Erwachsenen Ansammlungen herumlungernder 15jähriger vor der Kaufhalle und atmen auf, wenn der Bauwagen am Dorfrand endlich als neuer Jugendclub und Treffpunkt akzeptiert wird.

Ist dieses Bild der heutigen Jugend realistisch? Sicher nicht; wenn wir statt in die Tageszeitungen in die Befunde der Jugendforschung blicken, zeigt sich, daß unser Bild von der Jugend weitgehend durch die Berichterstattung über die negativ auffälligen Jugendlichen bestimmt wird. Das IFK in Vehlefanz hat 1991, 1993, 1996 und 1999 jeweils über 2.500 brandenburgische Jugendliche nach ihrer Lebenssituation und ihren Einstellungen gegenüber Gewalt, Ausländern und Rechtsextremismus gefragt; die Ergebnisse widersprechen meist den Klischees von der Jugend als Problem.

Zunächst: Die Jugend heute ist wahrscheinlich nicht weniger prosozial oder familienfreundlich eingestellt als vor 10 Jahren! Beispielsweise hat das Lebensziel „Für andere dasein, auch wenn man auf etwas verzichten muß" seit 1993 stetig an Bedeutung gewonnen; eine Familie zu gründen hat nicht an Wertschätzung verloren; politisches Engagement ist Jugendlichen sogar wieder wichtiger geworden. Ist dies nicht ein deutliches Signal an Kommunalpolitiker und Parteien, angesichts von Politikfrust und politischem Extremismus Jugendlichen mehr Möglichkeiten zu politischer Bildung und Beteiligung zu bieten? Gegen das Bild einer verantwortungslosen, bequemen Jugend spricht auch, daß es seit 1993 unverändert 96 Prozent der Jugendlichen für bedeutsam halten, „eine Arbeit zu haben, die erfüllt, in der ich aufgehen kann". Arbeit und Erwerbstätigkeit schaffen also Identität und soziale Integration. Weniger akademisch hat es ein arbeitsloser Jugendlicher 1991 ausgedrückt, der wegen krimineller Delikte auffällig geworden war: „Früher biste zur Arbeit gegangen, hast'n bißchen Geld gekriegt, selbst wenn manche nur mit nen Besen im Betrieb rumgerannt sind. Aber irgendwo haste dazugehört, hattest irgendwann det Gefühl, du hast Feierabend und det Recht, ein Bier zu trinken. Det machst de jetzt vormittags um neune, säufst den Tach weg, und denn drehste durch. Zu Hause intressiert dich ooch nischt mehr, jetzt, wo de nu Zeit hast". Ausbildungs- und Arbeitsplätze für delinquenzgefährdete Jugendliche werden nicht dazu führen, daß Gewalt, Kriminalität und Rechtsextremismus verschwinden; aber die Jugendforschung wie auch die Lebenserfahrung halten ausgezeichnete Beispiele bereit, wie labile und als „Schulversager" abgestempelte Jugendliche durch Lehre und Arbeit zu geachteten Mitbürgern werden.

Auch ein Blick auf die Schule bietet wenig Anlaß zur Panik. Wenn man davon absieht, daß nach der „Wende" der Anteil der schulisch hoch motivierten Jugendlichen deutlich gesunken ist, gibt es hinsichtlich der Einstellungen zur Schule oder beim Schulschwänzen kaum Veränderungen und mit Sicherheit keine Verschlimmerung der Situation. Das bedeutet nicht, daß an den Schulen bereits alles getan ist! Jugendliche erfahren am Beispiel ihrer Eltern immer häufiger, daß eine berufliche Qualifikation nicht vor Arbeitslosigkeit und finanziellen Einbußen schützt; deshalb werden die schulischen Inhalte immer kritischer hinterfragt. Jugendliche wollen Dinge lernen, die erkennbar die Erfolgschancen im Leben erhöhen. Viele Lerninhalte empfinden sie als nutzlos; oft zu recht. Hier ist Reformbedarf, genauso wie bei der Durchsetzung von mehr schulischer Demokratie. Schülerinnen und Schülern Verantwortung für die Gestaltung des Schulalltags und auch des Unterrichts zu übertragen, fördert die Persönlichkeitsentwicklung und ist der wichtigste Präventionsbeitrag gegen Gewalt und Extremismus.

Wie ist das gemeint? Im Kampf gegen Gewalt und andere Formen asozialen Verhaltens können Appelle und Aktionen zwar Denkanstöße geben; nachhaltige Fortschritte bringen sie nicht. Nur die geduldige Aufarbeitung von Konflikten in der Schule (und natürlich auch zu Hause) mit den Kindern und Jugendlichen kann Werte und Einsichten in die Rechte anderer vermitteln! Dabei zählen, wie wir es von uns selbst wissen, weniger die Argumente von Eltern oder Lehrern, sondern vor allem die Argumente Gleichaltriger. Hier finden wir auch einen Grund, weshalb in den letzten drei Jahren in Brandenburg die Gewaltbereitschaft Jugendlicher und die Anzahl von Gewaltaktionen an Schulen zurückgegangen sind und nicht über dem Niveau von 1993 liegen: Immer mehr Jugendliche schauen bei Gewaltaktionen anderer nicht mehr weg und beziehen offen Stellung dagegen; wir kommen im Kapitel 8 darauf zurück.

Während die Eindämmung von Jugendgewalt anscheinend erfolgreich gelungen ist, lassen Erfolge im Kampf gegen Ausländerfeindlichkeit und politischen Extremismus noch auf sich warten. Gewalt in der Schule oder im Wohnumfeld ist unmittelbar als Bedrohung erfahrbar; wer Angst hat, braucht nicht überzeugt zu werden, etwas gegen Gewalt zu unternehmen. Die Gefahren von Rassismus und politischem Extremismus erschließen sich nicht jedem so unmittelbar. Um sie zu erkennen, bedarf es politisch-historischer Aufklärung und eines offenen, streitbaren Diskurses, wohl auch einer differenzierten DDR-Aufarbeitung. In dieser Hinsicht scheint Brandenburg ein Entwicklungsland zu sein. Die zuweilen fehlende Diskussionsbereitschaft und -erfahrung der „Autoritäten" zu Hause und in der Schule, der Eltern und der Lehrer, spüren auch die Jugendlichen. Beispielsweise sprechen brandenburgische Jugendliche mit ihren Eltern kaum über jüdische Kultur und Geschichte, im Gegensatz etwa zu nordrhein-westfälischen Jugendlichen. Und so werden die in den letzten drei Jahren gestiegene Ausländerfeindlichkeit in Brandenburg wie auch der nicht gesunkene Rechtsextremismus von der Sprachlosigkeit vieler Eltern mitverursacht.

Wie steht es mit der Orientierung und Unterstützung durch die Eltern? In Brandenburg meinen deutlich mehr Jugendliche als in Nordrhein-Westfalen: „Unsere Eltern sind nicht da, wenn man sie braucht; wir müssen mit unseren Problemen selbst klarkommen!" Die Verfügbarkeit der Eltern hat 1993 mit der Zunahme wirtschaftlicher und beruflicher Belastungen deutlich abgenommen und ist seitdem trotz der wirtschaftlichen Stabilisierung der meisten Familien nicht wieder gewachsen. Dem unveränderten Anteil von Eltern, die ihre Kinder prügeln und durch unangemessen strenge Kontrolle einengen, steht ein wachsender Anteil von Eltern gegenüber, die ihre Kinder gar nicht mehr kontrollieren. Es drängt sich der Verdacht auf, wir haben es ebenso mit problematischen Eltern wie mit problematischen Jugendlichen zu tun.

Die Jugendforschung bietet also viele unerwartete (und zuweilen auch erfreuliche) Befunde. Doch es gibt Anlaß zur Besorgnis: Erstens finden wir gerade in der Gruppe der 12- bis 14jährigen eine zunehmende Gewaltbereitschaft und starke Tendenzen zum Rechtsextremismus. Zweitens gibt es „Polit-Hooligans", die hoch gewalttätig sowie in der Regel bewaffnet und männlich sind, meist rechtsextreme Ansichten vertreten und bei ihren Eltern weder Unterstützung noch Kontrolle finden. Mit viel Spaß, aber ohne Angst, Mitgefühl und Nachdenken über mögliche Folgen ihrer Gewalt drangsalieren sie in Cliquen ihre Opfer. Gegen diese Täter kann nur erfolgreich eingeschritten werden, wenn man Entwicklungsförderung mit polizeilicher Repression und Strafe verbindet. Drittens sind rechtsextreme Jugendliche immer stärker bereit, sich in politischen Organisationen zu engagieren. Und schließlich ist der Zukunftsoptimismus der Landesjugend in den letzten drei Jahren deutlich zurückgegangen. Ein Optimum an Selbstüberschätzung und das Gefühl, des eigenen Glückes Schmied zu sein, bilden aber wichtige Voraussetzungen für den Lebenserfolg.

Der vorliegende landesrepräsentative Forschungsbericht soll Schlaglichter auf ausgewählte Themen und Lebensbereiche werfen, die Jugendliche in Brandenburg betreffen. Der breite forschungsmethodische Ansatz verhindert an mancher Stelle eine detailliertere Beschreibung und ein tieferes Eindringen in einzelne Ursachenstrukturen abweichenden oder kriminellen Verhaltens. Trotzdem, so hoffen wir, lassen sich viele Ansatzpunkte für weiterführende Diskussionen und vor allem zielgruppenorientierte, innovative Präventionsangebote finden. Es gilt all denen zu danken, die zum Gelingen des Projekts „Jugend in Brandenburg 1999" beitrugen und dieses Buch ermöglichten. Dazu gehören die Lehrerinnen und Lehrer sowie die Leitungsteams der einbezogenen Schulen. Sie alle haben uns, trotz vieler belastender Routinen des Schulalltags, jede Unterstützung gewährt und die Datenerhebung erleichtert. Den Autoren sei für die einzelnen Beiträge, Bianca Großmann und Anke Maschke für die Datenerhebung, Reinhard Schrul für die Datenaufbereitung und Ellen Bittersmann für die redaktionellen Arbeiten herzlich gedankt. Besonderer Dank gebührt auch Prof. Dr. Wolfgang Edelstein (Max-Planck-Institut für Bildungsforschung Berlin) und Prof. Dr. Hajo Funke (FU Berlin) für ihre konstruktiven kritischen Hinweise. Schließlich trug Detlef Landua durch seine kompetente fachliche Mitarbeit an allen Beiträgen und die Erledigung der Lektoratsarbeiten einen bedeutsamen Teil zu diesem Buch bei.

Dietmar Sturzbecher

August, 2000

Inhalt

1 Ostdeutsche Jugendliche im Spiegel sozialwissenschaftlicher Forschung

Dietmar Sturzbecher & Detlef Landua

1.1 Einführung

Wenn von „der heutigen Jugend" die Rede ist, erwartet man Negativschlagzeilen. Das Vorurteil, daß die Nachfolgegeneration zunehmend unzuverlässig, arbeitsscheu, kulturlos oder auch gewalttätig sei, läßt sich bei Autoren der Antike oder Shakespeare genauso nachlesen wie in den aktuellen Tageszeitungen. Woher stammen derartige Überzeugungen, wodurch werden sie am Leben erhalten? Viele Gründe lassen sich anführen: In den Medien sichern „schlechte Nachrichten" gute Umsatzzahlen; Sozialarbeiter müssen leider die Finanzierung ihrer unzweifelhaft dringend notwendigen Tätigkeit immer wieder durch besorgniserregende „Fakten" legitimieren ... Trotzdem geraten die meisten Vertreter jugendkritischer Meinungen regelmäßig in Beweisnot, wenn man sie nach dem zeitlichen Bezugspunkt oder Vergleichsdaten aus dem angeblich goldenen Zeitalter mit der vorbildlichen Jugendgeneration fragt.

Dem Diskurs über „die heutige Jugend" fehlt also meist die faktische Grundlage. Dies gilt nicht nur für die Jugendkritiker, sondern auch für die unverbesserlichen Optimisten mit der Überzeugung, die Jugend „war schon immer so" und man müsse bei den „schwarzen Schafen" nur ein wenig warten, bis die wachsende Lebenserfahrung die Zeit der Jugendsünden beendet. Sicher, die entwicklungspsychologische Resilienz-Forschung bietet eine Fülle von Ergebnissen, nach denen Jugendliche sich trotz widrigster Entwicklungsbedingungen und krimineller Episoden im Jugendalter zu verantwortungsbewußten und erfolgreichen Mitbürgern entwickelt haben (Festinger, 1983). Diese Forschungsergebnisse markieren aber auch notwendige Voraussetzungen und protektive Mechanismen im gesellschaftlichen Entwicklungskontext, die zu derartigen Wandlungen führen (Garmezy, 1991; Rutter, 1989); wir kommen darauf zurück. Beides, das notwendige Aufräumen mit Klischees über die Jugend wie auch das notwendige Schaffen von unterstützenden Entwicklungskontexten für Risikogruppen sind gute Gründe für eine angewandte Jugendforschung, die Jugendliche nach ihrer Lebenssituation und ihren Befindlichkeiten fragt.

Wir haben die Jugendlichen in Brandenburg nach ihrer Lebenssituation sowie nach ihrem Erleben von Jugendgewalt, politischem Extremismus und Ausländerfeindlichkeit befragt und dabei Ergebnisse gefunden, die kaum zu den eingangs genannten Negativschlagzeilen passen. Das provoziert Widerspruch, und deshalb wollen wir auch zunächst diskutieren, was solche Befragungsdaten leisten können und wo ihre Grenzen liegen. Betrachten wir dazu als Beispiel einen tabellarischen Überblick über die selbst berichteten Delikthäufigkeiten 12- bis 19jähriger brandenburgischer Jugendlicher im Bereich „Jugenddelinquenz". Dabei fällt auf, daß meist eine große Mehrheit von Jugendlichen die aufgeführten Delikte im Laufe des letzten Jahres gar nicht begangen hat.

Tab. 1: Jugenddelikte in Brandenburg – 1999 (Angaben in %)

Ich habe/bin in den letzten 12 Monaten...	Nein, gar nicht		Ein- oder zweimal		Dreimal + öfter	
	Männl.	Weibl.	Männl.	Weibl.	Männl.	Weibl
... die Schule geschwänzt.	66,8	64,3	21,2	25,9	12,0	9,8
... ohne Führerschein gefahren.	57,3	74,9	17,6	15,3	25,1	9,7
... unter Alkohol gefahren.	79,6	95,4	13,9	3,6	6,5	0,9
... jemanden verprügelt.	77,6	90,5	18,1	8,3	4,3	1,2
... etwas geklaut.	69,7	75,7	22,5	18,2	7,8	6,1
... Drogen probiert.	74,4	76,3	13,1	13,2	12,5	10,6
... an Gewaltaktionen gegen andere Gruppen teilgenommen.	82,2	94,0	12,4	4,5	5,3	1,6
... Ärger mit der Polizei gehabt.	71,1	89,0	23,0	9,5	5,9	1,5

Allerdings existiert eine bemerkenswert große Gruppe von Jugendlichen, die gelegentlich oder öfter die Schule schwänzt. Das Führen von Kraftfahrzeugen ohne den Besitz eines Führerscheins räumt ein Drittel der Jugendlichen ein; die Nutzung eines Kraftfahrzeugs unter Alkoholeinwirkung im letzten Jahr gibt etwa jeder zehnte Befragte zu. Jeweils rund ein Viertel der Jugendlichen hat im letzten Jahr etwas „geklaut" oder Drogen „ausprobiert". Rund 20 Prozent der Jugendlichen, vor allem Jungen, wurden „erwischt" und haben Ärger mit der Polizei bekommen; allerdings hat ein nicht unerheblicher Anteil zwar strafbare Handlungen begangen, aber dennoch keinen Ärger mit der Polizei gehabt, was aus amtlicher Sicht in den Bereich der „Dunkelziffer" gehört.

Hier genau liegen die Erkenntnismöglichkeiten sogenannter „Dunkelfeldstudien", zu denen auch unsere Studie gehört. Zwar bieten Dunkelfeldstudien keinen Aufschluß über die psychologischen Hintergründe von Delikten einzelner Jugendlicher, dafür aber einen umfassenden Überblick über Einstellungs- und Verhaltensmuster ganzer Bevölkerungsgruppen. Im Gegensatz zur Polizeilichen Kriminalstatistik (PKS) erfassen Dunkelfeldstudien nicht nur die „angezeigten" Tatverdächtigen, sondern alle Jugendlichen, die ein begangenes Delikt berichten bzw. „zugeben". Wenn man die Erhebungsbedingungen so gestaltet, daß die Repräsentativität der Stichprobe und die Anonymität gewährleistet sind (man also mit Delikten weder prahlen noch dafür zur Verantwortung gezogen werden kann), ermöglichen Dunkelfeldstudien eine bessere Einschätzung des Gesamtausmaßes von Jugenddelinquenz, der Risikogruppen und der Präventionsmöglichkeiten als die PKS oder qualitative Studien. Dies sei an einem Beispiel illustriert. Betrachten wir die Altersgruppe der 14- bis 17jährigen, so zeigt die PKS bei Diebstahlsdelikten (incl. Raub) einen Anteil von Tatverdächtigen von sechs Prozent; ein sehr kleiner Anteil. Daraus zu schlußfolgern, daß die Abneigung Jugendlicher gegen Diebstahlsdelikte groß und Präventionsmaßnahmen überflüssig seien, ist jedoch falsch; rund 30 Prozent der Altersgruppe haben im letzten Jahr entsprechend unserer Dunkelfeldstudie etwas „geklaut". Ähnlich verhält es sich mit Drogendelikten als weitere Art von typischen Kontrolldelikten: Der Anteil der Tatverdächtigen (incl. Cannabis-Verstöße) beträgt nur 1,7 Prozent, aber 25,6 Prozent der Jugendlichen sagen, sie hätten im letzten Jahr „Drogen probiert".

1.2 Jugend in den neuen Bundesländern – ein Forschungsüberblick

In den nunmehr zehn Jahren seit der Vereinigung Deutschlands hat sich in den neuen Bundesländern ein anhaltender, komplexer und gravierender sozialer Wandel vollzogen. Mit diesem Wandel waren in vielen Familien Veränderungen des Einkommens und des sozialen Status' der Eltern verbunden; in den Schulen haben sich Inhalte, Methoden und vor allem die Möglichkeiten der Mitbestimmung für Eltern und Schüler verändert; nicht zuletzt wurden die Trägerstrukturen, Finanzierungsmodalitäten und Inhalte der Jugend(sozial)arbeit und Freizeitangebote radikal umgestaltet. Umso bemerkenswerter erscheint es uns, daß es kaum systematische Ansätze zur Erforschung dieses Wandels und seiner Auswirkungen auf Lebenslage, Einstellungen und Verhaltensweisen von Jugendlichen im Osten Deutschlands gab. In den Jahren 1991 bis 1994 waren zwar eine Reihe von Projekten, Untersuchungen und Publikationen hauptsächlich im Rahmen der sogenannten Transformationsforschung zu verzeichnen, die sich allerdings zumeist lediglich bestimmten einzelnen Aspekten des Wandels und einzelnen Gruppen der Jugend zuwandten. Als delinquentes Verhalten Jugendlicher, insbesondere politischer Extremismus, Gewalt und Ausländerfeindlichkeit in das Zentrum der öffentlichen Wahrnehmung gerieten, führte der Problemdruck zu einer Intensivierung der Jugendforschung mit dem inhaltlichen Fokus auf Jugenddevianz und -delinquenz. Wie in anderen neuen Bundesländern auch wurden in Brandenburg Jugendstudien (Edelstein, 1992; Kirsch, 1993; Krettenauer et al., 1994; Sturzbecher & Dietrich, 1992) realisiert, die sich vorrangig auf

- die individuelle Konflikt- und Problembelastung Jugendlicher,
- ihre kulturellen, sozio-moralischen und politischen Orientierungen,
- die Ausländerfeindlichkeit und Gewaltbereitschaft unter Jugendlichen sowie
- ihre Freizeitbedürfnisse und verfügbaren Freizeitangebote

richteten.

Nachdem 1995 die von der Kommission für die Erforschung des sozialen und politischen Wandels in den neuen Bundesländern (KSPW) zentral geförderte Transformationsforschung auslief, blieb es den einzelnen neuen Bundesländern und ihren Hochschulen überlassen, ob und in welchem Umfang Jugendforschung betrieben wurde. Trotz der damit verbundenen Reduktion von Forschungsressourcen gab es auch in der zweiten Hälfte der neunziger Jahre eine Reihe von Untersuchungen. Einen Forschungsschwerpunkt bildeten in den letzten Jahren Untersuchungen über Gewalt an Schulen. Die Forschungsgruppe „Schulevaluation" der TU Dresden führte hierzu, zusammen mit einem Partnerprojekt der Universität Bielefeld, zwischen 1995 und 1997 parallel in Sachsen und Hessen Schülerbefragungen durch. Der Vergleich zwischen ost- und westdeutschen Schulen ergab, daß das Ausmaß von Gewalt an den Schulen vergleichbar hoch ist; drei bis vier Prozent der Schüler zählten zum harten Kern der Täter (Forschungsgruppe Schulevaluation, 1998; Holtappels, Heitmeyer, Melzer & Tillmann, 1999; s. auch Schubarth, 2000).

Andere Studien zu Gewalt wie auch zu Rechtsextremismus und Ausländerfeindlichkeit unter Jugendlichen nutzten oft die Methodik von Schülerbefragungen, ohne dabei die Institution „Schule" inhaltlich in den Fokus ihrer Analysen zu stellen. Hierzu zählen die Untersuchungen des Kriminologischen Forschungsinstituts Niedersachsen. Hier wurden Befragungen von Jugendlichen neunter Schulklassen zu rechtsextremen und ausländerfeindlichen Einstellungen sowie zu ihren Gewalterfahrungen und -handlungen durchgeführt. Mittlerweile liegen umfangreiche Daten aus den Städten Kiel, Hamburg, Hannover, Stuttgart, Schwäbisch Gmünd, Leipzig, Wunstorf, Rostock, München und Lilienthal vor (Pfeiffer & Wetzels, 1999; Pfeiffer, 1999; Berliner Zeitung, 2000a). Einige wichtige Ergebnisse dieser Studien waren:

- es gebe eine „Winner-Loser-Kultur" und eine hohe Gewaltneigung vor allem ausländischer Jugendlicher als Folge eines gewalteinschließenden familialen Umfeldes und sozialer Chancenlosigkeit,
- Jugendgewalt sei vor allem Jungengewalt,
- es gebe ein „Stadt-Land"-Gefälle, in Kleinstädten sei das Leben sicherer, die Familien seien dort stärker sozial integriert, die Armut sei nicht so extrem; weiterhin fehle die „Verführungssituation" der Konsumwelt in Großstädten.
- Übergriffe in den Schulen würden von den Medien überschätzt; die Schulen selbst seien die sichersten Orte,
- es gebe ein deutliches Ost-West-Gefälle; als Ursachen werden das größere Ausmaß häuslicher Gewalt und autoritäre Erziehungsstile in Ostdeutschland genannt.

Einen Einblick in die Selbst- und Weltbilder gewaltbejahender Jugendlicher geben Kraak und Eckerle (1999). Ein wichtiges Ergebnis ihrer Untersuchung war, daß gewaltbereite Jugendliche ein hohes Selbstvertrauen und eine positive Selbstbewertung aufweisen. Dabei wird dieses Selbstbild durch erhebliche Schulprobleme dieser Jugendlichen offenbar nicht beeinträchtigt. Viele gewaltbereite Jugendliche betrachten dieser Studie zufolge Gewalt eher instrumentell, also beispielsweise zur Durchsetzung eigener Interessen, und weniger als eine Möglichkeit, sich zu „vergnügen" oder der eigenen Langeweile zu entgehen.

Die meisten quantitativen Jugendbefragungen basieren auf einmaligen Querschnitterhebungen. Eine Ausnahme hiervon ist die Studie „Jugend im vereinten Berlin", die auf mehreren Erhebungswellen aufbaut. Direkt nach der „Wende" hat diese vergleichende Jugendstudie unter Leitung von Merkens (FU Berlin) und Boehnke (TU Chemnitz) in Berlin begonnen; der Prozeß des Zusammenwachsens der Stadt konnte so von Anfang an begleitet werden. Die Studie wurde zu vielfältigen Themenbereichen in den siebten bis zehnten Klassen aller Schulformen im Jahresabstand durchgeführt. Ein wichtiges Ergebnis dieser Untersuchung ist, daß sich die anfänglich vor allem an Hauptschulen vorfindbaren ausländerfeindlichen Einstellungen bis 1997 auch an Gymnasien vor allem in Westberlin verbreiten konnten. Für die Forscher überraschend war, daß sich ein Zusammenhang zwischen rechtsextremen bzw. ausländerfeindlichen Einstellungen einerseits sowie sozialen bzw. familialen Problemlagen andererseits nicht finden ließ: Rechtsextreme Jugendliche kamen überwiegend aus „intakten" Familien und befanden sich in geregelten Ausbildungsverhältnissen. Im Rahmen einer Panelbefragung wurde die Bedeutung der Familie für die Genese von Fremdenfeindlichkeit intensiver untersucht. Dabei zeigte sich, daß sich bei Jugendlichen, die von einem unterstützenden Erziehungsstil ihrer Eltern berichteten, fremdenfeindliche Einstellungen im Laufe eines Jahres verringerten (Merkens, 1999; Hefler, Boehnke & Butz, 1999).

Nicht unerwähnt bleiben sollen in diesem Zusammenhang die Jugendbefragungen, die die Ausländerbeauftragte Berlins, Barbara John, zwischen 1992 und 1998 in Auftrag gab (Berliner Zeitung, 1999). Wichtige Ergebnisse der letzten Erhebung waren, daß fast drei Viertel der Berliner Jugendlichen zwischen 16 und 25 Jahren sich für ein „verträgliches" Zusammenleben von Deutschen und Ausländern einsetzen. 70 Prozent befürworten, daß fremdenfeindliche Gewalttaten hart bestraft werden. Trotz der darin erkennbaren Toleranz gegenüber anderen Kulturen wächst jedoch die Konkurrenzangst um Ausbildungs- und Arbeitsplätze unter den Jugendlichen in Berlin. Für die teilweise deutlichen Ost-West-Unterschiede bei der Ausländerfeindlichkeit macht John die „gezielte Erziehung zu Intoleranz in der DDR" verantwortlich. Weiterhin zeigten sich Informationsdefizite unter den Jugendlichen: Nur jeder Fünfte konnte beispielsweise die Zahl der in Berlin lebenden Ausländer richtig einschätzen.

Eine auf die Länder Berlin und Brandenburg gerichtete bevölkerungsrepräsentative Befragung zu rechtsextremen und fremdenfeindlichen Einstellungen führten Richard Stöss und Oskar Niedermayer (FU Berlin) durch. Ein besonders ausgeprägtes rechtsextremes Weltbild fand sich mit etwa 20 Prozent in Berlin und rund 25 Prozent in Brandenburg in der Altersgruppe der 55- bis 74jährigen. Von den Jugendlichen (18 bis 24 Jahre) waren in Berlin acht Prozent, in Brandenburg sogar 16 Prozent rechtsextrem eingestellt. Der Untersuchung zufolge findet deshalb eine kleine Gruppe gewaltbereiter Jugendlicher vor allem bei Älteren den geistigen Nährboden für fremdenfeindliche Aktivitäten (Berliner Zeitung, 2000b).

Eine umfassende, in vier Bundesländern (Brandenburg, Bayern, Schleswig-Holstein und Thüringen) durchgeführte Schülerbefragung zu Fremdenfeindlichkeit, Antisemitismus und Gewalt stellt Frindte (1999) vor. Er dokumentiert zahlreiche empirische Belege für die vielfältigen und miteinander verwobenen Ursachen entsprechender Einstellungsmuster unter Jugendlichen. Dabei geht es u.a. um die Ausprägungen rechtsextremistischer Orientierungen und antisemitische Einstellungen sowie um Zusammenhänge zwischen Politikinteresse und Ausländerfeindlichkeit. Ergänzt werden die quantitativen Umfragedaten durch die Analyse qualitativer Interviews. Hefler, Rippl und Boehnke (1998) befragten 1.300 Jugendliche in Chemnitz und Siegen, um der Frage nachzugehen, ob es eine Verbindung zwischen Armut und fremdenfeindlichen Orientierungen bei Jugendlichen gebe. Zumindest für Teilgruppen der ostdeutschen Jugendlichen konnte dabei ein direkter Zusammenhang zwischen Deprivation und Ausländerfeindlichkeit nachgewiesen werden. Bestätigt werden konnte auch die These, daß mit zunehmender Deprivation familiale Interaktion vermehrt durch Repressivität, geringe Unterstützung, Strafe und geringe Autonomie charakterisiert war. Eine auf Thüringen begrenzte Jugendstudie von Farin und Weidenkaff (1999) fragte nach psychischen Befindlichkeiten, Vorlieben, „Haßobjekten" und politischen Einstellungen von Heranwachsenden. Die Autoren kommen in ihrem Fazit zu dem Schluß, daß die Jugend in Thüringen besser als ihr Ruf sei – mit einer Ausnahme: Jeder fünfte Befragte gab an, sich schon einmal über Ausländer „geärgert" zu haben, und etwa 14 Prozent der Jugendlichen waren der Ansicht, Ausländer hätten in Deutschland „nichts zu suchen". Da aber viele dieser ausländerfeindlichen Jugendlichen gleichzeitig Rechtsradikale ablehnen, seien ihre rassistischen Vorurteile kein „Neonazi-Problem", sondern eher eines der ganzen Gesellschaft.

Neben den quantitativen Untersuchungen mit standardisierten Fragebögen gab es auch qualitative Jugendstudien. Rausch (1999) zeigte auf der Basis von Fallstudien auf, welche sozialen Deutungsmuster Jugendliche vor dem Hintergrund des Umbruchs in Ostdeutschland entwickeln. Die Studie weist auf eine zunehmende rassistische und rechtsextreme Deutung der sozialen Realität unter ostdeutschen Jugendlichen hin. Als eine Erklärung wird (in Anlehnung an Heitmeyer u.a.) der Absturz aus dem Fürsorgestaat DDR in ein von Individualisierung und Marktabhängigkeit geprägtes Umfeld angeführt, der vielfach mit Anomieempfindungen und Desorientierungen verbunden sei. Eine mögliche Reaktion sei die Flucht in autoritäre Gesellschaftsbilder. Rassismus biete klare Gut-Böse-Schemata statt Orientierungslosigkeit und soziale Integration durch die Ausgrenzung anderer. Als weitere Faktoren, die das Entstehen ausländerfeindlicher Ressentiments unter Jugendlichen fördern, werden fremdenfeindliche Diskurse in Politik und Medien sowie institutionelle Diskriminierungen von Nicht-Deutschen diskutiert.

Eckert, Reis und Wetzstein (2000, Universität Trier) untersuchten drei Jahre lang bundesweit Jugendgruppen aus bestimmten Szenen mittels Beobachtungen, qualitativen Interviews, Gruppendiskussionen und Expertengesprächen. Ausgangspunkt der Untersuchung war die Einsicht, daß Jugendliche unter den Bedingungen einer Überfülle von Möglichkeiten auf neue Weise „Lebenssinn" herstellen müssen. Die sinnstiftende Reduzierung von Optionen geschehe heute oft über den Anschluß an Gruppen und „Szenen", und in diesen Kontexten spiele – so die Ausgangsthese der Forscher – Gewalt eine besondere Rolle, da sie ein effektives Mittel sei, um identitätsstiftende Abgrenzungen zu anderen herzustellen. Allerdings treffe dies weitaus mehr für Jungen als für Mädchen zu: Für männliche Jugendliche seien Cliquen wichtig, und Gewalt diene als Mittel, um positive Gruppengefühle zu erzeugen. Als ein wichtiger Befund zeigte sich, daß Gewalt unter Jugendlichen oft im Zusammenhang mit relativer Deprivation und dem Scheitern im Bildungssystem steht. Besonders in der Unterschicht und in Einwandererfamilien diene die „Inszenierung gewalteinschließender Männlichkeit" als Abgrenzungsmerkmal.

In der Hallenser Gewaltstudie (Bannenberg & Rössner, 2000) wurde versucht, anhand biographischer Interviews typische Verläufe und Zusammenhänge in den Biographien jugendlicher Gewalttäter aufzuzeigen. Unter den befragten jugendlichen Gewalttätern fanden sich unterschiedliche Grade sozialer Ausgrenzung, die in Äußerungen der Täter über ihre Ansichten, Werte, zukünftigen Ziele und Opfer zum Ausdruck kamen. Aus der Analyse ließen sich sowohl Schutzfaktoren als auch vielfältige Präventionsansätze ableiten. Einen ähnlichen Weg schlug Müntzel (1998) ein, der in Sachsen-Anhalt eine Auswertung von Akten der Staatsanwaltschaft mit Gefangeneninterviews rechtsextremer Gewalttäter kombinierte. Sein Fazit: Das Feld der jugendlichen Gewalttäter sei sehr heterogen; dies betreffe nicht nur den sozialen Hintergrund, sondern speziell auch den Umfang des persönlichen Bezugs zum Rechtsextremismus. Entsprechend stellt der Autor in Hinblick auf Prävention die Frage nach dem Erfolgswert von Aufklärungsstrategien: Die Hinwendung zu rechtsextremem Gedankengut als Summe aus Gewaltakzeptanz und einer Ideologie der Ungleichheit erfolge nicht auf der Basis rationaler Entscheidungen, sondern weil sie Lösungsmöglichkeiten für vorhandene Persönlichkeitsdefizite anbiete.

Die Daten der Polizeilichen Kriminalstatistik bildeten eine weitere Grundlage für Untersuchungen zu Jugendgewalt und -kriminalität (u.a.: Zirk, 1999; Dünkel, Besch & Geng, 1997; Greve & Wetzels, 1999; Skepenat, 2000; Pfeiffer & Wetzels, 1999). Die Befunde zeigen bundesweit, vor allem aber in Ostdeutschland, einen Anstieg der Jugendgewalt, während sich in den Altersgruppen ab 30 Jahre derartige Trends nicht finden ließen (Pfeiffer, 1998b). Diese polizeilichen Daten beschreiben allerdings nur das „Hellfeld" der angezeigten Delikte; ausgeblendet bleibt, was sich im „Dunkelfeld" der polizeilich nicht bekannt gewordenen Straftaten ereignet hat. Regelmäßig wiederholte, vergleichbare repräsentative Opferbefragungen, die Aufschluß über mögliche Veränderungen des Anzeigeverhaltens bieten könnten, stehen für die Bundesrepublik nicht zur Verfügung. Es ist deshalb nicht auszuschließen, daß es eine Zunahme der Anzeigebereitschaft gegenüber jugendlichen Gewalttätern gegeben hat, sich also auch die Wahrnehmung von Jugendgewalt erhöht hat.

Noch nicht abgeschlossen ist eine Studie des Instituts für interdisziplinäre Konflikt- und Gewaltforschung, die dem Phänomen rechtsextremer Gewalt in ostdeutschen Städten nachzugehen versucht (Strobl, 2000). Der dabei verfolgte Ansatz ist insofern innovativ, als er nicht den jugendlichen Täter und seine Merkmale in den Mittelpunkt der Untersuchung stellt, sondern der gesamte lokale Interaktionskontext als Bezugspunkt gewählt wird. Die zentrale Frage dieser Studie lautet deshalb: „Welche Auswirkungen haben das Handeln und Unterlassen der verschiedenen, in einer Kommune relevanten Akteure für die Ausbreitung und Normalisierung rechtsextremer Gewalt". Mit ihrer Beantwortung sollen die Bedingungen der Entstehung und Stabilisierung von rechtsextremen Gewaltszenen auf lokaler Ebene aufgezeigt und erklärt werden, warum in manchen Städten rechtsgerichtete Bestrebungen erfolgreich sind, während sie in anderen Städten auf Widerstand stoßen.

Darüber hinaus sollen jene Datenerhebungen nicht unerwähnt bleiben, die unter Jugendlichen in ganz Deutschland stattfanden und viele aufschlußreiche Gegenüberstellungen der Lebensumstände und Einstellungen Jugendlicher in Ost und West lieferten. Zu diesen Ansätzen zählt die Arbeit von Alba, Schmidt und Wasmer (2000), die anhand der Ergebnisse der Allgemeinen Bevölkerungsumfrage der Sozialwissenschaften (ALLBUS) empirische Daten zur Verbreitung und Erklärung ausländerfeindlicher und antisemitischer Einstellungen in der deutschen Bevölkerung bereitstellen. Da das Buch eine CD-ROM mit den zugrundeliegenden ALLBUS-Daten enthält, ist der (methodisch geschulte) Leser in der Lage, eigene – u.U. durch einzelne Buchbeiträge inspirierte – Analysen zu diesem Thema durchzuführen. Zu den bundesrepräsentativen Jugendbefragungen zählen auch die Shell-Studien (Deutsche Shell, 1997 und 2000) und die Jugendsurveys des Deutschen Jugendinstituts (Hoffmann-Lange, 1995; Gille, Kleinert & Krüger, 2000). So sieht die Shellstudie (2000) Hinweise für eine stärkere Polarisierung zwischen „Sieger-" und „Verlierertypen", die sich auch auf die Verbreitung fremdenfeindlicher Einstellungen unter Jugendlichen auswirkt. Wer sich gut gerüstet für künftige Anforderungen fühle, könne es sich „leisten", nicht ausländerfeindlich zu sein. Jugendliche, die sich selbst als wenig zukunftskompetent einschätzen, würden Ausländer hingegen stärker als Konkurrenten um Arbeitsplätze betrachten. Die Shell-Forscher schlußfolgern, Rechtsradikalität oder Ausländerfeindlichkeit seien vor allem durch Bildungsinvestitionen zu bekämpfen. Die Daten der Shell-Studie belegen weiterhin eine deutlich stärkere Verbreitung ausländerfeindlicher Orientierungen unter ostdeutschen Jugendlichen. Zum gleichen Resultat kommt die letzte Jugendbefragung des Deutschen Jugendinstituts (DJI). Die Münchner Forscher betonen einerseits zwar, daß die Mehrzahl der jungen Deutschen nicht fremdenfeindlich eingestellt sei; andererseits sei aber der Anteil derjenigen, die sich ablehnend über Ausländer äußern, recht hoch. Rassistische Orientierungen seien zwischen 1992 und 1997 unter deutschen Jugendlichen seltener geworden – allerdings in den alten Bundesländern stärker als in den neuen. Damit habe sich die Kluft zwischen den Einstellungen ost- und westdeutscher Jugendlicher noch vergrößert. Manche Ergebnisse der DJI-Studie entsprechen nicht gängigen Vorstellungen; so finden sich beispielsweise kaum geschlechtsspezifische Unterschiede. Von geringer Bedeutung für das Ausmaß fremdenfeindlicher Denkweisen sei auch die Angst vor Arbeitslosigkeit. Ein starker Einfluß gehe hingegen von der Schulbildung aus. Die Publikationen der beiden großen Jugendstudien vermitteln bisher allerdings vorwiegend Deskriptionen der Situation der Jugend zu bestimmten Zeitpunkten und „Stimmungsbilder". Die Daten dieser Erhebungen wurden, soweit sie sich vom jeweiligen Konzept her überhaupt dazu eignen, bisher kaum genutzt, um psychologisch fundierte Ursachenerklärungen devianter Verhaltensweisen Jugendlicher unter Berücksichtigung verschiedener Lebensbereiche wie Familie, Schule, Freizeit und Peers zu liefern.

Bei einer Durchsicht vorliegender Studien stellt sich schnell heraus, daß in Hinblick auf Jugendgewalt, Rechtsextremismus und Fremdenfeindlichkeit keineswegs nur konsistente Befunde vorliegen. Inkonsistenzen betreffen sowohl das Ausmaß der Problembelastung als auch Trends und Ursachenerklärungen im Phänomenbereich. Abweichungen zeigen sich nicht nur zwischen Daten der PKS und der Dunkelfeldforschung, sondern auch beim Vergleich der auf die Befragung von Schulklassen gestützten Forschungsarbeiten und bei Verwendung ähnlicher Items und vergleichbarer Untersuchungszeiträume. Solche Differenzen werden in den jeweiligen Studien jedoch kaum thematisiert. Dasselbe gilt auch für Fragen und Probleme der Validität der Daten. In der Gesamtheit scheinen die Dunkelfeldforschungen zur Jugenddelinquenz bislang eher undramatische Trends anzuzeigen (Albrecht, 1998), die einer tieferen inhaltlichen Analyse unterzogen werden sollten.

1.3   Die Studie „Jugend in Brandenburg"

Ziele und Verlauf der Studie

Das deutliche Sichtbarwerden von Gewaltbereitschaft, Ausländerfeindlichkeit und Rechtsextremismus unter Jugendlichen nach der „Wende" in Ostdeutschland hat zu einer anhaltenden Beunruhigung in der Öffentlichkeit geführt. Von der Jugendforschung wurden und werden Antworten auf die Frage nach den Ursachen von abweichendem bzw. kriminellem Verhalten Jugendlicher sowie Handlungsempfehlungen im politischen und sozialpädagogischen Sinne erwartet. Diesen Erwartungen entsprechend forscht das Institut für angewandte Familien-, Kindheits- und Jugendforschung an der Universität Potsdam (IFK) seit 1991 zur Situation brandenburgischer Jugendlicher. Die hier vorgelegte vierte Studie des Projekts „Jugend in Brandenburg" erlaubt nun wiederum, auf der Grundlage einer landesrepräsentativen Stichprobe die Verbreitung und die Veränderungstendenzen von Gewaltbereitschaft, Ausländerfeindlichkeit und Rechtsextremismus abzuschätzen wie auch die Zufriedenheit Jugendlicher mit Freizeitangeboten, schulischen Bildungsangeboten und der familialen Unterstützung zu analysieren.

Aber es geht uns nicht nur um Jugendberichterstattung per se. Die angewandte Jugendforschung hat auch ihren Beitrag zur Delinquenzprävention zu leisten. Dieser Beitrag umfaßt nicht nur die Erfassung der Erscheinungsformen und der Verbreitung devianten Verhaltens, sondern besteht auch darin, zugrundeliegende Ursachen aufzuklären, Veränderungstendenzen zuverlässig zu prognostizieren und Empfehlungen für die Erarbeitung von Präventionsstrategien bereitzustellen. Um das bieten zu können, müssen Elemente der jugendbezogenen Sozialberichterstattung, der Schulwirksamkeits- und Freizeitforschung sowie der kriminologischen Forschung im Rahmen kontinuierlicher Jugendforschung verknüpft werden. Weiterhin muß eine praxisorientierte Jugendforschung sowohl auf landesrepräsentative Jugendstichproben als auch auf spezielle Risikogruppen fokussieren. Eine solche angewandte Jugendforschung, die systematisch und integrativ zur Lösung sozial-, bildungs- und sicherheitspolitischer Probleme beiträgt, kommt nicht bloß als Nebenprodukt universitärer Forschung zustande. Sie besitzt eigene Fragestellungen, und sie erfordert darauf bezogene spezifische theoretische und methodische Zugänge sowie eigene Forschungsressourcen.

Das Projekt „Jugend in Brandenburg" startete 1991 als Versuch, „wendebedingte" Veränderungen der Lebenssituation Jugendlicher und die Implikationen des soziöökonomischen Wandels für die Persönlichkeitsentwicklung Heranwachsender zu erfassen. Der quantitative Forschungsansatz, in dessen Rahmen wir eine landesrepräsentative Stichprobe von 1.644 14- bis 18jährigen Schülern und Auszubildenden aus 42 Schulen und Oberstufenzentren schriftlich befragten, wurde ergänzt durch eine mündliche Befragung von 40 Mitgliedern der rechtsradikalen (Skinhead-)Szene (32 junge Männer und acht Frauen im Alter zwischen 15 und 22 Jahren) zur Lebenssituation und Zukunftserwartung, zum National- und Rechtsbewußtsein sowie zur individuellen Bedeutung von Gewalttätigkeiten (Sturzbecher & Dietrich, 1992). Diese Untersuchungen stellen die Pilotstudie des Projekts „Jugend in Brandenburg" dar, das 1993 (Sturzbecher, Dietrich & Kohlstruck, 1994) und 1996 (Sturzbecher, 1997) fortgeführt wurde. 1999 wurden wiederum 3.438 Jugendliche im Alter von 12 bis 19 Jahren in 40 zufällig ausgewählten Schulen und Oberstufenzentren des Landes Brandenburg nach ihrer Lebenssituation, ihren politischen Einstellungen und ihrer Gewaltbereitschaft befragt; die Ergebnisse dieser Befragung und teilweise auch der beschriebenen Kohortensequenzanalyse werden nachfolgend dargestellt.

Der theoretische Rahmen: Ein ökopsychologisches Modell

Die Auswahl des theoretischen Projektrahmens wurde 1991 von zwei Faktoren beeinflußt:
a)   dem wichtigsten Projektziel, nämlich die Ursachen für die augenscheinlich wachsende Gewaltbereitschaft brandenburgischer Jugendlicher zu erfassen, und

b) dem Ziel, die „wendebedingte" dynamische Veränderung der Lebenskontexte von Jugendlichen zu ermitteln, wobei die Effekte dieser Veränderungen auf die Entstehung von Jugenddelinquenz differenziert aufgeklärt werden sollten.

Abb. 1: Bereiche und Variablen der Untersuchung 1999

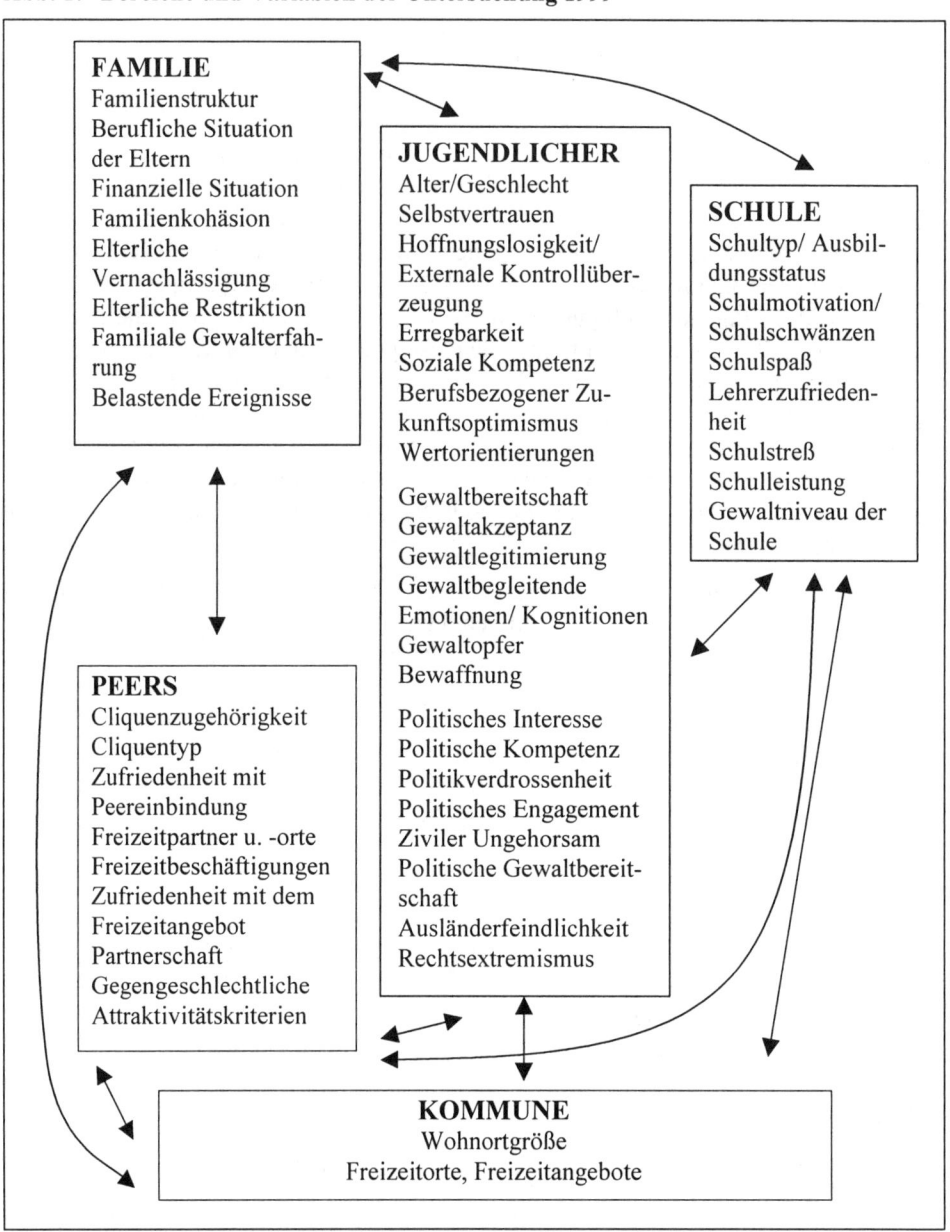

Der inhaltliche Fokus auf Jugendgewalt und Delinquenz lenkte den Blick zunächst auf theoretische Modelle der Aggressionsforschung (im Überblick: Parke & Slaby, 1983; Selg, Mees & Berg, 1988), deren Eignung unter besonderer Berücksichtigung des zweiten Faktors abgewogen wurde. Insbesondere lerntheoretische (z.B. Bandura, 1973) und öko-systemische (z.B. Brim, 1975; Bronfenbrenner, 1979) Ansätze, weniger eine sozio-kognitive Perspektive (z.B. Dodge, 1982), schienen damals für die Etablierung einer auf den Zusammenhang von sozialem Wandel und Jugendgewalt gerichteten angewandten Forschung aussichtsreich. Wir haben uns damals für ein ökologisches Theoriemodell entschieden, weil es einerseits explizit die Aufmerksamkeit auf die Einbindung Heranwachsender in unterschiedliche soziale Kontexte lenkt. Die Herleitung dieses Modells und seine Weiterentwicklung haben wir ausführlich beschrieben (Sturzbecher & Langner, 1997); in Abbildung 1 haben wir all diejenigen Konstrukte aufgeführt, mit denen wir in unserer Studie von 1999 die einzelnen Bausteine des Modells operationalisiert haben.

Alle dargestellten Kontexte, angefangen von der Familie über die Schule bis hin zur Peergroup und politischen Kultur, leisten einerseits auf spezifische Weise und in Wechselwirkung mit anderen einen Beitrag zur Entstehung von Jugendgewalt. Andererseits unterstreicht ein solcher ökosystemischer Ansatz als Erklärungsmodell, daß entsprechend unserer Alltagserfahrung spezielle Lebenskontexte jeweils einen spezifischen Einfluß auf die Entwicklungsverläufe von Jugenddelinquenz besitzen und dieser Einfluß nur eingeschränkt über andere Kontexte beeinflußt bzw. „gepuffert" werden kann. Dies bedeutet beispielsweise, daß der Einfluß von schulischen Risikobedingungen (Maughan, 1989; Rutter, 1985) auf die kindliche Entwicklung nicht völlig von der Familie kompensiert werden kann, wie auch die Wirkungen familialer Risikofaktoren nicht von der Schule "repariert" werden können. Jugenddelinquenz erscheint auf diese Weise theoretisch nicht mehr nur als individuelle psychische Fehlentwicklung oder Folge desolater Familienverhältnisse, sondern als Summe des Einflusses verschiedener Entwicklungsfaktoren, die zumindest teilweise gesellschaftlich verantwortet werden müssen und deshalb in ihrer Komplexität auch Gegenstand praxisorientierter angewandter Forschung sein sollten.

Veränderungen im Fokus 1999 und in der Perspektive

Da im Projekt „Jugend in Brandenburg" seit 1991 empirische Analysen zur Situation brandenburgischer Jugendlicher realisiert werden, sind Veränderungen im Fokus der Untersuchungsthemen nahezu unvermeidliche, ja sogar notwendige Anpassungsmaßnahmen an soziale Veränderungen und an vorhandene Forschungsergebnisse. Die wichtigsten Verschiebungen der Forschungsperspektive sollen im folgenden kurz vorgestellt werden.

- „Schulqualität" als Schlüsselvariable für Präventionsstrategien
Faßt man die Vielzahl der Forschungsberichte über gewalttätige Jugendliche zusammen, so kann einerseits zwar festgehalten werden, daß viele von den Medien vermittelte „Schreckensszenarien" übertrieben sind; andererseits deuten die PKS und nicht wenige wissenschaftliche Befunde darauf hin, daß die Gewaltbereitschaft gerade bei den 14- bis 16jährigen männlichen Schülern besonders hoch ist. Dies scheint, sofern man physische Formen von Gewalt betrachtet, besonders für Ostdeutschland zu gelten. Deshalb gewann im Rahmen unserer Forschungsarbeiten zunehmend die „Soziale Schulqualität" als Schlüsselvariable für innovative Präventionsmöglichkei-

ten an Bedeutung. Dies war auch den folgenreichen Reformen im brandenburgischen Schulbereich geschuldet: An die Stelle des politisch doktrinären, auf soziale Kontrolle gerichteten Bildungssystems der DDR war nach 1990 ein pluralistisches Schulsystem getreten, das auf die Förderung von Eigeninitiative und Selbstorganisation gerichtet ist (Melzer & Schubarth, 1995). Für die Schülerinnen und Schüler korrespondierte die Abnahme autoritärer Erziehungspraktiken und sozialer Integration in der Schule mit einer Zunahme von schulischem Leistungsdruck und Schulverdrossenheit (Hurrelmann & Pollmer, 1994). Eine geringe Schulmotivation und ein erhöhtes Gewaltklima an der Schule fördern jedoch die individuelle Gewaltbereitschaft unter Jugendlichen. Um präzisere Ansatzpunkte für schulinterne Präventionsmöglichkeiten finden zu können, wurde deshalb ein thematischer Schwerpunkt der Jugendstudie von 1999 auf die Erhebung von schulbezogenen Variablen gelegt.

- Antisemitische Vorurteile und Fremdenfeindlichkeit

Leider belehren uns unsere Alltagserfahrungen, die Kriminalstatistik und diverse Forschungsergebnisse, daß Antisemitismus wider Erwarten in Ostdeutschland ein lebendiges und weit verbreitetes Vorurteil unter Jugendlichen ist. Deshalb wuchs in den letzten Jahren die Bedeutung unseres Anliegens, die sozialpsychologischen Mechanismen aufzuzeigen, die den Antisemitismus genauso wie die „gewöhnliche" Fremdenfeindlichkeit am Leben erhalten. Die Ergebnisse einer vergleichenden landesrepräsentativen Untersuchung in Brandenburg und Nordrhein-Westfalen (NRW) über die Verbreitung antisemitischer Einstellungen unter Jugendlichen sind mittlerweile erschienen (Sturzbecher & Freytag, 2000a); der Themenschwerpunkt „Antisemitismus" soll in künftigen Befragungen fortgesetzt werden.

- Erweiterung unseres Forschungsansatzes: Längsschnittanalyse

Unsere Forschungsergebnisse konnten bereits auf eine Vielzahl von Fragen zur Situation der Jugend in Brandenburg konkrete Antworten geben. Der sozio-ökonomische Wandel in den neuen Bundesländern hat sich jedoch rasant fortgesetzt; neue Fragen sind zu bisher unbeantworteten hinzugekommen, denken wir an fehlende quantitative Erkenntnisse über individuelle Entwicklungsverläufe von politischem Extremismus und Gewaltbereitschaft im Verlaufe des Schulalters oder über diesbezügliche Ost-West-Unterschiede. Die jüngsten Diskussionen zu Rechtsextremismus und Jugendgewalt in Deutschland haben deutlich gezeigt, daß diese Problematik noch für längere Zeit virulent bleiben dürfte. Für die Erarbeitung effektiver Interventions- und Präventionsmaßnahmen müssen deshalb die methodischen Erfahrungen und inhaltlichen Ergebnisse bisheriger Forschungsprojekte genutzt und konsequent fortgeführt werden. Wir planen in diesem Zusammenhang, die Studie „Jugend in Brandenburg 1999" als Datenbasis für den Aufbau einer „echten" Längsschnittanalyse („Panelbefragung") zu nutzen, die in ihren forschungsanalytischen Möglichkeiten der bisherigen Kohortensequenzanalyse überlegen ist. So wäre es möglich, sowohl anhand individueller Entwicklungsverläufe Fragen zur Entstehung von Jugendgewalt zu beantworten als auch die Wirkungen gewaltpräventiver Gegenmaßnahmen an Schulen abzuschätzen. Vergleichbare Forschungspotentiale sind auf der Basis der bisherigen Querschnittsbefragungen nicht gegeben.

1.4 Methodischer Rahmen

Das Stichprobenverfahren der Jugendstudie 1999

Das Verfahren zur Stichprobenziehung bei der Jugendstudie 1999 basiert im wesentlichen auf den Verfahren der Vorläuferstudien aus den Jahren 1993 und 1996. Als Grundgesamtheit (GG) der Jugendstudie wurden Jugendliche im Alter von 12 bis 19 Jahren definiert, wie sie in den relevanten alterstypischen Bildungseinrichtungen vertreten sind. Als Stichprobenziehungsdesign wurde ein mehrstufiges „Klumpensampling" gewählt. Bereits 1993 wurde eine Zufallsauswahl von Schulen entsprechend der Schultypenquoten des Landes Brandenburg gezogen. Diese wurde 1999 durch einige Realschulen ergänzt, nachdem dieser Schultyp sich mittlerweile in der brandenburgischen Schullandschaft etabliert hatte. Die Schulen waren die „Klumpen", in denen die Klassen als Erhebungseinheiten fungierten. Die für die Klumpenauswahl – sprich: Schulauswahl – notwendigen Informationen über die Anzahl der vorhandenen Schulen und ihre Schultypenzugehörigkeit wurden der Statistik des Ministeriums für Bildung, Jugend und Sport des Landes Brandenburg entnommen.

Tab. 2: Fallzahlen und Anteilswerte der Gesamtstichprobe

		Gesamtstichprobe 1999	
		Anzahl	%
Geschlecht	Männlich	1719	51,3
	Weiblich	1629	48,7
Klassenstufe	7./8. Klasse	985	30,7
	9./10. Klasse	1036	32,3
	11./12./13. Klasse	259	8,1
	1./2. ABJ	651	20,3
	3./4. ABJ	278	8,7
Schultyp	Gesamtschule	1021	30,7
	Realschule	465	14,0
	GS/Gymn.OS	424	12,7
	Gymnasium	406	12,2
	OStZ	1015	30,5

Aus jeder ausgewählten Schule wurde – wiederum zufällig – jeweils eine Klasse der aufgefundenen Klassenstufen (7. bis 13. Klassenstufe) in die Untersuchung einbezogen; d.h. alle Schülerinnen und Schüler einer ermittelten Klasse wurden befragt. Analog wurde bei Oberstufenzentren hinsichtlich der Lehrjahre verfahren. Insgesamt konnten auf diese Weise 3.438 Schülerinnen, Schüler und Auszubildende des Landes Brandenburg befragt werden. Von diesen verblieben nach notwendigen Maßnahmen zur Datenbereinigung 3.209 Fälle in der Auswertung. Tabelle 2 dokumentiert die Struktur der Stichprobe hinsichtlich Geschlecht, Schul- bzw. Ausbildungsjahr und Schulart. In den nachfolgenden Tabellen wie auch in tabellarischen Ergebnisdarstellungen verwenden wir für die Schultypen die in der Schulstatistik üblichen Abkürzungen: „O" für Gesamtschulen, „OR" für Realschulen, „O/OG" für Gesamtschulen mit gymnasialer Oberstufe, „OG" für Gymnasien und „OSZ" für Oberstufenzentrum. Hierzu eine grundsätzliche Bemerkung: Obwohl wir in unseren Darstellungen gelegentlich auf die unterschiedliche Verbreitung von delinquenten Einstellungen und Verhaltensweisen unter der Schülerschaft einzelner Schultypen hinweisen, ist damit keinesfalls eine Wertung der jeweiligen Schulformen impliziert, sondern nur die Methodik einer beschreibenden Darstellung. Bestimmte Unterschiede zwischen den Schularten können beispielsweise durchaus auch in unterschiedlichen geschlechtsspezifischen Verteilungen der Schülerschaft ihre Ursachen haben.

Tab. 3: Fallzahlen und Anteilswerte der Stichprobe und der Grundgesamtheit

Schultyp			7.-8. Klasse Land	7.-8. Klasse Stichprobe	9.-10. Klasse Land	9.-10. Klasse Stichprobe	11.-13. Klasse Land	11.-13. Klasse Stichprobe	1.-2. Abj. Land	1.-2. Abj. Stichprobe	3.-4. Abj. Land	3.-4. Abj. Stichprobe
Gesamtschule	Weibl.	absolut	17580	278	18174	288	4773	62				
		%	7,39	8,86	7,63	9,18	2,01	1,98				
	Männl.	absolut	21948	377	21515	352	3086	30				
		%	9,22	12,01	9,04	11,22	1,30	0,96				
Gymnasium	Weibl.	absolut	12700	39	12065	104	16497	103				
		%	5,34	1,24	5,07	3,31	6,93	3,28				
	Männl.	absolut	9104	32	8277	60	10796	63				
		%	3,82	1,02	3,48	1,91	4,54	2,01				
Realschule	Weibl.	absolut	5540	112	5506	93						
		%	2,33	3,57	2,31	2,96						
	Männl.	absolut	6203	126	5822	118						
		%	2,61	4,02	2,45	3,76						
OSZ	Weibl.	absolut							14351	329	7825	116
		%							6,03	10,48	3,29	3,70
	Männl.	absolut							21874	302	14414	154
		%							9,19	9,62	6,06	4,91

Stichprobengewichtung für die Ergebnisse von 1999

Die Zufallsauswahl von Untersuchungseinheiten aus einer vorher definierten Grundgesamtheit führt immer zu einem gewissen Auswahlfehler. Auch die Verteilungen der Jugendstichprobe von 1999 weisen im Vergleich mit den Verteilungen in der Grundgesamtheit des Landes Brandenburg 1999 (s. Spalte „Stichprobe" und Spalte „Land" der Tab. 3) teilweise nicht unerhebliche Unterschiede hinsichtlich Geschlecht, Klassenstufe und Schulart auf. Beispielsweise liegt der Anteil der weiblichen Auszubildenden im 1. und 2. Ausbildungsjahr mit 10,48 Prozent deutlich über dem entsprechenden Anteil in der Grundgesamtheit (6,03 %), während männliche Auszubildende im 3. und 4. Ausbildungsjahr unterrepräsentiert sind. Deshalb haben wir, wie allgemein üblich, Gewichtungsvariablen genutzt, um für zentrale Merkmale die Strukturparameter von Stichprobe und Grundgesamtheit anzugleichen. Dazu wurden beispielsweise die vorliegenden Datensätze der Gymnasiasten der 7. und 8. Klasse in Abhängigkeit vom Geschlecht mit einem Gewicht versehen – und zwar bei

Mädchen mit dem Gewichtungsfaktor 4,29[1] und bei Jungen mit dem Faktor 3,75 (Tab. 4). Auf diese Weise wird eine Erhöhung des Anteils der Schülerinnen und Schüler von Gymnasien in den verschiedenen Klassenstufen der Stichprobe simuliert. In analoger Weise haben wir den Anteil der Realschüler in der Stichprobe durch Gewichtungsfaktoren < 1 reduziert. Tabelle 3 zeigt die absoluten Häufigkeiten und die prozentualen Anteile der Subpopulationen in der Grundgesamtheit und in der Stichprobe; Tabelle 4 gibt Auskunft über die verwendeten Gewichtungsfaktoren.

Tab. 4: Verwendete Gewichtungsfaktoren in der Stichprobe

Schultyp		Gewichtungsfaktor je Klassenstufe				
		7.-8. Klasse Faktor	9.-10. Klasse Faktor	11.-13. Klasse Faktor	1.-2. Abj. Faktor	3.-4. Abj. Faktor
Gesamtschule	Weiblich	0,83	0,83	1,01		
	Männlich	0,77	0,81	1,36		
Gymnasium	Weiblich	4,29	1,53	2,11		
	Männlich	3,75	1,82	2,26		
Realschule	Weiblich	0,65	0,78			
	Männlich	0,65	0,65			
OSZ	Weiblich				0,58	0,89
	Männlich				0,95	1,23

Die Stichprobengewichtung für Trendanalysen

Beim Vergleich der Stichproben von 1999 und 1996 sind ebenfalls Strukturunterschiede zu erkennen (Tab. 5). Diese Unterschiede betreffen in erster Linie die Verteilungen nach den Schultypen; Realschulen waren in der Stichprobe von 1996 noch nicht vertreten und wurden deshalb auch in Tabelle 5 für 1999 nicht berücksichtigt. Um die Vergleichbarkeit der Stichproben herzustellen und damit Trendaussagen zu ermöglichen, ist deshalb für Trendanalysen über eine zusätzliche Gewichtung die Verteilung der Stichprobe 1999 an die Verteilung der Stichprobe 1996 angepaßt worden.

Tab. 5: Ungewichtete Fallzahlen und Anteile der Stichproben von 1996 und 1999

Merkmal		Erhebungsstichprobe		Erhebungsstichprobe	
		1996 – ungewichtet		1999 – ungewichtet	
		Anzahl	%	Anzahl	%
Geschlecht	Männlich	1267	51,1	1719	51,3
	Weiblich	1212	48,9	1629	48,7
Schultyp	Gesamtschule	1135	45,8	1445	50,4
	Gymnasium	510	20,6	406	14,2
	OSZ	834	33,6	1015	35,4
Klassenstufe	7./8. Klasse	651	26,3	985	30,7
	9./10. Klasse	598	24,1	1036	32,3
	11.-13. Klasse	396	16,0	259	8,1
	1./2. AbJ.	592	23,9	651	20,3
	3./4. AbJ.	242	9,8	278	8,7

Die absolute und relative Verteilung der Jugendlichen nach den Gewichtungskriterien sind in Tabelle 6 aufgeführt und die Gewichte selbst in Tabelle 7. Das Resultat dieser Anpassungsmaßnahme kann aus Tabelle 8 entnommen werden. Vergleiche der auf diese Weise gewichteten Stichproben können auf Trends hinweisen, die von

---

[1] Die Gewichtungsfaktoren werden aus dem Verhältnis des tatsächlichen prozentualen Anteils der jeweiligen Population zum prozentualen Stichprobenanteil errechnet.

Strukturunterschieden der Erhebungsstichproben hinsichtlich der Quotierungskriterien bzw. von der Veränderung dieser Kriterien in der Grundgesamtheit im Vergleichszeitraum unabhängig sind. Für das Verständnis der in den folgenden Buchkapiteln vorgestellten Ergebnisse ist also zu beachten, daß die Vergleichsstichproben von 1996 und 1999 nicht an die Strukturdaten der jeweiligen Grundgesamtheit angepaßt sind, d.h. beispielsweise keine Realschulen enthalten.

Tab. 6: Absolute und relative Verteilung der Stichproben nach Gewichtungskriterien

Schultyp			Klassenstufe									
			7.-8. Klasse		9.-10. Klasse		11.-13. Klasse		1.-2. Abj.		3.-4. Abj.	
			1996	1999	1996	1999	1996	1999	1996	1999	1996	1999
Gesamt-schule	Weibl.	ab-solut	254	278	201	288	100	62				
		%	10,25	10,34	8,11	10,71	4,03	2,31				
	Männl.	ab-solut	300	377	220	352	60	30				
		%	12,10	14,02	8,87	13,09	2,42	1,12				
Gymnasi-um	Weibl.	ab-solut	55	39	93	104	147	103				
		%	2,22	1,45	3,75	3,87	5,93	3,83				
	Männl.	ab-solut	42	32	84	60	89	63				
		%	1,69	1,19	3,39	2,23	3,59	2,34				
OSZ	Weibl.	ab-solut							261	329	101	116
		%							10,53	12,24	4,07	4,31
	Männl.	ab-solut							331	302	141	154
		%							13,35	11,23	5,69	5,73

Tab. 7: Verwendete Gewichtungsfaktoren in der Stichprobe 1999

Schultyp		Gewichtungsfaktor je Klassenstufe				
		7.-8. Klasse Faktor'99	9.-10. Klasse Faktor'99	11.-13. Klasse Faktor'99	1.-2. Abj. Faktor'99	3.-4. Abj. Faktor'99
Gesamt-schule	Weiblich	0,99	0,76	1,75		
	Männlich	0,86	0,68	2,17		
Gymnasium	Weiblich	1,53	0,97	1,55		
	Männlich	1,42	1,52	1,53		
OSZ	Weiblich				0,86	0,94
	Männlich				1,19	0,99

Tab. 8: Gewichtete Fallzahlen und Anteile der Stichproben von 1996 und 1999

Merkmal		Erhebungsstichprobe 1996		Erhebungsstichprobe 1999 – gewichtet	
		Anzahl	%	Anzahl	%
Geschlecht	Männlich	1267	51,1	1374	51,1
	Weiblich	1212	48,9	1315	48,9
Schultyp	Gesamtschule	1135	45,8	1231	45,8
	Gymnasium	510	20,6	553	20,6
	OSZ	834	33,6	904	33,6
Klassenstufe	7./8. Klasse	651	26,3	705	26,2
	9./10. Klasse	598	24,1	650	24,2
	11.-13. Klasse	396	16,0	430	16,0
	1./2. AbJ.	592	23,9	642	23,9
	3./4. AbJ.	242	9,8	262	9,7

1.5 Erläuterungen zum methodischen Instrumentarium

Skalenbildung

Verschiedene Aussagen aus einem Fragebogen („Items") zu einem bestimmten Themenkomplex werden üblicherweise zu einer „Skala" zusammengefaßt. So setzt sich beispielsweise unsere Skala „Rechtsextremismus" aus insgesamt sieben Einzelitems zusammen. Die Zusammenfassung der Antworten von Items zu Skalen führt zu zuverlässigeren Ergebnissen, sofern die entsprechenden Items tatsächlich den gleichen Sachverhalt beschreiben, was durch Faktoren- und Konsistenzanalysen geprüft wird. Viele der vorgestellten Befunde resultieren aus der Analyse solcher Skalen. In der Jugendstudie 1999 wurde dabei weitgehend auf bereits erprobte Skalen früherer Jugendstudien zurückgegriffen. Trotzdem wurden alle im vorliegenden Buch genutzten Skalen auch 1999 hinsichtlich ihrer Struktur und psychometrischen Güte analysiert; die 1999 gefundenen Güteparameter sind wiederum sehr zufriedenstellend und bestätigen die Analyseergebnisse von 1996 weitestgehend. Die benutzten Skalen und ihre Güteparameter werden im Anhang dieses Buches dargestellt.

Mittelwertvergleiche und Signifikanzen

Bei vielen Variablen kann man die durchschnittlichen Ausprägungen („Mittelwerte") in verschiedenen Gruppen (z.B. Jungen und Mädchen) mit Hilfe statistischer Methoden vergleichen. Wenn es unwahrscheinlich ist, daß ein relativ großer Mittelwertunterschied auf zufälligen Schwankungen beruht, sprechen wir von einem „signifikanten" Unterschied. Die entsprechende Kennziffer dafür ist die Irrtumswahrscheinlichkeit „p". Erreicht p einen Wert unter .05, gilt ein Mittelwertunterschied als signifikant und wird in den Tabellen mit einem „*" gekennzeichnet. Ist p kleiner als .01, spricht man von einem „hochsignifikanten" Unterschied („**"). Fällt p größer als .05 aus, gilt der Unterschied als „nicht-signifikant", d.h. er ist sehr wahrscheinlich nur auf Zufallseinflüsse zurückzuführen und deshalb nicht von Bedeutung. Solche nicht-signifikanten Unterschiede sind im Text mit „n.s." hervorgehoben. Sofern aus Platzgründen auf eine ausführliche tabellarische Darstellung der Signifikanzen verzichtet wurde, sind entsprechende Hinweise im Text zu finden.

Maßzahlen für bivariate Zusammenhänge

Bei der Analyse von Daten stellt sich immer wieder die Frage, ob bzw. wie stark bestimmte Merkmale zusammenhängen. Von einem statistischen Zusammenhang („Korrelation") wird gesprochen, wenn ein Merkmal x und ein Merkmal y sich stets gemeinsam verändern. Für statistische Zusammenhänge existieren sogenannte „Korrelationskoeffizienten", die die Stärke des Zusammenhangs mit nur einer einzigen Zahl zum Ausdruck bringen. Bei nominalem Meßniveau (z.B. Ja-Nein-Antworten) können entsprechende Koeffizienten („phi", „Cramer's V") nur ausdrücken, ob es einen Zusammenhang gibt (Maximalwert: 1.0) oder nicht (Wert: 0). Liegt jedoch mindestens ordinales Meßniveau vor (Daten lassen sich der Größe bzw. dem Rang nach ordnen), besteht darüber hinaus die Möglichkeit, die „Richtung" einer Beziehung anzugeben. Man unterscheidet dabei zwischen positiven und negativen Beziehungen. Wenn ein Merkmal y (z.B. „Körperlänge") dann größer wird, wenn auch ein

Merkmal x größer wird (z.B. „Schuhgröße") liegt ein positiver Zusammenhang vor (Maximalwert: +1.0). Wird hingegen ein Merkmal kleiner, wenn ein anderes größer wird, handelt es sich um eine negative Korrelation (Maximalwert: -1.0). Entsprechende Zusammenhangsmaße sind „Tau$_b$" für Ordinaldaten oder „r" für metrische Daten. Der Wert „0" signalisiert wiederum das Fehlen eines Zusammenhangs.

Multivariate Zusammenhangsanalysen

Zuweilen versucht man, einen interessierenden Sachverhalt („Kriteriumsvariable") durch andere zu erklären oder vorherzusagen. So wollen wir beispielsweise in diesem Buch Erklärungen dafür finden, warum manche Jugendliche hochgradig ausländerfeindlich eingestellt sind, andere hingegen nicht. Die Erklärung der Ausländerfeindlichkeit der Jugendlichen soll dabei über andere Merkmale der Jugendlichen („Prädiktoren") wie Rechtsextremismus oder geringe Schulmotivation erfolgen. Dabei stellt sich jedoch oft heraus, daß man mehr als einen Prädiktor benötigt, um einen Sachverhalt ausreichend zu erklären; man begibt sich methodisch in den Bereich „Multivariater Zusammenhangsanalysen". Diese Verfahren bieten die Möglichkeit, die Beziehungsstruktur zwischen einer Vielzahl von Variablen gleichzeitig aufzuzeigen. Eines der gebräuchlichsten Verfahren ist die „Regressionsanalyse"[2]. Die Regressionsanalyse liefert für jeden Prädiktor bestimmte Kennwerte (beta-Koeffizienten; Wertebereich -1.0 bis +1.0), die Aufschluß darüber geben, wie stark die Bedeutung eines bestimmten Prädiktors (bei Kontrolle der anderen Prädiktoren) zur Erklärung des interessierenden Merkmals beiträgt. Die Stärke, mit der alle berücksichtigten Prädiktoren die unterschiedlichen Ausprägungen der Kriteriumsvariablen erklären, zeigt der Koeffizient „R^2". Dieser nimmt Werte von 0 bis 1.0 an. Ein Wert von $R^2 = 1.0$ in unserem Beispiel würde bedeuten, daß die Ausländerfeindlichkeit vollständig, also zu 100 Prozent, durch die Wirkung aller Prädiktoren erklärt werden kann. Dementsprechend zeigt beispielsweise ein Wert von $R^2 = 0.4$ eine Aufklärungsquote von 40 Prozent an. In den Sozialwissenschaften kann eine Merkmalsaufklärung in der Größenordnung von 40 Prozent bereits als hoch angesehen werden.

1.6   Zusammenfassung aktueller Befunde und Inhaltsübersicht

Bevor wir uns den Ergebnissen der Jugendstudie von 1999 im Detail zuwenden, sollen die wichtigsten Befunde übersichtsartig vorgestellt werden, um ihre Einordnung in einen Gesamtzusammenhang zu erleichtern. Schlußfolgerungen und Handlungsperspektiven sind den einzelnen Kapiteln zu entnehmen.

Werte, Zukunftserwartungen, Familienbeziehungen (Kapitel 2)

Die höchste Wertschätzung genießt 1999 unter brandenburgischen Jugendlichen das Lebensziel „Das Leben genießen, man lebt nur einmal". Dieses Ziel hat seit 1996 einen deutlichen Bedeutungszuwachs erfahren. Aber auch das Lebensziel „Eine Arbeit haben, die erfüllt, in der ich aufgehen kann" besitzt nach wie vor eine herausragende

---

[2]   Ein weiteres Verfahren, das sich methodisch von der Regressionsanalyse unterscheidet, aber in mehreren Kapiteln zur Anwendung kommt, ist die sogenannte „Pfadanalyse". Entsprechende Erläuterungen zu diesem Verfahren sind den jeweiligen Kapiteln zu entnehmen.

Bedeutung. Der berufliche Zukunftsoptimismus der brandenburgischen Jugendlichen hat im Zeitraum von 1996 bis 1999 hingegen genauso deutlich abgenommen wie ihre Überzeugung, „des eigenen Glückes Schmied" zu sein. Zwar beurteilen auch 1999 die meisten Jugendlichen ihre berufliche Zukunft eher optimistisch; aber der Anteil von Jugendlichen, die ihre Zukunft eher pessimistisch einschätzen, erreicht 1999 im Vergleich mit 1993 und 1996 mit 29 Prozent den höchsten Stand. Der gewachsene Zukunftspessimismus betrifft Jungen wie Mädchen, alle befragten Altersgruppen und Jugendliche aller Schulformen, vor allem aber Auszubildende. Besonders jüngere Schülerinnen und Schüler fühlen sich zunehmend fremdkontrolliert, was eventuell auf Demokratiedefizite in Familie und Schule hindeutet. Politische Aktivität genießt zwar als Wertorientierung nur geringe Wertschätzung, hat aber an Bedeutung gewonnen, ebenso ist das politische Interesse der Jugendlichen gestiegen. Dies sollte eine Ermunterung für alle demokratischen Parteien und Träger der politischen Bildung sein, Bildungsangebote an Jugendliche heranzutragen und ihre soziale und politische Partizipation zu fördern.

Es läßt sich anhand unserer Daten eine Problemgruppe Jugendlicher identifizieren, für die Lebensgenuß und Geldverdienen besonders wichtig sind und die zugleich ein Leben ohne Anstrengungen führen möchte. Sie verfügen über ein überdurchschnittliches Selbstvertrauen, das man wohl besser als Selbstüberschätzung bezeichnen sollte, und einen hohen Zukunftsoptimismus. Diese Jugendlichen sind oft hoch gewaltbereit, rechtsextremistisch, ausländerfeindlich und antisemitisch eingestellt. Rechtsextremismus und Gewaltbereitschaft sind demnach keineswegs eindeutig auf die berufliche Perspektivlosigkeit von Heranwachsenden, sondern eher auf Egoismus und Leistungsfeindlichkeit zurückzuführen.

Mit dem Zwang zur beruflichen Neuorientierung, also mit Arbeitslosigkeit und Einkommenseinbußen genauso wie mit beruflichen (Aufstiegs-)Chancen der betroffenen Eltern, geht eine Verringerung der Unterstützung und emotionalen Geborgenheit für Kinder und Jugendliche einher. Rund 10 Prozent der brandenburgischen Jugendlichen meinen 1999, ihre Eltern seien „nie da, wenn man sie brauche" und kümmerten sich nicht um sie. Vor allem Heranwachsende, die in Ein-Eltern-Familien leben oder bei denen mindestens ein Elternteil arbeitslos ist, fühlen sich häufig vernachlässigt. Die elterliche Verfügbarkeit ist seit 1993 insgesamt deutlich schlechter geworden. Der Anteil von Familien mit vergleichsweise hohen Restriktionen gegenüber den Kindern ist unverändert geblieben: Jeweils ca. zwei Prozent der Jugendlichen werden oft und zusätzlich ca. sieben Prozent werden manchmal von ihrem Vater bzw. ihrer Mutter geschlagen; überhaupt keine Schläge von Vater bzw. Mutter erhalten jeweils rund 60 Prozent der Jugendlichen.

Politische Einstellungen und Rechtsextremismus (Kapitel 3)

In Brandenburg vertreten 1999 rund 20 Prozent der befragten Jugendlichen rechtsextreme Positionen; der Anteil rechtsextremer Jugendlicher hat in den letzten drei Jahren nicht zugenommen. Nur eine Gruppe von weniger als drei Prozent ist dabei als hoch-rechtsextrem zu bezeichnen. Rechtsextreme Einstellungen sind vor allem unter jüngeren männlichen Jugendlichen zu finden. Hoch rechtsextreme Jugendliche weisen eine hohe Gewaltbereitschaft auf, sie zeigen ein hohes Machtstreben, und ihr

Handeln wird von einem Syndrom aus Selbstüberschätzung und dem Gefühl der Fremdbestimmtheit geleitet. Zugleich wünschen sie sich ein ruhiges Leben, in dem sich wenig Neues ereignet und sie sich möglichst wenig anstrengen müssen. Angesichts der Schulprobleme der meisten Jugendlichen dieser Gruppe erscheint ihr hoher berufsbezogener Zukunftsoptimismus wenig realistisch. Hoch rechtsextreme Jugendliche neigen dazu, sich zu bewaffnen; rund 35 Prozent von ihnen räumen ein, in der Vergangenheit politisch motivierte Gewalttaten begangen zu haben. Ein erheblicher Anteil rechtsextremer Gewalthandlungen von Jugendlichen steht im Zusammenhang mit der Zugehörigkeit zu rechtsorientierten Peergroups. Besorgniserregend erscheint uns, daß es Hinweise auf ein steigendes politisches Bewußtsein unter rechtsextremen Jugendlichen gibt, wodurch die Gefahr einer erfolgreichen politischen Instrumentalisierung dieser Jugendlichen durch rechtsextreme Parteien wächst.

Antisemitismus (Kapitel 4)

Bezüglich antisemitischer Vorurteile haben sich insgesamt nur geringe Veränderungen von 1996 zu 1999 ergeben. Zwar ist die Zahl der „harten" Antisemiten etwas zurückgegangen, doch ist zugleich auch der Anteil der Jugendlichen geschrumpft, die antisemitischen Klischees kaum oder überhaupt nicht zustimmen. Es bleibt zu konstatieren, daß noch immer knapp 30 Prozent der brandenburgischen Jugendlichen in hohem oder eher hohem Maße anfällig für antisemitische Vorurteile sind. Etwas positivere Ergebnisse liefert die Analyse zur Bereitschaft der Jugendlichen, eine gesellschaftliche Verantwortung Deutschlands für die dunklen Seiten der deutsch-jüdischen Geschichte zu akzeptieren. Die judenfeindlich gefärbte Abwehr einer solchen Verantwortung ist im Untersuchungszeitraum leicht, doch unübersehbar zurückgegangen. Auch der Anteil der jungen Leute, die einen „Schlußstrich" unter die Aufarbeitung der Geschichte der Judenverfolgungen in Deutschland fordern, ist gesunken.

Offensichtlich gibt es einen engen Zusammenhang zwischen den weit verbreiteten antisemitischen Vorurteilen und dem fehlenden Wissen vieler ostdeutscher Jugendlicher über Juden und Judentum. Gemäß der hohen Bedeutung jüdischer Themen im öffentlichen Diskurs versuchen viele Jugendliche diese Wissenslücken zu füllen, allerdings nicht nur mit den Angeboten der Bildungsinstitutionen, sondern auch mit den Argumenten der Antisemiten. Ein weiteres, eindeutiges Ergebnis unserer Studien ist, daß die Übernahme antisemitischer Klischees typischerweise nicht durch die in der DDR sozialisierte Elterngeneration befördert wird. Allerdings kann als wahrscheinlich gelten, daß viele ostdeutsche Eltern antisemitische Ansichten ihrer Kinder zwar nicht teilen, diesen Ansichten aber aufgrund ihres eigenen geringen Wissens über jüdische Kultur und Geschichte wenig Aufklärung entgegensetzen können. Hier sind verstärkte Bemühungen der Schulen und anderer Institutionen der politischen Bildung gefordert.

Ausländerfeindlichkeit (Kapitel 5)

54 Prozent der brandenburgischen Jugendlichen meinen 1999, es gäbe zu viele Ausländer in Brandenburg. Der Anteil ausländerfeindlicher Jugendlicher hat in den letzten Jahren zugenommen. Ausländerfeindliche Jugendliche stammen weder überzufällig oft aus ökonomisch schlecht gestellten Familien noch sind ihre Eltern häufiger

arbeitslos als bei anderen Jugendlichen; Ausländerfeindlichkeit ist also nicht vorrangig eine Folge der beruflichen und finanziellen Situation in der Familie und korrespondiert auch kaum mit elterlicher Restriktion oder Vernachlässigung. Auch ein Zusammenhang mit Zukunftsängsten findet sich nicht, männliche Ausländerfeinde sind sogar hinsichtlich ihrer beruflichen Perspektiven optimistischer als andere männliche Jugendliche. Allerdings unterscheiden sich ausländerfeindliche Jugendliche von anderen durch ihre Wertorientierungen: Sie sind hedonistisch eingestellt und träumen von einem geruhsamen, materiell abgesicherten Leben, in dem sich wenig Neues ereignet; gleichzeitig sind sie mit sich selbst recht zufrieden, fatalistisch, wenig anstrengungsbereit und eher risikoscheu. Offensichtlich erweist sich für immer mehr Jugendliche die mit dem gesellschaftlichen Umbruch neu etablierte, zugestandene und zugemutete Aufgabe, Planungs- und Gestaltungsinstanz des eigenen Lebenslaufs bei eingeschränkter sozialer Kontrolle zu sein, als eine Überforderung. Bei der Herausbildung ausländerfeindlicher Ressentiments spielen die Einstellungen der Eltern und der Freizeitclique eine besondere Rolle. Mindestens ein Drittel der ausländerfeindlichen Jugendlichen kommt aus einem familialen Umfeld, in dem ausländerfeindliche Positionen dominieren.

Freizeit (Kapitel 6)

Die brandenburgischen Jugendlichen sind heute mit ihren Freizeitmöglichkeiten zufriedener als 1996 und können über mehr finanzielle Mittel verfügen. Dennoch ist bei einzelnen Angeboten auch mehr Kritik zu verzeichnen, als dies 1996 noch der Fall war. Dies betrifft beispielsweise die Preise für Angebote zur künstlerischen Betätigung und die Erreichbarkeit von Jugendclubs und Jugendtreffs. Die Zufriedenheit mit den Freizeitangeboten unterscheidet sich interessenbedingt zwischen Mädchen und Jungen. Darüber hinaus wandeln sich die Freizeitinteressen und -ansprüche mit dem Alter und der eingeschlagenen Bildungslaufbahn. Jugendliche bis zum Alter von 15 Jahren bevorzugen Angebote im Sportbereich, sind aber auch an der Mitarbeit in Vereinen und gemeinnützigen Organisationen interessiert. Dieses Interesse sollte stärker insbesondere im Rahmen von sozial integrierenden Angeboten zur Prävention von Jugendgewalt und Fremdenfeindlichkeit aufgegriffen werden.

Soziale Schulqualität (Kapitel 7)

Etwa 30 Prozent der befragten Jugendlichen schätzen ihre Schulmotivation als niedrig oder eher niedrig ein. Dabei zeigen sich deutliche geschlechts- und schultypspezifische Unterschiede; die höchsten Werte zur Schulunlust finden sich bei Jungen bzw. in Gesamtschulen. Bemerkenswert erscheint, daß der Anteil der hochmotivierten Jugendlichen in den Oberstufenzentren am höchsten ist. Rund die Hälfte der Jugendlichen meint völlig oder teilweise, daß vieles, was in der Schule gelernt werden soll, nutzlos sei. Überblicken wir alle Indikatoren, die mit Schulzufriedenheit in Verbindung stehen, wie die Schulmotivation, den Schulstreß und den Schulspaß, so zeigen sich gegenüber 1996 insgesamt kaum nennenswerte Veränderungen. Auch bei der Schulverweigerung sind nur geringfügige Veränderungen zu finden: Das stundenweise Schwänzen ist im Zeitraum von 1996 bis 1999 etwas seltener geworden, das tageweise Schwänzen zeigt sich unverändert. Schließlich hat sich auch die öffentliche Meinung gegenüber Schulschwänzern im Vergleich zu 1996 kaum gewandelt. Zwar gibt es einerseits mehr Schüler, die sich sehr engagiert gegen das Schulschwänzen anderer wenden; andererseits hat sich aber auch die Zahl derjenigen erhöht, die Schulschwänzen als persönliche Entscheidung anderer völlig akzeptieren.

Jugendgewalt (Kapitel 8)

Die Gewaltakzeptanz und die Gewaltbereitschaft unter brandenburgischen Jugendlichen haben im Vergleich zu 1996 abgenommen. Dies gilt auch für die Beteiligung Jugendlicher an Gewaltaktionen, wenn auch der Rückgang nur gering ausfällt. Die Zahl von Schülern, die Waffen bzw. „Verteidigungsmittel" mitführen, hat ebenfalls leicht abgenommen. Konsistent mit diesen Befunden läßt sich ein deutlicher Rückgang beobachteter Gewaltaktionen im Kontext von Schule und Freizeit feststellen. Die Ursachen für diesen Trend scheinen auch darin zu liegen, daß 1999 deutlich mehr Jugendliche als 1996 gegen jegliche Gewaltaktionen Stellung nehmen und damit das Schulklima insgesamt stärker gewaltablehnend geworden ist. Es hat also nicht etwa eine zunehmende Desensibilisierung Jugendlicher gegenüber Gewalt stattgefunden, vielmehr hat die Ignoranz gegenüber Gewalt unter Jugendlichen abgenommen. Dies resultiert wohl daraus, daß Gewalt im Gegensatz zu politischem Extremismus und Ausländerfeindlichkeit als Bedrohung der Lebensqualität unmittelbar erfahrbar ist.

In Hinblick auf eine zielgruppenorientierte Prävention erscheint wichtig, die Phänomene „Gewalt", „Rechtsextremismus" und „Ausländerfeindlichkeit" differenziert zu betrachten und auch zwischen der großen Gruppe jüngerer rechtsextremer und ausländerfeindlicher Jugendlicher mit diffusem politischem Weltbild einerseits und der kleineren Gruppe älterer gewalttätiger Jugendlicher mit konturierten politischen Anschauungen andererseits zu unterscheiden. Letztere bedürfen in höherem Maße repressiver Interventionsstrategien; erstere sollten vorrangig durch politische Aufklärung und die Verbesserung ihrer sozialen Partizipation gefördert werden, was im wesentlichen eine Demokratisierung von Familie und Schule ohne Verzicht auf soziale Kontrolle bedeutet.

"It is the family which could first provide the opportunity for children to learn that the normal way of resolving conflicts is a consideration of needs rather than the use of power, and to develop a trust in processes which are based on mutual respect and mutual benefit."

(Wood & Davidson, 1993)

2 Jugend in Ostdeutschland: Wertorientierungen, Zukunftserwartungen, Familienbeziehungen und Freizeitcliquen

Dietmar Sturzbecher & Susanne Wurm

2.1 Sozialer Wandel, Familie und Persönlichkeitsentwicklung – eine Einführung

Welche Unterstützung brauchen Heranwachsende heute, um in der Welt von morgen erfolgreich zu sein? Für die Beantwortung dieser Frage wäre ein Ausblick auf die künftigen Anforderungen an die Kinder von heute hilfreich. Derartige Prognosen fallen jedoch schwer, weil die konkreten Veränderungen der Lebensumwelt trotz der immer wieder präsentierten soziologischen Zukunftsszenarios wenig vorhersehbar sind. Sicher erscheint nur, daß die Dynamik des sozialen Wandels zunimmt und immer mehr Eltern und Kinder betrifft und daß es damit einerseits eine Zunahme der Freiräume zur Lebensgestaltung gibt. Andererseits sind mit diesen Freiräumen auch zunehmend Risiken verbunden, denn die wachsende Selbstverantwortung für den eigenen Lebensweg ist gekoppelt mit der Zunahme von Konkurrenz, mit einer abnehmenden Einbindung in traditionelle soziale Lebenszusammenhänge und mit einer Reduzierung der Verbindlichkeit bestehender sozialer Normen und Werte (Beck, 1986; Heitmeyer, 1991a). Sozialer Wandel bedeutet also für Eltern und Kinder immer Risiken wie auch Chancen; letztere werden jedoch im Gegensatz zu den negativen Folgen ökonomischer Krisen seltener thematisiert bzw. es wird unterschlagen, daß aus Veränderungen der Wirtschafts- und Arbeitsstrukturen resultierende Berufs- und Karrierechancen der Eltern durchaus auch Entwicklungsrisiken für die Kinder darstellen können. Wie sich sozialer Wandel, der Familien meist in Form von Gewinnen oder Verlusten an Einkommen und sozialem Status erreicht, auf die Entwicklung von Heranwachsenden auswirkt, das hängt von Rahmenbedingungen und Verarbeitungsprozessen ab, denen wir uns im folgenden unter entwicklungs- und familienpsychologischen Aspekten zuwenden wollen.

Elder (1974) gebührt das Verdienst, nach jahrzehntelanger Vernachlässigung des Themas die wissenschaftliche Aufmerksamkeit wieder auf Implikationen sozialen Wandels für die Entwicklung von Heranwachsenden fokussiert und dabei ein theoretisches Modell bereitgestellt zu haben, das Erklärungswert für die Auswirkungen elterlicher Gewinne wie auch Verluste auf Kinder bietet. Er tat dies unter Rückgriff auf Elemente unterschiedlicher psychologischer Theorien und nicht zuletzt auf die Arbeiten von Thomas (1909), der bereits am Anfang unseres Jahrhunderts eine theoretische Konzeption der Wechselwirkung zwischen sozialem Wandel und individueller Entwicklung erarbeitete. Das darauf basierende theoretische Modell zeigt die folgende Abbildung. Danach läßt sich die Wechselwirkung von sozialem Wandel und Persönlichkeitsentwicklung durch das Zusammenspiel von fünf Konzepten beschreiben (Elder & Caspi, 1991): Kontrollzyklen, situative Gebote, das Akzentuierungsprinzip, das Lebensstufenprinzip und das Konzept interdependenter Lebensläufe. Betrachten wir diese Konzepte etwas genauer. Wie bereits Thomas 1909 herausarbeitete, schafft sozialer Wandel eine Diskrepanz zwischen Ansprüchen und Ressourcen, zwischen Zielen und Erreichtem. Diese Diskrepanz kann auf verschiedene Weise entstehen, beispielsweise durch eine Ressourcenverknappung bei stabilen Ansprüchen („ökonomische Deprivation") oder, wie in wirtschaftlichen Wachstumsperioden üblich, wenn die Ansprüche schneller ansteigen als die Ressourcen („relative ökonomische Deprivation"). Der letztgenannte Mechanismus ließ sich übrigens nach der „Wende" in Ostdeutschland vielfach beobachten. Obwohl dort nicht wenige Menschen neue berufliche Chancen fanden sowie im Regelfall und absolut gesehen ein Zuwachs ökonomischer Ressourcen zu beobachten war, wurde der Gewinn durch den Vergleich mit westdeutschen Referenzgruppen entwertet und zuweilen in Verlust umgedeutet.

Abb. 1:   Sozialer Wandel und individuelle Entwicklung (nach Elder & Caspi, 1991)

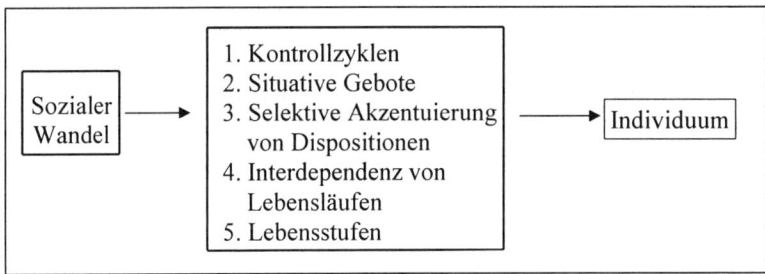

Eine Diskrepanz zwischen Ansprüchen und Ressourcen wird auf der individuellen Ebene als Kontrollverlust erlebt und gibt den Anstoß, sich mit der Umwelt auseinanderzusetzen. Diese Auseinandersetzung kann in Anlehnung an die Reaktanztheorie (Brehm & Brehm, 1982) als Streben nach Kontrollgewinn beschrieben werden und realisiert sich in Zyklen, die die Produktion und Reduktion der Diskrepanzen beinhalten. Solche Zyklen werden durch Lebensereignisse wie Arbeitsplatzverlust oder berufliche Chancen ausgelöst und sind oft mit Wendungen des Lebenslaufs verbunden. Wie diese Wendungen verlaufen und zu welchen Effekten sie führen, hängt auch von der historisch vorstrukturierten Situation im Lebens- und Entwicklungskontext ab. Diese Situation stellt Handlungsanforderungen an den einzelnen, die Elder „situative Gebote" nennt und die den zweiten Teil des Modells bilden. Beispielsweise bedeutete ein situatives Gebot für die Mehrheit der ostdeutschen Eltern ab 1991, ausgelöst durch einen Arbeitsplatzabbau in fast allen Branchen des Arbeitsmarkts, den Aufbau einer neuen beruflichen Perspektive als Lebensgrundlage. Damit war nicht allein Arbeitsplatzsuche, sondern der Neuerwerb beruflicher Fähigkeiten in kürzester Zeit vor dem Hintergrund einer radikalen Entwertung beruflicher Erfahrung gemeint; und Lebensgrundlage bedeutete nicht Überlebensgrundlage, sondern die Grundlage für den in Westdeutschland üblichen Lebensstandard.

Um die situativen Gebote zu bewältigen, müssen sich die Betroffenen an die neuartigen Anforderungen anpassen, indem sie ihr Verhalten ändern und ihre Persönlichkeit weiterentwickeln. Diese notwendigen Anpassungen führen selbst unter katastrophenartigen Umständen nicht etwa dazu, daß vorhandene Persönlichkeitseigenschaften „umgekrempelt" oder neue „aus dem Boden gestampft" werden. Vielmehr werden vorhandene Eigenschaften entsprechend ihrer Nützlichkeit für die Bewältigung der situativen Gebote akzentuiert; diese „selektive Akzentuierung individueller Dispositionen" bei belastenden sozialen Übergängen ist unsere dritte Modellkomponente.

Haben wir mit den ersten drei Modellkomponenten die Wechselwirkung von sozialem Wandel und Persönlichkeitsentwicklung grundlegend beschrieben, so gilt es nun, noch zwei moderierende Komponenten vorzustellen. Das Lebensstufenprinzip besagt, daß die Entstehung und die Bewältigung der beschriebenen Diskrepanzen zwischen Ansprüchen und Ressourcen bei einem Individuum abhängig von seinen Entwicklungsaufgaben und -voraussetzungen sind, die sich wiederum mit dem Alter über die Lebensspanne verändern. Nicht zuletzt moderiert der soziale Kontext der Betroffenen und die Qualität ihrer sozialen Beziehungen die Effekte sozialen Wandels. Insbesondere bei Familienmitgliedern mit ihren verwobenen Lebensläufen berührt jeder individuelle Anpassungsversuch an eine neuartige Lebenssituation auch die Ansprüche und Ressourcen der anderen. McLoyd (1989) hat ein theoretisches Modell bereitgestellt, das die psychologischen Mechanismen beschreibt, mittels derer ein Arbeitsplatzverlust des Vaters vermittelt über die familialen Bedingungen die kindliche Entwicklung beeinflußt. Wir haben ähnlich wie Conger et al. (1994) in seinem Untersuchungsansatz dieses Modell in Hinblick auf eine stärker systemische Sicht durch das Einfügen eines mütterlichen Entwicklungspfades erweitert (s. Abb. 2). Bei der Erläuterung unseres Modells wollen wir auf Untersuchungen zu Rezessionsfolgen aus Westeuropa und den USA zurückgreifen.

Als Ausgangspunkt unserer Überlegungen gehen wir davon aus, daß bei mindestens einem Elternteil eine Diskrepanz zwischen Ansprüchen und Ressourcen entstanden ist. Im Einklang mit den konzeptuellen Vorstellungen von Elder und Caspi (1991) kann diese Diskrepanz beispielsweise durch einen Arbeitsplatzverlust genauso ausgelöst werden wie durch eine unerwartete berufliche Chance. Als Folge dieses Lebensereignisses stellen sich zuweilen Zweifel ein, ob man die mit dieser Situation verbundenen Anforderungen bewältigen und die Situation kontrollieren kann; zu anderer Zeit ist man überzeugt, mit dem Problem „fertig zu werden" oder die Chance ergreifen zu können. In Abhängigkeit von der Persönlichkeitsstruktur und dem jeweils erreichten Status in diesem Kontrollzyklus wird man die Erfolgsaussichten eher ängstlich und pessimistisch oder eher aggressiv und euphorisch beurteilen. Die aus der Situation resultierenden psychischen Belastungen können zu Eß- und Schlafproblemen, Drogenmißbrauch bis hin zu Suizidbestrebungen in Fällen individuell besonders bedeutsamer Verluste führen.

**Abb. 2: Ökonomischer Wandel und kindliche Entwicklung (nach McLoyd,
1989)**

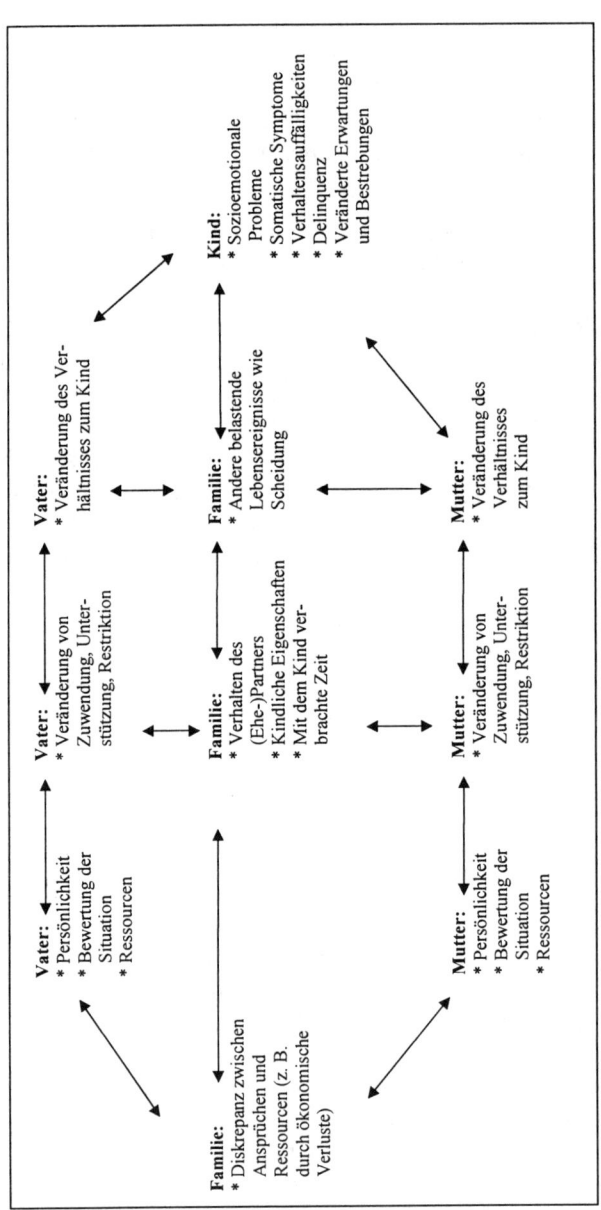

Für die Bewertung und Verarbeitung der Situation spielt auch eine Rolle, inwieweit man diese Situation selbst herbeigeführt, also beispielsweise den Arbeitsplatzverlust selbst verschuldet hat, und wie diese Situation von einem selbst und durch andere bewertet wird, d.h. beispielsweise ob man sich wegen dieser Situation schämt. Andere psychologische Einflüsse auf das Bewältigungshandeln werden in Abhängigkeit davon konstituiert, welche Rolle man sich in der Familie zuschreibt (z.B. „Ernährerrolle" vs. Rollenflexibilität) und über welche finanziellen Ressourcen man verfügt. Dabei können gleiche ökonomische Sachverhalte auf der psychischen Ebene interindividuell unterschiedlich bzw. intraindividuell ambivalent verarbeitet werden: Nimmt beispielsweise die Mutter bei Arbeitslosigkeit des Vaters eine Arbeit auf, um die Verdienstausfälle zu kompensieren, kann dies den Vater psychisch entlasten oder sein Schuldbewußtsein und seine Scham noch erhöhen (Tauss, 1976) bzw. es können Entlastungseffekte und Scham zugleich auftreten.

In unserem Modell (Abb. 2) hatten wir, nicht zuletzt wegen des schnellen Abbaus der ehemals hohen Frauenbeschäftigungsquote in der DDR und der starken Zunahme der Frauenarbeitslosigkeit nach der „Wende" 1989 in den neuen Ländern, die Rolle der Mütter bei der Verarbeitung von Diskrepanzen zwischen Ansprüchen und Ressourcen in der Familie berücksichtigt. Wie im Modell dargestellt, vermuten wir, daß sich einerseits die Verarbeitungsprozesse und -effekte bei den Müttern wenig von denen bei den Vätern unterscheiden, wenn die Mutter ihre Berufstätigkeit (wie die meisten Männer) als wichtige Quelle von Identität und Selbstwert ansieht bzw. wenn das mütterliche Einkommen für den Lebensstandard der Familie wichtig ist. Andererseits stehen Müttern Verarbeitungsmechanismen zur Verfügung, die Männern oftmals verschlossen bleiben oder inakzeptabel sind: Beispielsweise werden viele verheiratete Mütter durch berufsbezogene Status- und Einkommensverluste weniger betroffen, weil sie auf andere Selbstdefinitionen bzw. Rollen (Mutter, Karrierebegleiter des Mannes) zurückgreifen. Alleinerziehende Mütter besitzen diese Möglichkeit in der Regel nicht bzw. können sich nur unter ökonomischen Einschränkungen darauf zurückziehen; sie haben auch weniger finanzielle Ressourcen und reagieren unabhängig von ihren Ressourcen auf Arbeitsplatzverluste meist ängstlicher und depressiver oder mit gesundheitlichen Problemen (Kelly et al., 1985).

Eine Diskrepanz zwischen Ansprüchen und Ressourcen kann sich in extremer Form auch als Armut zeigen. Obwohl Armutseffekte gut untersucht sind, analysieren nur sehr wenige Studien vergleichend und längsschnittlich die Folgen andauernder vs. zeitweiliger Armut für die kindliche Entwicklung. Danach ist Armut in der Familie bei Kindern nicht selten verknüpft mit dem verstärkten Auftreten von Ängsten, sozialer Isolierung, Aggression, Delinquenz, mangelndem Selbstwerterleben und geringer Kompetenzerwartung sowie in späterem Alter mit hohen Raten von Jugendkriminalität, Frühschwangerschaft und Schulabbruch (Conger & Elder, 1994; Elder et al., 1992; Garbarino, 1992; im Überblick McLoyd, 1989).

Der mit zeitweiliger Armut verbundene Streß unterscheidet sich von den psychischen Belastungen, die aus chronischer Armut resultieren, beispielsweise weil die Betroffenen zeitweilige Notlagen oft zu verbergen suchen. Trotz oder gerade wegen dieser Unterschiede sind auch kurzzeitige Armutsepisoden immer mit Folgen für die Erziehungstüchtigkeit betroffener Eltern verbunden (McLoyd, 1989), insbesondere wenn es sich um alleinerziehende Mütter handelt (Kelly et al., 1985; McLoyd & Wilson, 1990). Zu den Studien, die sehr differenziert und längsschnittlich Armutseffekte auf die Kindesentwicklung betrachten, gehört die Untersuchung von Bolger, Patterson, Thompson und Kupersmidt (1995), in deren Rahmen über vier Jahre hinweg jährlich die Entwicklung von Primarschülern in Abhängigkeit davon untersucht wurde, ob sie in dauerhaft armen (erste Gruppe), zeitweilig armen (zweite Gruppe; Teilgruppen mit einer Zeitdauer der Armut von einem Jahr, zwei Jahren und drei Jahren) oder wohlhabenden (dritte Gruppe) Familienverhältnissen lebten.

Hinsichtlich des Selbstwertempfindens und der Popularität der untersuchten Kinder unter Gleichaltrigen zeigten sich signifikante Unterschiede zwischen den drei Gruppen. Innerhalb der Gruppe der Kinder aus zeitweilig armen Familien gab es allerdings keine signifikanten Zusammenhänge zwischen der Dauer der Armut in der Familie einerseits und dem Selbstwertempfinden und der Popularität der Kinder andererseits. Wenn man jedoch Verhaltensauffälligkeiten der Kinder zur Armutsdauer in der Familie in Beziehung setzt, zeigen sich sogar zwischen den Gruppen mit der zeitweiligen Armutserfahrung noch Unterschiede: So unterschieden sich beispielsweise Jungen mit einem Jahr Armutserfahrung signifikant von denen mit zwei oder drei Jahren Armutserfahrung in dem Sinne, daß das Ausmaß der Verhaltensauffälligkeiten mit der Dauer der Armut wuchs.

Die Folgen von Armut sind also kumulativ. Dies gilt einerseits, wie die Studie von Bolger et al. (1995) zeigt, im Hinblick auf die Dauer von Armut. Andererseits findet sich eine Anhäufung von Armutsfolgen oft auch für die Anzahl belastender Stressoren, denn Arbeitsplatz- und Einkommensverluste erhöhen die Wahrscheinlichkeit und die Verletzlichkeit für andere belastende Lebensereignisse in der Familie wie z.B. Scheidung. Vielfältige und gleichzeitig wirkende Stressoren wiederum führen zu einem deutlich erhöhten Risiko von Verhaltensauffälligkeiten bei Heranwachsenden (Rutter & Garmezy, 1983; Shaw & Emery, 1988). Zu diesen multiplen Problemlagen zählt aus einsichtigen Gründen das Zusammentreffen von Niedrigeinkommen und problematischen Wohnverhältnissen, wovon vor allem alleinerziehende Mütter und Haushalte mit mehreren Kindern betroffen sind (Müller, 1991; Schott-Winterer, 1990; Ulbrich, 1990). Billigwohnungen sind meist in infrastrukturell schlecht ausgestatteten Gebieten zu finden, in denen die Möglichkeiten für soziale Kontakte und Aktivitäten der Kinder eingeschränkt sind. Dies wiegt für Kinder schwer, wenn zugleich ein eigenes Kinderzimmer fehlt und sich in der räumlichen Enge familiäre Konflikte zuspitzen (Lang, 1985; Müller, 1991).

Eine mögliche soziale Ausgrenzung armer Kinder resultiert aber nicht nur aus ihren Wohnverhältnissen, sondern auch aus mangelnder Partizipation an der „Kinderkultur". Familiäre Ausgabenkürzungen beim Taschengeld, für modische Kleidung oder Hobbys können soziale Ausgrenzungsmechanismen auslösen. Im Rahmen einer Untersuchung in brandenburgischen Familien, die Sozialhilfe beziehen, zeigte sich, daß in jeder vierten Familie die Kinder sich nicht in vollem Umfang an Aktivitäten von Altersgefährten beteiligen konnten und in jeder sechsten Familie die Kinder aus finanziellen Gründen nicht an Klassenfahrten teilnahmen (Großmann & Schmidtke, 1994).

Dies führt zu Veränderungen des sozialen Status und der Aktivitäten zur Statussicherung in der Gruppe der Gleichaltrigen („Peers"). In Untersuchungen mit Jugendlichen ließ sich zeigen, daß elterliche Einkommensverluste zu geringerem Selbstwertempfinden (Isralowitz & Singer, 1986) und zu geringerer Peer-Akzeptanz (Patterson, Vaden & Kuperschmidt, 1991) sowie bei einem gleichzeitigen Rückgang familialer Responsivität zu erhöhter Abhängigkeit adoleszenter Jungen von den Normen der Gleichaltrigen (Elder, Van Nguyen & Caspi, 1985) führten.

In jedem sozialen Kontext und insbesondere im emotional engen und damit auch verletzlichen Beziehungssystem der Familie gewinnt (relative) ökonomische Deprivation, genauso wie andere Stressoren, ihren Einfluß auf die kindliche Entwicklung durch Interaktionsprozesse in den Schlüsselbeziehungen der Betroffenen (Patterson, 1983; Rutter, 1983); die aus ökonomischen Veränderungen resultierende psychische Belastung wird also interaktional vermittelt. Eine schwierige finanzielle Situation in der Familie führt beispielsweise nicht per se durch die notwendigen materiellen Einschränkungen und Neuverteilungen zu psychischen Belastungen der Familienmitglieder, sondern erst durch Konflikte um die begrenzten Ressourcen. Ähnliches gilt für die Neuverteilung ökonomischer Gewinne. Eine Reihe von Befunden verweist darauf, daß vor allem Arbeitslosigkeit und Einkommensverluste innerfamiliäre Spannungen erhöhen und interpersonelle Auseinandersetzungen begünstigen (Conger et al., 1992; Liker & Elder, 1983; Neuberger, 1997; Walper, 1988 und 1995). Gefährdet ist das Familiensystem durch ökonomische Veränderungen insbesondere dann, wenn schon zuvor gespannte Beziehungen und eine geringe Familienintegration gegeben waren (Hornstein, 1988).

Veränderungen der beruflichen bzw. ökonomischen Situation der Eltern führen also zu Veränderungen ihrer Zuwendung, Unterstützung und Restriktion sowohl im Verhalten gegenüber dem (Ehe-)Partner als auch gegenüber dem Kind. Die Effekte solcher Verhaltensänderungen sind abhängig von den Persönlichkeitseigenschaften des Partners bzw. der Kinder und von der mit ihnen verbrachten Zeit. Die Eskalation familiärer Konflikte wird vor allem durch Schuldzuweisungen des (Ehe-)Partners über die Verursachung der Situation oder das „Abreagieren" der psychischen Belastung der Eltern an den Kindern gefördert. Forschungsbefunde zeigen, daß Arbeitslosigkeit bei Vätern zu Autoritäts- und Identitätsverlusten führt (Walper, 1988; Silbereisen, Walper & Albrecht, 1990), aus denen nicht selten eine Zunahme willkürlicher, abweisender, inkonsistenter und gewalttätiger Erziehungsaktionen resultiert (Conger et al., 1994; Elder, Van Nguyen & Caspi, 1985; Lempers, Clark-Lempers & Simons, 1989; s. auch McLoyd, 1989). Jugendliche Töchter werden von solchen „Erziehungsaktionen" des Vaters eher betroffen, weil sie sich mehr zu Hause aufhalten als Jungen und physisch schwächer sind. Bei Vater-Kind-Konflikten sind distanzierte Mütter ein zusätzlicher Risikofaktor, vor allem bei Jungen, da Mütter sich gegenüber jungen Söhnen generell schon weniger unterstützend verhalten (Elder, 1979). Gerade die Vater-Kind-Relation wird von der Mutter in familialen Belastungssituationen über ihr Verhalten stark moderiert: Macht sie dem Vater Vorwürfe, beispielsweise für sein „Versagen" in der Ernährerrolle vor dem Kind, dann schwächt sie die erzieherische Potenz des Vaters, destabilisiert die Familie und schürt Konflikte in der familialen Interaktion (Conger et al., 1994; im Überblick McLoyd, 1989).

Ökonomische Deprivation, auch relative ökonomische Deprivation, enthüllt also die elterlichen Fähigkeiten, auf die Bedürfnisse der Kinder einzugehen, und beeinflußt die diesbezügliche elterliche Motivation. Emery (1989) wies in diesem Zusammenhang darauf hin, daß Mängel in der Erziehungstüchtigkeit der Eltern in der Regel nicht durch psychisch krankhafte Elternpersönlichkeiten verursacht werden, sondern aus situativem Streß und sozio-kognitiven Defiziten resultieren. Beispielsweise verfügen abweisende und restriktive Eltern oft über geringe Kenntnisse in der Kinderpflege und -erziehung (Burgess & Conger, 1978) und über eine geringe Toleranz gegenüber kindlichen Gefühlsäußerungen wie Weinen (Frodi & Lamb, 1980); darüber hinaus unterstellen sie dem Kind häufiger als andere Eltern bei kindlichem Fehlverhalten bösartige Motivationen (Larrance & Twentyman, 1983).

Unabhängig von den Ursachen bleiben aber Defizite in der Erziehungstüchtigkeit nicht ohne Folgen für die Entwicklung der kindlichen Persönlichkeit, denn durch die Interaktion mit den Eltern lernt das Kind Verhaltensmuster, die sein Handeln auch im späteren Leben nachhaltig beeinflussen (Baron & Richardson, 1994). Dies gilt sowohl für prosoziales als auch für aggressives Verhalten. So ist einerseits in vielen Studien belegt, daß prosoziales Verhalten vor allem und direkt in der Familie anerzogen wird (Grusec, 1991; Cassidy et al., 1992; Patterson et al., 1991). Andererseits zeigen Kinder im Elternhaus gelernte aggressive Verhaltensmuster gegenüber Geschwistern und Peers, ja sogar später gegenüber ihren eigenen Kindern (Crockenberg, 1987). Es erstaunt daher nicht, daß ein Anstieg abweisenden und restriktiven Elternverhaltens in ökonomisch deprivierten Familien auch zu einer Zunahme provokanten und von Wutausbrüchen gekennzeichneten bzw. delinquenten Verhaltens bei adoleszenten Jungen führt (Conger et al., 1994; Lempers et al., 1989). Conger et al. (1994) haben in diesem Zusammenhang Familienkonflikte intensiv untersucht und herausgefunden, daß sich Väter und Mütter wie auch Söhne und Töchter bei der Verarbeitung ökonomischer Belastungen in der Familie kaum noch unterscheiden. Die Autoren führen diesen Unterschied zu den Befunden Elders (1974) über die Folgen der „Great Depression" Ende der 20er Jahre unseres Jahrhunderts übrigens auf Rollenangleichungsprozesse zurück. Es bleibt aber ein Unterschied zwischen Jungen und Mädchen: Adoleszente Mädchen internalisieren Belastungsfolgen eher im Sinne psychosomatischer bzw. depressiver Symptome; Jungen externalisieren eher im Sinne aggressiven bzw. delinquenten Verhaltens.

Auch Neuberger (1997) beschreibt autoritäres und restriktiv-bestrafendes Verhalten sowie darüber hinaus Inkonsequenz und Verwöhnung als häufig zu beobachtende Varianten des Erziehungsverhaltens, wenn Arbeitslosigkeit und Armut das Familiensystem belasten. Andere Untersuchungen beziehen auch die „Modernisierungsgewinner" in die Betrachtung ein. Gerade in ostdeutschen Familien mit vergleichsweise hohem Lebensstandard finden beispielsweise Sturzbecher und Langner (1997) aus der Perspektive der befragten Jugendlichen zwar keine Restriktion, dafür aber eine geringere Verfügbarkeit der Eltern bei Problemen der Kinder sowie Indizien für Vernachlässigung und fehlende Kontrolle durch die Eltern. Es ist also nicht auszuschließen, daß gerade bei belasteten „Karriereeltern" Wechsel von (selten) unterstützendem Erziehungsverhalten und abweisendem Erziehungsverhalten bei den Kindern zu sozio-emotionalen Problemen und Orientierungslosigkeit führen.

Neben psychosomatischen Symptomen, Verhaltensauffälligkeiten und insbesondere Delinquenz als Folgen unbewältigten sozialen Wandels in der Familie findet sich in den einschlägigen Forschungsbefunden noch ein anderer Effekt: Ein Einkommens- und Statuswandel der Eltern beeinflußt die elterliche Rolle als Leistungsmodell in subtiler, aber trotzdem scharfer Form. Die Leistungsambitionen von Jugendlichen sind von derartigen Prozessen genauso abhängig wie von den materiellen Einschränkungen, die Armut produziert. Wenn beispielsweise das Einkommen sinkt, reduzieren Jugendliche ihre Zukunftsbestrebungen und Unterstützungserwartungen (Flanagan, 1990; Hauser & Featherman, 1977). Zwar sind die Mechanismen des intergenerativen Transfers von Lebensansprüchen noch unklar, unzweifelhaft sozialisieren Eltern aber die Ambitionen ihrer Kinder durch Lebensstil und Interaktion, geben sie berufliche Orientierungen oder alternative Modelle für ihre Kinder abhängig von ökonomischer und kultureller Realität vor. Spekuliert man darüber, in welchen Bevölkerungsgruppen entsprechend ihrer Beschäftigungsmerkmale die Entwicklungsrisiken für Kinder am größten sind, wird man vielleicht die Familien mit dauerarbeitslosen Eltern als wichtigste Risikogruppe ansehen. Flanagan (1990) konnte jedoch mit ihrer Untersuchung die in unseren bisherigen Darstellungen implizite Behauptung stützen, daß auch die Kinder von Eltern, die letztlich Modernisierungsgewinner sind oder zumindest in ökonomischen Krisen ihren Status behaupten konnten, durchaus „Folgeschäden" der notwendigen Adaptationsanstrengungen davontragen können: Die Risikogruppe ist damit größer als vermutet. Die Autorin untersuchte in einer Rezessionsphase neben anderen Familien eine Teilstichprobe von über 200 Familien mit zeitweilig erwerbslosen Eltern. Diese Eltern waren in den beiden Jahren vor der Untersuchung zwischen einem Monat und 18 Monaten arbeitslos und hatten meist schon wieder einen neuen Arbeitsplatz gefunden. Außerdem hatten diese Familien infolge des Bezugs von Ausgleichszahlungen kaum Einkommensverluste; sie hatten also am Schluß eher gewonnen und waren im Vergleich mit Dauerarbeitslosen bzw. „echten" Verlierern viel zufriedener mit ihrem Leben.

In diesen Familien von „Quasigewinnern" wiesen die Beziehungen zwischen Kindern und Eltern eine Besonderheit auf: Einerseits drängten die Eltern ihre Kinder in besonders hohem Maße zu ehrgeizigen Berufs- und Zukunftsplänen, zum Übertreffen des elterlichen Berufsstatus; andererseits lehnten sie stärker als Eltern aus anderen Familiengruppen (d.h. stärker als „echte Gewinner" wie auch als „echte Verlierer") Bildungsinvestitionen in ihre Kinder ab und zeigten die geringste Bereitschaft, ihre Kinder angemessen finanziell zu unterstützen. Diese Eltern stellten also von allen Elterngruppen die höchsten Forderungen und boten gleichzeitig die geringste Unterstützung, obwohl sie gegenüber den Modernisierungsverlierern deutlich höhere Einkommen hatten. Warum? Die zeitweilig arbeitslosen Eltern waren vermutlich mit ihren eigenen Problemen beschäftigt, mußten beruflich wieder Fuß fassen, sich neu qualifizieren. Sie kämpften um den Erhalt ihres Lebensstandards und vernachlässigten dabei die Unterstützung und Orientierung ihrer jugendlichen Kinder. Die Kinder dieser Eltern waren nach den Einschätzungen ihrer Lehrer genauso gut an schulische Anforderungen angepaßt wie die Kinder der „Gewinner", sie hatten jedoch verglichen mit den Kindern aus allen anderen Familiengruppen einen geringeren Sozialstatus, geringere Zukunftspläne und die geringsten Bildungsaspirationen. Ihr Erbe

der elterlichen beruflichen Verunsicherung war ein auf kurze Sicht geplantes Siche-
rungsstreben, die Suche nach einem „schnellen Job" und finanziellem Erfolg, nicht
Erfolg in der Schule (vgl. Moen, Kain & Elder, 1983; Sturzbecher & Langner, 1997).

Ein Bestandteil unseres Modells bzw. eine moderierende Bedingung der kindlichen
Entwicklung haben wir trotz ihrer hohen Bedeutung bislang ausgespart: die kindliche
Persönlichkeitsstruktur. Die Eigenschaften des Kindes vermitteln nicht nur unmittel-
bar die Effekte ökonomischer und interaktionaler Lebensbedingungen in der Familie
auf das kindliche Verhalten, sondern auch langfristig die Einflüsse der Umwelt des
Kindes auf sein späteres Leben. Hier zeigen sich die Unterstützungspotentiale und
Einflußmöglichkeiten von Pädagogen und Psychologen, die zwar die ökonomische
Situation von Familien nicht verändern, aber durch pädagogische Arrangements die
„Abwehrkräfte" des Kindes gegen Belastungen in der Familie stärken können. Es sei
angemerkt, daß bei fast allen von Familienkrisen betroffenen Kindern die Unterstützung durch institutionelle Betreuungssysteme nur zeitweilig nötig ist, da sich in den
meisten Familien die Auswirkungen von beruflichen Veränderungen oder von Armut
auf eng begrenzte Zeiträume beschränken und diese Auswirkungen durch eine Veränderung der ökonomischen bzw. beruflichen Situation der Eltern „repariert" werden
können. So mindern beispielsweise Armut und Arbeitslosigkeit zwar die elterliche
Bereitschaft, auf die Bedürfnisse der heranwachsenden Kinder einzugehen; eine
Wiederbeschäftigung gleicht die Spannungen in den Eltern-Kind-Beziehungen jedoch oft schnell wieder aus (McLoyd et al., 1994).

Aber welche Eigenschaften von Heranwachsenden kann und soll man fördern, um
ihre Entwicklungschancen zu verbessern? Erfolgversprechende Antworten auf diese
Frage bietet die Resilience-Forschung[1]. Dieser Forschungszweig der Entwicklungspsychologie widmet sich der Frage, warum Kinder sich nicht selten trotz erdrücken-
der Entwicklungsrisiken in der Kindheit (später) zu psycho-sozial gesunden Persön-
lichkeiten entwickeln. Diese Tatsache läßt sich übrigens nicht nur durch die Lebens-
geschichten einiger weniger Erfolgreicher belegen. Ein gutes Beispiel aus der Forschung bietet Festinger (1983). Sie untersuchte in einer Studie die Entwicklung von
277 jungen Männern. Diese Männer waren von ihrer frühen Kindheit an bis zur Volljährigkeit immer wieder in Heimen New Yorks untergebracht; 68 Prozent von ihnen
wiesen drei oder mehr Aufenthalte vor. Vernachlässigung, Mißbrauch, Mißhandlung
oder auch Krankheiten der Eltern hatten diese Kinder teilweise über Jahre hinweg
erlebt. Dementsprechend hatten sie in der Jugend immer wieder Schulprobleme. Festinger verglich diese 277 Männer nun zehn Jahre später, als sie also ca. 30 Jahre alt
waren, mit einer landesrepräsentativen Kontrollgruppe gleichaltriger Männer. Das er-
staunliche Ergebnis: Die beiden Gruppen unterschieden sich nicht hinsichtlich der
Arbeitslosenraten, des Gesundheitsstatus, der Zukunftserwartungen, der emotionalen
Zufriedenheit oder der „Glückserfahrung". Darüber hinaus gab es keine Anzeichen
dafür, daß bei den Kindern dieser Männer häufiger Heimaufenthalte notwendig oder
diese Männer in erhöhtem Maße von öffentlicher Unterstützung abhängig waren.

---

[1] Der Begriff „resilience" bezeichnet eigentlich die Eigenschaft von Werkstoffen, nach starken Verformungen die ursprüngliche Gestalt wieder anzunehmen.

Die Resilience-Forschung untersucht also, warum Kinder auf Entwicklungsrisiken sehr unterschiedlich reagieren und sich später oft von Entwicklungsbeeinträchtigungen in der Kindheit gut erholen. Zu diesen protektiven Mechanismen zählt Rutter (1997) im allgemeinen:

(1) die Reduktion von Risikofaktoren (z.B. durch angemessene elterliche Kontrolle oder das Heraushalten des Kindes aus Elternkonflikten),

(2) die Vermeidung von „Kettenreaktionen" potentieller Risikofaktoren (z.B. durch die Vermittlung effektiver sozialer Konfliktbewältigungs- und Problemlösestrategien oder durch die Aufklärung über die Gefahren von Frühschwangerschaft und Drogenmißbrauch),

(3) die Förderung von Selbstwertgefühl und Selbstwirksamkeitsüberzeugungen (z.B. durch verläßliche und unterstützende interpersonelle Beziehungen, durch Erfolg bei der Übernahme von Aufgaben und sozialer Verantwortung oder durch Hilfen zur entwicklungsfördernden Verarbeitung von Streß),

(4) die Eröffnung von Entwicklungschancen (dazu gehören Bildungs- und berufliche Möglichkeiten, eine Erweiterung der Chancen bei der Auswahl von Lebenspartnern oder auch das Herausnehmen aus der häuslichen Umgebung bei erziehungsuntüchtigen Eltern) sowie

(5) die Unterstützung bei der entwicklungsfördernden kognitiven Verarbeitung negativer Erfahrungen (z.B. durch soziale Akzeptanz oder durch das Herausstellen positiver Aspekte).

Rutter (1987) sowie Zimmerman und Arunkumar (1994) verweisen auf Besonderheiten und Grenzen des Resilience-Konstrukts für die Erklärung von Entwicklungsprozessen. Zunächst: Resilience resultiert aus der (erfolgreichen) Auseinandersetzung mit dem Risiko; sie wird wie die ihr zugrundeliegenden Persönlichkeitseigenschaften (z.B. Selbstwertgefühl, Problemlöseaktivität) nicht in der Kindheit ein für alle Mal ausgebildet, sondern ist sensibel für Lebenserfahrungen. Resilience differiert also in verschiedenen Lebensbereichen mit ihren spezifischen Risiken sowie über die Lebensspanne. Deshalb weisen die o.g. Autoren auch darauf hin, welche Bedeutung Erfolge bei neuen Anforderungen und veränderten Referenzgruppen infolge von Kontextübergängen (Einschulung, erste Liebesbeziehungen, Übergang in die Berufswelt) für die notwendige Weiterentwicklung von Resilience in der Lebensspanne haben: Protektive Mechanismen entwickeln sich nicht in Abwesenheit von Risiko und Verletzlichkeit; sondern durch Interaktion mit sich wandelnden Risikosituationen und nicht selten initiiert durch „Wendepunkte" im Leben.

Fassen wir zusammen: Armut und Arbeitslosigkeit, aber auch beruflicher Aufstieg können Eltern in ihrer Rolle als Erzieher und Betreuer der Kinder beeinträchtigen. Das daraus resultierende Entwicklungsrisiko für die Kinder ist nicht zu unterschätzen, zumal die Ansprüche an die Erziehungsleistungen der Eltern gestiegen sind, weil eine liberale Erziehung und Aushandlungsprozesse immer stärker an die Stelle von elterlicher Gewalt und Gehorsam treten. Hier müssen Bildungs- und Jugendhilfeeinrichtungen Unterstützung bieten, denn Kinder und Jugendliche werden am besten vor Entwicklungsrisiken geschützt, wenn alle Erziehungsinstitutionen früh einsetzend und abgestimmt:

(1) Persönlichkeitseigenschaften wie ein hohes Aktivitätsniveau, Intelligenz, Sozialität und Kommunikationsfähigkeit sowie vor allem Selbstwertgefühl, Selbstwirksamkeitsüberzeugungen und Erfolgserfahrung fördern,

(2) den Heranwachsenden im sozialen System der Gruppe soziale Responsivität und insbesondere emotionale Unterstützung in Streßzeiten gewähren,

(3) die Anforderungen an die Heranwachsenden und ihre sozialen Bezüge strukturieren sowie konsistent und verläßlich gestalten, d.h. beispielsweise dem Heranwachsenden entwicklungsstandgerechte Rollen und Pflichten anbieten und deren Erfüllung angemessen kontrollieren sowie

(4) bei all dem Handlungsorientierungen bereitstellen sowie individuelle Kompetenzen und Entschlossenheit belohnen.

Wenn Familien, Bildungseinrichtungen, Jugendhilfe u.a. dies erfolgreich leisten und den Heranwachsenden auch in „Krisenzeiten" Unterstützung gewähren, verarbeiten die meisten Kinder und Jugendlichen die Herausforderungen des sozialen Wandels, Gewinne wie Verluste, auch in Zukunft produktiv.

2.2 Problemstellung

Nachdem wir ausführlich die Entwicklung Heranwachsender in der Familie unter Bedingungen sozialen Wandels und insbesondere in wirtschaftlichen Krisen betrachtet haben, kehren wir zurück zu unserer Untersuchung. Auch in der vorliegenden Studie spielen Familien eine bedeutsame Rolle, denn wir wollen einerseits die Entwicklungsbedingungen brandenburgischer Jugendlicher beschreiben, um Ansatzpunkte für effiziente Förderstrategien in verschiedenen Lebensbereichen (Familie, Schule, Jugendhilfe) zu markieren. Andererseits wollen wir die Verbreitung und die Ursachen von Jugendgewalt, politischem Extremismus, Ausländerfeindlichkeit und Antisemitismus analysieren, um zur Erarbeitung von zielgruppenspezifischen Präventionsprogrammen beizutragen und auf diese Weise an der Minderung der Problembelastung mitzuwirken. Warum erfordern diese beiden verwobenen Zielstellungen, sowohl die Persönlichkeitsstrukturen Jugendlicher als auch die Lebenssituation Jugendlicher in verschiedenen sozialen Kontexten zu berücksichtigen?

Jugendliche stehen vor einer Vielzahl altersspezifischer Anforderungen, sogenannter „Entwicklungsaufgaben" (nach Havighurst, 1948). War in der Kindheit die Familie noch die primäre Bezugsgruppe, vollzieht sich in der Jugendphase eine zunehmende Hinwendung zu Gleichaltrigen; die Eltern treten – zumindest in einigen Lebensbereichen – eher in den Hintergrund. Neben der allmählichen Ablösung vom Elternhaus stehen die Jugendlichen einer weiteren Entwicklungsaufgabe gegenüber: In der Phase der Adoleszenz müssen sie verstärkt individuelle Wertorientierungen und Überzeugungen entwickeln, an denen sich ihr Handeln orientieren kann (Havighurst, 1948). Dieses Ziel ist nicht leicht zu erreichen, denn unsere gegenwärtige Gesellschaft ist geprägt durch eine Pluralisierung von Lebensstilen und Werthaltungen. Die Vielfalt an sozialen Bezügen und Lebensstilen schafft ein Umfeld, in dem es für Heranwachsende nicht einfach ist, sich zu orientieren und die eigene Identität aufzubauen (Trommsdorff, 1999). Was haben Wertorientierungen und Selbstkonzepte, Familie und Peers mit Delinquenz zu tun?

Die Familie beeinflußt die Entwicklung von Heranwachsenden sowohl über die ökonomischen als auch über die interaktionalen ("verhaltensbezogenen") Entwicklungsbedingungen, die sich im „Familienklima" widerspiegeln. Diesen Bedingungskomplex haben wir bereits ausführlich thematisiert. Zusammenfassend läßt sich konstatieren, daß

- fehlende Zuwendung und Verfügbarkeit von Eltern,
- elterliche Restriktion sowie fehlende Bereitschaften und Fähigkeiten der Eltern, auf die Situation und Bedürfnisse des Kindes einzugehen, sowie
- fehlende Aushandlungsmöglichkeiten, in deren Rahmen Kinder gegenüber Eltern ihre Interessen und Wünsche entwicklungsstandgerecht artikulieren und durchsetzen können,

eine hochwirksame familiale Ausgangslage für die Entwicklung von Delinquenz im allgemeinen und von Gewaltbereitschaft im besonderen (Coie & Dodge, 1998) darstellen. Es erhebt sich also die Frage, in welchem Maße Jugendliche in Brandenburg in ihren Familien unter Vernachlässigung, Restriktion oder gar Schlägen leiden oder ob sie ein Familienklima genießen, in dem ihre Bedürfnisse respektiert und ihre Entwicklung gefördert werden.

Die Beziehungen zu Gleichaltrigen und die Erfahrungen in Cliquen und Freundschaften gelten insbesondere in der Jugendphase als wichtige Sozialisationsfaktoren, was nicht bedeutet, daß andere soziale Beziehungen beispielsweise in der Familie nun unwichtig werden oder Eltern keine Orientierungsfunktion mehr besitzen. Vielmehr existieren Wechselwirkungen zwischen unterschiedlichen Beziehungskontexten (Oswald, 1992; Elder, Van Nguyen & Caspi, 1985), die insbesondere bei der Erklärung von Delinquenz zu beachten sind. Die Bedeutung der Peers wie auch dieser Wechselwirkungen für die Beteiligung Jugendlicher an Gewaltaktionen stellen beispielsweise Kühnel und Matuschek (1995, s. auch Kühnel, 1995) ausführlich dar; wir werden deshalb auf weitere diesbezügliche Darlegungen verzichten. Wir wollen jedoch der Frage nachgehen, in welchen Gruppierungen brandenburgische Jugendliche ihre Freizeit gestalten und welchen Einfluß Cliquen beispielsweise auf die Gewaltbereitschaft und den Rechtsextremismus ihrer Mitglieder ausüben.

Viele Persönlichkeitseigenschaften stehen in einem engen Zusammenhang zur Delinquenzbereitschaft; wir können an dieser Stelle nur einige wenige herausgreifen, die wir hinsichtlich ihrer Bedeutsamkeit für die Beteiligung Jugendlicher an Gewaltaktionen sowie rechtsextremen und ausländerfeindlichen Delikten für besonders wichtig halten und deshalb in unsere Studie einbezogen haben: Erregbarkeit (im Sinne des Aktivierungsniveaus für Aggressionen; wir kommen im Kapitel 8 darauf zurück), Wertorientierungen, Selbstwirksamkeitskognitionen im Sinne von Kontrollerwartungen und Selbstvertrauen sowie Zukunftsoptimismus. Gerade im Zusammenhang mit Gewaltbereitschaft werden Selbstwirksamkeitsüberzeugungen als Ursachenstrukturen immer wieder thematisiert (Heitmeyer et al., 1995a; Petermann, 1995; Schwarzer, 1993). So geht beispielsweise Gewaltbereitschaft oft mit externalen Kontrollüberzeugungen sowie hohem Selbstvertrauen und Optimismus der Gewalttäter einher; wir werden diesen Zusammenhang im Kapitel 8 noch ausführlich betrachten. Kury (1991) oder Boers et al. (1992) stellten sogar fest, daß Gewalttäter typischerweise für sich sehr gute berufliche Chancen annahmen. Positive Zukunftserwartungen gewaltbereiter Jugendlicher werden auch durch Dettenborn (1992) berichtet. Petermann (1995) versucht diese Zusammenhänge mittels der Einführung des Terminus "scheinbare Handlungskompetenz" zu erklären: Jugendliche, die im Spektrum angemessener Handlungen verhaltenseingeengt seien, würden anstelle dessen ihr aggressives Verhaltensrepertoire ausdifferenzieren und trainieren. In der Folge erlebten sie sich gerade über das Gewalthandeln als handlungskompetent und leistungsfähig (vgl. auch Loeber, 1990), was nicht ohne Effekte auf ihr Selbstwertgefühl bleiben dürfte. Für uns ergibt sich die Frage, wie weit diese Persönlichkeitsstrukturen unter brandenburgischen Jugendlichen verbreitet sind und welche Trends sich erkennen lassen. Im vorliegenden Kapitel werden diese psychischen und nachfolgend die kontextuellen Rahmenbedingungen für die Entstehung von Delinquenz betrachtet, und es wird auch aufgezeigt, in welchem Maße sich diese Rahmenbedingungen in den vergangenen Jahren veränderten.

2.3   Methodische Bemerkungen

Da wir in diesem Kapitel Befunde zu einem sehr heterogenen Bereich von Entwicklungsvoraussetzungen und -bedingungen (Persönlichkeit, Familie, Peers) vorstellen, empfiehlt es sich aus Gründen der Übersichtlichkeit und der Verständlichkeit nicht, übergreifende Erläuterungen zu den Indikatoren gesondert voranzustellen. Vielmehr wollen wir unmittelbar vor den jeweiligen Ergebnissen methodische Bemerkungen zu den verwendeten Indikatoren und ihre psychometrische Güte einflechten. Ein umfassender Überblick zu den Indikatoren findet sich im Anhang. Die verwendeten statistischen Prozeduren wie auch die Darstellung der Ergebnisse gehen über die bereits im Eingangskapitel beschriebenen Sachverhalte nicht hinaus und erfordern keine weiteren Erläuterungen.

2.4   Wertorientierungen, Kontrollüberzeugungen und Zukunfts-
erwartungen

Wertorientierungen

Die von Inglehart (1971) angefachte Diskussion, ob durch Individualisierungsprozesse in modernen Gesellschaften ein Wandel von Wertpräferenzen stattfindet (beispielsweise von materialistischen Werten hin zu Selbstentfaltungswerten und Werten individueller Freiheit), erhält gerade für die Betrachtung ostdeutscher Jugendlicher besondere Bedeutung, denn ostdeutsche Jugendliche wuchsen in ihrer Kindheit teilweise mit anderen Werten auf als westdeutsche Jugendliche. In der DDR und auch später noch in den neuen Bundesländern standen die Förderung des Gemeinschaftsgefühls und die soziale Integration in ein Kollektiv im Mittelpunkt der Erziehung (Sturzbecher & Waltz, 1998; Sturzbecher, Grundmann & Welskopf, 2000). Nach der „Wende" 1989 erfolgte jedoch ein Wertewandel: Die individuelle „Selbstverwirklichung" gewann an Bedeutung. Unklar ist, inwieweit dieser Wertewandel die heutigen ostdeutschen Jugendlichen beeinflußt oder gar destabilisiert hat, zumal auch ihre Eltern die in der DDR erworbenen Wertemuster verändern mußten. Allerdings warnen Autoren wie Ulbrich und Sydow (1996) davor, den Wertewandel in der DDR nach der „Wende" zu überschätzen, weil ihrer Ansicht nach der in der BRD in den 70er Jahren eingetretene Wertewandel – die zunehmende Bedeutung individueller Selbstverwirklichung – von den DDR-Bürgern bereits in den achtziger Jahren aufgeholt worden sei und wahrscheinlich die „Wende" begünstigt habe (vgl. hierzu auch Gensicke, 1995; Sturzbecher & Freytag, 2000b).

Die nachfolgenden Darstellungen zeigen, welche Werthaltungen für die heutige brandenburgische Jugend von großer Bedeutung sind und inwieweit sich über die letzten Jahre hinweg ein Wertewandel vollzogen hat. In Tabelle 1 finden sich zunächst die Befunde von 1999 zu sieben ausgewählten Wertorientierungen, differenziert für Jungen und Mädchen. Anhand der Numerierung in der ersten Tabellenspalte kann für die Gesamtstichprobe der Stellenwert der untersuchten Wertorientierungen abgelesen werden. Demzufolge stehen die hedonistisch-selbstverwirklichenden Werte („Das Leben genießen, man lebt nur einmal", „Eine erfüllte Arbeit haben") an oberster Stelle. Soziale Wertorientierungen („Eine Familie gründen", „Für andere dasein") werden noch von etwa der Hälfte der Befragten für sehr bedeutsam gehalten. 38 Prozent der Jugendlichen finden es sehr wichtig, viel Geld zu verdienen. Im Vergleich mit den anderen fünf Wertorientierungen werden die Ziele, ohne Anstrengung ein angenehmes Leben zu führen und am politischen Leben teilzuhaben, von den wenigsten Jugendlichen als bedeutsam empfunden.

Tab. 1: **Wertorientierungen unter Jugendlichen, differenziert nach Geschlecht – 1999**
(Rangplätze, Mittelwerte)

Werte (Rangplätze insgesamt)	Rangplätze		Mittel-werte*)		Signifi-kanz
	Männl.	Weibl.	Männl.	Weibl.	
1. Das Leben genießen, man lebt nur einmal	1	2	3,61	3,60	n.s.
2. Eine Arbeit haben, die erfüllt, in der ich aufgehen kann	2	1	3,54	3,65	***
3. Eine Familie gründen	4	4	3,29	3,41	***
4. Für andere dasein, auch wenn man selbst auf etwas verzichten muß	5	3	3,24	3,46	***
5. Viel Geld verdienen	3	5	3,35	3,19	***
6. Ohne Anstrengung ein angenehmes Leben führen	6	6	2,97	2,82	***
7. Aktiv am politischen Leben teilhaben	7	7	2,31	2,16	**

*) Die Mittelwerte beziehen sich auf eine Skala von 1= „Überhaupt nicht bedeutsam" bis 4= „Sehr bedeutsam"

Ein Vergleich der Geschlechter weist auf gewisse Unterschiede der Wertbeurteilungen von Jungen und Mädchen hin. Mädchen ist es wichtiger, eine Arbeit zu haben, die sie erfüllt; soziale Werte – für andere da zu sein und eine Familie zu gründen – stehen bei ihnen an dritter und vierter Stelle[2]. Für Jungen hingegen ist es wichtiger als für Mädchen, viel Geld zu verdienen. Dieses Ziel rangiert bei ihnen bereits an

---

[2] Analog hierzu wird auch in der Deutschen Shellstudie (Fritzsche, 2000a, S. 112) auf die deutlichen Geschlechtsdifferenzen in Hinblick auf die Familienorientierung hingewiesen.

dritter Stelle, vor der Bedeutung sozialen Engagements. Jungen halten es für bedeutsamer als Mädchen, ohne Anstrengungen ein angenehmes Leben führen zu können sowie sich politisch zu betätigen.

Finden im Alter zwischen 12 und 19 Jahren größere Verschiebungen innerhalb der Wertehierarchien von brandenburgischen Jugendlichen statt? Eher nicht, denn wie Tabelle 2 zeigt, dominieren in allen Altersgruppen hedonistisch-selbstverwirklichende Werte; sie rangieren an erster und zweiter Stelle.

Tab. 2: **Wertorientierungen unter Jugendlichen, differenziert nach Altersgruppen** (Rangplätze, Mittelwerte)

Werte (Rangplätze insgesamt)	Rangplätze			Mittelwerte*)			Sig-nifi-kanz
	Bis 14 J.	15 bis 17 J.	Ab 18 J.	Bis 14 J.	15 bis 17 J.	Ab 18 J.	
1. Das Leben genießen, man lebt nur einmal	1	2	2	3,63	3,60	3,59	n.s.
2. Eine Arbeit haben, die erfüllt, in der ich aufgehen kann	2	1	1	3,51	3,64	3,62	**
3. Eine Familie gründen	3	4	5	3,45	3,33	3,27	**
4. Für andere dasein, auch wenn man selbst auf etwas verzichten muß	4	3	4	3,41	3,35	3,28	**
5. Viel Geld verdienen	5	5	3	3,27	3,27	3,29	n.s.
6. Ohne Anstrengung ein angenehmes Leben führen	6	6	6	2,96	2,88	2,85	**
7. Aktiv am politischen Leben teilhaben	7	7	7	2,32	2,20	2,20	**

*) Die Mittelwerte beziehen sich auf eine Skala von 1= „Überhaupt nicht bedeutsam" bis 4= „Sehr bedeutsam"

Den geringsten Stellenwert hat in allen Altersgruppen die aktive Teilhabe am politischen Leben. Die erkennbaren Altersunterschiede sind nicht für alle Werthaltungen auch signifikant: Hinsichtlich der Bedeutsamkeit der Wertorientierungen „Das Leben genießen" und „Viel Geld verdienen" unterscheiden sich Jugendliche verschiedener Altersgruppen nicht. Bei allen anderen Werthaltungen sind hingegen zwischen der jüngsten Altersgruppe und anderen Jugendlichen jeweils Abweichungen zu erkennen.

In unserer Untersuchung unterscheiden sich Jugendliche aus städtischen und ländlichen Regionen[3] hinsichtlich ihrer Wertorientierungen kaum. In Hinblick auf die verschiedenen Schultypen ist zu erkennen, daß es der Schülerschaft von Gymnasien im Vergleich zur Schülerschaft der Gesamt- und Realschulen sowie von Oberstufenzentren weniger wichtig ist, viel Geld zu verdienen, eine Familie zu gründen und ohne Anstrengungen ein angenehmes Leben zu führen. Jugendlichen aus Gymnasien und Oberstufenzentren ist es zudem weniger wichtig als Jugendlichen aus Real- und Ge-

---

[3] Städtische Regionen: Wohnorte mit über 20.000 Einwohnern; Ländliche Regionen: Wohnorte mit weniger als 1.500 Einwohnern. Alle Wertedifferenzen sind statistisch nicht signifikant (p>0.05).

samtschulen, sich politisch zu engagieren. Dieses Ergebnis erscheint in zweifacher Hinsicht bemerkenswert: Erstens wird häufig zwischen politischem Engagement und (politischer) Bildung ein direkter Zusammenhang unterstellt, den wir nicht finden konnten. Zweitens finden sich in der Schülerschaft von Gymnasien und Oberstufenzentren Jugendliche, die bereits wahlberechtigt sind und demzufolge politische Mitbestimmung ausüben könnten. Diese Möglichkeit scheint aber kein zusätzliches politisches Engagement zu stimulieren.

Das Phänomen, daß verschiedene Werte in ihrer Bedeutsamkeit für die Jugendlichen immer enger zusammenrücken („Werteharmonie", vgl. Reitzle & Silbereisen, 1996; Sturzbecher & Langner, 1997), animierte wohl die Autoren der Shell-Studie dazu, ihr Kapitel über Werte mit dem Untertitel „Inflation am Wertehimmel" zu versehen. Obwohl dort ein anderes Verfahren zur Erfassung der „Wertedimensionen" (Fritzsche, 2000a) angewandt wurde, sind gewisse Parallelen erkennbar; auch dort genießen die Dimensionen „Autonomie" und „Attraktivität" besondere Wertschätzung gerade unter ostdeutschen Jugendlichen. Darüber hinaus scheinen sie in höherem Maße als ihre westdeutschen Altersgenossen auf Familie und Beruf orientiert zu sein.

Wertorientierungen sind in ihrer spezifischen Kombination Ausdruck für bestimmte Grundhaltungen der Persönlichkeit. Um dies zu illustrieren, betrachten wir nun diejenigen Jugendlichen, für die Lebensgenuß und Geldverdienen besonders wichtig sind und die zugleich ein Leben ohne Anstrengungen führen möchten. Dazu aggregieren wir die Rohwerte der drei entsprechenden Wertorientierungen. Die Rohwertsummen wollen wir als „Hedonismus-Leistungsfeindlichkeits-Index" (kurz: HL-Index) bezeichnen, wobei sich in den weiteren Kapiteln noch zeigt, daß sich die „Leistungsfeindlichkeit" insbesondere auf schulische Anforderungen bezieht. Anhand der Rohwertsummen bzw. dieses Index' bilden wir dann drei gleich große Gruppen. Das erste Drittel weist den niedrigsten HL-Index auf; diese Jugendlichen sind folglich am geringsten hedonistisch und leistungsfeindlich eingestellt. Entsprechend äußerten sich die Jugendlichen des dritten Drittels am stärksten hedonistisch und leistungsfeindlich. Nachfolgend werden wir die Jugendlichen dieser drei Gruppen in Hinblick auf die Themenkreise „Gewalt", „Rechtsextremismus" und „Antisemitismus" vergleichen (s. Abb. 3). In der Abbildung ist für die jeweilige Gruppe dargestellt, wie viele Gruppenangehörige eine eher hohe bzw. hohe Gewaltbereitschaft aufweisen und wieviele hohe bzw. eher hohe Werte auf den Skalen „Rechtsextremismus" und „Antijüdische Vorurteile" erreichen. Diese drei Skalen, die die betreffenden Sachverhalte auf der Grundlage jeweils mehrerer Items darstellen, werden in den Kapiteln 3 und 4 sowie im Anhang detailliert erläutert.

In der Abbildung sind auffällige Gruppenunterschiede zu erkennen. Nur 13 Prozent der Jugendlichen mit einem niedrigen HL-Index vertreten rechtsextreme Einstellungen; in der Gruppe mit hohem HL-Index sind es hingegen mit 31 Prozent mehr als doppelt so viele. Große Unterschiede sind auch im Hinblick auf antijüdische Vorurteile zu finden: Mit einem Anteil von 42 Prozent pflegt annähernd die Hälfte aller Jugendlichen mit hohem HL-Index antisemitische Einstellungen. Deutliche Gruppenunterschiede zeigen sich auch hinsichtlich der Gewaltbereitschaft.

Abb. 3: Zusammenhang zwischen dem HL-Index und den Skalen „Gewaltbereitschaft", „Rechtsextremismus" sowie „Antisemitismus" (Angaben in %)

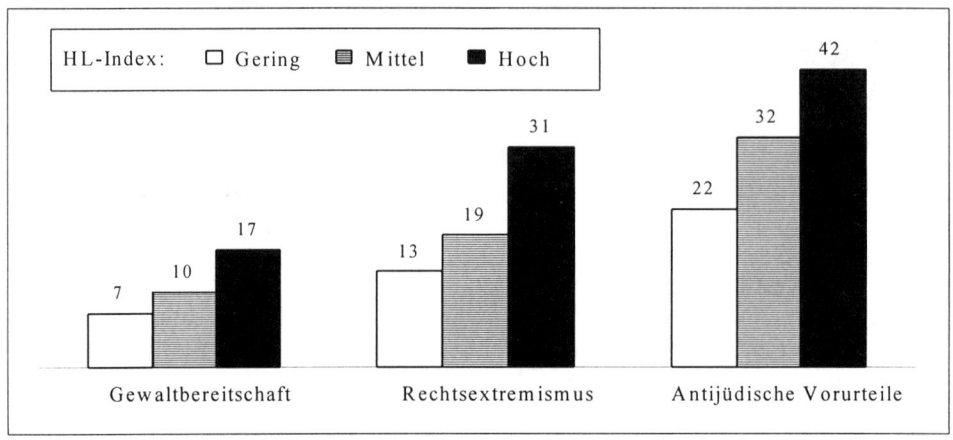

Angesichts dieser Ergebnisse gilt es zu fragen, ob man diese zugleich ausgesprochen hedonistisch und leistungsfeindlich eingestellten Jugendlichen als Gruppe genauer beschreiben kann. Die Betrachtung soziodemographischer Merkmale gibt kaum weiterführenden Aufschluß. Zwar sind in dieser Gruppe überproportional viele Jungen zu finden, jedoch scheinen weder das Alter der Jugendlichen oder ihre Familienstrukturen noch der Berufsabschluß oder die Beschäftigungssituation der Eltern oder die Größe der Stadt, in der sie leben, für die Zugehörigkeit zu dieser Gruppe eine Rolle zu spielen. Weiterhin scheinen diese Jugendlichen weder ökonomisch noch im Hinblick auf die emotionale Zuwendung der Eltern besonders benachteiligt zu sein: Ihren Familien geht es finanziell nicht schlechter als anderen Familien, und sie berichten auch nicht häufiger von Restriktion oder Vernachlässigung in der Familie. Sie verfügen jedoch – nach eigenen Angaben – über ein überdurchschnittliches Selbstvertrauen, das man wohl besser als Selbstüberschätzung bezeichnen sollte (s.o.), und einen hohen Zukunftsoptimismus. Dies deckt sich mit den Ergebnissen anderer Studien (Heitmeyer et al., 1992a; Hopf, 1994; Schnabel, 1994).

Zurück zu den von uns betrachteten Wertorientierungen (s. Tab. 1 und 2). Die eingangs formulierte Frage, inwieweit sich die Bedeutung dieser Wertorientierungen in den vergangenen Jahren verändert hat, kann anhand eines Vergleiches mit den Jahren 1993 und 1996 beantwortet werden (s. Abb. 4).

Die beiden vergleichsweise am wenigsten bedeutsamen Werte, nämlich „Ohne Anstrengungen ein angenehmes Leben führen" und „Aktiv am politischen Leben teilhaben" zu wollen, stehen in allen drei Erhebungsjahren an vorletzter bzw. letzter Stelle der Rangreihe, wenngleich auch diese Werthaltungen in den vergangenen Jahren unter Jugendlichen in Brandenburg an Bedeutung gewonnen haben. Dagegen erscheinen die beiden Werte, eine erfüllende Arbeit zu haben und das Leben zu genießen, in allen drei Erhebungsjahren mit Abstand als wichtigste Lebensziele. Interessant ist, daß die hohe Bedeutung einer erfüllenden Arbeit über alle Meßzeitpunkte hinweg konstant geblieben ist, jedoch der Wunsch, sein Leben genießen zu können, seit 1993 bedeutsamer geworden ist. Lebensgenuß hat damit 1999, neben einer erfüllenden Arbeit, höchste Priorität bei Jugendlichen. Neben diesen beiden Selbstentfaltungswerten sind jedoch auch soziale Werte von hoher Bedeutsamkeit. Eine Familie zu gründen ist 1999 für über die Hälfte der Jugendlichen (53%) sehr bedeutsam, „Für andere da zu sein" ist rund 43 Prozent der Jugendlichen wichtig.

Abb. 4: **Veränderung einzelner Wertorientierungen – 1993 bis 1999*)** (Angaben in %)

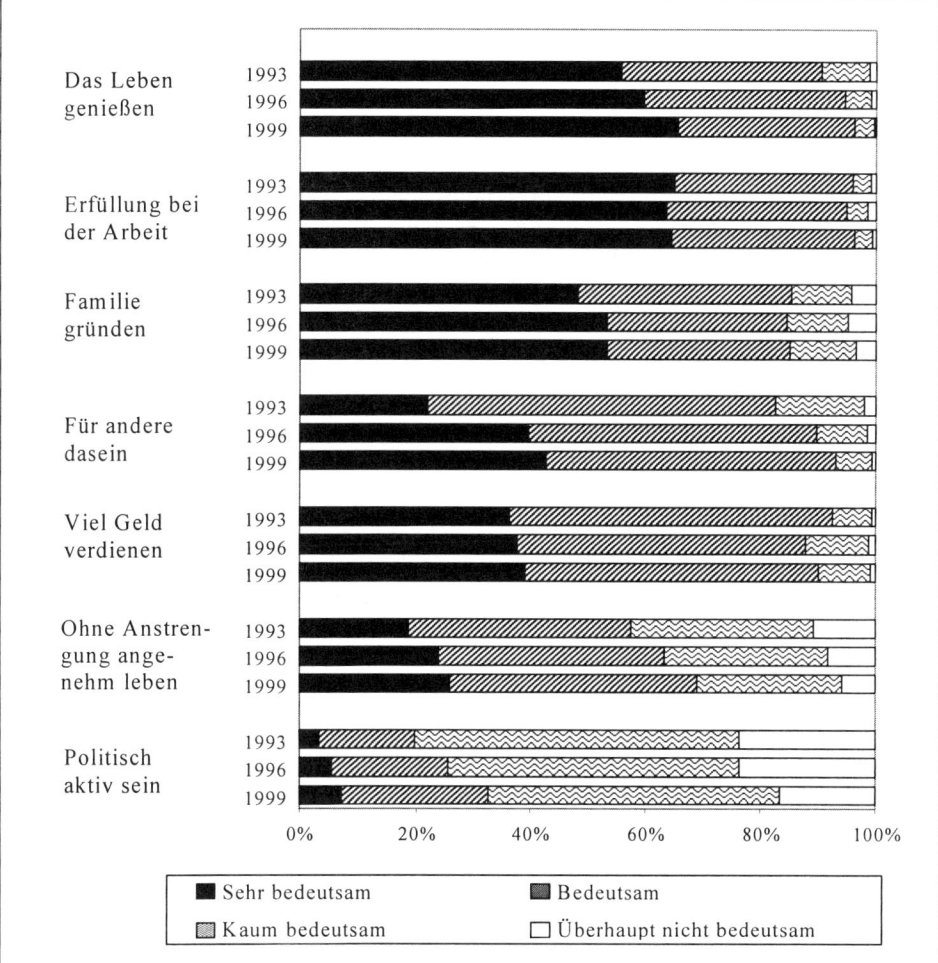

*) Vergleiche der Erhebungen 1993, 1996 und 1999 sowie 1996 und 1999 erfolgen generell auf Basis der Stichprobenstruktur von 1996 (ohne Realschulen), so daß geringfügige Abweichungen von den Ergebnissen der repräsentativen Stichprobe für 1999 auftreten.

Der für ostdeutsche Jugendliche gelegentlich unterstellte Trend einer zunehmenden Distanz zu sozialen Werten kann anhand unserer vorliegenden Daten also nicht bestätigt werden. Im Gegenteil: Gaben noch 1993 nur 22 Prozent der Jugendlichen an, es sei für sie sehr bedeutsam, für andere da zu sein, auch wenn man selbst auf etwas verzichten müsse, stimmten dieser Aussage 1996 bereits 40 Prozent und 1999 sogar 43 Prozent der Befragten voll zu. Dieser deutliche Anstieg der Bereitschaft, für ande-

51

re dasein zu wollen, bedeutet in Rangplätzen ausgedrückt, daß dieser Wert 1993 noch auf Rang fünf lag, während er 1999 gleich wichtig wie die Familiengründung erscheint (Rangplatz 3). Dabei ist auch die Bedeutsamkeit des Ziels, eine Familie gründen zu wollen, in den vergangenen Jahren tendenziell angestiegen.

Der Wunsch nach Selbstentfaltung und die Bereitschaft zu sozialem Engagement stehen nicht in Widerspruch zueinander, wie Sturzbecher und Langner bereits 1996 ausführlich dargelegt haben. Prosozialität kann sogar beim modernisierungsbedingten Wegfall tradierter Sozial- und Versorgungsstrukturen zur Grundlage des Aufbaus individuell bedeutsamer, für die eigene Karriere nützlicher sozialer Beziehungen werden, denken wir an berufliche Netzwerke oder unterstützende Nachbarschaftsnetze. Korrelationsstatistische Analysen weisen denn auch eher auf (moderate) positive Zusammenhänge zwischen Selbstentfaltungs- und sozialen Werten hin: Jugendliche, denen Selbstverwirklichung wichtig ist, erachten oftmals zugleich soziale Werte als bedeutsam. Dabei zeigen sich die höchsten Zusammenhänge zwischen dem Wunsch nach erfüllender Arbeit und dem Wunsch, für andere dasein zu wollen ($r_s = .19^{**}$). Allein anhand der Aussagen der Befragten ist jedoch nicht festzustellen, inwieweit diesen Werthaltungen tatsächlich auch eine handlungsleitende Bedeutung zukommt.

An fünfter Stelle steht schließlich das Ziel, viel Geld verdienen zu wollen. Während für das Jahr 1999 bereits dargestellt wurde, daß es Subgruppen von Jugendlichen gibt, denen dieser Wert von besonderer Bedeutung ist, läßt sich für die Gesamtstichprobe der befragten Jugendlichen feststellen, daß dieser Wert mit den Jahren relativ an Bedeutung verloren hat. Erneut ist dies anhand der Rangplätze einfach zu veranschaulichen: Stand 1993 das Geldverdienen noch auf dem dritten Rangplatz, so steht es nun auf Rang fünf. Diese Rangplatzverschiebung ist jedoch primär darauf zurückzuführen, daß andere Werte einen starken Bedeutungszuwachs erfahren haben, während sich die Bedeutsamkeit des Geldverdienens insgesamt kaum verändert hat.

Externale Kontrollüberzeugungen

Neben Wertorientierungen bilden Möglichkeiten zur Kontrolle der materiellen und sozialen Umwelt eine wichtige Voraussetzung für das Handeln: Nur wer über Kontrollmöglichkeiten verfügt, kann selbstbestimmt auf Ereignisse und ihre Konsequenzen Einfluß nehmen. Dabei spielen die subjektive Wahrnehmung von Kontrollmöglichkeiten und diesbezügliche Kognitionen, die sogenannten „Kontrollüberzeugungen", eine entscheidende Rolle für das Handeln. Unter „Kontrollüberzeugungen" versteht man Erwartungen darüber, ob und ggf. inwieweit das eigene Handeln und damit verbundene Folgen (Erfolge, Mißerfolge) dem eigenen Einfluß zugänglich sind. Rotter (1966) unterscheidet hierbei „internale" von „externalen" Kontrollüberzeugungen. Personen mit externalen Kontrollüberzeugungen neigen im Gegensatz zu Personen mit internalen Kontrollüberzeugungen dazu, ihre Lebenssituation nicht mit dem eigenen Handeln in Verbindung zu bringen, sondern sie beispielsweise durch Glück oder Pech, Zufall oder Schicksal zu erklären. Die nachgewiesenermaßen hohen Zusammenhänge zwischen externalen Kontrollüberzeugungen und psychosozialer Belastung bei Jugendlichen (Albrecht, 1994) legen die Frage nahe, welche Bedeutung externale Kontrollüberzeugungen im Hinblick auf die Gewaltbereitschaft Jugendlicher haben. Langner und Sturzbecher (1997) hatten bereits auf der Grundlage der Jugendstudie 1996 die Bedeutung externaler Kontrollüberzeugungen für die Entstehung von Gewaltbereitschaft wie auch für die Ausprägung rechtsextremer und ausländerfeindlicher Einstellungen aufgezeigt.

Zur Erfassung von Kontrollüberzeugungen wurde eine Skala mit acht Items gebildet, die aus Indikatoren zur Messung von Hoffnungslosigkeit und externaler Kontrollüberzeugung besteht (Krampen, 1994, 1981). Diese Skala hat eine gute interne Konsistenz (Alpha= .84) und enthält Items wie „Es lohnt sich nicht, sich anzustrengen, weil sowieso alles anders kommt", „Wenn ich bekomme, was ich will, so geschieht das hauptsächlich, weil ich Glück habe" oder „Ich glaube, daß ich in meinem Leben nie eine richtige Chance bekomme". Die nachfolgende Tabelle gibt einen Überblick darüber, wie viele Jugendliche eine eher niedrig bzw. eine eher hoch ausgeprägte „Externale Kontrollüberzeugung" haben.

Tab. 3: **Externale Kontrollüberzeugungen unter Jugendlichen in Brandenburg** (Angaben in %)

Subpopulationen		Skala „Externale Kontrollüberzeugung"			
		Niedrig	Eher niedrig	Eher hoch	Hoch
Geschlecht	Männlich	24,6	45,7	25,7	3,9
	Weiblich	27,0	44,6	24,7	3,6
Altersgruppen	12 bis 14 Jahre	19,3	42,3	32,2	6,2
	15 bis 17 Jahre	27,0	46,1	23,8	3,1
	Ab 18 Jahre	30,6	46,6	20,4	2,4
Sek. I	Sek. I – O	17,5	41,0	35,3	6,2
Schultypen	Sek. I – OR	21,2	46,3	29,6	3,0
	Sek. I – OG	29,4	49,9	17,0	3,7
	Sek. I gesamt	21,6	44,5	29,0	4,9
Sek. II allg./	O/OG u. OG	38,1	48,5	12,3	1,2
berufl. Bildg.	OSZ – BA	28,5	44,9	23,9	2,6
Gesamt		25,8	45,2	25,2	3,8

Tabelle 3 zeigt, daß 1999 über zwei Drittel (71%) aller Befragten eine (eher) niedrige externale Kontrollüberzeugung haben; sie erleben Ereignisse also nicht primär schicksalhaft, sondern glauben daran, daß sie mit ihrem eigenen Handeln etwas bewirken können. Hoffnungslosigkeit und externale Kontrollüberzeugungen überwiegen bei knapp einem Drittel (29%) der Jugendlichen. Während Jungen und Mädchen sich hierbei nicht voneinander unterscheiden, ist das Erleben der eigenen Kontrollmöglichkeiten sowohl alters- als auch bildungsabhängig. So sind deutliche Differenzen zwischen der Schülerschaft verschiedener Schultypen zu erkennen.

Der Alterseffekt zeigt sich sowohl unmittelbar über die Differenzen zwischen einzelnen Altersgruppen als auch mittelbar über die Unterschiede zwischen der Schülerschaft einzelner Schultypen: Das Ausmaß externaler Kontrollüberzeugungen nimmt bei der Schülerschaft von Gymnasien und Gesamtschulen mit gymnasialer Oberstufe mit dem Alter der Jugendlichen ab. Diese Abnahme externaler Kontrollüberzeugungen über die Adoleszenz hinweg konnte bereits in verschiedenen Studien aufgezeigt werden (vgl. hierzu Albrecht, 1994) und entspricht der fortschreitenden Reife der Jugendlichen ebenso wie den ihnen zunehmend zugestandenen Handlungsfreiheiten.

Allerdings zeigt sich dieser Trend nicht bei den Auszubildenden, denn die befragten Auszubildenden des dritten und vierten Lehrjahres zeigten sich viel stärker fatalistisch und weniger hoffnungsvoll als die Auszubildenden des ersten und zweiten Lehrjahres. Aus unserer Sicht ist dies als Effekt von Ängsten anzusehen, nach der Berufsausbildung keine Arbeitsstelle zu finden und den Mechanismen des Arbeitsmarktes hilflos ausgeliefert zu sein.

Eine Antwort auf die Frage, ob die Verbreitung externaler Kontrollüberzeugungen in den letzten drei Jahren zugenommen hat, kann durch einen Vergleich der beiden Jugendstudien gegeben werden. Danach ist in diesem Zeitraum (übrigens für Jungen und Mädchen gleichermaßen) eine wachsende Verbreitung von externalen Kontrollüberzeugungen und Hoffnungslosigkeit zu verzeichnen (s. folgende Tabelle); die Überzeugung, von äußeren Mächten abhängig und nicht seines eigenen Glückes Schmied zu sein, wie sie sich in der Zustimmung zu den Items der Skala „Externale Kontrollüberzeugung" widerspiegelt, hat seit 1996 deutlich zugenommen. Zwar existieren keine Zusammenhänge in Hinblick auf den Schultyp, jedoch zeigen sich deutliche Unterschiede in Abhängigkeit vom Alter bzw. der Klassenstufe: Der Anstieg ist im wesentlichen auf eine Zunahme externaler Kontrollüberzeugungen in der untersten Altersgruppe zurückzuführen, was auf die Notwendigkeit verweist, die soziale Partizipation und Mitbestimmung jüngerer Schülerinnen und Schüler an der Gestaltung des schulischen Lebens zu fördern.

Tab. 4: Externale Kontrollüberzeugungen unter Jugendlichen in Brandenburg – 1996 und 1999 (Angaben in %)

Erhebungsjahr	Skala „Externale Kontrollüberzeugung"			
	Niedrig	Eher niedrig	Eher hoch	Hoch
1996	27,4	46,3	22,7	3,5
1999	25,6	44,6	25,8	4,0

Obwohl Wertorientierungen und Kontrollüberzeugungen das Denken und Handeln maßgeblich mitbestimmen, hängen diese von uns betrachteten Persönlichkeitsaspekte bis auf eine Ausnahme nicht miteinander zusammen: Lediglich der Wunsch, ohne Anstrengungen ein angenehmes Leben führen zu wollen, findet sich etwas häufiger bei Jugendlichen mit größerer Hoffnungslosigkeit und externalen Kontrollüberzeugungen ($r= .18**$). Dies deutet darauf hin, daß Kontrollüberzeugungen auch eine psychische Legitimierungsfunktion erfüllen, denn fehlende Anstrengungsbereitschaft wird mit fehlenden Handlungsmöglichkeiten entschuldigt.

Selbstvertrauen

Für die Herausbildung einer eigenen Identität spielt neben den Werthaltungen und Kontrollüberzeugungen die Entwicklung eines positiven Selbstwertgefühls – „Selbstvertrauen" – eine wichtige Rolle. Diese Entwicklung und damit das Ausmaß des Selbstvertrauens sind auch davon abhängig, welche Erfahrungen eine Person in der Interaktion mit anderen macht, denn das Selbstwertgefühl beruht stark auf sozialen Vergleichsprozessen. Jugendliche vergleichen ihre Fertigkeiten und Fähigkeiten mit denen anderer Gleichaltriger und bauen ein Selbstkonzept auf; die Würdigung durch andere stellt eine wichtige Bestätigung ihres Selbstwertgefühls dar (Albrecht, 1994).

Selbstvertrauen und externale Kontrollüberzeugungen beeinflussen einander. So fühlen sich Personen mit externalen Kontrollüberzeugungen häufiger Situationen oder anderen Personen machtlos ausgeliefert, was nicht selten mit einer Selbstabwertung einhergeht, während Personen mit internalen Kontrollüberzeugungen angenehme Ereignisse häufiger auf ihr eigenes Handeln zurückführen – und sich dadurch aufgewertet fühlen. Gleichzeitig erleben sich Personen mit einem geringen Selbstwertgefühl in sozialen Beziehungen eher als inkompetent und sozial isoliert. Der wechselseitige Zusammenhang zwischen einem hohen Selbstwertgefühl und geringer externaler Kontrollüberzeugung bzw. einem geringen Selbstwert und hoher externaler Kontrollüberzeugung wird auch in unserer Studie offensichtlich (r_s= -.31**).

Ein hohes Selbstvertrauen stellt in erster Linie eine wichtige soziale Ressource dar und kann als Indikator für psychisches Wohlbefinden betrachtet werden (Albrecht, 1994). Zugleich ist jedoch bekannt, daß Jugendliche mit rechtsextremen und ausländerfeindlichen Tendenzen ein überdurchschnittlich hohes Selbstvertrauen besitzen, das eher als Selbstüberschätzung interpretiert werden sollte; wir kommen darauf unter verschiedenen Aspekten noch zurück. Mit dem Wissen um diese Doppelbedeutung soll im folgenden zunächst aufgezeigt werden, über wieviel Selbstvertrauen weibliche und männliche Jugendliche in Brandenburg verfügen und ob hierbei Differenzen zwischen einzelnen Altersstufen oder Schularten bestehen. Anschließend wird betrachtet, inwieweit sich das Selbstvertrauen brandenburgischer Jugendlicher in den letzten Jahren verändert hat. Anhand der Daten von 1999 gehen wir abschließend noch kurz darauf ein, in welcher Weise Selbstvertrauen und Kontrollüberzeugungen mit Rechtsextremismus und Gewaltbereitschaft zusammenhängen.

Für die Erfassung von Selbstvertrauen wurde für die brandenburgischen Jugendstudien eine Skala entwickelt, die sich aus Items von zwei Subskalen der „Frankfurter Selbstkonzeptskalen" (Selbstkonzepte zum allgemeinen Selbstwert und zur allgemeinen Problembewältigung; Deusinger, 1986) zusammensetzt. Die eingesetzten Items enthielten Formulierungen der Art „Ich bin zufrieden mit mir", „Ich kann mit meinen persönlichen Problemen gut fertig werden" oder auch „Ich kann genauso gut zurechtkommen wie andere". Die insgesamt aus acht Items bestehende Skala weist eine gute interne Konsistenz (Alpha= .84) auf. In der folgenden Tabelle zeigt sich, daß ein Großteil der Jugendlichen über ein hohes Selbstvertrauen verfügt.

Tab. 5:   **Selbstvertrauen unter brandenburgischen Jugendlichen** (Angaben in %)

Subpopulationen		Skala „Selbstvertrauen"			
		Niedrig	Eher niedrig	Eher hoch	Hoch
Geschlecht	Männlich	0,2	3,0	33,9	62,9
	Weiblich	0,9	6,3	48,2	44,5
Altersgruppen	12 bis 14 Jahre	1,3	4,9	42,3	51,5
	15 bis 17 Jahre	0,3	5,4	39,8	54,5
	Ab 18 Jahre	0,1	3,1	40,9	55,9
Sek. I	Sek. I gesamt	0,7	5,0	40,8	53,5
Sek. II allg./	O/OG u. OG	0,5	5,8	41,3	52,5
berufl. Bildg.	OSZ – BA	0,1	3,0	40,6	56,3
Gesamt		0,6	4,6	40,8	54,0

Über die Hälfte der Jugendlichen (54%) gibt 1999 an, ein hohes Selbstvertrauen zu haben, weitere 41 Prozent sind der Gruppe mit einem eher hohen Selbstvertrauen zuzuordnen. Diese insgesamt sehr positive Selbstbeurteilung der Jugendlichen entspricht den Ergebnissen anderer Studien (z.B. Offer, Ostrow & Howard, 1984), ist aber unter Umständen auch auf die offensichtliche soziale Erwünschtheit der dieser Skala zugrundeliegenden Aussagen zurückzuführen: Selbstzweifel werden nicht nur gegenüber anderen, sondern auch sich selbst gegenüber nur ungern eingeräumt.

Ob nun Mädchen Selbstzweifel eher eingestehen oder ob tatsächlich so viele von ihnen ein niedrigeres Selbstwertgefühl als Jungen haben, kann anhand der Daten nicht beantwortet werden. Die Geschlechtsunterschiede in bezug auf das eigene Selbstvertrauen sind augenfällig: Während 63 Prozent der Jungen hohe Werte für das Selbstvertrauen aufweisen, ist dies nur bei 45 Prozent der Mädchen der Fall. Diese Selbstwertdifferenzen wurden bereits in der Jugendstudie von 1996 festgestellt (Sturzbecher & Langner, 1997). Keine statistisch bedeutsamen Unterschiede zeigen sich hingegen im Vergleich verschiedener Altersstufen und Schulformen. Selbstvertrauen unter Jugendlichen erscheint somit als unabhängig davon, welches Alter sie aufweisen oder welchen Schultyp sie besuchen.

Hingegen ist das Ausmaß des Selbstvertrauens von Jugendlichen deutlich von ihrem sozialen Umfeld abhängig. Jugendliche, die einen guten familialen Zusammenhalt empfinden, die mit ihrem Verhältnis zu den Eltern zufrieden sind und ihre Eltern als wenig restriktiv erleben, haben im Durchschnitt ein höheres Selbstvertrauen als Altersgenossen mit ungünstigen familialen Bedingungen. Ebenso verfügen jene Heranwachsende über ein besseres Selbstvertrauen, die mit ihren Beziehungen zu Freunden und Bekannten zufrieden sind. Interessant ist im Hinblick auf Gleichaltrige, daß Jugendliche, die keiner Clique angehören, weder ein bedeutend besseres noch geringeres Selbstvertrauen haben als Cliquenmitglieder. Hingegen unterscheiden sich Jugendliche in ihrem Selbstvertrauen in Abhängigkeit davon, ob sie einen besten Freund/eine beste Freundin haben: Jugendliche mit einer solchen (meist gleichaltrigen) Vertrauensperson haben ein deutlich höheres Selbstvertrauen als jene ohne eine entsprechende Beziehung. Diese Ergebnisse bestätigen insgesamt die engen Zusammenhänge zwischen positiven Sozialbeziehungen und einem guten Selbstvertrauen.

Die folgende Tabelle zeigt nun, inwieweit sich das Selbstvertrauen brandenburgischer Jugendlicher in den vergangenen Jahren verändert hat. In den Selbstberichten spiegelt sich – nach einem Abfall im Zeitraum von 1993 bis 1996 – im Jahre 1999 ein stärkeres Selbstvertrauen als 1996 wider. Dieser Anstieg ist vom Ausmaß her deutlich und kontrastiert mit der ebenfalls gewachsenen Überzeugung, von äußeren Mächten abhängig und nicht seines eigenen Glückes Schmied zu sein, wie sie sich in der Zustimmung zu den Items der Skala „Externale Kontrollüberzeugung" widergespiegelt hat.

Tab. 6: Selbstvertrauen der Jugendlichen – 1996 und 1999 (Angaben in %)

Erhebungsjahr	Skala „Selbstvertrauen"			
	Niedrig	Eher niedrig	Eher hoch	Hoch
1996	0,5	5,6	45,5	48,4
1999	0,5	4,8	41,1	53,6

Betrachtet man genauer, wie sich das Selbstvertrauen brandenburgischer Jugendlicher seit 1996 verändert hat, sind geschlechtsspezifische Charakteristika zu erkennen, die der nachfolgenden Abbildung zu entnehmen sind. Dargestellt ist aus Übersichtsgründen für alle drei Erhebungszeitpunkte nur der Anteil derjenigen Jugendlichen, die über ein hohes Selbstvertrauen verfügen. Dabei ist zu erkennen, daß zu allen drei Meßzeitpunkten Mädchen ein geringeres Selbstvertrauen besitzen als Jungen. Für Mädchen wie für Jungen zeigt sich im Jahr 1996 ein auffällig niedrigeres Selbstvertrauen als drei Jahre zuvor und danach. Erstaunlich ist, daß die Anzahl der Jungen mit hohem Selbstvertrauen 1999 wieder angestiegen ist – und dabei das Niveau von 1993 überschritten hat, während der Anteil der Mädchen mit hohem Selbstvertrauen seit 1996 nahezu konstant geblieben ist.

Abb. 5: Anteil der Gruppe mit hohem Selbstvertrauen bei Jungen und Mädchen – 1993 bis 1999 (Angaben in %)

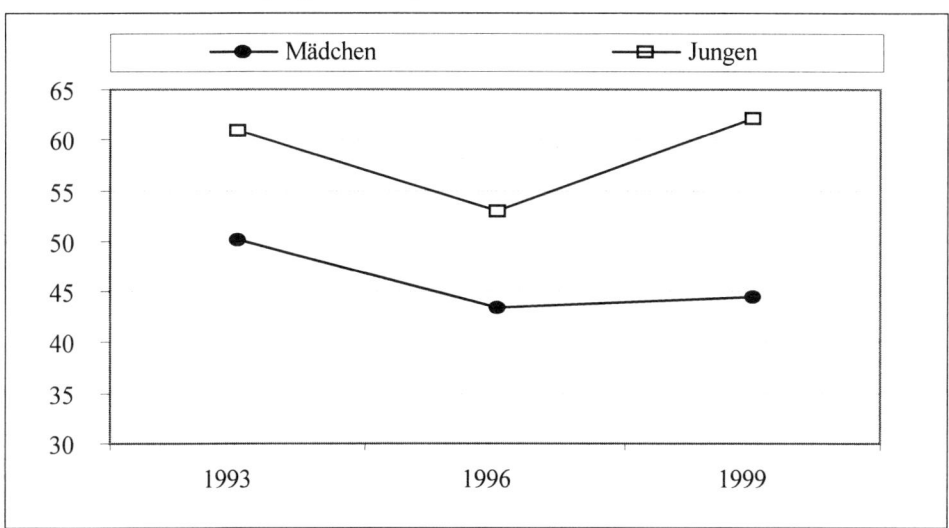

Die Bedeutung von Selbstvertrauen und externalen Kontrollüberzeugungen für die Entstehung von Gewaltbereitschaft und Rechtsextremismus soll abschließend veranschaulicht werden. Hierzu wurden die 1999 befragten Jugendlichen in vier Gruppen unterteilt:

Diese Gruppen bestehen aus Jugendlichen mit
- geringem Selbstvertrauen und geringer externaler Kontrollüberzeugung (18%),
- hohem Selbstvertrauen und geringer externaler Kontrollüberzeugung (35%),
- geringem Selbstvertrauen und hoher externaler Kontrollüberzeugung (28%),
- hohem Selbstvertrauen und hoher externaler Kontrollüberzeugung (19%).

Wird für diese vier Gruppen analysiert, wie groß jeweils der Anteil derjenigen ist, die rechtsextrem eingestellt oder gewaltbereit sind, so zeigen sich interessante Gruppenunterschiede (Abb. 6): In der Personengruppe, die ein geringes Selbstvertrauen und eine geringe externale Kontrollüberzeugung aufweist, finden sich die wenigsten gewaltbereiten bzw. rechtsextremen Jugendlichen. Dies sind Jugendliche, die vergleichsweise unzufrieden mit sich selbst sind, zugleich jedoch günstige wie ungünstige Situationen und Lebenslagen nicht als primär „von außen" (z.B. Gesellschaft, Schicksal), sondern durch sich selbst bestimmt erleben. In der Gruppe der Jugendlichen, die ein hohes Selbstvertrauen und geringe externale Kontrollüberzeugungen vereinen, zeigen sich kaum mehr Personen mit Gewaltbereitschaft oder rechtsextremen Einstellungen: Acht Prozent dieser Gruppe sind den Kategorien „Eher hoch gewaltbereit" oder „Hoch gewaltbereit" zuzuordnen, 14 Prozent von ihnen haben eher hohe oder hohe rechtsextreme Einstellungen. Als eine im Hinblick auf Gewalt und Rechtsextremismus tendenziell virulente Verbindung erscheint die Kombination von geringem Selbstvertrauen und hoher externaler Kontrollüberzeugung. Jugendliche mit dieser Persönlichkeitsdisposition zeichnen sich zwar nicht durch eine wesentlich höhere Gewaltbereitschaft aus (10% dieser Gruppe haben eine eher hohe oder hohe Gewaltbereitschaft), haben aber bereits deutlich stärker rechtsextreme Einstellungen (23%!).

Die vierte Gruppe, die sich durch ein hohes Selbstvertrauen und hohe externale Kontrollüberzeugungen charakterisieren läßt, ist im Hinblick auf Gewaltbereitschaft und Rechtsextremismus am meisten problematisch: Fast ein Viertel dieser Jugendlichen (22%) findet sich in den Gruppen „Eher hoch gewaltbereit" oder „Hoch gewaltbereit", mehr als jeder Dritte (34%) zeigt eher hohe oder hohe rechtsextreme Einstellungen.

Abb. 6: **Zusammenhang von Selbstvertrauen, externaler Kontrollüberzeugung (KÜ), Rechtsextremismus und Gewaltbereitschaft** (Angaben in %)

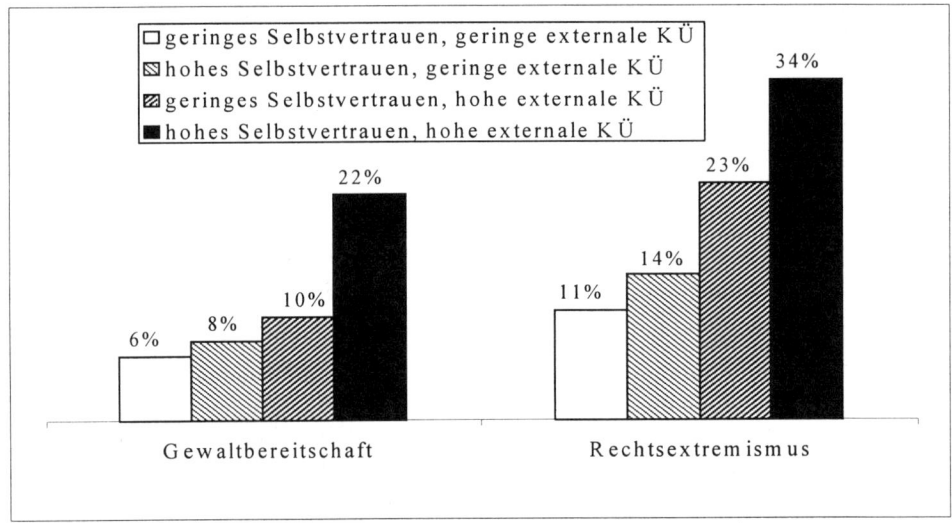

Dieses Ergebnis weist deutlich darauf hin, daß die spezifische Kombination von hohem Selbstvertrauen oder besser Selbstüberschätzung und externaler Kontrollüberzeugung eine wichtige Begleiterscheinung für Gewaltbereitschaft und Rechtsextremismus ist. Ein hohes Selbstvertrauen muß also, wie der Vergleich der vier Gruppen auch zeigt, nicht per se beunruhigen; entscheidend ist hier die Wechselwirkung mit externalen Kontrollüberzeugungen. Übrigens finden sich ähnliche Zusammenhänge auch bei westdeutschen Jugendlichen. Sturzbecher und Freytag (2000b) belegen anhand eines im Jahr 1996 durchgeführten Vergleichs von Jugendlichen in Brandenburg und Nordrhein-Westfalen die deutlich höhere Verbreitung von externalen Kontrollüberzeugungen und Hoffnungslosigkeit in Brandenburg und die Bedeutung dieses Syndroms von Selbstüberschätzung und externaler Kontrollüberzeugung („Wir können alles, aber man läßt uns nicht") für die Charakterisierung antisemitisch eingestellter Jugendlicher.

Berufsbezogener Zukunftsoptimismus

Jeder fünfte bis sechste brandenburgische Jugendliche war 1996 bzw. 1999 mit der Arbeitslosigkeit eines oder beider Elternteile konfrontiert. Seit Jahren gibt es große Schwierigkeiten, für alle Schulabgänger Ausbildungsplätze bereitzustellen – die Jugendarbeitslosigkeit lag im August 1996 bei 14,1 Prozent, im August 1999 bei 18,4 Prozent[4]. Unter diesen schwierigen Arbeitsmarktbedingungen ist es sicher eine besonders wichtige Frage, wieviel Optimismus Jugendliche (trotzdem) in Hinblick auf ihre eigene berufliche Zukunft haben, denn Optimismus ist ein wichtiger Motivationsfaktor, um die Realisierung der eigenen Berufspläne voranzutreiben. Allerdings birgt ein hoher beruflicher Zukunftsoptimismus auch die Gefahr psychischer Belastungen, falls damit verbundene hohe berufliche Erwartungen enttäuscht werden.

Die Frage nach beruflichen Zukunftserwartungen haben wir, wie schon 1993 und 1996, anhand von drei Items untersucht. Die Jugendlichen wurden darum gebeten anzugeben, wie sehr sie den folgenden Aussagen zustimmen: „Mein Berufswunsch wird in Erfüllung gehen", „Ich werde einen sicheren Arbeitsplatz finden" und „Ich denke, ich werde eine gesicherte Zukunft haben". Aus diesen drei Items wurde eine Skala mit guter interner Konsistenz (Alpha= .74) gebildet. Anhand von Tabelle 7 wird deutlich, daß die Mehrzahl der Jugendlichen (71%) trotz der angespannten Arbeitsmarktlage otimistisch auf ihre berufliche Zukunft blickt.

Jungen zeigen sich hinsichtlich der Einschätzung eigener Berufsperspektiven deutlich optimistischer als Mädchen. Unter Berücksichtigung der Klassenstufe ist festzustellen, daß dieser Geschlechtsunterschied vor allem für die Schülerschaft der Sekundarstufe I zu finden ist (insbesondere an Gesamtschulen), während sich Jungen und Mädchen der Sekundarstufe II aus Gymnasien nur wenig und aus Oberstufenzentren überhaupt nicht hinsichtlich ihrer Zukunftserwartungen unterscheiden. Mit höherem Alter – das heißt mit dem nahenden Übergang ins Berufsleben – nimmt der berufsbezogene Zukunftsoptimismus schnell ab; dies deutete sich bereits in den Befunden zu den externalen Kontrollüberzeugungen in Hinblick auf Auszubildende an (s.o.).

Jugendliche ab 18 Jahren sowie Jugendliche der Sekundarstufe II (Gymnasiasten wie Auszubildende) äußern sich erheblich pessimistischer als jüngere Befragte. Am meisten pessimistisch zeigen sich dabei die jungen Männer aus Oberstufenzentren sowie die jungen Frauen aus der gymnasialen Oberstufe. Zumindest der große Pessimismus unter Auszubildenden ist leicht nachvollziehbar, wenn man den geringen Anteil der vom Ausbildungsbetrieb übernommenen Jugendlichen in Brandenburg betrachtet

---

[4] www.brandenburg.de/lasa/brandakt/special-information.htm.

(1998: 36%; s. Fußnote 4). Darüber hinaus bleibt festzuhalten, daß 1996 bei Jungen und Mädchen aus Gymnasien Unterschiede hinsichtlich der Einschätzung beruflicher Perspektiven noch nicht auftraten, Zukunftserwartungen der Mädchen an Gymnasien haben sich also im Vergleich mit den Jungen verschlechtert.

Tab. 7: Berufsbezogener Zukunftsoptimismus unter Jugendlichen in Brandenburg (Angaben in %)

Subpopulationen		Skala „Berufsbezogener Zukunftsoptimismus"			
		Niedrig	Eher niedrig	Eher hoch	Hoch
Geschlecht	Männlich	1,5	23,9	60,8	13,9
	Weiblich	1,7	31,7	57,2	9,5
Altersgruppen	12 bis 14 Jahre	0,9	25,6	61,6	11,9
	15 bis 17 Jahre	1,3	26,8	58,3	13,5
	Ab 18 Jahre	2,7	31,1	57,5	8,7
Sek. I	Sek. I – O	1,6	26,0	58,6	13,9
Schultypen	Sek. I – OR	1,7	23,9	61,7	12,7
	Sek. I – OG	0,0	30,2	58,1	11,7
	Sek. I gesamt	1,1	26,8	59,0	13,1
Sek. II allg./	O/OG u. OG	1,7	28,2	61,9	8,2
berufl. Bildg.	OSZ – BA	2,5	29,4	57,5	10,6
Gesamt		1,6	27,7	59,0	11,7

Jugendliche mit hohem berufsbezogenen Zukunftsoptimismus unterscheiden sich von ihren pessimistischen Altersgenossen durch einige wesentliche Merkmale ihrer Lebenssituation. „Optimisten" kommen häufiger aus Familien mit einem höheren Bildungsgrad der Eltern (Meister, Fachschul- bzw. Hochschulabschluß), ihre Eltern sind seltener arbeitslos. Vor allem Jugendliche, die die elterliche Arbeitslosigkeit stark psychisch belastet, sind weniger optimistisch als andere. Optimistische Jugendliche zeichnen sich auch durch einen größeren sozialen Rückhalt aus. Sie sind zufriedener mit den Beziehungen zu den Eltern, den Freunden und Bekannten, haben häufiger einen besten Freund oder eine beste Freundin und berichten von einem guten Familienklima. Die Zufriedenheit mit der Schul- oder Ausbildungssituation sowie ein hohes Selbstvertrauen und geringe externale Kontrollüberzeugungen sind weitere wichtige Merkmale optimistischer Jugendlicher.

Da es bei der Einschätzung eigener beruflicher Chancen naheliegt, daß die Jugendlichen auch die konkrete Arbeitsmarktsituation ihrer Region berücksichtigen, wurde ergänzend untersucht, ob Jugendliche aus städtischen Regionen einen höheren Zukunftsoptimismus haben als solche aus eher ländlichen Regionen, wo teilweise die Arbeitsmarktlage besonders schwierig ist (zur Operationalisierung s.o.). Hierbei zeigten sich jedoch wie schon 1996 keine Differenzen; ebenso wenig wie bei der Frage, ob es einen Zusammenhang zwischen unterschiedlichen Familienformen (traditionelle Familien[5], Ein-Elternfamilien, Stieffamilien) und dem Ausmaß an berufsbezogenem Zukunftsoptimismus von Jugendlichen gibt. Im Gegensatz zu den Persönlichkeitsmerkmalen „Selbstvertrauen" und „Externale Kontrollüberzeugungen"

---

[5] Unter „traditionellen Familien" verstehen wir im folgenden Familien, bei denen der leibliche Vater und die leibliche Mutter im gleichen Haushalt wie das Kind leben.

finden sich für den berufsbezogenen Zukunftsoptimismus auch keine Verbindungen zu Rechtsextremismus und Gewaltbereitschaft von Jugendlichen; Beide Phänomene sind demnach keineswegs eindeutig durch die berufliche Perspektivlosigkeit oder diesbezügliche subjektive Wahrnehmungen von Heranwachsenden bedingt.

Die Arbeitsmarktlage hat sich in den vergangenen Jahren in Brandenburg für Jugendliche verschlechtert, die Jugendarbeitslosenquote ist weiter angestiegen (s.o.). Findet sich diese ungünstige Entwicklung im Ausmaß des berufsbezogenen Zukunftsoptimismus' der Jugendlichen wieder? Die nachfolgende Abbildung kann eine Antwort auf diese Frage geben, denn zwischen den Jahren 1993, 1996 und 1999 sind deutliche Veränderungen festzustellen. Der Abbildung ist zu entnehmen, daß der Anteil der Jugendlichen mit einem hohen berufsbezogenen Zukunftsoptimismus in den vergangenen Jahren deutlich zurückgegangen ist, während mehr Jugendliche einen eher niedrigen Zukunftsoptimismus aufweisen.

Abb. 7: Berufsbezogener Zukunftsoptimismus – 1993 bis 1999 (Angaben in %)

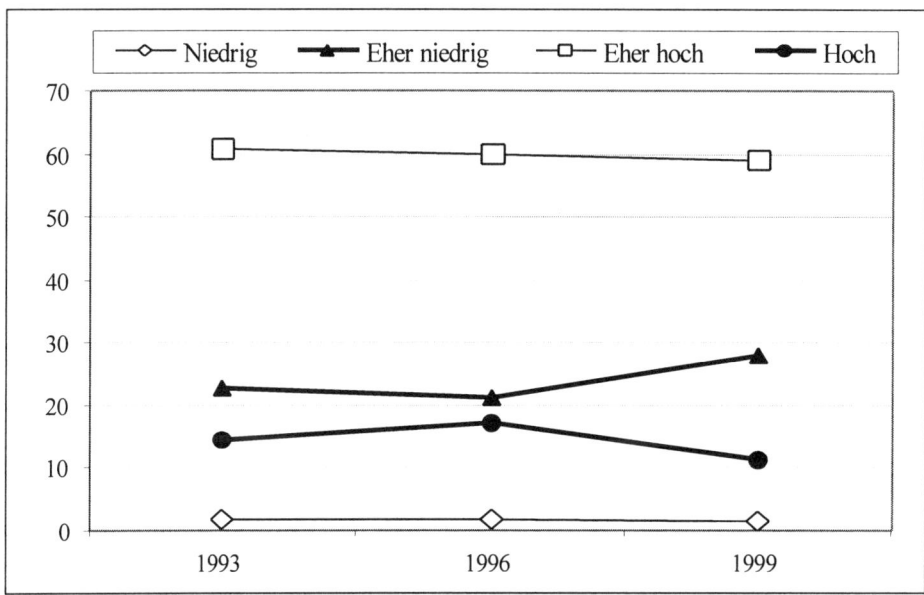

Betrug der Anteil der Jugendlichen in der Kategorie „Hoher Zukunftsoptimismus" 1996 noch 17 Prozent, sind es 1999 nur noch 12 Prozent. Dagegen wuchs der Anteil in der Kategorie „Eher niedriger Zukunftsoptimismus" um sechs Prozent. 1996 zeigt sich der insgesamt höchste Zukunftsoptimismus, während die Jugendlichen im Jahr 1999 am pessimistischsten sind. Hinsichtlich dieser Entwicklung lassen sich keine geschlechts-, alters- oder schulstufenspezifischen Unterschiede erkennen: Der Zukunftsoptimismus hat bei Mädchen und Jungen, in einzelnen Altersgruppen sowie bei Schülern der Sekundarstufen I und II gleichermaßen abgenommen.

Blicken wir zurück und betrachten wir etwas detaillierter die Zukunftserwartungen der Jugendlichen im Zeitraum von 1993 und 1996. Erstaunlicherweise zeigten sich damals trotz der großen und wachsenden Schwierigkeiten, für alle Schulabgänger Ausbildungsplätze bereitzustellen, bei der Einschätzung der eigenen Berufs- und Zukunftschancen zwischen beiden Erhebungszeitpunkten kaum Veränderungen. Auch Zinnecker und Strzoda (1996) konstatierten anhand des Indikators „Persönlicher Zukunftsoptimismus" der Shell-Studie bei den 13- bis 20jährigen Jugendlichen in Ostdeutschland im Zeitraum von 1991 bis 1996 keine Veränderung des Zukunftsoptimismus. Allerdings berichteten sie eine Abnahme des Optimismus′ für ost- und westdeutsche junge Erwachsene (diese Altersgruppe haben wir nicht befragt) und verwiesen interpretierend darauf, daß diese Gruppe stärker als die jüngeren von Arbeitsmarktproblemen betroffen sei. Dieselben Autoren belegten auch den engen Zusammenhang von persönlichem und auf die Gesellschaft bezogenem Zukunftsoptimismus: Letzterer war 1996 gerade bei den ostdeutschen Jugendlichen nach einem „Höhenflug" 1991 rückläufig und unter das westdeutsche Niveau gesunken.

Heute aber weist unser Befund eines abnehmenden berufsbezogenen Zukunftsoptimismus′ und von gleichzeitig zunehmender externaler Kontrollüberzeugung (s.o.) auf beunruhigende Anzeichen für resignative Einstellungen unter Jugendlichen hin. Zwar beurteilen auch in der aktuellen Erhebung die meisten Jugendlichen ihre Zukunft eher optimistisch, vor allem Auszubildende äußern sich jedoch im Trend pessimistischer als vor drei Jahren, was aus unserer Sicht wahrscheinlich darauf zurückzuführen ist, daß auch eine erfolgreiche Berufsausbildung keine Garantie mehr für die Übernahme in ein Arbeitsverhältnis und für eine stabile berufliche Karriere darstellt. Der deutlich geringere Optimismus dieser Gruppe schlägt auf die Stichprobengesamtheit durch, wobei die anderen Subgruppen nur eine leichte Abschwächung des Zukunftsoptimismus zeigen. Sollte sich diese Entwicklung fortsetzen, droht in mehrfacher Hinsicht Gefahr: Zum einen kann diese Kombination aus geringem Zukunftsoptimismus und externaler Kontrollüberzeugung in vielen Fällen zu einer „selbsterfüllenden Prophezeiung" werden – je weniger Jugendliche an die Verwirklichung ihrer Berufsvorstellungen glauben und je weniger sie meinen, dazu selbst etwas beitragen zu können, um so unwahrscheinlicher wird die erfolgreiche Realisierung der eigenen beruflichen Ziele. Zum anderen ist nicht auszuschließen, daß Gefühle von Ohnmacht, Frustration und Enttäuschung in ihrer kumulativen Wirkung zu einem Nährboden für extremistische Einstellungen unter Jugendlichen werden könnten.

2.5   Soziale Netze

2.5.1   Vorbemerkung

Für Jugendliche lassen sich drei zentrale Bereiche der sozialen Umwelt unterscheiden, die die zentralen Sozialisationsinstanzen in der Adoleszenz darstellen und somit die Wertorientierungen von Jugendlichen maßgeblich prägen: die Familie, die Gleichaltrigengruppe und die Schule (vgl. Csikszentmihalyi & Larson, 1984; Engel & Hurrelmann, 1989; Fend, 1990; Schmitz & Wurm, 1999). Dabei stellen die Familie und die Gleichaltrigengruppe das primäre soziale Umfeld Jugendlicher dar (Larson, 1983); zur Schule haben die Jugendlichen ein distanzierteres Verhältnis (Ulich, 1991). Die zentrale Stellung von Familie und Gleichaltrigengruppe wird aus entwicklungspsychologischer Sicht besonders deutlich: Im Sinne von Havighurst muß nach der starken emotionalen Bindung an die Eltern in der Kindheit die allmähliche Ablösung von den Eltern in der Adoleszenz erfolgen, die in der Regel mit dem gleichzeitigen Bedeutungszuwachs der Gleichaltrigengruppe einhergeht (Havighurst, 1972). Bereits ab dem zehnten Lebensjahr wächst die Bedeutung der Gleichaltrigen als Interaktionspartner vor allem in der Freizeit schnell an (Mansel & Hurrelmann, 1991); verschiedenen Studien zufolge ist dann das Freizeitverhalten der Jugendlichen überwiegend durch Gleichaltrigengruppen und Cliquen bestimmt (Larson, 1983).

Bezüglich der emotionalen Einbindung in die Familie sind anhand von Forschungsergebnissen heute zwei Tendenzen erkennbar: Einerseits bilden sich nach wie vor zwischen Familienmitgliedern oftmals enge emotionale Bindungen heraus, die häufig nach dem Auszug des Jugendlichen aus dem Elternhaus fortbestehen. Andererseits lösen sich die Jugendlichen in bestimmten Bereichen früher von den Eltern als noch in den fünfziger Jahren; sie entwickeln früher einen eigenen Lebensstil, der maßgeblich durch die Gleichaltrigengruppe und Freizeitaktivitäten geprägt wird (Mansel & Hurrelmann, 1991). Die Gleichaltrigengruppe ist wichtig für die erprobende Auseinandersetzung unter Gleichgestellten. Hier können die Jugendlichen Rollen spielen, die sie in Familie und Schule nicht ausprobieren können und dürfen, so daß die Gleichaltrigen eine Alternative zum familialen und schulischen Alltag darstellen (Fend, 1990). Die symmetrische Beziehung unter Gleichaltrigen, die gemeinsamen altersspezifischen Themen und Probleme ermöglichen einen direkten Erfahrungsaustausch, wie ihn die Eltern nicht bieten können. Dieser Erfahrungsaustausch fördert die Überwindung des adoleszenten Egozentrismus (Elkind, 1967) und führt zu sozialer Anerkennung, Sicherheit und Solidarität durch die Gleichaltrigen. Emotionalen Rückhalt bieten dabei vor allem Freundschaften (Engel & Hurrelmann, 1989). Die Integration in eine Gleichaltrigengruppe bzw. Clique hat allerdings sowohl Vor- als auch Nachteile: Sie erhöht einerseits das psychische Wohlbefinden und das Selbstwertgefühl, liefert Unterstützung, Entspannung und Unterhaltung. Andererseits fördert die Gleichaltrigengruppe auch Risikoverhalten wie Rauchen, Drogenkonsum und Delinquenz (Noack, 1992; Schwarzer & Leppin, 1990).

Die nachfolgenden Darstellungen beschreiben die Beziehungen brandenburgischer Jugendlicher zu ihren Eltern und zu Gleichaltrigen differenziert für verschiedene Altersgruppen, schulische Sozialisationskontexte und vor allem für Jungen und Mädchen. Anhand eines Vergleichs der aktuellen Jugendstudie mit denen der Jahre 1993 und 1996 wollen wir dann nach Veränderungen der Beziehungsqualität Jugendlicher zu den Eltern und Gleichaltrigen suchen.

2.5.2 Familie

Die Familie stellt die primäre Sozialisationsinstanz für Heranwachsende dar. Von ihr, insbesondere von den Eltern, ist maßgeblich abhängig, in welchem Maße und wie zufriedenstellend Jugendliche die Anforderungen des Jugendalters bewältigen und welche Strategien ihnen hierfür zur Verfügung stehen. Inwieweit die Eltern ihre Kinder in dieser Zeit (noch) sozialisieren und unterstützen können, wird wesentlich durch die Beziehungsqualität zwischen Jugendlichen und ihren Eltern bestimmt. Der Zusammenhalt in der Familie ("Familienkohäsion"), das Familienklima und das elterliche Erziehungsverhalten sowie die elterliche Zuwendung oder die Vernachlässigung der Heranwachsenden sind entscheidende Indikatoren für die familiale Beziehungsqualität. Daneben können familiale Krisen das Denken und Verhalten der Jugendlichen prägen: Berufliche und finanzielle Schwierigkeiten oder die Trennung der Eltern und der Aufbau einer Stieffamilie belasten die Heranwachsenden oftmals direkt oder werden durch die elterliche Belastung indirekt auf die Kinder übertragen. Dabei müssen berufliche Veränderungen der Eltern oder familiale Transitionen nicht per se zu Entwicklungsbeeinträchtigungen bei Kindern führen. Vielmehr ist entscheidend, in welcher Weise solche Ereignisse in der Familie verarbeitet werden und wieviel emotionale Unterstützung der betroffene Jugendliche hierbei erhält.

Im folgenden werden zunächst strukturelle Familienmerkmale der 1999 befragten Jugendlichen beschrieben, und es werden Unterschiede gegenüber den Vorläufer-Studien von 1993 und 1996 aufgezeigt. Nach diesen Informationen über die Familienstrukturen wird anschließend auf die Familienbeziehungen eingegangen.

Strukturelle Familienmerkmale

Die schnellen Veränderungen im ökonomischen und soziokulturellen System der modernen Industriegesellschaften führen dazu, daß die „Institution Familie" – und mit ihr die Eltern-Kind-Beziehung – einen deutlichen Strukturwandel erfahren (Bründel & Hurrelmann, 1996). Die Anzahl der Alleinerziehenden nimmt stetig zu, ebenso die Anzahl der sogenannten „Patchwork-Familien". Wie sieht dies 1999 in Brandenburg aus? Einen Überblick hierüber liefert Tabelle 8.

Tab. 8: Überblick über Familienstrukturen brandenburgischer Jugendlicher – 1999*) (Angaben in %)

Subpopulationen		**Familienstrukturen**					
		Traditionelle Familie	Ein-Eltern-Familie	Stieffamilie	Andere Familienformen	Heim/ betreutes Wohnen	Mit Freund/ Freundin
Geschlecht	Männlich	62,7	16,1	9,9	6,3	0,7	1,0
	Weiblich	61,1	15,5	11,3	6,3	1,1	2,2
Sek. I **Schultypen**	Sek. I – O	58,1	18,7	10,5	9,1	0,5	0
	Sek. I – OR	70,8	12,7	9,2	5,5	0	0,2
	Sek. I – OG	70,9	12,1	12,1	4,6	0	0
	Sek. I – ges.	63,9	15,8	10,8	7,2	0,3	0
Sek. II allg./ **berufl. Bildg.**	O/OG u. OG	69,0	14,7	14,5	1,0	0	0
	OSZ – BA	52,7	16,5	7,9	7,2	2,9	6,3
Gesamt		61,9	15,8	10,6	6,2	0,9	1,6

*) 2,9% der Befragten konnten diesen Familienformen nicht zugeordnet werden, weshalb sich die Angaben nicht zu 100% addieren.

Der letzten Zeile der Tabelle ist zunächst zu entnehmen, daß nur ca. 62 Prozent der befragten brandenburgischen Jugendlichen in einer traditionellen Familie, d.h. mit beiden leiblichen Eltern, zusammenleben. Etwa jeder sechste Jugendliche (16%) lebt in einer Ein-Eltern-Familie, meist bei der leiblichen Mutter (14%). Alleinerziehende Väter sind eher selten, so leben in unserer Stichprobe nur 67 der Jugendlichen in einer Ein-Eltern-Familie mit ihrem Vater. In anderen Familienformen (darunter verstehen wir das Zusammenleben der Jugendlichen mit Großeltern, Geschwistern oder Pflegeeltern) wachsen sechs Prozent der Jugendlichen auf. Nur ein kleiner Teil der

Befragten lebt in Heimen, Wohngemeinschaften, Einrichtungen des betreuten Wohnens oder bereits mit einem Freund bzw. einer Freundin zusammen.

Große Unterschiede hinsichtlich der Familienstruktur zeigen sich im Vergleich dörflicher und städtischer Wohnorte. Während in dörflichen Gegenden (bis 1.500 Einwohner) 69 Prozent der Jugendlichen in traditionellen Familien und nur 11 Prozent in Ein-Eltern-Familien leben, finden sich in Städten mit über 20.000 Einwohnern nur noch 51 Prozent traditionelle Familien, hingegen 21 Prozent Ein-Eltern-Familien. In den vergangenen Jahren seit 1996 hat der Anteil der traditionellen Familien insgesamt abgenommen – der Anteil alternativer Familienformen entsprechend zugenommen. In der nachfolgenden Tabelle sind die Familienstrukturen der befragten Jugendlichen von 1996 und 1999 vergleichend dargestellt. Der Anteil der Befragten, die mit beiden leiblichen Eltern zusammenleben, ist deutlich zurückgegangen. Der Anteil jener, die in einer Ein-Eltern-Familie leben, hat hingegen deutlich zugenommen, während zugleich der Anteil derjenigen abgenommen hat, die in einer Stieffamilie mit einem leiblichen und einem Stiefelternteil leben.

Tab. 9: Familienstrukturen brandenburgischer Jugendlicher – 1996 und 1999
(Angaben in %)

Erhebungsjahr	Familienstrukturen				
	Traditionelle Familie	Ein-Eltern-Familie	Stief-familie	Andere Familienformen	Heim/betreutes Wohnen
1996	65,9	10,5	15,2	2,8	1,0
1999	59,2	16,5	10,4	6,7	1,3

Wir können an dieser Stelle nicht alle Ursachen dieser Tendenzen klären, jedoch kann folgendes festgehalten werden:
(1) Im Landesmaßstab ist der Anteil der Ehepaare unter den Familien mit Kindern von 1995 bis 1999 um 5,7 Prozent zurückgegangen[6]; diese Tendenz spiegelt sich in unseren Daten wider.
(2) Jugendliche verlassen immer früher das Elternhaus und wohnen allein bzw. mit Freund oder Freundin (s. Tab. 8, dies betrifft insbesondere die Auszubildenden an Oberstufenzentren).
(3) Eine differenzierte Betrachtung der Strukturveränderungen zeigt, daß vom Trend zur Ein-Eltern-Familie besonders die Gruppe der Jugendlichen an Gesamtschulen (s. Tab. 8) betroffen ist.

Neben der Familienstruktur spielt auch die berufliche Situation der Eltern für die Familienbeziehungen und -belastungen eine wesentliche Rolle. Wenn Eltern oder auch nur ein Elternteil arbeitslos werden, so hat dies weitreichende Auswirkungen auf das materielle, finanzielle, physische und psychische Wohlbefinden aller Familienmitglieder, insbesondere jedoch der Kinder (s.o.). Durch Arbeitslosigkeit werden die emotionale Verfügbarkeit und Verläßlichkeit von Vater und Mutter in Frage gestellt, die Eltern sind mit sich selbst und ihrer Situation beschäftigt; zudem erleben die Jugendlichen die Verunsicherung, die Enttäuschung und den Zorn, mit dem die Eltern auf dieses einschneidende Ereignis reagieren.

---

[6] Daten des Mikrozensus unter: www.brandenburg.de/lds/daten/mikro/tab3.htm.

In Brandenburg sind 1999 nach Auskunft der befragten Jugendlichen 12 Prozent der Mütter und sieben Prozent der Väter arbeitslos, während 89 Prozent der Väter und 82 Prozent der Mütter in einem Beschäftigungsverhältnis stehen, das heißt sie sind angestellt, selbständig oder haben eine ABM-Stelle. Die nachfolgende Abbildung veranschaulicht, wieviele Jugendliche in einem Elternhaus leben, in dem eines oder beide Elternteile arbeitslos sind. Der Vergleich der Jahre 1996 und 1999 weist auf leichte Veränderungen der Beschäftigungssituation hin.

Abb. 8: Beschäftigungssituation der Eltern – 1996 und 1999 (Angaben in %)

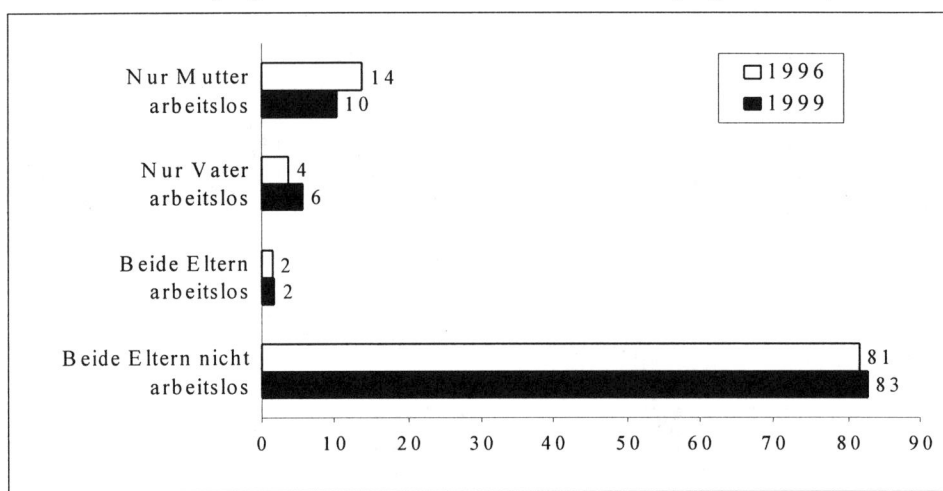

Wie die Abbildung zeigt, ist in den Familien häufiger die Mutter arbeitslos, während der Vater in einem Beschäftigungsverhältnis steht, als umgekehrt. Damit ist auch 1999 noch nahezu jeder fünfte Jugendliche mit der Arbeitslosigkeit eines oder beider Elternteile konfrontiert; in traditionellen Familien seltener (15%) als in Ein-Eltern-Familien (20%). Besonders von Arbeitslosigkeit betroffen sind Familien mit vier und mehr Kindern. So sind 1999 rund 15 Prozent der Familien mit ein bis zwei Kindern, hingegen 28 Prozent der Familien mit mindestens vier Kindern von Arbeitslosigkeit eines oder beider Elternteile betroffen. Dieser Befund ist beunruhigend, denn es ist bekannt, daß bei Arbeitslosigkeit die Verarmungsrisiken vor allem mit dem Vorhandensein und mit der Anzahl von Kindern deutlich ansteigen (Großmann, 1998).

In unseren brandenburgischen Jugendstudien wurden die Jugendlichen nicht nur danach befragt, ob sie die Arbeitslosigkeit ihres Vaters irgendwann bereits erlebt haben, sondern auch, sofern dies der Fall war, wie stark diese Situation sie subjektiv belastet hat. Diese Frage wurde bereits 1993 und 1996 gestellt, so daß betrachtet werden kann, inwieweit Veränderungen in den vergangenen Jahren aufgetreten sind. Obwohl sich, wie oben aufgezeigt, die Arbeitslosenquote der Väter in den letzten Jahren kaum verändert hat, sind die Jugendlichen über die Jahre hinweg offensichtlich zunehmend weniger durch diese Situation belastet. Noch 1993 fühlte sich weit über die Hälfte (57%) jener Jugendlichen, die die Arbeitslosigkeit des Vaters erlebt haben, durch diese Situation stark oder sogar sehr stark belastet; 1996 ist dies nur noch knapp ein Drittel (32%); 1999 ist nur noch gut ein Viertel (27%) betroffen.

Tab. 10: Subjektive Belastung der Jugendlichen aufgrund von Arbeitslosigkeit des Vaters (Angaben in %)

Erhebungsjahr	Arbeitslosigkeit des Vaters erlebt und...			
	Nicht belastet	Wenig belastet	Stark belastet	Sehr stark belastet
1993	12,1	30,9	41,6	15,4
1996	20,1	47,5	27,3	5,1
1999	27,6	44,9	23,2	4,2

Worauf diese abnehmende subjektive Belastung zurückzuführen ist, kann gegenwärtig nur diskutiert, jedoch nicht endgültig beantwortet werden. Eine mögliche Erklärung ist in der gewandelten individuellen Bedeutung von Arbeitslosigkeit zu finden. Während es in der DDR (nahezu) keine Arbeitslosigkeit gab, stieg die Arbeitslosenquote in den ostdeutschen Bundesländern in der Nachwendezeit sprunghaft und unerwartet an. Deshalb wurde der bis dahin weitgehend ungewohnte Verlust der eigenen Arbeitsstelle oft als individueller Schicksalsschlag und nicht selten auch als ausschließlich individuelles Versagen empfunden, was schwere persönliche Belastungen für die Betroffenen nach sich zog. Im Laufe der weiteren gesellschaftlichen Entwicklung erhielt dieses kritische Lebensereignis zunehmend die Konnotation einer eher „normalen" Übergangsphase, die auch Millionen anderen Menschen (unverschuldet) widerfahren ist und für die sich vielfach auch erfolgreiche Auswege und Lösungen finden ließen.

Da die Beschäftigungssituation der Eltern entscheidenden Einfluß auf die materielle Situation der Familie hat, wurden die Jugendlichen zusätzlich gebeten anzugeben, wie zufrieden sie mit ihrer finanziellen Situation sind und wie sie ihre Situation im Vergleich zu anderen einschätzen. Dabei zeigte sich, daß mit knapp zwei Dritteln die Mehrheit der Befragten mit ihrer finanziellen Situation „Zufrieden" (30%) bzw. „Eher zufrieden" (32%) ist. „Unzufrieden" (14%) oder zumindest „Eher unzufrieden" (24%) sind hingegen insgesamt 38 Prozent der Befragten. Diese überwiegend positive Einschätzung der finanziellen Lage spiegelt sich auch bei einem Vergleich der finanziellen Situation der eigenen Familie mit Familien der Umgebung wider: So gibt jeder dritte Jugendliche an, seiner Familie gehe es im Vergleich zu anderen in der Umgebung „Eher besser" oder sogar „Viel besser"; der Großteil der Jugendlichen (59%) glaubt, der eigenen Familie gehe es etwa gleich gut wie anderen, und nur acht Prozent berichten, ihrer Familie gehe es „Etwas schlechter" als anderen. Mit der geringen Veränderung der Beschäftigungssituation der Eltern in den letzten Jahren korrespondiert der Befund, daß seit 1993 auch die subjektive Einschätzung der finanziellen Lage im Vergleich zu der von Vergleichsgruppen nahezu gleich geblieben ist.

Geht man der Frage nach, ob Jugendliche in den am häufigsten vorzufindenden Familienkonstellationen – das heißt traditionelle Familien, Ein-Eltern-Familien und Stieffamilien – ähnlich oder gleichermaßen zufrieden mit ihrer familialen finanziellen Situation sind, so ist folgendes festzustellen: Jugendliche aus Ein-Eltern-Familien sind deutlich häufiger unzufrieden als Jugendliche aus traditionellen bzw. Stieffamilien. Auch schätzen sie bei einem Vergleich zu anderen in ihrer Umgebung ihre finanzielle Lage auffallend schlechter ein als Jugendliche traditioneller Familien, aber auch als Jugendliche aus Stieffamilien. Die schon in anderen Untersuchungen wiederholt festgestellte schwierigere finanzielle Situation von Ein-Eltern-Familien (Nauck & Joos, 1996; Walper, 1995) findet offensichlich auch bei Vergleichen mit anderen ihren Niederschlag.

Ebenso ist festzustellen, daß Heranwachsende, in deren Familien ein oder beide Elternteile arbeitslos sind, mit ihrer finanziellen Situation unzufriedener sind als Jugendliche, deren Eltern beide in einem Beschäftigungsverhältnis stehen bzw. Rentner oder Hausfrau/-mann sind. Vor allem aber schätzen sie die finanzielle Situation der eigenen Familie bei einem Vergleich mit anderen Familien aus der Umgebung auffallend schlechter ein als Jugendliche, die nicht mit familialer Arbeitslosigkeit konfrontiert sind. Eine ungünstigere Finanzlage der Familie bedeutet jedoch nicht zwangsläufig, daß Jugendliche dies als Belastung erleben. Im Jahr 1999 berichten 42 Prozent der Befragten, eine schwierige finanzielle Situation der Familie erlebt zu haben. Von diesen Jugendlichen fühlten sich 40 Prozent durch den finanziellen Engpaß stark oder sehr stark belastet. Wie Tabelle 11 zu entnehmen ist, hat die Belastung durch eine schwierige finanzielle Situation vor allem zwischen den Jahren 1993 und 1996 abgenommen.

Tab. 11: Subjektive Belastung der Jugendlichen aufgrund von finanziellen Schwierigkeiten in der Familie (Angaben in %)

Erhebungsjahr	Durch schwierige finanzielle Situation...			
	Nicht belastet	Wenig belastet	Stark belastet	Sehr stark belastet
1993	14,4	34,5	37,6	13,6
1996	18,7	41,5	30,0	9,9
1999	16,5	43,3	30,8	9,3

1993 berichtete noch die Hälfte aller Jugendlichen, die eine solche Situation erlebt hatten, daß sie dadurch stark oder sehr stark belastet worden waren; in den Jahren 1996 und 1999 waren es jeweils nur noch rund 40 Prozent der Befragten. Die Tatsache, daß 1996 auffallend weniger Jugendliche familiale Belastungen wahrnahmen als noch 1993, zeigte sich bereits in Hinblick auf die Arbeitslosigkeit des Vaters (s.o.). Das Ausmaß der Belastung durch eine finanzielle Problemlage der Familie ist unabhängig davon, in welcher Familienkonstellation (traditionelle Familie, Ein-Eltern-Familie oder Stieffamilie) ein Jugendlicher lebt und ob seine Eltern arbeitslos sind.

Beziehungsmerkmale der Familien

Nachdem zunächst auf die strukturellen Bedingungen der Familien eingegangen und die Belastungen aufgezeigt wurden, die mit bestimmten strukturellen Veränderungen in der Familie einhergehen, sollen im folgenden die Beziehungsmerkmale der Familien betrachtet werden. Das Erziehungsverhalten der Eltern und die elterliche Zuwendung bzw. Vernachlässigung der Kinder stellen Merkmale dar, die für die Entwicklung der Heranwachsenden relevant sind. Mit Hilfe der Skala „Elterliche Restriktion" (Alpha= .73) äußerten sich die Jugendlichen zu Entscheidungsfreiräumen in der Familie, elterlichen Bestrafungspraktiken sowie zur elterlichen Kontrolle und zu Konflikten im Rahmen der Eltern-Kind-Interaktion. Inwieweit sich die Eltern für die Belange der Jugendlichen interessieren und als Partner in Anspruch genommen werden können, zeigt sich anhand der Skala „Elterliche Vernachlässigung" (Alpha= .78).

Hier wurde beispielsweise danach gefragt, ob die Mutter bzw. der Vater daseien, wenn sie vom Jugendlichen gebraucht werden. Die Items zur Messung der elterlichen Restriktion und Vernachlässigung wurden einem Inventar zur Erfassung verschiedener Erziehungsstile von Parker, Tupling und Brown (1979) entnommen. Da sich in unseren Studien zeigte, daß die Jugendlichen das mütterliche und väterliche Erziehungsverhalten sehr ähnlich beurteilten, wurden die Items zur Einschätzung der Mutter bzw. des Vaters zu „Eltern-Skalen" zusammengefaßt. Die moderaten Zusammenhänge zwischen den Konstrukten (Skaleninterkorrelationen um r_S= .30) zeigen darüber hinaus beispielsweise, daß Jugendliche, die für ihre Familie einen hohen inneren Zusammenhalt angeben, durchaus nicht nur in restriktionsfreien Elternhäusern aufwachsen. Welche Bewertungen die Jugendlichen hinsichtlich des Erziehungsverhaltens ihrer Eltern abgaben, ist der nachfolgenden Abbildung zu entnehmen.

Betrachtet man anhand der folgenden Abbildung zunächst die aktuelle Erziehungssituation im Jahr 1999, so ist festzustellen, daß die Mehrheit der Jugendlichen das Erziehungsverhalten der Eltern als wenig restriktiv (88%) erlebt, 12 Prozent der Befragten empfinden die elterliche Restriktion hingegen als „Eher hoch" bzw. „Hoch". Immerhin jeder zehnte der befragten Jugendlichen empfindet eine eher hohe oder hohe Vernachlässigung durch die Eltern. Die Betrachtung der Ergebnisse an allen drei Meßzeitpunkten macht deutlich, daß die elterliche Restriktion in den vergangenen Jahren insgesamt abgenommen hat.

Abb. 9: Elterliche Restriktion und Vernachlässigung – 1993 bis 1999 (Angaben in %)

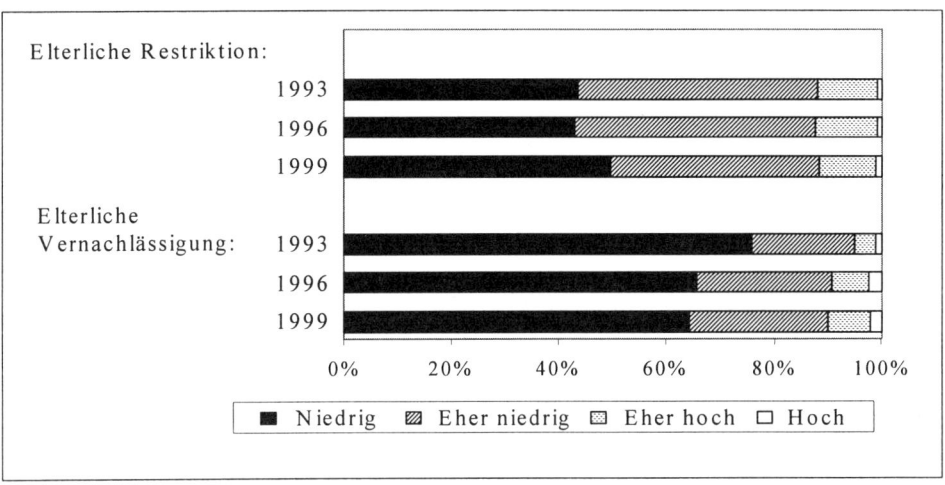

Dabei ist jedoch der Anteil derjenigen, die ihre Eltern als eher hoch und hoch restriktiv erleben, mit rund 12 Prozent über die Jahre gleich geblieben, während der Anteil der Eltern in der Kategorie „Eher niedrige" Restriktion zugunsten einer „Niedrigen" Restriktion abgenommen hat. Zugleich ist jedoch eine deutliche Zunahme elterlicher Vernachlässigung zu verzeichnen. Dieser Befund entspricht den Feststellungen, zu denen Schneewind (1996) aufgrund einer Längsschnittstudie über 16 Jahre kam. Dieser Studie zufolge ist ein deutlicher Trend in Richtung Liberalisierung der Eltern-Kind-Beziehung festzustellen, die teilweise bis hin zu einer solchen „Nachgiebigkeit" reicht, daß Schneewind kommentiert, dies habe nichts mehr mit liberaler Erziehung, sondern mit einem eklatanten Defizit an Fürsorge und Grenzen setzen zu tun – mehr „Mut zur Erziehung" sei deshalb vonnöten.

Erziehung ist eine schwierige Gratwanderung zwischen Restriktion und Liberalität, denn fehlende Grenzen bieten einerseits nicht nur große Freiheitsräume, sondern können auch zu Orientierungslosigkeit und Instabilität der Heranwachsenden beitragen. Andererseits ist die zunehmende Liberalisierung der Erziehung eine wichtige Folge des gesellschaftlichen Wandels. Anstelle Erziehung zu Gehorsam und Unterordnung ist das „Gebot bestmöglicher Förderung" (Beck-Gernsheim, 1988) getreten, das den Kindern günstige Startchancen in der modernen Gesellschaft eröffnen soll, die selbstbewußte, entscheidungsfähige und durchsetzungsstarke Kinder braucht. Die neben der Liberalisierung zunehmende Vernachlässigung der Kinder verweist auf ein weiteres Phänomen einer modernen Gesellschaft: An die Stelle von stabilen Arbeitsplätzen sind in der heutigen Zeit der wiederholte Arbeitsplatzwechsel sowie soziale Auf- und Abstiege der Eltern in der Berufskarriere getreten. Dies kann zu mangelnder Verfügbarkeit und psychischen Belastungen der Eltern führen und findet vermutlich nicht selten auch in der Kindererziehung ihren Niederschlag.

Jüngere Jugendliche berichten über eine höhere elterliche Restriktion und Vernachlässigung als ältere. Je mehr Geschwister ein Jugendlicher hat, um so restriktiver erlebt er seine Eltern. Die Betrachtung familienstruktureller Merkmale liefert wichtige Aufschlüsse im Hinblick auf die elterliche Vernachlässigung. Vor allem Heranwachsende, die in Ein-Eltern-Familien leben, und solche, die entweder überhaupt keine oder drei und mehr Geschwister haben, fühlen sich überproportional häufig vernachlässigt. Ebenso fühlen sich jene Jugendlichen häufiger vernachlässigt, bei denen mindestens ein Elternteil arbeitslos ist. Jugendliche aus restriktiven Elternhäusern besitzen ein geringeres Selbstvertrauen sowie eine höhere externale Kontrollüberzeugung und emotionale Erregbarkeit als andere ($r_s > .20$). Elterliche Vernachlässigung geht ebenfalls mit einer höheren externalen Kontrollüberzeugung einher ($r_s = .24$). Es sei angemerkt, daß diesen Befunden nicht entnommen werden kann, inwieweit das elterliche Erziehungsverhalten die Entwicklung dieser Persönlichkeitsmerkmale bedingt hat oder ob Jugendliche mit diesen Persönlichkeitszügen ihre Eltern entsprechend anders beschreiben. Es ist aber zu erinnern, daß externale Kontrollüberzeugung und Erregbarkeit in einem engen Zusammenhang mit Gewaltbereitschaft stehen.

Neben elterlicher Restriktion und Vernachlässigung können auch andere Erziehungsaspekte oder Familienbedingungen die Heranwachsenden nachhaltig prägen. Hierzu zählt beispielsweise die Kommunikation in der Familie. Inwieweit findet ein familialer Austausch durch Gespräche statt, und in wievielen Familien werden Konflikte nicht verbal, sondern durch Schläge „beigelegt"? Um etwas darüber zu erfahren, wie Jugendliche die familialen Gesprächsmöglichkeiten empfinden, wurden sie nach Gelegenheiten gefragt, bei denen sie sich in ihrer Familie gemeinsam und in Ruhe aussprechen können. Demnach scheint nur jeder fünfte Jugendliche mit der Häufigkeit solcher Gesprächsmöglichkeiten zufrieden zu sein. Mehr als jeder zehnte stimmt der Aussage völlig zu, solche Möglichkeiten für Gespräche in aller Ruhe seien selten. Mehr als ein Drittel (37%) der Befragten stimmt dieser Aussage teilweise zu.

Abb. 10: Möglichkeiten zu Aussprachen in der Familie – 1993 bis 1999 (Angaben in %)

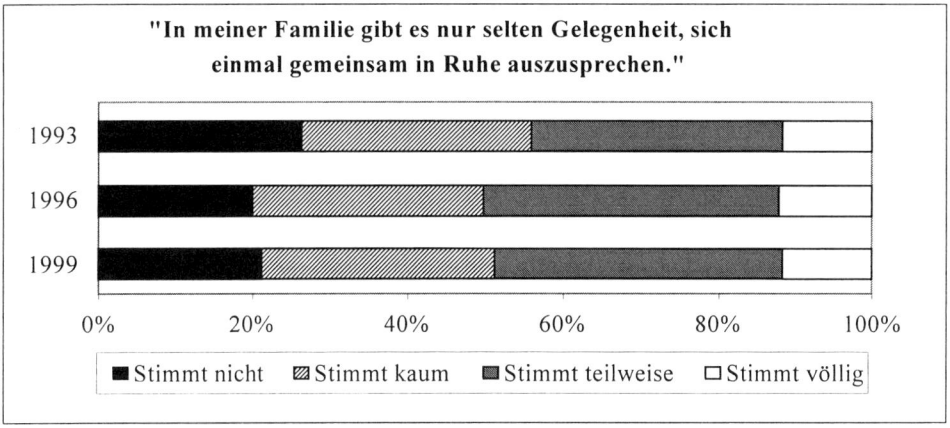

Demnach scheint ein Bedarf nach mehr Gelegenheiten zu bestehen, sich in Ruhe in der Familie aussprechen zu können. Die Ansicht, daß es nur selten solche Gesprächs-möglichkeiten gäbe, vertreten jüngere Jugendliche häufiger als ältere, männliche häufiger als weibliche. Die Familienkonstellation (traditionelle Familien, Ein-Eltern-Familien, Stieffamilien) scheint für die Gesprächsmöglichkeiten keine wichtige Rolle zu spielen. Vergleicht man auch hier die Einschätzungen der Jugendlichen von 1993, 1996 und 1999 miteinander (Abb. 10), so haben sich die wahrgenommenen familia-len Gesprächsmöglichkeiten vor allem zwischen den Jahren 1993 und 1996 auffällig verändert. Demnach empfinden 1996 deutlich weniger Jugendliche als noch 1993, daß es für Aussprachen in der Familie ausreichend Möglichkeiten gibt. Dieser Ab-wärtstrend scheint sich im Jahr 1999 jedoch zumindest nicht fortzusetzen.

Können Konflikte zwischen Eltern und ihren Kindern nicht mittels Kommunikation gelöst werden, so greifen wütende, hilflose oder überforderte Eltern auch darauf zu-rück, ihre Kinder zu schlagen. Es stellt sich die Frage, wieviel Jugendliche solche Gewalterfahrungen innerhalb ihrer Familie machen mußten. Nachdem in der Vorläu-fer-Befragung von 1996 untersucht wurde, wieviel Jugendliche über „Schlimme Ge-walterfahrungen" (Schläge, Erniedrigungen, sexuellen Mißbrauch) berichten (Sturz-becher & Langner, 1997), wurden die Jugendlichen 1999 ganz konkret danach ge-fragt, ob sie durch Familienangehörige geschlagen wurden. Nicht erfragt wurde da-bei der subjektive Schweregrad der Gewalterfahrung. In Abbildung 11 ist für die am häufigsten vorzufindenden Familienkonstellationen dargestellt, wie häufig Jugend-liche mittels Schlägen bestraft wurden. Anhand der Darstellung ist zunächst zu er-kennen, daß ingesamt jeder zehnte Jugendliche berichtet, er werde von seinen Eltern bzw. Stiefeltern manchmal oder oft geschlagen. Über 60 Prozent der Befragten geben an, nie geschlagen zu werden.

Vergleicht man innerhalb jeder der aufgezeigten Familienkonstellationen, ob Mütter oder Väter häufiger mittels Schlägen strafen, so ist für traditionelle Familien und Ein-Eltern-Familien festzustellen, daß es etwas häufiger die Väter sind; in Stieffami-lien mit der leiblichen Mutter und einem Stiefvater zeigen sich hingegen keine Unterschiede hinsichtlich des Strafverhaltens. Ob alleinerziehende Mütter und Väter

Abb. 11: Elterliche Bestrafung durch Schläge, differenziert nach Familienformen*)
(Angaben in %)

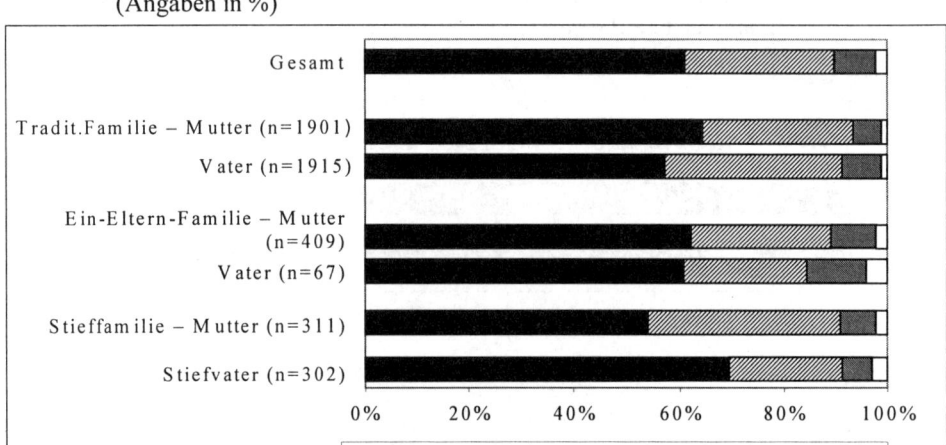

*) Die Stieffamilie wird hier nur in der Konstellation leibliche Mutter/Stiefvater ausgewiesen, da die umgekehrte Konstellation leiblicher Vater/Stiefmutter sehr selten ist.

häufiger körperlich strafen als Eltern aus anderen Familienkonstellationen, wie es die obige Abbildung suggeriert, kann aus den Daten nicht abgeleitet werden, denn während in Familien mit zwei Elternteilen Bestrafungen der Heranwachsenden durch Vater und Mutter erfolgen können, obliegt es in Ein-Eltern-Familien dem im Haushalt lebenden Elternteil allein, den Jugendlichen zu maßregeln. Jugendliche, die häufig mit Schlägen bestraft werden, empfinden sich zugleich häufig von den Eltern vernachlässigt. Dieser Zusammenhang zwischen körperlicher Bestrafung und Vernachlässigung findet sich insbesondere für Jugendliche mit einer alleinerziehenden Mutter oder mit einem Stiefvater. Die Vermutung, daß frühadoleszente, pubertierende Jugendliche häufiger geschlagen werden als ältere, findet in der vorliegenden Studie keine Bestätigung. Es gibt keine Unterschiede zwischen Jungen und Mädchen in Hinblick auf die Häufigkeit von körperlicher Bestrafung.

Körperliche Bestrafungen, unzureichende Kommunikation sowie Restriktionen und Vernachlässigungen durch die Eltern können das Familienklima erheblich beeinträchtigen. Wie aber empfinden Jugendliche überhaupt ihr Familienklima? Um dies zu erfahren, wurden modifizierte Indikatoren der Familienklimaskalen des „Familiendiagnostischen Testsystems" eingesetzt (Schneewind, Beckmann & Hecht-Jackl, 1987). Zu diesen Indikatoren zählten Fragen danach, ob Vater bzw. Mutter liebevoll mit ihren Kindern umgehen und sie bei Problemen unterstützen. Die neu gebildete Skala „Familienkohäsion" umfaßt zehn Items und weist eine gute interne Konsistenz auf (Alpha= .87). Darüber hinaus wurde in Form eines Einzelindikators direkt danach gefragt, wie zufrieden die Jugendlichen mit dem Klima in ihrer Familie sind.

Einen hohen familialen Zusammenhalt berichten über die Hälfte der Befragten (53%), ein weiteres Drittel (37%) beurteilt den Zusammenhalt als eher hoch; und nur jeder zehnte Jugendliche gibt einen eher niedrigen Familienzusammenhalt an. Der familiale Zusammenhalt wird demnach von einer großen Mehrheit der Jugendlichen als befriedigend erlebt. Interessant ist, daß es hierbei keine systematischen Differenzen zwischen Jungen und Mädchen sowie zwischen Jugendlichen unterschiedlicher Altersstufen gibt; sie alle nehmen die Qualität des Familienzusammenhaltes in ähnlicher Weise wahr. Hingegen existieren Zusammenhänge zwischen strukturellen und ökonomischen Merkmalen der Familie einerseits und dem Familienklima andererseits, wie die nachfolgende Abbildung zeigt.

Abb. 12: Familiale Merkmale und hohe Familienkohäsion – 1999 (Angaben in %)

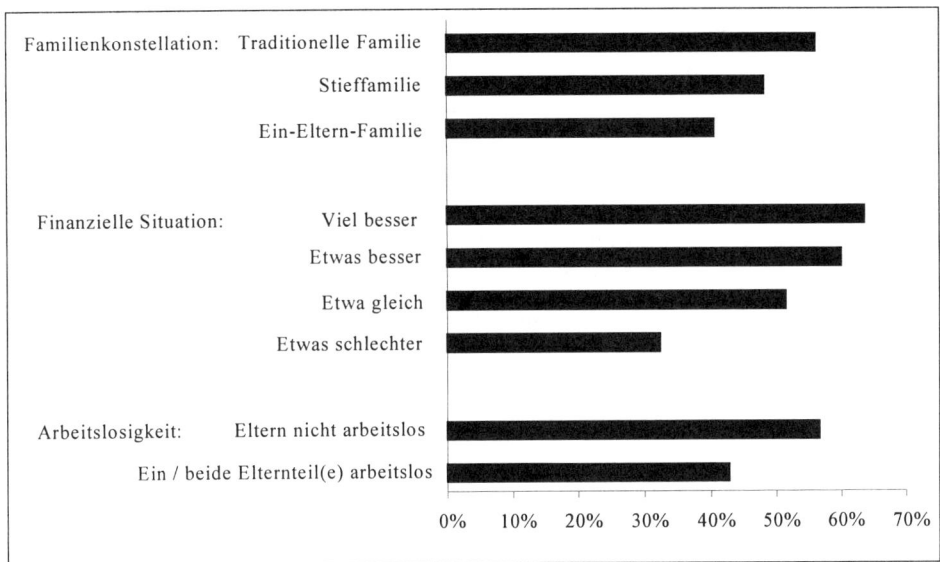

Die Familienkohäsion ist abhängig von der Familienkonstellation sowie von der Finanz- und Beschäftigungssituation der Eltern. So empfinden 56 Prozent der Jugendlichen aus traditionellen Familien den Familienzusammenhalt als hoch, hingegen nur 41 Prozent jener, die in Ein-Eltern-Familien leben. Besonders auffällig sind die Unterschiede im Hinblick auf die Finanzsituation der Familien. Jugendliche, deren familiale Finanzsituation „Viel besser" als jene in ihrer Umgebung ist, empfinden nahezu doppelt so häufig einen engen familialen Zusammenhalt im Vergleich zu denen, deren Situation „Etwas schlechter" ist. Schließlich scheint auch die Arbeitslosigkeit eines oder beider Elternteile den Familienzusammenhalt deutlich zu beeinträchtigen. Dieser Befund entspricht den Erkenntnissen anderer Studien, die darauf verweisen, daß vor allem Arbeitslosigkeit und Einkommensverluste innerfamiliale Spannungen erhöhen und interpersonelle Auseinandersetzungen begünstigen (s.o.).

Diese Zusammenhänge werden über die Interaktionen der Familienangehörigen vermittelt, wie auch die Ergebnisse einer Regressionsanalyse zeigen. Diese deuten auf einen erheblichen Einfluß von elterlicher Vernachlässigung und elterlicher Restriktion auf die Familienkohäsion (r^2= .43; $beta_{vernach.}$= -.47; $beta_{restrik.}$= -.35). Vernachlässigte oder restriktiv erzogene Jugendliche erleben im Vergleich zu anderen Jugendlichen nur selten einen befriedigenden Familienzusammenhalt.

Das Ausmaß des Familienzusammenhalts wurde – wie bereits oben beschrieben – mit Hilfe von zehn Indikatoren gemessen, die sich auf das Elternverhalten beziehen. Es ist anzunehmen, daß Jugendliche, die ihre Familie als verbunden erleben, zugleich zufriedener mit der familialen Situation sind als jene, die einen geringeren Familienzusammenhalt berichten. Findet sich diese Annahme empirisch bestätigt? Um dies zu erfahren, wurden die Jugendlichen direkt danach gefragt, wie zufrieden sie mit dem Klima in ihrer Familie seien. Diese Frage zur Zufriedenheit mit dem Familienklima wurde bereits 1996 gestellt, so daß ein Vergleich der Ergebnisse der beiden Erhebungszeitpunkte möglich ist.

Rund die Hälfte aller Befragten gab an, mit dem Klima in ihrer Familie „Völlig" zufrieden zu sein, „Kaum" oder „Überhaupt nicht" zufrieden mit dem Familienklima waren durchschnittlich nur 11 Prozent der Heranwachsenden. Dieses Ergebnis korrespondiert mit den Befunden zur Familienkohäsion – der korrelationsstatistische Zusammenhang (r_s= .66) bestätigt, daß Jugendliche aus Familien mit hoher Kohäsion in der Mehrheit tatsächlich zufriedener mit dem Familienklima sind als Jugendliche mit einer geringen familialen Verbundenheit.

Abb. 13: Zufriedenheit mit dem Familienklima nach Geschlecht – 1996 und 1999 (Angaben in %)

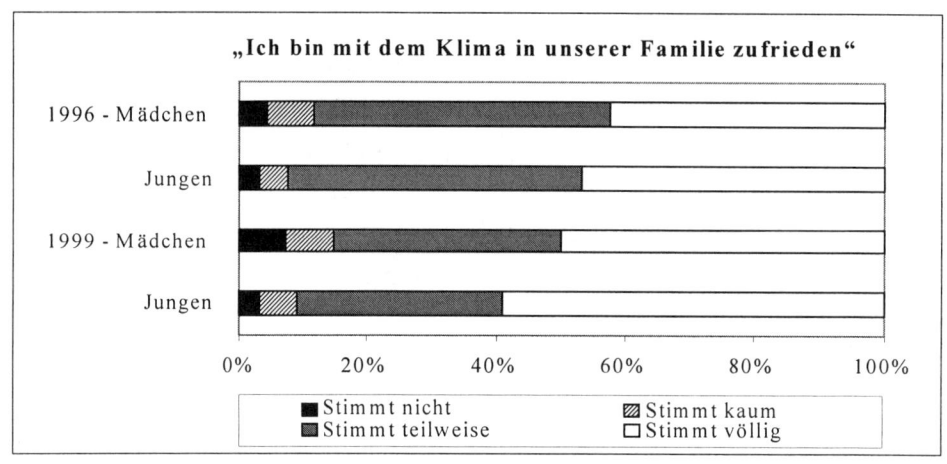

Interessant ist, daß sich – im Gegensatz zu den Befunden zur Familienkohäsion – im Hinblick auf die Zufriedenheit auffällige Differenzen in der Einschätzung zwischen Jungen und Mädchen zeigen. Dies ist Abbildung 13 zu entnehmen. Jungen sind im allgemeinen mit dem Familienklima wesentlich zufriedener als Mädchen. „Völlig zufrieden" mit dem Familienklima sind in der jüngsten Befragung immerhin 59 Prozent der Jungen, nur neun Prozent von ihnen sind „Kaum" oder „Überhaupt nicht" zufrieden. Bei den Mädchen fällt die Einschätzung ungünstiger aus: Während nur die Hälfte von ihnen „Völlig zufrieden" ist, ist mindestens jedes siebte Mädchen (15%) „Kaum" oder „Überhaupt nicht" zufrieden.

Bemerkenswert ist auch, daß sich für Jungen und Mädchen die Zufriedenheit mit dem Familienklima seit 1996 deutlich verbessert hat. Trotz anhaltender gesellschaftlicher Veränderungen und der damit verbundenen individuellen Belastungen hat also die Familie in ihrer Funktion als „sicherer Ort", als Unterstützung und „Rückzugs-möglichkeit" nichts eingebüßt und hält den gesellschaftlichen Anforderungen offen-bar stand. Besonders stark hat sich das Familienklima für männliche Jugendliche verbessert. Dadurch sind die Geschlechtsdifferenzen 1999 ausgeprägter als 1996.

Wie zufriedenstellend das Familienklima empfunden wird, ist unabhängig vom Alter bzw. von der Klassenstufe der Jugendlichen. Hingegen spielen die Familienstruktur sowie Erziehungsaspekte eine maßgebliche Rolle für das Familienklima. Jugendliche aus traditionellen Familien sind mit dem Klima, das in ihrer Familie herrscht, weit-aus zufriedener als solche mit einem alleinerziehenden Elternteil oder einem Stief-elternteil. Zufriedener sind auch jene Jugendliche, die nur wenige (bis zu zwei) Ge-schwister haben, sowie jene, deren Eltern beide nicht arbeitslos sind. Ebenso spielt das elterliche Erziehungsverhalten eine entscheidende Rolle für das Familienklima: Je weniger das Verhalten der Eltern als restriktiv oder vernachlässigend erlebt wird, desto zufriedener sind Jugendliche mit dem Familienklima.

2.5.3 Die Gruppe der Gleichaltrigen

„Mit wem verbringen Sie Ihre Freizeit?" Diese Frage wurde den brandenburgischen Jugendlichen gestellt, um zu erfahren, welcher Stellenwert den Eltern und Gleichalt-rigen für die Freizeitgestaltung zukommt. Da diese Frage bereits 1996 gestellt wurde, kann zusätzlich untersucht werden, ob für die Jugendlichen 1999 bestimmte Freizeit-partner eine andere Rolle spielen als in der vorangegangenen Jugendstudie (s. Abb. 14). Anhand der Abbildung wird deutlich, daß die Jugendlichen weitaus häufiger ihre Freizeit mit Gleichaltrigen verbringen, als mit ihren Eltern oder allein.

So gibt 1999 rund die Hälfte aller befragten Jugendlichen an, oft ihre Freizeit mit ih-rem Freund oder ihrer Freundin zu verbringen, weitere rund 40 Prozent der Befragten gestalten ihre Freizeit oft mit der Clique. Während demzufolge viel Freizeit mit Freund, Freundin oder dem Freundeskreis verbracht wird, spielen die (sonstigen) Mitschüler für die Freizeitgestaltung eine untergeordnete Rolle. Dies gilt ebenso für die Eltern, für die 1999 nur jeder zehnte Jugendliche angibt, daß er mit diesen oft seine Freizeit verbringe. Ein Vergleich der Sekundarstufen I und II unterstützt die These einer hinsichtlich der Freizeitgestaltung früh einsetzenden Ablösung von den Eltern: So geben schon bei den jüngeren Schülern nur rund 11 Prozent an, ihre Frei-zeit oft mit den Eltern zu verbringen, bei den Jugendlichen der Sekundarstufe II von Gymnasien sind dies beispielsweise nur noch sechs Prozent. Insgesamt verbringen vor allem jene Jugendlichen wenig Freizeit mit ihren Eltern, die sich von ihnen re-striktiv erzogen oder vernachlässigt fühlen. Interessant ist darüber hinaus der Ver-gleich der Antworten von 1996 und 1999; es zeigt sich, daß die Jugendlichen 1999 deutlich häufiger ihre Freizeit mit Freund/Freundin und der Gleichaltrigengruppe verbringen als noch 1996. Weiterhin wird die Freizeit gegenüber 1996 häufiger mit anderen Mitschülern und seltener allein oder mit den Eltern verbracht.

Abb. 14: Freizeitpartner der Jugendlichen – 1996 und 1999 (Angaben in %)

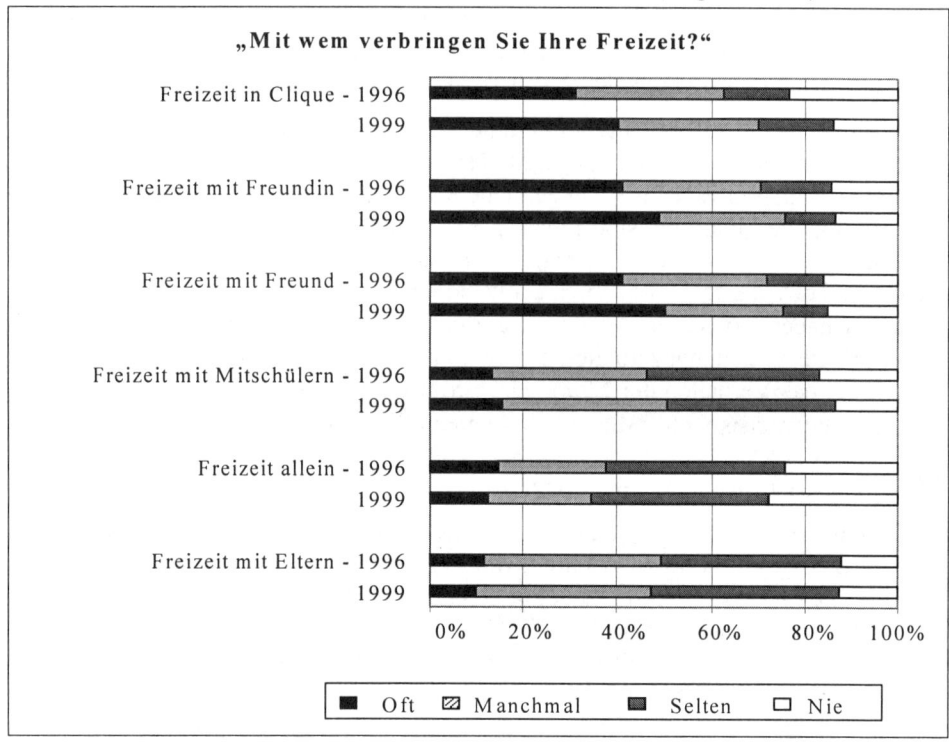

Eine weitere Veränderung in den Jahren zwischen 1996 und 1999, die aus Gründen der Übersichtlichkeit nicht in der Abbildung dargestellt ist, betrifft Unterschiede der Freizeitgestaltung von Mädchen und Jungen. Geschlechtsunterschiede, die sich bereits in der Jugendstudie 1996 andeuteten, zeigen sich 1999 noch ausgeprägter. So verbringen eigenen Aussagen zufolge Jungen deutlich mehr Freizeit in der Clique und mit Mitschülern als Mädchen, während diese mehr Freizeit mit ihren Eltern verbringen. Auf Geschlechtsunterschiede hinsichtlich der Einbindung in Cliquen wird nachfolgend nochmals eingegangen.

Der beste Freund, die beste Freundin

Wieviele Jugendliche besitzen einen besten Freund oder eine beste Freundin? Eine solche Vertrauensperson hat insbesondere zu Beginn der Pubertät eine wichtige unterstützende Funktion, die über den Einfluß der Clique hinausreicht. Die folgenden Ergebnisse zeigen, inwieweit das Vorhandensein einer solchen Vertrauensperson vom Geschlecht abhängt und ob die Bedeutung eines besten Freundes mit zunehmendem Alter abnimmt, weil Partnerbeziehungen ein stärkeres Gewicht erhalten[7].

---

[7] In der Deutschen Shell-Studie (Fritzsche, 2000b) wurde die Frage nach einem „wirklichen Freund" gestellt. Hierbei zeigte sich eine deutliche Verminderung der Wichtigkeit eines wirklichen Freundes in der Altersstufe der 18- bis 21jährigen.

In der folgenden Tabelle 12 ist zu erkennen, daß mit über 90 Prozent die große Mehrheit der Jugendlichen einen besten Freund oder eine beste Freundin besitzt; weitere Aufschlüsse ergeben sich aus dem Vergleich der Erhebungszeitpunkte von 1996 und 1999. Im Jahre 1999 geben mit je rund 93 Prozent gleich viele Mädchen wie Jungen an, einen besten Freund oder eine beste Freundin zu haben. Während damit der Anteil der Jungen mit einem besten Freund seit 1996 bedeutsam gestiegen ist, ist bei den Mädchen der entsprechende Anteil konstant geblieben. Dieser Befund deckt sich mit den Ergebnissen der Shell-Jugendstudie[8] (Fritzsche, 2000b), die im Jahresvergleich 1991–1999 ebenfalls nur für die Jungen einen Anstieg derjenigen feststellte, die einen „wirklichen Freund" besitzen.

Tab. 12: Vorhandensein eines besten Freundes bzw. einer besten Freundin
(Angaben in %)

Subpopulationen		Eine(n) beste(n) Freund(in) haben		
		1996	1999	Signifikanz*)
Geschlecht	Männlich	89,8	92,7	**
	Weiblich	91,5	92,7	n.s.
Altersgruppen	12 bis 14 Jahre	91,4	95,5	**
	15 bis 17 Jahre	90,1	94,3	**
	Ab 18 Jahre	90,7	89,1	n.s.
Sek. I Schultypen	Sek. I – O	90,4	93,4	*
	Sek. I – OG	92,7	100,0	**
	Sek. I gesamt	90,9	94,7	**
Sek. II allg./ **berufl. Bildg.**	O/OG u. OG	88,9	87,8	n.s.
	OSZ – BA	91,2	92,1	n.s.
Gesamt		90,6	92,7	**

*) Vergleich der beiden Erhebungszeitpunkte mit Chi-Quadrat-Test; **= p< .01, *= p< .05.

Während 1999 keine Geschlechtsunterschiede mehr bestehen, zeigen sich jedoch Differenzen zwischen Jugendlichen unterschiedlicher Klassen- bzw. Altersstufen. So haben 95 Prozent der Jugendlichen aus der Sekundarstufe I einen besten Freund oder eine beste Freundin, Gymnasiasten der Sekundarstufe II hingegen beispielsweise nur noch 88 Prozent. Ein Vergleich unterschiedlicher Altersgruppen zeigt im Jahr 1999 für die Gruppe der Volljährigen einen Rückgang des Anteils derjenigen, die einen besten Freund oder eine beste Freundin haben. Haben bei den jüngsten Befragten (12- bis 14jährige) rund 96 Prozent einen „besten Freund", sind dies bei den 14- bis 17jährigen nur etwas über 94 Prozent, bei den Volljährigen nur noch 89 Prozent[9].

---

[8] Dabei liegen die Prozentangaben in der Shell-Studie (Fritzsche, 2000b, S. 209) deutlich niedriger: Dieser Studie zufolge haben 84 Prozent der (Ost-) Mädchen eine beste Freundin, 82 Prozent der (Ost-) Jungen einen besten Freund. Die höheren Prozentzahlen in unserer Studie können vermutlich teilweise darauf zurückgeführt werden, daß Jungen wie Mädchen die Frage mit „ja" beantworten konnten, sofern sie einen besten Freund oder eine beste Freundin haben. In der Shell-Studie wurden die Mädchen hingegen nur nach der „wirklichen" Freundin gefragt, die Jungen nur nach dem „wirklichen Freund". Möglicherweise erfolgt jedoch auch eine kritischere Beantwortung der Frage nach einem „wirklichen" Freund als nach einem „besten" Freund.

[9] Der Unterschied zwischen den drei Altersstufen ist hochsignifikant: Chi-Quadrat= 12,44 (n= 3.173, df= 2, p< .01). Ein entsprechender Rückgang war 1996 nicht festzustellen.

Dies ist vermutlich darauf zurückzuführen, daß mit steigendem Alter zunehmend der Partner oder die Partnerin die Rolle einer Vertrauensperson einnimmt.

Die Freundesgruppe oder Clique

Neben dem besten Freund oder der besten Freundin spielt die Clique für Jugendliche eine große Rolle. Dies wurde bereits an dem hohen Umfang an Freizeit deutlich, die mit der Freundesgruppe verbracht wird (s.o.). Wieviele Jugendliche zählen sich aber überhaupt zu einer Clique, zeigen sich auch hier Geschlechts- und Altersunterschiede? Da die Frage, ob Jugendliche zu einer Freundesgruppe gehören, schon in den Jugendstudien von 1993 und 1996 gestellt wurde, veranschaulichen wir in der nachfolgenden Abbildung die empirischen Befunde im Vergleich dieser drei Erhebungszeitpunkte.

Anhand der folgenden Abbildung wird deutlich, wie stark in den vergangenen sechs Jahren seit 1993 der Anteil derjenigen zugenommen hat, die einer Clique angehören. Dies gilt sowohl für Mädchen und Jungen als auch für alle drei Altersstufen. Während noch 1993 weniger als die Hälfte aller Mädchen und Jungen einer Clique angehörten, zählen sich 1999 nahezu zwei von drei Mädchen (64%) zu einer Freundesgruppe; bei den Jungen sind es mit 72 Prozent fast drei Viertel. Dabei zeigt sich für die Mädchen vor allem zwischen den Jahren 1993 und 1996 ein erheblicher Anstieg der Gruppenmitgliedschaften.

Abb. 15: Cliquenzugehörigkeit unter brandenburgischen Jugendlichen, getrennt nach Geschlecht und Alter – 1993 bis 1999 (Angaben in %)

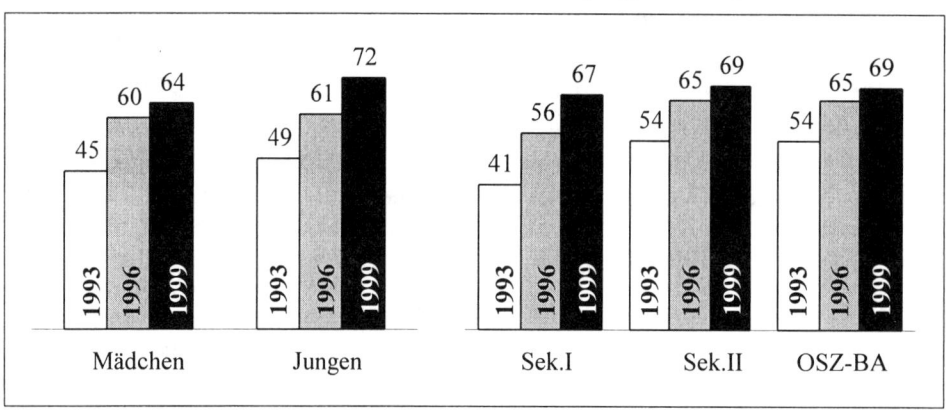

Ebenso ist für alle drei betrachteten Altersstufen ein deutlicher Anstieg festzustellen. Bei der allgemeinen Zunahme von Cliquenzugehörigkeiten mag auch die Auflösung von DDR-Jugendeinrichtungen eine Rolle gespielt haben; an die Stelle der früher staatlich organisierten Jugendfreizeitangebote traten zunehmend privat organisierte Treffen mit Gleichaltrigen.

Jene Jugendlichen, die einer Clique angehören, wurden 1996 und 1999 zusätzlich gefragt, wieviele ihrer Cliquenmitglieder aus der gleichen Schule oder aus der Nachbarschaft kommen. Außerdem wurden sie gebeten einzuschätzen, wieviele dieser

Mitglieder politisch eher links oder rechts orientiert sind. Die nachfolgende Abbildung 16 gibt die Antworten der Jugendlichen wieder.

Abb. 16: Gruppenmitglieder aus der Nachbarschaft bzw. aus der selben Schule sowie Gruppenmitglieder mit rechten bzw. linken politischen Positionen – 1996 und 1999*) (Angaben in %)

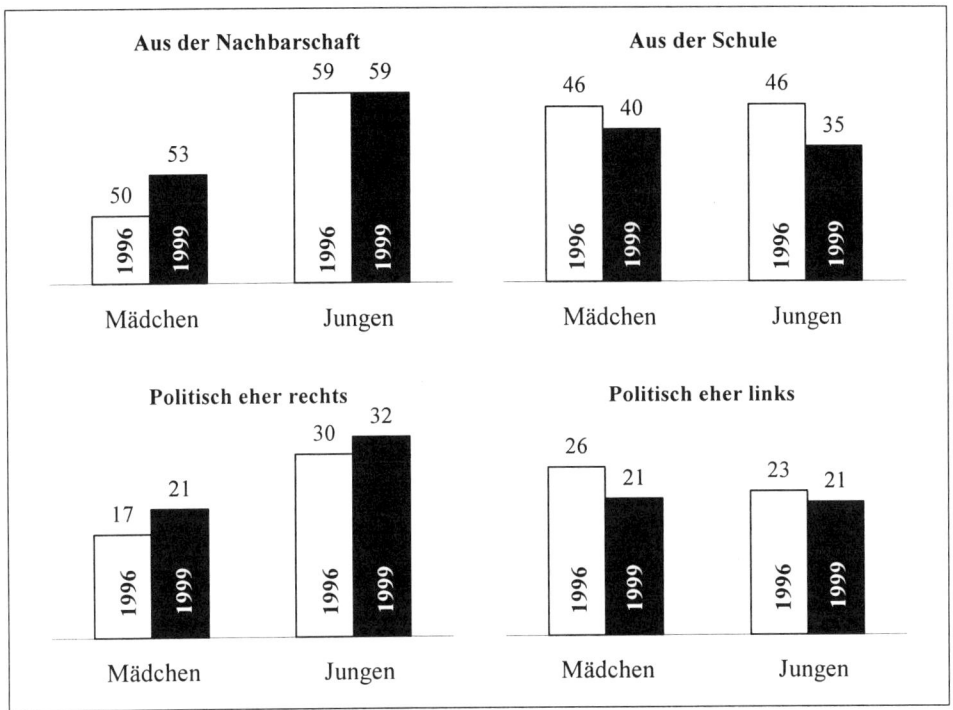

*) Dargestellt ist der Anteil derjenigen, die angeben, daß mindestens auf die Hälfte der Cliquenmitglieder das jeweilige Kriterium zutrifft.

Die Antworthäufigkeiten sind für Mädchen und Jungen getrennt dargestellt. Den vier Diagrammen ist zu entnehmen, bei wieviel Jugendlichen mindestens die Hälfte der Gruppenmitglieder aus der Nachbarschaft oder aus der gleichen Schule kommt. Zudem ist zu erkennen, von wieviel Jugendlichen mindestens die Hälfte der Clique politisch eher links bzw. eher rechts einzustufen sind. Dabei ermöglichen die Abbildungen sowohl einen Vergleich zwischen den befragten Mädchen und Jungen als auch eine Betrachtung von Veränderungen zwischen den beiden Erhebungsjahren.

Zunächst zur Betrachtung der Geschlechtsunterschiede: Bedeutsame Differenzen zwischen Mädchen und Jungen zeigen sich im Anteil derjenigen in der Clique, die aus der Nachbarschaft kommen bzw. politisch eher rechts orientiert sind. So geben Jungen signifikant häufiger als Mädchen an, mindestens die Hälfte ihrer Cliquenmitglieder komme aus ihrer Nachbarschaft bzw. sei politisch eher rechts eingestellt. Eine seit dem Erhebungszeitpunkt 1996 stattgefundene Veränderung der Cliquenzusammensetzung ist für Jungen wie Mädchen in erster Linie im Hinblick auf Schulkameraden festzustellen. So geben 1999 deutlich weniger Jugendliche an, daß ein Großteil ihrer Cliquenmitglieder aus der gleichen Schule komme. Nur wenige Veränderungen zeigen sich für die politische Orientierung der Clique: Der Anteil derjenigen, die angeben, mindestens die Hälfte ihrer Cliquenmitglieder sei politisch rechts orientiert, hat leicht zugenommen; der Anteil mit politischer Linksorientierung hat leicht abgenommen.

Zwar kommt oftmals ein großer Teil der Gruppenmitglieder aus der gleichen Schule, die Umgebung der Schule wird dennoch vergleichsweise selten als gemeinsamer Treffpunkt genutzt. Aus Abbildung 17 kann für fünf ausgewählte Treffpunkte entnommen werden, wieviele der zu einer Clique gehörenden Jugendlichen angeben, sich mit ihren Cliquenmitgliedern an diesen Orten oft zu treffen.

Anhand der Darstellung ist zunächst zu erkennen, daß ein großer Teil der Jugendlichen angibt, sich oft mit der Freundesgruppe „an irgendwelchen Stellen draußen" zu treffen. Weitere häufig frequentierte Treffpunkte bilden Clubs sowie Wohnungen einzelner Cliquenmitglieder. Ein Vergleich der beiden Erhebungsjahre macht deutlich, daß sich 1999 auffallend mehr Jugendliche häufig mit ihrer Freundesgruppe „draußen" treffen, als dies noch drei Jahre zuvor der Fall war. Öffentliche Räume wie Clubs und Kneipen werden 1999 etwas seltener genutzt als noch 1996, während mehr Jugendliche angeben, sich privat bei Gruppenmitgliedern zu Hause zu treffen.

Abb. 17: Orte, an denen die Jugendlichen mit ihrer Clique ihre Freizeit gemeinsam verbringen (Angaben in %)

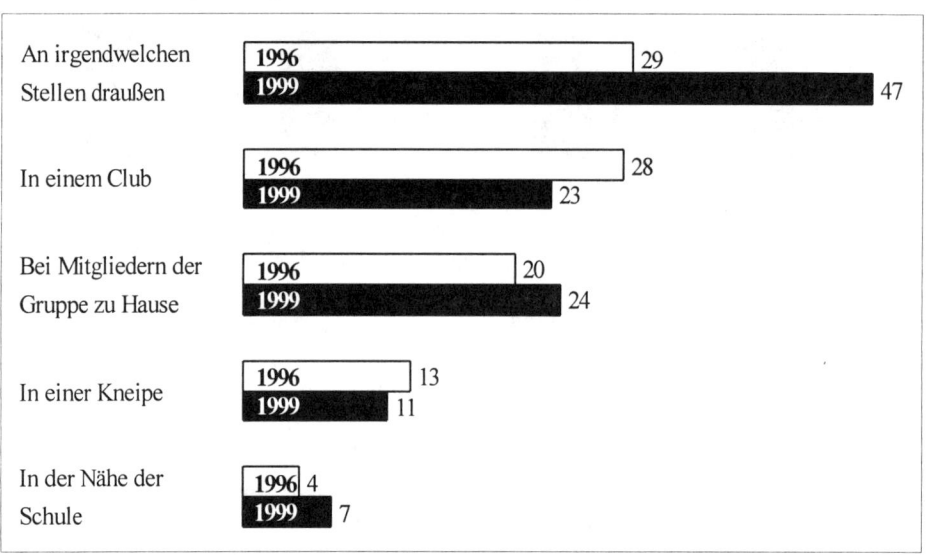

Diese Veränderungen sind vermutlich teilweise auf die unterschiedlichen Jahreszeiten zurückzuführen, in denen die Erhebungen stattfanden. Vergleicht man die Aussagen der befragten Jungen und Mädchen miteinander, so zeigt sich, daß Jungen häufiger angeben, ihre Clique in Kneipen und Clubs zu sehen, während sich Mädchen eher bei Mitgliedern der Gruppe zu Hause treffen.

2.6   Fazit

Wertorientierungen

Die Wertorientierungen brandenburgischer Jugendlicher haben sich seit 1993 insgesamt nur wenig verändert. Eine kontinuierliche Veränderung betrifft die steigende Wertschätzung der Jugendlichen für das Lebensziel „Für andere dasein, auch wenn man auf etwas verzichten muß", die von 1993 (22% der Jugendlichen stimmten uneingeschränkt zu) bis 1996 (40%) deutlich, von 1996 bis 1999 (43%) schwächer, aber ebenfalls signifikant angestiegen ist. Soziale Akzeptanz, Solidarität und Unterstützung werden also als immer bedeutsamer wahrgenommen, weil sie bei wachsender Konkurrenz und Eigenverantwortung in der Gesellschaft als soziale Ressource wertvoller werden, denken wir an die Bedeutung sozialer Netze wie Familie oder Nachbarn. Diese Interpretation wird durch die stetig wachsende Bedeutung des Lebensziels „Eine Familie gründen" unter Jugendlichen gestützt. Politische Aktivität genießt den geringsten Stellenwert unter allen erfragten Werten, hat aber ebenfalls an Bedeutung gewonnen. Dies sollte eine Ermunterung für alle demokratischen Parteien und Träger der politischen Bildung sein, Bildungsangebote an Jugendliche heranzutragen und ihre soziale und politische Partizipation zu fördern.

Das Lebensziel „Eine Arbeit haben, die erfüllt, in der ich aufgehen kann" besitzt unter den befragten Jugendlichen eine hervorragende Bedeutung; es ist für 96 Prozent der Befragten „Sehr bedeutsam" oder zumindest „Bedeutsam". Diesen Stellenwert erreichte es insbesondere durch die hohe Zustimmung der Mädchen. Vor allem aber wollen die Jugendlichen „Das Leben genießen – man lebt nur einmal". Dieses Ziel besitzt den höchsten Anteil in der Antwortkategorie „Sehr bedeutsam" und hat seit 1996 einen deutlichen Zuwachs an Wertschätzung erlebt. Der Wunsch nach Arbeit und Selbstverwirklichung einerseits und die Bereitschaft zu sozialem Engagement andererseits stehen bei den meisten Jugendlichen nicht in Widerspruch zueinander. Es existiert aber eine Gruppe von Jugendlichen, für die Lebensgenuß und Geldverdienen besonders wichtig sind und die zugleich ein Leben ohne Anstrengungen führen möchten. Sie verfügen – nach eigenen Angaben – über ein überdurchschnittliches Selbstvertrauen, das man wohl besser als Selbstüberschätzung bezeichnen sollte, und einen hohen Zukunftsoptimismus. Diese Jugendlichen sind, wie sich auch in den folgenden Kapiteln immer wieder zeigen wird, hoch gewaltbereit, rechtsextremistisch, ausländerfeindlich und antisemitisch eingestellt.

Selbstvertrauen

Nach einem Rückgang im Zeitraum von 1993 bis 1996 zeigen die männlichen brandenburgischen Jugendlichen 1999 ein deutlich stärkeres Selbstvertrauen als 1996; bei den Mädchen findet sich dieser Trend nicht. Das Selbstvertrauen bei Jungen war zu allen Meßpunkten deutlich stärker ausgeprägt als bei Mädchen. Statistisch bedeutsame Unterschiede zeigen sich indessen im Vergleich verschiedener Altersstufen und Schulformen nicht. Allerdings ist das Ausmaß des Selbstvertrauens von Jugendlichen deutlich von ihrem sozialen Umfeld abhängig. Jugendliche, die einen guten familialen Zusammenhalt empfinden, die mit ihrem Verhältnis zu den Eltern zufrieden sind und ihre Eltern als wenig restriktiv erleben, haben im Durchschnitt ein höheres Selbstvertrauen als Altersgenossen mit ungünstigen familialen Bedingungen.

Kontrollüberzeugungen

Die Überzeugung, von äußeren Mächten abhängig und nicht seines eigenen Glückes Schmied zu sein, hat seit 1996 deutlich zugenommen. Während Jungen und Mädchen sich hierbei kaum voneinander unterscheiden, ist das Erleben der eigenen Kontrollmöglichkeiten sowohl alters- als auch bildungsabhängig. Am stärksten fremdkontrolliert fühlt sich die Schülerschaft jüngerer Altersgruppen an Gesamtschulen. Der Anstieg externaler Kontrollüberzeugungen ist auf die unteren Klassenstufen aller betrachteten Schulformen zurückzuführen. Die spezifische Kombination von hohem Selbstvertrauen bzw. Selbstüberschätzung und externaler Kontrollüberzeugung stellt eine wichtige virulente Begleiterscheinung für Gewaltbereitschaft und Rechtsextremismus dar.

Zukunftserwartungen

Der Anteil der Jugendlichen mit einem hohen berufsbezogenen Zukunftsoptimismus ist in den vergangenen Jahren deutlich zurückgegangen. Zwar beurteilen auch 1999 die meisten Jugendlichen ihre berufliche Zukunft eher optimistisch; aber der Anteil Jugendlicher, der seine Zukunft eher pessimistisch einschätzt, erreicht nach 1993 (25%) und 1996 (23%) mit 30 Prozent den höchsten Stand. Der gewachsene Zukunftspessimismus betrifft Jungen wie Mädchen, alle befragten Altersgruppen und Jugendliche aller Schulformen; am meisten pessimistisch zeigen sich die jungen Frauen aus der gymnasialen Oberstufe und die jungen Männer aus Oberstufenzentren. Jugendliche mit hohem berufsbezogenen Zukunftsoptimismus unterscheiden sich von ihren pessimistischen Altersgenossen durch einige wesentliche Charakteristika ihrer Lebenssituation. Die Eltern pessimistischer Jugendlicher sind häufiger beruflich wenig qualifiziert und arbeitslos; in ihren Familien findet sich seltener soziale Unterstützung und ein gutes Familienklima. Jugendliche aus städtischen Regionen besitzen keinen höheren Zukunftsoptimismus als Jugendliche aus ländlichen Regionen. Allerdings zeigen unsere Befunde von 1996, daß ein hoher Zukunftsoptimismus wie auch internale Kontrollüberzeugungen und ein hohes Selbstvertrauen in NRW häufiger zu finden sind als in Brandenburg. Im Gegensatz zu den Persönlichkeitsmerkmalen „Selbstvertrauen" und „Externale Kontrollüberzeugungen" finden sich für den berufsbezogenen Zukunftsoptimismus keine Zusammenhänge zu Rechtsextremismus und Gewaltbereitschaft von Jugendlichen; Rechtsextremismus und Gewaltbereitschaft sind demnach keineswegs eindeutig auf die berufliche Perspektivlosigkeit der Heranwachsenden zurückzuführen.

Vernachlässigung durch die Eltern

Die „Familiale Vernachlässigung" („Meine Eltern sind nie da, wenn ich sie brauche"; „Meine Eltern kümmern sich nicht darum, was ich tue") stieg im Zeitraum von 1993 zu 1996, parallel zur wirtschaftlichen Rezession in Brandenburg, deutlich an: Fühlten sich 1993 noch fünf Prozent der Jugendlichen vernachlässigt, waren es 1996 schon 10 Prozent. Dies hat sich in den letzten Jahren, trotz der wirtschaftlichen Konsolidierung der meisten Familien, nicht verbessert. Vor allem Heranwachsende, die in Ein-Eltern-Familien leben oder bei denen mindestens ein Elternteil arbeitslos ist, fühlen sich überproportional häufig vernachlässigt. Damit bestätigen wir einen bekannten entwicklungspsychologischen Befund: Wenn Eltern unter Streß geraten und mit sich selbst und ihren Problemen beschäftigt sind, müssen ihre Kinder „schneller erwachsen werden" und mit ihren Problemen selbst „klarkommen".

Restriktion durch die Eltern

Die elterliche Restriktion hat in den vergangenen Jahren insgesamt abgenommen. Allerdings ist der Anteil derjenigen, die ihre Eltern in der Tendenz als hoch restriktiv erleben, mit ca. 12 Prozent seit 1993 gleich geblieben, während der Anteil der Eltern in der Kategorie „Eher niedrige Restriktion" zugunsten der „Niedrigen Restriktion" abgenommen hat. Die Zahl der Eltern, die völlig auf körperliche Strafen verzichten und ihre Kinder kaum kontrollieren, ist also gewachsen. Jeweils ca. zwei Prozent der Jugendlichen werden oft und zusätzlich noch einmal ca. sieben Prozent werden manchmal von ihrem Vater bzw. ihrer Mutter geschlagen; überhaupt keine Schläge von Vater bzw. Mutter erhalten jeweils rund 60 Prozent der Jugendlichen. Jüngere Jugendliche berichten über eine höhere elterliche Restriktion und Vernachlässigung als ältere. Je mehr Geschwister ein Jugendlicher hat, um so restriktiver erlebt er seine Eltern.

Familienklima

Das Familienklima ist von der Familienkonstellation sowie von der Finanz- und Beschäftigungssituation der Eltern abhängig. In traditionellen Familien herrscht ein stärkerer familialer Zusammenhalt als in den Familien Alleinerziehender. Besonders auffällig sind die Unterschiede im Hinblick auf die Finanzsituation der Familien. Jugendliche, die ihre familiale Finanzsituation als relativ gut beschreiben, empfinden nahezu doppelt so häufig einen engen familialen Zusammenhalt wie Jugendliche mit relativ schlechter familialer Finanzsituation. Insbesondere die Arbeitslosigkeit eines oder beider Elternteile scheint den Familienzusammenhalt zu beeinträchtigen. Dieser Befund entspricht den Erkenntnissen anderer Studien, die darauf verweisen, daß vor allem Arbeitslosigkeit und Einkommensverluste innerfamiliale Spannungen erhöhen und interpersonelle Auseinandersetzungen begünstigen. Obwohl sich die Arbeitslosenquote der Väter in den letzten Jahren kaum verändert hat, sind die Jugendlichen über die Jahre hinweg offensichtlich weniger durch eine solche Situation belastet.

Abschließend sei angemerkt, daß im Vergleich unserer Jugendstudien von 1997 in Brandenburg und NRW die nordrhein-westfälischen Jugendlichen seltener Vernachlässigung und Restriktion durch die Eltern berichten und auch seltener finanzielle Krisen und Arbeitslosigkeit in der Familie erlebten (Sturzbecher & Freytag, 2000b). Wir sehen dort durchaus einen Zusammenhang und möchten die zuweilen vertretene These zurückweisen, Eltern in den neuen Bundesländern seien aufgrund einer auf „Staats-Kollektivismus" ausgerichteten Sozialisation prinzipiell weniger fürsorglich oder erziehungstüchtig. Befragungen mit Vor- und Grundschulkindern in Brandenburg und NRW deuten sogar darauf hin, daß brandenburgische Eltern aus Sicht ihrer Kinder hilfsbereiter und kooperativer als Eltern in NRW sind (Sturzbecher, Grundmann & Welskopf, 2000). Dieses Ergebnis bestätigt unsere These vom Zusammenhang zwischen stärkeren sozio-ökonomischen Belastungen der Eltern in den neuen Bundesländern und einer höheren elterlichen Vernachlässigung: Jüngere und damit vermeintlich stärker hilfsbedürftige Kinder zu vernachlässigen, verstößt gegen strenge gesellschaftliche Normen und ist auch im Fall von Familienkrisen keineswegs akzeptabel. Dagegen ist die „Vorverlagerung" von Erwachsenenpflichten und fehlende Hilfe für frühadoleszente („halbwüchsige") Jugendliche bei der Problembewältigung in Krisenzeiten, denken wir an Nachkriegszeiten oder die Weltwirtschaftskrise (Elder, 1974), eine aus gut gesicherten entwicklungspsychologischen Befunden bekannte Tatsache. Deshalb müssen Bildungs- und Jugendhilfeinstitutionen auch für die schon „fast erwachsenen" Jugendlichen und ihre Eltern (familienpädagogische) Krisen- und Beratungsangebote bereithalten. Dies gilt auch, weil die Familienerziehung schwieriger wird, denn das Verhalten der Kinder im sozialen Kontext wird immer weniger durch tradierte Normen und Verhaltenskodexe und immer mehr durch Aushandlungsprozesse geleitet. Diese Aushandlungsprozesse zu akzeptieren und zu praktizieren sowie gleichzeitig klare erzieherische Orientierungen zu vermitteln, gelingt weder Eltern noch professionellen Pädagogen immer.

3 Politische Einstellungen und Rechtsextremismus unter ostdeutschen Jugendlichen

Dietmar Sturzbecher, Detlef Landua & Matthias Heyne

3.1 Problemstellung

Zum Thema „Jugendliche und Politik" erschienen in den letzten Jahren zahlreiche Veröffentlichungen. Viele davon fokussieren auf die Themen „Rechtsextremismus" und „Ausländerfeindlichkeit", jedoch nur wenige beruhen auf fundierten quantitativen oder qualitativen Datenerhebungen. Unter den quantitativen Untersuchungen überwiegen Querschnittsbefragungen. Die meisten quantitativen Studien, so auch die bekannten Shell-Studien, basieren auf dem „Modell der politischen Sozialisation" von Easton aus den sechziger Jahren (Easton, 1975), welches die Entwicklung politischer Orientierungen als Folge von „affektiver Identifikation" mit dem jeweiligen politischen System in der Kindheit versteht. Diese Identifikation bildet dann die Grundlage für spätere Einschätzungen und Bewertungen konkreter Leistungen der jeweils Regierenden. Nach diesem Modell ist ein grundlegendes Systemvertrauen Bedingung für die Erhaltung der Demokratie. Ein späteres Modell der politischen Sozialisation (Döbert & Nunner-Winkler, 1979) kommt, aufbauend auf der Theorie der Moralentwicklung von Kohlberg, zu einer anderen Ansicht über die Verankerung von „Systemvertrauen". Unter der Annahme einer Analogie von moralischer und politischer Entwicklung stellt dieses Modell die Frage nach der Bedeutung verschiedener Formen des Lernens für die Stabilität des Systems. Es postuliert, daß Einstellungen, die auf der Basis der klassischen Lerntheorien und nicht durch Einsichtslernen erworben wurden, sich in Krisenzeiten als labil für die Unterstützung politischer Systeme erweisen müßten. Nur wenn Individuen eine hohe Stufe der Moralentwicklung erreicht haben, könnten sie die demokratischen Grundrechte angemessen konzeptualisieren. Da diese Stufe keineswegs von der Mehrheit erreicht werde, sei insgesamt eine schwache Verankerung demokratischer Einstellungen wahrscheinlich.

Seit Jahrzehnten werden Jugendliche bei Untersuchungen zu politischen Orientierungen nicht nur nach ihrem Vertrauen in staatliche Institutionen, sondern auch nach ihrem Politikinteresse und nach ihrer Bereitschaft zu politischer Mitarbeit befragt. Hinsch und Langner (1997), Pickel (1996) oder die Shell-Studien (1997, 2000) stellen dabei ein seit 1991 kontinuierlich abnehmendes Politikinteresse fest, wobei allerdings vorher in den alten Bundesländern ein jahrzehntelanger Anstieg registriert worden war. In diesen Studien zeigte sich auch, daß unkonventionelle, vor allem gewaltakzeptierende Formen politischen Engagements gerade nicht mit hohem Politikinteresse einhergehen (Fischer, 1992; Hinsch & Langner, 1997). Bereits seit den achtziger Jahren war das bei Befragungen angegebene Interesse an Politik eher ein Indikator für konventionelles Engagement, vor allem für Wahlbeteiligung. Vor diesem Hintergrund halten wir die vorliegenden Ergebnisse bezüglich der Beziehung zwischen Politikinteresse, politischer Gewalt und Rechtsextremismus für bemerkenswert.

Konventionelle politische Partizipation in Gestalt von Parteimitgliedschaft oder -mitarbeit war, wie Wasmund (1982) bereits vor fast zwanzig Jahren feststellte, in Deutschland noch nie besonders beliebt. Die Jugendlichen würden mit ihrer starken Ablehnung der institutionalisierten Politik eine allgemeine Grundhaltung nur deutlicher akzentuieren. Laut Wasmund waren 1982 in der BRD fünf Prozent der Bürger Mitglieder einer politischen Partei, die entsprechende Zahl für die Teilgruppe der Jugendlichen dürfte schon damals erheblich niedriger gelegen haben; laut dem DJI-Jugendsurvey von 1992 beträgt sie etwa zwei Prozent der 16- bis 29jährigen. Als Hauptform konventioneller Partizipation kann daher die Beteiligung an Wahlen angesehen werden. Auch in diesem Zusammenhang zeigen sich Jugendliche traditionell eher weniger engagiert als Erwachsene: Generell liegt die Wahlbeteiligung der Erst- und Zweitwähler (18- bis 24jährige) deutlich unter dem Durchschnitt der Gesamtbevölkerung (Kaase, 1987). Dagegen gelten unkonventionelle Partizipationsformen seit langem als Domäne der Jugendlichen. Unter unkonventioneller (oder „unverfaßter") Partizipation werden oft alle politischen Äußerungsformen außerhalb des staatlich-offiziellen Rahmens verstanden. Das Spektrum reicht von der Mitarbeit in Bürgerinitiativen oder Protestgruppen bis hin zur Teilnahme an unangemeldeten Demonstrationen oder gar gewalttätigem Protest. Im weitesten Sinne könnten sogar Gewalttätigkeiten gegen Ausländer oder andere Minderheiten als „unverfaßte politische Beteiligung" verstanden werden. Ein Blick in ältere und neuere Veröffentlichungen läßt vermuten, daß der Grad der Akzeptanz unkonventioneller Beteiligungsarten und auch ihrer Formen starken „zeitgeistbedingten" Schwankungen unterliegen. Als Beispiel seien nur die relativ starke Befürwortung von Bürgerinitiativen in der alten BRD in den achtziger Jahren (Wasmund, 1982) oder die stark gestiegene Beliebtheit von Demonstrationen im gerade wiedervereinigten Deutschland (Deutsche Shell, 1992) erwähnt. In diesem Kontext gehört auch die Frage nach der Wechselwirkung von Protestverhalten und Medienwirkung. So sollten Zusammenhänge zwischen Berichterstattung in den Medien oder Wahlkampfparolen einerseits und politisch motivierten Gewalttaten andererseits nicht aus den Augen gelassen werden. Der Mediennutzer und insbesondere der Fernsehkonsument bekommen tagtäglich die Lektion präsentiert, daß spektakuläre, möglichst gewalttätige Aktionen mit ziemlicher Sicherheit große Aufmerksamkeit in der Öffentlichkeit gewährleisten. Es muß der Eindruck entstehen, daß man sein Anliegen nur drastisch genug äußern müsse, um damit Gehör zu finden. Hierzu paßt die These von Hoffmann-Lange (1995), nach der man den Anstieg „rechter" Gewalt hauptsächlich darauf zurückführen könne, daß die Rechten aus den Publicity-Erfolgen der linken Gewalttäter gelernt hätten.

Der in den 90er Jahren verstärkt in den Mittelpunkt des Interesses gerückte Rechtsextremismus unter Jugendlichen ist zu einem Dauerthema geworden. Wer heute nach politischen Orientierungen von Jugendlichen fragt, schließt dabei fast immer die Frage nach national-autoritären und ausländerfeindlichen Einstellungen mit ein. Schon zu Beginn des vergangenen Jahrzehnts gab es Hinweise darauf, daß das diesbezügliche Potential in Ostdeutschland größer war als im Westen (Hoffmann-Lange, 1995). Besonders aufschlußreich war die Studie von Melzer und Schubarth (1995), die 1992 in einem Vergleich ost- und westdeutscher Jugendlicher beziehungsweise junger Erwachsener feststellten, daß rechtsextreme Orientierungen im Westen stärker mit Verklärung der nationalsozialistischen Vergangenheit, im Osten hingegen eher mit aktuell entstandenen Nationalitätsstereotypien einhergehen (vgl. auch Sturzbecher & Freytag, 2000b). Überspitzt formuliert könnte man sagen, daß sich im Osten ein „moderner" Rechtsextremismus zu etablieren begann, der die im Westen übliche Rückwärtsgewandtheit rechtsextremer Gruppierungen nicht kannte.

Ernstzunehmende Erklärungsansätze für jugendlichen Rechtsextremismus sind bisher in der empirischen Forschung immer noch rar. Auf der Grundlage von Autoritarismusforschung und Bindungstheorie stehende Ansätze versuchen seit Ende der achtziger Jahre, die Ursachen im Herkunftsmilieu (Hopf, 1993; Hopf et al., 1995) oder in makrosozialen Bedingungen (Heitmeyer, 1993) zu lokalisieren. Klein-Allermann et al. (1995) fanden allerdings keinen Einfluß der innerfamilialen Beziehungen auf Rechtsextremismus, wohl aber auf Gewaltbereitschaft. Hopf (1993) kam in einer qualitativen Studie an 25 jungen Männern zu dem Ergebnis, daß Rechtsextreme häufig in eine frühere problematische Elternbeziehung „verstrickt" seien, das heißt eine unterschwellige Wut auf einen Elternteil konserviert hätten. Heitmeyer (1993) machte die Abwesenheit befriedigender Erfahrungen mit Arbeit, sozialer Umgebung und Politik mitverantwortlich für das Entstehen rechtsextremer Orientierungen.

Die ebenfalls in den Achtzigern aufgekommene Diskussion um den „Wertewandel" (Inglehart, 1989) ließ dann viele Forscher auch nach den Werten junger Menschen fragen. Während es einige Erklärungsversuche gibt, die Werthaltungen in Kausalanalysen des Rechtsextremismus miteinbeziehen (Hoffmann-Lange, 1995; Melzer & Schubarth, 1995), findet man selten den Versuch, Persönlichkeitsvariablen zur Erklärung rechtsextremer Einstellungen heranzuziehen, was häufig seinen einfachen Grund darin haben könnte, daß derartige Variablen in den Befragungen gar nicht erhoben wurden. Einen Hinweis auf die besondere Bedeutung von Persönlichkeitsmerkmalen für gewaltbereites politisches Engagement liefern Jülisch (1996) sowie Hinsch und Langner (1997); eine Verknüpfung von Variablen des sozialen Umfelds und der Persönlichkeit finden Kraak und Eckerle (1999) sowie Langner und Sturzbecher (1997) bei der Untersuchung von Gewaltbereitschaft unter Jugendlichen.

3.2   Methodische Bemerkungen

Um den Zusammenhang zwischen zwei kategorialen Variablen zu verdeutlichen, werden in diesem Kapitel gelegentlich die Wertausprägungen sogenannter „standardisierter Residuen" genutzt. Dies ist zwar eine durchaus zweckdienliche, jedoch nicht allzu häufig genutzte Methode. Für ein besseres Verständnis der folgenden Ergebnispräsentationen möchten wir deshalb eine kurze Erläuterung dieser Statistiken voranstellen.

Die einfachste Möglichkeit, verschiedene Subgruppen einer Stichprobe, also zum Beispiel die beiden Geschlechter, miteinander zu vergleichen, besteht im Betrachten der prozentualen Zustimmung oder Ablehnung bestimmter Aussagen. Wir sprechen dabei von Nominal- oder Häufigkeitsdaten. Wenn man für die Aussage „Ich interessiere mich für Politik" vier Antwortkategorien von „Stimmt überhaupt nicht" bis „Stimmt völlig" vorgibt, so verteilen sich die Antworten entsprechend auf diese vier

Felder. Man könnte dann aufgrund der Tatsache, daß in unserer Befragung 1999 beispielsweise 12 Prozent der männlichen, aber nur 5,1 Prozent der weiblichen Jugendlichen bei diesem Item die höchste Antwortstufe „Stimmt völlig" wählen, bereits bestimmte Geschlechtsunterschiede in bezug auf das Phänomen „Politikinteresse" unterstellen. Dennoch geben solche Prozentwerte alleine noch keine statistische Gewißheit darüber, ob dieser Unterschied im Bereich zufälliger Schwankungen liegt oder ob der Unterschied groß genug ist, um ein zufälliges Zustandekommen mit einiger Sicherheit ausschließen zu können. Dies kann mit Analysen auf der Basis der Restsummen pro Zelle einer Häufigkeitstabelle erreicht werden. Hier werden die Verteilungen der Personen auf die einzelnen Felder einer Tabelle geprüft, das heißt, es werden die erwarteten Häufigkeiten (Zellenbesetzungen) einer „fiktiven" Tabelle, die von der statistischen Unabhängigkeit zweier Merkmale ausgeht, mit den tatsächlich vorgefundenen Häufigkeiten einer „realen" Tabelle verglichen. Für jede Zelle einer Tabelle ergibt sich dann eine Restsumme (Residuum), also ein Zahlenwert, der die Abweichung der tatsächlich beobachteten von der erwarteten Häufigkeit angibt. Paßt man diesen Zahlenwert an die Standard-Normalverteilung an (man „standardisiert" die Residuen), ist die Möglichkeit gegeben zu entscheiden, ob der Restwert mit einer bestimmten Wahrscheinlichkeit nicht zufällig bedingt ist. Wenn man, was üblich ist, eine Irrtumswahrscheinlichkeit von fünf Prozent zugrunde legt, sind normalverteilte Residuen mit den Werten über +2,0 oder unter -2,0 „überzufällig". Beim oben genannten Beispiel des starken Politikinteresses betragen die Residuen in der Antwortkategorie „Starke Zustimmung" für die männlichen Jugendlichen 4,6 und für die weiblichen -4,7. Diese Werte über- und unterschreiten die Grenzwerte +2,0 und -2,0 deutlich, so daß wir sagen können, daß in unserer Stichprobe Mädchen in dieser Kategorie überzufällig selten, Jungen hingegen überzufällig häufig zu finden sind.

3.3 Untersuchungsergebnisse

Zur Übersicht: Wir werden im folgenden zunächst das Ausmaß und die Trends des Politikinteresses und der politischen Kompetenz unter brandenburgischen Jugendlichen als Voraussetzungen für politisches Handeln darstellen. Anschließend soll der Zusammenhang zwischen diesen Merkmalen und der Bereitschaft zu politischem Engagement beziehungsweise dem tatsächlichen politischen Handeln thematisiert werden. Dabei wird auch auf Trends der Bereitschaft zu politischem Engagement unter Jugendlichen zwischen 1996 und 1999 eingegangen. Dieser beschreibenden Darstellung folgt eine komplexere Analyse zu den Einflußfaktoren der Bereitschaft zu politischem Engagement und politisch motivierter Gewalt.

3.3.1 Politisches Interesse und politische Kompetenz

Das Interesse der brandenburgischen Jugendlichen an Politik ist 1999 gegenüber der Befragung von 1996 angestiegen. Im Gegensatz dazu deuten die Ergebnisse der Shellstudie (2000) darauf hin, daß deutschlandweit das Politikinteresse in der Jugend weiter abgenommen hat. Der von uns festgestellte Anstieg zeigt sich sowohl bei getrennter Betrachtung der beiden Geschlechter als auch innerhalb einzelner Altersgruppen. Allerdings fällt bei weiblichen Jugendlichen der Anstieg weniger stark aus als bei männlichen; und er steht offensichtlich auch in Verbindung mit dem Alter der

Jugendlichen: Der Anstieg des politischen Interesses fällt zwischen 1996 und 1999 in der jüngsten Altersgruppe relativ schwach und am stärksten bei über 18jährigen Jugendlichen aus.

In Einklang mit dem politischen Interesse ist das Lebensziel „Politisch aktiv sein" wieder etwas attraktiver geworden. Beide Trends werden jedoch durch die absoluten Zahlen relativiert – nur eine Minderheit von 8,3 Prozent der Befragten äußert 1999 ein starkes Interesse an Politik, und der Wert „Politisch aktiv sein" rangiert unter den 12 in unserem Fragebogen angeführten Wertorientierungen und Lebenszielen hinsichtlich seiner Bedeutsamkeit bei Jugendlichen sogar an letzter Stelle. Dennoch muß ein solcher Anstieg gegen den allgemeinen und langjährigen Trend zunächst überraschen, und er gibt jedenfalls Anlaß zu weiteren Analysen. Wir werden weiter unten im Abschnitt „Rechtsextremismus" darauf zurückkommen.

Tab. 1: Politisches Interesse unter Jugendlichen – 1996 und 1999 (Angaben in %)

Subpopulationen	„Ich interessiere mich für Politik"							
	Stimmt völlig		Stimmt teilweise		Stimmt kaum		Stimmt nicht	
	1996	1999	1996	1999	1996	1999	1996	1999
Gesamt	6,6	8,3	21,4	28,0	29,1	32,5	42,8	31,2
Jungen	8,4	11,7	24,4	31,8	28,4	30,4	38,8	26,1
Mädchen	4,8	4,9	18,3	24,0	29,9	34,6	47,0	36,5
12 bis 14 Jahre								
Gesamt	6,4	6,6	16,5	19,2	32,4	36,0	44,8	38,2
Jungen	6,6	8,3	18,7	25,1	31,4	34,4	43,2	32,2
Mädchen	6,2	4,9	14,2	12,9	33,3	37,6	46,3	44,6
15 bis 17 Jahre								
Gesamt	7,2	8,2	22,2	27,7	27,6	31,8	43,0	32,2
Jungen	10,1	12,1	26,0	32,4	25,7	28,5	38,2	27,0
Mädchen	4,2	3,9	18,1	22,6	29,6	35,5	48,1	37,9
Ab 18 Jahre								
Gesamt	6,0	9,7	24,8	34,2	28,3	30,7	40,8	25,4
Jungen	7,6	13,5	27,7	35,7	29,4	29,9	35,3	21,0
Mädchen	4,5	5,9	21,9	32,8	27,2	31,6	46,3	29,7

Die häufig festgestellten Zusammenhänge zwischen dem Politikinteresse und dem Bildungsniveau, dem Geschlecht und dem Alter von Befragten sind auch anhand unserer Schülerbefragung von 1999 nachweisbar: Unter Jugendlichen, die bei der Aussage „Ich interessiere mich für Politik" mit „Stimmt nicht" antworteten, ist die Schülerschaft von Gymnasien überzufällig selten, die Schülerschaft der Gesamtschulen jedoch überzufällig häufig vertreten[1] (-4,3 und 3,8), während es sich in der zweithöchsten Antwortstufe („Stimmt teilweise") umgekehrt verhält (3,0 und -3,2). Beim Merkmal „Geschlecht" zeigt sich das erwartete Übergewicht der Männer in den beiden zustimmenden Urteilskategorien (4,6 bei „Stimmt völlig" und 3,5 bei „Stimmt teilweise") und der entsprechend hohe Frauenanteil bei den ablehnenden Einschätzungen (überzufällig bei „Stimmt nicht" mit 4,1). In den verschiedenen Al-

---

[1] In Klammern werden jeweils die standardisierten Residuen angegeben.

tersstufen sind politisch Desinteressierte („Stimmt nicht") besonders häufig bei den bis 14jährigen Jugendlichen und besonders selten bei volljährigen Jugendlichen vertreten (2,8 und -3,3), was wiederum annähernd umgekehrt für die hoch beziehungsweise teilweise Interessierten gilt. Ein stark ausgeprägtes Interesse für politische Fragen findet sich demnach 1999 vor allem unter wahlberechtigten männlichen Jugendlichen, die Gymnasien besuchen.

Die Skala „Politische Kompetenz" faßt die Zustimmung bzw. Ablehnung der befragten Jugendlichen in Hinblick auf drei Aussagen zu einem Indikator zusammen, der Kenntnisse und Fertigkeiten im Umgang mit politischen Themen zum Ausdruck bringt. Hierzu gehören beispielsweise Aussagen wie „Die Teilnahme an Diskussionen über politische Themen fällt mir leicht" oder „Ich verstehe überhaupt nicht genug von Politik. Dafür habe ich einfach keine Antenne". Die Skalenwerte wurden so zusammengefaßt, daß der Wert „1" einer niedrigen und der Wert „4" einer hohen politischen Kompetenz entspricht.

Tab. 2: Politische Kompetenz unter Jugendlichen – 1996 und 1999 (Angaben in %)

Subpopulationen	Skala „Politische Kompetenz"							
	Hoch		Eher hoch		Eher niedrig		Niedrig	
	1996	1999	1996	1999	1996	1999	1996	1999
Gesamt	4,3	7,2	18,9	23,0	39,0	39,3	37,8	30,5
Jungen	5,9	11,1	24,0	28,8	40,7	38,9	29,5	21,2
Mädchen	2,7	3,1	13,7	17,0	37,3	39,7	46,3	40,2
12 bis 14 Jahre								
Gesamt	2,0	5,2	16,0	18,9	43,4	42,7	38,6	33,2
Jungen	1,2	8,1	19,0	23,7	44,0	42,7	35,8	25,5
Mädchen	2,7	2,2	13,1	13,9	42,9	42,6	41,3	41,2
15 bis 17 Jahre								
Gesamt	5,3	6,9	20,5	23,8	36,4	38,8	37,7	30,5
Jungen	7,8	10,2	25,9	32,1	39,9	37,1	26,5	20,6
Mädchen	2,7	3,4	14,8	14,7	32,8	40,6	49,7	41,3
Ab 18 Jahre								
Gesamt	4,9	8,8	19,5	24,9	38,2	37,5	37,4	28,8
Jungen	6,9	14,3	26,4	28,5	38,7	38,2	28,1	19,0
Mädchen	2,8	3,4	12,8	21,4	37,8	36,8	46,6	38,4

Die oben dargestellten Veränderungen zwischen 1996 und 1999 sowie die Zusammenhänge zwischen dem politischen Interesse von Jugendlichen und deren Geschlecht und Alter lassen sich auch für die „Politische Kompetenz" finden. Die eigene „Politische Kompetenz" wird vor allem von älteren männlichen Jugendlichen hervorgehoben. Es findet sich zwischen 1996 und 1999 allgemein ein signifikanter Anstieg der selbstwahrgenommenen Kenntnisse zu politischen Themen unter brandenburgischen Jugendlichen, wobei dieser Anstieg unter männlichen und älteren Jugendlichen deutlicher ausfällt. Die Bildungseinflüsse sind bei der Selbsteinschätzung der politischen Kompetenz (Cramer's V= .07) nicht ganz so stark wie beim Politikinteresse (Cramer's V= .10), obwohl im Vergleich der vier Schultypen (Gymnasium, Gesamtschule, Realschule und OSZ) der Unterschied zwischen Gymnasiasten und Gesamtschülern statistisch überzufällig ist.

Die in den Sozialwissenschaften immer wieder diskutierte Frage nach der Beziehung von Einstellungen und tatsächlichem Handeln drängt sich bei der Betrachtung politischer Orientierungen und politischen Engagements zwangsläufig auf. Wir wollen deshalb im folgenden Abschnitt anhand der Daten unserer Schülerbefragungen den Zusammenhängen zwischen der „Politischen Kompetenz", der Bereitschaft zu politischen Aktionen und dem entsprechenden tatsächlichen Verhalten nachgehen.

3.3.2 Bereitschaft zu politischem Engagement und politisches Handeln

Vorbemerkung

Wir unterscheiden im folgenden zwischen drei verschiedenen Formen des politischen Handelns:

1. „Legale Beteiligungsformen": Hierunter fassen wir politische Aktionen wie die Beteiligung an Versammlungen oder Diskussionen, die Mitarbeit in einer politischen Bewegung sowie die Teilnahme an einer angemeldeten Demonstration, an einer Unterschriftenaktion oder an einer Bürgerinitiative zusammen. Diese fünf Formen legalen politischen Handelns besitzen allerdings unterschiedliche Bedeutung in bezug auf die Dauer und Nachhaltigkeit eines politischen Engagements. So kann jemand, der das Item „In der Vergangenheit an einer genehmigten Demonstration teilgenommen" bejaht, irgendwann einmal demonstriert haben, ansonsten aber politisch weitgehend inaktiv sein. Demgegenüber kann man bei einer Bejahung der Items „Mitarbeit in einer politischen Bewegung" oder „Beteiligung an Bürgerinitiativen" ein längerwährendes politisches Handeln vermuten. 8,2 Prozent der befragten Jugendlichen gaben an, in der Vergangenheit in einer politischen Bewegung aktiv gewesen zu sein, und 13,6 Prozent haben schon in Bürgerinitiativen mitgearbeitet.

2. „Ziviler Ungehorsam": Diese Aktionsformen betreffen illegale, aber gewaltarme Formen politischer Aktionen wie die Teilnahme an einer nicht angemeldeten Demonstration, die Besetzung von Schulen und Ämtern oder Verkehrsblockaden.

3. „Politisch motivierte Gewalt": Illegale politische Aktionen dieser Art zielen auf die Beschädigung fremden Eigentums ab (Fenster einschlagen, Wände besprühen usw.) oder richten sich direkt gegen Personen (Schlägereien mit Polizisten, mit Gegendemonstranten usw.).

Zusätzlich haben wir in unseren Befragungen zwischen zurückliegendem Verhalten („Politisches Engagement") und zukünftigen Verhaltensabsichten („Bereitschaft zu politischem Engagement") unterschieden. Wir haben die Schülerinnen und Schüler entsprechend danach gefragt, ob sie die genannten Aktionen bereits einmal in der Vergangenheit ausgeübt haben, und weiterhin, ob sie sich vorstellen könnten, in Zukunft solche Handlungen einmal auszuführen. Dabei hatten die befragten Jugendlichen die Antwortmöglichkeiten „Ja, würde ich machen", „Ja, würde ich aber nur in außergewöhnlichen Situationen machen" und „Nein, würde ich unter keinen Umständen machen".

Politische Kompetenz und legales politisches Engagement

Wir wenden uns nachfolgend zunächst den Zusammenhängen zwischen politischer Kompetenz und politischem Engagement zu. Der aufmerksame Leser wird sich fragen, warum wir statt dessen nicht den Zusammenhang zwischen der motivationalen Variablen „Politisches Interesse" und politischem Engagement untersuchen. Dies hat verschiedene Gründe: Erstens besteht zwischen der politischen Kompetenz und dem politischen Interesse ein starker Zusammenhang; da sich also beide Konstrukte für weiterführende Analysen anbieten und sehr ähnliche Persönlichkeitsmerkmale abbilden, empfiehlt sich die Wahl desjenigen Konstrukts mit der höheren psychometrischen Güte. Dies ist die Skala „Politische Kompetenz", die auf mehreren Einzelindikatoren fußt. Zweitens bietet diese Skala unter inhaltlichen Aspekten den Vorteil, daß sich damit die politische Durchdringung von Verhaltensweisen Jugendlicher besser analysieren läßt.

Die Selbsteinschätzungen zur politischen Kompetenz korrelieren in unserer 1999er Stichprobe mit der Bereitschaft zu legalem politischen Engagement in einer Höhe von r= .34. Im Geschlechtervergleich zeigt sich bei männlichen Jugendlichen ein deutlich stärkerer Zusammenhang der eigenen Kompetenzüberzeugung mit der Bereitschaft zu politischem Engagement als bei weiblichen Jugendlichen: Die Korrelation zwischen beiden Variablen beträgt bei Jungen r= .42, während sie bei Mädchen nur bei r= .31 liegt, das heißt politisches Engagement geht bei Jungen mit einer stärkeren Überzeugung von der eigenen politischen Expertise einher.

Der Zusammenhang zwischen der politischen Kompetenz und der zurückliegenden, tatsächlichen Mitarbeit in politischen Bewegungen beträgt Cramer's V= .24, diejenige zwischen Kompetenz und bereits vollzogener Beteiligung an Bürgerinitiativen liegt bei Cramer's V= .15. Die Stärke dieser Beziehungen ändert sich bei getrennter Betrachtung der Geschlechter, Schultypen und Altersstufen nur wenig. Die Zahlen legen insgesamt die Vermutung nahe, daß die politische Kompetenzüberzeugung im Hinblick auf tatsächlich ausgeführtes Verhalten stärker mit konventionellen Beteiligungsformen (Mitarbeit in einer politischen Bewegung) zusammenhängt, was auch mit den Befunden der Literatur übereinstimmt. Dennoch sollte man die relativ geringen Unterschiede nicht überbewerten, vor allem angesichts der weiter unten beschriebenen Entwicklungen unter rechtsextrem eingestellten Jugendlichen. Beachtlicher erscheint der Zusammenhang zwischen beabsichtigten legalen Partizipationsformen in der Zukunft und bereits realisierten Verhaltensweisen. Die Stärke dieses Zusammenhangs liegt 1999 für die aufgeführten legalen Beteiligungsformen zwischen Cramer's V= .40 und .50. Die Beziehungen zwischen politischer Kompetenz und politischem Interesse einerseits sowie zwischen politischer Handlungsbereitschaft und tatsächlichem politischen Handeln andererseits sind zwar insgesamt nur mäßig stark, aber der letztgenannte relativ starke Zusammenhang zwischen Handlungsbereitschaft und tatsächlichem Handeln erscheint durchaus bemerkenswert.

Politische Kompetenz, „Ziviler Ungehorsam" und politisch motivierte Gewalt

Wie sieht nun die Wechselwirkung zwischen politischer Kompetenz und illegalen politischen Aktivitäten aus? Hierunter verstehen wir, wie erwähnt, sowohl Handlun-

gen des „Zivilen Ungehorsams" als auch politisch motivierte Gewalt. Gerade in bezug auf die Gewaltitems sollte angesichts der im folgenden vorgestellten Ergebnisse
berücksichtigt werden, daß besonders jüngere Befragte bei der Beantwortung dieser
Frage vermutlich nicht wirklich politisch motivierte Aktionen im Sinn hatten, sondern durchaus auch an allgemeine Gewalttätigkeiten, die aus Gruppen heraus begangen werden, gedacht haben könnten.

Die Zusammenhänge zwischen Kompetenzüberzeugung und Handlungsbereitschaft
sind hier noch geringer als im Bereich legaler politischer Aktivitäten, was ebenfalls
der Befundlage in der Literatur entspricht. So beträgt die Korrelation zwischen politischer Kompetenz und der Bereitschaft zu zivilem Ungehorsam nur r= .12, die zwischen politischer Kompetenz und politischer Gewaltbereitschaft r= .15. Wiederum
findet sich ein relativ starker Zusammenhang zwischen der geäußerten Handlungsbereitschaft und dem tatsächlichen Verhalten in der Vergangenheit. Bei den Beteiligungsformen des „Zivilen Ungehorsams" rangieren die Zusammenhangsstärken
zwischen Cramer's V= .30 bis .40. Die Stärke des Zusammenhangs zwischen tatsächlichen Gewaltaktionen und der Bereitschaft zu weiteren Gewaltaktionen liegt
sogar bei Cramers's V= .50.

Das Ergebnis zeigt, daß die im Sinne zivilen Ungehorsams bzw. politischer Gewalt
delinquenten Jugendlichen eine hohe Bereitschaft besitzen, auch künftig politisch
motivierte Straftaten zu begehen. Hierin unterscheiden sie sich offensichtlich von
anderen kriminellen Jugendlichen, von denen die übergroße Mehrheit aufgrund einer
aversiven Taterfahrung (z.B. Streß bei der Tatausführung, Furcht vor Entdeckung,
Furcht vor Reaktionen der Eltern) auf eine Wiederholung des Delikts in der Zukunft
verzichtet, wie Schneider und Rheinberg (1995) im Zusammenhang mit einem Vergleich von Ersttätern und Intensivtätern zeigen. Aversive Delikterfahrung stellt also
einen protektiven Faktor gegen Rückfälle dar; für die meisten Menschen stellen demzufolge Delikte in der Jugendzeit (die meist unentdeckt bleiben) ein im weitesten
Sinne persönlichkeitsförderndes Entwicklungsphänomen dar. Dies scheint nicht für
zivilen Ungehorsam und politische Gewalt unter Jugendlichen zu gelten. Es ist zu
vermuten, daß die diesbezüglich aktiven Jugendlichen derartigen Delikten eher Unterhaltungswert beimessen, es ihnen an Unrechtsbewußtsein fehlt und sie die zu er-
wartenden Folgen im Falle der Entdeckung bzw. Strafverfolgung nicht schrecken.

3.3.3 Trends bei legalem Engagement, „Zivilem Ungehorsam" und politischer Gewalt

Die Bereitschaft zur legalen politischen Partizipation ist 1999 durchschnittlich etwa
gleich hoch (Mittelwert: 2,56) wie 1996 (Mittelwert: 2,54), während die Bereitschaft
zu zivilem Ungehorsam 1999 signifikant geringer ausgeprägt ist als in der 1996er
Befragung[2]. Auch in bezug auf die Bereitschaft zu politisch motivierten Gewaltaktionen ergeben sich keine Mittelwertunterschiede (1,31 vs. 1,28). Aufschlußreicher
als Mittelwertvergleiche sind jedoch Analysen der einzelnen Formen politischen Engagements. So ist beispielsweise die Bereitschaft, in politischen Bewegungen aktiv
mitzuarbeiten, 1999 deutlich stärker ausgeprägt als 1996, während gleichzeitig we-

---

[2] Bereitschaft zu „Zivilem Ungehorsam": MW 1996: 1,88 – MW 1999: 1,76.

sentlich weniger Jugendliche ein solches Engagement völlig ablehnen (Tab. 3). Demgegenüber ist die Bereitschaft, an angemeldeten Demonstrationen teilzunehmen, leicht gesunken. Diese Veränderungen sollten im Zusammenhang mit dem Tatbestand gesehen werden, daß bis 1999 der Anteil der Jugendlichen zurückgegangen ist, die sich bereits einmal im Rahmen von angemeldeten Demonstrationen oder einer politischen Bewegung engagiert haben. Nur rund acht Prozent der 1999 befragten Jugendlichen haben sich früher einmal der wohl recht zeit- und arbeitsaufwendigen Tätigkeit in einer politischen Bewegung gewidmet. Dagegen behaupten immerhin fast 28 Prozent, schon einmal an einer angemeldeten Demonstration teilgenommen zu haben. Ohne dieses Ergebnis ernsthaft relativieren zu wollen, sollte in Erinnerung gerufen werden, daß der Titel einer „Politischen Demonstration" mittlerweile auch von Veranstaltungen wie der „Love-Parade" beansprucht wird

Tab. 3: Legales politisches Engagement unter Jugendlichen – 1996 und 1999
(Angaben in %)

Subpopulationen	„In der Vergangenheit habe ich das ...		„In Zukunft würde ich das ...					
	...schon gemacht."		...machen."		...in außergewöhnlichen Situationen machen."		...unter keinen Umständen machen."	
	1996	1999	1996	1999	1996	1999	1996	1999
„Mitarbeit in einer politischen Bewegung"								
Gesamt	9,9	8,3	12,4	15,7	41,0	43,4	46,6	40,9
Jungen	12,3	10,6	13,4	19,6	39,7	39,2	46,9	41,2
Mädchen	7,5	6,0	11,5	11,8	42,3	47,7	46,3	40,5
12 bis 14 Jahre	6,0	9,7	15,2	16,5	41,4	40,5	43,3	42,9
15 bis 17 Jahre	11,0	8,5	12,4	16,6	40,9	47,0	46,7	36,4
Ab 18 Jahre	11,6	7,2	10,2	14,2	40,1	41,4	49,6	44,5
„Teilnahme an einer angemeldeten Demonstration"								
Gesamt	35,4	27,6	41,7	38,9	39,1	40,3	19,2	20,9
Jungen	38,1	28,4	38,0	36,3	39,5	41,2	22,5	22,6
Mädchen	32,7	26,8	45,5	41,5	38,7	39,4	15,8	19,1
12 bis 14 Jahre	17,8	20,1	34,3	33,5	39,2	35,8	26,6	30,7
15 bis 17 Jahre	36,8	24,1	47,1	42,1	37,1	40,1	15,9	17,8
Ab 18 Jahre	49,2	36,3	40,8	38,8	41,8	43,4	17,3	17,8

Bei illegalen politischen Aktivitäten („Ziviler Ungehorsam"; Gewalt) fällt auf, daß der Rückgang der Bereitschaft zu solchem Tun vor allem bei den „harmloseren" Formen zu Buche schlägt (s. Tab. 4), während die Bereitschaft zu Gewalt gegen Sachen oder Personen 1999 nur geringfügig schwächer ausgeprägt ist als 1996 (s. Tab. 5). Dabei ist allerdings hervorzuheben, daß die überwältigende Mehrheit – rund drei Viertel der Befragten – gewalttätige Aktionen völlig ablehnt. Eher niedrig ist deshalb auch die tatsächliche Beteiligung an solchen illegalen Aktionen unter brandenburgischen Jugendlichen. Mit Ausnahme von „Sachbeschädigungen" räumt jeweils lediglich etwa jeder zehnte Jugendliche ein, früher bereits einmal an solchen illegalen Aktionen beteiligt gewesen zu sein. Insgesamt ist der Anteil der Jugendlichen, die an illegalen politischen Handlungsformen beteiligt waren, bis 1999 in allen angeführten Bereichen leicht zurückgegangen.

Der Blick auf die Gesamtentwicklung erfaßt nicht die Tatsache, daß zwischen einzelnen Teilgruppen von Jugendlichen die Bereitschaft zu legalen oder illegalen politischen Aktionen recht unterschiedlich ausfällt und Veränderungen zwischen 1996 und 1999 in bestimmten Gruppen recht unterschiedlich verlaufen. Mädchen weisen sowohl im Hinblick auf ihre Bereitschaft zu politischem Engagement als auch bei politischen Aktionen in den Bereichen „Legales Engagement" und „Ziviler Ungehorsam" nur relativ geringe Unterschiede im Vergleich zu männlichen Jugendlichen auf. Anders verhält es sich bei der Bereitschaft zu illegalen Formen politischen Engagements beziehungsweise bei illegalen politischen Handlungsweisen, die Gewalttätigkeiten beinhalten. Rund 85 Prozent der weiblichen Befragten, also weitaus mehr als bei den Jungen, schließen hier für sich eine zukünftige Beteiligung kategorisch aus. Entsprechend waren auch nur 12 bis 13 Prozent der Mädchen früher einmal in solche Handlungen verstrickt, das sind 1999 rund 10 Prozent weniger als bei männlichen Jugendlichen. Vor allem in politische Gewalttätigkeiten, die sich gegen Personen richten, sind Mädchen kaum involviert.

Tab. 4: **„Ziviler Ungehorsam" unter Jugendlichen – 1996 und 1999** (Angaben in %)

| Subpopulationen | „In der Vergangenheit habe ich das ... | | „In Zukunft würde ich das ... | | | | | |
| | ...schon gemacht." | | ...machen." | | ...in außergewöhnlichen Situationen machen." | | ...unter keinen Umständen machen." | |
	1996	1999	1996	1999	1996	1999	1996	1999
„Verkehr durch eine Demonstration behindern"								
Gesamt	12,5	8,3	16,3	14,3	40,6	39,3	43,1	46,4
Jungen	14,8	9,4	16,1	15,9	38,5	37,7	45,5	46,3
Mädchen	10,2	7,1	16,3	12,8	42,8	40,9	40,8	46,4
12 bis 14 Jahre	5,2	9,0	18,1	17,2	32,9	32,3	49,0	50,6
15 bis 17 Jahre	14,8	8,3	18,2	15,7	42,5	42,3	39,3	42,0
Ab 18 Jahre	15,8	7,8	12,0	11,0	44,7	40,6	43,4	48,4
„Teilnahme an einer nicht-angemeldeten Demonstration"								
Gesamt	15,4	11,0	20,5	17,4	39,2	34,9	40,3	47,8
Jungen	19,6	13,9	22,0	20,4	38,4	34,5	39,6	45,0
Mädchen	11,4	8,1	19,0	14,3	39,8	35,2	41,2	50,5
12 bis 14 Jahre	8,4	10,9	18,0	18,6	30,9	27,5	51,0	53,9
15 bis 17 Jahre	16,5	9,9	24,1	19,4	40,5	37,5	35,4	43,2
Ab 18 Jahre	20,1	12,3	17,6	14,5	44,7	36,8	37,7	48,7

Auch innerhalb einzelner Altersgruppen zeigen sich unterschiedliche Befunde. So ist die zwischen 1996 und 1999 gestiegene Bereitschaft, in einer politischen Bewegung mitzuarbeiten, nur in der mittleren und höchsten Altersgruppe zu erkennen. Die Teilnahme an einer angemeldeten Demonstration können sich 1999 über 30 Prozent der 12- bis 14jährigen Schülerinnen und Schüler (noch) nicht vorstellen. Entsprechend hat bislang auch nur jeder fünfte einmal an einer solchen Aktion teilgenommen. Bemerkenswert sind die Altersgruppenunterschiede im Zusammenhang mit der Bereitschaft zu illegalem politischen Engagement oder den realisierten illegalen politischen Aktionen. Während der Anteil der Jugendlichen in der mittleren und höchsten Altersgruppe, die früher bereits einmal an illegalen Aktionen beteiligt waren, zwischen 1996 und 1999 rückläufig ist, haben illegale, politisch motivierte Handlungen in der jüngsten Gruppe deutlich zugenommen. Ein entsprechender Befund zeichnet sich auch bei der Bereitschaft zu illegalem politischen Engagement ab: Während sich höhere Altersgruppen von der Möglichkeit einer zukünftigen Beteiligung an Gewaltaktionen zunehmend distanzieren, zeichnet sich in der jüngsten Altersgruppe eine nicht unerhebliche Bereitschaft zu einer Beteiligung an künftigen Gewaltaktionen ab. So schließen beispielsweise 1999 fast ein Drittel der 12- bis 14jährigen nicht mehr aus, sich einmal an Aktionen zu beteiligen, die auf die Beschädigung fremden Eigentums abzielen. Bislang galt vor allem die Altersstufe von 15 bis 16 Jahren – also die neunte und zehnte Klassenstufe – als problematische Phase (Watts, 1996); dies hat sich offensichtlich im Sinne einer „Vorverlagerung" der Anfälligkeit für politische Delinquenz im Lebensverlauf geändert.

Tab. 5: **Politische Gewalt unter Jugendlichen – 1996 und 1999** (Angaben in %)

Subpopulationen	„In der Vergangenheit habe ich das ... ...schon gemacht."		„In Zukunft würde ich das ...					
			...machen."		...in außergewöhnlichen Situationen machen."		...unter keinen Umständen machen."	
	1996	1999	1996	1999	1996	1999	1996	1999
„Sachbeschädigung"								
Gesamt	19,4	17,1	7,3	6,5	17,7	18,3	75,0	75,2
Jungen	26,6	22,3	10,1	9,3	22,8	24,4	67,2	66,3
Mädchen	12,0	12,0	4,5	3,7	12,6	12,2	82,8	84,1
12 bis 14 Jahre	19,9	23,1	7,2	10,5	18,3	22,7	74,4	66,9
15 bis 17 Jahre	21,2	18,6	8,6	6,7	18,1	19,8	73,3	73,5
Ab 18 Jahre	16,4	11,7	5,6	3,7	16,6	13,9	77,8	82,5
„Gewalt gegen Personen"								
Gesamt	11,6	9,1	6,5	6,2	18,3	17,0	75,3	76,8
Jungen	16,8	13,4	9,9	9,5	22,8	22,5	67,3	68,0
Mädchen	6,5	4,7	3,0	2,9	13,6	11,5	83,4	85,6
12 bis 14 Jahre	5,7	10,9	4,3	8,5	17,0	18,5	78,7	73,1
15 bis 17 Jahre	13,8	8,9	8,1	6,1	18,3	18,1	73,6	75,7
Ab 18 Jahre	13,9	8,1	6,1	4,8	19,5	14,9	74,5	80,3

Im Hinblick auf die Gründe für diese „Vorverlagerung" der Delinquenzbereitschaft vermuten wir eine Verbindung mit der immer früher einsetzenden Identitätsentwicklung unter jungen Schülerinnen und Schülern, die verstärkt bemüht sind, soziale Aufmerksamkeit und Anerkennung unter Gleichaltrigen zu finden. Im Rahmen dieser Entwicklungsprozesse dienen nonkonformistische, provokante Verhaltensweisen dazu, Aufmerksamkeit zu erregen. Diese Funktion erfüllen politisch tabuisierte Verhaltensweisen im Sinne von Rechtsextremismus und Antisemitismus hervorragend. Dies führt dazu, daß „Halbwüchsige" ihr hinter Delikten verborgenes Streben nach sozialer Aufmerksamkeit und Anerkennung politisch legitimieren beziehungsweise verbrämen. Deshalb, und darauf werden wir weiter unten noch detaillierter eingehen, sind gerade rechtsextrem orientierte Jugendliche in dieser Altersstufe besonders häufig vertreten. Diese Entwicklung gibt Anlaß zur Besorgnis und sollte in jedem Falle längerfristig beobachtet werden.

Etwas deutlicher als beim „Zivilen Ungehorsam" zeichnen sich Unterschiede zwischen den Schultypen bei gewalttätigen Partizipationsformen ab. So ist an den Gymnasien und auch an den OSZ ein Rückgang der Bereitschaft, Gewalt gegen Sachen oder Personen anzuwenden, zu verzeichnen, sowie ein entsprechender Anstieg der Angaben, dies „auf keinen Fall" tun zu wollen. Entgegengesetzt verläuft jedoch der Trend in den Gesamtschulen: Die dort ohnehin recht hohe Bereitschaft zu politisch motivierter Gewalt steigt im Trend von 1996 zu 1999 weiter an.

3.3.4   Einflußfaktoren auf die Bereitschaft zu legalem politischen Engagement

Wir wollen nun Zusammenhänge zwischen politischer Partizipation einerseits sowie weiteren Persönlichkeitsmerkmalen und Kontextmerkmalen andererseits anhand von Regressionsanalysen vertiefend untersuchen. In diesem Zusammenhang sei vorausgeschickt, daß wir eine Vielzahl von Persönlichkeitsindikatoren unseres Fragebogens analog zu früheren Befragungen zu Skalen zusammengefaßt haben. Wir führen diese Skalen nachfolgend kurz auf (s. auch Anhang und andere Kapitel) und notieren für jede Skala zwei Beispielaussagen.

- Skala „Erregbarkeit": „Ich bin reizbarer als die meisten Leute glauben" / „Ich raste schnell aus";
- Skala „Selbstvertrauen": „Ich bin mit mir zufrieden" / „Mich wirft so schnell nichts aus der Bahn";
- Skala „Berufsbezogener Zukunftsoptimismus": „Ich werde einen sicheren Arbeitsplatz finden" / „Mein Berufswunsch wird in Erfüllung gehen";
- Skala „Allgemeine Gewaltbereitschaft": „Man muß zu Gewalt greifen, weil man nur so beachtet wird" / „Ich bin in bestimmten Situationen durchaus bereit, auch körperliche Gewalt anzuwenden, um meine Interessen durchzusetzen";
- Skala „Externale Kontrollüberzeugung": „Es lohnt sich nicht, sich anzustrengen, weil sowieso alles anders kommt" / „Menschen wie ich haben nur geringe Möglichkeiten, ihre Interessen gegenüber mächtigeren Leuten durchzusetzen";
- Skala „Ausländerfeindlichkeit": „Deutschland den Deutschen – Ausländer raus" / „Die Ausländer haben Schuld an der Arbeitslosigkeit in Deutschland".

Zusätzlich bildeten wir eine Skala zu einem Persönlichkeitsmerkmal, das wir „Quietismus" nennen. Eine faktorenanalytische Betrachtung der Items, die thematisch neophobische Tendenzen und Bequemlichkeitshaltungen beschreiben (z.B. „Neue und ungewöhnliche Situationen sind mir unangenehm"), zeigt, daß diese Items auf einen Faktor laden, der sich als Streben nach einem überschaubaren Leben, in dem sich möglichst wenig Überraschendes ereignen sollte („Quietismus"), interpretieren läßt. Die Reliabilitätsanalyse der vier Items erbringt mit Alpha= .62 einen akzeptablen Wert.

Neben diesen beschriebenen Persönlichkeitsmerkmalen fanden die bereits vorgestellten politischen Grundeinstellungen „Politische Kompetenz" und „Politisches Interesse", die Bereitschaft zu zivilem Ungehorsam und zu politisch motivierter Gewalt sowie Einflüsse des sozialen Umfelds in der Familie („Elterliche Vernachlässigung", „Elterliche Restriktion") und in der Schule („Schulmotivation") Eingang in die Regressionsanalyse. Die hinter dieser Auswahl stehenden Hypothesen resultieren aus eigenen Vorarbeiten (Hinsch & Langner, 1997) genauso wie aus Arbeiten anderer Autoren (z.B. Krampen, 1991). Die bereits oben referierten Befunde zu Geschlechtsunterschieden bei politischen Orientierungen ließen es angezeigt erscheinen, männliche und weibliche Jugendliche mit getrennten Regressionsanalysen[3] auf ihre Bereitschaft zu legalem politischen Engagement hin zu untersuchen. Allerdings zeigen sich die im Rahmen dieser Analysen gefundenen Unterschiede zwischen Jungen und Mädchen nur schwach ausgeprägt.

Bei männlichen Jugendlichen (Tab. 6) erweisen sich insgesamt neun Variablen zur Erklärung der Bereitschaft zu legalem politischen Engagement als wichtig. Den höchsten Erklärungswert haben dabei die Bereitschaft zu zivilem Ungehorsam und das Politikinteresse; diese beiden Variablen erklären zusammen bereits 37 Prozent der Varianz: Je höher die Bereitschaft zu zivilem Ungehorsam und je größer das Interesse für Politik, desto höher ist auch die Bereitschaft zu legalem politischen Engagement. Bei Berücksichtigung weiterer Merkmale wie einer geringen Ausländerfeindlichkeit, einer hohen politischen Kompetenzüberzeugung, geringer externaler Kontrollüberzeugungen, einer hohen Schulmotivation, einer niedrigen allgemeinen Gewaltbereitschaft sowie einer hohen politischen Gewaltbereitschaft verbessert sich die Varianzaufklärung nur noch unerheblich. Ein schwacher, aber signifikanter Zusammenhang ist schließlich auch zwischen einem vernachlässigenden Erziehungsverhalten der Eltern und der Bereitschaft zu legalen Partizipationsformen zu erkennen: Je weniger sich männliche Jugendliche in der Familie vernachlässigt fühlen, desto höher ist ihre Bereitschaft, sich mit legalen Mitteln politisch zu engagieren. Keine bedeutsamen Einflüsse auf die Bereitschaft zu legalem politischen Engagement von männlichen Jugendlichen gehen – anhand unserer Daten – von den Variablen „Quietismus", „Selbstvertrauen", „Elterliche Restriktion" und „Zukunftsoptimismus" aus.

Wie ist das Modell zu interpretieren? Offensichtlich findet sich die Bereitschaft zu legalem politischen Engagement häufiger bei männlichen Jugendlichen, die sich für politisch interessiert und kompetent halten, an ihre selbstbestimmten Möglichkeiten zur Lebensgestaltung glauben und Lust zum Lernen haben. Ausländerfeindlichkeit oder die Sorge um die berufliche Zukunft scheinen die Bereitschaft zu legalem politischen Engagement nicht zu stimulieren. Der Einfluß der Bereitschaft zu zivilem Ungehorsam und politischer Gewalt deutet darauf hin, daß sich hinter legalen politischen Aktionen von Jugendlichen durchaus gewaltbereite Akteure verbergen können, die legale politische Partizipation als weitere Option politischen Handelns neben zivilem Ungehorsam und Gewalt ansehen. Die beiden unabhängigen, gegenläufigen Effekte von allgemeiner und politischer Gewaltbereitschaft zeigen, daß die Gewaltbereitschaft dieser männlichen Jugendlichen eindeutig politisch motiviert ist.

---

[3] Methode: Forward; paarweiser Fallausschluß.

Tab. 6: Regressionsmodell zur Erklärung der Bereitschaft zu legalem politischen Engagement männlicher Jugendlicher

	beta-Wert*)	r² (korr.)
Aufgenommene Variablen:		
Bereitschaft zu zivilem Ungehorsam	.42	.25
Politikinteresse	.23	.37
Ausländerfeindlichkeit	-.10	.39
Politische Kompetenz	.13	.40
Externale Kontrollüberzeugung	-.05	.41
Schulmotivation	.06	.41
Politische Gewaltbereitschaft	.10	.41
Allgemeine Gewaltbereitschaft	-.08	.41
Elterliche Vernachlässigung	-.05	.42
Nicht aufgenommene Variablen:		
Berufsbezogener Zukunftsoptimismus	-.01	
Elterliche Restriktion	.02	
Quietismus	-.02	
Selbstvertrauen	.02	

*) Die beta-Werte aller aufgenommenen Variablen sind mit mindestens p<.05 signifikant.

Bei weiblichen Jugendlichen üben die Bereitschaft zu zivilem Ungehorsam und das Politikinteresse zwar ebenfalls einen starken Einfluß aus (s. Tab. 7), jedoch erklären sie die unterschiedlichen Ausprägungen der Bereitschaft zu legalem politischen Engagement nicht ganz so gut wie bei Jungen.

Tab. 7: Regressionsmodell zur Erklärung der Bereitschaft zu legalem politischen Engagement weiblicher Jugendlicher

	beta-Wert*)	r² (korr.)
Aufgenommene Variablen:		
Bereitschaft zu zivilem Ungehorsam	.44	.21
Politikinteresse	.19	.30
Ausländerfeindlichkeit	-.14	.33
Schulmotivation	.09	.34
Politische Kompetenz	.09	.35
Quietismus	-.05	.35
Externale Kontrollüberzeugung	-.07	.35
Berufsbezogener Zukunftsoptimismus	-.05	.36
Nicht aufgenommene Variablen:		
Politische Gewaltbereitschaft	-.02	
Allgemeine Gewaltbereitschaft	.03	
Elterliche Restriktion	.02	
Elterliche Vernachlässigung	-.01	
Selbstvertrauen	.01	

*) Die beta-Werte aller aufgenommenen Variablen sind mit mindestens p<.05 signifikant.

Weder die allgemeine noch die politische Gewaltbereitschaft haben bei Mädchen einen Einfluß auf die Bereitschaft zu legalem politischen Engagement, auch nicht die familialen Merkmale. Dafür tragen bei den weiblichen Jugendlichen ein geringes

Bedürfnis nach einem ruhigen Leben („Quietismus") und ein geringer beruflicher Zukunftsoptimismus verstärkt zur Erklärung der Bereitschaft zu legalem politischen Engagement bei. Überspitzt könnte man formulieren: Wenn sich Jungen zu legalem politischen Engagement bereit finden, spielt nicht selten die Lust auf Provokation und Gewalt eine Rolle, während Mädchen damit gegen schlechte, eintönige Zukunftsaussichten angehen. Insgesamt können bei den Mädchen jedoch nur rund 36 Prozent der Varianz durch die Modellvariablen erklärt werden. Das bedeutet, daß die Bereitschaft zu legalem politischen Engagement bei Mädchen in stärkerem Maße als bei Jungen mit Einflüssen in Zusammenhang steht, die im Regressionsmodell nicht berücksichtigt wurden.

Uns erscheint vor allem der enge Zusammenhang zwischen der Bereitschaft zu legalem politischen Engagement und der Bereitschaft zu illegalem, bei männlichen Jugendlichen sogar zu gewalteinschließendem Verhalten bemerkenswert, der sich 1999 (aber auch 1996) unter den befragten Jugendlichen finden läßt. Dieser enge Zusammenhang spiegelt eine Entwicklung wider, die bereits in den frühen 90er Jahren wahrnehmbar war und die sich, folgt man den Ergebnissen von Silbereisen et al. (1997) und der 12. Shell-Studie (1997), weiter verstärkt hat: Unter den jungen Deutschen kann man leichter zwischen „Engagierten" und „Nicht-Engagierten" unterscheiden als zwischen denen, die nur zu politisch legalen Partizipationsformen bereit sind, und den politisch „Ungehorsamen" und „Gewaltbereiten".

Die allgemein hohe Befürwortung illegaler Partizipationsformen, wie sie auch in den Daten der 11. und 12. Shell-Studie ablesbar ist, schloß bislang die direkten Gewaltformen „Sachbeschädigung" und „Angriffe auf Personen" weitgehend aus. Dennoch erscheint die Frage angemessen, ob eine Trennung der Gewaltformen „Sachen beschädigen" und „Personen angreifen" von den etwas „harmloseren" Aktionen wie Verkehrsbehinderungen oder Gebäudebesetzungen überhaupt gerechtfertigt ist. Die gemeinsame faktorenanalytische Betrachtung der Aussagen zu legalen und illegalen Partizipationsformen zeigt, daß die Items des „Zivilen Ungehorsams", einschließlich der beiden Gewaltitems (Gewalt gegen Personen und/oder Sachen), hoch und ohne bedeutende Nebenladungen auf einem Faktor laden. Die Reliabilität der Skala „Ziviler Ungehorsam" steigt mit den Gewaltitems denn auch von Alpha= .75 auf Alpha= .78. Unsere Daten liefern demnach Hinweise dafür, daß es Subgruppen von Jugendlichen gibt, bei denen harte Gewaltformen eng mit „weicheren" illegalen Aktionen im Zusammenhang stehen. Es ist zweifellos interessant, der Frage nachzugehen, was jene Jugendlichen kennzeichnet, die offen politische Gewalt gegen Sachen oder Personen befürworten bzw. sogar angeben, solche Aktionen bereits in der Vergangenheit durchgeführt zu haben.

3.3.5 Politische Gewaltbereitschaft unter brandenburgischen Jugendlichen

Die folgende Ergebnisdarstellung (Tab. 8) zu Trends der letzten Jahre beruht auf der Skala „Politische Gewaltbereitschaft", die aus den beiden Einzelitems „Gewaltbereitschaft gegen Sachen" und „Gewaltbereitschaft gegen Personen" besteht.

Tab. 8: **Politische Gewaltbereitschaft – 1996 und 1999** (Angaben in %)

Subpopulationen	Skala „Bereitschaft zur Gewalt gegen Sachen und Personen"							
	Niedrig		Eher niedrig		Eher hoch		Hoch	
	1996	1999	1996	1999	1996	1999	1996	1999
Gesamt	80,3	81,6	12,1	11,9	4,0	3,4	3,6	3,1
Jungen	72,9	73,7	16,2	16,7	5,5	4,9	5,5	4,7
Mädchen	87,8	89,4	8,0	7,3	2,4	1,9	1,7	1,4
12 bis 14 Jahre	82,6	76,2	12,0	13,6	2,8	5,6	2,6	4,6
15 bis 17 Jahre	78,6	81,0	11,8	12,2	5,2	3,5	4,3	3,3
Ab 18 Jahre	80,6	85,6	12,8	10,6	3,0	1,9	3,6	1,9

Die Bereitschaft zu harten politischen Gewaltformen ist – wie Gewaltbereitschaft allgemein – geschlechts-, alters- und bildungsabhängig. Dies gilt auch für die Durchführung politisch motivierter Gewaltaktionen in der Vergangenheit. In der 1999er Stichprobe wie auch in den Befragungen früherer Jahre ist die Bereitschaft zu harten Gewaltformen bei weiblichen Jugendlichen niedriger ausgeprägt als bei männlichen. Dies gilt vor allem bei Mädchen mittlerer und höherer Klassenstufen der Gymnasien[4]. Umgekehrt findet sich das höchste Gewaltpotential bei männlichen Jugendlichen der unteren Klassen von Gesamtschulen[5]. Gegenüber 1996 ist die Befürwortung politischer Gewalt bei den Schülerinnen allgemein leicht gesunken. Bei 12- bis 14jährigen Jugendlichen ist hingegen zwischen 1996 und 1999 ein ansteigendes Gewaltpotential zu erkennen. In dieser Altersgruppe ist mehr als jeder zehnte Jugendliche bereit, (politisch motivierte) Gewaltaktionen gegen Sachen und/oder Personen zu richten. Trennt man die Jugendlichen dieser Altersgruppe noch einmal nach Jungen und Mädchen, fällt zum einen auf, daß der Geschlechtsunterschied in dieser Subgruppe der jüngeren Schüler 1996 relativ gering war. Zum anderen wird deutlich, daß der Anstieg der Gewaltbereitschaft bis 1999 in dieser Teilgruppe vor allem auf eine gewachsene Gewaltbereitschaft unter männlichen Jugendlichen zurückzuführen ist.

Einflußfaktoren auf politische Gewaltbereitschaft und Gewaltaktionen

Die Analyse der Einflußfaktoren auf politisch motivierte Gewaltbereitschaft – worunter im folgenden ausschließlich die „harte" Gewalt gegen Sachen und Personen zu verstehen ist – erfolgt wiederum für Jungen und Mädchen getrennt. Es zeigen sich jedoch für beide Geschlechter durchaus ähnliche Zusammenhangsstrukturen. Die in beiden Regressionsmodellen relevanten Variablen erbringen für männliche Jugendliche eine Varianzaufklärung r^2= 46 Prozent, für Mädchen können anhand der Modellvariablen nur 31 Prozent der Unterschiede des vorhandenen Gewaltpotentials erklärt werden. Den höchsten Erklärungswert liefern in beiden Regressionsmodellen eine hoch ausgeprägte Bereitschaft zu zivilem Ungehorsam sowie eine hohe allgemeine Gewaltbereitschaft und Ausländerfeindlichkeit.

---

[4] Nach der Zuordnung zu den Gruppen „Niedrige", „Eher niedrige", „Eher hohe" und „Hohe" Befürwortung von politischer Gewalt entfallen hier auf die beiden höheren Gruppen zusammen weniger als 2 Prozent.

[5] In den beiden höheren Gruppen zusammen 14,8 Prozent.

Tab. 9: Regressionsmodell zur Erklärung der „Politischen Gewaltbereitschaft" männlicher Jugendlicher

	beta-Wert*)	r^2 (korr.)
Aufgenommene Variablen:		
Bereitschaft zu zivilem Ungehorsam	.42	.32
Allgemeine Gewaltbereitschaft	.31	.44
Ausländerfeindlichkeit	.12	.45
Bereitschaft zu legalem Engagement	.11	.46
Schulmotivation	-.05	.46
Elterliche Restriktion	-.05	.46
Nicht aufgenommene Variablen:		
Politikinteresse	-.03	
Quietismus	-.03	
Politische Kompetenz	-.04	
Berufsbezogener Zukunftsoptimismus	-.02	
Selbstvertrauen	-.03	
Externale Kontrollüberzeugung	.01	
Elterliche Vernachlässigung	.01	

*) Die beta-Werte aller aufgenommenen Variablen sind mit mindestens p<.05 signifikant.

Tab. 10: Regressionsmodell zur Erklärung der „Politischen Gewaltbereitschaft" weiblicher Jugendlicher

	beta-Wert*)	r^2 (korr.)
Aufgenommene Variablen:		
Allgemeine Gewaltbereitschaft	.31	.19
Bereitschaft zu zivilem Ungehorsam	.31	.28
Ausländerfeindlichkeit	.15	.30
Politische Kompetenz	.09	.31
Schulmotivation	-.06	.31
Nicht aufgenommene Variablen:		
Bereitschaft zu legalem Engagement	-.03	
Politikinteresse	.04	
Quietismus	.04	
Berufsbezogener Zukunftsoptimismus	-.02	
Selbstvertrauen	.01	
Externale Kontrollüberzeugung	.01	
Elterliche Vernachlässigung	.02	
Elterliche Restriktion	.04	

*) Die beta-Werte aller aufgenommenen Variablen sind mit mindestens p<.05 signifikant.

Weitere bedeutsame Einflußfaktoren sind eine gering ausgeprägte „Schulmotivation", hohe politische Kompetenz (nur Mädchen) sowie die Bereitschaft zu legalem politischen Engagement (nur Jungen). Ebenfalls nur für Jungen zeigt sich ein gewisser Einfluß eines restriktiv-kontrollierenden Familienklimas auf die Bereitschaft zu politischer Gewalt, allerdings in einer zunächst überraschenden Richtung: Das negative Vorzeichen des beta-Wertes signalisiert, daß mit nachlassender familialer Restriktion die politische Gewaltbereitschaft männlicher Jugendlicher zunimmt. Da der Zusammenhang aber nur schwach ist, interpretieren wir diesen Befund dahingehend, daß ein gewisses Ausmaß an Kontrolle im elterlichen Erziehungsverhalten keineswegs nur negativ (z.B. im Sinne einer Einschränkung der Selbstentfaltungsmöglichkeiten) zu verstehen ist, sondern teilweise auch als Anzeichen für elterliches Interesse und erzieherisches Engagement gedeutet werden kann. Bemerkenswert erscheint weiterhin, daß neben der Verbindung zum zivilen Ungehorsam, die auch hier wieder deutlich wird, ausländerfeindliche Einstellungen nunmehr mit einem positiven Gewicht ins Modell aufgenommen werden, das heißt daß hohe Ausländerfeindlichkeit politische Gewaltbereitschaft mitbedingt, während für die Bereitschaft zu legalem politischen Engagement ja gerade eine niedrige Ausländerfeindlichkeit zu den wichtigen Prädiktoren zählte. Dies ist ein Indiz dafür, daß politische Gewaltbereitschaft eng mit rechtsextremen Orientierungen verknüpft sein könnte, wofür wir an anderer Stelle zusätzliche Belege liefern werden. Ein weiterer Gegensatz zum Bedingungsgefüge der Bereitschaft zu legalem politischen Engagement besteht darin, daß die Schulmotivation hier ein negatives Gewicht besitzt, so daß man die Hypothese formulieren kann: „Hohe Schulmotivation befördert legales politisches Engagement, während geringe Schulmotivation zu politischer Gewaltbereitschaft führt". Allerdings würde diese Hypothese einen kausalen Zusammenhang unterstellen, der sich anhand des vorliegenden Datenmaterials streng genommen nicht stützen läßt.

Die Art der Fragen zur politischen Partizipation in unserem Fragebogen erlaubt, wie bereits dargestellt, die getrennte Erfassung von Handlungsbereitschaften („... das werde ich in Zukunft machen") und bereits in der Vergangenheit durchgeführten Handlungen („... das habe ich gemacht"). Um eine präzisere Beschreibung der tatsächlich politisch gewalttätigen Jugendlichen zu erreichen, ist es ratsam, das Augenmerk auf bereits durchgeführte Gewaltakte zu richten. Teilt man die Gesamtstichprobe der 1999 Befragten anhand der Angaben zu den beiden Items „Politische Gewaltausübung in der Vergangenheit" in die vier Untergruppen „Keine Gewalt", „Nur Gewalt gegen Sachen", „Nur Gewalt gegen Personen" und „Gewalt gegen Sachen und Personen", erhält man die in der folgenden Tabelle dargestellte Verteilung.

Tab. 11: **Gruppen von Jugendlichen differenziert nach ihrer Beteiligung an politischen Gewaltaktionen** (Anzahl, Prozent)

Art der Gewaltaktionen	Anzahl	Anteil
Keine Gewalt	2376	80,1
Nur Sachbeschädigung	346	11,7
Nur Personengewalt	85	2,9
Sach- und Personengewalt	158	5,3

Zunächst ist festzuhalten, daß mit einem Anteil von über 80 Prozent die überwiegende Mehrheit der befragten Jugendlichen in Brandenburg angibt, noch niemals politisch motivierte Gewalt gegen Personen und/oder Sachen angewendet zu haben. Dennoch erscheint auch eine Teilgruppe von „nur" 20 Prozent, die früher bereits einmal an gewalttätigen Aktionen beteiligt war, durchaus von sicherheitspolitischer Relevanz. Für eine genauere Einschätzung des sich hier abzeichnenden Jugendproblems ist darauf hinzuweisen, daß ein größerer Anteil in dieser Teilgruppe angibt, Gewalt ausschließlich gegen Sachen angewendet zu haben. Ohne die damit verbundenen Formen des Vandalismus in ihrem Stellenwert herunterspielen zu wollen, besteht dennoch eine entscheidende – und nicht nur juristische – Barriere zwischen Sachbeschädigung und Körperverletzung. Weiterhin geht aus den vorgestellten Daten nicht eindeutig hervor, wieviele Jugendliche von den verbleibenden rund acht Prozent wirkliche „Aggressoren" waren und wieviele sich vielleicht nur gegen physische Gewalt anderer zur Wehr setzen mußten.

Im Abschnitt 3.3.2 wurde bereits der relativ enge Zusammenhang zwischen der Bereitschaft zu politischem Handeln und dem tatsächlichen politischen Handeln in der Vergangenheit hervorgehoben. Erwartungsgemäß zeigen sich daher bei der Ausübung politischer Gewalt in der Vergangenheit, bezogen auf die Merkmale „Geschlecht", „Schulart" und „Alter", meist überzufällige Zellenbesetzungen in der bereits bekannten Richtung (standardisierte Residuen in Klammern): Mädchen sind häufiger (2,8) und Jungen seltener (-2,8) in der Gruppe „Keine Gewalt" zu finden, Gesamtschülerinnen und -schüler sind häufiger (3,3 / 2,1 / 2,0) und die Schülerschaft von Gymnasien seltener (-2,6 / -3,3 / -2,4) in den drei Gewaltgruppen vertreten, und bezogen auf einzelne Altersgruppen sind 12- bis 14jährige Jugendliche überzufällig häufig in der Gruppe der Sachbeschädiger anzutreffen (3,0).

Sind politische Gewalttäterinnen und -täter nun politisch eher einer „rechten" oder eher einer „linken" politischen Position zuzuordnen, oder verteilen sie sich gleichermaßen auf beide Pole des politischen Spektrums? Unser Fragebogen enthielt die bei Untersuchungen zu politischen Orientierungen klassische Aufforderung zur Selbsteinordnung in ein „Links-Rechts-Schema"[6]. Die Brauchbarkeit dieser Einteilung wird in jüngster Zeit einerseits zwar zu Recht angezweifelt, da in fast allen neueren Untersuchungen zunehmend weniger Befragte sich einer bestimmten Richtung zuordnen wollen oder können. Auch in unserer Stichprobe lehnte fast ein Drittel aller Jugendlichen dieses Einteilungsschema ab, und noch einmal 23 Prozent antworteten mit „Weiß nicht". Dennoch könnte man andererseits vermuten, daß gerade Jugendliche mit extremen politischen Orientierungen – wie etwa Skinheads oder Autonome – an den überkommenen Begriffen festhalten, auch wenn sie diese inhaltlich unter Umständen weniger reflektieren oder sie mit anderen politischen Bezügen versehen als frühere Jugendgenerationen.

Im Ergebnis ordneten sich rund acht Prozent der befragten brandenburgischen Jugendlichen „rechts" ein, etwa sieben Prozent sahen sich eher am „linken" Rand des politischen Spektrums. Eine Überprüfung dieser Zuordnungen anhand des Antwortverhaltens bei den Items zum Themenkomplex „Rechtsextreme Einstellungen" zeigte allerdings, daß sich eine nicht unerhebliche Zahl der Jugendlichen zwar in die Kategorie „Links" einordnet, trotzdem aber gleichzeitig hohe Werte auf der Skala „Rechtsextremismus" erreicht. Wenn man einmal von der Möglichkeit bewußter Falschzuordnungen (beispielsweise aus Protest gegen die vorgegebene Etikettierung) absieht, könnte sich dahinter auch eine gewisse Unkenntnis über den ursprünglichen Sinngehalt der politischen Bedeutung der Begriffe „Links" und „Rechts" abzeichnen. Um dennoch zwei inhaltlich klar unterscheidbare Gruppen von linken und rechten Jugendlichen bilden zu können, legten wir daher, neben der politischen Selbsteinord-

---

[6] Einordnung im sechskategorialen Schema: „Links" – „Eher links" – „Eher rechts" – „Rechts" – „Weiß nicht" – „Halte Schema für falsch".

nung, zusätzlich niedrige beziehungsweise hohe Werte auf der Skala „Rechtsextremismus"[7] als zusätzliches Einteilungskriterium fest. Damit ergaben sich in der Gesamtstichprobe von 1999 nur noch 70 „Linke" (2,3%) und 173 „Rechte" (5,6%). Die folgende Tabelle gibt einen Überblick über deren Verteilung auf die einzelnen Gewalt-Gruppen und stellt weiterhin die beiden Extremgruppen der weitaus größeren Gruppe der „Nicht-Extremisten" gegenüber:

Tab. 12: Zusammenhang von politischer Orientierung und politischer Gewalt
(Fallzahlen, standardardisierte Residuen in Klammern)

Art der Gewaltaktionen	Linke	Rechte	Andere
Keine Gewalt	40 (-2,0)	72 (-5,1)	2247 (1,5)
Nur Sachbeschädigung	12 (1,4)	31 (2,8)	302 (-0,9)
Nur Personengewalt	3 (0,7)	21 (7,5)	61 (-2,0)
Sach- und Personengewalt	13 (5,0)	38 (10,0)	105 (-3,2)

Wie man sieht, gibt es auch unter den „Linken" eine Tendenz zu politischer Gewalt, und überzufällig viele von ihnen sind in der Gruppe „Sach- und Personengewalt" vertreten. Die entsprechenden Verteilungen der „Rechten" sind aber zweifellos eindeutiger und alarmierender: In allen drei Gewaltgruppen, besonders aber in den Gruppen „Personengewalt" und „Sach- und Personengewalt", sind rechtsorientierte Jugendliche überzufällig häufig zu finden. Anhand dieses Ergebnisses wird bereits deutlich, wie eng das Gewaltproblem unter Jugendlichen mit dem Problem rechtsextremer Einstellungen zusammenhängt.

3.3.6 Rechtsextremismus

Vorbemerkung

Unser Fragebogen enthielt verschiedene Items, die der Erfassung rechtsextremer Orientierungen unter brandenburgischen Jugendlichen dienen sollten. Nun ist „Rechtsextremismus" als Konstrukt an sich weder eine quantitativ noch qualitativ statische Größe, sondern unterliegt sowohl hinsichtlich seiner Akzeptanz in der Gesellschaft als auch in bezug auf seine konkreten Erscheinungsformen einem stetigen Wandel. In den zurückliegenden Jahren ließen sich rechtsextreme Orientierungsmuster vor allem als ein verwobener Komplex von nationalistischen, nationalsozialistischen, faschistischen, militaristischen, totalitären, ethnozentristischen, rassistischen und fremdenfeindlichen Positionen identifizieren. Heitmeyer (1988, S. 15f.) kennzeichnete beispielsweise rechtsextremistische Orientierungen im Rahmen einer „Ideologie der Ungleichheit" mit folgenden Elementen: nationalistische Selbstübersteigerung; rassistische Sichtweisen und Fremdenfeindlichkeit; Unterscheidung von „lebenswertem" und „unwertem" Leben; Betonung des „Rechts des Stärkeren"; Unterstellung natürlicher Hierarchien und ein totalitäres Normverständnis. Wir haben diese Überlegungen in unsere Operationalisierung des Konstrukts „Rechtsextremismus" aufgenommen, zur Abgrenzung von anderen – beispielsweise linksextremen – Formen totalitärer Denkweisen jedoch eine direktere Verbindung zu aktuellen und historischen Bezugspunkten in Deutschland gesucht. Die in unserer Studie genutzte

---

[7] Näheres zu dieser Skala im folgenden Abschnitt „Rechtsextremismus".

Skala zur Erfassung von „Rechtsextremismus" legt ihr Gewicht deshalb auf die Bereiche „Antisemitismus", „Faschismus", „Nationalautoritäre Positionen" und „Führerprinzip" (s. folgende Tabelle).

Tab. 13: Aussagen zur Erfassung von „rechtsextremen" Orientierungen

Bereich	Aussage*)
„National-autoritäre Positionen"	- „Die Deutschen sind anderen Völkern grundsätzlich überlegen" - „Das Wichtigste in der heutigen Zeit ist die Aufrechterhaltung von Recht und Ordnung, notfalls auch mit Gewalt"
„Führerprinzip"	- „Deutschland braucht wieder einen Führer/starken Mann, der zum Wohle aller regiert"
„Antisemitismus"	- „Die Juden sind mitschuldig, wenn sie gehaßt und verfolgt werden" - „In den Berichten über Konzentrationslager und Judenverfolgung wird viel übertrieben dargestellt"
„Faschismus"	- „Der Faschismus hatte auch seine guten Seiten"

*) Antwortvorgaben: 1= „Stimmt nicht", 2= „Stimmt kaum", 3= „Stimmt teilweise", 4= „Stimmt völlig".

Die befragten Jugendlichen sollten dabei zu jeder Aussage angeben, inwieweit sie dieser zustimmen beziehungsweise inwieweit sie sie ablehnen. Eine faktorenanalytische Betrachtung[8] ergab eine klare „Ein-Faktorlösung", das heißt die oben angeführten Indikatoren lassen sich analytisch tatsächlich auf eine einzige „Hintergrundvariable" zurückführen. Die eigentliche Skala „Rechtsextremismus" ergibt sich letztlich aus der additiven Verknüpfung dieser sechs Indikatoren. Die interne Konsistenz der Skala kann mit einem Wert von alpha= .80 als gut bezeichnet werden.

Trends zum „Rechtsextremismus"

Ein Vergleich der drei Befragungszeitpunkte der Studie „Jugend in Brandenburg" zeigt hinsichtlich der Zustimmung zu rechtsextremen Orientierungen einen signifikanten Unterschied zwischen der Untersuchung von 1993 und den beiden späteren

Tab. 14: Rechtsextremismus – 1993 bis 1999 (Angaben in %)

Erhebungsjahr	Skala „Rechtsextremismus" Rechtsextreme(n) Statements werden/wird ...			
	...völlig abgelehnt →Niedrig	...tendenziell abgelehnt →Eher niedrig	...teilweise zugestimmt →Eher hoch	...völlig zugestimmt →Hoch
1993	33,1	42,1	19,3	5,5
1996	38,2	42,1	15,5	4,2
1999	41,8	37,7	17,2	3,3

---

[8] Ergebnis einer Hauptkomponentenanalyse.

Befragungen[9]. Zwischen 1996 und 1999 findet sich hingegen keine nennenswerte Veränderung mehr. Der Rückgang rechtsextremer Orientierungen, der 1996 gegenüber 1993 zu verzeichnen war, hat sich demnach bis 1999 nicht weiter fortgesetzt.

Eine Charakteristik rechtsextremer Jugendlicher

Wer verbirgt sich hinter der Gruppe Jugendlicher, die Aussagen bejahen wie „Die Deutschen sind anderen Völkern grundsätzlich überlegen"? Zeichnen sich Rechtsextreme durch besondere Lebensbedingungen aus? Kann man Rechtsextremismus aus anderen Einstellungen oder Merkmalen erklären? Die Beantwortung dieser Fragen erscheint angesichts einer durch spektakuläre und gewalttätige Aktionen rechtsextremer Jugendlicher alarmierten Öffentlichkeit als besonders relevantes Forschungsziel.

Anhand der Skala „Rechtsextremismus" bilden wir dazu zunächst drei Teilgruppen: „Nicht-Rechtsextreme", eine „Mittelgruppe" und „Hoch-Rechtsextreme". Die Gruppenbildung erfolgte durch die Zusammenfassung einzelner Bereiche von Indexwerten. Da der Skalenindex sich aus sechs Einzelitems mit einem Wertebereich von „1" bis „4" zusammensetzt, kann jeder befragte Jugendliche theoretisch einen Skalenwert zwischen 6 und 24 erreichen. Wir haben nun die Differenz zwischen dem möglichen Minimal- und Maximalwert in vier Teile geteilt. Die Teilgruppe mit den niedrigsten und die Teilgruppe mit den höchsten Indexwerten werden im Rahmen der folgenden Gegenüberstellung genutzt; die beiden mittleren Gruppen sind zusammengefaßt (s. folgende Tabelle).

Tab. 15: Antwortverteilungen zu rechtsextremen Aussagen – 1999

6 bis 10 Punkte (Nicht-Rechtsextreme)	11 bis 20 Punkte (Mittelgruppe)		21 bis 24 Punkte (Hoch-Rechtsextreme)
Völlig abgelehnt	**Tendenziell abgelehnt**	**Teilweise zugestimmt**	**Völlig zugestimmt**
n= 1185	n= 1088	n= 493	n= 90

Festzuhalten ist anhand der Verteilungen aus Tabelle 15, daß hoch-rechtsextreme Positionen unter brandenburgischen Jugendlichen auch 1999 offensichtlich nicht weit verbreitet sind. Anhand unserer Daten sind für die Zuordnung zu dieser Gruppe weniger als 100 Befragte identifizierbar. Sicherlich ist aufgrund der verwendeten Skalierungsmethodik keine Hochrechnung der Größe dieser Teilgruppe auf die tatsächlichen Gegebenheiten im Land Brandenburg möglich. Doch der Umstand, daß die andere Extremgruppe, nämlich Jugendliche mit einer völlig ablehnenden Haltung gegenüber den von uns vorgegebenen rechtsextremen Aussagen, mehr als 40 Prozent der befragten Jugendlichen ausmacht, verdeutlicht ebenfalls, daß rechtsextreme Jugendliche in Brandenburg nur eine kleine, wenn auch politisch brisante Gruppe darstellen.

Aufgrund der Tatsache, daß offensichtlich ein enger Zusammenhang zwischen der Verbreitung von „rechten" Positionen unter Jugendlichen und ihrer politischen Gewaltbereitschaft besteht (vgl. den vorigen Abschnitt), sind bei der Betrachtung der

---

[9] Multipler Mittelwertvergleich mit Newman-Keuls Posthoc-Test.

Verteilungen der Rechtsextremen nach den soziodemographischen Merkmalen Geschlecht, Altersstufe und Schultyp ähnliche, überzufällige Zellenüber- und Zellenunterbesetzungen zu erwarten wie bei politisch motivierten Gewalttätern. Diese Annahme wird durch die Ergebnisse unserer Analyse bestätigt (Tab. 16).

Tab. 16: Verbreitung von Rechtsextremismus innerhalb von Teilgruppen Jugendlicher – 1999 (Angaben in %; standardisierte Residuen in Klammern)

Subpopulationen	Rechtsextremismus			
	Nicht-Rechtsextreme	Mittelgruppe		Hoch-Rechtsextreme
		Tendenziell abgelehnt	Teilweise zugestimmt	
Gesamt	41,5	38,1	17,2	3,2
Jungen	32,6 (-5,3)	40,5 (1,5)	21,5 (4,0)	5,4 (4,8)
Mädchen	51,0 (5,5)	35,5 (-1,6)	12,7 (-4,1)	0,8 (-4,9)
12 bis 14 Jahre	25,7 (-6,9)	45,7 (3,5)	26,1 (6,0)	2,5 (-1,0)
15 bis 17 Jahre	44,3 (1,5)	37,5 (-0,3)	14,2 (-2,6)	4,0 (1,7)
Ab 18 Jahre	52,6 (4,9)	31,6 (-3,0)	13,4 (-2,7)	2,4 (-1,2)

Bei den Hoch-Rechtsextremen überwiegen männliche Jugendliche (4,8), bei Personen mit niedriger Ausprägung auf der Skala überwiegen weibliche Jugendliche (5,5). Nicht-Rechtsextreme sind in der Altersgruppe der 12- bis 14jährigen stark unterrepräsentiert (-6,9), hingegen bei volljährigen Jugendlichen überzufällig häufig vertreten (4,9). Nicht-Rechtsextreme sind häufiger an Gymnasien (8,3) zu finden, Hoch-Rechtsextreme häufiger an Gesamtschulen (3,5).

Stadt-/ Landunterschiede

Zwischen Stadt- und Landgemeinden gibt es hinsichtlich der Verteilung rechtsextremer Orientierungen unter Jugendlichen nach unseren Daten keine nennenswerten Unterschiede (s. folgende Tabelle). Mittelwertvergleiche zwischen Gemeinden über 20.000 Einwohnern und Gemeinden unter 1.500 Einwohnern außerhalb des Einzugsbereichs von größeren Städten zeigen, daß rechtsextreme Einstellungen unter Jugendlichen in beiden Ortstypen etwa gleichstark ausgeprägt sind. Dies gilt auch, wenn man den Vergleich auf männliche Jugendliche beschränkt.

Tab. 17: Unterschiede zwischen Jugendlichen aus Stadt- und Landgemeinden*) bei Rechtsextremismus (Mittelwerte, Standardabweichungen)

Gesamtstichprobe		
„Land-Gemeinden"	„Städtische Gemeinden"	Signifikanz
2,12 (0,87)	2,17 (0,83)	n.s.
Nur männliche Jugendliche		
„Land-Gemeinden"	„Städtische Gemeinden"	Signifikanz
2,23 (0,87)	2,26 (0,85)	n.s.

*) Land-Gemeinden: Orte mit weniger als 1.500 Einwohnern, außerhalb von städtischen Einzugsgebieten. Städtische Gemeinden: Orte mit mehr als 20.000 Einwohnern.

Immer wieder wird gefragt, ob das Phänomen rechtsextremer Einstellungen durch bestimmte Persönlichkeitsmerkmale erklärbar sei. Vergleicht man hoch-rechtsextreme Jugendliche mit solchen, die besonders wenig zu entsprechenden Positionen tendieren, erhärtet sich anhand unserer Daten durchaus der Verdacht, Rechtsextremismus gehe mit bestimmten Persönlichkeitseigenschaften und individuellen Werthaltungen einher. Um dies zu prüfen, haben wir, wie schon bei legalem politischen Engagement und politischer Gewaltbereitschaft, Zusammenhänge zwischen den Persönlichkeitsmerkmalen „Erregbarkeit", „Selbstvertrauen", „Berufsbezogener Zukunftsoptimismus", „Allgemeine Gewaltbereitschaft", „Externale Kontrollüberzeugung", „Quietismus" einerseits und „Rechtsextremismus" andererseits geprüft.

Zusätzlich bildeten wir zu dem Persönlichkeitsmerkmal „Machtstreben" eine Skala[10]. Eine Faktorenanalyse mit vier Items zum Thema „Streben nach Stärke und Herrschaft über andere" zeigt, daß alle vier Items auf einem Faktor laden und mit Alpha= .67 eine zufriedenstellende Zuverlässigkeit aufweisen. Mittelwertvergleiche der beiden Extremgruppen „Kein Rechtsextremismus" und „Hoher Rechtsextremismus" zeigen in den Persönlichkeits- und Wertevariablen durchweg signifikante Unterschiede. Wir führten dabei sowohl bipolare Vergleiche der beiden Extremgruppen als auch multiple Vergleiche unter Einschluß der Gruppe mit mittlerer Ausprägung rechtsextremer Einstellungen durch. Dabei waren in den meisten untersuchten Bereichen, wo bedeutsame Gruppendifferenzen gefunden wurden, die Unterschiede nicht nur zwischen den Extremgruppen, sondern auch zwischen den Hoch-Rechtsextremen und der Mittelgruppe signifikant[11].

In der Befragung von 1999 zeigen sich die bereits 1996 berichteten Mittelwertunterschiede auf den Skalen „Allgemeine Gewaltbereitschaft", „Erregbarkeit", „Externale Kontrollüberzeugung" und „Selbstvertrauen".

Tab. 18: Mittelwertvergleiche der Teilgruppen bezüglich des Rechtsextremismus
(Mittelwerte, Standardabweichungen in Klammern)

Skalen	Nicht-Rechtsextreme	Hoch-Rechtsextreme	Signifi-kanz
„Allgemeine Gewaltbereitschaft"	1,18 (0,47)	2,86 (0,96)	p< 0.05
„Erregbarkeit"	2,09 (0,75)	2,79 (0,82)	p< 0.05
„Externale Kontrollüberzeugung"	1,84 (0,76)	2,53 (0,93)	p< 0.05
„Selbstvertrauen"	3,48 (0,62)	3,78 (0,43)	p< 0.05
„Machtstreben"	2,23 (0,46)	2,81 (0,56)	p< 0.05
„Quietismus"	2,47 (0,57)	2,82 (0,63)	p< 0.05

Hoch-Rechtsextreme weisen eine wesentlich höhere Erregbarkeit und allgemeine Gewaltbereitschaft als nicht-rechtsextreme Jugendliche auf. Ebenso beachtlich ist ihr stärker ausgeprägtes Gefühl, auf wichtige Bereiche ihres Lebens keinen entscheidenden Einfluß auszuüben („Externale Kontrollüberzeugung"). Sie verfügen dennoch über ein stärkeres Selbstvertrauen, was angesichts der zuvor erwähnten Befunde eher

---

[10] Die in diesen Skalen zusammengefaßten Items werden im Anhang aufgeführt.
[11] Student-Newman-Keuls-Test, p<.05.

als Selbstüberschätzung oder als Kompensationsversuch gedeutet werden könnte: Jemand, der glaubt, daß äußere Mächte im wesentlichen sein Schicksal bestimmen, läßt ja gerade das vermissen, was man landläufig unter Selbstvertrauen versteht! Auf die Berechtigung dieser Interpretation weisen auch die hohen Werte auf der Skala „Machtstreben" hin: Hoch-Rechtsextreme streben danach, andere zu dominieren oder zumindest auf der Seite des Stärkeren zu stehen. Sehr markant ist auch ihr starker Hang zu einem ruhigen Lebenslauf, in dem sich möglichst wenig Neues ereignet („Quietismus").

Rechtsextremismus und Gewalt

Die hohen Werte der Rechtsextremen auf den Skalen „Erregbarkeit" und „Allgemeine Gewaltbereitschaft" geben zu der Vermutung Anlaß, daß entsprechend starke Ausprägungen auch bei politisch motivierter Gewaltbereitschaft vorliegen – der statistische Zusammenhang ist zwischen der „Allgemeinen Gewaltbereitschaft" und der „Bereitschaft zu politischer Gewalt" mit r= .47 recht hoch. In der Tat sind die Hoch-Rechtsextremen auch zu politisch motivierter Gewalt (p< .05) und zu zivilem Ungehorsam (p< .05) eher bereit als die Nicht-Rechtsextremen – ein Befund, der bereits 1996 erkennbar war. Unter Berücksichtigung der oben berichteten relativ engen Zusammenhänge zwischen der Handlungsbereitschaft einerseits und dem tatsächlichen Handeln in der Vergangenheit andererseits, wird es nicht verwundern, daß sich auch bei tatsächlichen Aktionen („Habe ich in der Vergangenheit gemacht") deutliche Gruppenunterschiede nachweisen lassen. Sie äußern sich beim zivilen Ungehorsam in der überzufällig stark besetzten Merkmalskombination „Hoch-Rechtsextrem und ziviler Ungehorsam in der Vergangenheit" (s. folgende Tabelle).

Tab. 19: Unterschiede bei „Zivilem Ungehorsam in der Vergangenheit" zwischen den Teilgruppen bezüglich des Rechtsextremismus
(Angaben in %; standardisierte Residuen in Klammern)

	Nicht-Rechtsextreme	Mittelgruppe	Hoch-Rechtsextreme
Kein ziviler Ungehorsam	86,6 (-1,5)	81,2 (-0,6)	54,7 (-2,9)
Ziviler Ungehorsam	13,4 (-3,3)	18,8 (1,4)	45,3 (6,4)

Noch auffälliger stellen sich die Verteilungsunterschiede in bezug auf tatsächlich durchgeführte, politisch motivierte Gewaltaktionen dar. Über 60 Prozent der Jugendlichen mit hoch-rechtsextremen Orientierungen gaben demnach 1999 an, in der Vergangenheit im Rahmen politischer Aktionen bereits einmal Gewalt gegen Sachen oder/und Personen angewendet zu haben (s. folgende Tabelle).

Tab. 20: Unterschiede bei „Politischen Gewaltaktionen in der Vergangenheit" zwischen den Teilgruppen bezüglich des Rechtsextremismus
(Angaben in %; standardisierte Residuen in Klammern)

	Nicht-Rechtsextreme	Mittelgruppe	Hoch-Rechtsextreme
Keine Gewalt	87,5 (2,7)	77,5 (-1,3)	39,6 (-4,3)
Gewalt gegen Sachen/Personen	12,5 (-5,5)	22,5 (2,1)	**60,4 (8,8)**

Die generell hohe Gewaltbereitschaft aller hoch-rechtsextremen Jugendlichen spiegelt sich in den Antworten zum „Vorbereitetsein" auf physische Angriffe und zur Ausübung von Gewalt im schulischen oder Freizeitbereich wider (s. folgende Tabelle). Von allen Hoch-Rechtsextremen sind nur gut 46,0 Prozent auf Angriffe „nicht besonders vorbereitet" – in der Gesamtstichprobe liegt der Prozentsatz dagegen bei 73,1 Prozent. 16,3 Prozent der Rechtsextremen schützen sich durch Selbstverteidigungstechniken, wobei hier die Abweichung vom entsprechenden Prozentsatz der Gesamtstichprobe (18,3%) nicht groß ist. Besorgniserregend ist jedoch die Tatsache, daß 37,7 Prozent der Hoch-Rechtsextremen angeben, sich durch Waffen zu „schützen"; in der Gesamtheit aller Befragten sind dies nur 8,6 Prozent. Im Lichte der oben angeführten Befunde zur „Erregbarkeit" und „Gewaltbereitschaft" läßt sich das Gefahrenpotential dieser „Schutzmaßnahmen" leicht ausmalen.

Tab. 21: **Unterschiede bei der Vorbereitung auf Schlägereien und in der Beteiligung an Schlägereien zwischen den Teilgruppen bezüglich des Rechtsextremismus** (Angaben in %; standardisierte Residuen in Klammern)

	Nicht-Rechtsextreme	Mittelgruppe	Hoch-Rechtsextreme
Keine besondere Vorbereitung	79,0 (2,4)	70,3 (-1,3)	46,0 (-3,0)
Beteiligung an Schlägereien	24,0 (-10,0)	54,7 (7,0)	90,9 (6,9)

Die Aussagen zur Gewalt in Schule und Freizeit waren im Fragebogen nur von denjenigen zu beantworten, die bei der Frage „Wie häufig beteiligen Sie sich an Schlägereien?" eine der Kategorien „Selten", „Manchmal" oder „Oft" gewählt hatten. Das traf für über 90 Prozent der hoch-rechtsextremen Jugendlichen zu. Umgekehrt gaben 76 Prozent der nicht-rechtsextremen Jugendlichen an, sich „Nie" an Schlägereien zu beteiligen. Bei Fragen zu Gründen oder Umgebungsbedingungen zeigt sich, daß Gewalt für Hoch-Rechtsextreme teilweise andere Funktionen besitzt als für nicht-rechtsextreme Jugendliche. So votieren auffallend viele Hoch-Rechtsextreme beim Item „Frustabbau als Gewaltgrund" mit „Stimmt völlig" (40,6% gegenüber 4,3% der Vergleichsgruppe). Auch „Langeweile" wird von ihnen häufiger als Gewaltgrund angeführt („Stimmt völlig": 16,5% gegenüber 2,2%); daß Schlägereien „spannend" sind, wird von Mitgliedern dieser Gruppe ebenfalls stärker empfunden („Stimmt völlig": 28,4% vs. 4,3%). Für rechtsextreme Jugendliche spielt im Zusammenhang mit Schlägereien weiterhin auch das Gefühl, „einen Erfolg haben zu wollen", eine nicht unerhebliche Rolle („Stimmt völlig": 19,1% vs. 2.1%). Vor dem Hintergrund von genannten Motiven wie „Frustabbau", „Langeweile", „Spannung" und „Erfolgserlebnis" erscheint es sehr unglaubhaft, ja sogar zynisch, daß ca. 94 Prozent der prügelnden rechtsextremen Jugendlichen als weiteres Motiv für ihre Gewalttätigkeiten das Notwehrrecht in Anspruch nehmen. Unter nicht-rechtsextremen Schlägern ist diesbezüglich eine ausgeprägtere „Selbstkritik" zu finden: Rund 35 Prozent dieser Gruppe räumen zumindest ein, daß sie, als Anlaß für ihre Schlägereien, sich nicht gegen „Angriffe anderer" zur Wehr setzen mußten.

Unterschiede zwischen beiden Gruppen finden sich auch bezüglich der Opfer, gegen die sich Gewalttaten richten (s. Tab. 22). Während beide Extremgruppen in Hinblick auf die Opfergruppen „Klassenkameraden" und „Schüler aus der eigenen Schule" in den Häufigkeiten in etwa übereinstimmen (jeweils rund 40%), richtet sich die Gewalt hoch-rechtsextremer Gewalttäter vorwiegend gegen „Asoziale und Obdachlose" (58,5% vs. 9,7% bei Nicht-Rechtsextremen), gegen „Schwule" (72,8% vs. 6,5%) und „Politische Gegner" (74,2% vs. 29,3%). Die bei weitem wichtigste Opfergruppe rechtsextremer Gewalt findet sich jedoch erwartungsgemäß unter „Ausländern" (90% vs. 17%).

Tab. 22: Ausländer als Ziel von Gewalttaten Jugendlicher
(Angaben in %; standardisierte Residuen in Klammern)

Teilgruppen	Häufigkeit der Gewaltaktionen gegen Ausländer			
	Oft	Manchmal	Selten	Nie
Nicht-Rechtsextreme	2,5 (-5,3)	5,4 (-3,8)	9,2 (-3,7)	83,0 (6,6)
Hoch-Rechtsextreme	59,3 (11,4)	14,9 (0,3)	15,5 (-0,5)	10,2 (-5,5)

Hinsichtlich der Elternreaktionen auf die Prügeleien ihrer Kinder ist vor allem auf einen bemerkenswerten Gruppenunterschied hinzuweisen: Die Eltern hoch-rechts-extremer Jugendlicher reagieren weitaus öfter als Eltern der Vergleichsgruppe auf die Gewalttätigkeiten ihrer Kinder mit „Desinteresse" (24,9% vs. 11,8%). Im Hin-blick auf die Skalen zur Familiensituation („Familienkohäsion", „Elterliche Restrik-tion", „Elterliche Vernachlässigung") zeigen sich hingegen keine bedeutsamen Unterschiede zwischen den beiden Gruppen[12].

Was läßt sich nun zusammenfassend zum Thema „Rechtsextreme Gewalt" sagen? Hoch-rechtsextreme Jugendliche sind insgesamt viel eher zu Gewaltaktionen bereit als Jugendliche, die rechtsextreme Positionen nicht oder mit mittlerer Ausprägung befürworten. Die verhältnismäßig starke Überzeugung der Rechtsextremen, von nicht kontrollierbaren Mächten beeinflußt zu werden, sowie ihre höhere individuelle Erregbarkeit mögen, neben einer gewissen Gleichgültigkeit der Eltern, dazu die Vor-aussetzung bieten. Zusätzlich muß man feststellen, daß es offenbar Unterschiede zwischen der Suche nach „normalen Schlägereien" und dem Ausüben politisch moti-vierter Gewalt gibt – Unterschiede, die über ein bloßes „Mehr" an Gewalt hinausge-hen und darauf hindeuten, daß hier auch explizit politische Vorstellungen eine Rolle spielen. Es ist in diesem Zusammenhang festzuhalten, daß Hoch-Rechtsextreme sich für ihre aggressiven Ausbrüche bestimmte Vertreter von Minderheiten suchen, wobei eine – wenn auch eher tumbe und vermutlich wenig reflektierte – „politische" Ideo-logie unterstellt werden kann. Dies soll im folgenden Abschnitt weiter verdeutlicht werden.

Rechtsextremismus und politische Orientierungen

Ist die oben festgestellte generell höhere Bereitschaft hoch-rechtsextremer Jugendli-cher zu politisch motivierter Gewalt und zivilem Ungehorsam ein Ausdruck politi-scher Ambitionen, oder versteckt sich dahinter nur die allgemeine Lust auf „Action", die sich auf entsprechende Nachfrage ein politisches Mäntelchen umhängt? Zunächst einmal ist zu konstatieren, daß hier deutliche Unterschiede zwischen den beiden Be-fragungen von 1996 und 1999 erkennbar sind. Während in der 1996er Befragung

---

[12] Student-Newman-Keuls-Test, p<.05.

hoch-rechtsextreme Jugendliche signifikant weniger Bereitschaft zu legalem politischen Engagement zeigten als Nicht-Rechtsextreme, ist dieser Unterschied 1999 nicht mehr nachweisbar.

Ähnlich verhält es sich mit den beiden Variablen „Politische Kompetenz" und „Politisches Interesse". 1996 hatten Hoch- wie Nicht-Rechtsextreme in diesen beiden Variablen geringfügig abweichende Werte, während 1999 Hoch-Rechtsextreme signifikant mehr politisches Interesse angeben und sich mehr politische Kompetenz zuschreiben.

Tab. 23: Politisches Engagement und Rechtsextremismus – 1996 und 1999
(Mittelwerte, Standardabweichungen)

Teilgruppen	Skala „Bereitschaft zu legalem politischen Engagement"	
	1996	1999
Nicht-Rechtsextreme	2,72 (0,80)	2,74 (0,80)
Hoch-Rechtsextreme	2,34 (0,97)	2,76 (0,95)
Mittelgruppe	2,53 (0,84)	2,57 (0,85)
Signifikanz	1 > 2 und 1 > 3 3 > 2 (p<0.05)	n.s.

Tab. 24: Politische Kompetenz nach Befragungsjahren
(Mittelwerte, Standardabweichungen)

Teilgruppen	Skala „Politische Kompetenz"	
	1996	1999
Nicht-Rechtsextreme	1,96 (0,91)	2,11 (0,94)
Hoch-Rechtsextreme	2,13 (0,93)	2,51 (0,96)
Mittelgruppe	1,89 (0,86)	2,07 (0,91)
Signifikanz	2 > 3 (p<0.05)	2 > 1 und 2 > 3 (p<0.05)

Tab. 25: Politisches Interesse nach Befragungsjahren
(Mittelwerte, Standardabweichungen)

Teilgruppen	Politisches Interesse (Einzelitem)	
	1996	1999
Nicht-Rechtsextreme	2,01 (1,00)	2,24 (0,97)
Hoch-Rechtsextreme	2,15 (1,13)	2,57 (1,17)
Mittelgruppe	1,92 (0,95)	2,13 (0,95)
Signifikanz	n.s.	2 > 1 und 2 > 3 (p<0.05)

Einen weiteren Hinweis auf ein neuerdings erhöhtes politisches Bewußtsein rechtsextremer Jugendlicher liefert das Werte-Item beziehungsweise das Lebensziel „Aktiv am politischen Leben teilnehmen". Wie schon oben berichtet, haben 1999 bei diesem Item insgesamt deutlich mehr Befragte eine zustimmende Kategorie gewählt als 1996 (s. folgende Tabelle). Interessant ist, daß unter den Hoch-Rechtsextremen bereits 1996 hier auffallend viele mit „Sehr bedeutsam" oder „Bedeutsam" antworteten, es allerdings gleichzeitig sehr viele unter ihnen gab, die das Item völlig ablehnten. Gerade diese völlige Ablehnung ist 1999 unter den Hoch-Rechtsextremen besonders selten, während sich die Zahl der Befürworter in 1999 noch einmal deutlich erhöht hat.

Tab. 26: Zustimmung zum Ziel „Teilhabe am politischen Leben" (Angaben in %)

| Teilgruppen | „Aktiv am politischen Leben teilhaben" (Einzelitem) | | | | | | | |
| | 1996 | | | | 1999 | | | |
	Sehr bedeutsam	Bedeutsam	Kaum bedeutsam	Überhaupt nicht bed.	Sehr bedeutsam	Bedeutsam	Kaum bedeutsam	Überhaupt nicht bed.
Nicht-Rechtsextreme	3,4	20,5	50,9	25,2	6,4	24,2	52,1	17,3
Hoch-Rechtsextreme	19,2	17,1	27,3	36,4	23,6	33,3	34,1	9,0
Gesamt	5,7	20,3	50,2	23,8	7,1	26,0	50,5	16,4

Auch wenn man die hohe Kompetenzzuschreibung der Rechtsextremen, ähnlich wie ihr relativ hohes Selbstvertrauen, als kompensatorisch klassifizieren möchte, kommt man um die Erkenntnis nicht herum, daß auffallend viele von ihnen mit dem Thema „Politik" keine Berührungsängste mehr haben und sich ihm, im Vergleich zu den vergangenen Jahren und vor allem zu anderen Jugendlichen ihrer Kohorte, wesentlich stärker zuwenden. Man sollte diese Tendenz ernst nehmen und nicht vorschnell als bloßen Kampf gegen die Langeweile abtun. In jedem Fall sollte diese Gruppe weiterhin genau beobachtet werden: Wenn sich der Trend einer zunehmenden Politisierung der jungen hoch-rechtsextremen Jugendlichen stabilisiert oder gar verstärkt, könnte dies mittel- und langfristig ein politisches Erstarken von neonationalistischen und rechtsgerichteten Parteien nach sich ziehen.

Rechtsextremismus im lebensweltlichen Kontext

Hoch-Rechtsextreme besitzen einerseits signifikant mehr berufsbezogenen Zukunftsoptimismus, aber andererseits in der Schule gleichzeitig eine wesentlich geringere Schulmotivation als die Vergleichsgruppe (jeweils p<.05). Dieser Befund spiegelt sich auch in ihren Schulnoten und ihrer Zufriedenheit mit diesen wider. Hoch-Rechtsextreme sind überzufällig (standardisierte Residuen in Klammern) häufiger in der Gruppe „Schulnotendurchschnitt 4" (4,4) zu finden, während es sich bei den Nicht-Rechtsextremen umgekehrt verhält („Schulnotendurchschnitt 2"; 5,5) – mit anderen Worten: Rechtsextreme Jugendliche sind häufig schwache Schüler, und ihre dünner gesäten Erfolgserlebnisse in der Schule dürften die Grundlage ihrer verhältnismäßig starken Schulunlust bilden. Entsprechend sind sowohl die rechtsextremen Jugendlichen als auch – besonders deutlich – deren Eltern eher unzufrieden mit den schulischen Leistungen, während die Eltern der Nicht-Rechtsextremen überzufällig häufiger zufrieden sind (s. folgende Tabelle).

Hoch-Rechtsextreme schwänzen überzufällig häufig ganze Schultage (5,5 in der Kategorie „Oft"). Als Gründe werden – betrachtet man überzufällige Häufigkeiten in der Kategorie „Stimmt völlig" – vor allem genannt: „Ich war jobben" (5,7), „Spaß mit Freunden" (3,3) oder eine bevorstehende Klassenarbeit (3,1). Demgegenüber scheinen „Probleme mit Mitschülern" oder „Langweilige Fächer" weniger wichtig – jedenfalls gibt es hier keine relevanten Unterschiede zwischen den beiden Gruppen.

Tab. 27: Eltern-Zufriedenheit mit Schulleistungen – 1999
(Angaben in %, standardisierte Residuen in Klammern)

| Teilgruppen | Eltern-Zufriedenheit mit den Schulleistungen | | | |
	Zufrieden	Eher zufrieden	Eher unzufr.	Unzufrieden
Nicht-Rechtsextreme	39,0 (3,7)	31,0 (-0,4)	22,2 (-2,7)	7,8 (-1,5)
Hoch-Rechtsextreme	19,6 (-2,1)	24,5 (-1,2)	37,8 (2,0)	18,2 (2,7)

Im Mittel empfanden sich 1996 hoch-rechtsextreme Jugendliche in der Familie stärkeren Restriktionen oder Kontrollen seitens ihrer Eltern ausgesetzt als die Vergleichsgruppe, und sie fühlten sich zusätzlich auch häufiger vernachlässigt (jeweils $p < 0.05$), während sich die beiden Extremgruppen hinsichtlich des Familienzusammenhalts 1996 nicht unterschieden. Für 1999 sind jedoch hinsichtlich des Familienklimas im allgemeinen und speziell auch im Zusammenhang mit Restriktionen und Vernachlässigung zwischen den Extremgruppen keine nennenswerten Unterschiede mehr feststellbar.

Wer nach dem bisher Gesagten meint, Hoch-Rechtsextreme würden sich generell durch hohe Unzufriedenheit auszeichnen, täuscht sich: Hinsichtlich der Zufriedenheit mit individuellen Lebenschancen und sozialen Beziehungen gibt es keine Unterschiede zwischen den Extremgruppen und auch nicht zum Mittel der Gesamtstichprobe. Im Bereich „Zufriedenheit mit Umgebungsbedingungen" (Finanzen, Freizeitmöglichkeiten, Wohnort) sind die Hoch-Rechtsextremen sogar signifikant zufriedener als die Nicht-Rechtsextremen ($p < .05$). Teilt man die Stichprobe beispielsweise nach der Höhe des monatlich verfügbaren Taschengeldbudgets in fünf gleichgroße Einkommensklassen, verteilen sich die beiden Extremgruppen in etwa gleicher Weise auf diese fünf Teilkategorien – lediglich im untersten Einkommensquintil („Bis 36 Mark") sind Nicht-Rechtsextreme überzufällig selten vertreten (-4,2). Fragt man nach der Zufriedenheit mit der eigenen finanziellen Lage, so sind rechtsextreme Jugendliche zufriedener als Nicht-Rechtsextreme, welche überzufällig selten in der Kategorie „Zufrieden" anzutreffen sind (-3,7). So läßt sich ein einfacher Bezug zwischen „Frust und Unzufriedenheit" und rechtsextremen, gewaltbejahenden Einstellungen nicht aufzeigen.

Wie bereits in der Befragung im Jahre 1996 wurde auch in der vorliegenden Untersuchung die Zugehörigkeit zu einer Clique durch folgende Frage erfaßt: „Gehören Sie einer Freundesgruppe/Clique an, die sich regelmäßig trifft und sich zusammengehörig fühlt?". Wurde diese Frage mit „Ja" beantwortet, folgten weitere Fragen zu dieser Clique, unter anderem auch danach, wie viele Mitglieder sich selbst als eher politisch „rechts" beziehungsweise „links" einschätzen würden.

In der Gesamtstichprobe aller befragten Jugendlichen in Brandenburg hatten über 70 Prozent die Zugehörigkeit zu einer Clique bejaht. In den Subgruppen der Jugendlichen mit hohem Rechtsextremismus liegt der Anteil der Cliquenmitglieder jedoch bei rund 82 Prozent. Es verwundert kaum, daß die überwiegende Mehrheit (86%) hoch-rechtsextremer Jugendlicher auch zu „rechten" Cliquen gehört, während dies bei Nicht-Rechtsextremen eher selten vorkommt (8%). Immerhin sind jedoch in jeder fünften „rechten" Clique auch politisch „links" Orientierte zu finden, und umgekehrt geben ca. 30 Prozent der Nicht-Rechtsextremen an, daß sie „Rechte" in ihren Reihen haben. Angesichts der weiter oben erwähnten Tatsache, daß ca. 50 Prozent der Befragten mit dem Links-rechts-Schema nichts anfangen können und sich zudem auch eindeutig national-autoritär eingestellte Jugendliche als „links" einordneten, kann man diesem Befund kaum eine andere Deutung geben, als daß diese politischen Richtungsangaben von vielen Jugendlichen ziemlich willkürlich gehandhabt werden.

Nach den bisher vorgelegten Befunden kann kaum überraschen, daß in rechtsgerichteten Cliquen die Gewaltakzeptanz und Gewaltbereitschaft sehr hoch sind. So äußern rund drei Viertel der hoch-rechtsextremen Cliquenmitglieder, daß die Mehrheit ihrer Gruppe „Gewalt nicht so schlimm findet"; umgekehrt sieht ein vergleichbarer Anteil nicht-rechtsextremer Cliquenmitglieder in ihrer Gruppe kein entsprechendes Gewaltpotential. Interessant ist hingegen, daß von den Hoch-Rechtsextremen 55 Prozent auf die Frage, ob die politische Einstellung in ihrer Clique für wichtig erachtet wird, mit „Stimmt völlig" antworten, während in der Gesamtstichprobe nur rund 16 Prozent diese Antwort geben. Während einerseits die Begriffe „links" und „rechts" offenbar an Bedeutung verlieren, scheint das Schlagwort „politisch" – was immer Jugendliche darunter konkret auch verstehen mögen – eine Renaissance zu erleben.

Ein multivariater Erklärungsansatz von „Rechtsextremismus"

Wir haben im Rahmen unserer deskriptiven Analysen eine beachtliche Zahl von Merkmalen gefunden, in denen sich Jugendliche mit hoch rechtsextremen Einstellungen von jenen Jugendlichen unterscheiden, die nicht oder nur mit mittlerer Ausprägung rechtsextrem eingestellt sind. Im Rahmen einer Regressionsanalyse (s. folgende Tabelle) wollen wir nun der Frage nachgehen, welche dieser Merkmale unter Berücksichtigung des Einflusses der anderen Merkmale das Phänomen „Rechtsextremismus" unter brandenburgischen Jugendlichen am besten erklären können. Die Gesamtheit der ins Regressionsmodell aufgenommenen Variablen erklärt 57 Prozent der Varianz von rechtsextremen Orientierungen; dies spricht für eine sehr hohe Modellgüte. Wir haben im folgenden auf die Darstellung geschlechtsspezifischer Regressionsanalysen verzichtet, weil in dieser Hinsicht nur wenige Unterschiede zwischen Mädchen und Jungen auftraten.

Betrachten wir unser Modell nun genauer. Einen hohen Einfluß auf die Ausprägungen von Rechtsextremismus besitzen die Persönlichkeitsmerkmale „Ausländerfeindlichkeit" und „Allgemeine Gewaltbereitschaft", die zusammen bereits 53 Prozent der unterschiedlichen Ausprägungen von Rechtsextremismus unter Jugendlichen erklären können. Weitere wichtige Einflußgrößen sind Machtstreben, die politische Kompetenz, die Schulmotivation, Quietismus und der berufsbezogene Zukunftsoptimismus: Rechtsextreme Jugendliche versuchen also, andere zu dominieren; sie fühlen sich politisch kompetent, wünschen sich ein ruhiges Leben ohne Anstrengung und sind, trotz geringer Schulmotivation und eher schlechter Schulleistungen, hinsichtlich ihrer beruflichen Zukunft optimistisch.

Tab. 28: Regressionsmodell zur Erklärung von „Rechtsextremismus"
(Gesamtstichprobe 1999)

	beta-Wert*)	r² (korr.)
Aufgenommene Variablen:		
Ausländerfeindlichkeit	.47	.42
Allgemeine Gewaltbereitschaft	.25	.53
Machtstreben	.12	.55
Selbstvertrauen * Extern. Kontrollüberzeugung	.09	.56
Elterliche Restriktion* Familienkohäsion	.06	.56
Quietismus	.07	.57
Politische Kompetenz	.05	.57
Berufsbezogener Zukunftsoptimismus	.05	.57
Elterliche Vernachlässigung	.04	.57
Schulmotivation	-.04	.57
Nichtaufgenommene Variablen:		
Elterliche Restriktion	-.03	
Politische Gewaltbereitschaft	.03	
Bereitschaft zu legalem politischen Engagement	-.01	
Bereitschaft zu zivilem Ungehorsam	.02	
Externale Kontrollüberzeugung	.00	
Selbstvertrauen	.01	
Politikinteresse	-.02	

) Die beta-Werte aller aufgenommenen Variablen sind mit mindestens p<.05 signifikant. Die Verbindung von Variablen mit einem „" (Interaktionseffekte) wird im Text erläutert.

Anders als im vorangegangenen Extremgruppenvergleich spielen Familienmerkmale im multivariaten Kontext im Hinblick auf die Ausprägung von Rechtsextremismus zwar keine überragende, aber doch eine nennenswerte Rolle. Zum einen leistet der Interaktionseffekt von hoher elterlicher Restriktion und hoher Familienkohäsion einen Erklärungsbeitrag für Rechtsextremismus: Rechtsextreme Jugendliche kommen eher aus Familien, in denen die Familienangehörigen stark zusammenhalten, jedoch die Eltern zu strenger Kontrolle und physischen Strafen neigen. Zum anderen zeigt sich ein Effekt elterlicher Vernachlässigung, d.h. rechtsextreme Jugendliche fühlen sich mit ihren Problemen allein gelassen und vermissen ihre Eltern, falls sie sie brauchen[13]. Damit deuten sich zwei familiale Risikofaktoren an, die die Entstehung von Rechtsextremismus begünstigen. Die Struktur und die ökonomische Situation der Familie spielen in diesem Zusammenhang keine Rolle.

Ein wichtiger Einflußfaktor auf die Ausprägung von Rechtsextremismus stellt der Interaktionseffekt zwischen hohem Selbstvertrauen und hohen externalen Kontrollüberzeugungen dar. Rechtsextreme Jugendliche überschätzen sich selbst und ihre Problemlösekompetenzen und meinen zugleich, nicht ihres eigenen Glückes Schmied zu sein. Dieses Syndrom aus Selbstüberschätzung sowie Gefühlen von Fatalismus und Fremdbestimmtheit findet sich als Begleiterscheinung von Delinquenz auch in anderen Bereichen, denken wir an antisemitische oder ausländerfeindliche Delikte.

---

[13] Dieser signifikante Haupteffekt findet sich im Rahmen einer geschlechtsspezifischen Analyse allerdings nur bei weiblichen Befragten.

Abschließend sei bemerkt, daß bei geschlechtsspezifischen Regressionsanalysen der erklärte Varianzanteil von „Rechtsextremismus" unter weiblichen Befragten deutlich niedriger ausfällt als unter Jungen (r^2-korr./weiblich= .47; r^2-korr./männlich= .61). Weniger technisch formuliert: Die im Modell vorfindbaren Variablen treffen als Rahmenbedingungen von Rechtsextremismus von Mädchen weniger zu. Weiterführende Analysen müßten also darauf zielen, zusätzliche, typisch weibliche Ursachenstrukturen von Rechtsextremismus unter Mädchen zu finden.

3.4 Fazit

Befunde zu politischem Interesse, politischer Kompetenz und Partizipation

Das Politikinteresse unter brandenburgischen Jugendlichen ist zwischen 1996 und 1999 gestiegen. Diese länderspezifische Entwicklung entspricht nicht dem gesamtdeutschen Trend, der, wie die Daten der Shell-Studie 2000 zeigen, ein sinkendes Politikinteresse unter Jugendlichen signalisiert. Zur Erklärung unterschiedlicher Neigungen zu legalem politischen Engagement unter Jugendlichen eignen sich vor allem die Bereitschaft zu zivilem Ungehorsam und das Interesse an Politik. Dies macht deutlich, daß für Jugendliche der Unterschied zwischen legalen und illegalen Partizipationsformen eher gering ist; speziell für männliche Jugendliche hat zusätzlich auch die allgemeine und die politische Gewaltbereitschaft einen hohen Erklärungswert für ihre Bereitschaft zu legalem politischen Engagement. Im Unterschied zur Befragung von 1996 spielen 1999 Variablen des Bereichs „Familie" für die Erklärung der Bereitschaft zu legalem politischen Engagement keine Rolle mehr. Die Bereitschaft zu zivilem Ungehorsam hat zwischen 1996 und 1999 nachgelassen, allerdings ist die Bereitschaft zur Anwendung von politisch motivierter Gewalt unter Jugendlichen insgesamt kaum zurückgegangen. In einigen Teilgruppen, besonders bei männlichen Jugendlichen der jüngsten Altersgruppe, sind sogar ernstzunehmende Anzeichen für eine steigende politisch motivierte Gewaltbereitschaft erkennbar.

Befunde zur politischen Gewaltbereitschaft

Bei weiblichen Befragten der mittleren und höheren Altersstufen ist 1999 die Bereitschaft zur Ausübung „harter" politischer Gewaltformen am niedrigsten ausgeprägt, am höchsten bei männlichen Befragten der unteren Altersgruppe. Insgesamt geben 1999 fast 20 Prozent der befragten Jugendlichen an, schon einmal an politisch motivierten Gewaltaktionen gegen Sachen und/oder Personen teilgenommen zu haben. Politisch motivierte Jugendgewalt wird in Brandenburg in erster Linie von rechtsgerichteten Jugendlichen ausgeübt. Insofern erstaunt es wenig, daß politische Gewaltbereitschaft am stärksten durch die Variablen „Ausländerfeindlichkeit", „Ziviler Ungehorsam" und „Allgemeine Gewaltbereitschaft" erklärt werden kann. Von Bedeutung ist in diesem Zusammenhang auch die Schulmotivation: Eine hohe Schulmotivation korrespondiert mit der Bereitschaft zu legalem politischen Engagement, eine geringe Schulmotivation hingegen mit politischer Gewaltbereitschaft.

Befunde zum Rechtsextremismus

Zwischen 1996 und 1999 hat sich die Verbreitung rechtsextremer Orientierungen in Brandenburg nicht verändert. Insgesamt vertreten 1999 rund 20 Prozent aller befragten Jugendlichen rechtsextreme Positionen. Allerdings ist darunter nur eine kleine Gruppe von weniger als drei Prozent als „hoch-rechtsextrem" zu bezeichnen. Auffällig ist jedoch die unterschiedliche Verbreitung über einzelne Altersgruppen sowie zwischen Jungen und Mädchen: Rechtsextreme Einstellungen sind vor allem unter jüngeren männlichen Jugendlichen zu finden sowie überzufällig häufig in den unteren Klassen von Gesamtschulen vertreten. Im Gegensatz zu 1996 finden sich 1999 beim Rechtsextremismus keine Stadt-Land-Unterschiede mehr. Eine Kurzbeschreibung rechtsextremer Jugendlicher könnte folgendermaßen aussehen: Rechtsextreme Jugendliche zeichnen sich durch eine erhöhte Erregbarkeit und durch eine bemerkenswerte Gewaltbereitschaft aus. Sie zeigen ein hohes Machtstreben, und ihr Handeln wird von einem Syndrom aus Selbstüberschätzung und dem Gefühl der Fremdbestimmtheit geleitet. Zugleich wünschen sie sich ein ruhiges Leben, in dem sich wenig Neues ereignet und sie sich möglichst wenig anstrengen müssen. Ergänzend zu diesem Persönlichkeitsbild sei angefügt, daß angesichts der ausgeprägten Schulprobleme dieser Gruppe der hohe berufsbezogene Zukunftsoptimismus rechtsextremer Jugendlicher wenig verständlich erscheint. Beunruhigende Unterschiede zu anderen Jugendlichen zeigen sich im Verhältnis zu Gewalt: Hoch-rechtsextreme Jugendliche neigen häufig dazu, sich zu bewaffnen; dabei räumen 35 Prozent von ihnen ein, in der Vergangenheit politisch motivierte Gewalttaten begangen zu haben.

Besonders besorgniserregend erscheint aus unserer Sicht, daß es Hinweise auf ein steigendes politisches Bewußtsein unter rechtsextremen Jugendlichen gibt. 1999 findet sich unter hoch-rechtsextremen Jugendlichen ein gestiegenes, relativ hohes Ausmaß an Politikinteresse, politischer Kompetenz und politischem Engagement; Politikinteresse und politische Kompetenz sind auch gute Prädiktoren für Rechtsextremismus insbesondere unter männlichen Jugendlichen. Dieser Befund signalisiert möglicherweise einen beunruhigenden Trend: Während allgemein das Interesse an Politik unter deutschen Jugendlichen weiter sinkt, könnte unbemerkt am rechten Rand eine Politisierung von Jugendlichen stattfinden. Diese Entwicklung sollte in den nächsten Jahren sorgfältig beobachtet werden; denn sie könnte die Basis für eine erfolgreiche politische Instrumentalisierung dieser Jugendlichen durch rechtsextreme Parteien darstellen.

*So müssen wir feststellen, daß wohl nichts
wandlungsfähiger sei denn der Irrtum.*
(Georg M. Hertzfeld, 1782)

4   Antisemitismus

Ronald Freytag

4.1   Wurzeln der Judenfeindschaft – eine Einführung

Antisemitismus in den neuen Bundesländern

Vor der Wende gab es in der ganzen DDR kaum mehr als 300 oder 400 Menschen, die in den jüdischen Gemeinden registriert waren (Ostow, 1988). Insgesamt wird die Zahl der Menschen jüdischer Abstammung in der späten DDR mit maximal 4.000 angegeben (Lieberknecht, 1997). Das Wissen um jüdische Religion, jüdische Kultur oder die alltäglichen Sitten und Gebräuche der Juden wurde in der nicht-jüdischen Bevölkerung von Generation zu Generation geringer und in einer Befragung im Jahre 1996 von den meisten Jugendlichen als überaus dürftig eingeschätzt (Sturzbecher & Freytag, 2000b). Trotz der Zuwanderung russischer Juden, die sich in den letzten Jahren auch in ostdeutschen Gemeinden angesiedelt haben, hat sich an dieser Situation insgesamt nicht viel geändert. Im Januar 2000 lebten zwar wieder etwa 83.000 Juden in Deutschland, also 0,1 Prozent der Wohnbevölkerung. Die wenigsten davon haben sich jedoch in den neuen Ländern niedergelassen. In Brandenburg haben sich zur Zeit etwas mehr als 600 Juden in vier jüdischen Gemeinden organisiert; dies macht einen Bevölkerungsanteil von weniger als 0,03 Prozent aus. Die Chance, einem Juden im täglichen Leben zu begegnen, tendiert für die meisten Brandenburger gegen Null.

Hat dieser nun schon über Jahrzehnte hinweg fehlende Kontakt zu Juden zum „Austrocknen" von judenfeindlichen Einstellungen bei den Ostdeutschen geführt? Ein kurzer Blick zurück auf die Zeit vor 1989 könnte dazu verleiten, diese These zu akzeptieren. Man kann davon ausgehen, daß antijüdische Ressentiments bis zum Ende der achtziger Jahre der Mehrheit der DDR-Bevölkerung fremd waren. Damit soll nicht behauptet werden, daß es grundsätzlich keinen Antisemitismus mehr gegeben hätte. So fanden zum Beispiel auch antisemitische Thesen Eingang in die vergleichsweise kleinen und wenig strukturierten Zirkel rechtsradikaler DDR-Skinheads. Sie traten dort insbesondere als Teil einer revisionistischen Geschichtsauffassung in Erscheinung, mit der die Verantwortung der Deutschen für die Judenmorde während der Nazizeit in Frage gestellt wurde (Schubarth & Schmidt, 1992). Dennoch konnten solche tendenziell antisemitischen Kreise zu dieser Zeit auf einen breiten Rückhalt in der Bevölkerung nicht rechnen. Die ersten bevölkerungsrepräsentativen Ost-West-Vergleiche nach der Wende zeigten ein klares Ungleichgewicht im Ausmaß des Antisemitismus zugunsten der Ostdeutschen (Brusten, 1995; Golub, 1994; Wittenberg, Prosch & Abraham, 1991; 1995; zusammenfassend: Freytag, 2000). Judenfeindschaft war in der DDR nicht nur offiziell geächtet, sondern wurde tatsächlich von der überwältigenden Mehrheit der Ostdeutschen aller Altersstufen abgelehnt[1].

Doch schon bald nach der Vereinigung weckten antisemitische Anschläge alte Ängste. Auch Brandenburg war davon betroffen, wobei der Brandanschlag auf die jüdische Baracke der KZ-Gedenkstätte Sachsenhausen im September 1992 international wohl das meiste Aufsehen erregte. Insgesamt registrierte das Bundeskriminalamt im letzten Jahr 574 Straftaten[2] mit judenfeindlichem Hintergrund (Jelpke, 1995-2000). Davon wurden 23 in Brandenburg gemeldet. Das sind etwa vier Prozent, während der Bevölkerungsanteil Brandenburgs an der Bundesrepublik knapp über drei Prozent beträgt. In Nordrhein-Westfalen, in dem 22 Prozent der Wohnbevölkerung und ebenfalls 22 Prozent aller Mitglieder von jüdischen Gemeinden Deutschlands wohnen, wurden 1999 etwa 15 Prozent aller antisemitischen Straftaten registriert.

Während Brandenburg im Vergleich zu seiner Bevölkerung bei den antijüdischen Straftaten etwas überrepräsentiert ist, fällt der entsprechende Vergleich bei allgemein fremdenfeindlicher und rechtsextremer Gewalt noch deutlich negativer aus. Immerhin waren die Brandenburger 1999 sogar für acht Prozent (!) aller rechtsextremen und fremdenfeindlichen Gewalttaten in Deutschland verantwortlich. So gesehen könnte der brandenburgische Beitrag zu den antijüdischen Delikten fast als eine Art „Durchschnittswert" gelten. Doch ganz abgesehen davon, daß natürlich bereits jede einzelne Straftat unakzeptabel ist, zeigt ein genauerer Blick, daß auch „nur" vier Prozent Anlaß zur Besorgnis geben.

Neben dem Mißverhältnis, daß in Brandenburg einem Anteil von 0,7 Prozent aller in jüdischen Gemeinden Deutschlands registrierten Menschen vier Prozent aller antijüdischen Delikte gegenüberstehen, fällt in dem ostdeutschen Bundesland auch der Trendvergleich negativ aus. Abbildung 1 schlüsselt die Zahl antisemitischer Straftaten in Deutschland insgesamt und bezogen auf Brandenburg von Januar 1995 bis einschließlich März 2000 auf. Sie beruht auf Angaben des Bundeskriminalamtes.

Die Balken der Grafik zeigen, daß die Anzahl antijüdischer Straftaten in Deutschland während der letzen fünf Jahre leicht rückläufig ist. Obgleich noch immer Jahr für Jahr mehr als 500 antisemitische Straftatbestände bekannt werden, ist dieser Trend doch unübersehbar und auch statistisch signifikant (Korrelationskoeffizient zwischen Zeitabschnitt und Häufigkeit der Straftaten für Deutschland: $r_{Deutschland}= -0,67$, $p<0,01$). Freilich kann ein solcher rückläufiger Trend für Brandenburg nicht festgestellt werden ($r_{Brandenburg}= -0,03$, n.s.).

---

[1] Man möge an dieser Stelle nicht Judenfeindlichkeit mit Antiisraelismus oder Antizionismus verwechseln. Letztere waren in der DDR Teil der Staatsdoktrin. Es mag zutreffen, daß mitunter auch antijüdische Einstellungen im Gewand der israelfeindlichen Politik der DDR überleben konnten (Mertens, 1995; Orland, 1995; Timm, 1997). Dennoch zeigen die oben erwähnten Studien, daß die Ostdeutschen mehrheitlich judenfeindliche Äußerungen auch dann ablehnten, wenn sie dem Staat Israel kritisch gegenüberstanden. Mit hoher Wahrscheinlichkeit drückte sich darin bei vielen Menschen auch schlichtes Desinteresse an Juden aus.

[2] Diese Straftaten umfassen solche Delikte wie Körperverletzung, Störung der Totenruhe (Friedhofschändungen), Sachbeschädigungen, Bedrohungen u.v.a.

Abb. 1: Antisemitische Straftaten in Deutschland und in Brandenburg – 1995 bis 2000

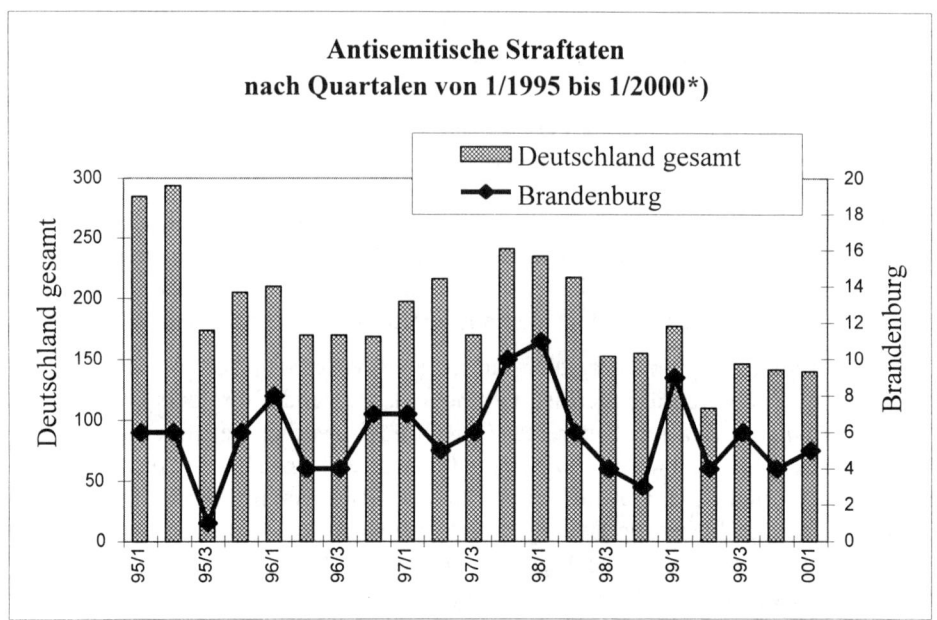

Antisemitische Straftaten
nach Quartalen von 1/1995 bis 1/2000*)

*) Deutschland gesamt: Balken, linke Skalenwerte; Brandenburg: Linie, rechte Skalenwerte
Angaben nach Jelpke, 1995-2000.

Doch antisemitische Straftaten sind nur der krasseste Ausdruck von Judenfeind-schaft. Weniger auffällig, doch in ihrer Bedeutung nicht geringer sind negative Ein-stellungen zu Juden, die sich unter großen Teilen der Jugendlichen verbreitet haben. Jüngste Untersuchungen haben inzwischen bestätigt, daß sich auch in Brandenburg eine erhebliche Feindseligkeit gegenüber Juden entwickelt hat. Diese wird von etwa einem Drittel der jungen Leute wenigstens teilweise mitgetragen (Sturzbecher & Freytag, 2000a). Ein repräsentativer Landesvergleich zwischen Nordrhein-Westfalen und Brandenburg aus dem Jahr 1996 belegte den Verdacht, daß die ostdeutschen Ju-gendlichen in weitaus stärkerem Maße Träger solcher Einstellungen geworden waren als ihre westdeutschen Altersgefährten. Während in NRW bei etwa 11 Prozent der 14- bis 20jährigen ein hoher oder eher hoher Wert antisemitischer Vorurteile nach-gewiesen wurde, bildeten etwa 26 Prozent der brandenburgischen Befragten ein mehr als doppelt so großes antisemitisches Potential (ebenda). Auch eine Studie der Uni-versität Jena, die 1996 in fünf Bundesländern durchgeführt wurde, bestätigte den Verdacht höherer antisemitischer Potentiale im Osten, wenngleich hier die Unter-schiede nicht ganz so kraß ausfielen (Frindte, Funke & Jacob, 1999).

Viele Eltern, Lehrer und Sozialarbeiter stehen hilflos vor diesem Phänomen. Wieso stimmen mehr als 30 Prozent der ostdeutschen Jugendlichen der Idee wenigstens teil-weise zu, Juden würden mehr als andere Menschen mit schmutzigen Tricks arbeiten? Wieso glauben fast 40 Prozent der Jugendlichen der Behauptung, daß Juden nach Macht und Einfluß in der deutschen Gesellschaft strebten? Warum vergißt ein Drittel der

jungen Leute jeden Geschichtsunterricht und erklärt die jüdischen Opfer des Nazi-
terrors für mitschuldig an den an ihnen verübten Verbrechen (alle Zahlen: ebenda)?

Der moralische und politische Druck, den solche demoskopischen Daten erzeugen,
hat nicht selten zu reflexartigen Schuldzuweisungen geführt. Vor dem Hintergrund
des spannungsvollen Prozesses der deutschen Wiedervereinigung verwundert es
nicht, daß viele Schuldvorwürfe auf die jeweils andere Seite der ehemaligen Grenze
zeigen. Insbesondere der in Ost und West unterschiedliche Umgang mit der deutschen Geschichte wurde zum bevorzugten Gegenstand von moralischen Entlastungs-
angriffen beider Seiten. So wurde von westdeutscher Seite wiederholt darauf hingewiesen, daß der „sinnentleerte Antifaschismus der DDR" im Aufblühen von Neofa-
schismus und Antisemitismus seine späten Früchte trage. Auf der anderen Seite neigen nicht wenige Ostdeutsche dazu, den jugendlichen Rechtsextremismus einfach zu
einem aus Westdeutschland importierten Phänomen zu erklären, das wie ein einge-
schleppter Virus über die vormals gesunde ostdeutsche Gesellschaft gekommen sei.

Man sollte die Attraktivität solcher und ähnlicher Erklärungsansätze nicht unterschätzen. Sie bieten nicht nur scheinbar logische, auf jeden Fall leicht verständliche
Erklärungsmuster, sondern entlassen die Verfechter solcher Ansichten zugleich aus
der Verantwortung für die genannten negativen Erscheinungen. Schließlich, auch das
sollte nicht vergessen werden, enthalten selbst die meisten vereinfachenden Schuldzuweisungen das berühmte Körnchen Wahrheit, das es nur umso schwerer macht, ihre Anhänger von einer differenzierteren Sicht zu überzeugen. Eine differenzierte
Sicht ist jedoch erforderlich, weil die Judenfeindschaft ihre maligne Kraft aus mehreren Wurzeln saugt und überdies in der Geschichte schon oft bewiesen hat, daß sie
sich neuen gesellschaftlichen Bedingungen anpassen und in jeweils „modernisierter"
Form überleben kann. Gerade diese Dynamik und Anpassungsfähigkeit antisemitischer Denkhaltungen wird bisher zu wenig in die Diskussion über den Antisemitismus einbezogen. Sie sollen daher in diesem Beitrag besonders beleuchtet werden.
Dabei werden zwei inhaltliche Schwerpunkte gesetzt:

a) Wie stellt sich das Ausmaß antisemitischer Denkhaltungen in der brandenbur-
    gischen Jugend im Jahr 1999 im Vergleich zum Jahr 1996 dar? Haben sich anti-
    semitische Stereotype unter den Jugendlichen verfestigt oder konnten sie sogar
    an Boden gewinnen?

b) Hat sich unter den Jugendlichen ein Antisemitismus „ostdeutscher Prägung" ent-
    wickelt, der sich ein Stück von den historisch überkommenen Inhalten gelöst
    und den heutigen Lebenswelten ostdeutscher Jugendlicher angepaßt hat? Anders
    gefragt: Ist dieser Antisemitismus nur der offene Ausdruck eines latenten Anti-
    semitismus in der gesamten Bevölkerung, oder keimt hier eine neue Saat, die
    sich tendenziell auch gegen die Einstellung der DDR-sozialisierten Elternge-
    nerationen richten kann?

Für die Leser, die sich nicht täglich mit antijüdischen Vorurteilen beschäftigen, wird
zunächst kurz die Genese der „traditionellen" antijüdischen Überzeugungen rekapi-
tuliert, da die Ursachen und Merkmale der Judenfeindschaft die Hintergrundfolie bilden, auf welche die Erscheinungen des ostdeutschen Antisemitismus in seinen
möglicherweise gewandelten Formen projiziert werden.

Der Antisemitismus stützt sich auf einen „Mythos" von „dem" Juden, „dessen Entstehungs- und Wirkungsmechanismen kaum noch nachvollziehbar sind, weil sie als Rituale der Zivilisation so alt wie die Zivilisation selbst sind" (Frindte, Funke & Jacob, 1999, S. 120). Angesichts solcher Schwierigkeiten wird eine Darstellung dieser Entstehungs- und Wirkungsmechanismen (so sie in vertretbarer Größenordnung erfolgen soll) der Judenfeindschaft immer Stückwerk bleiben. Dennoch ist ein kurzer Abriß der Entwicklungslinien sowohl notwendig als auch nützlich. Er ist notwendig, um die Phänomenologie der antisemitischen Denkfiguren zu begründen, welche in der empirischen Untersuchung als Frageitems auftauchen. Er ist nützlich, weil der kurze Abriß der Geschichte der antijüdischen Ressentiments ein Gefühl dafür vermitteln kann, wie gut es judenfeindliche Stereotype vermocht haben, allen Fortschritten des Humanismus und der Aufklärung zu widerstehen und in immer neuem Gewand zu überleben.

Historisch betrachtet resultierte die Abgrenzung der Menschen gegenüber den Juden aus einem religiös motivierten Konflikt. Der religiöse „Sprengstoff" in der Beziehung zwischen Juden und Christen rührt aus der Tatsache, daß die Juden die eschatologische Bedeutung des Jesus von Nazareth zurückwiesen und weiter auf die Ankunft des Messias warteten, der doch für die Christen in Gestalt Jesu längst erschienen war. Diese „Ignoranz" mußte für die christliche Mehrheit um so demütigender wirken, als die Religion der Juden zum Fundament der christlichen Religion gehört. Eine Lossagung von diesem Fundament kam nicht in Frage. Sie hätte faktisch das Ende der christlichen Religion bedeutet, weil damit deren göttliche Legitimation verloren gegangen wäre. Den Bezug auf die jüdische Religion und insbesondere die Fünf Bücher Mose (Pentateuch) mußten die Menschen daher auch in den Hochzeiten der religiös motivierten Judenfeindschaft wohl oder übel akzeptieren.

Zu dieser Erbschaft gehört aber auch die theologische Verheißung, daß das jüdische Volk auserwählt und vor Gott privilegiert sei. Diese Vorstellung ist so tief verwurzelt in den mosaischen Glaubensgrundsätzen, daß sie auch im christlichen Glauben niemals grundsätzlich revidiert wurde. Somit befanden sich die gläubigen Christen in einem theologischen Dilemma. Auf der einen Seite mußten sie die jüdischen Wurzeln ihrer eigenen Religion und also auch die besondere Rolle der Juden vor Gott anerkennen. Auf der anderen Seite aber leugnete eben dieses von Gott privilegierte Volk die Bedeutung und Funktion des Jesus von Nazareth als Sohn Gottes und Überbringer der neuen göttlichen Botschaft. Dieser Stachel saß tief. Für die meist ungebildeten Menschen im Mittelalter und der frühen Neuzeit konnte der Widerspruch nur dadurch gelöst werden, daß die göttliche Erhöhung (die Auserwählung) durch eine göttliche Zurücksetzung kompensiert wurde. Um die Zurücksetzung plausibel erscheinen zu lassen, bedurfte sie einer schwerwiegenden Begründung. Sie fand diese im Vorwurf des Gottesmordes. Die Juden, so das Verdikt, hätten durch ihre Ignoranz gegenüber der messianischen Botschaft Jesu und durch den Mord an ihm ihre bevorzugte Stellung vor Gott – mindestens vorübergehend – eingebüßt[3]. Auf einer theoretisch-abstrakten Ebene war die besondere Bedeutung des jüdischen Volkes damit zwar nicht in Frage gestellt (vgl. den ersten Römerbrief des Apostels Paulus: „Gott hat sein Volk nicht verstoßen, das er zuvor erwählt hat." Röm. 11,2); doch nur zu leicht gelang der Transfer vom abstrakten Vorwurf des „Gottesmordes" auf den konkreten Vorwurf des Ritualmordes an christlichen Kindern, auf den der Brunnenvergiftung oder den der Gier nach Einfluß und Reichtum. Die Auserwählung konnte nun, ihrer religiösen Dimension entkleidet, den Juden als skrupelloses Streben nach der weltlichen Macht vorgehalten werden. Damit war für viele Juden das Todesurteil gesprochen.

Zur inneren Logik der religiös kodierten Judenfeindschaft gehört aber auch, daß sich die Verfolgten durch die Taufe und die Annahme der christlichen Religion vor den Verfolgungen retten oder manchmal eine weniger grausame Form der Bestrafung erreichen konnten. Daß trotzdem die Missionierung der Juden nur selten gelang, steigerte den Haß oftmals. Namentlich bei Martin Luther, der zunächst judenfreundliche Ansichten publizierte, läßt sich ein solcher Zusammenhang nachweisen. Luthers 1543 veröffentlichte Schrift „Von den Jüden und ihren Lügen" hat über viele Jahrhunderte hinweg dem Antijudaismus und dem Antisemitismus Nahrung gegeben (vgl. Sturzbecher & Freytag, 2000a). Nicht umsonst hat noch in den 80er Jahren des 20. Jahrhunderts der Soziologe Alphons Silbermann, der sich intensiv mit dem Antisemitismus auseinander gesetzt hat, die offensive Beschäftigung mit dieser Schrift als wichtige Bedingung für die erfolgreiche Zurückdrängung antijüdischer Einstellungen bezeichnet (Silbermann, 1982, S. 345).

Die religiösen Spannungen müssen als notwendige Voraussetzung für die Entstehung der Judenfeindschaft angesehen werden und mußten insofern auch hier Erwähnung finden. Dennoch spielen sie heute in Deutschland nur noch eine marginale Rolle. Bereits seit dem Zeitalter der Aufklärung, in dem die Religionen in den zunehmend säkularen Staaten generell an Bedeutung verloren, waren die religiösen Motive in den Hintergrund getreten. Für das eingangs beschriebene Aufleben antijüdischer Stereotype in der ostdeutschen Jugend hat die religiöse Wurzel der Judenfeindschaft faktisch keine Bedeutung (Sturzbecher & Freytag, 2000b). Es ist jedoch eine Tatsache, daß die judenfeindlichen Einstellungen den religiösen Bedeutungsverlust überlebt haben. Die Stigmatisierung blieb den jüdischen Mitbürgern auch dann noch erhalten, als deren religiöse Ursprünge längst in die Bedeutungslosigkeit versunken waren. Dafür waren nicht zuletzt ökonomische Interessenkonflikte verantwortlich, welche die religiösen zunächst überlagerten und später in ihrer Bedeutung überwogen.

Ökonomische Interessenkonflikte, insbesondere die zwischen jüdischen und christlichen Geld- und Warenhändlern, spielen insbesondere seit der frühkapitalistischen Entwicklung in Europa eine zentrale Rolle für die Aufrechterhaltung antijüdischer Klischees. Im Mittelalter wurde den Juden von der christlichen Mehrheitsgesellschaft vor allem der verpönte Geldverleih an Bauern und kleine Handwerker sowie der Handel in als minderwertig empfundenen Sparten (Hausiererei, Trödelei am Rande

---

[3] Erst im Jahr 1965 (!) hat die katholische Kirche in einer päpstlichen Enzyklika verbindlich erklärt, daß die Juden nicht kollektiv für den Mord an Jesus schuldig zu sprechen seien (vgl. auch Bauer, 1994).

der Märkte) zugewiesen. Grundbesitz oder die Mitgliedschaft in den angesehenen Zünften blieb den Juden dagegen versagt. Mit den Entdeckungen in der Neuen Welt und dem Beginn der kapitalistischen Entwicklung stieg jedoch der Bedarf an Geld und Gold in den europäischen Ländern sprunghaft an. Nach dem 30jährigen Krieg mußten die Städte und Dörfer wieder aufgebaut werden. Mit der steigenden wirtschaftlichen Bedeutung von Händlern und Kreditgebern wandelte sich auch das Ansehen dieser Berufe. Handel und Geldgeschäfte verloren den anrüchigen Charakter und konnten in manchen Fällen sogar Reichtum begründen. Aus dem mittelalterlichen Geldverleiher am Rande der Gesellschaft konnte ein kapitalistischer Bankier werden, und mancher jüdische Hausierer wurde aufgrund seiner europaweiten Kontakte zum findigen Handelstreibenden. Die Familie von Mayer Amschel Rothschild, dessen fünf Söhne in Frankfurt, Wien, Paris, Neapel und London erfolgreiche Bankgründungen vornahmen, wurde dafür zu einem Synonym (Gidal, 1997).

Doch diese Entwicklung blieb nicht nur auf wenige prominente Fälle beschränkt. Dafür spielte auch eine Rolle, daß Bildung, die Vermittlung von Kulturtechniken wie Schreiben und Lesen sowie ein Denken, das man heute wohl als „global" bezeichnen würde, bei den Juden bereits viele Jahrhunderte vorher eine viel wichtigere Rolle als bei den christlichen Mehrheitsgesellschaften gespielt hatte. Auch hierin liegen die Ursachen für den besonderen Erfolg jüdischer Kaufleute (und etwas später auch jüdischer Industrieller). Diese unerwartete Konkurrenz war den großen und insbesondere den zahlreichen kleinen christlichen Händlern natürlich ein Dorn im Auge, weshalb viele nur allzugern der Propaganda glauben wollten, wonach Juden allein durch ihr gerissenes, aber unfaires Geschäftsgebaren zu einem solchen Aufstieg fähig gewesen seien. Die literarische Figur des jüdischen Kaufmanns Shylock in Shakespeares Stück „Der Kaufmann von Venedig" illustriert das antisemitische Klischee von Raffinesse im Geschäft und Amoralität, obgleich Shakespeare diese Figur zugleich auch mit tragischen Zügen ausstattete (Feinberg-Jütte, 1995).

Im Gegensatz zu den religiös motivierten Vorurteilen konnten sich die Klischees von den „trickreichen", „zum Handel geborenen" (will sagen: zu „wahrer" Arbeit nicht fähigen) oder „geldgierigen" Juden bis tief in das 20. Jahrhundert hinein halten. Es kann kein Zweifel daran bestehen, daß dazu Konkurrenzsituationen zwischen jüdischen und nicht-jüdischen Händlern beigetragen haben. Vorurteile wurden von den Angehörigen der deutschen Mehrheitsgesellschaft benutzt, um die unliebsame Konkurrenz zu diskreditieren und zurückzudrängen. Auch die Nazis versuchten solche Stimmungen zu instrumentalisieren, um sich der kleinbürgerlichen Wählerschaft zu empfehlen. So verlangt das Programm der NSDAP zum Beispiel bereits 1920 vor dem Hintergrund der erfolgreichen Gründungen von Warenhäusern in Deutschland durch Juden wie H. Tietz oder A. Wertheim:

*Wir fordern die Schaffung eines gesunden Mittelstandes und seine Erhaltung, **sofortige Kommunalisierung der Groß-Warenhäuser und ihre Vermietung zu billigen Preisen an kleine Gewerbetreibende**, schärfste Berücksichtigung aller kleinen Gewerbetreibenden bei Lieferung an den Staat, die Länder und die Gemeinden. – Programm der NSDAP, München 1920 [Hervorhebung R.F.]*

126

Das Bild des auf unlautere Weise zu wirschaftlichem (finanziellem) Erfolg gekommenen Juden wird bis heute von den Antisemiten verwendet. Es läßt sich leicht zum Verdacht erweitern, daß die wirschaftliche Führungsrolle nur der Vorbereitung auf das „eigentliche Ziel", eine weltweite politische Führungsrolle der Juden, diene. Auch die oben erwähnten religiösen Ressentiments sind in dieser Argumentation aufgehoben. Schon jetzt, so das antisemitische Klischee, verfügten die Juden über massiven, versteckten Einfluß auch auf die Politik ihrer „Gastländer". Auch dieser Vorwurf ist bis heute in rechtsextremen und antisemitischen Kreisen virulent.

Neben der religiösen und der ökonomischen Dimension hat die Judenfeindschaft über etwa 180 Jahre lang auch eine stark biologisch-rassistische Komponente gehabt. Diese sicherlich verabscheuenswürdigste aller Erscheinungsformen des Antisemitismus (wenn denn eine Steigerung in diesem Zusammenhang überhaupt Sinn macht) gipfelt in der Behauptung, Juden seien eine zu Verbrechen, Amoralität und Machtgier biologisch besonders veranlagte „Rasse"[4]. Diese Anschauung entstand in den 50er Jahren des 19. Jahrhunderts auf der Basis der ersten allgemeinen Rassentheorien, die bereits an der Wende vom 18. zum 19. Jahrhundert eine weite Popularität erreicht hatten. An der Ausarbeitung solcher anthropologischer Theorien der biologischen Ungleichheit der Menschen waren durchaus ernstzunehmende Wissenschaftler wie Linné oder sogar ein Aufklärer wie Voltaire beteiligt (Poliakov, Delacampagne, Girard, 1984). Auch aus diesem Grund vermochten es die Vertreter des rassistischen Antisemitismus, sich als Träger einer besonders „wissenschaftlichen" Erklärung der „jüdischen Wesensart" zu gerieren, indem sie sich der Argumentationsmuster der biologischen Prägung des Lebens bedienten. Die rassistische Komponente im antijüdischen Denken begründete den Abschied vom Bild des Juden, dessen vorgeblichen religiösen, wirtschaftlichen, charakterlichen oder sonstigen Besonderheiten immerhin als reversibel und veränderbar galten (man denke nur an die Möglichkeit der religiösen Konversion). Es kann kein Zweifel daran bestehen, daß die rassistische Durchdringung des Antisemitismus gerade mit seiner Annahme der „unabwendbaren" (nämlich genetisch bedingten) „Bösartigkeit" oder „Minderwertigkeit" der Juden den Boden für den Holocaust bereitet hat.

Der Schock über das Ausmaß des Genozids an den Juden hat nach dem Ende des Krieges auch bei großen Teilen der deutschen Bevölkerung gewirkt. Viele mußten erkennen, daß sie einer verbrecherischen Ideologie gefolgt waren (oder sich zumindest nicht deutlich davon distanziert hatten). Diese Ideologie hatte ihnen versprochen, Angehörige einer auserwählten und besonders „edlen Rasse" zu sein, durch deren Wirken die Welt von allem Übel befreit werden sollte. Tatsächlich mutierte dieser Traum von der „edlen Rasse" jedoch zur Mitschuld an einem Frevel von nicht mehr vorstellbaren Dimensionen. Diese Situation hat – wenn auch nicht sofort, so doch im Laufe von Jahrzehnten – dazu beigetragen, die biologisch-rassistischen Vorstellungen von Juden als „andersartigen" Menschen zurückzudrängen.

In sozialpsychologischen Untersuchungen der Nachkriegszeit wurde die Zustimmung zu solchen Ideen im deutschen Sprachraum denn auch kaum mehr abgefragt (Berg-

---

[4] Zuweilen wird der Begriff „Antisemitismus" auch exklusiv für diese rassistische Sicht auf die Juden verwendet (vgl. Berger Waldeneck, 2000).

mann & Erb, 1991)[5]. Stattdessen geht man davon aus, daß die Auseinandersetzung mit der jüngeren deutsch-jüdischen Geschichte selbst zur Projektionsfläche antisemitischer Denkhaltungen geworden ist. Nicht mehr die Verbreitung rassistischer Ideen dominiert heute die Aktivitäten antisemitischer Kreise, sondern die Leugnung, Verschleierung und Relativierung der deutschen Schuld am Mord großer Teile des europäischen Judentums, der im wesentlichen von eben solchen rassistischen Ideen motiviert war. Diese neue Spielart der Judenfeindschaft wird in der Literatur als „sekundärer Antisemitismus" bezeichnet (Bergmann & Erb, 1995). Seine Kernaussagen kreisen um eine angebliche Mitschuld der Juden an ihrer Verfolgung, die strikte Leugnung des Wissens der „normalen" Deutschen um die Judenverfolgung und die angebliche Tendenz der Juden, aus dem „schlechten Gewissen" der Deutschen heute rachsüchtig Profit zu schlagen.

Von ihrer psychologischen Charakteristik her sind solche Ideen weniger durch eine aggressive Abwertung der Juden gekennzeichnet. Sie transportieren vor allem eine fragwürdige Art des Umgangs mit der historischen Verantwortung für die deutschen Verbrechen an den Juden. Zugleich können damit versteckte judenfeindliche Ressentiments zum Ausdruck gebracht werden, ohne das Tabu, das auf solchen Einstellungen lastet, offensichtlich zu brechen. Aufgrund dieser Charakteristik und ihrer psychologischen Funktion vor dem Hintergrund der historischen Verantwortung des deutschen Volkes kommen Indikatoren zur Verantwortungsabwehr in sozialwissenschaftlichen Untersuchungen vor allem in Deutschland zur Anwendung.

Sowohl die „traditionellen" Vorurteile gegenüber den Juden (durchtriebene, skrupellose Händlernatur, Macht- und Geldversessenheit) als auch die neuen, aus der Abwehr gegen Schuldvorwürfe entsprungenen Vorstellungen (Mitschuld an der Verfolgung, Rachsucht, aus der Vergangenheit Profit schlagen) haben aktuell in alle wichtigen Studien zum Antisemitismus in Deutschland Eingang gefunden.

4.2 Problemstellung

Der historische Abriß der Entwicklung des Antisemitismus sollte einerseits Hinweise für die Operationalisierung der verschiedenen Erscheinungsformen von Antisemitismus geben. Darüber hinaus liefert der kurze Rückblick einige wichtige Koordinaten, an denen sich die Fragen der vorliegenden Untersuchung ausrichten lassen. Konkret werden wir nun die folgenden Probleme aufgreifen:

- Wie haben sich antijüdischer Einstellungen unter der brandenburgischen Jugend in der Zeit von 1996 bis 1999 entwickelt? Gibt es einen Transfer von den „traditionellen" antijüdischen Ansichten zu der „modernen" Variante des sekundären Antisemitismus? Welche antisemitischen Milieus lassen sich mit Hilfe soziodemographischer Kriterien beschreiben? Gibt es diesbezüglich Unterschiede zwischen dem „traditionellen" und dem sekundären Antisemitismus?

---

[5] Möglicherweise haben Sozialwissenschaftler die Aufnahme biologisch-rassistischer Ideologeme in die Nachkriegsbefragungen auch deshalb verweigert, weil bereits die Vorgabe solcher Items in ihrer antihumanen Anmaßung anstößig wirkt und damit die gesamte Untersuchung in ihrer Aussagekraft negativ beeinflussen kann.

- Ist die Judenfeindlichkeit eines Teils der brandenburgischen Jugendlichen genuin gegen die Angehörigen des jüdischen Volkes (bzw. der jüdischen Religion) gerichtet, die bereits seit Jahrhunderten verfemt und verfolgt werden, oder drückt sich darin „nur" eine generelle Feindseligkeit gegenüber allen Fremden aus?
- Haben die spezifischen Bedingungen, die das Ausmaß judenfeindlicher Einstellungen in Ostdeutschland seit einigen Jahren auf eine besorgniserregende Höhe getrieben haben, möglicherweise auch das Gesicht des jugendlichen Antisemitismus in Ostdeutschland verändert? Beginnt also der alte Judenhaß heute in Ostdeutschland wiederum (wie bereits so oft in seiner Geschichte) neue Erscheinungsformen anzunehmen?
- Gibt es bezüglich der Einstellungen zu Juden in Ostdeutschland einen Generationsbruch zwischen der heutigen jungen Generation und ihren Eltern? Oder stellt der Antisemitismus eines Teils der brandenburgischen Jugend gleichsam nur die sichtbare Verlängerung der versteckten judenfeindlichen Einstellungen in der Gesamtbevölkerung dar, die nach der Wende wieder aufgebrochen sind?
- Wie stehen die Jugendlichen zu der Forderung, einen Schlußstrich unter die Aufarbeitung der deutsch-jüdischen Geschichte zu ziehen? Findet die Ablehnung antisemitischer Klischees ihre Entsprechung in dem Bewußtsein, daß das Wissen um die Verbrechen der Deutschen an den Juden eine wichtige Voraussetzung des Funktionierens der Demokratie in Deutschland ist?

4.3 Methodische Bemerkungen

Verwendete Indikatoren

Um diese Fragen beantworten zu können, wurde den Jugendlichen im Rahmen der Jugendstudie eine Batterie aus 20 antisemitismusrelevanten Items vorgelegt. Die meisten Items artikulierten antijüdische Einstellungen sowohl aus dem „klassischen" Repertoire der Vorurteile gegen Juden als auch aus dem „modernen" Bereich des sekundären Antisemitismus. Aus den jeweiligen Items wurden zwei Skalen gebildet, die in identischer Form bereits bei einer ländervergleichenden Jugendstudie zum Antisemitismus in Brandenburg und Nordrhein-Westfalen 1996 Anwendung gefunden hatten (vgl. Sturzbecher & Freytag, 2000a).

Die erste Skala „Antijüdische Vorurteile" besteht dabei aus neun Items, die alte, möglicherweise tief verwurzelte antisemitische Denkhaltungen thematisieren. Im säkularen Deutschland zielt aber auch der „Vorwurf" des religiösen Fanatismus in die gleiche Richtung. Die psychometrische Güte dieser Skala ist sehr gut (Cronbachs Alpha[6]= 0,91). Hier einige Itembeispiele der Skala „Antijüdische Vorurteile":

- Die Juden arbeiten mehr als andere Menschen mit üblen Tricks, um das zu erreichen, was sie wollen.
- Die Juden streben nach Macht und Einfluß in Politik und Wirtschaft.
- Die meisten Juden haben nichts anderes als Geschäfte im Kopf.
- Juden sind religiöse Fanatiker.

---

[6] Cronbachs Alpha charakterisiert die interne Konsistenz einer Skala und gibt damit einen Hinweis auf ihre psychometrische Güte. Der theoretische Höchstwert bei ideal hoher Konsistenz beträgt 1; das Fehlen jeglicher Konsistenz würde sich im Wert 0 niederschlagen.

Die zweite Skala „Verantwortungsabwehr" sammelt sechs Items, die Rationalisierung, Verharmlosung oder Leugnung der deutschen Schuld am Holocaust operationalisieren oder diese Schuld auf eine Fremdgruppe projizieren. Die psychometrische Qualität dieser Skala ist gut (Cronbachs Alpha= 0,80). Auch dafür einige Beispiele:

- Von den Verbrechen an den Juden haben die Deutschen nichts gewußt.
- Viele Juden versuchen heute, aus der Vergangenheit einen Vorteil zu ziehen.
- Die Juden sind mitschuldig, wenn sie gehaßt und verfolgt werden.
- In den Berichten über Konzentrationslager und Judenverfolgung wird viel übertrieben dargestellt.

Ergänzt wurden diese Skalen durch einige Einzelitems, in welchen die Forderung nach einem Schlußstrich artikuliert wurde oder die jungen Leute ihre Einstellung zu Juden mit der Einstellung ihrer Eltern vergleichen sollten. Eine wichtige Rolle für den vorliegenden Forschungsansatz spielen darüber hinaus zwei „Kontrollitems". Diese Items artikulieren jeweils „erfundene", willkürlich formulierte Vorwürfe gegenüber Juden, die nicht in gleicher Weise wie die anderen Items auf historisch überkommenen mentalen Konstruktionen über das Wesen „der Juden" fußen. Inhalte und Funktion der beiden Kontrollitems werden weiter unten ausführlicher beschrieben.

Aufbereitung der Datensätze

Für die Auswertung wurden die Datensätze der Erhebungen von 1996 und 1999 aufbereitet. Dieser Aufbereitung lagen folgende Regeln zu Grunde. Probanden, deren Alter weniger als 12 oder mehr als 22 Jahre betrug, wurden von der Analyse ausgeschlossen (dies betraf weniger als 1% der Probanden). Außerdem wurden die altersbezogenen „Ränder" der Stichproben zusammengefaßt, da die Zahl der 12jährigen bzw. 21- und 22jährigen zu gering war, um jeweils eigene Altersklassen zu bilden. Wo im folgenden Text eine altersbezogene Auswertung vorkommt, wurden daher die 12jährigen der Kategorie der 13jährigen zugeschlagen, ebenso wie die 21- und 22jährigen der Kategorie der 20jährigen zugeschlagen wurden. Dies tangiert aber nur wenige Auswertungen, da die Analysen primär nach Unterschieden zwischen verschiedenen Zeitpunkten, Bildungsgängen oder den beiden Geschlechtern fragen.

Für den Vergleich der Daten von 1996 und 1999 wurden die Daten der 1999er Stichprobe durch Gewichtungen an die Struktur der brandenburgischen Stichprobe 1996 angeglichen. Die Notwendigkeit einer solchen Gewichtung folgt vor allem aus der Tatsache, daß Realschulen nur bei der 1999er, nicht aber bei der 1996er Stichprobe einbezogen worden waren. Die Gewichtung der 1999er Daten unterdrückt die Realschulen und sorgt dafür, daß sich die beiden Datensätze direkt gegenüberstellen lassen. Bei Auswertungen, die nur auf die 1999er Daten zurückgreifen, werden die Realschulen dagegen mit einbezogen, um die Bildungslandschaft in Brandenburg in der Stichprobe genauer nachzubilden. Dieses Vorgehen bedingt allerdings, daß im folgenden Text jeweils zwei verschiedene Werte für die Gesamtstichprobe Brandenburg 1999 auftauchen: Die Daten für den Zeitvergleich 1996/1999, bei der die Realschulen nicht enthalten sind, und die Werte für die Einzelanalyse des Jahres 1999, bei der wir die Realschulen berücksichtigt haben und die Stichprobe durch Gewichtungen an die Verhältnisse im Lande angeglichen wurde (vgl. Kapitel 1).

4.4 Untersuchungsergebnisse

4.4.1 Antijüdische Vorurteile

Die judenfeindlichen Ansichten, die in den Items der Skala „Antijüdische Vorurteile" gesammelt sind, bilden die mentalen Bausteine der „traditionellen" antisemitischen Vorurteile. Sie beinhalten meist sehr alte Auffassungen vom „Wesen" der Juden oder des Judentums. Einige gehören seit Jahrhunderten zum Standardrepertoire in der Argumentation von Judenfeinden. Die nächste Tabelle zeigt, inwieweit diese alten Vorurteile auch im Jahr 1999 unter den Bedingungen einer modernen Mediendemokratie Anhänger in jugendlichen Kreisen finden konnten.

Tab. 1: Antisemitische Vorurteile in Brandenburg – 1999 (Angaben in %)

Subpopulationen		Skala „Antijüdische Vorurteile"			
		Niedrig	Eher niedrig	Eher hoch	Hoch
Geschlecht	Männlich	25,6	37,2	27,0	10,1
	Weiblich	38,0	37,0	20,4	4,6
Sek. I **Schultypen**	Sek. I – O	15,3	38,7	33,8	12,3
	Sek. I – OR	21,1	38,1	32,4	8,5
	Sek. I – OG	41,2	43,2	12,2	3,4
	Sek. I gesamt	24,0	40,0	27,0	9,0
Sek. II allg. / **berufl. Bildg.**	O/OG u. OG	64,7	24,9	9,1	1,3
	OSZ – BA	28,2	38,0	25,9	7,8
Gesamt		31,6	37,1	23,9	7,5

Bereits diese erste Tabelle zeigt einige interessante Befunde zur Verbreitung antijüdischer Klischees in Brandenburg. Besonders unter den jungen Männern finden die genannten Vorurteile noch immer eine erhebliche Anhängerschaft. Jeder Zehnte muß nach dieser Skala zu den hoch antisemitisch eingestellten Jugendlichen gerechnet werden. Unter den jungen Frauen Brandenburgs liegt der Anteil mit etwas über vier Prozent deutlich niedriger. Solche geschlechtsspezifischen Unterschiede finden sich in faktisch allen sozialpsychologischen Untersuchungen zum Antisemitismus. Sie korrespondieren mit der historischen Erfahrung, daß sich für die aggressive Abwertung oder Abwehr von fremden Gruppen, Ethnien, Völkern, Religionen, Kulturen und dergleichen die Männer meist besser mobilisieren lassen als die Frauen.

Neben den Geschlechtsunterschieden reproduziert unsere Studie eine weitere Differenz, die sich in allen wichtigen Untersuchungen zum Antisemitismus der Nachkriegszeit findet. Gemeint sind typische Brüche im Ausmaß judenfeindlicher Einstellungen entlang von divergierenden Bildungsaspirationen der Jugendlichen. Während an den Gymnasien und Gesamtschulen mit gymnasialer Oberstufe eine vergleichsweise geringe Ausprägung der Ressentiments zu beobachten ist, finden sich diese in den Gesamtschulen, den Realschulen und den berufsbildenden Schulen in deutlich größerem Ausmaß.

Anlaß zur Sorge geben aber nicht nur die ca. 8 bis 12 Prozent der hoch antisemitischen Jugendlichen in den Bildungseinrichtungen der Gesamt-, Real- und berufsbildenden Schulen. Auffällige Zahlen finden sich auch, wenn man den Anteil der Jugendlichen ohne oder mit nur geringen antijüdischen Ressentiments in den verschiedenen Schulformen inspiziert. Unsere Studie belegt, daß beispielsweise in den Gesamtschulen nur noch ca. 15 Prozent (!) der Befragten keine oder kaum antijüdische Einstellungen demonstrieren. Ähnlich dünn ist diese Schicht, die doch nach dem politisch-moralischen Grundkonsens unserer Republik die große Mehrheit ausmachen müßte, in Realschulen oder auch in Berufsschulen (21% respektive 28%). Allein in den Gesamtschulen mit gymnasialer Oberstufe und in Gymnasien scheint es einen einigermaßen stabilen Konsens zu geben, der den vorurteilsvollen Klischees gegenüber jüdischen Mitbürgern nur eine vergleichsweise geringe Chance zur Ausbreitung gibt. Ebenso wie der relativ große Anteil hoch antisemitischer Jugendlicher ist das Fehlen einer breiten Basis von nicht antisemitisch eingestellten jungen Leuten ein alarmierendes Signal. Gerade der fehlende starke Gegenpol zu den Antisemiten birgt die Gefahr, daß es rechten Kreisen gelingen könnte, kulturelle Hegemonie in erheblichen Teilen der Jugend zu erlangen (Wagner, 2000). Auch oberflächlich antisemitische Jugendliche, die möglicherweise nicht gleich mit Baseballschlägern auf wirkliche oder vermeintliche Juden losgehen, stellen eine Belastung für die demokratische Kultur unseres Landes dar. Die Gesellschaft ist nicht nur gefordert, wenn verblendete Rechtsradikale eine Synagoge in Brand setzen, sondern auch, wenn „ein bißchen" Judenhaß – mindestens in bestimmten Milieus – „alltäglich" wird oder gar „zum guten Ton" gehört. Es bedarf nicht erst des Verweises auf die deutsche Geschichte, um die Verwerflichkeit auch eines „gemäßigten" Antisemitismus zu diagnostizieren.

Die folgende Tabelle beantwortet die Frage, ob und wie sich die Verteilungen antijüdischer Vorurteile von 1996 zu 1999 verschoben haben, indem sie die aggregierten Zahlen der beiden Jahre gegenüberstellt. Zu Vergleichszwecken werden auch 1996er Werte aus Nordrhein-Westfalen angeführt (für eine genauere Beschreibung der Unterschiede zwischen NRW und Brandenburg vgl. Sturzbecher & Freytag, 2000b).

Tab. 2: **Antisemitische Vorurteile in Brandenburg – 1996 und 1999** (Angaben in %)

Erhebung	Skala „Antijüdische Vorurteile"			
	Niedrig	Eher niedrig	Eher hoch	Hoch
NRW 1996	61,1	28,0	8,4	2,6
Brandenburg 1996	33,9	37,3	19,6	9,2
Brandenburg 1999	32,6	37,9	22,8	6,7

Vor dem Hintergrund der beiden angesprochenen Probleme – des zu hohen Anteils von ausgesprochenen Antisemiten und des zu geringen Anteils ausgesprochener Gegner der Antisemiten – fällt die Bilanz des Zeitvergleichs zwiespältig aus. Zwar kann als positiver Trend vermeldet werden, daß die Zahl der hoch antisemitischen Jugendlichen von 9,2 auf 6,7 Prozent zurückgegangen ist. Gleichzeitig muß jedoch konstatiert werden, daß sich die Basis von nicht antisemitischen Jugendlichen von 33,9 Prozent auf 32,6 Prozent verringert hat. Im statistischen Sinne gleichen sich die beiden einander entgegengesetzten Tendenzen aus, so daß sich im Zeitvergleich keine signifikante Differenz ergibt.

Diese Aussage sollte allerdings noch etwas differenziert werden. Die folgende Grafik belegt die überraschende Erkenntnis, daß die zwiespältige Bilanz im 3-Jahres-Vergleich stärker durch die jungen Frauen als durch die jungen Männer verursacht wird.

Abb. 2: Geschlechtsspezifische Veränderungen der antijüdischen Vorurteile in Brandenburg – 1996 und 1999 (Angaben in %)

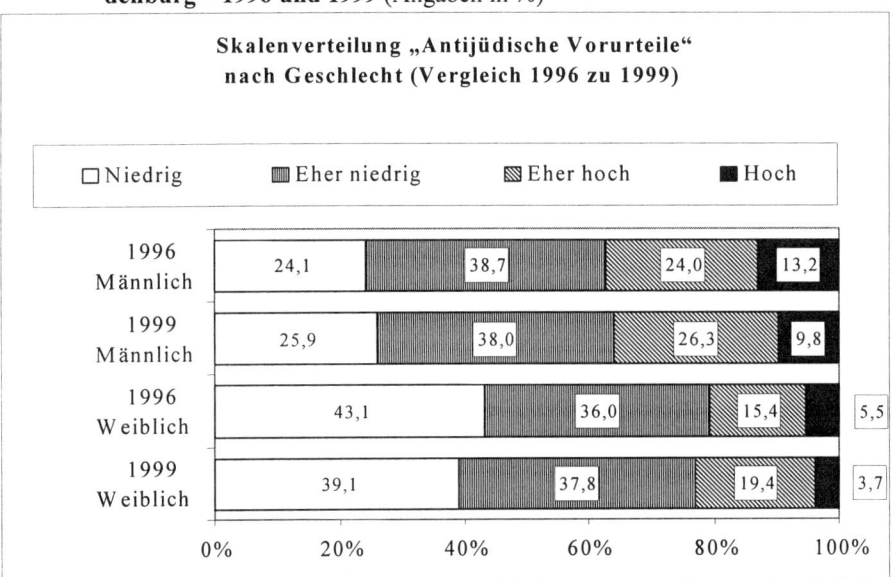

Obgleich im Jahresvergleich von 1996 zu 1999 in keiner der beiden Teilgruppen die Schwelle statistischer Bedeutsamkeit überschritten wird ($Z_{Männl.Jugend}$= -1,6, n.s.; $Z_{Weibl.Jugend}$= -1,6, n.s.), läßt sich beobachten, daß die Abnahme des Anteils der gering antisemitischen Jugendlichen auf die Teilgruppe der Frauen zurückgeht. Weitere Untersuchungen werden zeigen müssen, ob sich dieser negative Trend stabilisiert.

Abbildung 3 zeigt die mittlere Ausprägung des Antisemitismus im Altersquerschnitt für Brandenburg 1996 und 1999, wiederum zusätzlich unterschieden nach den Geschlechtern. Die Grafik liefert zunächst einen Hinweis darauf, daß sich die geschlechtsspezifischen Unterschiede in der Zustimmung zu den Items der Skala „Antisemitische Vorurteile" mit zunehmendem Alter verstärken. Die Schere zwischen den stärker antisemitischen Männern und den im Vergleich dazu weniger antisemitischen Frauen öffnet sich mit dem Lebensalter: Während bei den ca. 13- bis 15jährigen keine oder nur geringe Geschlechtsunterschiede nachweisbar sind, treten diese bei den über 16jährigen immer deutlicher auf. Dies galt sowohl bei der Erhebung 1996 als auch bei der Erhebung 1999. Darüber hinaus läßt sich für 1999 aber auch ein leichter Trend zur Abnahme antisemitischer Überzeugungen bei älteren Jugendlichen nachweisen, den es so im Jahr 1996 insbesondere bei den männlichen Befragten noch nicht gegeben hat. Dieser Trend äußert sich in einer signifikanten negativen Korrelation des Lebensalters der Befragten mit dem Wert auf der Skala „Antijüdische Vorurteile" (R= -0,19, p< 0,01).

Abb. 3: **Altersvergleich der Skala „Antijüdische Vorurteile", Brandenburg – 1996 und 1999** (Mittelwerte)

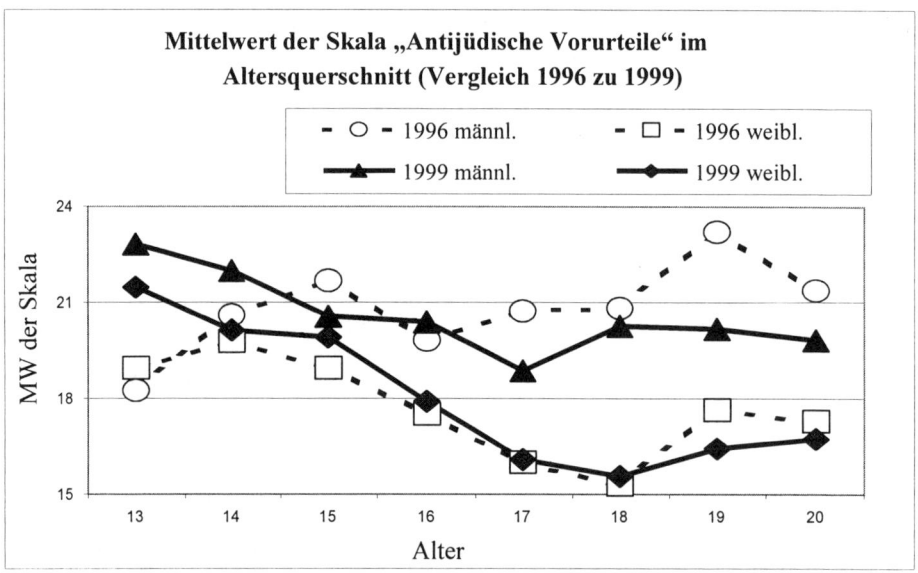

Inhaltlich korrespondiert mit diesem Befund ein 1999 gegenüber der früheren Befragung leicht erhöhter Wert auf der Antisemitismus-Skala für sehr junge Probanden (der vor allem von den Schülern der Sekundarstufe I in den Gesamtschulen getragen wird) und ein leichter Rückgang der Werte von 1996 zu 1999 bei den älteren Befragten (der vor allem von den Befragten an Oberstufenzentren getragen wird).

4.4.2 Verantwortungsabwehr

Die zweite wichtige Operationalisierung des Antisemitismus, die in der vorliegenden Untersuchung angewandt wurde, charakterisieren die Items zur Skala „Verantwortungsabwehr" [7]. Damit bezeichnen wir die formal gesehen etwas defensiveren, „mo-

---

[7] Die Skala „Verantwortungsabwehr" weist eine Besonderheit auf. Für ihre Bildung müssen 19 Skalenrohpunktwerte zu vier Skalenstufen („Niedrig" usw.) zusammengefaßt werden. Dabei entstehen drei Skalenstufen mit einer Breite von fünf Rohpunkten und eine Skalenstufe mit einer Breite von vier Rohpunkten. In früheren Publikationen zur Studie „Antisemitismus in Brandenburg und NRW" wurde die Breite von vier Rohpunkten der Skalenstufe „Niedrig" zugewiesen (Sturzbecher & Freytag, 2000b). Im vorliegenden Beitrag zur Studie „Jugend in Brandenburg" wurde dagegen die Skalenstufe „Hoch" aus vier Werten zusammengefaßt, um für die Skalenbildung in allen Buchbeiträgen einheitliche Regeln anzuwenden. Beide Lösungen sind formal gleichberechtigt, führen aber zu numerisch anderen Ergebnissen. Daraus folgt, daß die Ergebnisse zur Skala „Verantwortungsabwehr" in früheren Publikationen (Sturzbecher & Freytag, 2000b; Welskopf, Freytag & Sturzbecher, 2000) von den hier genannten abweichen können. Für den Vergleich von Subpopulationen oder die Interpretation von Trends sind diese Unterschiede ohne Bedeutung.

dernisierten" Vorwürfe gegenüber Juden, die der Aufarbeitung der Naziverbrechen antithetisch entgegengesetzt werden. Die folgende Tabelle zeigt zunächst, wie die Werte der Skala in Brandenburg verteilt sind.

Tab. 3: **Verantwortungsabwehr in Brandenburg – 1999** (Angaben in %)

Subpopulationen		Skala „Verantwortungsabwehr"			
		Niedrig	Eher niedrig	Eher hoch	Hoch
Geschlecht	Männlich	34,1	40,2	22,0	3,8
	Weiblich	46,5	37,1	15,3	1,1
Sek. I **Schultypen**	Sek. I – O	23,2	42,2	29,8	4,8
	Sek. I – OR	23,8	45,7	27,1	3,4
	Sek. I – OG	53,1	39,2	7,7	0,0
	Sek. I gesamt	32,0	41,9	22,9	3,2
Sek. II allg. / **berufl. Bildg.**	O/OG u. OG	72,1	21,9	6,0	0,0
	OSZ – BA	38,5	42,0	17,1	2,4
Gesamt		40,2	38,7	18,6	2,5

Die grundlegenden Strukturunterschiede, wie sie sich bei den antisemitischen Vorurteilen gezeigt hatten, lassen sich auch bei der Verantwortungsabwehr replizieren. Männliche Befragte erreichen signifikant höhere Werte auf dieser Skala (Z= -8,9, p<0,01) als weibliche, und Jugendliche mit höheren Bildungsaspirationen (Gymnasien, Gesamtschulen mit gymnasialer Oberstufe) weisen die geschichtliche Verantwortung signifikant weniger zurück als Jugendliche an Gesamt-, Real- und berufsbildenden Schulen.

Abb. 4: **Altersvergleich der Skala „Verantwortungsabwehr", Brandenburg – 1996 und 1999** (Mittelwerte; Auswertung ohne Realschulen)

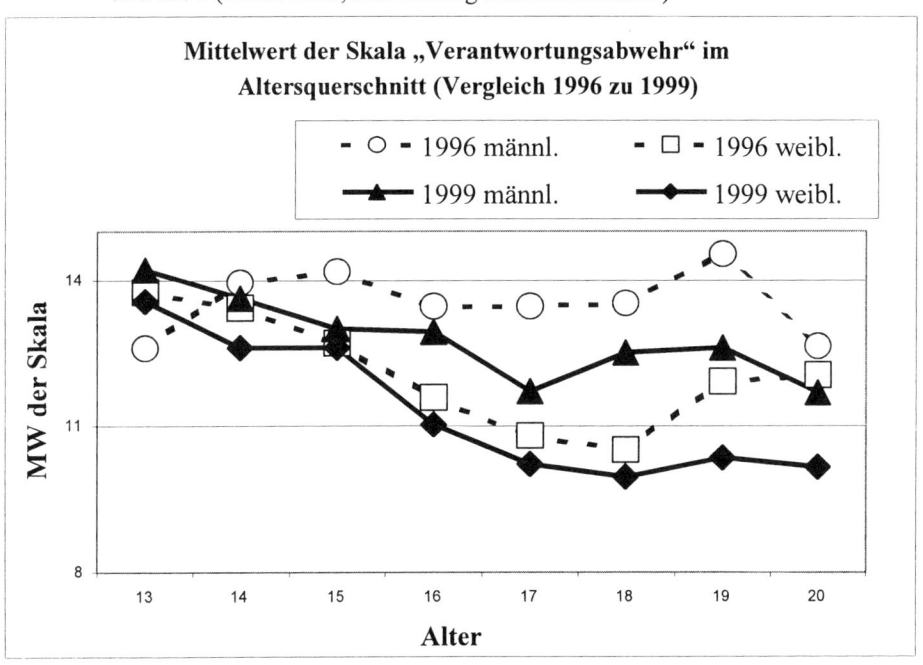

135

Auch der Altersquerschnitt liefert in etwa vergleichbare Resultate zur Analyse der antisemitischen Vorurteile. Bei beiden Geschlechtern nimmt die Zustimmung zu den Items der Skala „Verantwortungsabwehr" mit dem Lebensalter ab. Dies äußert sich in einer negativen Korrelation von Alter und Skalenwert von R= -0,21 (p< 0,01). Wiederum fällt dieser Rückgang bei den jungen Frauen stärker aus als bei den Männern, so daß sich mit dem Alter eine leicht nach unten geneigte Schere öffnet (Abb. 4). Auch bei der Verantwortungsabwehr ist die mit dem Alter deutlich abnehmende Anfälligkeit der Jugendlichen ein gegenüber der Erhebung 1996 neues Phänomen.

Rein rechnerisch liegt der Anteil von Jugendlichen mit eher hoher und hoher Ausprägung der Skala „Verantwortungsabwehr" unter dem entsprechenden Anteil bei der Skala „Antisemitische Vorurteile". Trotzdem besteht zwischen den beiden Konstrukten eine sehr enge Verwandtschaft. In der Tat sieht es so aus, als hätte diese Verbindung in den letzten Jahren noch an Stärke zugenommen. Dies drückt sich in einer sehr hohen Inter-Skalen-Korrelation von $r_{Brandenburg1999}= 0,85$ aus (zum Vergleich: $r_{Brandenburg1996}= 0,75$; $r_{NRW1996}= 0,70$; alle Werte p< 0,01).

Die folgende Tabelle zeigt, daß die Verantwortungsabwehr im Jahresvergleich von 1996 zu 1999 in Brandenburg etwas zurückgegangen ist. Dies gilt sowohl für die jungen Männer (Z= -5,7; p< 0,01) als auch für die jungen Frauen (Z= -4,9; p< 0,01). Die relativ geringen Werte der nordrhein-westfälischen Stichprobe von 1996 werden indes nicht erreicht.

Tab. 4: **Verantwortungsabwehr – 1996 und 1999** (Angaben in %)

Erhebung	Skala „Verantwortungsabwehr"			
	Niedrig	Eher niedrig	Eher hoch	Hoch
NRW 1996	59,4	31,7	7,8	1,1
Brandenburg 1996	33,2	42,4	20,1	4,2
Brandenburg 1999	42,6	38,1	17,0	2,3

Zusammenfassung der bisherigen Befunde

Trotz der Bemühungen um ihre Zurückdrängung konnten sich antisemitische Stimmungen in Brandenburg in den letzten Jahren weitgehend halten. Fast jeder dritte brandenburgische Jugendliche erreicht hohe oder eher hohe Werte auf der Skala, die Vorurteile über das angebliche Wesen der Juden abbildet. Zwar ist der Anteil der am höchsten anfälligen Jugendlichen etwas zurückgegangen, zugleich hat sich aber die ohnehin schmale Basis von Jugendlichen ohne Vorurteile weiter verringert. Diese Tendenz wird eher durch die jungen Frauen getragen, obgleich das weibliche Geschlecht insgesamt erwartungsgemäß weniger anfällig für Antisemitismus ist als das männliche. Wenig überraschende Ergebnisse erbrachte der Vergleich von Subgruppen entlang von Bildungsunterschieden: Wenig gebildete Jugendliche zeigen eine stärkere Affinität zum Antisemitismus als solche mit höheren Bildungsaspirationen.

Die Verantwortungsabwehr als die „modernisierte" Form antijüdischer Ressentiments hat in den letzten drei Jahren leicht an Boden verloren. Trotz dieser erfreulichen Tendenz erreicht noch immer knapp jeder fünfte Jugendliche in Brandenburg hohe oder eher hohe Werte auf der entsprechenden Skala. Wiederum sind es die jun-

gen, eher wenig gebildeten Männer, die durch die höchste Ausprägung der Verantwortungsabwehr auffallen. Ein interessantes Phänomen ist die Tatsache, daß sowohl
die antisemitischen Vorurteile als auch die Verantwortungsabwehr mit steigendem
Lebensalter zurückgehen. Dieses Resultat ist in seiner Deutlichkeit neu gegenüber
der Untersuchung aus dem Jahr 1996. Es ist mehr noch als der geringfügige Rückgang in den Prozentzahlen hoch antisemitischer Jugendlicher geeignet, auf eine positivere Entwicklung in der Zukunft zu hoffen. Dies gilt aber nur, sofern man annehmen
darf, daß der abnehmende Antisemitismus mit höherem Lebensalter die Summe
aufklärerischer Einflüsse widerspiegelt, denen die Jugendlichen in der schulischen
und beruflichen Bildung sowie zum Teil sicher auch durch die rezipierten Medien
und im privaten Umfeld ausgesetzt sind.

Denkbar ist darüber hinaus, daß Aufklärungsbemühungen in ihrer Effektivität durch
die Aussichten auf eine wirtschaftliche Stabilisierung in Deutschland bei den älteren
Jugendlichen (weniger aber bei den jüngeren, die davon noch nicht unmittelbar betroffen sind) verstärkt werden. Diese Erklärung bedarf zusätzlicher Annahmen. Sie
kann Plausibilität nur dann beanspruchen, wenn es eine enge Verbindung zwischen
den nachgewiesenen antisemitischen Einstellungen und generellen fremdenfeindlichen Einstellungen gibt, wobei letztere wenigstens eine Teilmotivation aus der Konkurrenz um die knappe Ressource „Arbeitsplätze" schöpfen.

Die Annahme einer engen Verbindung zwischen antisemitischen und generell fremdenfeindlichen Einstellungen ist in der letzten Zeit mehrfach geäußert worden und
hat in einer empirischen Untersuchung in fünf Bundesländern im Jahr 1996 auch eine
erste Bestätigung gefunden (Frindte et al., 1999). Die folgende Tabelle zeigt, daß
auch in unseren Daten die Grenze zwischen fremdenfeindlichen und antisemitischen
Überzeugungen fließend ist.

Tab. 5: **Verbindung zwischen den Antisemitismus-Skalen und Fremdenfeindlichkeit**
(Korrelationskoeffizienten: Spearmans Rho*)

Items der Skala „Ausländerfeindlichkeit"	Skala „Anti-semitische Vorurteile"	Skala „Ver-antwor-tungsab-wehr"
Wir sollten jeden Ausländer, der in unserem Land leben möchte, willkommen heißen.	-0,37	-0,41
Bei entsprechender Qualifikation sollten Ausländer dieselben Chancen auf dem Arbeitsmarkt haben wie Deutsche.	-0,50	-0,51
Die Äusländer haben Schuld an der Arbeitslosigkeit in Deutschland.	0,52	0,52
Deutschland den Deutschen – Ausländer raus.	0,58	0,61
Die Ausländer muß man aufklatschen und raushauen.	0,58	0,61
„Ausländerfeindlichkeit" (Gesamtskala)	0,64	0,66

*) Alle Koeffizienten sind signifikant mit p< 0,01.

Der Vergleich der Koeffizienten macht zunächst die Parallelität in den Strukturen der
beiden antisemitismusrelevanten Skalen transparent. Dies unterstreicht noch einmal
die mentale Verwandtschaft zwischen den „klassischen" Vorurteilen gegenüber Juden und den Versuchen, bei mehr oder weniger formaler Abgrenzung zu den Verbre-

chen der Nazis eine „jüdische" Ausbeutung der deutschen Schuld am Holocaust zu behaupten und damit wesentliche Teile der antisemitisch geprägten Sicht auf die „jüdische Mentalität" zu retten.

Der Vergleich der Korrelationskoeffizienten und damit des Anteils geteilter Varianz zwischen den Antisemitismus-Skalen und den verschiedenen Aspekten der Ausländerfeindlichkeit läßt zunächst zwei wichtige Schlußfolgerungen zu. Einerseits scheint die Angst vor dem Verlust knapper ökonomischer Ressourcen nicht nur Fremdenfeindlichkeit, sondern auch Antisemitismus zu befördern. Antisemitische Ansichten teilen etwa 25 Prozent ihrer Varianz mit solchen Items, die einen Zusammenhang zwischen Ausländern und der Situation auf dem deutschen Arbeitsmarkt herstellen. Dies äußert sich in den negativen Korrelationen des Antisemitismus mit dem positiv formulierten Prinzip „gleiche Chancen auf dem Arbeitsmarkt auch für Ausländer" und den negativen Korrelationen des Antisemitismus mit dem Vorwurf, die Ausländer trügen „Schuld an der Arbeitslosigkeit" (Koeffizienten zwischen 0,37 und 0,52). Andererseits lautet die zweite Schlußfolgerung aus den Ergebnissen, daß ökonomische Konkurrenz nicht die einzige Brücke zwischen Juden- und Ausländerfeindlichkeit darstellt. Das zeigt sich darin, daß der irrationale, jedenfalls keiner rationalen Begründung bedürfende Fremdenhaß mit über 36 Prozent einen deutlich höheren Varianzanteil mit den Antisemitismusskalen teilt (vgl. die Parolen „Ausländer raus" und „Ausländer aufklatschen"; Koeffizienten zwischen 0,58 und 0,61). Fremdenfeindliche Parolen, die solch einen dumpfen, gegen alles Unvertraute gerichteten Impuls bedienen, könnte man als die „reinere", genuinere Form der Fremdenfeindlichkeit bezeichnen, da sie auf einen sozio-ökonomischen Überbau verzichten. Sie setzen ihre Motivation gleichsam als selbstverständlich voraus. Solche Parolen finden zwar weniger Anhänger unter brandenburgischen Jugendlichen als solche, die fremdenfeindliche Ressentiments mit einer scheinbar rationalen Argumentation (Bedrohung Arbeitsplatz) verknüpfen (vgl. Kapitel 5 in diesem Band). Daß es gerade die „reinen" fremdenfeindlichen Impulse sind, die besonders hoch mit den Antisemitismusskalen korrelieren, verweist nachdrücklich auf die strukturelle Ähnlichkeit von fremdenfeindlichen und antisemitischen Einstellungen.

Grundsätzlich belegen die Korrelationen der Tabelle 5, daß „Juden" und „Ausländer" in den Köpfen vieler Jugendlicher verwandte Kategorien darstellen. Dieser Eindruck mag durch die jüngste Einwanderungswelle von russischen Juden verstärkt worden sein. Sollte hierin jedoch die einzige Ursache für die teilweise Parallelität der fremden- und judenfeindlichen Überzeugungen gesehen werden? Dies erscheint kaum plausibel. Zumindest wäre in diesem Fall nur schwer erklärbar, wieso gerade die „ökonomischen" Elemente der Fremdenfeindlichkeit nur vergleichsweise gering mit den antijüdischen Ressentiments korrelieren. Wahrscheinlicher ist, daß Juden in den neuen Bundesländern ganz unabhängig von ihrer tatsächlichen Staatszugehörigkeit, Religion oder Kultur a priori ganz ähnlich wie „Fremde" oder „Ausländer" kategorisiert werden. Die Unkenntnis vieler Ostdeutscher von jüdischer Kultur, jüdischer Religion, jüdischem Alltagsleben (vgl. Sturzbecher & Freytag, 2000b) ist geeignet, ein solches Bild von den Juden als „Fremden" zu zementieren.

Durch dieses Fremdheitserleben werden sozialpsychologische Mechanismen in Gang gesetzt, welche im Sinne eines circulus vitiosus ihrerseits wieder zur Verbreitung einer negativen Einstellung gegenüber Juden beitragen. Diese psychologischen Mechanismen sind grundsätzlich ähnlich für alle ethnischen oder sozialen Minderheiten. Sie betreffen u.a. Mechanismen der sozialen Wahrnehmung, der selektiven Speicherung von Gedächtnisinhalten oder die sozio-emotionale Dynamik im Umgang mit Wir- und Fremdgruppen (vgl. ausführlich dazu Freytag & Sturzbecher, 2000). Die Abwertung von fremden Gruppen und die Diskriminierung ihrer Mitglieder tragen zum Beispiel zur Steigerung des eigenen Selbstwertgefühls bei und schaffen darüber hinaus Voraussetzungen für die lustvoll erlebte Aggressionsabfuhr bei Frustrationen. Als psychologische Motivation für die Aufbesserung des Selbstwertgefühls bei vielen Ostdeutschen kommt neben den handfesten ökonomischen Schwierigkeiten, wie sie zum Beispiel mit Arbeitslosigkeit einhergehen, auch das Gefühl in Frage, nur ein „Bürger 2. Klasse" zu sein. Dieses Gefühl teilten 1997 immerhin 80 Prozent (!) einer ostdeutschen Stichprobe (Walz & Brunner, 1997)[8].

4.4.3 „Geschichtsloser" Antisemitismus

Die Unschärfe in der mentalen Abgrenzung der Konzepte von „Juden" und „Fremden" kann einen Teil der antisemitischen Einstellungen von ostdeutschen Jugendlichen aufklären. Dennoch darf darin nicht die einzige Ursache für die vergleichsweise weit verbreiteten antijüdischen Ressentiments gesehen werden.

Juden spielen im öffentlichen gesellschaftlichen Diskurs der Bundesrepublik (in Presse, elektronischen Medien, Literatur, Schule etc.) aus gutem Grunde eine prominente Rolle. Man darf annehmen, daß auch die meisten Jugendlichen von der besonderen Stellung, die der Beziehung zu den Juden in Deutschland aufgrund der deutsch-jüdischen Vergangenheit beigemessen wird, zumindest eine grobe Vorstellung haben. Trotzdem, so hatten wir weiter oben festgestellt, verfügen die meisten Jugendlichen kaum über konkretes Wissen von den Juden; zumindest nicht über solches, das über die leidvollen Erfahrungen der Juden während der Nazizeit hinausginge. Aus der Sicht vieler Jugendlicher mag sich dadurch eine Schere öffnen zwischen der großen Aufmerksamkeit für Juden in der deutschen Gesellschaft auf der einen Seite und ihrer – zumindest aus der jugendlichen Perspektive – „schablonenhaften", wenig faßbaren Existenz auf der anderen. Diese Disparität erzeugt ein „Bedeutungsvakuum", das viele Jugendliche offensichtlich nicht nur mit offiziellen Bildungsangeboten der Schule oder anderer demokratischer Institutionen füllen, sondern auch mit den Argumenten des Antisemitismus[9].

---

[8] Es handelt sich allem Anschein nach um eine Untersuchung des EMNID-Instituts. Genaue Angaben über die untersuchte Stichprobe fehlen in der zitierten Literatur.

[9] Ein Grund für die zu schwache Wirkung der Aufklärungsbemühungen der demokratischen Institutionen ist dabei wahrscheinlich auch im Mißtrauen gegenüber der bürgerlichen Demokratie selbst zu suchen, die nur von einer Minderheit der Ostdeutschen akzeptiert und von vielen mit kapitalistischer Ausbeutung assoziiert wird (Fuchs, Roller & Weßels, 1997). Rechtsextreme Propaganda kann hier um so mehr eine besondere Attraktivität entfalten, als sie sich oftmals genuin kapitalismusfeindlich gibt.

Es bleibt bis zu einem gewissen Grade unklar, wie stark die negativen Einstellungen zu Juden unter der ostdeutschen Jugend tatsächlich auf historisch überkommenen Vorbildern fußen. Einerseits wurde weiter oben beschrieben, daß die Zerrbilder von Juden über Generationen hinweg tradiert wurden. Ohne ihre antijüdische Grundausrichtung aufzugeben, wurden die vorurteilsvollen Überzeugungen der Antisemiten immer wieder an die spezifischen Sichtweisen der jeweiligen Epoche oder des jeweiligen sozialen Milieus angepaßt und so überlebensfähig gemacht. So gesehen liegt die Hypothese nahe, daß die Überzeugungen der antisemitisch orientierten Jugendlichen in Ostdeutschland die Verlängerung der alten, judenfeindlichen Diskurse darstellen. Diese Hypothese ist so naheliegend und scheinbar selbstverständlich, daß sie nach 1990 in alle Jugendstudien zum Antisemitismus unhinterfragt eingeflossen ist. Dennoch muß sie durchaus nicht (zumindest nicht uneingeschränkt) richtig sein.

Gerade unter den Bedingungen der DDR, so hatten wir weiter oben festgestellt, ist die Tradierung der Stereotype unterbrochen worden. Sei es aus Mangel an Gelegenheit, aus Desinteresse, politischem Opportunismus oder auch aus echter humanistischer Überzeugung: Judenfeindliche Stereotype waren in der späten DDR ebensowenig verbreitet wie Juden selbst oder die Kenntnisse über Juden in der Bevölkerung. Dies spricht nicht dafür, daß der wieder aufgelebte Antisemitismus in Ostdeutschland zu einem bedeutenden Teil von den Elterngenerationen an die Jugendlichen weitergegeben wurde. Bei Sturzbecher & Freytag (2000b) finden sich Hinweise auf einen Generationsbruch zwischen den antisemitischen Jugendlichen und ihren Eltern in Ostdeutschland. In der vorliegenden Studie wurde diese Hypothese noch einmal aufgegriffen und mit verbesserter Methodik[10] geprüft. Die folgende Tabelle schlüsselt nach sozio-demographischen Kriterien auf, wie sich die Haltung der Jugendlichen zu Juden von der ihrer Eltern unterscheidet.

Tab. 6:   Einstellungsvergleich nach Soziodemographie – 1999 (Angaben in %)

Subpopulationen		Einstellungsvergleich mit den Eltern*)				
		(1)	(2)	(3)	(4)	(5)
Geschlecht	Männlich	2,0	2,9	45,7	8,6	8,8
	Weiblich	1,7	3,3	54,1	3,8	2,5
Sek. I	Sek. I – O	1,3	3,0	38,2	7,5	8,5
Schultypen	Sek. I – OR	2,2	3,4	39,7	9,8	9,0
	Sek. I – OG	1,2	2,7	63,5	3,0	1,5
	Sek. I gesamt	1,4	3,0	45,8	6,6	6,5
Sek. II allg. /	O/OG u. OG	3,8	4,0	64,9	3,0	1,8
berufl. Bildg.	OSZ – BA	1,9	3,0	50,5	7,7	6,4
Gesamt		1,9	3,1	49,8	6,3	5,8

*) (1) Ich bin viel freundlicher zu Juden eingestellt als meine Eltern.
   (2) Ich bin etwas freundlicher zu Juden eingestellt als meine Eltern.
   (3) Ich habe zu Juden die gleiche Einstellung wie meine Eltern.
   (4) Ich bin etwas weniger freundlich zu Juden eingestellt als meine Eltern.
   (5) Ich bin viel weniger freundlich zu Juden eingestellt als meine Eltern.
   An 100 Prozent fehlende Werte: „Weiß nicht" oder „Keine Angabe".

---

[10] In der Studie von 1996 war nur indirekt gefragt worden, ob die Jugendlichen eine andere Haltung zu Juden einnehmen als ihre Eltern, nicht aber, wie diese Haltung sich konkret unterscheidet. 1999 wurde direkt nach der Art einer eventuellen Abweichung gefragt.

Die Tabelle zeigt zunächst die wenig überraschende Tatsache, daß sich die große Mehrheit derjenigen Jugendlichen, die eine inhaltlich auswertbare Aussage treffen, in Übereinstimmung mit ihren Eltern befindet. Das eigentlich interessante Ergebnis ist jedoch eine deutliche Asymmetrie bei den abweichenden Ansichten: Während fünf Prozent der Jugendlichen eine positivere Haltung zu Juden als ihre Eltern vertreten, empfinden mehr als 12 Prozent ihre Haltung im Vergleich zu den Eltern als negativer. Besonders die männlichen Befragten stechen hier mit über 17 Prozent hervor. Darüber hinaus lassen sich negative Abweichungen von der Haltung der Eltern insbesondere bei den Gesamt-, Real- und Berufsschülern nachweisen.

Abb. 5: **Vergleich der Einstellung der Jugendlichen mit der Einstellung ihrer Eltern zu Juden, Brandenburg – 1999** (Angaben in %)

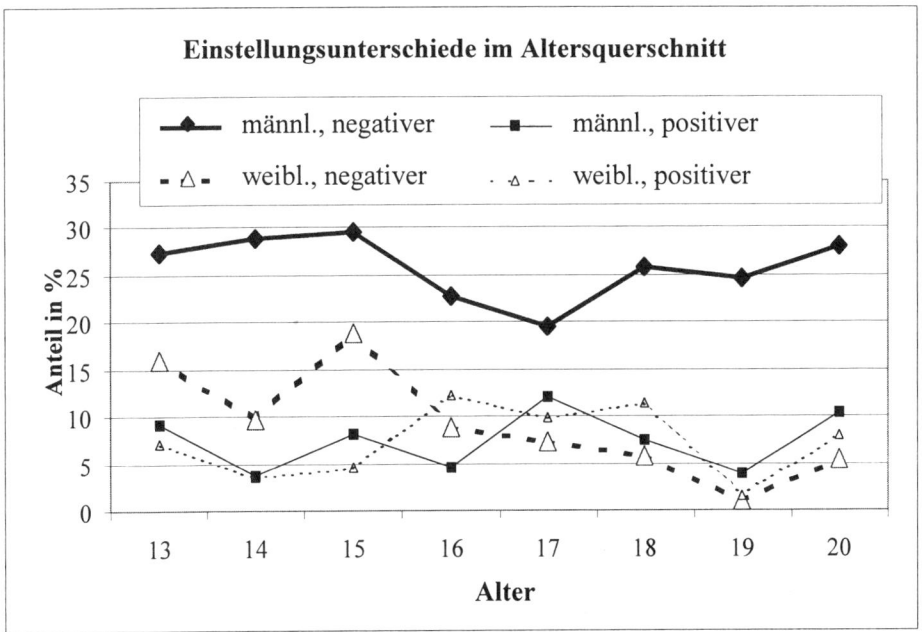

Sind die abweichenden Ansichten der Jugendlichen hauptsächlich durch das pubertäre oder postpubertäre Bestreben geprägt, gewissermaßen „aus Prinzip" eine andere Meinung als die Eltern zu vertreten? In diesem Falle sollte es in der Altersgruppe der 13- bis 14jährigen ein Höchstmaß an Nichtübereinstimmung geben, die mit zunehmendem Alter langsam zurückgeht. In Abbildung 5 werden die Anteile der positiven und negativen Nicht-Übereinstimmungen getrennt für die Geschlechter altersabhängig aufgeschlüsselt. Die Daten stützen die Vermutung einer pubertären oder postpubertären Auflehnung gegen die Eltern kaum. Allenfalls bei den jungen Frauen zeigt sich im Altersquerschnitt ein schwacher, aber immerhin statistisch überzufälliger Trend: Der Anteil der weiblichen Befragten mit einer negativeren Sicht auf Juden fällt mit höherem Alter etwas ab (dicke, unterbrochene Linie). Bei den jungen Männern Brandenburgs ist dagegen die Quote der negativen Nicht-Übereinstimmung wesentlich höher und bleibt auch mit zunehmendem Alter auf hohem Niveau (Korrelation zwischen der Haltung zu Juden im Vergleich zu den Eltern und dem Lebensalter der Befragten: $r_{\text{männl. Befragte}}= 0,03$, n.s.; $r_{\text{weibl. Befragte}}= 0,13$, p< 0,01).

Für die Differenzen zwischen der Jugend und ihren Eltern sollte also nicht nur eine pubertäre „Laune" verantwortlich gemacht werden, die „von allein" wieder verschwindet. Die folgende Tabelle belegt, daß eine negativere Einstellung zu Juden im Vergleich mit den Eltern offensichtlich sogar ein sehr typisches Merkmal des ostdeutschen Antisemitismus unter Jugendlichen darstellt. Die Tabelle dokumentiert klar, daß die meisten Antisemiten unter den ostdeutschen Jugendlichen ihre Ideen trotz (und nicht: wegen) der elterlichen Einflüsse vertreten. Nur jeder fünfte der hoch antisemitischen Jugendlichen gibt an, sich mit seinen Eltern in Übereinstimmung zu befinden. Über 40 Prozent der Jugendlichen mit den höchsten Werten auf der Skala „Antisemitische Vorurteile" und sogar über 55 Prozent der Jugendlichen mit hohen Werten auf der Skala „Verantwortungsabwehr" wissen dagegen, daß sie mit ihren negativen Ansichten zu Juden bei den Eltern nicht auf Zustimmung stoßen. Eine geringe Ausprägung auf den beiden Antisemitismus-Skalen bedeutet dagegen nur für eine Minderheit von sieben Prozent der Jugendlichen, damit zugleich eine positivere Haltung zu Juden als die Eltern einzunehmen. Offensichtlich erleben die projüdisch eingestellten Jugendlichen eben kaum eine Differenz zu ihren Eltern[11]. Dieses Resultat unserer Studie ist geeignet, die widersprüchlichen Ergebnisse zwischen bevölkerungsrepräsentativen Ost-West-Studien (in denen die Ostdeutschen besonders wenig Antisemitismus demonstrieren) und Ost-West-Vergleichen in Jugendstudien (bei denen ostdeutsche Jugendliche besonders hohe Werte im Antisemitismus demonstrieren) aufzuklären. Offensichtlich werden die Grenzlinien des Tabus der Judenfeindschaft, welche während der DDR-Sozialisation gezogen wurden, von der Eltern-Generation insgesamt mehr respektiert als von der Generation heutiger Jugendlicher.

Tab. 7: Einstellungsvergleich nach Ausprägung antisemitischer Ansichten – 1999
(Angaben in %)

„Antisemitische Vorurteile"	Einstellungsvergleich mit den Eltern (1999) *)				
	(1)	(2)	(3)	(4)	(5)
Gering	2,5	4,5	69,1	2,0	0,2
Eher gering	1,9	3,3	56,0	5,3	1,9
Eher hoch	1,2	2,0	34,9	13,8	12,1
Hoch	3,2	0,9	23,5	9,3	33,1
„Verantwortungsabwehr"	Einstellungsvergleich mit den Eltern (1999) *)				
	(1)	(2)	(3)	(4)	(5)
Gering	3,0	4,4	68,8	1,8	0,5
Eher gering	1,6	2,9	47,8	7,7	4,0
Eher hoch	0,9	1,9	30,6	14,5	17,3
Hoch	3,4	0,0	17,0	8,3	48,6

*) (1) Ich bin viel freundlicher zu Juden eingestellt als meine Eltern.
(2) Ich bin etwas freundlicher zu Juden eingestellt als meine Eltern.
(3) Ich habe zu Juden die gleiche Einstellung wie meine Eltern.
(4) Ich bin etwas weniger freundlich zu Juden eingestellt als meine Eltern.
(5) Ich bin viel weniger freundlich zu Juden eingestellt als meine Eltern.
Zeilenweise an 100 Prozent fehlende Werte: „Weiß nicht" oder „Keine Angabe".

---

[11] Dies stellt zugleich einen wichtigen Unterschied zur allgemeinen Ausländerfeindlichkeit dar: Viele Jugendliche mit geringen Werten auf dieser Skala grenzen sich durch eine besonders positive Sicht auf Fremde und Ausländer von den Eltern ab (vgl. Kap. 5).

Um so drängender stellt sich die Frage, woher Teile der brandenburgischen Jugend ihre judenfeindlichen Konzepte beziehen. Eine immer wieder vorgebrachte Meinung besagt, daß geschulte antisemitische Kader (zum Beispiel aus rechtsextremen Parteien oder Vereinigungen) über Mundpropaganda, Printmedien und Internet die Popularisierung solcher Zerrbilder erreicht haben. Die Tatsache, daß es solche Aktivitäten gibt, ist unumstritten. Weniger klar ist freilich, inwieweit es allein diesen in Ostdeutschland nicht eben zahlreichen (Wagner, 2000) und zudem am Rande der Illegalität agierenden Ideologen gelungen sein sollte, einen so erheblichen Einfluß auf bis zu 30 Prozent aller Jugendlichen zu erreichen. Eine solche Wirkung wäre im Grunde nur dann plausibel, wenn auf der Seite der Jugendlichen selbst bereits eine negative „Vor-"Einstellung zu Juden existierte, die die Aufnahme von rechtsextremen Ideologemen erleichtert. Es müßte sich darüber hinaus um eine „Vor-"Einstellung (oder mentale Disposition) handeln, die weitgehend ohne detaillierten Rückgriff auf die historischen Vorurteile gegen Juden auskommt. Es gibt gute Gründe dafür, die Existenz einer solchen Disposition unter vielen ostdeutschen Jugendlichen anzunehmen. Erste Indizien dafür liefern Interviews, die 1996 mit Jugendlichen durchgeführt wurden (vgl. Sturzbecher, Welskopf & Schmidt-Buthenhoff, 2000). Darin gibt zum Beispiel ein gegen Antisemitismus eingestellter Schüler zu Protokoll:

> *„Alleine kriegen sie* [die Skinheads, R.F.] *ja kein Wort raus, weil sie zu dumm sind zum Denken. ... Ich meine die meisten, die wissen gar nicht, warum sie so einen Haß entwickelt haben. Das ist total unschlüssig."* (ebenda, S. 167)

Auch ein Schüler, der möglicherweise selbst Ressentiments hegt, diese im Interview aber vorsichtig seinen Freunden in den Mund legt, weist auf die fehlende Begründung für die Ablehnung von Juden hin:

> *„Wenn man heutzutage mit der Altersgruppe von mir oder anderen zusammen ist, heißt es, Juden gehören in die Gaskammer oder so..., und sie wissen den Grund wahrscheinlich selber nicht oder so."* (ebenda, S. 169)

Frappierend ist diese Aussage vor allem deshalb, weil in ihr gähnende Wissenslücken scheinbar mühelos mit einem verbalen Antisemitismus der schlimmsten Sorte verbunden werden. Beide Aussagen, auch wenn sie bezüglich der eigenen Positionierung wahrscheinlich nicht übereinstimmen, enthalten den gemeinsamen Hinweis, daß es offenbar unter Jugendlichen eine negative Stimmung gegen Juden gibt, ohne daß die Vertreter diese Einstellung irgendwie „begründen" könnten – und sei diese „Begründung" auch noch so abstrus. Das bestätigt die Vermutung, daß antijüdische Einstellungen unter ostdeutschen Jugendlichen durchaus ohne den Rückgriff auf historische Vorurteile gegen Juden auskommen könnten. Der Kontakt mit historischen Argumenten des Antisemitismus würde dann nicht zu den notwendigen Voraussetzungen für die Entstehung dieser diffusen negativen Haltung gegenüber Juden gehören.

Verwendet man in einer anonymen Untersuchung Aussagen, die traditionelle Vorurteile gegenüber Juden artikulieren, dann werden zwei Probanden„typen" diesen Aussagen gleichermaßen zustimmen: Einerseits Probanden, die die antisemitischen Behauptungen tatsächlich kennen und ihnen Glauben schenken, andererseits aber auch Probanden, die die Behauptungen zwar noch nie gehört haben, die sich aber sofort von der negativen Konnotation dieser Items angezogen fühlen, weil sie ihrer diffusen Disposition entsprechen. Auf der Basis einer Untersuchung, die nur aus Items der traditionellen Vorurteile besteht, kann man somit zwar eine Aussage über die Akzeptanz der antisemitischen Bilder in der untersuchten Population treffen, nicht aber über die „Profilschärfe" der judenfeindlichen Einstellungen. Selbst wenn die mentale Disposition ostdeutscher Jugendlicher vollkommen indifferent gegenüber den historisch „legitimierten" Zerrbildern des Antisemitismus wäre, könnte dies leicht übersehen werden.

Diese Beschränkung kann überwunden werden, wenn die „traditionellen" antijüdischen Klischees durch „erfundene" Klischees ergänzt werden. Solche „erfundenen" Klischees müßten sich von den alten Vorurteilen durch ihre Inhalte, nicht aber durch ihre antijüdische Stoßrichtung unterscheiden. Stimmen nun die antisemitisch orientierten Jugendlichen in einer Untersuchung diesen „erfundenen" Vorurteilen gegenüber Juden in gleichem Maße zu wie den „echten", dann kann dies als starkes Argument für die vermutete mentale Disposition gelten, die ohne rationale oder historische Verwurzelung auskommt.

Um einen solchen Vergleich in unserer Untersuchung vornehmen zu können, wurde beiden Antisemitismusskalen jeweils ein Kontrollitem hinzugefügt. Diese Kontrollitems mußten zwei Anforderungen erfüllen. Sie sollten

- eine negative Haltung gegenüber Juden (Skala „Antijüdische Vorurteile") bzw. gegenüber der Aufarbeitung der deutschen Verbrechen an den Juden nach 1945 (Skala „Verantwortungsabwehr") zum Ausdruck bringen, zugleich aber
- neue Behauptungen darstellen, die so über Juden noch nicht (oder zumindest nicht typischerweise) kursieren.

Es kommt einem bitteren Zynismus gleich, daß die Konstruktion solcher „erfundener" Vorurteile allein schon deshalb schwierig war, weil man im Laufe der Geschichte den Juden faktisch alles vorgeworfen hat, was die menschliche Gesellschaft an Verbrechen und Dekadenz hervorgebracht hat. So sind auch die beiden verwendeten Items wahrscheinlich kaum als vollkommen neuartige Vorwürfe gegenüber den Juden aufzufassen, immerhin aber als „vergleichsweise unüblich". Als Kontrollitem für die Skala „Antijüdische Vorurteile" wurde die folgende Formulierung gewählt: „Die meisten Juden leben vom Diebstahl". Den Vorwurf des Diebstahls als Lebensunterhalt erheben deutsche Stammtischrunden bevorzugt gegenüber Sinti und Roma („Zigeunern"). Mit Bezug auf Juden ist der Vorwurf dagegen untypisch[12]. Überdies sollte die Formulierung „die meisten" eine hohe Schwelle zur Zustimmung aufbauen. Die Tatsache, daß es im Mittelalter tatsächlich einige Diebesbanden gab, die ihre Mitglieder ganz oder teilweise aus verarmten Juden rekrutierten, welche sich nirgends niederlassen durften (Gidal, 1997), darf für die heutigen Vorurteile gegen-

---

[12] Selbst Hitlers 1925 im Verlag Franz Eher in München erschienenes Buch „Mein Kampf", das sicherlich alle bekannten Schmähungen gegenüber Juden enthält, erhebt den Vorwurf des Diebstahls nur in übertragener Form: Jüdische Künstler werden darin des „Diebstahls geistigen Eigentums" bezichtigt (Band 1, S. 332); die „jüdischen Bolschewisten" zu politischen Repräsentanten der Lüge und des Diebstahls erklärt (Band 2, S. 489) oder Juden des Bestehlens der gesamten deutschen Nation beschuldigt (Band 1, S. 212). Der Vorwurf des Diebstahls in seiner ursprünglichen Form (z.B. im Sinne eines Einbruchdiebstahls o.ä.) findet sich nicht.

über Juden als weitgehend bedeutungslos angesehen werden. In keiner der Untersuchungen zum Antisemitismus der letzten Jahre wurde ein solcher oder ähnlich lautender Vorwurf verwendet, um antijüdische Einstellungen zu operationalisieren.

Das zweite Kontrollitem, welches auf die Skala „Verantwortungsabwehr" abgestimmt ist, lautete: „In der DDR haben die Juden wegen der Naziverbrechen zuviel Entschädigung bekommen". Für dieses Item ist die Formulierung „in der DDR" besonders wichtig. Erstens wird damit für die befragten brandenburgischen Jugendlichen ein stärkerer persönlicher Bezug hergestellt. Wichtiger aber ist zweitens die Tatsache, daß antisemitische Kreise den Vorwurf eines „Zuviel an geleisteter Entschädigung" tatsächlich gern erheben – dies aber nicht mit dem Verweis auf die DDR, sondern mit dem auf die Bundesrepublik. In der DDR wurde den auf ihrem Territorium lebenden Juden zwar individuelle Hilfe angeboten, was auch materielle Leistungen für den unmittelbaren Lebensunterhalt einschloß. Fabriken und andere Produktionsmittel wurden von Restitutionsansprüchen allerdings ausgeschlossen (Keßler, 1995). Überdies lehnte die DDR alle Zahlungen an Juden ab, die sich nicht auf ihrem Staatsgebiet aufhielten. Im Gegensatz dazu akzeptierte die Bundesrepublik ab Anfang der 50er Jahre die Forderung, auch die überlebenden Juden zu entschädigen, die deutschen Boden nicht mehr betreten wollten (Benz, 1992). Insgesamt leistete die Bundesrepublik dadurch einen wesentlich größeren Beitrag zur materiellen Wiedergutmachung als die DDR (vgl. auch Freytag, 2000). Die Anwürfe antisemitischer Kreise, die Juden hätten sich an dieser Bereitschaft zur finanziellen Sühne bereichert, bezieht sich also gerade nicht auf die DDR.

Genießen die beiden „erfundenen" im Vergleich zu den „traditionellen" Vorurteilen nun die gleiche oder eine geringere Zustimmung unter brandenburgischen Jugendlichen? Die folgenden beiden Abbildungen (Abb. 6 und Abb. 7) geben darüber Auskunft. Sie stellen den Prozentsatz der Jugendlichen dar, die den jeweiligen Items ganz oder teilweise zugestimmt haben.

Die Grafiken zeigen, daß die beiden Kontrollitems von den Jugendlichen in gleichem Maße akzeptiert werden wie Items, welche die „klassischen" Vorurteile zum Ausdruck bringen. Dem Diebstahlsvorwurf stimmen etwa 20 Prozent der Jugendlichen zu. Damit liegt das Item zwar am unteren Ende der Hierarchie, ist aber von seiner Akzeptanz her vergleichbar mit den „echten" antisemitischen Behauptungen, daß die Juden Deutschland ruinieren wollten oder über zuviel Einfluß in der Welt verfügten. Im Fall des Kontrollitems über die Entschädigung in der DDR müssen sogar über 35 Prozent Zustimmung registriert werden. Damit erhält ein „erfundener" Vorwurf, der nicht einmal im Denksystem des krudesten Antisemiten Sinn macht, die zweithöchste Zustimmung aller Items, die die Abwehr von Verantwortung ausdrücken. Nur die inhaltlich verwandte Behauptung, die Juden würden versuchen, aus ihrer Verfolgung heute Vorteile zu ziehen, wird von noch mehr Jugendlichen unterstützt.

Noch deutlicher wird die Verwandtschaft der künstlichen mit den wirklichen Vorurteilen, wenn man sich ihre Zusammenhangsmuster ansieht. So korreliert sowohl das Kontrollitem „Diebstahl" hoch mit dem Skalenwert „Antisemitische Vorurteile" (r= 0,75) als auch das Kontrollitem „Entschädigung" mit dem Skalenwert „Verantwortungsabwehr" (r= 0,68).

Abb. 6: Anteil der Zustimmung („Stimmt vollkommen" und „Stimmt teilweise") zu den Items der Skala „Antijüdische Vorurteile" und zum entsprechenden Kontrollitem (Angaben in %)

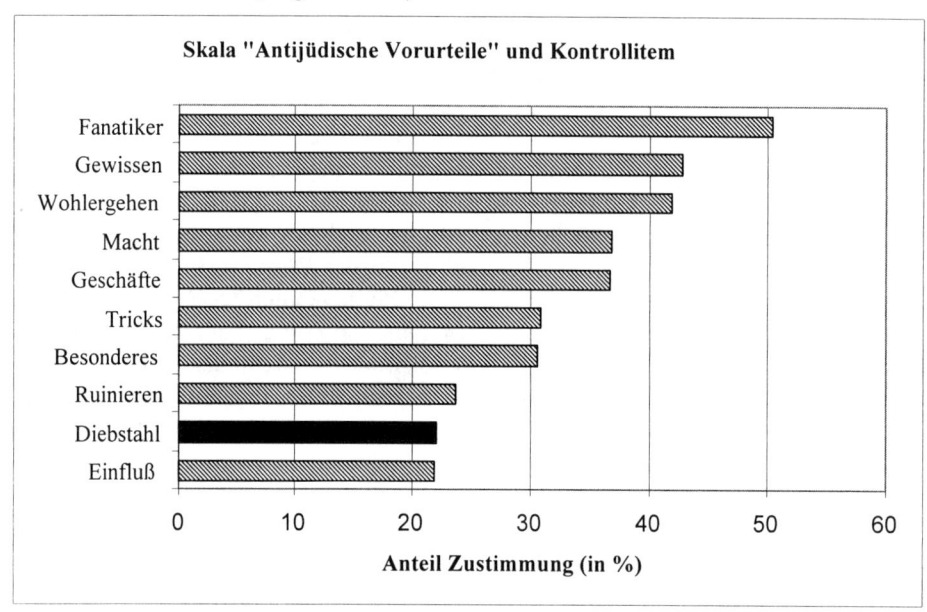

Fanatiker:	Juden sind religiöse Fanatiker.
Gewissen:	Die Juden verstehen ganz gut, das schlechte Gewissen der Deutschen auszunutzen.
Wohlergehen:	Die Juden kümmern sich nur um ihr eigenes Wohlergehen.
Macht:	Die Juden streben nach Macht und Einfluß in Politik und Wirtschaft.
Geschäfte:	Die meisten Juden haben nichts anderes als Geschäfte im Kopf.
Tricks:	Die Juden arbeiten mehr als andere Menschen mit üblen Tricks, um das zu erreichen, was sie wollen.
Besonderers:	Die Juden halten sich für etwas Besonderes.
Ruinieren:	Die Juden haben versucht, Deutschland zu ruinieren.
Diebstahl:	**Die meisten Juden leben vom Diebstahl. (Kontrollitem)**
Einfluß:	Die Juden haben auf der Welt zuviel Einfluß.

Fassen wir an dieser Stelle zusammen. Eine Reihe von Beobachtungen legt nahe, daß ostdeutsche Jugendliche mit hohen Ausprägungen von Antisemitismus nicht notwendigerweise erst durch die alten, falschen Mythen von Juden zu ihren Ressentiments gekommen sind. Offensichtlich begünstigt eine diffuse Stimmung gegen alles Fremde und „Undeutsche" die Ausbildung einer unspezifischen, „blinden" Ablehnung von Juden, die auf eine rationale und historische Fundierung weitgehend verzichten kann. Die judenfeindlichen Jugendlichen stimmen in der anonymen Befragungssituation allen Aussagen zu, die ihrer dumpfen Ablehnung von Juden einen Anstrich von Legitimation zu geben scheinen. Unterschiede zwischen den „klassischen" Vorurteilen gegenüber Juden, die sich meist noch mit dem Mäntelchen der geschichtlichen Authentizität zu bedecken versuchen, und willkürlichen Behauptungen negativer „jüdischer" Eigenschaften bleiben den meisten dabei verborgen. Zugleich spüren diese jugendlichen Antisemiten eine deutliche Einstellungsdifferenz zu ihren Eltern. Das Tabu der Judenfeindschaft scheint bei den ostdeutschen Erwachse-

nen noch immer stark verankert zu sein. Leider teilen die meisten in der DDR sozia-
lisierten Eltern mit ihren heute 14- bis 20jährigen Kindern auch die weitgehende Unkenntnis über das Judentum und über die vielfältigen Wurzeln der Judenfeindschaft.
So dürften die meisten kaum in der Lage sein, die notwendige Aufklärungsarbeit allein zu leisten. Hier sind die ganze Gesellschaft und besonders die Institutionen der
politischen Bildung gefragt.

Abb. 7: **Anteil der Zustimmung („Stimmt vollkommen" und „Stimmt teilweise") zu
den Items der Skala „Verantwortungsabwehr" und zum entsprechenden
Kontrollitem** (Angaben in %)

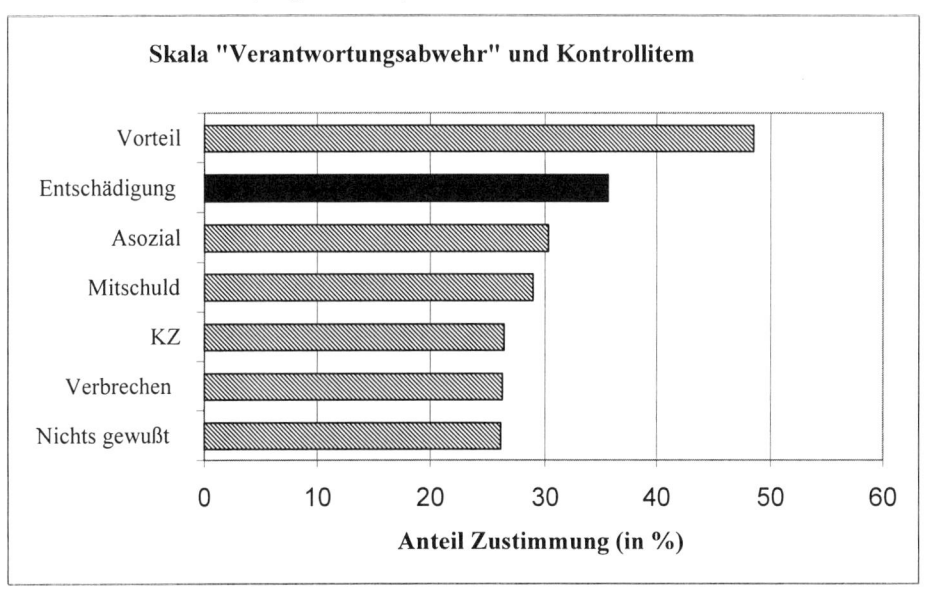

Vorteil: Viele Juden versuchen heute aus der Vergangenheit einen Vorteil zu ziehen.
Entschädigung: **In der DDR haben die Juden wegen der Naziverbrechen zuviel Entschädigung
                   bekommen. (Kontrollitem)**
Asozial: Viele Juden waren damals asozial.
Mitschuld: Die Juden sind mitschuldig, wenn sie gehaßt und verfolgt werden.
KZ: In den Berichten über Konzentrationslager und Judenverfolgung wird viel übertrie-
                     ben dargestellt.
Verbrechen: Mich beschämt, daß Deutsche soviel Verbrechen an Juden begangen haben. (Hier
                     wurde der Anteil der Antworten „Stimmt kaum" und „Stimmt nicht" dargestellt.)
Nichts gewußt: Von den Verbrechen an den Juden haben die Deutschen nichts gewußt.

4.4.4 Ein „Schlußstrich" unter die Aufarbeitung der deutsch-jüdischen Ge-schichte?

Aus politischer und pädagogischer Sicht besteht kein Zweifel daran, daß nicht zuletzt
angesichts der weit verbreiteten antijüdischen Stimmungen unter der ostdeutschen
Jugend die Forderung nach einem Schlußstrich unter die Aufarbeitung der deutsch-
jüdischen Vergangenheit nicht akzeptabel ist. Die folgende Tabelle zeigt jedoch, daß
dabei erhebliche Widerstände auf Seiten der Jugendlichen einzukalkulieren sind.

Tab. 8: **Forderung nach einem Schußstrich, Brandenburg – 1999** (Angaben in %)

Subpopulationen		Schlußstrich-Forderung*), Brandenburg 1999			
		Stimmt völlig	Stimmt teilweise	Stimmt kaum	Stimmt nicht
Geschlecht	Männlich	39,3	32,5	18,0	10,2
	Weiblich	26,7	39,3	19,9	14,1
Sek. I **Schultypen**	Sek. I – O	33,1	34,9	19,6	12,4
	Sek. I – OR	37,5	38,4	14,6	9,5
	Sek. I – OG	27,5	38,5	23,6	10,4
	Sek. I gesamt	32,2	36,5	20,0	11,3
Sek. II allg. / **berufl. Bildg.**	O/OG u. OG	25,0	38,5	20,7	15,8
	OSZ – BA	41,2	32,3	14,9	11,6
Gesamt		33,2	35,8	18,9	12,1

*) Itemformulierung: „Man sollte endlich Schluß machen mit dem Gerede über unsere Schuld gegenüber den Juden."

Obwohl mit dem Wort „Gerede" eine besonders abwertende Formulierung gewählt wurde, welche die Schwelle zur Zustimmung zu dem Item eigentlich erhöhen sollte, identifizieren sich mehr als zwei Drittel der brandenburgischen Jugendlichen wenigstens teilweise mit dieser Forderung. Es überrascht nicht, daß die Einstellung zur Schlußstrichdebatte noch einmal die Binnenstrukturen des Antisemitismus nachzeichnet. So rufen diejenigen Jugendlichen am lautesten nach einem Ende der Aufarbeitung der deutsch-jüdischen Geschichte, in deren Milieu sich die meisten Antisemiten finden. Die Forderung nach einem Schlußstrich korreliert mäßig sowohl mit der Skala „Antijüdische Vorurteile" ($r = -0,38$, $p < 0,01$) als auch mit der Skala „Verantwortungsabwehr" ($r = -0,39$, $p < 0,01$); höhere Werte bei den Skalen zur Judenfeindlichkeit gehen mit der lauteren Forderung nach einem Ende der gesellschaftlichen Diskussion einher.

Tab. 9: **Schlußstrichforderung in Brandenburg 1996, NRW 1996 und Brandenburg – 1999** (Angaben in %)

Erhebung	Schlußstrich-Forderung			
	Stimmt völlig	Stimmt teilweise	Stimmt kaum	Stimmt nicht
NRW 1996	24,2	39,8	19,5	16,5
Brandenburg 1996	38,2	37,9	13,7	10,2
Brandenburg 1999	33,1	34,9	18,6	13,4

Immerhin zeigt der Jahresvergleich von 1996 zu 1999, daß in der ostdeutschen Jugend zumindest in dieser Beziehung ein positiver Trend erkennbar ist. Tabelle 9 belegt, daß der Anteil der Jugendlichen, die sich der Diskussion stellen wollen, von 1996 zu 1999 gestiegen ist. Dieser Trend wird sowohl durch die jungen Frauen ($Z = -4,7$, $p < 0,01$) als auch durch die jungen Männer ($Z = -2,9$, $p < 0,01$) getragen. Wiederum zeigt die Vergleichsstichprobe von 1996 aus Nordrhein-Westfalen günstigere Daten, die trotz des positiven Trends auch 1999 in Brandenburg nicht erreicht werden.

4.5 Fazit

Antisemitismus ist unter brandenburgischen Jugendlichen noch immer ein weit verbreitetes Phänomen. Dies gilt sowohl bezüglich der Zustimmung zu den alten, historisch überkommenen Vorurteilen gegenüber Juden als auch bezüglich der Versuche, die Verantwortung des deutschen Volkes für die Verbrechen an den Juden zu leugnen oder zu bagatellisieren. Zwar ist der Anteil der in besonders hohem Maße judenfeindlichen Jugendlichen bei beiden Indikatoren von 1996 zu 1999 leicht zurückgegangen. Trotzdem besitzen noch immer große Teile der Jugend zu wenig Resistenz gegen den Antisemitismus. Da die übergroße Mehrzahl Jugendlicher mit antijüdischen Einstellungen über keine persönlichen Erfahrungen mit Juden verfügt, bestätigt sich einmal mehr die Erkenntnis, daß Juden für das Gedeihen von Judenfeindschaft durchaus entbehrlich sind.

Die vorliegenden Analysen haben in verschiedener Hinsicht neue Erkenntnisse über das Wesen des ostdeutschen Antisemitismus erbracht. Zunächst zeigte sich, daß eine wichtige psychologische Triebkraft antijüdischer Einstellungen das Fremdheitserleben zu sein scheint, das viele Jugendliche (und wahrscheinlich nicht nur die jungen Leute) gegenüber Juden empfinden. „Juden", „Fremde" und „Ausländer" scheinen als Kategorien in den Köpfen der befragten Jugendlichen zu verschwimmen und sich gegenseitig zu überlappen. Trotzdem nehmen die ostdeutschen Jugendlichen die besondere Rolle der Juden in der deutschen Gesellschaft wahr. Allerdings scheint diese Wahrnehmung paradoxerweise zu einer negativen emotionalen Einstellung vieler Jugendlicher gegenüber Juden beizutragen. Unsere Untersuchung legt den Gedanken nahe, daß die Verbreitung antijüdischer Stereotype nicht notwendig die Ursache einer diffusen antijüdischen Stimmung sein muß, sondern auch deren Folge sein kann.

Ist dieser „geschichtslose" Antisemitismus der ostdeutschen Jugendlichen eine weniger gefährliche Variante der alten Judenfeindschaft, weil er auf die alten Mythen verzichten kann? Das Gegenteil ist offensichtlich der Fall. Unsere Untersuchung hat gezeigt, daß die emotionale Disposition der ostdeutschen Jugendlichen nur zu schnell mit fast beliebigen Inhalten gefüllt werden kann, so sie nur die vorhandenen negativen Ressentiments befriedigen. Damit besteht nicht nur die Gefahr, daß die alten antisemitischen Feindbilder unter „Überspringen" der Elterngeneration erneut in der deutschen Bevölkerung eingepflanzt werden und dann lange weiterleben. Darüber hinaus lädt die historische Unkenntnis der Jugend die Demagogen und Chauvinisten rechter Couleur geradezu ein, beliebige neue Mythen vom „Juden" zu kreieren und die Erreichung ihrer antihumanen und demokratiefeindlichen Ziele damit voranzutreiben. In bezug auf ihre Bekämpfung könnte die „Wurzellosigkeit" der aktuellen antijüdischen Stimmungen allerdings eher ein Anlaß zu vorsichtigem Optimismus sein. Zumindest erscheint es einleuchtend, daß eine diffuse emotionale Einstellung mit den Mitteln der Pädagogik immer noch leichter anzugehen ist als eine verfestigte emotionale Einstellung, die sich mit pseudorationalen Argumenten gegen ihre Aufweichung wehrt. Damit ist nicht gesagt, daß die pädagogische Einflußnahme schnell oder gar mühelos zum Ziel führen wird. Aber es ist damit gesagt, daß bis zu 30 Prozent Jugendliche mit judenfeindlichen Einstellungen in unserer Befragung nicht unbedingt 30 Prozent verbohrte Antisemiten in Brandenburg bedeuten.

Einen möglichen Hinweis auf die komplizierte psychologische „Mechanik" der Entstehung judenfeindlicher Einstellungen unter ostdeutschen Jugendlichen liefert ihre eigene Sprache. Außenseiter im Klassenverband oder in Freizeitgruppen werden in der heutigen Jugendsprache oft mit dem Begriff „Opfer" bezeichnet. Wenn das Wort „Opfer" in dieser Weise als sprachliche Markierung sozialer Isolierung fungiert, ist es psychologisch gesehen nur ein kleiner Schritt zu der Annahme, daß viele Jugendliche in kaum bewußter Form genau diese Angst erleben: zum Opfer zu werden. Die Angst vor sozialer Ausgrenzung führt dazu, daß mit provokantem, nonkonformistischem Verhalten versucht wird, Aufmerksamkeit und soziale Anerkennung zu gewinnen. Unter inhaltlichen Aspekten eignen sich gerade die in Ostdeutschland lange tabuisierten judenfeindlichen Ressentiments dazu, Aufmerksamkeit zu erregen und, vor dem Hintergrund eines verbreiteten diffusen Antisemitismus, auch Beifall unter Gleichaltrigen zu ernten. Dies gilt vor allem für Jugendliche, die ein hohes Selbstbewußtsein und Autonomie demonstrieren wollen. In einer umfassenden statistischen Ursachenanalyse des Antisemitismus finden sich die entsprechenden psychologischen Zusammenhänge auch bestätigt (vgl. Sturzbecher & Freytag, 2000 b, S. 151f.). Danach war es besonders ein Syndrom aus übersteigertem Selbstbewußtsein und dem frustrierenden Gefühl, in der eigenen Lebensgestaltung Spielball fremder Mächte zu sein, welches Energie für Fremdenhaß und Antisemitismus freisetzt (vgl. auch den Beitrag von Sturzbecher, Landua & Heyne in diesem Band). Jugendliche, die sich in dieser Weise an der Gestaltung ihrer Lebensentwürfe gehindert sehen, fühlen sich vermutlich häufig selbst als „Opfer" ihrer Verhältnisse. Um diese Belastung zu kompensieren, bietet sich als Weg des geringsten psychischen Widerstands an, den bedrohlichen „Opferstatus" zu delegieren (zu den zugrundeliegenden sozialpsychologischen Mechanismen vgl. Freytag & Sturzbecher, 2000).

Vor diesem Hintergrund zeigt sich eine fatale Wirkung der Reduktion der jüdischen Geschichte auf die Geschichte der Verfolgungen der Juden, wie sie beispielsweise Ignatz Bubis immer wieder kritisch angemerkt hat (Bubis, 1994). Daraus ist nicht die Forderung nach einem Ende der Aufarbeitung der Schattenseiten der deutsch-jüdischen Vergangenheit abzuleiten, sondern die Forderung nach Ergänzung dieser Aufarbeitung. Die pädagogische Arbeit muß neben der emotionalen Distanzierung von den Verbrechen der Nazis am jüdischen Volk verstärkt auf die emotionale Akzeptanz eines solchen Deutschlands zielen, zu dem Bürger jüdischen Glaubens oder jüdischer Herkunft ganz selbstverständlich gehören. Im schulischen Bereich müssen erweiterte Darstellungen der Religion, der Kultur und des Alltags von Juden helfen, die psychologische Entsolidarisierung von Teilen der ostdeutschen Jugend mit den Juden zu beenden. Auch in dieser Beziehung gilt das Wort Simon Wiesenthals über die Bekämpfung des Antisemitismus: „Information ist Abwehr" (1988, S. 333).

„It required years of labor and billions of dollars to gain the secret of the atom. It will take a still greater investment to gain the secrets of man's irrational nature."

(Gordon W. Allport, 1954)

5 Ausländerfeindlichkeit unter ostdeutschen Jugendlichen

Detlef Landua, Dietmar Sturzbecher & Rudolf Welskopf

5.1 Problemstellung

Fast täglich werden im wiedervereinigten Deutschland Menschen wegen ihrer Hautfarbe, ihrer Nationalität, ihrer religiösen oder politischen Überzeugungen diskriminiert oder tätlich angegriffen. Die Übergriffe auf Asylbewerberunterkünfte in Hoyerswerda und Rostock, Menschentreibjagden durch die Innenstädte von Magdeburg oder Guben sowie der Brandanschlag auf zwei Wohnhäuser mit türkischen Familien in Mölln waren nur dramatische und besonders folgenreiche Ereignisse einer kaum noch abreißenden Kette von brutalen Attacken auf Asylsuchende und Nicht-Deutsche, von Brand- und Bombenanschlägen auf Mahn- und Gedenkstätten sowie von Schändungen jüdischer Friedhöfe. Zusammen mit den relativ hohen Stimmenergebnissen für rechtsextreme Parteien bei verschiedenen Wahlen haben diese Vorfälle das Bild der Bundesrepublik Deutschland auch im Ausland negativ verändert.

Dabei richtet sich die Aufmerksamkeit von Öffentlichkeit, Politik und Wissenschaft vor allem auf die Ausländerfeindlichkeit von (ostdeutschen) Jugendlichen. Dies erscheint einerseits verständlich, denn die Einstellungen der Jugendlichen können als ein „Barometer" zukünftiger Entwicklungen verstanden werden. Andererseits kann die schnelle Fokussierung auf die Ausländerfeindlichkeit unter Jugendlichen den Blick auf die tatsächliche Komplexität des Phänomens verengen. Um dem vorzubeugen, wollen wir nachfolgend einige themenbezogene Fragen diskutieren.

Fremdenfeindlichkeit als „deutsches Problem"?

Ein auch im Ausland verbreitetes Erklärungsmuster der zurückliegenden fremdenfeindlichen Vorkommnisse in Deutschland greift auf die deutsche Vergangenheit zurück. Das Bild des ausländer- und fremdenfeindlichen Deutschen wird durch die Ergebnisse mehrerer Untersuchungen nicht bestätigt. Eine wachsende Ausländerfeindlichkeit in der breiten Bevölkerung war in Deutschland von den 80er Jahren bis in die 90er Jahre nicht feststellbar (Wiegand, 1993). Vielmehr gehen mittlerweile auch viele Rechtsextremismusforscher davon aus, daß sich erst in letzter Zeit eine nationenübergreifende Renaissance rechtsextremen Gedankenguts abzeichnet. So gab es nach dem repräsentativen Eurobarometer 37 in mehreren europäischen Nachbarländern größere Vorbehalte gegen Ausländer als in Deutschland. Demnach wären

Rechtsextremismus und die ihm folgende Fremdenfeindlichkeit keineswegs deutsche Relikte der NS-Zeit, sondern ein Phänomen der Moderne, das aus dem Kern hochentwickelter Industriegesellschaften erwächst (Kowalsky, 1993). So feierten rechtsgerichtete Parteien in den letzten Jahren außerhalb Deutschlands ihre größten Erfolge: Jörg Haider in Österreich oder Le Pen in Frankreich. Um es klar zu sagen: Natürlich steht Deutschland auch 50 Jahre nach der Öffnung der Tore von Auschwitz in einer besonderen Verantwortung gegenüber seiner Geschichte, aber es wäre irreführend, den Ursachen von Fremdenfeindlichkeit und Rechtsextremismus nur auf nationaler Ebene nachzugehen.

Fremdenfeindlichkeit als „Jugendphänomen"?

Die Analyse von Langzeitdaten zeigt zwar, daß sich der Umfang fremdenfeindlicher Potentiale bis in die 90er Jahre in der deutschen Bevölkerung insgesamt kaum erhöht hat, jedoch ist bei Teilen der Jugend ein negativer Stimmungsumschwung erkennbar (Willems et al., 1993). Dieser Befund ist zweifellos in doppelter Hinsicht besorgniserregend, einerseits, weil die im Jugendalter aufgebauten Vorurteile nur zu einem bestimmten Teil veränderbar sein dürften und damit auch in Zukunft handlungsleitend sein werden, und andererseits, weil unter fremdenfeindlich eingestellten Jugendlichen ein nicht unerhebliches Ausmaß an Gewaltbereitschaft zu erkennen ist. Aber ist Fremdenfeindlichkeit wirklich nur ein „Jugendphänomen"? Die durch die Massenmedien verbreiteten Bilder grölender und brandschatzender Jugendlicher in Rostock oder Hoyerswerda haben diesen Eindruck vermittelt. Bei näherer Betrachtung erinnert sich der aufmerksame Beobachter jedoch auch der beistehenden Menge von Erwachsenen, die der marodierenden Jugendhorde Beifall klatschte. Diese Beobachtung wirft Fragen auf: Ist die Thematisierung und Betonung von ausländerfeindlichen und gewalttätigen Einstellungen und Verhaltensweisen unter Jugendlichen nicht auch ein Mittel, um von der alltäglichen Diskriminierung und Gewalt in der Gesellschaft abzulenken? Dies schließt auch die Einstellungen bzw. Handlungen von Erwachsenen ein. Welche Bedeutung hatte in diesem Zusammenhang beispielsweise die in der politischen Agenda öffentlich geführte „Asyldebatte"? Ein mögliches Zusammenwirken einer subtil-stereotypen Öffentlichkeitsmeinung zu bestimmten Ausländergruppen einerseits und bestimmten, fremdenfeindlichen Verhaltensweisen von Jugendlichen andererseits kann zumindest nicht ausgeschlossen werden.

Was ist Ausländerfeindlichkeit?

Der Begriff des „ausländerfeindlichen" Jugendlichen erscheint aus unserer Sicht für eine qualifizierte Problemanalyse irreführend. Die konkreten Folgen von „Ausländerfeindlichkeit" betreffen weder alle Ausländer gleichermaßen noch richten sie sich ausschließlich gegen Ausländer. Schweizer Geschäftsleute, Skandinavier oder weiße US-Amerikanerinnen sind zwar „Ausländer", jedoch in Deutschland nicht Zielgruppen von ausländerfeindlichen Ausschreitungen Jugendlicher. Umgekehrt wird es farbigen Deutschen, beispielsweise sogenannten „Mischlings- oder Besatzungskindern", in der Regel wenig nutzen, wenn sie in entsprechenden Gefahrensituationen auf ihren deutschen Paß hinweisen. Der Begriff „Ausländerfeindlichkeit" lenkt sowohl von den eigentlichen Opfergruppen als auch von den zugrundeliegenden Mechanismen von Ausschluß und Diskriminierung ab. Der Terminus „Fremdenfeindlichkeit" im Sinne einer gezielten Ab- und Ausgrenzung von bestimmten Gruppen, die als „Fremde" konstruiert werden, ist zur Beschreibung vieler Probleme in diesem Bereich besser geeignet. Vor diesem Hintergrund erscheint die Konzentration von „ausländerfeindlichen" Ausschreitungen auf Asylbewerber genauso wenig zufällig wie die Ausgrenzung von deutschstämmigen Aussiedlern, die – obwohl im Besitz deutscher Staatsangehörigkeit – wegen ihres anderen kulturellen Hintergrundes vielen „echten" Deutschen ebenso fremd erscheinen wie „richtige" Ausländer.

Wir haben bisher einige theoretische Probleme thematisiert und wollen uns nun den Fragen zuwenden, die im Mittelpunkt unserer Untersuchung stehen:

1. Wie groß ist das Ausmaß von Fremdenfeindlichkeit unter Jugendlichen in Brandenburg?
2. Welche Entwicklungstrends sind dabei zwischen 1993 und 1999 erkennbar?
3. Was sind die Ursachen für Fremdenfeindlichkeit von ostdeutschen Jugendlichen?

Die Polizeiliche Kriminalstatistik (PKS)

Einen Zugang zur Ermittlung des Ausmaßes fremdenfeindlicher Handlungen Jugendlicher liefern die Daten der PKS. Entsprechende Übergriffe sind seit der „Wende" in Ostdeutschland und auch in Brandenburg im Vergleich zu westlichen Bundesländern überproportional feststellbar. Laut Verfassungsschutzbericht des Bundes waren in den Jahren 1998 und 1999 etwa 60 Prozent aller Gewalttaten mit rechtsextremistischem Hintergrund in der Bundesrepublik gegen Fremde bzw. Ausländer gerichtet (Bundesamt für Verfassungsschutz, 2000). 1998 lag der Anteil des Landes Brandenburg an den fremdenfeindlichen Gewaltstraftaten in der Bundesrepublik bei 59 von 435, das heißt bei 13,6 Prozent (Im Vergleich: Der Bevölkerungsanteil Brandenburgs an der Gesamtbevölkerung liegt bei rund drei Prozent). Während nach den polizeilichen Statistiken Brandenburg im Jahre 1997 hinsichtlich rechtsextremistischer Gewalttaten je 100.000 Einwohner bundesweit noch Platz 2 belegte, befand es sich 1998 auf Platz 4. Wie der Innenminister auf der Pressekonferenz zur Vorstellung des Jahresberichts 1998 des brandenburgischen Verfassungsschutzes (MI, 1999a) mitteilte, sei der militante Kern der rechtsextremistischen Jugendszene in Brandenburg allerdings nicht kleiner geworden und beziffere sich weiterhin auf etwa 550 Personen.

Die PKS zeigte 1998 für Brandenburg also einen Rückgang rechtsextremistisch motivierter Gewaltstraftaten im Vergleich zum Vorjahr, genauer gesagt von 98 auf 59 Straftaten, wobei der Anteil mit fremdenfeindlicher Zielrichtung weniger deutlich zurückging (MI, 1999b). Um diesen Rückgang richtig einschätzen zu können, wollen wir die Veränderungen seit der Wende betrachten. So war die Anzahl fremdenfeindlicher Delikte in Brandenburg in den Jahren bis 1993 überaus hoch, 1994 zeichnete sich dann eine Halbierung der Deliktrate ab. Seit 1994 stagniert die Zahl fremdenfeindlicher Straftaten etwa auf dem heutigen Niveau. Dabei waren von Jahr zu Jahr jedoch durchaus Schwankungen von bis zu 25 Prozent zu beobachten. Eine Analyse der Täterstruktur zeigt dabei: Etwa drei Viertel der Straftäter waren unter 21 Jahre alt. Ältere Bürger beteiligen sich tendenziell weniger an fremdenfeindlichen Delikten; dafür treten unter 14jährige häufiger in Erscheinung.

Zum besseren Verständnis dieser Zahlen ist noch auf folgendes hinzuweisen: Der Anteil der Bevölkerung im Land Brandenburg ohne deutsche Staatsangehörigkeit belief sich 1998 lediglich auf rund 60.000 Personen oder 2,4 Prozent von 2,6 Millionen Einwohnern (Statistisches Landesamt, 2000, Internet). In der Bundesrepublik Deutschland lebten im Jahre 1998 dagegen etwa 7,3 Millionen gemeldete Ausländer, das bedeutet eine Quote von 9,8 Prozent, also erheblich mehr als in Brandenburg. (Statististisches Bundesamt, 2000, Internet). Die Zahl potentieller „Opfer" von fremdenfeindlichen Straftaten lag also in Brandenburg – wie auch in anderen ostdeutschen Bundesländern – deutlich unter dem Bundesdurchschnitt. Vor diesem Hintergrund erhalten die vorgestellten Daten der PKS über das Ausmaß an Straftaten mit fremdenfeindlichem Hintergrund in Brandenburg ein zusätzliches Gewicht.

Es bleibt festzuhalten: Die PKS zeigt im Hinblick auf Fremdenfeindlichkeit eine hohe Problembelastung in den neuen Bundesländern. Die angeführten Statistiken geben jedoch nur einen unvollständigen Eindruck über das tatsächliche Ausmaß an Fremdenfeindlichkeit, da sie sich nur auf „erfaßte Fälle", also auf offenes Verhalten stützen (Stichwort: „Dunkelziffer"). Zusätzlich hängt die Anzahl der erfaßten Straftaten auch vom Anzeigeverhalten der Betroffenen und Zeugen ab. Weiterhin beeinflussen Wertungen der Behörden, inwieweit in einem konkreten Fall beispielsweise ein rechts- oder linksextremistischer Hintergrund eine Rolle spielt, die Zuordnung von Gewaltstraftaten. Schließlich bleiben in der PKS das Ausmaß von fremdenfeindlichen Einstellungen oder Gewaltbereitschaft unter Jugendlichen sowie die Frage nach Motiven und Ursachen von Straftaten unberücksichtigt.

Sozialwissenschaftliche „Dunkelfeldstudien"

Sogenannte „Dunkelfeldstudien" – zu denen auch die Studie „Jugend in Brandenburg" zählt, versuchen, das Ausmaß an Fremdenfeindlichkeit unter Jugendlichen mit einer anderen Methodik zu ermitteln: Sie wenden sich direkt an die Jugendlichen und erfassen über Befragungen und Selbstberichte relevante Einstellungen, Motive, Verhaltensweisen und andere Hintergrundinformationen zum Themenbereich „Fremdenfeindlichkeit". Die Vorteile dieser Vorgehensweise sind vielgestaltig: Zum einen unterliegen die so ermittelten Daten nicht bestimmten, methodisch nur schwer kontrollierbaren Schwankungen der PKS. Zum anderen ermöglicht diese Methodik auch den Zugang zu den oben genannten Aspekten von Fremdenfeindlichkeit, die in der PKS unberücksichtigt bleiben. Der Zugang zu diesen Aspekten erfordert es, psychologische Ansätze mit der Analyse sozialer Kontexte zu verbinden. Unserer Auffassung nach können nur in Verbindung beider Untersuchungsebenen weiterführende Erkenntnisse darüber erlangt werden, warum unter den spezifischen Bedingungen Ostdeutschlands Jugendliche in außergewöhnlich hohem Maße fremdenfeindliche Vorurteile entwickeln und zu entsprechenden Gewalttaten neigen.

In früheren Untersuchungen wurde bereits auf die Notwendigkeit multiperspektivischer Ansätze zur Analyse fremdenfeindlicher Einstellungen und Verhaltensweisen von Jugendlichen hingewiesen, gleichzeitig aber das weitgehende Fehlen entsprechender Umsetzungen beklagt (Butterwege, 1996; Pilz, 1994; Klawe & Matzen, 1993; Aschwanden, 1995). Einige neuere Studien heben sich vor dieser Kritik jedoch positiv ab. So unterscheidet Frindte (1999) in seinem „Heuristischen Modell zur

Analyse des Umgangs mit Fremdenfeindlichkeit (HAUF)", zur Erklärung fremdenfeindlicher, antisemitischer und gewaltbezogener Konstruktionen, zwischen makrosozialen Bedingungen (Arbeitslosigkeit, politische Spezifik einzelner Bundesländer usw.), mesosozialen Bedingungen (jugendliche Subkulturen, Identifikation mit politischen Organisationen/religiösen Gemeinschaften usw.), mikrosozialen Interaktionsräumen (kritische Lebensereignisse, soziale Unterstützung in der Familie usw.) und individuellen Sinnräumen (Werte, politische Orientierungen, Selbstwert usw.).

Auch das „ökologische Modell", das Sturzbecher und Langner (1997) in Auswertung der vorangegangenen Untersuchung „Jugend in Brandenburg" vorgestellt haben, betont die Notwendigkeit der Einbeziehung von psychischen Merkmalen der Probanden ebenso wie von Informationen über deren soziale Kontexte in Familie, Schule und Peergroup. Obwohl ursprünglich zur Erklärung von Jugendgewalt konzipiert, erscheint die Übertragung des Anwendungsbereichs auf die Analyse von Fremdenfeindlichkeit erfolgversprechend. Wir kommen bei den theoretischen Überlegungen darauf zurück.

Wir wollen diesen Problemaufriß mit einem Ergebnis illustrieren. Dazu nutzen wir die Frage „Was würden Sie generell zur Anzahl der Ausländer im Land Brandenburg sagen?", die auch in den Schülerbefragungen der Studie „Jugend in Brandenburg" in den Jahren 1993 und 1996 gestellt wurde. Die Ergebnisse zu dieser Frage sind von Bedeutung, weil ihnen der Stellenwert eines „Stimmungsbarometers" unter Jugendlichen zukommt.

Es zeigen sich drei Hauptergebnisse: Erstens ist zu erkennen, daß ein hoher Anteil unter den brandenburgischen Jugendlichen die Anzahl der im Land lebenden Ausländer für zu hoch hält; zweitens äußern weibliche Jugendliche deutlich weniger Vorbehalte hinsichtlich der Zahl der in Brandenburg lebenden Ausländer als männliche Jugendliche; drittens ist von 1993 bis 1996 ein wahrnehmbarer und allgemeiner Rückgang ausländerfeindlicher Einschätzungen (Hinsch & Langner, 1997), jedoch im Zeitraum 1996 bis 1999 eine Zunahme entsprechender Orientierungen festzustellen: Insgesamt 52 Prozent sind gegenwärtig der Meinung, daß die Zahl der in Brandenburg lebenden Ausländer zu hoch sei. Eine ähnlich formulierte Frage wurde auch in der Shell-Studie (2000) gestellt. Dabei zeigte sich ein deutliches Ost-West-Gefälle: Deutlich mehr Jugendliche aus den neuen Bundesländern halten die Zahl der in Deutschland lebenden Ausländer für „zu hoch". In diesem Zusammenhang muß darauf hingewiesen werden, daß die Einschätzung von ostdeutschen Jugendlichen in bezug auf die Zahl der hier lebenden Ausländer in keinem objektiven, nachvollziehbaren Zusammenhang mit dem tatsächlichen – das heißt relativ niedrigen – Bevölkerungsanteil von Ausländern in den neuen Bundesländern steht. Im folgenden Abschnitt wollen wir erläutern, mit welchen Ansätzen und Modellen versucht wird, diese und andere Erscheinungsformen von Fremdenfeindlichkeit zu erklären.

5.2 Theoretische Überlegungen

Theoretische Erklärungsansätze: Eine Übersicht

Insgesamt stellt die kaum mehr überschaubare Literatur zu den Hintergründen von Vorurteilen, Fremdenfeindlichkeit und Gewalt gegen Fremde eine Mischung unterschiedlichster Beschreibungen und Erklärungsversuche dar, die sich häufig jedoch auf Einzelphänomene konzentrieren, ohne einen umfassenden Überblick zu bieten. Die folgenden Ausführungen stellen einige grundlegende Erklärungsmuster vor und versuchen, die Möglichkeiten dieser Ansätze für die Erklärung von Fremdenfeindlichkeit in den neuen Bundesländern zu diskutieren.

Biologische Ansätze

Sie erklären die Ablehnung von Fremden mit einer natürlichen „Fremdenfurcht" (Xenophobie). Abgeleitet aus Beobachtungen in der Tierwelt und des menschlichen Verhaltens, werden Ablehnung und Gewalt gegenüber Fremden als „natürliche", biologisch begründete Reaktionen angesehen. Diese Annahme übernimmt in der Debatte über Ausländerfeindlichkeit eine quasi entlastende Funktion, bleibt in ihrem Inhalt gleichwohl fragwürdig, da sie Menschen ein unreflektiertes, instinktives Reagieren auf Umwelt- und Fremdreize unterstellt.

Individualpsychologische (persönlichkeitsorientierte) Ansätze

Hier ist unter anderem der Ansatz von der „authoritarian personality" (Adorno et al., 1950) sowie seine Fortführung und Reformulierungen zu nennen. Nach Adorno bilden politische und soziale Einstellungen von Personen ein zusammenhängendes Muster. Ein solches Muster, das mit fremdenfeindlichen Einstellungen verknüpft ist, läßt sich als „autoritäre Persönlichkeit" bezeichnen. Die Ursachen hierfür liegen laut Adorno vor allem in der elterlichen Erziehung, die von harter Disziplinierung und Normanpassung geprägt ist. Die Folgen für das Kind sind Unterwürfigkeit gegenüber Autoritäten, aber auch Feindseligkeit gegenüber Minderheiten, da diese solchen Normen, denen man sich selbst unterwerfen muß, weniger entsprechen. Die Anwendbarkeit dieses Ansatzes zur Erklärung von Fremdenfeindlichkeit unter ostdeutschen Jugendlichen ist bezweifelbar. Zum einen widersprechen einige empirische Studien generell einem Zusammenhang zwischen autoritärer Persönlichkeit und fremdenfeindlichen Vorurteilen (Schüpp et al., 1994). Zum anderen erscheint die Übertragung auf ostdeutsche Verhältnisse auch vor dem Hintergrund anzweifelbar, daß Fremdenfeindlichkeit und Rechtsextremismus unter ostdeutschen Erwachsenen, trotz ihrer längeren autoritären DDR-Sozialisation, weniger verbreitet sind als unter Jugendlichen (Friedrich, 1993a).

Sozialpsychologische Ansätze

Manfred Bornewasser (1994) kritisiert, daß es den „Fremden" in der Sozialpsychologie kaum gebe. Fremdenfeindlichkeit, so Bornewasser, sei kein genuin sozialpsychologisches Thema. Gerade die affektiven Komponenten der Einbindung von Personen in soziale Systeme und der Konfrontation mit Fremden, die dem System nicht angehören, seien empirisch niemals systematisch untersucht worden. Trotz dieser Kritik hebt Bornewasser drei sozialpsychologische Forschungstraditionen hervor, die zur Erklärung von Fremdenfeindlichkeit beitragen können. Der älteste Ansatz ist mit den Begriffen „Ethnozentrismus, Vorurteil und Stereotyp" und mit den Namen Sumner, Allport, LeVine und Campbell verknüpft. „Innerhalb dieser Tradition wird davon ausgegangen, daß Einheimische andere Einheimische anders sehen und anders behandeln als Fremde. Im ethnozentristischen Sinne wird die eigene Gruppe oder Ethnien der anderen Gruppe ... übergeordnet und der Einheimische dem Fremden gegenüber als überlegen und höherwertig wahrgenommen... (ebd. S. 94). Ein zweiter Ansatz ist der gruppendynamischen Forschung zuzuordnen. Namentlich zu nennen sind hier Lewin, Cartwright und Sherif. Feindseligkeiten zwischen der eigenen und einer fremden Gruppe entstehen aus dieser Sicht vor allem dann, wenn die Mitglieder einer Gruppe ihre Ziele durch die Fremdgruppe bedroht sehen. Ein dritter Forschungsansatz wird durch die Theorie der sozialen Identität von Tajfel und Turner repräsentiert. Diesem Ansatz folgend, werden Vorurteile, Diskriminierungen und Feindseligkeiten dann wahrscheinlicher, wenn das Bedürfnis nach positiver sozialer Identität nicht mehr ausreichend durch soziale Vergleiche befriedigt werden kann. Als Folge wird die eigene Bezugsgruppe gegenüber der Fremdgruppe als überlegen wahrgenommen. Für unsere Problemstellung sind diese Ansätze durchaus nutzbar: Gerade in der sensiblen Entwicklungsphase zwischen Kindheit und Adoleszenz (Oerter & Dreher, 1995) besteht eine erhöhte Gefahr, daß Jugendliche zur Vergewisserung ihrer Identität und Abgrenzung ihres Selbstkonzepts sich auf eine Peergroup stützen und diese über Vorurteile gegen andere Gruppen definieren. Eine zusammenfassende Darstellung der Funktion von Vorurteilen für menschliche Handlungssteuerung findet sich bei Freytag und Sturzbecher (2000).

Politikorientierte Ansätze

Hierunter können eine ganze Reihe unterschiedlicher Erklärungsansätze zusammengefaßt werden. Einige dieser Ansätze gehen davon aus, daß Fremdenfeindlichkeit gewissermaßen politisch gewollt und gesteuert ist. Um von anderen Problemen abzulenken, würden bestimmte Ausländergruppen, beispielsweise im Rahmen einer „Asyldebatte" instrumentalisiert. Fremdenfeindlichkeit kommt aus dieser Perspektive „von oben" und wird über Medien und öffentliche Debatten transformiert (Ohlemacher, 1993). Wenn auch auf den ersten Blick Indizien erkennbar sind, die für die Richtigkeit dieser Annahmen sprechen (beispielsweise fiel der Zeitpunkt der Asyldebatte kaum zufällig mit der Verschärfung der sozialen Verteilungskämpfe nach der deutschen Wiedervereinigung zusammen), bleibt bei diesem Ansatz jedoch unklar, ob und inwieweit große Bevölkerungsteile tatsächlich instrumentalisierbar und manipulierbar sind. Dennoch ist es nicht auszuschließen, daß beispielsweise die „tabubrechende" Wirkung der Asyldebatte und deren massenmediale Verbreitung zu einer zunehmend ausländerfeindlichen Meinung in der Bevölkerung beigetragen haben. Durch eine derartige, abweisende Haltung gegen Asylbewerber könnten sich jugendliche Täter erst ermutigt gefühlt haben, ihre Taten zu begehen. Fremdenfeindliche Gewalttäter fühlen sich häufig als „Stellvertreter" einer schweigenden Mehrheit (Frindte, 1995; Sturzbecher & Freytag, 2000b).

Soziologisch-ökonomische Ansätze

Soziologische und auch diverse ökonomische Ansätze interpretieren Fremdenfeindlichkeit und Rechtsextremismus im Zusammenhang mit den Folgen von gravierenden gesellschaftlichen Veränderungen und Umbrüchen. Erwähnt seien hier nur das „Konkurrenz-" bzw. „Individualisierungstheorem", das im Kern schon in den 50er Jahren von Gehlen (1957) formuliert und später vor allem durch Beck (1986) theoretisch vertieft wurde. Danach verlieren verpflichtende Traditionen, gesellschaftliche Normen, nachbarschaftliche und verwandtschaftliche Bindungen zunehmend an Bedeutung. Das Individuum ist daher zunehmend auf sich allein gestellt. Zusätzlich wurden in diesem Zusammenhang die Begriffe „Desintegration", „Orientierungsunsicherheit" und „Instrumentalisierung" eingeführt. „Der Einzelne kann, aber er muß auch zunehmend seinen Lebensweg selbst gestalten; vor allem muß er die Risiken des Scheiterns allein tragen. Angst durch das Risiko des Scheiterns und Vereinzelung als Folge verschärfter Konkurrenz sind wichtige Quellen des Entstehens von Fremdheitsgefühlen" (Heitmeyer, 1991b, S. 853). Konkurrenz- und Fremdheitsgefühle führen zum Zusammenrücken von Menschen gleicher Lebenslage, bei gleichzeitiger Abgrenzung gegen „Fremde". Dabei scheint es eher nebensächlich, ob eine solche Konkurrenz objektiv besteht oder nur subjektiv wahrgenommen wird. Obgleich dieser Ansatz zweifellos wichtige Aspekte des sozialen Wandels der letzten Jahre (aber wohl auch zukünftiger) zutreffend kennzeichnet, ist sein Erklärungswert zumindest im Bereich von fremdenfeindlichen Einstellungen und Verhaltensweisen nicht unumstritten. So wird beispielsweise nicht hinreichend erklärt, warum sich Fremdenfeindlichkeit gerade gegen solche Gruppen (z.B. Asylbewerber) richtet, die am wenigsten mit Deutschen auf dem Arbeitsmarkt konkurrieren können.

Auch ökonomische Ansätze beziehen sich in ihren Erklärungsmustern auf die krisenhafte Entwicklung der letzten Jahre, die, begleitet von der partiellen Verschlechterung der Existenzbedingungen einiger Bevölkerungsgruppen (Stichwort: „Modernisierungsverlierer") durch tatsächliche oder drohende Arbeitslosigkeit, ähnlich wie in den 20er Jahren, zu steigenden Vorurteilen und wachsender Fremdenfeindlichkeit führen. Persönlich erfahrene, vor allem aber die Angst vor Status- und/oder Einkommensverlusten, vor Verdrängung und Arbeitslosigkeit können zur Erklärung dafür dienen, daß Fremdenfeindlichkeit keineswegs nur ein Phänomen sozialer Randgruppen ist, sondern auch als „Radikalität der Mitte" erklärbar wird (Aschwanden, 1995).

Diese Überlegungen sind hinsichtlich der besonderen Situation Jugendlicher in Ostdeutschland seit 1990 zu konkretisieren. Beim Übergang von der Schule in das Erwerbsleben stehen viele Jugendliche vor der Hürde, einen Ausbildungsplatz zu finden. Damit werden die Jugendlichen erstmals mit dem Arbeitsmarkt konfrontiert und müssen ihre soziale Lage selbst definieren. Die wirtschaftlichen Grundlagen dafür sind in den neuen Bundesländern denkbar ungünstig. Das betrifft Flächenländer wie Brandenburg in besonderem Maße. Wie Willisch (1999, S. 77) schreibt, ist die Arbeitsgesellschaft der DDR „... nach der Wende nirgends so gründlich zerstört worden wie im ländlichen Raum ... jenseits der Großstädte. Eine Beschreibung dessen, was wir dort beobachten können, gleicht in vielen Punkten Berichten und Studien aus amerikanischen Ghettos oder französischen Vorstädten."

Kühn (1993) stellt einen Zusammenhang zwischen der ökonomischen Situation und der Affinität der Jugendlichen zu gewalttätigen Gruppen her. Aus dem Gesamtbild seiner Untersuchung zeichnen sich folgende Ursachen für rechtsextreme Orientierungen und Fremdenfeindlichkeit ab: Arbeitslosigkeit; Verlust an Wertorientierungen; Probleme beim Aufbau neuer Orientierungen. Es ist allerdings in den neuen Bundesländern nicht nur die ökonomische Situation der Familien und Jugendlichen, die Anfang der 90er Jahre eine erhebliche Verunsicherung erfahren hat, vielmehr hat der rasante soziale Wandel „... bei den Individuen zu einem Gefühl des ‚Durcheinanderwirbelns' und zur Bedrohung des Selbstwertgefühls", zum Verlust von „Orientierungssicherheiten" geführt (Melzer & Schubarth, 1995, S. 53). Die von den neuen Bundesbürgern so empfundene „Unkalkulierbarkeit" der neuen Lebensverhältnisse mündete in ein erhöhtes Unsicherheitsgefühl. Auch die „... Eltern sind mehr als früher mit sich selbst, mit ihren eigenen Problemen beschäftigt, ... können vielfach gar nicht als kompetente Berater auftreten. Jugendliche finden mehr soziale Frustrationen und weniger Halt, Unterstützung als früher in ihrem Milieu." (Friedrich, 1993a, S. 18f.).

Der Bedeutungsverlust sozialer Normen und „alter" Wertemuster der DDR konnte nach der Wiedervereinigung nicht unmittelbar durch die Übernahme westdeutscher Normen und Werte aufgefangen werden. Zumindest zwei Erscheinungen waren Folge des dabei entstandenen „Wertevakuums": Zum einen utilitaristische Orientierungen, die „... Ansprüche anderer nur in dem Ausmaß (anerkennt) ..., wie sie Eigen- oder Gruppeninteressen nicht tangieren. Gerade in wirtschaftlich und politisch schwierigen Zeiten kann diese moralische Urteilsstruktur zur Ausgrenzung sozial Schwacher und Benachteiligter führen, also ein egoistisch-individualistisches Orientierungsmuster zutage fördern, das – wie unsere Analyse gezeigt hat – eng mit Ausländerfeindlichkeit verflochten ist." (Krettenauer & Edelstein, 1996, S. 92). Zum anderen wurden wichtige Positionen im Wertegefüge von nationalen bis nationalistischen Orientierungen eingenommen. In diesem Zusammenhang war auch zu beobachten, daß der Staat beschuldigt wurde, „mehr für Ausländer als für Deutsche zu tun". Die Identifizierung mit Deutschland als „Vaterland", das Gefühl ein Deutscher zu sein, machte viele stolz, erzeugte aber auch ein hohes Anspruchsniveau. Viele ostdeutsche Jugendliche kehrten in demonstrativer, aber auch aggressiver Weise ihre Rolle als Deutscher hervor (Friedrich, 1993a, S. 19). Ergebnisse des DJI-Jugendsurvey bestätigen einen im Vergleich zu westdeutschen Jugendlichen höheren Nationalstolz ostdeutscher Jugendlicher (Westle, 1995, S. 227). Von der ihnen nun so wichtig gewordenen nationalen Identität leiten nach Willisch (1999, S. 84) „... Personen, die sich benachteiligt fühlen... (ab), daß der Sozialstaat nationaler Prägung zuerst ihre Ansprüche befriedigen muß, ehe er das Geld anderweitig verteilt."

Es muß in diesem Zusammenhang weiterhin auch die unterschiedliche soziale Position von Ausländern in den alten bzw. neuen Bundesländern in Betracht gezogen werden. In den alten Bundesländern sind Ausländer seit Jahrzehnten in größerer Zahl ansässig und nehmen (mehrheitlich) auch einen bestimmten Platz im Wirtschafts- und sozialen Leben ein, der von der Bevölkerungsmehrheit im großen und ganzen akzeptiert wird. In den neuen Bundesländern kam es nicht zu einem allmählichen „Gewöhnungseffekt", sondern die neuen Bundesländer wurden in kürzester Zeit vor allem mit zwei Formen der Anwesenheit von Ausländern konfrontiert: (a) als „Billig-Arbeitskräfte" im Bauwesen (teilweise illegal), wo tatsächlich eine Verdrängung einheimischer Firmen und Arbeitskräfte stattgefunden hat, und (b) als Asylbewerber, die in der Regel (legal) nicht arbeiten dürfen, sondern staatlich alimentiert werden. Da sich große Teile der ostdeutschen Bevölkerung vor allem durch Arbeitsplatzverluste depriviert fühlten, war und ist das Verständnis gegenüber den genannten Formen der Anwesenheit von Ausländern gering. Damit sollen keinesfalls ausländerfeindliche Exzesse entschuldigt werden, sondern es geht um die Analyse von Ursachen einer wenig ausländerfreundlichen bis ausländerfeindlichen Grundstimmung in den neuen im Vergleich zu den alten Bundesländern. Eine solche Stimmung ist ein begünstigendes Moment dafür, daß Jugendliche ihre Aggressivität auf Ausländer richten. Asylbewerber beispielsweise sind eine Gruppe, die in der kommunalen Öffentlichkeit kaum Unterstützung und Solidarität genießt. An dieser Stelle können Jugendliche – insbesondere in Cliquen und aus Cliquen heraus – Stärke und Macht demonstrieren, können „Erfolge" u.a. im Sinne von Medienaufmerksamkeit verbuchen.

Mit der obigen Systematisierung wird jedoch nicht das gesamte Spektrum vorhandener Erklärungsansätze abgedeckt. Erwähnt seien hier noch Erklärungsansätze (Eckert & Willems, 1996, S. 98ff.), die Fremdenfeindlichkeit

- auf die Vernachlässigung der Kinder im familialen Kontext zurückführen, insbesondere bedingt durch die Berufstätigkeit von Müttern;
- in Verbindung bringen mit den Einwanderungsschüben, die Ende der 80er und Anfang der 90er Jahre stattgefunden haben und allein zwischen 1989 und 1993 ca. drei Millionen Menschen nach Deutschland brachten;
- als Produkt einer antiautoritären Erziehung auffassen. Allerdings läßt das große fremdenfeindliche Potential in Ostdeutschland, mit den eher autoritären Erziehungstraditionen in der DDR, diese These wenig überzeugend erscheinen;
- auf einen neu erwachten Großmachtwahn und Ethnozentrismus zurückführen, der mit der staatlichen Wiedervereinigung Deutschlands entstanden sei. Eine Befürchtung, die verständlicherweise vor allem in der internationalen Presse aufgegriffen wurde.

Zusammenfassung

Fügt man die obigen Ausführungen und Einzelansätze für unsere Fragestellung zusammen, ergibt sich folgendes theoretische Modell: Wir gehen davon aus, daß bestimmte Persönlichkeitsstrukturen einen gewissen Grad von Anfälligkeit, eine Disposition für fremden- bzw. ausländerfeindliche Meinungen beinhalten. Sie stellen sozusagen „Risikofaktoren" dar, die unter bestimmten moderierenden Kontextbedingungen – wie der familialen Lebenssituation, Deprivationsbefürchtungen oder -erfahrungen – zur Entwicklung ausländerfeindlicher Einstellungen beitragen können (Kapitel 5.4.2). Von weiteren Bedingungen im sozialen Umfeld (Kapitel 5.4.3 bis 5.4.5) – insbesondere in der Peergroup – hängt es ab, ob daraus auch ausländerfeindliche Aktivitäten, politische Gewaltaktionen etc. erwachsen. Ihre Frustration beziehungsweise Aggression lassen die Jugendlichen dann physisch an Ausländern aus. Die „Kosten- und Risikostruktur von Gewalt" (Willems, 1992) stellt sich für sie in dieser Beziehung immer noch relativ „günstig" dar. Um die gravierenden Unterschiede in der

Verbreitung von Ausländerfeindlichkeit zwischen Ost und West aufklären zu können, müssen also individuelle Faktoren und soziale Kontexte sinnvoll in Beziehung gesetzt werden.

5.3 Methodische Bemerkungen

Zunächst soll die in der Studie „Jugend in Brandenburg" verwendete Skala zur Messung von Ausländerfeindlichkeit vorgestellt werden. Unter Ausländerfeindlichkeit verstehen wir eine psychische Verhaltensdisposition, die durch ein negatives emotionales Verhältnis zu bestimmten Gruppen von Ausländern charakterisiert ist. Das Konstrukt „Ausländerfeindlichkeit" wird in unserer Studie über die Zustimmung/ Ablehnung zu insgesamt sieben Items operationalisiert, die verschiedene Aspekte ausländerfeindlicher Einstellungen erfassen:

- „Was würden Sie generell zur Anzahl der Ausländer im Land Brandenburg sagen?";
- „Bei entsprechender Qualifikation sollten Ausländer dieselben Chancen auf dem Arbeitsmarkt haben wie Deutsche";
- „Die meisten Ausländer sind Kriminelle";
- „Wir sollten jeden Ausländer, der in unserem Land leben möchte, willkommen heißen";
- „Deutschland den Deutschen – Ausländer raus";
- „Die Ausländer haben Schuld an der Arbeitslosigkeit in Deutschland";
- „Die Ausländer muß man aufklatschen und raushauen".

Die Items tragen von ihrer Formulierung her verschiedenen möglichen Haltungen zu Ausländern in Deutschland bzw. Brandenburg Rechnung. Das erste Item ist neutral formuliert und bietet von den Antwortvarianten her unterschiedliche Richtungen, das zweite und das vierte Item sind ausländerfreundlich formuliert, das dritte und fünfte bis siebente Item sprechen verschiedene ausländerfeindliche Meinungen an. Die Items zwei bis sieben konnten mit den Vorgaben „Stimmt völlig", „Stimmt teilweise", „Stimmt kaum" oder „Stimmt nicht" beantwortet werden. Die eigentliche Skala „Ausländerfeindlichkeit" wurde durch die additive Verknüpfung dieser Items berechnet und weist hinsichtlich ihrer internen Konsistenz sehr gute Werte auf ($Alpha_{96}$ = .89, $Alpha_{99}$= .88). Zum inhaltlichen Verständnis der im folgenden vorgestellten Ergebnisse seien an dieser Stelle einige Bemerkungen angeführt.

Erstens: Der allgemeine Begriff „Ausländer" unterscheidet nicht zwischen ausländischen Arbeitnehmern und ihren Familien, die teilweise schon Jahrzehnte in der Bundesrepublik ansässig sind, und anderen Ausländergruppen, wie Asylbewerbern oder Touristen aus EU-Staaten. Er berücksichtigt weiterhin nicht den Umstand, daß die zahlenmäßig starke Gruppe deutschstämmiger Aussiedler – obwohl im Besitz der deutschen Staatsangehörigkeit – vielen Jugendlichen ebenso fremd erscheinen wie „richtige" Ausländer. Es ist jedoch bekannt, daß die Bevölkerung in Deutschland (wie auch in anderen europäischen Staaten) hinsichtlich vorhandener Vorbehalte und Vorurteile bei verschiedenen Ausländergruppen teilweise erhebliche Unterschiede aufweist (Wiegand, 1993). Ergebnisse von Jugenduntersuchungen in den neuen Bundesländern zeigten, daß die Ablehnung von Fremden unter ostdeutschen Jugendlichen sich auf bestimmte Gruppen von Ausländern konzentriert (Rochlitz, 1997). Die hier verwendete Skala spiegelt also eine vereinfachte und pauschalisierte Form von Ausländerfeindlichkeit wider. Allerdings finden sich in den Dokumentationen über den Verlauf der Feldarbeiten der Schülerbefragungen kaum Hinweise dafür, daß sich Schülerinnen oder Schüler hinsichtlich der pauschalen Verwendung des Ausländerbegriffes irritiert gezeigt hätten. Man könnte diesen Befund durchaus bereits als ein gewisses Indiz für das Vorhandensein von Stereotypen unter brandenburgischen Jugendlichen hinsichtlich ihres Bildes vom „Ausländer" in Deutschland werten.

Zweitens: Oft ist von Ausländerfeindlichkeit und Fremdenfeindlichkeit in einem Atemzug die Rede; wir beschäftigen uns hier ausschließlich mit dem ersten Konstrukt: Die verwendeten Items beziehen sich verbal ausdrücklich auf „Ausländer". Von den psychologischen Grundlagen her beschreibt „Fremdenfeindlichkeit" ein tieferliegendes oder allgemeineres Phänomen und „Ausländerfeindlichkeit" eine konkrete, aktuelle Erscheinungsform, die an die Existenz von Nationalstaaten gebunden ist. Berechtigte Parallelen zwischen Ausländerfeindlichkeit und Fremdenfeindlichkeit lassen sich sowohl vom psychologischen Sachverhalt her ziehen als auch im Hinblick auf das Handeln von Tätern. Dennoch ist bei der Interpretation der Ergebnisse Vorsicht geboten: Zwar ist eine analytische Trennung beider Sachverhalte prinzipiell möglich; ob sich diese Unterscheidung in tatsächlichen Vorurteilen und Verhaltensweisen beispielsweise von rechtsradikalen Jugendlichen wiederfindet, kann hingegen angezweifelt werden: Sollte ein Jugendlicher der Aussage „Die Ausländer muß man aufklatschen und raushauen" zustimmen, kann diese Zustimmung unter Umständen nicht ausschließlich im Sinne von „Ausländerfeindlichkeit" gedeutet werden. Es ist anzunehmen, daß sich das hinter dieser Einstellung verbergende Gewaltpotential keineswegs nur auf Ausländer richtet, sondern auch als Ausdruck einer tieferliegenden Ablehnung von allem Fremden zu deuten ist, die sich durchaus auch gegen Deutsche (Farbige, Obdachlose, Mitglieder anderer Jugendcliquen usw.) richten kann. Damit wird zwar nicht das Ausmaß entsprechender Feindseligkeiten unter brandenburgischen Jugendlichen unterschätzt, wohl aber werden die Zielgruppen wie auch der Mechanismus von Diskriminierungen und Gewalttätigkeiten verschleiert.

Anmerkungen zur Methode des Extremgruppenvergleichs

Will man Befragte im Hinblick auf ein bestimmtes Merkmal – beispielsweise nach dem Grad ihrer Ausländerfeindlichkeit – unterscheiden und die dabei gebildeten Untergruppen unter Hinzuziehung weiterer Merkmale, Meinungen und Einstellungen inhaltlich näher beschreiben, wird hierzu oft die Methode des „Extremgruppenvergleichs" genutzt, da sie solche Vergleiche besonders anschaulich macht. Die Teilgruppe Jugendlicher mit sehr niedriger Ausländerfeindlichkeit wird dabei mit der Gruppe Jugendlicher mit sehr ausgeprägten ausländerfeindlichen Einstellungen hinsichtlich einer Reihe von Merkmalen verglichen. Besonderheiten/Unterschiede in der Struktur dieser Merkmale zwischen beiden Gruppen können Aufschluß darüber geben, welche persönlichen Eigenschaften bei ausländerfeindlichen Jugendlichen auffällig häufig zu finden sind. Dazu bildet man auf der Grundlage der Verteilung des Basismerkmals zunächst Subpopulationen, die die Ausprägungen von „Ausländerfeindlichkeit" in besonders hoher bzw. niedriger Weise repräsentieren. Die mittleren

Ausprägungen, die sich in der Regel hinsichtlich der Antwortverteilungen der Einzelitems ohnehin relativ indifferent zeigen, werden dabei bewusst „ausgeblendet". [1]

Rechnerisch läßt sich dieser Vorgang so beschreiben: Der additive Index zur Skala „Ausländerfeindlichkeit" setzt sich aus den Angaben zu sieben Items zusammen (s.o.), wobei der Wert 4 „Stimmt völlig" und der Wert 1 „Stimmt nicht" symbolisierte, die Werte 2 und 3 kategorisierten die zwischenliegenden Antwortvorgaben. Jede Person kann demnach auf dem Summen-Index einen Mindest-Summen-Wert von „7" (7 x 1 „Stimmt nicht") und einen maximalen Summen-Wert von „28" (7 x 4 „Stimmt völlig") erreichen. In die Extremgruppe der „Ausländerfeinde" wurden Jugendliche zugeordnet, die auf der Skala Werte zwischen 23 und 28 (oberstes Quartil) erreichten, die zweite Extremgruppe mit den niedrigsten Summenwerten (7 bis 12 – unterstes Quartil) wurde von uns kurz als „Ausländerfreunde" bezeichnet. [2]

5.4 Untersuchungsergebnisse

5.4.1 Ausmaß und Entwicklungstrends von Ausländerfeindlichkeit bis 1999

Insgesamt ist das Ausmaß an ausländerfeindlichen Einstellungen unter brandenburgischen Jugendlichen anhaltend hoch. 1993 mußten rund 40 Prozent der befragten Schülerinnen und Schüler den Gruppen mit „eher hoher" und „hoher" Ausländerfeindlichkeit zugeordnet werden (Tab. 1). Interessant erscheinen die Veränderungen zwischen 1993 und 1999: Nach einer Abnahme im Zeitraum 1993 bis 1996 findet sich bis 1999 ein Anstieg in der Zustimmung zu ausländerfeindlichen Aussagen. Diese Zunahme zeigt sich allerdings nicht am extremen ausländerfeindlichen Rand, sondern eher durch Verlagerungen in der Mitte des Meinungsspektrums. Abgenommen hat vor allem der Anteil von Jugendlichen mit sehr niedriger Ausländerfeindlichkeit, größer geworden ist hingegen die Gruppe Jugendlicher mit mäßigen („eher hoch") ausländerfeindlichen Positionen. In Übereinstimmung mit diesem Befund hat die Zahl der Jugendlichen zugenommen, die meinen, die Anzahl der Ausländer im Land Brandenburg sei zu hoch (Tab. 2). Auch hier ist auffällig, daß sich die diskriminierende Extremposition „Jeder ist zuviel" unter der befragten Schülerschaft bis 1999 nicht weiter verbreitet hat – „nur" etwas mehr als neun Prozent aller brandenburgischen Jugendlichen äußerten sich 1996 und 1999 in dieser Hinsicht. Es ist die zwar unfreundliche, jedoch eher pauschale Wertung „Es sind zu viele", die am meisten

---

[1] Für eine möglichst valide Erfassung der beiden Extremgruppen wurden weiterhin nur jene Jugendlichen einer der beiden Gruppen zugeordnet, die hinsichtlich der sieben Einzelitems ausschließlich konsistente Antwortmuster aufwiesen. Jugendliche, die z.B. nur bei sechs Items ausländerfeindliche Antworten gaben und bei einem Item eine (eher) ausländerfreundliche Angabe machten, sind in den Extremgruppen nicht vertreten.

[2] Um Mißverständnissen bei der Ergebnisdarstellung vorzubeugen erscheint ein Hinweis zu den verwendeten Gruppennamen angebracht: Während Jugendliche, die den Aussagen zur Skala „Ausländerfeindlichkeit" überwiegend zustimmen, sich relativ klar als „Ausländerfeinde" oder „hoch ausländerfeindliche Jugendliche" beschreiben lassen, ist dies bei der anderen Extremgruppe weniger einfach, da eine weitgehende (also eine nicht unbedingt absolute) Ablehnung ausländerfeindlicher Aussagen nicht gänzlich im Sinne einer „ausländerfreundlichen" Gesinnung gedeutet werden kann – kommt einer solchen jedoch recht nahe. Nur zum Zwecke einer einfachen Ergebnispräsentation werden die Extremgruppen deshalb auch mit Begriffen wie „Ausländerfreunde" bzw. „Ausländerfeinde" beschrieben.

verbreitet ist. Dennoch geht 1999 – wie bereits 1993 – nun wieder eine Mehrheit unter den brandenburgischen Jugendlichen von einer „Das Boot ist voll"-Haltung aus.

Tab. 1: **Ausländerfeindlichkeit in den Erhebungsjahren 1993 bis 1999** (Angaben in %; Mittelwerte)*)

Erhebungsjahr	Skala „Ausländerfeindlichkeit"				
	Niedrig	Eher niedrig	Eher hoch	Hoch	Mittelwert
1993	31,8	29,6	24,3	14,3	2,21
1996	35,2	33,9	19,9	11,0	2,06
1999	31,9	32,5	24,7	10,9	2,15

*) Nur die Unterschiede 1993-1996 und 1996-1999 sind signifikant bei p< 0.05.

Tab. 2: **Veränderung der Meinung zur Anzahl der Ausländer – 1993 bis 1999** (Angaben in %)*)

„Was würden Sie generell zur Anzahl der Ausländer im Land Brandenburg sagen?"				
Erhebungsjahr	Jeder ist zuviel	Es sind zuviele	Es sind viele, aber nicht zuviele	Es sind nicht zuviele
1993	13,5	51,8	27,8	6,9
1996	9,4	37,8	42,9	9,8
1999	9,4	45,0	36,5	9,0

*) Die Unterschiede zwischen den Jahren sind signifikant p< 0.05.

Unterscheidet man die Jugendlichen nach Alter und Geschlecht, zeigt sich, daß sich Einstellungen zu Ausländern innerhalb einzelner Gruppen und im Gruppenvergleich unterschiedlich veränderten (Tab. 3).

Tab. 3: **Ausländerfeindlichkeit in den Erhebungsjahren 1993, 1996 und 1999,** differenziert nach Alter und Geschlecht (Mittelwerte)*)

Subpopulationen	Erhebungsjahr		
	1993	1996	1999
Männliche Jugendliche	2,36	2,22	2,29
Weibliche Jugendliche	2,06	1,91	2,00
12 bis 14 Jahre			
- Insgesamt	2,27	2,01	2,29
- Männlich	2,42	2,11	2,41
- Weiblich	2,12	1,90	2,16
15 bis 17 Jahre			
- Insgesamt	2,20	2,06	2,11
- Männlich	2,34	2,21	2,22
- Weiblich	2,05	1,89	1,98
Ab 18 Jahre			
- Insgesamt	2,13	2,13	2,09
- Männlich	2,33	2,33	2,28
- Weiblich	1,98	1,94	1,92

*) Skalenmittelwerte (1= „Niedrig", 4= „Hoch"). Signifikanz: Geschlechtsspezifische Unterschiede sind bei mind. p= 0.05 signifikant. Altersunterschiede nur 1999 zwischen den Altersgruppen (12-14) vs. (15-17) und vs. (18+ Jahre) (Student-Newman-Keuls-Test).

1. Auffällig ist der in allen Befragungsjahren erkennbare Unterschied zwischen Jungen und Mädchen. Ausländerfeindliche Ressentiments sind zwar durchaus auch unter Mädchen zu finden, vor allem aber unter männlichen Jugendlichen. Dieser Unterschied bleibt über einzelne Erhebungsjahre und in allen Altersgruppen erhalten.

2. Auch zwischen einzelnen Altersgruppen finden sich im Zeitverlauf einige bemerkenswerte Unterschiede und Entwicklungen. So waren 1993 besonders in der jüngsten Altersgruppe ausländerfeindliche Meinungen verbreitet; umgekehrt hoben sich in diesem Jahr ältere – vor allem weibliche – Jugendliche (18 und älter) positiv von den Vergleichsgruppen ab. Allerdings blieb diese Position älterer Jugendlicher, entgegen der allgemeinen eher „ausländerfreundlichen" Tendenz, bis 1996 nahezu unverändert stabil, ging dann im weiteren Verlauf – wiederum entgegen dem allgemeinen Trend – zwischen 1996 und 1999 leicht zurück. Ausländerfeindlichkeit war 1996 am geringsten unter jungen Schülerinnen und Schülern ausgeprägt. Damit hatte sich die Rangfolge der Altersgruppen im Zusammenhang mit dem Ausmaß von Ausländerfeindlichkeit zwischen 1993 und 1996 vollständig umgekehrt. Dabei mag auch ein gewisser „Kohorteneffekt" eine Rolle gespielt haben: Die Schülerinnen und Schüler der jüngsten Altersgruppe in 1993 werden mit relativ hoher Wahrscheinlichkeit in zahlenmäßig bedeutsamem Umfang auch noch 1996 an „unseren" Schulen aufzufinden gewesen sein und waren damit als „Kohorte" weiterhin Bestandteil der Schülerbefragungen. Dies könnte zur Folge haben, daß sich in Angaben der mittleren Altersgruppe von 1996 teilweise die ausländerfeindlichen Positionen der jüngsten Altersgruppe von 1993 wiederfinden. Im Zeitraum zwischen 1996 und 1999 nähert sich die Rangordnung zwischen einzelnen Altersgruppen wieder an die Verteilung von 1993 an. Ausländerfeindliche Einstellungen sind 1999 vor allem wieder in der jüngsten Altersgruppe vorhanden. Der im Vergleich hierzu eher gering ausfallende Anstieg in der mittleren Altersgruppe könnte in Teilen wieder auf das Ergebnis eines „Kohorteneffekts" zurückzuführen sein, da sich hier möglicherweise die günstigen Einstellungswerte der jüngsten Altersgruppe von 1996 widerspiegeln.

Betrachten wir nun die in der Skala „Ausländerfeindlichkeit" zusammengefaßten Items mit ihren Veränderungen zwischen 1996 und 1999. Es zeigt sich dabei, daß sich die allgemeine Zunahme an Ausländerfeindlichkeit keineswegs auf alle Aussagen und auf alle Gruppen von Jugendlichen gleichermaßen verteilt.

Frage: „Was würden Sie zu der Anzahl der Ausländer im Land Brandenburg sagen?"
Insgesamt stimmt 1999 ein größerer Anteil aller Jugendlichen der Antwort „Es sind zuviele" zu. Nur unter männlichen Befragten findet sich weiterhin ein höherer Anteil, der auch der weitaus ablehnenderen Aussage „Jeder ist einer zuviel" zustimmt.

Aussage: „Die Ausländer muß man aufklatschen und raushauen"
Auffällig sind hier geschlechtsspezifische Unterschiede. Generell stimmen Mädchen dieser mit physischer Gewalt verbundenen Aussage seltener zu als männliche Jugendliche, was den bekannten Befund einer allgemein geringeren Gewaltbereitschaft unter Mädchen auch an dieser Stelle bestätigt. Erwähnenswerte Veränderungen zwischen 1996 und 1999 sind für Mädchen nicht zu finden, wohl aber für männliche Befragte: Sie stimmen dieser Aussage 1999 deutlich stärker zu. Allerdings muß fest-

gehalten werden, daß auch 1999 rund 80 Prozent aller Jugendlichen in Brandenburg diese Aussage nach wie vor ablehnen; nur sechs Prozent stimmen ihr „voll zu".

Aussage: „Deutschland den Deutschen – Ausländer raus"
Auch diese eindeutig ausländerfeindliche Parole wird von einer überwiegenden Mehrheit der Jugendlichen 1999 abgelehnt (68%), jedoch fällt diese Ablehnung geringer aus als noch drei Jahre zuvor. Auch die Zustimmung zu dieser Aussage ist vor allem unter Jungen verbreitet.

Aussage: „Die meisten Kriminellen sind Ausländer" und
Aussage: „Die Ausländer haben Schuld an der Arbeitslosigkeit"
Für beide Aussagen findet sich zwischen 1996 und 1999 keine signifikante Veränderung. Männliche Jugendliche neigen jedoch häufiger als Mädchen dazu, Ausländer zu kriminalisieren. In der Schuldzuschreibung von Arbeitslosigkeit finden sich hingegen kaum geschlechtsspezifische Unterschiede. Insgesamt lehnen rund die Hälfte aller Jugendlichen die genannten Aussagen ab.

Aussage: „Gleiche Chancen von Ausländern auf dem Arbeitsmarkt" und die
Aussage: „Wir sollten jeden Ausländer willkommen heißen"
Für die beiden ausländerfreundlichen Aussagen findet sich unter brandenburgischen Jugendlichen 1999 insgesamt weniger Zustimmung. Die Chancengleichheit wird dabei 1999 vor allem von weiblichen Befragten seltener befürwortet als 1996. Dennoch stimmen immer noch rund zwei von drei Jugendlichen hier zu. Jeden Ausländer „willkommen heißen" möchte mittlerweile jedoch nur noch eine Minderheit der Jugendlichen. 1999 lehnen fast 55 Prozent diese Aussage ab.

Zusammenfassend läßt sich feststellen, daß die 1999 angestiegene Ausländerfeindlichkeit sich nur auf bestimmte, inhaltlich spezifizierbare Merkmale stützt. So sind bei den „harten Fakten", die in Diskussionen oft eine stereotype Rolle spielen („Ausländer tragen Schuld an der Arbeitslosigkeit", „Ausländer sind kriminell") keine Veränderungen eingetreten. Demagogische Parolen fallen dort, wo es um nachprüfbare Fakten geht, 1999 offensichtlich weniger auf fruchtbaren Boden als noch 1996.

Die gewachsene Ablehnung und Feindseligkeit gegenüber Ausländern äußert sich unter Mädchen in eher subtiler Weise, etwa im Sinne einer geringeren Neigung zum „Willkommenheißen" oder einer Diskriminierung von Ausländern am Arbeitsmarkt. Dagegen äußern Jungen 1999 stärker offene Zustimmung zu Aussagen, die als dumpfe, nationalistisch gefärbte Ablehnung oder gar als Zustimmung zu ausländerfeindlich motivierter Gewalt verstanden werden müssen.

5.4.2   Wer sind „die" Ausländerfeinde?

Auf der Grundlage der in Abschnitt 5.3 beschriebenen Methodik wollen wir unter Nutzung eines Extremgruppenvergleichs einige typische Kennzeichen von hochgradig ausländerfeindlichen Jugendlichen durch die vergleichende Kontrastierung mit ausländerfreundlichen Jugendlichen herausarbeiten. Um auch möglichen zeitlichen Veränderungen innerhalb der beiden Gruppen nachgehen zu können, werden die Gruppenmerkmale für einzelne Befragungszeitpunkte getrennt aufgeführt. Dabei bedeuten hohe Werte eine hohe Zustimmung und niedrige Werte eine geringe Zustimmung zu den entsprechenden Aussagen, die allgemeine Wertorientierungen, aber auch individuelle Risikoscheu, Machtorientierung und Scheu vor Neuem und Fremdem zum Ausdruck bringen (s. Tab. 4; einige Variablen wurden nicht zu allen Befragungszeitpunkten erhoben).

Tab. 4: Extremgruppenvergleich: Werte, Persönlichkeitsmerkmale und soziale Verhaltensweisen (Mittelwerte)*)

Items und Skalen	Ausländerfeindlichkeit					
	1993		1996		1999	
	Niedrig n=404	Hoch n=192	Niedrig n=544	Hoch n=194	Niedrig n=535	Hoch n=194
Anpassung/Machtorientierung						
„Ich sehe zu, immer auf der Seite des Stärkeren zu sein"					1,91	2,63 +
„Ich habe mich immer bemüht, es meinen Eltern recht zu machen"					2,82	3,06 +
Risikoscheu						
„Ich versuche, Dinge immer in der üblichen Weise zu machen"					2,70	3,08 +
„Ich fühle mich wohl in gutorganisierten Gruppen"					2,66	3,17 +
Abwehr von Fremden						
„Ich gehe Menschen, die anders als ich sind, aus dem Weg"					2,01	2,62 +
Toleranz/ Kompromißbereitschaft						
„Wer nicht für mich ist, ist gegen mich"					1,91	2,60 +
Wertorientierungen						
„Das Leben genießen, man lebt nur einmal"	3,37	3,44 -	3,51	3,65 +	3,52	3,76 +
„Viel Geld verdienen"	3,05	3,52 +	2,99	3,57 +	3,07	3,56 +
„Ohne Anstrengung ein angenehmes Leben führen"	2,43	2,97 +	2,63	3,17 +	2,76	3,18 +
„Für andere dasein, auch wenn man selbst auf etwas verzichten muß"	3,20	2,78 +	3,41	3,03 +	3,39	3,41 +
Selbstzufriedenheit						
„Ich bin mit mir zufrieden"	3,39	3,56 +	3,34	3,50 +	3,41	3,56 +
„Selbstvertrauen"	3,52	3,56 -	3,42	3,57 +	3,50	3,59 -
„Externe Kontrollüberzeugung"			1,83	2,34 +	1,91	2,32
„Berufsbezogener Zukunftsoptimismus"	2,92	2,92 -	2,94	3,05 +	2,77	2,87 -
Durchschnittsalter	15,8	15,4 -	16,1	16,3 -	16,7	16,1 -
Mädchenanteil (in %)	56,3	33,0 +	61,9	35,1 +	58,8	34,0 +

*) Mittelwerte einer Antwortskala von 1 (Werte-Items: „Überhaupt nicht bedeutsam"; andere: „Stimmt nicht") bis 4 (Werte-Items: „Sehr bedeutsam"; andere: „Stimmt völlig"); je höher der Durchschnittswert, desto höher die Zustimmung / die Bedeutung. Signifikanz: „+" = Gruppenunterschied ist signifikant bei mind. p= 0.05; „-" = Gruppenunterschied ist nicht signifikant. Für Mittelwerte: Student-Newman-Keuls-Test; Prozentsatzdifferenz: Chi-Quadrat.

Zunächst sollte auf die unterschiedliche Größenordnung der beiden Teilgruppen hingewiesen werden. Obwohl auch die Gruppe der ausländerfreundlichen Jugendlichen eine extreme (positive) Position auf der Ausländerfeindlichkeitsskala einnimmt, ist ihr Umfang 2 bis 2,5fach größer als bei der Gruppe brandenburgischer Jugendlicher mit starken ausländerfeindlichen Haltungen. Die spezielle Methodik des Extremgruppenvergleichs ist sicher nicht für eine repräsentative Hochrechnung auf die Verhältnisse unter allen Jugendlichen in Brandenburg geeignet, dennoch liefern die hier abgebildeten Größenordnungen klare Hinweise dafür, daß extrem ausländerfeindliche Positionen nur von einer Minderheit aller Jugendlichen in Brandenburg vertreten werden.

Hervorgehoben werden muß weiterhin der bereits erwähnte Befund, daß der Anteil an Mädchen unter ausländerfeindlichen Jugendlichen (ca. ein Drittel) recht gering ist, was an dieser Stelle gewisse methodische Probleme nach sich zieht: Beide Extremgruppen unterscheiden sich in ihrer internen Zusammensetzung hinsichtlich eines Merkmals, das für unterschiedliche Positionen und Verteilungen bei Variablen, die zur Beschreibung ausländerfeindlicher Jugendlicher herangezogen werden, ebenfalls eine Rolle spielen kann. Zwischen männlichen und weiblichen Jugendlichen finden sich bei Einstellungen, Werten und sozialen Verhaltensweisen Unterschiede, die unabhängig von ihrer Einstellung zu Ausländern sind. Wir werden deshalb bei der Interpretation der Ergebnisse des Extremgruppenvergleichs auf den möglichen Einfluß von Geschlechtsunterschieden gesondert hinweisen.

Nun zu den Ergebnissen. Für ausländerfeindliche Jugendliche scheinen soziale Anpassung und Harmoniebestrebungen im engen sozialen Umfeld eine größere Rolle zu spielen als bei anderen Jugendlichen. Konfrontationen mit den Eltern werden offensichtlich gemieden. Dieses Ergebnis spricht bereits die Frage an, welche Rolle das soziale Umfeld von Jugendlichen bei der Herausbildung ausländer- und fremdenfeindlicher Vorurteile spielt (Kapitel 5.4.3). Gerne wissen sich ausländerfeindlich gesinnte Jugendliche auf der Seite des „Stärkeren", auch dies deutet auf eine eher vorsichtige (aber nicht zwangsläufig defensive!) Konflikthaltung in dieser Gruppe hin. Der Eindruck von „Risikoscheu" – auch in möglichen Konfliktsituationen – wird durch die Zustimmung zu anderen Aussagen bestätigt: Der Versuch, „Dinge immer in der üblichen Weise zu machen" und sich eher „in gut organisierten Gruppen" wohlzufühlen, sind ebenfalls Merkmale, die unter ausländerfeindlichen Jugendlichen relativ häufig zu finden sind. Natürlich erstaunt der Umstand wenig, daß Jugendliche dieser Gruppe darum bemüht sind, „fremdartigen" Menschen, die sich von der eigenen Person in irgend einer Weise unterscheiden, aus dem Weg zu gehen. Dies ist nicht unwichtig hinsichtlich der Frage, wodurch eine vorhandene Ablehnung von Ausländern begründet wird – konkrete Erfahrungen im Umgang mit solchen Personen oder kontaktlose Meinungsbildungsprozesse, die weitaus stärker dem verzerrenden Einfluß von Stereotypen unterliegen. Bestätigt und ergänzt wird dieses Bild stereotyper Denkungsweise durch die vereinfachende Interpretation von Freund/Feind-Mustern: „Wer nicht für mich ist, ist gegen mich".

Auch die Bedeutung einzelner Werte weist innerhalb der beiden Extremgruppen auf wichtige Unterschiede zwischen den Jugendlichen hin. Zwar sind materielle Orientierungen wie „Viel Geld verdienen" oder hedonistische wie „Das Leben genießen..." auch bei ausländerfreundlichen Jugendlichen nicht unbeliebt, doch sind diese Werthaltungen unter ausländerfeindlichen Jugendlichen stärker ausgeprägt und haben bis 1999 teilweise sogar noch an Bedeutung gewonnen. Interessanterweise gehen viele Befragte in dieser Gruppe dabei jedoch von der Hoffnung aus, dieses Ziel „ohne Anstrengung" erreichen zu können – ein Optimismus, der von der Vergleichsgruppe weitaus weniger geteilt wird. Hier deutet sich eine Lebensanschauung an, die die Bedeutung materieller Werte betont, ohne jedoch eine entsprechende Leistungsbereitschaft erkennen zu lassen. Bemerkenswert ist eine Werteverschiebung in Hinblick auf das Item, „Für andere dasein, auch bei eigenem Verzicht": War diese Einstellung für diese Gruppe 1993 noch als eher untypisch anzusehen, so hat sie bis 1999 stark an Bedeutung gewonnen, so daß sie sich nicht mehr von der anderer Jugendlicher unterscheidet. Diese Entwicklung muß auch aus einem anderen Grund hervorgehoben werden: „Für andere dasein" kennzeichnet eine Werthaltung, die von weiblichen Jugendlichen häufiger als von männlichen Jugendlichen betont wird. Da in der Gruppe ausländerfeindlicher Jugendlicher vorwiegend männliche Jugendliche vertreten sind, kann der Bedeutungszuwachs dieser Werthaltung als besonders auffällig gelten. Offen bleibt jedoch, wer die „anderen" sind, denen ausländerfeindliche Jugendliche ihre Unterstützung gewähren wollen. Einiges spricht dafür, daß hier vor allem das nähere soziale Umfeld dieser Jugendlichen gemeint ist (Eltern, Cliquen). Umgekehrt ist mit ziemlicher Sicherheit davon auszugehen, daß hierunter nicht Personen oder Gruppen fallen, die im Vergleich zur eigenen Person als „fremdartig" eingeordnet werden.

Abgerundet wird der Versuch einer Gruppenbeschreibung anhand von Persönlichkeitsmerkmalen durch Angaben zur „Selbstzufriedenheit", zum „Selbstvertrauen", zum „Zukunftsoptimismus" und zur „Externalen Kontrollüberzeugung". Das letztgenannte Konstrukt bezieht sich auf Indikatoren, die zum Ausdruck bringen, inwieweit Jugendliche sich nicht als „ihres eigenen Glückes Schmied" fühlen, sondern sich eher von „externen" Mächten beeinflußt sehen. Ausländerfeindliche Jugendliche äußern teilweise ein signifikant höheres Ausmaß an „Berufsbezogenem Zukunftsoptimismus", „Selbstzufriedenheit" und „Selbstvertrauen" als Ausländerfreunde. Allerdings sind dies ausschließlich Kennzeichen von männlichen Ausländerfeinden. Ein signifikanter Unterschied zwischen beiden Extremgruppen besteht für Mädchen bei diesen Indikatoren nicht. Darüber hinaus ist angesichts des hohen Ausmaßes an Risikoscheu und Unsicherheit gegenüber Neuem bei Ausländerfeinden zu hinterfragen, inwieweit das hier von männlichen Jugendlichen geäußerte Selbstvertrauen auf solidem Fundament steht oder möglicherweise eher dazu dient, eigene Unsicherheiten zu überdecken.

Ausländerfeindlichkeit steht auch in Zusammenhang mit dem Gefühl, von anonymen Mächten oder Zufällen beherrscht zu sein. In dieser Gruppe finden sich also häufiger Jugendliche, die Zweifel hinsichtlich der Möglichkeit äußern, ihren Lebensweg aus eigener Kraft gestalten zu können. Auch dies steht in einem gewissen Gegensatz zu dem geäußerten Ausmaß an Selbstvertrauen.

Rechtsextremismus

Einen ersten Einblick in Zusammenhänge zwischen politischen Einstellungen und Ausländerfeindlichkeit bietet die Betrachtung einer besonders markanten Teilgruppe unter ausländerfeindlichen Jugendlichen, welche starke rechtsextremistische Orientierungen aufweist. Ausländerfeindlichkeit ist in dieser Gruppe ohne Zweifel stärker „politisch" eingefärbt. Der Begriff „Ausländer" steht hier, vor dem Hintergrund nationalistischer und rassistischer Einfärbungen, in direkter Verbindung mit einem klar definierten „Feindbild". Ausländerfeindlichkeit ist deshalb ein typisches Symptom rechtsextremer Mentalität. Nahezu jeder rechtsextreme Jugendliche in Brandenburg lehnt entsprechend Ausländer in radikaler Weise ab (Tab. 5). Dies gilt jedoch nicht im umgekehrten Fall. Nicht jeder (extrem) ausländerfeindlich eingestellte Jugendliche weist Kennzeichen eines ausgeprägten Rechtsextremismus auf. Die Mehrheit der ausländerfeindlichen Jugendlichen zeigt eher eine vage und schwach ausgeprägte Neigung zu rechtsextremistischen Positionen. Schließlich geht der Anteil starker rechtsextremer Positionen bis 1999 in dieser Gruppe deutlich zurück – das „Feindbild" wird diffuser, weist weniger politische Bezüge auf. Ausländerfeindlichkeit ist ein allgemeineres Problem und unter brandenburgischen Jugendlichen viel weiter verbreitet als rechtsextreme Einstellungen.

Tab. 5: **Extremgruppenvergleich zwischen „Ausländerfeindlichkeit" und „Rechtsextremismus"** (Angaben in %)

Darunter:	Hohe Ausländerfeindlichkeit		
	1993	1996	1999
Anteil Hoch-rechtsextrem	34,0	31,4	21,5
	Hoch-rechtsextrem		
Anteil hohe Ausländerfeindlichkeit	100,0	96,7	100,0

Politische Einstellungen und politisches Handeln

Die Daten aus Tabelle 6 ermöglichen eine detailliertere Betrachtung politischer Einstellungen und Verhaltensweisen der beiden Teilgruppen. Zunächst bestätigt sich auch hier der Eindruck einer gewissen „Entideologisierung" von Ausländerfeindlichkeit unter den betreffenden Jugendlichen im Zeitraum zwischen 1993 und 1999. Diese „Entideologisierung" bzw. der Rückgang rechtsextremistischer Positionen in der Gruppe der Ausländerfeinde läßt sich auch an der Zeitreihe der Mittelwerte ablesen. Allerdings ist der entsprechende Unterschied zur Vergleichsgruppe auch 1999 nach wie vor stark ausgeprägt.

„Politische Kompetenz" erfaßt aus der Sicht der befragten Jugendlichen die Einschätzung eigener Kenntnisse und Fähigkeiten im Umgang mit politischen Themen. Diese Kompetenzen haben unter ausländerfeindlichen Jugendlichen zwischen 1996 und 1999 zugenommen, liegen jedoch unter denen der Vergleichsgruppe. Ähnliches ist beim allgemeinen Interesse für Politik festzustellen. Im Unterschied zu der ideologisch homogeneren und aktiveren Gruppe rechtsextremer Jugendlicher (s. Kap. 3) finden sich demnach Indizien, die für eine gewisse „Entpolitisierung" (im Sinne der Distanz zu politischen Themen) unter ausländerfeindlichen Jugendlichen sprechen.

Die Annahme einer „Entpolitisierung" von ausländerfeindlichen Jugendlichen wird durch die Angaben über politische Verhaltensweisen unterstützt. Dabei wurden die Jugendlichen danach gefragt, ob sie sich in der Vergangenheit schon einmal an bestimmten politischen Aktionen beteiligt haben. Unter „Politisches Engagement" wurden alle „konventionellen" bzw. legalen Formen politischen Handelns zusammengefaßt (Teilnahme an einer angemeldeten Demonstration, Unterschriftenaktionen, Bürgerinitiativen usw.), unter „Ziviler Ungehorsam" fielen alle ungesetzlichen Protestformen der Beteiligung mit gewaltarmem Charakter (nicht angemeldete Demonstrationen, Besetzungen, Verkehrsblockaden usw.), und unter „Politisch motivierte Gewalt" wurden Aktionen verstanden, die die Beschädigung fremden Eigentums oder Gewaltanwendung gegen Personen einschlossen.

Tab. 6: **Extremgruppenvergleich zu politischen Einstellungen, Bereitschaft zu politischem Engagement, zivilem Ungehorsam und politisch motivierter Gewalt**

| | Ausländerfeindlichkeit | | | | | |
| | 1993 | | 1996 | | 1999 | |
Skalen/ Items	Niedrig	Hoch	Niedrig	Hoch	Niedrig	Hoch
	Mittelwerte*)					
„Rechtsextremismus"	1,34	3,07 +	1,35	3,02 +	1,26	2,96 +
„Politische Kompetenz"	2,36	2,35 -	2,26	2,22 -	2,49	2,36 +
Politisches Interesse	2,67	2,39 +	2,06	1,79 +	2,38	2,09 +
	Anteilswerte in %**)					
„Bereitschaft zu politischem Engagement"			83,7	73,5 +	84,3	71,7+
„Bereitschaft zu zivilem Ungehorsam"			25,9	35,7 +	17,7	34,1+
„Politische Gewaltbereitschaft"			15,4	51,0 +	13,3	42,3+

*)   Mittelwerte einer Antwortskala 4 („Hoch") bis 1 („Niedrig").
**) Anteile: „Habe ich früher schon gemacht".
     Signifikanz: „+" = Gruppenunterschied ist signifikant bei mind. p= 0.05; „-" = Gruppenunterschied ist nicht signifikant. Für Mittelwerte: Student-Newman-Keuls-Test; Prozentsatzdifferenz: Chi-Quadrat.

Es zeigt sich, daß die Bereitschaft zu politischem Engagement unter ausländerfeindlichen Jugendlichen zwischen 1996 und 1999 – anders als in der Vergleichsgruppe – eher rückläufig ist. Insgesamt sind ausländerfeindliche Jugendliche weniger bereit, auf legale Weise politisch aktiv zu werden. Allerdings zeichnet sich auch bei anderen politisch motivierten Aktionsformen eine rückläufige Tendenz in dieser Gruppe ab. Dies gilt besonders für Aktionen, die Gewalt gegen Sachen oder Personen einschließen. Zwar geben auch 1999 noch mehr als 40 Prozent der ausländerfeindlichen Jugendlichen an, in der Vergangenheit bereits einmal Gewalt angewendet zu haben, doch ist der Rückgang im Vergleich zu 1996 unübersehbar. Trotz der zwischen 1996 und 1999 größer gewordenen Zahl ausländerfeindlich eingestellter Heranwachsender in Brandenburg ging der Anteil rechtsextremer Gewalttäter in dieser Gruppe zurück (Tab. 5). Wir vermuten deshalb einen direkten Zusammenhang zwischen der nachlassenden Gewaltneigung unter ausländerfeindlichen Jugendlichen und dem geringeren Einfluß rechtsextremer Positionen unter diesen Jugendlichen.

Jugendliche mit stark ausgeprägten ausländerfeindlichen Einstellungen unterscheiden sich von Jugendlichen mit niedrigen Vorbehalten gegen Ausländer in einem weiteren, wichtigen Punkt: Sie zeigen insgesamt ein hohes Gewaltpotential. Wir haben dabei den Gewaltaspekt unter den nachfolgend genannten Gesichtspunkten untersucht.

1. „Individuelle Erregbarkeit" (im Sinne des Aktivierungsniveaus für Aggressionen): Die Jugendlichen brachten hier ihre eigene Person mit Aussagen in Verbindung wie „Ich raste schnell aus", „Manchmal bin ich schnell auf der Palme" usw. Die Skala „Erregbarkeit" faßt die Gesamtheit all dieser Einschätzungen in einem Indexwert zusammen.
2. „Gewaltakzeptanz": Hier äußerten Jugendliche ihre Zustimmung/Ablehnung in bezug auf Aussagen wie „Ohne Gewalt wäre das Leben viel langweiliger", „Der Stärkere soll sich durchsetzen, sonst gibt es keinen Fortschritt".
3. „Gewaltbereitschaft": Hierunter fiel die Einstufung zu Aussagen wie „Wenn ich zeigen muß, was ich draufhabe, würde ich auch Gewalt anwenden", „Wenn ich Frust habe, würde ich auch mal jemandem eine verpassen oder ihn anderweitig attackieren".
4. „Vorbereitung auf Angriffe": Die Palette entsprechender Maßnahmen reichte von „Keine besondere Vorbereitung" bis hin zu „Physisches Training und Tragen einer Waffe".
5. Die Häufigkeit der eigenen Beteiligung an Schlägereien oder gewalttätigen Aktionen. Hier wurden retrospektive Einschätzungen des eigenen Gewalthandelns ermittelt.
6. Schließlich wurde noch erfragt, gegen welche Personen oder Gruppen sich solche Aktionen richten. Dabei wurde u.a. auch die Gruppe der „Ausländer" als Vorgabe genannt. Erfaßt wurde hier auch die Häufigkeit entsprechender Aktionen.

In Tabelle 7 sind die entsprechenden Ergebnisse für beide Extremgruppen aufgeführt. Demnach sind ausländerfeindliche Jugendliche als Personen weitaus erregbarer; sie akzeptieren häufiger gewalttätiges Handeln als legitimes Mittel der Interessendurchsetzung und sind erheblich stärker geneigt, dieses Mittel, auch bei nichtigen Gelegenheiten, einzusetzen. Sie beteiligen sich tatsächlich wesentlich häufiger an Gewaltaktionen und bereiten sich dafür durch physisches Kampftraining und das Tragen von Waffen vor. Zwar werden mögliche Opfer keineswegs ausschließlich unter „Ausländern" gesucht – in den Befragungen wurden auch andere Zielgruppen wie „Linke", „Obdachlose", „Schwule" oder „Juden" genannt; dennoch ist klar zu erkennen, daß in dieser Gruppe quantitativ eindeutig Schlägereien mit Ausländern dominieren. Unter Berücksichtigung der Häufigkeit solcher Aktionen kann es folglich kaum überraschen, daß eine Mehrheit unter ausländerfeindlichen Jugendlichen von schlechten bzw. meist schlechten Erfahrungen im Umgang mit Ausländern berichtet.

Betrachten wir die Veränderungen bezüglich der Gewaltbereitschaft ausländerfeindlicher Jugendlicher zwischen 1993 und 1999 etwas genauer. Auffällig ist zunächst, daß trotz leicht nachlassender Gewaltakzeptanz und -bereitschaft die Häufigkeit gewalttätiger Aktionen zwischen 1993 und 1996 merklich zugenommen hat. Allerdings findet sich auch unter den Jugendlichen der Vergleichsgruppe ein entsprechender Trend, so daß eher von einer allgemeineren Entwicklung ausgegangen werden kann, deren Ursachen möglicherweise in den Besonderheiten des gesellschaftlichen Umbruchprozesses in den neuen Bundesländern bis Mitte der 90er Jahre zu suchen sind (Sturzbecher & Langner, 1997). Zwischen 1996 und 1999 ist hingegen insgesamt ein nachlassendes Gewaltpotential unter brandenburgischen Jugendlichen zu erkennen, und diese Entwicklung schließt auch ausländerfeindliche Jugendliche mit ein. Dem entspricht, daß 1999 innerhalb dieser Gruppe „nur" noch etwa 60 Prozent der Jugendlichen von schlechten Erfahrungen im Umgang mit Ausländern berichten. Dabei muß daran erinnert werden, daß dieser Anteil 1993 noch bei fast 90 Prozent lag. Wir führen diese Entwicklungen – wie erwähnt – nicht zuletzt auf den sich abschwächenden rechtsextremistischen Hintergrund ausländerfeindlicher Einstellungen zurück.

Tab. 7: Extremgruppenvergleich zum Gewaltpotential unter Jugendlichen

| Skalen und Items | Ausländerfeindlichkeit | | | | | |
| | 1993 | | 1996 | | 1999*) | |
	Niedrig	Hoch	Niedrig	Hoch	Niedrig (Gewalt)	Hoch (ReEx)
	Mittelwerte**)					
„Individuelle Erregbarkeit"	2,20	2,53 +	2,03	2,60 +	1,95 (2,27)	2,53 + (2,84) +
„Gewaltakzeptanz"	1,56	2,78 +	1,62	2,65 +	1,48 (1,81)	2,52 + (3,05) +
„Allgemeine Gewaltbereitschaft"	1,49	2,67 +	1,55	2,59 +	1,45 (1,80)	2,48 + (3,10) +
Vorbereitung auf Angriffe von anderen			1,35	2,08 +	1,32 (1,61)	1,65 + (1,95) +
Häufigkeit der Beteiligung an Schlägereien	1,22	1,98 +	1,34	2,49 +	1,30 (2,17)	2,23 + (2,92) +
Gewaltaktionen gegen Ausländer					1,15 (1,14)	3,07 + (3,64) +
	Anteilswerte in %**)					
Nur/meist „schlechte Erfahrungen" mit Ausländern	0,6	87,5 +	0,4	70,3 +	0,8 (0,9)	63,0 + (81,6) +

*) 1999 sind unter den Werten für die jeweiligen Extremgruppen in Klammern in der linken Spalte die Werte für Jugendliche, die sich an Gewaltaktionen beteiligen (Gewalt), und in der rechten Spalte die Werte für die Gruppe der Hoch-Rechtsextremen (ReEx) zu finden.

**) Mittelwerte einer Antwortskala 4= „Hoch" bis 1= „Niedrig". Gewaltverhalten – allg. und gegen Ausländer: 4= „Oft" bis 1= „Nie". Vorbereitung 4= „Waffen+Training" 1= „Keine Vorbereitung". Signifikanz: In jedem Jahr sind die Gruppenunterschiede signifikant bei $p < 0.05$. Für Mittelwerte: Student-Newman-Keuls-Test; Anteilsdifferenz: Chi-Quadrat.

Zur Verdeutlichung dieses Arguments sind in Tabelle 7 für 1999 unter der Gruppe der ausländerfeindlichen Jugendlichen in Klammern die Angaben für die – relativ kleine – Sondergruppe der ausländerfeindlichen Jugendlichen mit hohen, rechtsextremen Einstellungen angeführt. Es ist klar zu erkennen, daß sich das Gewaltpotential in dieser Teilgruppe deutlich und negativ von anderen Jugendlichen – auch von Jugendlichen mit ausländerfeindlichen Motiven – abhebt. Für die Interpretation der Ergebnisse sei nachhaltig betont: Es handelt sich hier um eine kleine, aber äußerst aggressive und gewalttätige Gruppe, die ihre Aggressionen zwar eindeutig auf Ausländer richtet, aber auch andere Fremde von ihrer Gewalttätigkeit nicht verschont.

Betrachten wir „Gewalt" nur im Sinne von Gewalthandeln, das heißt unter dem Gesichtspunkt einer (intendierten) physischen Einwirkung auf andere, so geraten überwiegend männliche Jugendliche in das Blickfeld der Untersuchung (Tab. 8). Rund 90 Prozent aller Mädchen beteiligen sich (so gut wie) nie an Schlägereien oder gewalttätigen Aktionen. Dies gilt – alles in allem – auch für Mädchen mit ausländerfeindlichen Motiven (Ausnahme 1996). Dies sollte keineswegs dahingehend interpretiert werden, daß Diskriminierung und Aggressionen unter weiblichen Jugendlichen im Zusammenhang mit Ausländerfeindlichkeit keine Rolle spielen. Es ist nur so, daß die Ausländerfeindlichkeit von Jungen stärker mit physischer Gewalt einhergeht und damit der Beobachtung und wissenschaftlichen Analyse leichter zugänglich wird, während andere Formen von Diskriminierung, wie Beleidigung oder Verachtung kaum differenziert beobachtet und beurteilt werden können. Deshalb sollte auch der eher passive Einfluß, der in Gruppenkontexten von ausländerfeindlich eingestellten Mädchen ausgehen kann, nicht unterschätzt werden. So weist die Soziologin Renate Bitzan darauf hin, daß die Affinität zu Fremdenfeindlichkeit und Nationalismus bei rechten Frauen bisweilen sogar stärker ausgeprägt ist als bei Männern. Wenn also auch die Gewaltbereitschaft unter Mädchen und jungen Frauen geringer sein mag als bei Jungen, bedeutet das keineswegs, daß Frauen die Gewalttaten „ihrer" Männer nicht gutheißen und damit indirekt verstärken können (Rollmann, 2000).

Tab. 8: Extremgruppenvergleich zur Beteiligung an Schlägereien (Angaben in %)*)

Häufigkeit der Beteiligung an Schlägereien	Ausländerfeindlichkeit					
	1993		1996		1999	
	Niedrig	Hoch	Niedrig	Hoch	Niedrig	Hoch
„Selten /nie"						
- Jungen	92,9	61,0	92,2	37,4	91,8	51,3
- Mädchen	98,9	89,0	97,3	69,1	99,1	90,7
„Manchmal"						
- Jungen	5,7	32,1	6,3	40,6	6,8	35,0
- Mädchen	0,8	7,4	2,4	23,5	0,9	8,0
„Oft"						
- Jungen	1,4	6,9	1,5	22,0	1,4	13,7
- Mädchen	0,3	3,6	0,3	7,4	0	1,3

*) Signifikanz: Alle geschlechtsspezifischen Unterschiede und Extremgruppendifferenzen sind signifikant bei $p < 0.05$.

Eindeutig ist hingegen der Zusammenhang zwischen der Neigung zu physischer Gewalt und Ausländerfeindlichkeit unter männlichen Jugendlichen. Allerdings geht die Beteiligung an gewalttätigen Aktionen auch in dieser Teilgruppe zurück. Waren 1996 noch fast zwei Drittel aller männlichen Jugendlichen mit ausländerfeindlichen Einstellungen „Manchmal" oder „Oft" in Schlägereien verwickelt, trifft dies 1999 „nur" noch für jeden zweiten Jugendlichen zu.

Was aber sind die Motive für Schlägereien unter Jugendlichen? Auch hierzu wurden die Jugendlichen befragt, allerdings nur jene, die zuvor bereits eingeräumt hatten, daß sie sich zumindest gelegentlich an Schlägereien beteiligen. Der entsprechende Anteil dieser Jugendlichen liegt in der „ausländerfreundlichen" Gruppe 1999 lediglich bei rund 35 Prozent (190 von 535), in der Gruppe ausländerfeindlicher Jugendlicher hingegen bei rund 89 Prozent (172 von 194; Tab. 9 und Tab. 4).

Tab. 9: **Motive für Schlägereien und gewalttätige Aktionen unter Jugendlichen – ein Extremgruppenvergleich für 1999** (Mittelwerte)*)

Aussagen	Ausländerfeindlichkeit	
	Niedrig n= 190	Hoch n= 172
„Bei Angriffen anderer muß ich mich wehren"	3,59	3,84
„Man nimmt mich doch erst richtig wahr, wenn ich mal ordentlich auf den Putz haue"	1,59	2,16
„Irgendwann muß der Frust ja mal raus"	2,01	2,73
„Wenn ich mich durchsetzen will, kann ich in der Wahl der Mittel nicht zimperlich sein"	1,78	2,58
„Meistens ist es ja nur der Spaß, um keine Langeweile mehr zu haben"	1,54	2,03
„Bei solchen Aktionen mache ich vor allem mit, weil meine Freunde auch mitmachen"	1,51	2,04
„Schließlich will man doch auch mal einen Erfolg haben"	1,50	2,06
„Solche Auseinandersetzungen sind spannend, man weiß nicht, was rauskommt"	2,05	2,71
„Ich mache nach, was ich im Fernsehen/ Kino/ Video gesehen habe"	1,28 n.s.	1,41 n.s.
„Solche Aktionen sind eigentlich nicht ernst gemeint"	2,11 n.s.	2,08 n.s.

*) Mittelwerte einer Antwortskala 4= „Stimmt völlig" bis 1= „Stimmt nicht". Signifikanz: Alle Gruppenunterschiede sind signifikant bei $p< 0.05$ mit Ausnahme der beiden letzten Items (Student-Newman-Keuls-Test).

Auch dieses Ergebnis weist auf den unterschiedlichen Stellenwert von gewalttätigen Handlungen in den beiden Gruppen hin. Bei der Interpretation der Ergebnisse aus Tabelle 9 ist natürlich zu berücksichtigen, daß die Angaben Selbstdeutungen bzw. Rechtfertigungsversuchen unterliegen. So ist es wenig verwunderlich, daß als wichtigstes Motiv in beiden Gruppen der Selbstverteidigungsaspekt im Vordergrund steht („Bei Angriffen anderer muß ich mich wehren"). Dabei kann die Glaubwürdigkeit dieser Angaben, zumindest für die Extremgruppe der ausländerfeindlichen Jugendlichen, durchaus hinterfragt werden. Es erscheint wenig überzeugend, wenn leicht erregbare, gewaltbejahende und -bereite Jugendliche ihre eigenen gewalttätigen Handlungen in erster Linie als passive Abwehrhaltung von Angriffen darstellen. Nun könnte dieses Argument aber durchaus für die entsprechende Vergleichsgruppe gelten. Schließlich handelt es sich dabei ebenfalls um Jugendliche, die in Schlägereien verwickelt waren. Ist, anders formuliert, das Gewaltpotential unter „schlagfertigen" Jugendlichen ohne ausländerfeindliche Motive mit dem von ausländerfeindlichen Jugendlichen vergleichbar?

Um diese Frage zu klären, wurden in Tabelle 7 für 1999 unter der Gruppe Jugendlicher mit niedriger Ausländerfeindlichkeit in Klammern die entsprechenden Angaben der Untergruppe ausgewiesen, die sich zumindest gelegentlich an Schlägereien beteiligt. Es zeigt sich für alle angeführten Bereiche, daß das Gewaltpotential in dieser Untergruppe erwartungsgemäß über dem der Gesamtgruppe liegt, dennoch besteht im Vergleich zu ausländerfeindlichen Jugendlichen ein klarer Unterschied. Natürlich mögen Umdeutungen des Notwehrrechts auch bei ausländerfreundlichen Jugendlichen eine gewisse Rolle spielen, doch erscheinen solche Vorgänge – nicht zuletzt vor dem Hintergrund der niedrigeren Zustimmung zu dieser Aussage – weniger verbreitet. Für die weiteren Motive (Tab. 9) findet sich ein übergreifendes Ergebnis: Ausländerfeindliche Jugendliche nehmen jedes dieser Motive (Spannung, Spaß, Erfolgserlebnis, Frustabbau usw.) stärker als Begründung für die eigene Gewalttätigkeit in Anspruch als andere Jugendliche. Dies entspricht den Ergebnissen einer neueren Studie über jugendliche Gewalttäter (Bannenberg & Rössner 2000; s. auch: Wetzstein & Eckert, 2000). Mit einer Ausnahme – die Aussage „Solche Aktionen sind eigentlich nicht ernst gemeint" findet in beiden ausgewiesenen Gruppen eine vergleichbare und eher schwache Zustimmung.

5.4.3 Ausländerfeindlichkeit Jugendlicher und Einflüsse des familialen Kontextes

Ausländerfeindlichkeit, Gewaltbereitschaft und Rechtsextremismus unter Jugendlichen werden in ihrem Entstehen durch individuelle Persönlichkeitseigenschaften begünstigt (für eine Übersicht siehe Sturzbecher, 1997, S. 33ff.). Obwohl dabei auch biologische (genetische und hormonelle) Einflußfaktoren beispielsweise bei der Entstehung von Gewaltbereitschaft eine gewisse Rolle spielen dürften (Langlois & Stephan, 1981), werden wichtige Persönlichkeitsmerkmale eines Kindes, seine Leistungseigenschaften, seine soziale Kompetenz, sein Selbstkonzept und auch seine Aggressivität im Kontext der Familie herausgebildet und in der Schule oder in den sozialen Beziehungen der Peergroup weiter ausgeformt. Die Einstellungen von Kindern und Jugendlichen können in ihrem Entstehungszusammenhang also nicht aus ihrem familialen Umfeld herausgelöst werden, vielmehr spiegeln sich in den Einstellungen von Kindern und Jugendlichen nicht selten die ihrer Eltern wider.

Um dem möglichen Einfluß des familialen Umfelds auf ausländerfeindliche Orientierungen von Jugendlichen nachzugehen, werden in Tabelle 10 für die beiden Extremgruppen bestimmte Merkmale angeführt, die Aufschluß über den Erziehungsstil der Eltern und über das Familienklima geben können. So beschreibt „Elterliche Vernachlässigung" beispielsweise Defizite an elterlicher Unterstützung im Sinne von „Meine Eltern kümmern sich nicht darum, was ich tue"; „Elterliche Restriktion" beschreibt dagegen Beziehungsmuster wie „Meine Eltern versuchen, alles zu kontrollieren, was ich tue". Auch der Einfluß familienstruktureller Merkmale („Lebe mit leiblichem Vater und leiblicher Mutter zusammen") auf die Ausländerfeindlichkeit wird ausgewiesen. Weiterhin stellen wir Informationen über die sozioökonomische

Lage der Familien in beiden Gruppen bereit: Die subjektive Einschätzung über die finanzielle Situation der Familie im Vergleich zu Familien in ihrer Umgebung liefert zwar keine quantitativen Daten über die finanzielle Situation der Familien, jedoch sind hieraus zumindest Hinweise zur relativen Verortung der ökonomischen Lage aus der Sicht der befragten Jugendlichen zu entnehmen.

Tab. 10: Extremgruppenvergleich zum Zusammenhang zwischen Familienmerkmalen und Ausländerfeindlichkeit

Familienmerkmale	Ausländerfeindlichkeit					
	1993		1996		1999	
	Niedrig	Hoch	Niedrig	Hoch	Niedrig	Hoch
	Mittelwerte*)					
Elterliche Vernachlässigung	1,25	1,41 +	1,40	1,64 +	1,48	1,56 -
Elterliche Restriktion	1,63	1,79 +	1,66	1,84 +	1,58	1,63 -
Nie körperliche Bestrafung durch Vater	3,17	3,02 -	3,08	2,88 +	3,11	3,03 -
Nie körperliche Bestrafung durch Mutter	3,29	3,20 -	3,09	3,06 -	3,17	3,17 -
Ich kann mich auf die anderen verlassen	3,66	3,48 +	3,42	3,31 -	3,46	3,48 -
Vergleich finanzielle Lage der Familie	2,29	2,41 -	2,35	2,49 +	2,31	2,57 +
	Anteilswerte in %					
Arbeitsloser Vater					7,3	4,5 -
Arbeitslose Mutter					9,3	13,1 -
Vater ohne Berufsausbildung					1,7	2,6 -
Mutter ohne Berufsausbildung					3,0	5,8 -
Traditionelle Familien			68,3	69,2 -	59,8	55,0 -
Eigene Einstellung zu Ausländern ist im Vergleich zur Elternmeinung						+
- Viel/etwas freundlicher					33,0	2,3
- Gleich					63,1	30,2
- Etwas weniger freundlich					3,2	12,9
- Viel weniger freundlich					0,7	54,6

*) Mittelwerte einer Antwortskala 4 bis 1. „Vernachlässigung" und „Restriktion" 4= „Hoch" bis 1= „Niedrig"; Meinungen 4= „Stimmt völlig" bis 1= „Stimmt nicht"; Vergleich finanzielle Lage der Familie 4= „Viel besser" bis 1= „Etwas schlechter".
Signifikanz: „+"= Gruppenunterschied ist signifikant bei p< 0.05; „-"= Gruppenunterschied ist nicht signifikant. Für Mittelwerte: Student-Newman-Keuls-Test; Prozentsatzdifferenz: Chi-Quadrat.

Die Ergebnisse von 1993 zeigen, daß ausländerfeindliche Jugendliche zwar häufiger aus Familien kamen, die durch etwas geringere Entscheidungsfreiräume, stärkere Kontrolle und härtere Bestrafungen gekennzeichnet waren. Weiterhin fanden sich Hinweise auf ein vernachlässigendes Erziehungsverhalten seitens der Eltern: Sie kümmern sich nicht darum, was ihre Kinder tun und sind nicht da, wenn sie gebraucht werden. Aber diese Unterschiede gehen zwischen 1993 und 1999 zurück; signifikante Unterschiede im Erziehungsverhalten der Eltern bestehen zwischen den beiden Extremgruppen 1999 nicht mehr. Vergleichbares läßt sich auch für körperliche Bestrafungen seitens der Eltern feststellen. Es ist deshalb kaum davon auszugehen, daß ausländerfeindliche Einstellungen von Jugendlichen ursächlich aus einem familialen Kontext heraus entstehen, der durch elterliche Gewaltanwendung geprägt ist. Vielmehr kann das Familienklima in beiden Extremgruppen 1999 – alles in allem – als durchaus positiv beschrieben werden. Der in anderen Studien (Hopf et al., 1999) festgestellte Zusammenhang von autoritärer und gewalttätiger Erziehung mit Rechtsextremismus läßt sich auf die Entstehungszusammenhänge von Ausländerfeindlichkeit, trotz des verwandten Problembezugs beider Phänomene, nicht ohne weiteres übertragen. Ausländerfeindlichkeit beschreibt ein allgemeineres gesellschaftliches Problem, dessen Ursachen entsprechend vielfältiger sind.

Ebenfalls zurückgewiesen werden muß die Annahme, Ausländerfeindlichkeit unter Jugendlichen stünde in einem engen Zusammenhang mit dem „Sozialneid" deutscher Randgruppen. Nach ihren eigenen Angaben schätzen ausländerfeindliche Jugendliche die finanzielle Lage ihrer Familie im Verhältnis zu Vergleichsgruppen ihrer Umgebung keineswegs als schlecht ein. Auch die Angaben über berufliche Statusmerkmale der Eltern (Arbeitslosigkeit, fehlende Berufsausbildung) liefern keine Hinweise, die im Sinne einer sozioökonomischen Rand- oder Problemlage in den Familien dieser Jugendlichen verstanden werden könnten. Wie eingangs (Kapitel 5.2) bereits angedeutet, scheint es sich bei dem Phänomen der Ausländerfeindlichkeit also weniger um ein Randgruppenproblem, sondern eher um ein gesamtgesellschaftliches Problem zu handeln.

Allerdings finden sich in den Daten auch Hinweise dafür, daß die Vorurteile ausländerfeindlich gesinnter Jugendlicher in nicht unerheblichem Umfang tradiert sind, das heißt von den Eltern an die Jugendlichen weitergegeben werden. Dies macht ein Vergleich der Einstellungen zu Ausländern zwischen Jugendlichen und ihren Eltern deutlich. Obwohl die Einschätzung der Meinungen anderer Personen im Rahmen von Befragungen stets nur indirekte Hinweise auf die tatsächlichen Meinungen dieser Personen geben kann, sind die vorfindbaren Ergebnisse durchaus bemerkenswert und interpretierbar. So schätzen über zwei Prozent der (extrem) ausländerfeindlich eingestellten Jugendlichen ihre Einstellung zu Ausländern sogar noch „freundlicher" ein als die ihrer Eltern; 30 Prozent sehen hier keine nennenswerten Unterschiede. Dies bedeutet, daß rund ein Drittel der Jugendlichen dieser Gruppe aus einem familialen Umfeld kommen, in dem ausländerfeindliche Positionen offensichtlich dominieren. Rund 13 Prozent stufen die Meinung ihrer Eltern lediglich als „etwas freundlicher" ein, was angesichts der eigenen Extremposition jedoch mit einer ablehnenden Grundhaltung seitens der Eltern gegenüber Ausländern einhergehen könnte. Mehr als die Hälfte der extrem ausländerfeindlich eingestellten Jugendlichen gibt indessen an, daß es zwischen ihrer Haltung zu Ausländern und der ihrer Eltern erhebliche Differenzen gibt. Es ist deshalb davon auszugehen, daß beim Entstehen und in den konkreten Ausdrucksformen der Ausländerfeindlichkeit unter Jugendlichen auch andere soziale Kontexte wie Cliquen eine Rolle spielen.

5.4.4 Ausländerfeindlichkeit von Jugendlichen und der Einfluß von Freunden und Cliquen

Jugendliche verbringen zunehmend ihre Freizeit in Cliquen; gerade unter ostdeutschen Jugendlichen wird das Bedürfnis, sich einer bestimmten „Szene" anzuschließen, weitaus höher eingeschätzt als im Westen, da Individualismus immer noch „out" und die Sicherheit versprechende Gruppe für sie „alles" sei (Farin & Weidenkaff, 1999; Sturzbecher & Langner, 1997). Der Einfluß von Jugendgruppen und -cliquen auf ausländerfeindliche Einstellungen und Verhaltensweisen ist demnach vermutlich nicht zu unterschätzen. Vielmehr dürften eine ganze Reihe von ausländerfeindlichen Erscheinungen unter Jugendlichen überhaupt erst vor dem Hintergrund ihrer jeweiligen Clique erklärbar sein. Ob und in welchen Bereichen sich die Cliquen von ausländerfeindlichen Jugendlichen von denen anderer Jugendlicher unterscheiden, ist den Daten aus Tabelle 11 zu entnehmen.

Tab. 11: Extremgruppenvergleich zu Freundeskreisen und Cliquen

	Ausländerfeindlichkeit			
	1996		1999	
	Niedrig	Hoch	Niedrig	Hoch
Merkmale von Freunden/Cliquen	Mittelwerte*)			
Anzahl rechte Cliquenmitglieder	1,28	3,29	1,37	2,95
Anzahl linke Cliquenmitglieder	2,38	1,42	2,30	1,44
Anzahl Mitglieder aus der Nachbarschaft	2,56	2,98	2,54	2,83
Cliquen-Treffpunkt: Kneipe	2,06	2,59	1,99	2,24
Cliquen-Treffpunkt: zu Hause	2,83	2,43	2,87	2,50
Cliquen-Treffpunkt: Klub	2,33	2,85	2,19	2,41
Cliquen-Treffpunkt: Draußen	2,65	2,96	3,06	3,28
Niemand in der Clique greift zur Gewalt	3,05	1,99	2,91	2,16
Gewalt findet die Mehrheit nicht schlimm	1,89	3,15	1,97	2,89
Freunde denken über Ausländer wie ich			3,01	3,60
	Anteile in %			
Cliquenzugehörigkeit	56,9	72,9	67,7	81,2
Fester Freund/Freundin lehnt Gewalt ab	89,4	39,4	55,6	51,5 n.s.

*) Mittelwerte einer Antwortskala 4 bis 1. Anzahl Cliquenmitglieder 4= „Fast alle" bis 1= „Gar keiner"; Cliquentreffpunkte 4= „Oft" bis 1= „Nie"; Meinungen 4= „Stimmt völlig" bis 1= „Stimmt nicht". Signifikanz: Alle, außer mit „n.s." gekennzeichneten Unterschiede sind bei $p < 0.05$ signifikant. Für Mittelwerte: Student-Newman-Keuls-Test; Anteilsdifferenz: Chi-Quadrat.

Auffällig ist zunächst, daß in der Extremgruppe der ausländerfeindlichen Jugendlichen ein weitaus größerer Anteil der Befragten angibt, Mitglied einer Freundesgruppe/Clique zu sein. Dieser Anteil ist bis 1999 weiter gestiegen: Nicht einmal jeder fünfte Jugendliche mit ausländerfeindlichen Orientierungen steht damit außerhalb möglicher Gruppeneinflüsse. Erwartungsgemäß findet sich in Cliquen von ausländerfeindlichen Jugendlichen eine hohe Anzahl von „rechten" Mitgliedern. Mitglieder, die der „linken" Szene zugerechnet werden, sind hingegen die Ausnahme, aber auch nicht völlig ausgeschlossen. Die vorliegenden Daten liefern allerdings keine Informationen über die Dauer der Zugehörigkeit einzelner Mitglieder zur Clique oder über das Ausmaß gruppeninterner Konflikte. Der bereits auf Personenebene beschriebene rückläufige Einfluß rechtsextremer Positionen findet sich auch auf der Ebene von Gruppenkontexten wieder. Die Anzahl „rechter" Cliquenmitglieder ist zwischen 1996 und 1999 stark zurückgegangen. Anders als bei ausländerfreundlichen Jugendlichen rekrutieren sich ausländerfeindliche Jugendgruppen vorwiegend aus der Nachbarschaft, also in der Regel aus homogenen sozialen Milieus. Die Treffen der ausländerfeindlichen Cliquen finden dabei eher außerhalb des Elternhauses, das heißt außerhalb elterlicher Kontrolle statt. Eine besondere Rolle spielen dabei „Kneipen" und „Klubs", also Lokalitäten, bei denen der Konsum von Alkohol eine nicht unbedeutende Rolle spielen dürfte, was wiederum im Zusammenhang mit den Ursachen ausländerfeindlicher Handlungen zu berücksichtigen ist. An Bedeutung gewonnen haben als Treffpunkte „irgendwelche Stellen draußen". Unklar bleibt dabei im konkreten Fall, ob sich hierin veränderte Präferenzen des Freizeitverhaltens von Cliquen oder die Verfügbarkeit entsprechender Angebote widerspiegeln.

Obwohl zwischen beiden angeführten Extremgruppen immer noch deutliche Unterschiede erkennbar sind, hat die Gewaltbereitschaft unter ausländerfeindlichen Jugendlichen auch auf Gruppenebene bis 1999 stark nachgelassen. Einzelne Bezugspersonen in oder außerhalb der Gruppe wie der „beste Freund" bzw. die „beste Freundin" nehmen 1999 mehrheitlich eine ablehnende Haltung zum Thema „Gewalt" ein. Die Meinungen über Ausländer stimmen unter den Gruppenmitgliedern scheinbar weitgehend überein. Eine Analyse der Ursachen und Entstehungszusammenhänge von Ausländerfeindlichkeit kann demnach nicht auf die Betrachtung des Freundeskreises bzw. der Cliquen von Jugendlichen verzichten.

5.4.5 Ausländerfeindlichkeit unter Jugendlichen im Rahmen von Schule und Ausbildung

Ausländerfeindlichkeit ist ein fester Bestandteil des Schulalltags – allerdings nicht in allen Schultypen gleichermaßen (Tab. 12). Starke Konzentrationen ausländerfeindlicher Vorurteile finden sich vor allem an Gesamtschulen und Oberstufenzentren in Brandenburg. Es sollte aber nicht übersehen werden, daß solche Einstellungsmuster durchaus auch an anderen Schulen ein nennenswertes Problem darstellen. Die Schule – bzw. der Weg dorthin – ist gleichzeitig auch ein Ort der Gewalt unter Schülern. Erwartungsgemäß beteiligen sich vor allem ausländerfeindliche Jugendliche an solchen Aktionen. Diese richten sich sowohl gegen Mitglieder aus der eigenen Klasse als auch gegen andere Schüler aus der Schule. Allerdings finden sich zwischen 1996 und 1999 gewisse Anzeichen dafür, daß ausländerfeindliche Jugendliche ihre Konflikte zunehmend aus dem Klassenverband herauslösen. Dennoch wird das Klassenklima von Jugendlichen in dieser Gruppe auch 1999 noch relativ häufig mit „Prügeleien" und der Ausgrenzung von „Schülern, die anders sind", beschrieben.

Betrachten wir die Einstellung ausländerfeindlicher Jugendlicher zur Schule, ergibt sich ein schlüssiges Bild. In dieser Teilgruppe konzentrieren sich Schüler mit eher geringer Schulmotivation („Meistens sitze ich in der Schule nur die Zeit ab" usw.) und mit Anzeichen von vergleichsweise hohem Schulstreß („Die Schule verfolgt mich bis in den Schlaf" usw.). Ihre Noten sind nur „durchschnittlich", sie sind mit ihren Lehrern und ihrer Schul- bzw. Ausbildungssituation weniger zufrieden und versäumen häufiger ganze Schultage als ausländerfreundliche Jugendliche. Dabei ist davon auszugehen, daß ein großer Teil der von den Jugendlichen genannten Probleme durch ihre Leistungsvoraussetzungen und ihr Sozialverhalten verursacht werden.

Tab. 12: Extremgruppenvergleich zum Zusammenhang zwischen Schul- bzw. Ausbildungssituation und Ausländerfeindlichkeit

Merkmale der Schul- bzw. Ausbildungssituation	Ausländerfeindlichkeit					
	1993		1996		1999	
	Niedrig	Hoch	Niedrig	Hoch	Niedrig	Hoch
	Mittelwerte*)					
Skala „Schulmotivation"	3,15	2,67	2,88	2,32	2,87	2,32
Skala „Schulstreß"	1,80	1,84 -	1,95	2,03 -	1,87	2,11
Notendurchschnitt					2,45	2,98
Zufrieden mit Schule/Ausbildung					3,24	3,06
Lehrerzufriedenheit	2,79	2,59	2,66	2,44	2,72	2,45
Schwänzen ganzer Schultage	1,26	1,35 -	1,37	1,72	1,37	1,60
Eigene Gewalt in der Schule			1,77	2,11	1,74	1,93
Eigene Gewalt auf Schulweg			1,32	1,95	1,49	1,66
Eigene Gewalt Klassenkameraden			1,75	1,99	1,80 -	1,83 -
Eigene Gewalt andere Schüler			1,74	2,20	1,88	2,04
Klassenklima						
- Es gibt öfter Prügeleien					1,42	1,90
- Ausgrenzung von Schülern, die „anders" sind					2,32	2,83
Schultyp	Anteile in %					
- Gesamtschule	18,7	48,6	23,1	37,8	22,0	42,4
- O/OG und OG	56,1	23,4	54,7	17,6	57,1	19,3
- OSZ	25,2	28,0	22,2	44,6	20,9	38,3

*) Mittelwerte einer Skala 4 bis 1. Schulmotivation, -streß und Zufriedenheiten: 4= „Hoch" bis 1= „Niedrig"; Notenschnitt (Notenskala 1-6); Schulschwänzen, eigene Gewaltaktionen: 4= „Oft" bis 1= „Nie"; Klassenklima 4= „Stimmt völlig" bis 1= „Stimmt gar nicht". Signifikanz: Alle, außer die mit „-" gekennzeichneten Unterschiede sind bei p< 0.05 signifikant (für Mittelwerte: Student-Newman-Keuls-Test; Prozentsatzdifferenz: Chi-Quadrat).

5.4.6 Ein multivariater Erklärungsansatz von Ausländerfeindlichkeit

Die bisher genutzte Form der Ergebnispräsentation beruhte auf dem Vergleich des Merkmals „Ausländerfeindlichkeit" mit einer Vielzahl anderer Merkmale, aber stets nur paarweise kombiniert. Diese Form der Datenauswertung ist anschaulich, jedoch stellen sich Probleme spätestens dann ein, wenn ein Merkmal so komplex ist, daß es nicht mehr ausreichend nur durch den Kontrast mit einem einzigen anderen erklärt werden kann. Dann stellt sich die Frage, welches dieser Merkmale den stärksten Einfluß ausübt und wie die Gesamtstruktur der Zusammenhänge zwischen allen Merkmalen angemessen beschrieben werden kann. Fragen dieser Art können nur beantwortet werden, wenn der wechselseitige Einfluß vieler Merkmale gleichzeitig untersucht wird. Dafür stehen dem Sozialforscher eine Anzahl unterschiedlicher Methoden zur Verfügung. Einige davon – Faktoranalysen oder Regressionsanalysen – wurden auch in diesem Buch benutzt und an anderer Stelle beschrieben (Kapitel 1).

Zur Erklärung von „Ausländerfeindlichkeit" wird an dieser Stelle ein Pfadmodell ge-nutzt, das sich von anderen multivariaten Verfahren vor allem darin unterscheidet, daß es nicht die Zusammenhänge zwischen „beobachtbaren" Merkmalen (im folgen-den „Variablen" genannt) untersucht, sondern sich bei der Zusammenhangsanalyse auf theoretische Konstrukte, sogenannte „latente" Variablen, stützt. Solche latenten Variablen setzen sich aus mehreren, miteinander verbundenen, „richtigen" Merkma-len zusammen, wie wir sie bisher benutzt haben. Die empirisch beobachtbaren Merk-male haben in diesem Fall die Funktion von „Indikatoren" für die latenten Merkmale. Die Vorteile eines solchen Pfadmodells liegen zum einen darin, daß es als grafische Darstellungsform dem von uns verwendeten multivariaten „ökologischen Modell" zur theoretischen Erklärung von Ausländerfeindlichkeit gut entspricht. Zum anderen bietet die Nutzung latenter Variablen die Möglichkeit, die Vielzahl möglicher Ein-flußfaktoren auf wenige bedeutsame Merkmalsdimensionen zu reduzieren und damit eine anschaulichere Darstellung von Zusammenhängen vorzunehmen (s. Abb. 1).

Wir haben im folgenden insgesamt vier latente Variablen gebildet: „Person", „Schu-le", „Familie" und „Politischer Standort". Die latente Variable „Person" betrifft im Rahmen unseres ökologischen Modells persönlichkeitsbezogene Eigenschaften wie „Erregbarkeit", „Selbstvertrauen", „Soziale Unterstützung", „Externale Kontroll-überzeugung", „Zukunftsoptimismus" und „Xenophobie" (hier operationalisiert als Scheu und Mißtrauen gegenüber Fremden; Item „Ich gehe Menschen, die anders sind als ich, aus dem Weg"). Die latente Variable „Familie" schließt Merkmale der fami-lialen Sozialisation ein: „Familiale Restriktion", „Vernachlässigung" und „Familien-kohäsion" wurden hier berücksichtigt. Die latente Variable „Schule" beinhaltet die Alternative der gymnasialen vs. berufsorientierten Bildungswege (O/OG und OG vs. O, OR und OSZ), die schulischen Leistungen der Schülerinnen und Schüler (Noten-durchschnitt) und die Skala „Schulunlust". Auffallend ist die bidirektionale Bezieh-ung zwischen „Familie" und „Schule". Die latente Variable „Politischer Standort" umfaßt sowohl die eigene politische Verortung der befragten Jugendlichen auf einer Links-/ Rechts-Skala als auch die Relation zwischen der eigenen und der den Eltern zugeschriebenen Ausländerfeindlichkeit. Die Skala „Gewaltbereitschaft" wurde nicht der latenten Variablen „Person" zugeordnet, sondern zeigte als eine eigenständige Variable einen direkten Effekt auf das Ausmaß von Ausländerfeindlichkeit. Es sei bemerkt, daß das dargestellte Pfadmodell einen hohen Erklärungsgrad für Ausländer-feindlichkeit in unserer Stichprobe aufweist. Die erreichte Varianzaufklärung erreicht 48 Prozent, d.h. wir können die unterschiedlichen Ausprägungen von „Ausländer-feindlichkeit" fast zur Hälfte erklären, was im Rahmen sozialwissenschaftlicher Da-tenanalysen als ein gutes Ergebnis angesehen werden kann.

Ein direkter Einfluß auf die Ausländerfeindlichkeit ist lediglich für die Variablen „Politischer Standort", „Gewaltbereitschaft" und „Person" zu erkennen. Den stärk-sten unmittelbaren Einfluß auf ausländerfeindliche Orientierungen von Jugendlichen üben dabei erwartungsgemäß rechtsgerichtete Positionen aus. Weiterhin findet sich ein direkter Einfluß des politischen Standorts auf die Gewaltbereitschaft von Jugend-lichen. Dies kann zunächst dahingehend interpretiert werden, daß „rechtsorientierte" und gewaltbereite Jugendliche in erhöhtem Maße zu Ausländerfeindlichkeit neigen. Ein Teil des Effekts von „Gewaltbereitschaft" wird dabei aber auch über den politischen Standort von Jugendlichen vermittelt: Rechtsextreme Jugendliche sind gleichzeitig häufiger gewaltbereit, was einen indirekten Einfluß auf das Ausmaß ausländerfeindlicher Einstellungen nach sich zieht. Der direkte Einfluß von persönlichkeitsbezogenen Merkmalen bestätigt weitgehend die Ergebnisse der vorangegangenen bivariaten Analysen (Kapitel 5.4.2): Scheu vor Fremdem und Fremden sowie die Tendenz zur Anpassung an Autoritäten und Stärkere gehören zu den Risikofaktoren von Ausländerfeindlichkeit. Auch eine hohe „Externale Kontrollüberzeugung" begünstigt Vorurteile gegenüber Ausländern – wer sich im Leben unsicher und von anonymen Mächten oder Zufällen beherrscht fühlt, neigt eher zur Ablehnung von Fremden.

Abb. 1: Pfadmodell zur Erklärung von Ausländerfeindlichkeit

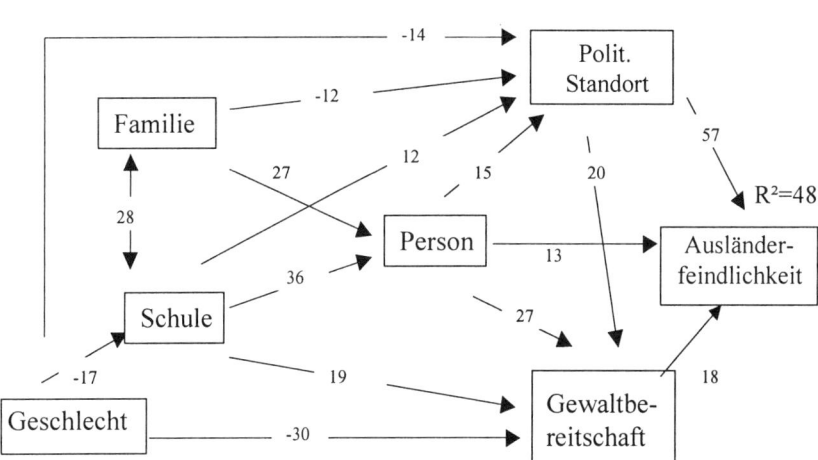

Die anderen Variablen wie „Geschlecht", „Schule" und „Familie" wirken nicht ummittelbar auf das Ausmaß der Ausländerfeindlichkeit unter Jugendlichen. Dies darf jedoch nicht dahingehend interpretiert werden, daß diese Variablen für das Ausmaß von Ausländerfeindlichkeit bedeutungslos sind. Vielmehr wird der Einfluß dieser Merkmale auf „Umwegen" ausgeübt, also mittelbar über andere Variablen. So zeigt der Einfluß von „Familie" eine solche indirekte Wirkung über die Variablen „Person" und „Politischer Standort". Dies bedeutet, daß sich, anders als auf bivariater Ebene, im Pfadmodell durchaus Einflüsse identifizieren lassen, die von familialer Restriktion, Vernachlässigung und fehlender Familienkohäsion auf Ausländerfeindlichkeit ausstrahlen. Erziehungsstile und Interaktionsformen, die für die Entwicklung des Kindes ungünstig sind, tragen zum Entstehen von rechtsextremistischen Einstellungen unter Jugendlichen bei. Sie stehen dabei in Verbindung mit der Herausbildung bestimmter Persönlichkeitsmerkmale wie Aggressivität und tragen auch auf diesem Wege indirekt zur Ausprägung von ausländerfeindlichen Einstellungen bei.

Auch der Einfluß des Geschlechts auf die Ausländerfeindlichkeit von Jugendlichen erscheint als ein solcher mittelbarer Effekt. Die bivariate Korrelation zwischen Geschlecht und Ausländerfeindlichkeit beträgt -.16; d.h. Mädchen sind gegenüber Ausländern allgemein weniger feindlich eingestellt als Jungen. Diese Zusammenhänge können durch das Modell wie folgt erklärt werden: Da Mädchen weniger als Jungen rechtsextremen Positionen zuneigen, findet sich zum einen ein indirekter Effekt des Geschlechts über den politischen Standort von Jugendlichen auf das Ausmaß von ausländerfeindlichen Einstellungen. Über einen anderen „Pfad" wirkt der Einfluß des Geschlechts auch über die Schule und die Gewaltbereitschaft indirekt auf Ausländerfeindlichkeit: Mädchen weisen eine geringere Gewaltbereitschaft als Jungen auf und neigen entsprechend weniger ausländerfeindlichen Positionen zu. Mädchen haben weiterhin einen besseren Notendurchschnitt und eine höhere Schulmotivation; auch dies führt indirekt zu einer geringer ausgeprägten Ausländerfeindlichkeit. Schließlich besuchen Mädchen anteilmäßig häufiger gymnasiale Schulzweige, was diesen Effekt weiter verstärkt. Prädestiniert im Sinne der Anfälligkeit gegenüber ausländerfeindlichen Orientierungen sind also Jugendliche – vor allem junge Männer –, die in höherem Maße gewaltbereit sind, unterdurchschnittliche schulische Leistungen aufweisen und in geringerem Maße für die Schule motiviert sind. Sie besuchen seltener Gymnasien bzw. gymnasiale Zweige von Gesamtschulen. Die entscheidende Barriere für die Übernahme ausländerfeindlicher Vorurteile fällt aber dann, wenn Jugendliche sich rechtsextremen politischen Ansichten zuneigen bzw. diese übernehmen. Sie befinden sich in diesem Zusammenhang – wie weiter oben gezeigt wurde – häufig in Cliquen, für die Gewalt und Ausländerfeindlichkeit „Kult" sind.

5.5   Fazit

Wir möchten die Zusammenfassung mit dem wichtigsten positiven Befund beginnen: Die Mehrheit der brandenburgischen Jugendlichen hält nichts oder nicht viel von fremdenfeindlichen Parolen, und nur eine kleine Minderheit kann im strengen Sinne als ausländer-„feindlich" bezeichnet werden. An diesem Tatbestand hat sich zwischen 1993 und 1999 insgesamt nur wenig verändert. Dennoch mußten wir an mehreren Stellen ausdrücklich die Problembelastung in Brandenburg hervorheben. Dies hat zwei Gründe: Erstens ist ein Drittel aller Jugendlichen mit Neigungen zu ausländerfeindlichen Orientierungen (dies ergab die Verteilung auf unserer Skala der „Ausländerfeindlichkeit") eine gesellschaftlich keinesfalls zu akzeptierende Größenordnung; zweitens richten sich diese Einstellungen, sofern sie handlungswirksam werden, oft in gewaltsamer Form gegen Menschen. Insofern muß als besorgniserregende Entwicklung betont werden, daß ausländerfeindliche Einstellungen unter brandenburgischen Jugendlichen zwischen 1996 und 1999 leicht zugenommen haben.

Mit Hilfe der Daten der Schülerbefragungen der Studie „Jugend in Brandenburg" ist es gelungen, einige Informationen über Hintergründe und Ursachen von Ausländerfeindlichkeit unter Jugendlichen zu ermitteln:

1. Unübersehbar ist der enge Zusammenhang zwischen „Rechtsextremismus"/ „Gewalt" und „Ausländerfeindlichkeit". Trotzdem entspricht eine Gleichsetzung beider Phänomene nicht den Gegebenheiten. Zwar sind fast alle rechtsextremen Jugendlichen in hohem Maße ausländerfeindlich eingestellt, aber nur eine relativ kleine Gruppe der Jugendlichen mit ausländerfeindlichen Positionen ist umgekehrt der rechtsextremen Szene zuzuordnen; Ausländerfeindlichkeit ist ein allgemeineres gesellschaftliches Problem als Rechtsextremismus. Als ein wichtiger Befund soll hier

der nachlassende Einfluß rechtsextremer Orientierungen unter ausländerfeindlichen Jugendlichen bis 1999 hervorgehoben werden. Das Ausmaß an Ausländerfeindlichkeit ist demnach zum einen zwar angestiegen, zum anderen jedoch weniger ideologisch fundiert und eher als eine „dumpfe" Ablehnung von allem Fremden zu begreifen. Gleichzeitig haben sowohl die Gewaltbereitschaft als auch das Ausmaß gewalttätiger Aktionen unter ausländerfeindlichen Jugendlichen zwischen 1996 und 1999 nachgelassen.

2. Ausländerfeindlichkeit steht im Zusammenhang mit bestimmten Persönlichkeitsmerkmalen. Ausländerfeindliche Jugendliche sind überwiegend männlich und leicht erregbar. Sie neigen hedonistischen Wertorientierungen zu und träumen von einem geruhsamen, materiell abgesicherten Leben, in dem sich wenig Neues ereignet; gleichzeitig sind sie mit sich selbst recht zufrieden, wenig anstrengungsbereit und eher risikoscheu. Besondere Bedeutung für die Ausprägung von Ausländerfeindlichkeit besitzt das Gefühl, „externen" Mächten und Zufällen ausgesetzt zu sein. Schließlich versuchen ausländerfeindliche Jugendliche, stets auf der Seite des Stärkeren zu sein, sich in gutorganisierten Gruppen zu bewegen und Menschen zu meiden, die „anders" sind. Insgesamt finden sich Anzeichen für eine vereinfachende, stereotypisierende Denkweise unter ausländerfeindlichen Jugendlichen.

3. Ausländerfeindlichkeit wird Jugendlichen nicht „in die Wiege" gelegt. Entsprechende Orientierungen werden von anderer Stelle oder anderen Personen übernommen. Wir haben in unserer Untersuchung deshalb dem sozialen Umfeld von Jugendlichen besondere Aufmerksamkeit gewidmet. Bei der Herausbildung ausländerfeindlicher Ressentiments spielen die Einstellungen der Eltern zu Ausländern eine wichtige Rolle. Die Ergebnisse eines Pfadmodells deuten an, daß auch von restriktiven und vernachlässigenden Erziehungsstilen zumindest mittelbare Einflüsse auf das Ausmaß ausländerfeindlicher Meinungen der Kinder ausgehen.

4. Im Zusammenhang mit ausländerfeindlichen Einstellungen und Aktionen spielen Jugendcliquen eine nicht unerhebliche Rolle. Ausländerfeindliche Cliquen weisen einen hohen, wenn auch nachlassenden Anteil rechtsextremer Mitglieder auf. Das Gewaltpotential, das von diesen Gruppen ausgeht, ist deutlich höher als bei anderen Jugendgruppen, geht aber ebenfalls zurück. Das Umfeld der Schule schließlich zeigt sich als weiterer entwicklungsrelevanter Kontext für die Herausbildung ausländerfeindlicher Einstellungen unter brandenburgischen Jugendlichen.

Insgesamt sei betont, daß die Bedeutung ausländerfeindlicher Einstellungen unter Jugendlichen, aber auch in der gesamten Bevölkerung nicht unterschätzt werden darf. Es sollte nicht übersehen werden, daß viele gewalttätige Exzesse gegen Fremde vermutlich nur vor dem Hintergrund einer gewissen Duldung, wenn nicht gar Akzeptanz seitens größerer Bevölkerungsteile möglich werden.

Ausländerfeindlichkeit, Rechtsextremismus und Gewalt unter Jugendlichen sind über ein enges Beziehungsgeflecht miteinander verbunden. Trotzdem sind diese Begriffe nicht synomyn zu verwenden, wie unterschiedliche Tätergruppen und Ursachenstrukturen zeigen. Eine differenzierte Betrachtung ist nötig, und nur eine solche ermöglicht die Entwicklung zielgruppenspezifischer Präventionsmaßnahmen, die angesichts verbreiteter Vorurteile gegen Ausländer dringend erforderlich sind.

6   Freizeitangebote aus der Sicht von Jugendlichen in Brandenburg

Rudolf Welskopf & Anke Maschke

6.1   Problemstellung

Das Verhalten von Jugendlichen in ihrer Freizeit gehört zwar zu den vornehmsten und besterforschten Gegenständen der Jugendforschung, jedoch unterliegt es einer starken Dynamik, wird von Trends und Moden und nicht zuletzt von der „Freizeitindustrie" beeinflußt. Aus verschiedenen neueren Studien ist bekannt, wie Jugendliche heute ihre Freizeit verbringen. Geselligkeit in traditionellen Formen – wie sie beispielsweise Vereine bieten – erscheint den meisten eher abstoßend (Florin, 1997; Merwald, 1997). Als beliebteste Freizeitbeschäftigung wird häufig das Zusammensein mit Freunden genannt, gefolgt von Musikhören, Besuchen in Discos oder Kneipen und sportlichen Aktivitäten (Hug et al., 1995; Merwald, 1997; Lange, 1997; Florin, 1997). Nicht mehr so beliebt scheinen Lesen und Musizieren zu sein (Merwald, 1997). Bevorzugte Sportarten sind Fußball, Tennis, Schwimmen und Joggen (Behnken, 1991). Die häufigsten und am meisten bevorzugten Freizeitaktivitäten sind passiver, aber geselliger Natur. Das relativ geringste Interesse zeigen die Jugendlichen an bildenden Beschäftigungen (Fitzgerald et al., 1995). Ähnliche Befunde ergab die vom IFK 1996 durchgeführte repräsentative Befragung brandenburgischer Jugendlicher (Sturzbecher & Lenz, 1997). Als wichtigste Freizeitbeschäftigung nannten die Jugendlichen das Musikhören, an zweiter Stelle stand das Ausschlafen und an dritter Stelle das Sporttreiben. Mit größerem Abstand folgten andere Beschäftigungen wie Sex, Fernsehen, Helfen im Haushalt, Kino- oder Discobesuche.

Daraus wird zweierlei ersichtlich: Erstens ist auch für Jugendliche die Freizeit jene Zeit, die sie zum (passiven) Entspannen und Erholen benötigen, zum Ausschlafen und Musikhören. Zweitens aber ist die Freizeit für sie ein immens wichtiger Freiraum, um ungezwungen und selbstbestimmt, ohne elterliche oder schulische Aufsicht mit Gleichaltrigen nach Regeln zu kommunizieren, die sie selbst definieren. Sie knüpfen in diesem Bereich Kontakte, suchen Freunde oder Freundinnen und schließen sich einer Peergroup an. Anders als Erwachsene, die in der Regel ihren Freundeskreis gebildet haben und ihn kaum noch verändern, sind Jugendliche erst dabei, sich einen Freundeskreis zu schaffen. Freundschaftliche Beziehungen zu Gleichaltrigen zu knüpfen ist für Jugendliche eines der wichtigsten psychischen Bedürfnisse und eine Schule ihrer Sozialkompetenz. Somit bildet die Freizeit den zeitlichen – und in übertragenem Sinne auch den räumlichen – Rahmen, in dem sich die soziale Verselbständigung der Heranwachsenden und ihre allmähliche Ablösung vom Elternhaus vollzieht, in dem sie also soziale Autonomie gewinnen (s. dazu Kapitel 2). Es liegt auf der Hand, daß die Aneignung der sozialen, ökonomischen und (im weitesten Sinne) kulturellen Optionen im Lebensbereich „Freizeit" für die Jugendlichen damit verbunden ist, zeitliche und finanzielle Prioritäten zu setzen und Entscheidungen zu treffen, welche Bedürfnisse Vorrang erhalten vor anderen.

Da aus den angeführten und eigenen Untersuchungen (Sturzbecher & Lenz, 1997; DJI & IFK, 1998) im wesentlichen bekannt ist, welche Freizeitaktivitäten Jugendliche bevorzugen, haben wir uns 1999 für einen anderen Untersuchungsschwerpunkt entschieden. Wir richten unser Augenmerk diesmal vor allem darauf, ob eine bestimmte Infrastruktur an Freizeitangeboten am Wohnort der Jugendlichen bzw. in ihrer Umgebung vorhanden ist, inwieweit die Jugendlichen an diesen Angeboten interessiert sind und wie sie Preis, Erreichbarkeit und Qualität dieser Angebote bewerten. Es geht uns also in diesem Kapitel um zweierlei: erstens um das Interesse der Jugendlichen an konkreten öffentlichen Freizeitangeboten und zweitens um die Bewertung ausgewählter Angebote nach bestimmten Kriterien.

Selbstverständlich wollen wir auch untersuchen, ob es Zusammenhänge der Freizeitinteressen mit bestimmten strukturellen bzw. soziografischen Merkmalen der Jugendlichen und mit den Geldbeträgen, über die sie verfügen, gibt. Auch die Frage hinsichtlich möglicher Zusammenhänge mit devianten Einstellungen wie Gewaltbereitschaft, Rechtsextremismus und Ausländerfeindlichkeit wird beantwortet. Auf die Befunde aus der Literatur kommen wir in den jeweiligen Abschnitten zurück, um sie „vor Ort" mit den Resultaten unserer aktuellen Untersuchung zu verbinden.

6.2 Methodische Bemerkungen

In diesem Kapitel gibt es – abgesehen von zahlreichen Indikatoren, die in der bereits bekannten Weise ausgewertet werden – zwei Besonderheiten bei der Aufbereitung der Daten bezüglich der Bewertung konkreter Freizeitangebote. Die Bewertungen der Befragten zu diesen 15 ausgewählten Angeboten nach unterschiedlichen Kriterien (Vorhandensein, Interesse, wahrgenommene Defizite) wurden nach dem folgenden Schema recodiert (Tab. 1).

Tab. 1: Ein Ordnungsmuster neuer Variablen zu Freizeitangeboten

Items		Neue Variable	
Angebote sind vorhanden	a) ausreichend	Interesse	(kein Defizit wahrgenommen)
	b) zu wenig	Interesse	Defizit
	c) interessieren mich aber nicht	(kein Interesse)	(kein Defizit wahrgenommen)
Angebote sind nicht vorhanden	d) interessieren mich aber auch nicht	(kein Interesse)	(kein Defizit wahrgenommen)
	e) fehlen mir	Interesse	Defizit

Bei der Frage „Gibt es die aufgeführten Freizeitangebote in Ihrer Region (Wohnort, Schul- bzw. Ausbildungsort, Nachbarort) und interessieren Sie sich dafür?" war zunächst eine von zwei Antwortvorgaben zu wählen: „Angebote sind vorhanden" oder „Angebote sind nicht vorhanden". Die weitere Verzweigung möglicher Antworten ist dem Schema zu entnehmen. Aus den fünf vorgegebenen Antwortmöglichkeiten bildeten wir zwei neue Variablen, um die von den Jugendlichen angegebenen Interessen und Defizite hinsichtlich der Freizeitangebote abbilden zu können.

Wir können nun aus den recodierten beiden Variablen den Umfang des Interesses und der Defizitwahrnehmungen für die 15 Angebote im Freizeitbereich ablesen. Darüber hinaus stehen uns für diese Freizeitangebote Einschätzungen zur Verfügung, ob die Befragten jeweils mit den Preisen, der Erreichbarkeit und der Qualität zufrieden oder unzufrieden sind. Um die Analyse dieser Einschätzungen handhabbar zu machen und auf wesentliches zu konzentrieren, schränken wir uns dabei auf sieben Angebote ein, die in dem entsprechenden Abschnitt nach bestimmten Kriterien ausgewählt werden.

Bei der Untersuchung der Interessen an den verfügbaren Freizeitangeboten versuchen wir zunächst, mit Hilfe einer Faktorenanalyse wesentliche Dimensionen der Freizeitinteressen der Jugendlichen – bezogen auf die Angebote – herauszudestillieren und damit bestimmte Interessenschwerpunkte inhaltlich zu charakterisieren. Dann ordnen wir die Befragten mittels der sogenannten Faktorwerte, die jeden Befragten hinsichtlich der Faktordimensionen positionieren, den Faktoren bzw. Interessenschwerpunkten zu, für die sie ein besonders ausgeprägtes (überdurchschnittliches) Interesse zeigen. Das besagt allerdings nicht, daß sie sich nicht (relativ schwächer) auch für Angebote interessieren würden, die anderen Faktoren zuzurechnen sind. Bei der Auswertung von Zusammenhängen in Hinblick auf die Zugehörigkeit zu diesen Interessenschwerpunkten bedienen wir uns der standardisierten Residuen, die die Abweichungen von den jeweiligen Erwartungswerten kennzeichnen. Bei standardisierten Residuen, die den absoluten Wert „2" (positiv oder negativ) überschreiten, kann man mit einer Irrtumswahrscheinlichkeit von fünf Prozent von einer Signifikanz der Abweichungen in der jeweiligen Zelle ausgehen. Im Ergebnis dieses Verfahrens gelangt man dann zu Aussagen etwa des folgenden Typs: „Das Interesse der 14- bis 16jährigen Jugendlichen an Angeboten zum Sporttreiben ist wesentlich stärker als das älterer Jugendlicher."

6.3   Untersuchungsergebnisse

6.3.1   Zufriedenheit mit den Freizeitmöglichkeiten

In der nachfolgenden Tabelle geben wir einen vergleichenden Überblick über die allgemeine Zufriedenheit der Jugendlichen mit verschiedenen Lebensbereichen, darunter auch den verfügbaren Freizeitmöglichkeiten. Die höchste Zufriedenheit der Jugendlichen ist hinsichtlich ihrer sozialen Beziehungen und ihrer Wohnsituation zu verzeichnen. Knapp 30 Prozent der Jugendlichen sind mit ihren Freizeitmöglichkeiten und 38 Prozent mit ihrer finanziellen Lage unzufrieden. Angesichts der hohen Ansprüche, die heute oft an Freizeitangebote gestellt werden, kann ein gewisser Anteil unzufriedener Jugendlicher zunächst nicht überraschen. Wir werden aber in diesem Kapitel auch der Frage nachgehen, ob es bestimmte Bereiche bzw. Angebote gibt, auf die sich die Unzufriedenheit konzentriert. Darüber hinaus ist zu vermuten, daß bestimmte Gruppen Jugendlicher mehr und andere weniger zufrieden sind, je nachdem, welche geschlechts-, alters- und bildungsspezifischen Bedürfnisse bei ihnen jeweils im Mittelpunkt stehen und welche Ressourcen sie zu ihrer Befriedigung einsetzen können.

Tab. 2: Zufriedenheit mit verschiedenen Lebensbereichen (Angaben in %)

Lebensbereiche (Rangfolge nach der Zufriedenheit)	„Wie zufrieden sind Sie im allgemeinen mit folgenden Aspekten in Ihrem Leben?"			
	Zufrieden	Eher zufrieden	Eher unzufrieden	Unzufrieden
1. Beziehungen zu Freunden und Bekannten	78,2	18,6	2,9	0,3
2. Wohnsituation	71,3	18,8	7,6	2,4
3. Verhältnis zu den Eltern	66,3	24,8	6,2	2,6
4. Gesundheit	61,1	28,0	8,3	2,6
5. Leben am Wohnort	50,1	34,2	12,5	3,3
6. Möglichkeiten, mein Leben selbst zu bestimmen	45,7	36,2	13,6	4,6
7. Schul- bzw. Ausbildungssituation	41,3	39,6	15,4	3,7
8. Freizeitmöglichkeiten	40,9	29,2	22,1	7,7
9. Finanzielle Lage	30,0	31,9	23,6	14,4

Aus Tabelle 3 können wir erkennen, daß die Zufriedenheit mit den Freizeitmöglichkeiten bei Mädchen geringer ist als bei Jungen und daß ältere Schüler bzw. Azubis unzufriedener sind als jüngere Jugendliche. Neben Geschlecht und Alter macht sich ein dritter Einflußfaktor bemerkbar: An der geringeren Zufriedenheit der Schülerschaft von Gymnasien, die sich bereits in der Sekundarstufe I andeutet, erkennen wir differenzierte Freizeitansprüche bestimmter Schülergruppen in Zusammenhang mit ihrer Bildungslaufbahn. Ganz offensichtlich steigen die Ansprüche der Jugendlichen zwischen 14 und 18 Jahren erheblich an bzw. wandeln sich, und auch die inhaltlichen Erwartungen an Freizeitangebote unterscheiden sich zwischen verschiedenen Schülergruppen je nach Bildungsaspiration – wir kommen darauf zurück.

Tab. 3: Zufriedenheit mit den Freizeitmöglichkeiten (Angaben in %)

Subpopulationen		Zufriedenheit mit Freizeitmöglichkeiten			
		Zufrieden	Eher zufrieden	Eher unzufrieden	Unzufrieden
Geschlecht	Männlich	44,7	30,6	18,8	5,8
	Weiblich	36,9	27,7	25,6	9,8
Sek. I Schultypen	Sek. I – O	52,5	25,6	15,5	6,5
	Sek. I – OR	52,2	22,8	18,0	7,1
	Sek. I – OG	37,4	29,1	27,5	6,0
	Sek. I gesamt	48,1	26,1	19,3	6,4
Sek. II allg./ berufl. Bildg.	O/OG u. OG	24,0	35,5	29,2	11,3
	OSZ – BA	33,4	33,1	24,6	8,9
Gesamt		40,9	29,2	22,1	7,8

Die meisten Freizeitaktivitäten sind mit finanziellen Ausgaben verbunden, sei es direkt, wie bei Kino-, Kneipen- oder Discobesuchen, oder indirekt, wenn wie beim Sporttreiben bestimmte Schuhe, Kleidung oder Geräte benötigt werden. Das Geld, über das die Jugendlichen verfügen, fließt zu einem großen Teil in ihre Freizeitaktivitäten, aber auch in den Kauf von Kleidung und Genußmitteln (DJI & IFK, 1998, S.

99f.); darüber hinaus wird es in Hobbys (z.B. Computer) oder Mobilität (Bahn- und Bustickets, Taxi, Fahrrad, zunehmend auch eigene Kraftfahrzeuge) investiert.

6.3.2 Die finanziellen Ressourcen der Jugendlichen

Welche finanziellen Mittel stehen brandenburgischen Jugendlichen, die eine Sekundarschule besuchen oder sich in der Berufsausbildung befinden, zur Verfügung? Unsere Frage lautete konkret: „Über wieviel Geld können Sie im Monat frei verfügen?" Während 1996 dafür die in der folgenden Tabelle enthaltenen Kategorien vorgegeben waren, konnte 1999 der Betrag frei angegeben werden. Namentlich für Auszubildende liegt der monatlich verfügbare Geldbetrag häufig über 500,- DM. Aber auch andere Jugendliche gaben nicht selten vierstellige Beträge an. Einige dieser Angaben stellten sich bei Nachprüfungen der Daten als falsch heraus und wurden in der Auswertung nicht weiter berücksichtigt, andere erschienen aufgrund zusätzlicher Angaben (Geldgeschenke von Eltern und Verwandten, Ferien- und Freizeitjobs; wir kommen darauf zurück) plausibel und wurden beibehalten.

Tab. 4: Verfügbare Geldbeträge der Jugendlichen – 1999 (Angaben in %)

Subpopulationen		Monatlich verfügbares finanzielles Budget				
		0 bis 49 DM	50 bis 99 DM	100 bis 299 DM	300 bis 499 DM	500 DM und mehr
Geschlecht	Männlich	25,3	20,2	21,8	11,0	21,7
	Weiblich	30,8	26,2	23,1	8,7	11,1
Sek. I Schultypen	Sek. I – O	53,0	26,3	17,1	0,8	2,8
	Sek. I – OR	15,5	33,9	31,2	10,2	9,2
	Sek. I – OG	3,4	7,1	21,5	23,3	44,8
	Sek. I gesamt	44,1	29,9	21,4	1,3	3,4
Sek. II allg./ berufl. Bildg.	O/OG u. OG	4,6	31,4	44,5	11,3	8,3
	OSZ – BA	2,9	1,5	11,6	30,0	54,0
Gesamt		27,9	23,1	22,5	9,9	16,6

Jungen verfügen im Mittel über mehr Geld (Median$_{männlich}$= 150,- DM; Median$_{weiblich}$= 100,- DM) als Mädchen (u.a. dadurch, daß im Land Brandenburg unter den Auszubildenden mehr Jungen und an den Gymnasien mehr Mädchen zu finden sind). Die Streuungen in den jeweiligen Gruppen sind erheblich. Über das meiste Geld verfügen erwartungsgemäß die Auszubildenden (Median$_{AZUBI}$ = 500,- DM).

Neben der Höhe des verfügbaren Geldbetrags wurden auch die Geldquellen erfragt: Handelt es sich bei den Einnahmen um Taschengeld, Verdienst aus Freizeitjobs, Ausbildungsentgelt, Bezahlung für Überstunden oder sonstige Einkünfte? Aus der Beantwortung dieser Fragen wissen wir:

- 92 Prozent der Jugendlichen erhalten Taschengeld. Eine weitere wichtige Geldquelle sind für sie Jobs in der Freizeit. Dies gilt vor allem für die Schülerschaft der Sekundarstufe II, von denen 42 Prozent derartige Einkünfte haben.

- Bei einem Teil der Schülerschaft der Sekundarstufe I spielen Geldgeschenke der Eltern oder Verwandtschaft (z.B. anläßlich von Jugendweihen oder Konfirmationen) eine große Rolle im Budget.

190

- Die meisten Jugendlichen an OSZ (86%) erhalten eine Ausbildungsvergütung, an zweiter Stelle stehen bei ihnen mit 19 Prozent sonstige Geldquellen (häufig wird hier vermerkt, daß man mit irgendetwas handelt), und 14 Prozent von ihnen erhalten Taschengeld. Zusätzliche Jobs (Freizeitjobs bzw. Überstunden) gaben neun Prozent an. Das ist insofern plausibel, als an brandenburgischen Oberstufenzentren neben dem berufsbildenden Unterricht im dualen System auch weitere Ausbildungsformen praktiziert werden. So gibt es in einigen Berufen entweder eine rein schulische Fachausbildung oder eine berufliche Ausbildung, deren praktischer Teil von freien Trägern im Rahmen öffentlich geförderter Ausbildungsprogramme (in Brandenburg insbesondere das „Kooperative Modell") für Jugendliche, die auf dem freien Lehrstellenmarkt erfolglos waren, realisiert wird. Diese Auszubildenden bzw. Schüler erhalten kein Ausbildungsentgelt, sind jedoch von der Ausbildungsform her berechtigt, Bafög zu beantragen („Schüler-Bafög").

- Von den 140 an OSZ befragten Jugendlichen, die kein Ausbildungsentgelt als Einkommensquelle angaben, beziehen 28 Bafög. Das Fehlen eines Einkommens bei den restlichen Befragten steht bei den meisten von ihnen offensichtlich im Zusammenhang mit dem oben erwähnten „Kooperativen Modell". Eine Gruppe unter ihnen stellen beispielsweise junge Frauen dar, die an den OSZ eine Fachausbildung in sozialpflegerischen oder -pädagogischen Berufen absolvieren. Sie sind auf die o.g. anderen Einkunftsarten angewiesen, auf Unterstützung durch die Eltern (Taschengeld), Freizeitjobs etc.

Insgesamt steht den Jugendlichen 1999 mehr Geld zur Verfügung als 1996 (s. folgende Abbildung). Während 1996 noch fast 60 Prozent der Jugendlichen über weniger als 100 DM verfügen konnten, waren es 1999 nur noch 43 Prozent. Zusammenhänge dieses Trends mit den Merkmalen „Geschlecht", „Alter" und „Schultyp" (Anteil der Auszubildenden) existieren nicht. Ebenso wenig korrespondieren die zur Verfügung stehenden finanziellen Ressourcen mit der Zufriedenheit der Jugendlichen mit ihren Freizeitmöglichkeiten; wir kommen darauf zurück.

Abb. 1: **Veränderung der verfügbaren Geldbeträge der Jugendlichen – 1996 und 1999** (Angaben in %)

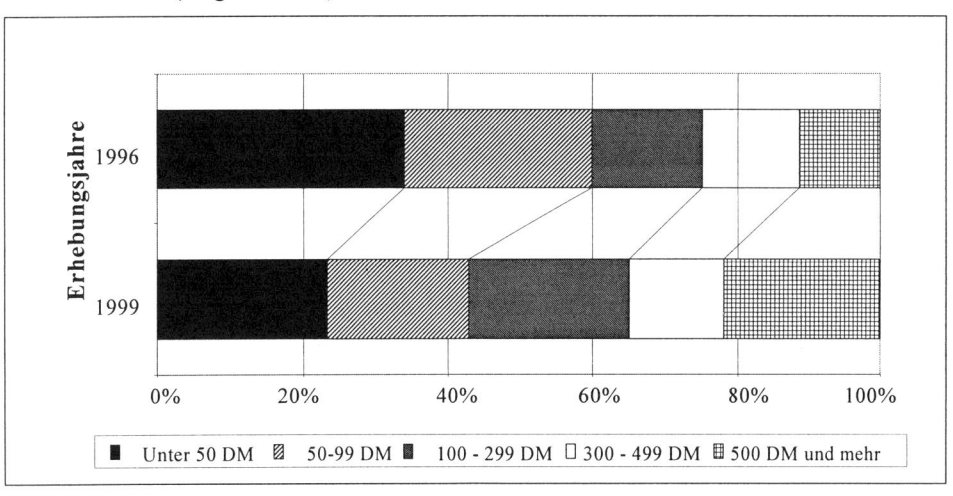

191

Es besteht ein Zusammenhang der Höhe des Taschengeldes (insbesondere von Schülerinnen und Schülern) mit der finanziellen Situation des Elternhauses – Schülerinnen und Schüler mit einem Budget von über 300 DM monatlich stammen überzufällig aus wohlhabenderen Familien. Allerdings gewähren auch die meisten Elternhäuser mit überdurchschnittlichem Familieneinkommen ihren Kindern weniger als 300 DM Taschengeld monatlich, und auch unter jenen Schülern, die unter 50 DM Taschengeld monatlich erhalten, findet man Familien, deren finanzielle Situation „Viel besser" ist als die ihrer Umgebung. Das mag daran liegen, daß manche wohlhabenden Eltern es bewußt vermeiden, ihre Kinder zu verwöhnen, während andere vielleicht mit Geld mangelnde zeitliche Verfügbarkeit zu kompensieren suchen. Mit den Befragungsdaten ist nicht eindeutig feststellbar, welche Jugendlichen unter Armut leiden. Nach einer Pressemitteilung des Landesamts für Datenverarbeitung und Statistik Brandenburg lag die Quote der unter 18jährigen Brandenburger, die 1999 Hilfe zum Lebensunterhalt bezogen, bei 4,6 Prozent; in der Altersgruppe der Schüler zwischen 14 und 18 Jahren dürfte sie zwischen 3,0 und 3,5 Prozent liegen (LDS, 2000).

6.3.3 Zufriedenheit mit dem Freizeitangebot und wahrgenommene Defizite

Überblick und Trendvergleiche

Wenden wir uns nun der allgemeinen Zufriedenheit der Jugendlichen mit den im Fragebogen vorgegebenen Freizeitangeboten in ihrem Heimatort zu. Insgesamt hielten sich 1999 die Anteile der zufriedenen und der unzufriedenen Jugendlichen ungefähr die Waage (s. Tab. 5). Im Vergleich zur Befragung von 1996 findet sich 1999 eine größere Zufriedenheit; etwa um 10 Prozent ist der Anteil der Befragten, die mit den Freizeitangeboten zufriedener sind, insgesamt gestiegen. Ein Zusammenhang der Zufriedenheit mit der Größe des Wohnortes konnte nicht gefunden werden, übrigens ist auch hinsichtlich der weiteren in diesem Kapitel untersuchten Merkmale der Freizeitangebote kein Einfluß der Ortsgröße feststellbar.

Abb. 2: Zufriedenheit mit dem Freizeitangebot im Heimatort im Vergleich – 1996 und 1999 (Angaben in %)

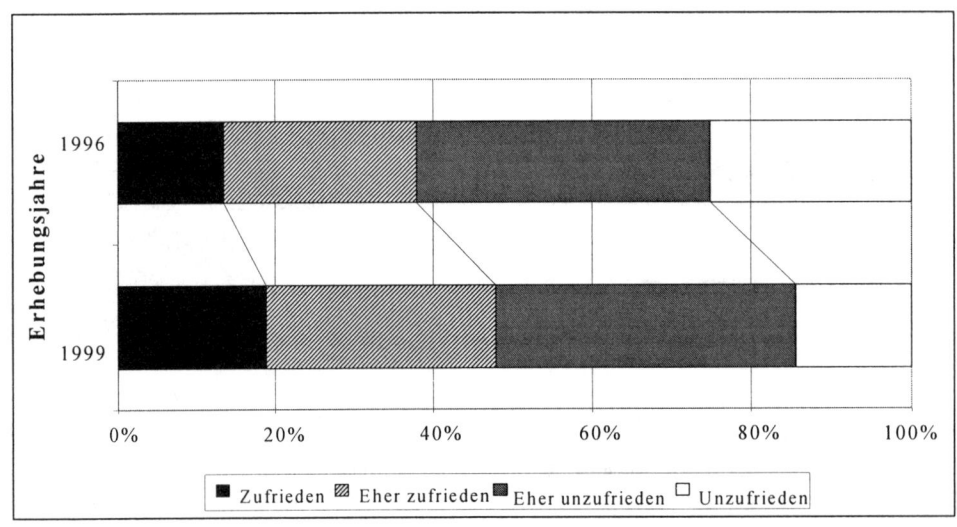

Aus Tabelle 5 wird ersichtlich, daß Jungen mit den vorhandenen Freizeitangeboten zufriedener sind als Mädchen – ein Ergebnis, das sich auch 1996 fand. Zur Darstellung der altersspezifischen Befunde haben wir Altersgruppen gebildet, die den Bedingungen der Freizeitbereiche und den Bestimmungen des Jugendschutzes angepaßt sind: (1) bis 15 Jahre, (2) 16 bis 17 Jahre und (3) 18 Jahre und älter.

Tab. 5: **Zufriedenheit mit Freizeitangeboten, differenziert nach Geschlecht und Alter – 1999** (Angaben in %)

Subpopulationen	Zufriedenheit mit dem Freizeitangebot am Ort			
	Zufrieden	Eher zufrieden	Eher unzufrieden	Unzufrieden
Jungen	23,0	34,2	31,3	11,5
Mädchen	16,4	23,6	42,9	17,1
Bis 15 Jahre	28,0	28,8	30,1	13,1
16 bis 17 Jahre	15,0	29,0	40,3	15,7
Ab 18 Jahre	12,0	29,1	44,2	14,8
Gesamt	19,7	29,0	37,0	14,3

Wie schon 1996 zeigen sich auch 1999 jüngere Jugendliche mit dem Freizeitangebot zufriedener als ältere. Der „Sprung" zu größerer Unzufriedenheit scheint bei den Jugendlichen im Alter zwischen 16 und 17 Jahren zu erfolgen. Die Zufriedenheit mit der konkreten Angebotssituation für Freizeitaktivitäten im Heimatort der Jugendlichen fällt deutlich geringer aus als die allgemeine Zufriedenheit mit den Möglichkeiten, die Freizeit zu gestalten, die wir eingangs dieses Kapitels dargestellt hatten.

Bevor wir der Frage nachgehen, welche Freizeitangebote als defizitär empfunden werden, seien einige diesbezügliche Literaturbefunde referiert. In Studien über das Freizeitverhalten werden von Jugendlichen oft mehr Veranstaltungen und Konzerte gewünscht sowie Defizite an öffentlichen Sport- bzw. Bolzplätzen, Basketball- bzw. Streetballplätzen, Inlineskatebahnen, im Winter nutzbaren Hallen für Sport- und Freizeitaktivitäten bemängelt. Weiterhin werden von vielen Jugendlichen mehr Kontrollen an öffentlichen Orten gefordert sowie eine bessere Ausstattung benutzbarer Räume (Merwald, 1997).

In unserer Befragung stand die Frage im Mittelpunkt, wie die Freizeitangebote am Wohn- bzw. Lernort und in Nachbarorten, d.h. in einer von den Jugendlichen überschaubaren und erreichbaren Region, eingeschätzt werden. Die von uns für die Einschätzung ausgewählten 15 Freizeitangebote werden teilweise in der Verantwortung der Kommunen gestaltet und unterhalten, und die Zufriedenheit mit ihnen beeinflußt die Identifikation der Jugendlichen mit ihrer Kommune und Region. Die geforderten Einschätzungen zu diesen Freizeitangeboten beziehen sich konkret auf deren (ausreichendes) Vorhandensein in der Region (Wohnort, Schul- bzw. Ausbildungsort, Nachbarorte), das Interesse daran sowie Bewertungen der Preise, der Erreichbarkeit und der Qualität dieser Angebote (Kategorien „Zufrieden", „Nicht zufrieden", „Kann ich nicht einschätzen").

In der Tabelle sind zu den erfragten 15 Freizeitangeboten das Interesse der Jugendlichen und ihre Defizitwahrnehmungen entsprechend dem obigen Schema dargestellt. Darüber hinaus findet sich in der Spalte „Merkmale werden nicht eingeschätzt", welcher Anteil der Befragten die konkreten Merkmale der Angebote – Preis, Erreichbarkeit und Qualität – nicht einschätzen konnte. Unter „Auswahlkriterien" schließlich wurden die Freizeitangebote markiert, die anschließend vertieft ausgewertet wurden.

Für die vertiefende Analyse wählten wir aus der Liste der 15 Angebote (s. Tab. 6) diejenigen aus, die mindestens zwei der folgenden drei Kriterien erfüllen:

(a) sie wurden bereits in unserer Befragung 1996 hinsichtlich Preis, Erreichbarkeit und Qualität bewertet (um ggf. Trends aufzeigen zu können);

(b) für sie interessieren sich mindestens 60 Prozent der Jugendlichen (da sie offensichtlich für die Mehrheit der Jugendlichen bedeutsam sind);

(c) sie werden durch Zuwendungen der öffentlichen Hand ganz oder teilweise, direkt oder indirekt (über freie Träger) unterhalten, so daß Einflußmöglichkeiten und in gewissem Sinne auch Verantwortlichkeiten der Kommunen bestehen.

Tab. 6: **Interesse, Defizitwahrnehmung und Kenntnis von Freizeitangeboten*)** (Angaben in %)

Freizeitangebote (Angebote für...)	Interessierte Jugendliche	Defizit	Merkmale werden nicht eingeschätzt	Auswahl- kriterien
Jugendclubs	63,9	45,3	45,2	*a,b,c*
Sportvereine	72,7	28,0	35,7	*a,b,c*
Öffentliche Sportplätze	78,8	49,5	37,2	*b,c*
Kino	92,0	54,2	10,1	*a,b*
Diskotheken, Konzerte	84,2	62,2	27,8	*a,b*
Kneipen/ Restaurants	80,4	16,7	25,6	b
Künstlerische Tätigkeiten	44,3	31,0	64,3	*a,c*
Handwerkliche Hobbys	39,7	31,2	69,4	c
Videothek	83,0	34,2	26,0	b
Bibliothek	67,5	29,4	36,4	*b,c*
Volkshochschule	38,2	21,1	72,1	c
Helfende Organisationen	51,5	21,1	65,3	c
Kirchliche Gruppen	26,8	9,0	72,7	-
Jugendverbände	26,3	19,6	76,3	-
Karnevals- u.ä. Vereine	32,9	17,7	70,7	-

*) Kursiv: Angebote, auf die mindestens zwei der o.g. Auswahlkriterien zutreffen.

Bei der Frage, welche Angebote Jugendliche vermissen bzw. welche ihnen nicht ausreichen, werden in der Regel Defizite in den Bereichen genannt, die die Jugendlichen am meisten interessieren – also Diskotheken, Kinoangebote, öffentliche Sportplätze und Jugendclubs. Diese Angaben gehen im wesentlichen konform mit den Befunden der bereits erwähnten Studie über die Jugend in ländlichen Regionen (DJI & IFK 1998, S. 95; s. auch Tab. 7). Zu konkreten Bewertungen der vorgegebenen Freizeitangebote waren die Jugendlichen in unterschiedlichem Maß in der Lage. Das Vermögen, Angebote hinsichtlich Preis, Erreichbarkeit und Qualität einschätzen zu können, korrespondiert eng mit dem Interesse an diesen Freizeitangeboten. Anders ausgedrückt: Angebote für eine Freizeitaktivität, die nicht interessiert, werden auch kaum zur Kenntnis genommen und können dementsprechend kaum eingeschätzt werden.

Tab. 7: **Vorhandensein und Defizitwahrnehmung bezüglich ausgewählter Freizeitangebote in verschiedenen Untersuchungen in Brandenburg** (Angaben in %)

Freizeitangebote	Vorhandensein*)		Defizit*)	
	1999	1997	1999	1997
Jugendclubs	88,3	81,5	45,3	46,2
Sportvereine	92,8	81,0	28,0	38,6
Öffentliche Sportplätze	91,2	84,1	49,5	51,3
Künstlerische Tätigkeiten	79,5	53,0	31,0	28,9
Bibliotheken	90,8	63,9	29,4	39,8
Kino	82,6	39,8	54,2	79,8
Diskotheken	84,5	53,7	62,2	73,3

*) Zur Konstruktion der Antwortkategorien s. Abschnitt 6.2. 1999: Region; 1997: Wohnort.

Die von uns ausgewählten Freizeitangebote wurden in ähnlicher Weise bereits in der Erhebung „Lebenslagen und -perspektiven junger Menschen in ländlichen Regionen des Landes Brandenburg" (DJI & IFK, 1998) untersucht; wir stellen den landesrepräsentativen Ergebnissen von 1999 Daten der genannten Erhebung aus dem Jahre 1997 in den Kreisen Elbe-Elster und Prignitz gegenüber, die sich auf den jeweiligen Wohnort der Befragten beziehen. Bei den ersten drei Angeboten – Jugendclubs, Sportvereine und öffentliche Sportplätze – finden sich ähnliche Ergebnisse: Diese Angebote sind in fast jedem Ort vorhanden. Dennoch werden 1999 häufiger Defizite in dem Sinne wahrgenommen, daß diese Angebote noch nicht ausreichend seien.

Anders stellt sich die Situation bezüglich der Angebote für künstlerische Tätigkeiten und der Bibliotheken dar. Diese sind nicht immer am Wohnort (1997), jedoch meist in der Region (Schulort, Nachbarorte; 1999) erreichbar. Ähnliches trifft auf die beiden rein kommerziell betriebenen Angebotsarten – Kino und Diskotheken – zu. Da aber das Interesse an einer häufigen Nutzung dieser Angebote unter den Jugendlichen am weitesten verbreitet ist, werden diesbezügliche Defizite auch besonders empfunden und in den Befragungen betont. In Tabelle 8 zeigen wir im Vergleich der Befragungen „Jugend in Brandenburg" von 1996 und 1999 die Zufriedenheit der Jugendlichen mit den Preisen und mit der Erreichbarkeit verschiedener Freizeitangebote (Qualität wurde 1996 nicht erfragt).

Gerade in einem Flächenland wie Brandenburg ist die leichte Erreichbarkeit von Freizeitangeboten für Jugendliche keine Selbstverständlichkeit und eine wichtige Voraussetzung dafür, die Angebote überhaupt in Anspruch nehmen zu können. Wie die folgende Tabelle zeigt, stieg die Unzufriedenheit mit der Erreichbarkeit künstlerischer Angebote deutlich. Am stärksten jedoch ist von 1996 zu 1999 die Zufriedenheit der Jugendlichen mit der Erreichbarkeit der Jugendclubs gesunken. Allerdings haben wir in Tabelle 7 gesehen, daß 88 Prozent der Jugendlichen 1999 angaben, daß in ihrer Region ein Jugendclub vorhanden sei. Auf die einzelnen Auswahlantworten zur Frage nach dem Vorhandensein von Jugendclubs und Jugendtreffs antworteten die Jugendlichen folgendermaßen:

- „Sind ausreichend vorhanden": 18,5 Prozent,
- „Sind zu wenig vorhanden": 39,6 Prozent,
- „Sind vorhanden, interessieren mich aber nicht": 30,1 Prozent.

Tab. 8: Trendvergleich der Einschätzungen der Preise von Freizeitangeboten
(Angaben in %)

| Freizeitangebote/ Preise | Jahr | Einschätzung der Preise von Freizeitangeboten | | |
		Zufrieden	Unzufrieden	Kann ich nicht einschätzen
Jugendclub	1996	33,1	18,5	48,4
	1999	36,3	18,5	45,2
Sportverein	1996	33,6	26,0	40,5
	1999	40,3	21,6	38,1
Künstlerische Tätigkeiten	1996	10,3	12,6	77,1
	1999	9,8	25,6	64,6
Kino	1996	39,5	45,2	15,3
	1999	50,8	37,8	11,3
Diskothek	1996	36,3	31,5	32,3
	1999	47,4	26,2	26,4

Von den rund 12 Prozent der Jugendlichen, die angeben, in ihrer Region sei kein Jugendclub oder Jugendtreff vorhanden, interessiert sich die eine Hälfte ohnehin nicht dafür; die andere Hälfte vermißt dieses Angebot jedoch.

Tab. 9: Trendvergleich der Einschätzungen zur Erreichbarkeit von Freizeitangeboten
(Angaben in %)

| Freizeitangebote/ Erreichbarkeit | Jahr | Einschätzung der Erreichbarkeit von Freizeitangeboten | | |
		Zufrieden	Unzufrieden	Kann ich nicht einschätzen
Jugendclub	1996	51,1	18,4	30,6
	1999	36,6	18,4	45,1
Sportverein	1996	51,2	18,7	30,1
	1999	45,1	16,7	38,2
Künstlerische Tätigkeiten	1996	18,4	12,6	69,0
	1999	11,5	23,9	64,7
Kino	1996	58,4	26,3	15,2
	1999	67,7	21,2	11,1
Diskothek	1996	46,5	28,3	25,2
	1999	45,6	26,6	27,8

Die gesunkene Zufriedenheit mit der Erreichbarkeit von Jugendclubs muß nun nicht bedeuten, daß es 1999 etwa absolut weniger Jugendclubs im Land Brandenburg gäbe. Der Kinder- und Jugendbericht 1998 der Landesregierung weist eher darauf hin, daß sich ihre Anzahl vergrößert hat (MBJS, 1998, S. 62). Erreichbarkeit hat aber auch beispielsweise mit den Verkehrsverbindungen, den Öffnungszeiten und einer Reihe weiterer Bedingungen zu tun, nicht zuletzt aber auch mit dem Anspruchsniveau der Jugendlichen. Auch wird gelegentlich in den Medien davon berichtet, daß einzelne Cliquen – beispielsweise „Rechte", eher selten „Linke" – Clubs für sich „okkupieren" und anderen Jugendlichen („Zecken") den Zutritt verwehren. Wenn ein Jugendclub in einem Ort an sich auch ausreichen mag, so wird angesichts einer solchen Situation das Angebot von den nicht zu einer solchen Clique gehörenden Jugendlichen natürlich als nicht ausreichend wahrgenommen. Leider geben unsere

Daten keine Handhabe, eine derartige mögliche Ursache für die gewachsene Unzufriedenheit zu überprüfen. Aufgrund der Konsistenz der Daten auch mit den Studien von 1996 (Sturzbecher & Lenz, 1997) und 1997 (DJI & IFK, 1998) müssen wir jedoch davon ausgehen, daß es für die Befunde reale Hintergründe gibt.

Gruppenspezifische Bewertungen der Angebote

Nach diesem ersten Überblick untersuchen wir nun die Bewertung der Freizeitangebote in Hinblick auf soziografische Gruppen. Unsere nächste Frage beschäftigt sich also damit, ob von den Mädchen andere Angebote vermißt werden als von den Jungen. Es ist festzustellen, daß Jungen weniger Defizite als Mädchen angeben. Beide Geschlechter vermissen von den Angeboten in kommunaler Verantwortung am meisten öffentliche Sportplätze und Jugendclubs (s. Tab. 10), doppelt so viele Mädchen wie Jungen nehmen ein Defizit bei Angeboten für künstlerische Tätigkeiten wahr.

Tab. 10: Defizitwahrnehmungen bei Freizeitangeboten, differenziert nach Geschlecht (Angaben in %)

Freizeitangebote	Geschlecht	
	Männlich	Weiblich
Jugendclubs	44,6	46,1
Sportvereine	25,2	30,8
Sportplätze	46,8	52,2
Künstlerische Tätigkeiten	21,3	41,0
Bibliothek	25,4	33,4
Kino	49,9	58,3
Diskotheken	54,0	70,6

Womit sind Mädchen nun, trotz ihrer größeren Unzufriedenheit im Vergleich zu den Jungen, zufrieden? Es sei vorausgeschickt, daß in der Forschungsliteratur bei der Bewertung der Freizeitangebote die gute Erreichbarkeit für Jugendliche eine große Rolle spielt. In unserer Befragung beklagen Jugendliche vor allem die schlechte Erreichbarkeit der Diskotheken; diese Tatsache wird auch in anderen Studien erwähnt (Merwald, 1997).

Tab. 11: Zufriedenheit mit Freizeitangeboten, differenziert nach Geschlecht (Angaben in %)

Angebote	Zufrieden mit den Preisen		Zufrieden mit der Erreichbarkeit		Zufrieden mit der Qualität	
	Jungen	Mädchen	Jungen	Mädchen	Jungen	Mädchen
Jugendclubs	37,3	36,3	38,1	35,4	49,6	51,2
Sportvereine	51,0	34,1	54,1	39,8	33,3	44,5
Sportplätze	49,4	38,1	48,8	38,4	38,0	47,3
Künstl. Tät.	9,5	11,6	9,4	15,1	69,6	64,2
Bibliothek	37,5	57,7	35,4	56,0	49,3	30,4
Kino	52,8	54,5	65,8	69,3	14,1	8,9
Diskothek	41,2	50,8	40,5	45,4	34,9	27,6

Größere Zufriedenheit als bei den Jungen finden wir in der Regel bei den Angeboten, die die Mädchen mehr interessieren und die sie häufiger nutzen. Deutliche geschlechtsspezifische Unterschiede zeigen sich bei der Einschätzung der Bibliotheken und bei künstlerischen Tätigkeiten sowie bei den Sportvereinen und öffentlichen Sportplätzen. Mädchen sind am zufriedensten mit den Bibliotheken, Jungen mit den Angeboten von Sportvereinen.

Wie schätzen nun die Jugendlichen der verschiedenen Altersgruppen die Angebote im Freizeitbereich ein? Als größte Defizite der Einrichtungen im kommunalen Verantwortungsbereich werden von den befragten Jugendlichen die unzureichenden Angebote an öffentlichen Sportplätzen und Jugendclubs angegeben, wobei die 16- bis 17jährigen beide Angebote – im Vergleich zu den anderen Altersgruppen – am meisten vermissen. Diskotheken werden von den Älteren mehr vermißt als von den Jüngeren. Die Jüngsten sind in den drei vorgegebenen Kategorien – Preis, Erreichbarkeit und Qualität – unter den Angeboten im kommunalen Verantwortungsbereich mit den Sportvereinen am zufriedensten. Die ältesten Jugendlichen geben bei der Einschätzung der Bibliotheken die besten Bewertungen ab (Tab. 12).

Wir kommen an dieser Stelle noch einmal auf die Frage zurück, welche Rolle die Verfügbarkeit finanzieller Mittel für die Jugendlichen bei der Wahrnehmung der Freizeitangebote spielt. Es zeigt sich, daß ein Einfluß nur bei solchen Angeboten besteht, die „richtig Geld kosten", das wären in unserem Falle Kneipen und Diskotheken. Von den Jugendlichen, die nur über bis zu 50 DM monatlich verfügen, äußert sich lediglich etwa jeder Dritte zufrieden über die Preise, während es unter den Befragten mit einem monatlichen Budget von über 300 DM bereits jeder zweite ist. Außerdem können letztere die Preisgestaltung auch wesentlich häufiger (etwa 85%) bewerten, während sich von den weniger „betuchten" Jugendlichen hierzu 30 bis 40 Prozent „der Stimme enthalten". Für die Bewertung von Jugendclubs und Sportvereinen, aber auch von Kinos und künstlerischen Tätigkeiten sind die Finanzen der Jugendlichen von eher geringer Relevanz.

Tab. 12: Zufriedenheit mit Freizeitangeboten, differenziert nach Altersgruppen (Angaben in %)

Angebote	Zufrieden mit den Preisen			Zufrieden mit der Erreichbarkeit			Zufrieden mit der Qualität		
	Bis 15 Jahre	16 - 17 Jahre	Ab 18 Jahre	Bis 15 Jahre	16 - 17 Jahre	Ab 18 Jahre	Bis 15 Jahre	16 - 17 Jahre	Ab 18 Jahre
Jugendclubs	37,5	41,0	31,6	37,3	40,0	32,7	30,2	31,4	19,6
Sportvereine	48,6	44,0	32,9	49,2	49,3	41,6	50,2	47,7	37,1
Sportplätze	47,1	46,5	36,4	47,5	44,2	37,4	39,2	33,3	27,3
Künstl. Tät.	12,3	10,8	7,7	13,8	11,9	10,4	15,5	14,6	11,1
Bibliothek	46,6	50,8	44,7	42,8	49,1	45,1	42,0	44,6	37,1
Kino	58,0	54,6	46,2	65,4	67,2	70,6	73,3	74,4	75,0
Diskothek	36,4	49,1	57,3	32,5	42,7	58,1	41,3	57,0	57,2

Welche Freizeitangebote vermissen die Schülerinnen und Schüler verschiedener Schultypen? Am häufigsten von den kommunal verantworteten Angeboten werden von den Jugendlichen aller Schultypen die öffentlichen Sportplätze vermißt (Tab.

13). Auch bei Jugendclubs werden Defizite angegeben, obwohl das Interesse daran eher mittelmäßig ist und nach den Sportvereinen und Bibliotheken rangiert (s. Tab. 6). Bei diesen Angaben muß berücksichtigt werden, daß die befragten Jugendlichen angeben, mit den Angeboten der Sportvereine und Bibliotheken zufriedener zu sein als z.B. mit der Qualität der Jugendclubs (Tab. 11).

Tab. 13: Defizitwahrnehmungen bei Freizeitangeboten nach Sekundarstufe und Schulart (Angaben in %)

Freizeitangebote	Sekundarstufen / Schulart		
	Sek. I gesamt	Sek. II – O/OG u. OG	OSZ
Jugendclub	46,1	38,3	48,0
Sportverein	28,6	21,9	30,3
Sportplätze	49,4	52,6	47,6
Künstl. Tätigkeiten	31,0	43,2	23,4
Bibliothek	30,5	30,1	26,3
Kino	55,1	59,1	48,4
Diskothek	59,1	77,1	60,4

Wie sich zeigt, schätzen jene Jugendlichen, die in der Sekundarstufe II gymnasiale Schullaufbahnen verfolgen, die Angebote der Jugendclubs häufiger als ausreichend ein. Offensichtlich sind sie im Hinblick auf das vorhandene Angebot flexibler, verstehen es besser zu nutzen; teilweise haben sie wohl auch weniger Interesse daran. Dagegen geben sie eher bei den Angeboten für künstlerische Tätigkeiten Defizite an. Bei der Bewertung der Qualität der Freizeitangebote werden von den Jugendlichen an den Gymnasien die Bibliotheken als bestes Angebot eingeschätzt, von den Jugendlichen an allen anderen Schulen die Sportvereine, wie in Tabelle 14 ersichtlich ist. Auch hinsichtlich der Preise und der Erreichbarkeit werden die Angebote zum Sporttreiben – Vereine bzw. Sportplätze – von der Schülerschaft der Sekundarstufe I und den Auszubildenden am günstigsten bewertet.

Tab. 14: Differenzierte Zufriedenheit mit Freizeitangeboten nach Sekundarstufe und Schulart (Angaben in %)

Angebote	Zufrieden mit den Preisen			Zufrieden mit der Erreichbarkeit			Zufrieden mit der Qualität		
	Sek. I	Sek. II O/OG+OG	OSZ	Sek. I	Sek. II O/OG+OG	OSZ	Sek. I	Sek. II O/OG+OG	OSZ
Jugendclubs	38,3	35,7	33,9	38,4	34,7	34,1	30,6	21,0	24,2
Sportvereine	47,3	43,3	31,6	49,2	52,2	38,6	49,7	47,0	35,4
Sportplätze	46,8	45,5	35,9	46,2	45,7	36,4	38,1	29,5	27,3
Künstlerische Tätigkeiten	11,5	15,0	5,6	12,6	18,2	7,8	14,8	20,6	8,0
Bibliothek	46,6	75,7	31,4	43,8	73,1	32,5	41,5	66,3	26,5
Kino	57,0	52,2	47,0	65,7	73,2	68,4	73,3	77,4	74,0
Diskothek	39,6	59,7	53,5	35,4	49,0	56,4	45,2	59,3	57,8

6.3.4 Interesse an Freizeitangeboten

Wir wenden uns nun der Frage zu, welche Freizeitangebote die Jugendlichen besonders interessieren. Um die diesbezüglichen Daten zusammenzufassen, haben wir das Interesse an den 15 Angeboten einer Faktorenanalyse unterzogen. Tabelle 15 gibt einen Überblick sowohl über das Interessenspektrum der Jugendlichen als auch die gefundene Faktorenstruktur. Die Varianzaufklärung dieser Faktorlösung liegt bei 58 Prozent. Im Mittel interessieren sich die Jugendlichen für 9 der 15 Angebote. Die meisten Jugendlichen interessieren sich für Kinos, Diskotheken, Videotheken und das Angebot von Kneipen bzw. Restaurants. Die Aussage, daß sich Jugendliche von Sportvereinen kaum „locken" lassen (Florin, 1997), kann in unserer Befragung nicht bestätigt werden, durchaus aber die Tatsache, daß die Freizeitaktivitäten eher passiver, aber geselliger Natur sind (Fitzgerald et al., 1995). Sportliche und bildende Freizeitbeschäftigungen bestimmen das Mittelfeld in unseren Ergebnissen, politische Aktivitäten stellen das Schlußlicht dar. Vergleichen wir die Freizeitpräferenzen der Jugendlichen von 1996 und 1999, so ist das Interesse für Kino und Diskotheken seit 1996 deutlich gestiegen (DJI & IFK, 1998).

Tab. 15: Interesse an Freizeitangeboten (Angaben in %, Faktorladungen)

Interessierende Freizeitangebote	Interesse in %	Ladungen der Faktoren*)				
		1	2	3	4	5
Helfende Organisationen wie z.B. Feuerwehr, DLRG usw.	51,5	.62				
Kirchliche Gruppen	26,8	.69				
Jugendverbände	26,3	.67				
Karnevalsvereine u.ä. Vereine	32,9	.77				
Künstlerische Tätigkeiten	44,3		.78			
Handwerkliche Hobbys	39,7		.62			
Volkshochschule	38,2		.62			
Bibliothek	67,5		.61			.41
Sportvereine, Trainingsgruppen	72,7			.83		
Öffentliche Flächen und Plätze zum Sporttreiben	78,8			.83		
Jugendclubs, Jugendtreffs	63,9			.34	.62	
Kneipen, Restaurants	80,4				.72	
Diskotheken, Konzerte	84,2				.70	.31
Kino	92,0					.73
Videothek	83,0					.69
Varianzanteil des Faktors		14,2%	13,2%	10,7%	10,3%	9,5%

*) Faktorladungen unter .30 wurden ausgeblendet.

Die gefundene Faktorlösung zeigt folgende Schwerpunkte der Interessen der Jugendlichen an bestimmten Freizeitangeboten auf:

1. Verbände, Vereine, kirchliche Gruppen und Hilfsorganisationen – daß dieser Faktor als erster mit dem höchsten Varianzanteil ermittelt wird, bedeutet nun keineswegs, daß die meisten Jugendlichen an den genannten Angeboten stark interessiert wären, sondern vielmehr, daß diese Interessen eher selten mit Interes-

sen an anderen Angeboten zusammenfallen, so daß sich dieser Interessenschwerpunkt, den wir mit „Vereine und Organisationen" bezeichnen, von den anderen besonders deutlich absetzt.

2. Künstlerische und handwerkliche Tätigkeiten sowie das Angebot an Bibliotheken und Volkshochschulen prägen den zweiten Interessenschwerpunkt, den wir kurz mit „Bildung und Kreativität" bezeichnen.

3. Der dritte Faktor wird vom Interesse am Sport, und zwar sowohl in organisierter als auch in spontaner Form, geprägt. Es ist bemerkenswert, daß auch durch das Interesse an Sportvereinen, Trainingsgruppen etc. keine Gemeinsamkeit mit dem ersten Faktor („Vereine und Organisationen") zustande kommt. Eine Nebenladung weist dieser Faktor im Hinblick auf Jugendclubs und Jugendtreffs auf.

4. Diskotheken, Konzerte, Kneipen, Restaurants und Jugendclubs sind die bevorzugten Freizeitangebote des vierten Interessenschwerpunkts, den wir daher „Clubbing" nennen. Hier geht es vor allem darum, andere Jugendliche zu treffen, zusammen Musik zu hören, zu tanzen und gemeinsam „Spaß zu haben".

5. Der fünfte Faktor hat seine höchsten Ladungen bei den Angeboten von Kino und Videotheken, weshalb wir seinen Charakter im „Medienkonsum" vermuten. Diskotheken und Bibliotheken treten mit Nebenladungen auf, was im Falle der Bibliotheken u.U. mit dem Ausleihangebot von Videokassetten zusammenhängt. Wenn wir in diesem Faktor eher den passiven Konsum visueller Medien erblicken, dann kann man die Nebenladung für die Diskotheken auch dadurch erklären, daß man sich in einer Disco sowohl aktiv (Faktor 4) als auch eher passiv (Faktor 5) verhalten kann. In diesem Faktor kommt besonders zum Ausdruck, daß „Freizeitaktivitäten ... vor allem medial vermittelt sind" (DJI & IFK, 1998, S. 69).

Nachdem wir diese fünf Dimensionen der Interessen im Hinblick auf Freizeitangebote beschrieben haben, stellt sich die Frage, welche Gruppen von Jugendlichen sich jeweils im besonderen Maße in diesen Interessenschwerpunkten engagieren und ob dieses Engagement durch die verfügbaren finanziellen Ressourcen beeinflußt wird. Um den Wandel der Freizeitinteressen mit zunehmendem Alter der Jugendlichen zu berücksichtigen und den Einfluß der relativ hohen Ausbildungsentgelte auszuschließen, führen wir die Analyse getrennt für die Sekundarstufen I und II durch. Wir bedienen uns auch hier der Mediane, um den übermäßigen Einfluß einiger weniger Befragter, die über vierstellige Summen verfügen können, auszuschließen (ein Median ist derjenige Wert, über bzw. unter dem jeweils 50 Prozent der Angaben liegen).

Tab. 16: Zusammenhang von Freizeitinteressen mit dem verfügbaren Geld (Mediane)

Interessenschwerpunkte	Monatlich verfügbares Geld	
	Sek. I	Sek. II
Vereine, Organisationen	50,- DM	305,- DM
Bildung & Kreativität	50,- DM	246,- DM
Sport	50,- DM	400,- DM
Clubbing	50,- DM	450,- DM
Medienkonsum	50,- DM	400,- DM

In der Sekundarstufe I zeigen sich noch keine Zusammenhänge zwischen der Vorliebe für bestimmte Interessenschwerpunkte und dem verfügbaren Geld. Dagegen verfügen in der Sekundarstufe II die am „Clubbing" Interessierten über das meiste Geld, gefolgt von den sportbegeisterten Jugendlichen und den „Medienkonsumenten". Am Schluß rangieren jene, die sich für Vereine und Organisationen sowie für Bildung und Kreativität interessieren; vermutlich ein Effekt von Interessenunterschieden zwischen Gymnasiasten und Auszubildenden (wir kommen darauf zurück, s. Tab. 19). Die diesbezügliche Varianzanalyse zeigt für die Schülerschaft der Sekundarstufe II hochsignifikante Mittelwertunterschiede auf, wobei die Streuungen zwischen den Angaben der Jugendlichen in den einzelnen Gruppen allerdings beträchtlich sind.

Ein interessanter Befund ist im Zusammenhang mit den Angaben über die relative finanzielle Lage der Familie zu verzeichnen: Kinder, die die finanzielle Lage der Familie viel besser als die von Familien ihrer Umgebung einschätzen, interessieren sich eher für Vereine und Organisationen. Ob dies mit dem sozialen Engagement dieser Familien in der Kommune zusammenhängt, ließ sich mit den verfügbaren Daten nicht klären.

Freizeitinteressen von Jungen und Mädchen sowie von Altersgruppen

Wir wollen im folgenden die Ergebnisse unserer Befragung differenziert nach Geschlecht und Alter auswerten und uns dabei auf unsere fünf Interessenschwerpunkte konzentrieren. In der Literatur wird auf typische geschlechtsspezifische Unterschiede bei den Freizeitaktivitäten verwiesen; diese Unterschiede zeigen sich u.a. darin, daß Mädchen die Geselligkeitskultur stärker pflegen als Jungen (Hug et al., 1995; Fitzgerald et al., 1995; Lange, 1997). Sie lesen auch deutlich mehr Bücher, gehen häufiger spazieren, bummeln durch Straßen, Geschäfte und Cafés. Haus- und Gartenarbeit ist bei ihnen eher verbreitet als bei Jungen. Diese haben eine stärkere Medienbindung als Mädchen (Karig, 1994). Sie verbringen mehr Zeit vor dem Computer oder Fernseher, interessieren sich stärker als Mädchen für Sport, Autos, Motorräder und machen häufiger selbst Musik (Hug et al., 1995; Lange, 1997). Die hohe Besuchsrate der Diskotheken in der „Schülerstudie `90" führt Behnken auf das gesteigerte Interesse der Mädchen zurück. Bei aktiven Sportarten zeigen sich Mädchen bzw. ältere Jugendliche eher passiv als jüngere bzw. männliche Jugendliche (Behnken, 1991).

Damit übereinstimmend stellen wir im Hinblick auf die einzelnen Freizeitangebote fest, daß brandenburgische Mädchen mehr Interesse für künstlerische Tätigkeiten hegen sowie Bibliotheken und Volkshochschulen häufiger nutzen als die Jungen. Dagegen legen Jungen mehr Wert auf Sport und auf handwerkliche Hobbys. Die auffälligsten Interessenunterschiede im Vergleich der Geschlechter gibt es bei den künstlerischen Tätigkeiten (Mädchen: 54,6%, Jungen: 34,4%), den Bibliotheken (Mädchen: 76,2%, Jungen: 59,1%) und bei Sportvereinen (Jungen: 76,4%, Mädchen: 68,9%).

In der folgenden Tabelle ist der Zusammenhang der Interessenschwerpunkte mit dem Merkmal „Geschlecht" dargestellt. Es zeigen sich bei zwei Schwerpunkten eindeutige Zusammenhänge: Während Mädchen stärker an Angeboten für Bildung und Kreativität interessiert sind, suchen Jungen stärker nach Angeboten zum Sporttreiben.

Tab. 17: Zusammenhang der Interessenschwerpunkte mit dem Geschlecht
(Standardisierte Residuen)*)

Interessenschwerpunkte	Geschlecht	
	Männlich	Weiblich
Vereine & Organisationen	-0,4	0,4
Bildung & Kreativität	**-2,9**	**2,9**
Sport	**3,2**	**-3,2**
Clubbing	1,6	-1,6
Medienkonsum	-1,1	1,1

*) Standardisierte Residuen >|2| (Abweichungen mit p< .05 bzw. bei Werten >|3| mit p< .01 signifikant) sind fett markiert.

Wie sind die Interessenlagen in den verschiedenen Altersgruppen der Jugendlichen? Beliebte Treffpunkte der Jugendlichen sind Fußgängerzonen, Kinos, Cafés und Kneipen, Discos, Parks und Freibäder (Merwald, 1997). Mit zunehmendem Alter verbringen die Jugendlichen mehr Freizeit in der Öffentlichkeit; ihre Treffpunkte liegen dann hauptsächlich in der kommerziellen Jugend- und Kulturszene, in Gaststätten, Cafés, Jugendzentren und Diskotheken (Karig, 1994). Computer und Fernsehen werden von der Disco und dem Café- bzw. Kneipenbesuch verdrängt, tauchen aber bei den 21- bis 25jährigen wieder auf (Merwald, 1997). Ebenso werden feste Freundesgruppen oder Cliquen mit steigendem Alter seltener aufgesucht (Lange, 1997). Geld und altersgerechte Angebote fehlen vor allem den Jüngeren; dementsprechend langweilen sie sich auch eher (Hug et al., 1995). Die Vorliebe für Musikhören, Fernsehen, Computer und Sporttreiben nimmt mit zunehmendem Alter deutlich ab. Umgekehrt wächst mit dem Älterwerden die Lust, Bücher zu lesen und ins Kino zu gehen (Hug et al., 1995; Lange, 1997).

Nach unseren Ergebnissen scheinen 1999 Jüngere ihre Aufmerksamkeit eher als Ältere auf Jugendclubs sowie künstlerische und handwerkliche Tätigkeiten zu lenken, aber – im Vergleich zu den Älteren – weniger auf den Besuch von Diskotheken. Auffallend hoch – im Gegensatz zu den anderen Altersgruppen – ist das Interesse der jüngsten Jugendlichen bei Angeboten von helfenden Organisationen. Für Angebote der Volkshochschulen und Bibliotheken sind Ältere eher zugänglich als Jüngere. Während das Interesse der Jugendlichen für kirchliche Angebote und politische Verbandsarbeit insgesamt niedrig ist, ist das größte Interesse dafür unter den jüngsten Jugendlichen zu verzeichnen; wir kommen darauf zurück.

Im Hinblick auf das Alter finden wir wiederum deutliche Zusammenhänge mit den Interessenschwerpunkten. Interesse an der Mitarbeit in Organisationen und Vereinen zeigen vor allem jüngere Schüler, ebenso am Sport. „Clubbing" und Medienkonsum dagegen scheinen eher eine Domäne bzw. ein Interessenschwerpunkt älterer Jugendlicher zu sein. Eine Veränderung der Interessenschwerpunkte findet offenbar zwischen dem 16. und dem 18. Lebensjahr statt; in unserer mittleren Altersgruppe sind alle Interessenschwerpunkte eher durchschnittlich bedeutsam. Das Interesse an Organisationen und Vereinen nimmt spätestens ab dem 18. Lebensjahr rapide ab. Dagegen erweist sich das Interesse an Bildung und Kreativität als im wesentlichen unabhängig vom Alter.

Tab. 18: Zusammenhang der Interessenschwerpunkte mit Altersgruppen
(Standardisierte Residuen)*)

Interessenschwerpunkte	Altersgruppen		
	Bis 15 Jahre	16 und 17 Jahre	Ab 18 Jahre
Vereine & Organisationen	**2,5**	-0,5	**-2,4**
Bildung & Kreativität	0,4	-0,6	0,1
Sport	**2,8**	0,8	**-4,1**
Clubbing	**-2,7**	0,5	**2,7**
Medienkonsum	**-3,2**	0,0	**3,8**

*) Standardisierte Residuen > |2| (sign. Abweichungen) sind fett markiert.

Schulart und Freizeitinteressen

Mehrere einschlägige Untersuchungen zeigen übereinstimmend, daß mit zunehmender Schulbildung die Selbstbestimmung und Kreativität der Jugendlichen im Freizeitverhalten und gleichzeitig auch die Rationalität ihres Konsum- und Umweltverhaltens steigen (Lange, 1997). In der IBM-Studie wird von den ca. 2.400 befragten Jugendlichen das Bücherlesen eher von den gebildeteren Schülerinnen und Schülern als bevorzugte Freizeitbeschäftigung angegeben, umgekehrt wird Fernsehen bei den Befragten mit niedriger bzw. mittlerer Bildungsstufe häufiger genannt (Hug et al., 1995). Die wichtigste Besuchergruppe in den Jugendzentren sind die Gymnasiasten (Merwald, 1997).

Im Hinblick auf die in unserer Befragung erfragten einzelnen Freizeitangebote favorisiert die Schülerschaft der Gesamt- und Realschulen öffentliche Sportplätze, Sportvereine und Jugendclubs für Freizeitaktivitäten. Auszubildenden sind von den kommunal mitverantworteten Angeboten die Sportvereine und danach die Bibliotheken am wichtigsten; bei den Gymnasiasten ist es umgekehrt. Im Vergleich zeigen Gesamt- und Realschülerinnen und -schüler gegenüber den Jugendlichen anderer Schulen das größte Interesse für Jugendclubs; die Schülerschaft der gymnasialen Oberstufe (Sekundarstufe II von O/OG und OG) dagegen für Bibliotheken und Volkshochschulen.

Auffällig ist der Unterschied bei den künstlerischen Tätigkeiten. Hier ist die Schülerschaft von Gymnasien am meisten interessiert, am wenigsten Interesse bekunden Auszubildende und Gesamtschüler. Für die Schüler der Sekundarstufe I sind Angebote zum Sporttreiben in jeglicher Form besonders attraktiv. Möglicherweise verbirgt sich dahinter ein bereits hinsichtlich der Altersgruppen festgestelltes Interesse an Organisiertheit; ein Bedürfnis nach Orientierung, Rahmenbedingungen und sozialen Netzen. Wir machen darauf aufmerksam, daß sich hier eine Gelegenheit bietet, den Jugendlichen auch bestimmte soziale Verhaltensweisen zu vermitteln. Der beste Zugang dazu führt vermutlich über Sportvereine oder an sportliche Aktivitäten anknüpfende Jugendarbeit. Dieser Hinweis scheint uns auch im Hinblick auf die gerade in der Sekundarstufe I von Gesamtschulen verbreitete Ausländerfeindlichkeit und Gewaltbereitschaft wichtig.

Tab. 19: Zusammenhang der Interessenschwerpunkte mit Schultypen und Sekundarstufen (Standardisierte Residuen)*)

Interessenschwerpunkte	Sekundarstufe / Schulart		
	Sek. I gesamt	Sek. II O/OG u. OG	OSZ
Vereine & Organisationen	1,3	-0,4	-1,7
Bildung & Kreativität	-0,1	**3,8**	**-2,9**
Sport	**3,2**	**-3,4**	**-2,2**
Clubbing	-1,3	**-2,4**	**4,0**
Medienkonsum	**-3,1**	**2,1**	**3,1**

*) Standardisierte Residuen > |2| (sign. Abweichungen) sind fett markiert.

An Bildung und Kreativität sind erwartungsgemäß besonders Schülerinnen und Schüler mit weiterführenden Bildungsaspirationen interessiert (Gymnasien, gymnasiale Oberstufe von Gesamtschulen). Diese Jugendlichen sind auch dem Medienkonsum nicht abgeneigt; dagegen ist das „Clubbing", das „Herumhängen" in Discos und Kneipen, für sie weniger attraktiv. „Clubbing" und Medienkonsum sind die hervorstechendsten Interessen der Auszubildenden. Ihre Freizeit scheint vorwiegend auf Entspannung und Spaß ausgerichtet zu sein. Bildung und Sport haben für sie nur eine untergeordnete Bedeutung.

Freizeitinteressen und Defizitwahrnehmungen

Nachdem wir in der ersten Hälfte dieses Kapitels ausführlich die Zufriedenheit der Jugendlichen und die von ihnen wahrgenommenen Defizite bezüglich bestimmter Freizeitangebote analysiert haben, wollen wir nun beide Analyseebenen miteinander verbinden und danach fragen, ob und wie sich die Wahrnehmung von Defiziten verändert, wenn ein besonderes Interesse an den betreffenden Angeboten vorliegt. Wir gehen davon aus, daß den Wahrnehmungen von Defiziten unterschiedliches Gewicht beizumessen ist, je nachdem, ob sie von Jugendlichen stammen, die sich für die betreffenden Angebote besonders interessieren oder nicht. Wir ermitteln also, welche Defizite die Jugendlichen bei jenen Angeboten wahrnehmen, für die sie sich besonders interessieren. Darüber gibt die folgende Tabelle Auskunft, die für die Interessenschwerpunkte die durchschnittlichen Defizitwahrnehmungen ausweist. Dabei stellen wir das von den interessierten Jugendlichen empfundene Defizit der Größe des Defizits gegenüber, wie es von allen Jugendlichen insgesamt berichtet wird.

Tab. 20: Defizitwahrnehmungen im Freizeitbereich, differenziert nach Interessenschwerpunkten (Angaben in %)

Interessenschwerpunkte	Defizitwahrnehmung bei...		Differenz
	Interessierten	allen Befragten	
Vereine & Organisationen	40,9	16,9	24,0
Bildung & Kreativität	49,0	28,2	20,8
Sport	51,7	40,0	11,7
Clubbing	56,5	41,4	15,1
Medienkonsum	48,2	44,7	3,5

Die Differenz zwischen den Anteilen der Jugendlichen, die auf ihren besonderen Interessengebieten Defizite sehen, und der Stichprobengesamtheit verweist darauf, wie spezifisch das jeweilige Interessengebiet ist und wie aufmerksam gerade die interessierten Jugendlichen das Vorhandensein oder Fehlen entsprechender Angebote registrieren. Man kann die Defizitwahrnehmung grob in drei Größenordnungen einteilen:

(1) Die relativ geringsten Defizite werden im Bereich der Vereine und (helfenden) Organisationen verspürt. Diese sind fast überall präsent. Da aber das Interesse daran bei vielen Jugendlichen nicht stark ist (s. Tab. 6), ist die allgemeine Defizitwahrnehmung auch wesentlich geringer als die Defizitwahrnehmung bei den Interessierten.

(2) Etwa die Hälfte der jeweils besonders interessierten Jugendlichen empfindet Defizite bei den Angeboten zu Bildung, Kreativität, Sport und Medienkonsum. Dabei fällt auch wieder die hohe Differenz zu dem allgemein als weniger dramatisch empfundenen Mangel an Angeboten im Bereich Bildung und Kreativität auf; auch hier zeigt sich der distinktive Charakter dieses Interessenschwerpunktes, ähnlich wie bei dem Schwerpunkt „Vereine und Organisationen". Dagegen ist das Interesse an Sportmöglichkeiten auch allgemein weit verbreitet, so daß hierzu der Anteil der Jugendlichen, die nicht ausreichende Möglichkeiten beklagen, bereits über 40 Prozent beträgt. Allgemein ist die Defizitwahrnehmung zu Kino, Videotheken, Diskotheken und Bibliotheken am höchsten; der Interessenschwerpunkt Medienkonsum hebt sich mit insgesamt 48 Prozent in dieser Hinsicht kaum von der Wahrnehmung der Befragten insgesamt mit 45 Prozent ab.

(3) Die Jugendlichen, die wir zum Interessenschwerpunkt „Clubbing" zählen, äußern sich hinsichtlich der Defizite am prononciertesten. Die übrigen Jugendlichen stimmen dieser Defizitwahrnehmung nicht in dem hohen Umfang zu. Man kann vermuten, daß die am „Clubbing" besonders interessierten Jugendlichen ständig nach neuen Freizeitgelegenheiten („locations", die „in" sind) suchen und somit schwer zufriedenzustellen sind.

Freizeitinteressen und deviante Einstellungen

Hängen die problematischen Einstellungen und Verhaltensweisen, mit denen wir uns in diesem Buch speziell auseinandersetzen – Gewaltbereitschaft, Rechtsextremismus und Ausländerfeindlichkeit – in irgendeiner Weise mit den Freizeitinteressen der Jugendlichen zusammen? Wenn es Zusammenhänge gäbe, dürften sie allerdings nicht im Sinne von Ursache und Wirkung verstanden werden (weder in der einen, noch in der anderen Richtung), sondern im Sinne eines Zugangs, um die jeweilige Zielgruppe genauer zu beschreiben und möglicherweise Ansatzpunkte für Prävention und Interventionen zu finden. Wir fassen in der folgenden Tabelle die aufgefundenen Tendenzen kurz zusammen. Das „+"-Zeichen in der ersten Zelle bedeutet beispielsweise, daß das Interesse an „Vereinen und Organisationen" mit steigender Gewaltbereitschaft zunimmt, das „=" rechts daneben weist darauf hin, daß dieses Interesse mehr oder weniger unabhängig von rechtsextremen und ausländerfeindlichen Einstellungen besteht.

Das Interesse an Bildung und Kreativität verträgt sich erwartungsgemäß nicht mit Gewaltbereitschaft und schon gar nicht mit rechtsextremen und ausländerfeindlichen Einstellungen. Auch der teilweise negative Zusammenhang mit dem Interesse an Medienangeboten ist bemerkenswert, denn er stützt gerade nicht die These, daß Gewalttätigkeit von den Medien verbreitet wird. Nicht unbedingt erwartet hatten wir die Tendenz im Hinblick auf Gewalt, Rechtsextremismus und – deutlich! – Ausländerfeindlichkeit beim Interessenschwerpunkt „Clubbing".

Tab. 21: Zusammenhang der Interessenschwerpunkte mit devianten Einstellungen*)

Interessenschwerpunkte	Zusammenhänge mit den Skalen		
	„Gewaltbereit-schaft"	„Rechtsextre-mismus"	„Ausländerfeind-lichkeit"
Vereine & Organisationen	+	=	=
Bildung & Kreativität	–	– –	– –
Sport	=	=	=
Clubbing	+	+	+ +
Medienkonsum	–	–	=

*) Die Symbole bedeuten: „+" steigendes Interesse geht einher mit höherer Identifikation mit den devianten Einstellungen; „=" Indifferenz bzw. uneinheitliches Bild; „–" abnehmende Tendenz der devianten Einstellung bei steigendem Interesse. Zwei Symbole bedeuten mindestens zwei hochsignifikante (standardisierte Residuen > 3) Abweichungen bei vier Ausprägungen der jeweiligen Einstellung.

Wir erinnern uns: Männliche Auszubildende ab 18 Jahre hatten wir in den vorangegangenen Analysen als jene Gruppe herausgefiltert, die in besonderem Maße Interesse an „Clubbing" hegt. Aus Kapitel 5 („Ausländerfeindlichkeit unter ostdeutschen Jugendlichen") wissen wir außerdem, daß sich Jugendliche unter 15 Jahren stärker mit ausländerfeindlichen Statements identifizierten als ältere. Diese beiden Befunde stehen nicht unbedingt im Widerspruch zueinander, weil die Zusammenhänge zwischen Freizeitinteressen und devianten Einstellungen erst mit zunehmendem Alter enger werden. Bei den Jüngeren deuten sie sich noch relativ unspezifisch in einer höheren Gewaltbereitschaft jener an, die sich besonders für Vereine und Organisationen interessieren (wir hatten bereits bei der Diskussion des Zusammenhangs zwischen Freizeitinteressen und Alter auf die entsprechenden Implikationen hingewiesen).

Kommen wir auf die überdurchschnittlich starken ausländerfeindlichen Einstellungen der „Clubber" zurück – wer sich gern in Kneipen (Stammtische?), Diskotheken und auch Jugendclubs (!) aufhält, scheint anfälliger für derartige Einstellungen und Verhaltensweisen zu sein. Hängt dies vielleicht mit bestimmten Freundeskreisen oder Cliquen zusammen, mit denen man sich an diesen Orten trifft? Einer Antwort auf diese Frage sei vorausgeschickt, daß es selbstverständlich nicht in den Bereich devianter Verhaltensweisen gehört, seine Freizeit mit Freunden bzw. in der Clique zu verbringen; ein großer Teil der Jugendlichen trifft sich in der Freizeit bzw. zu wichtigen Freizeitaktivitäten mit Freunden bzw. mit der Clique (vgl. auch DJI & IFK, 1998, S. 72-73).

Tab. 22: Zusammenhang der Interessenschwerpunkte mit der Cliquenzugehörigkeit (Standardisierte Residuen)*)

Interessenschwerpunkte	Cliquenzugehörigkeit	
	Nein	Ja
Vereine & Organisationen	0,0	0,0
Bildung & Kreativität	**2,0**	-1,3
Sport	0,5	-0,3
Clubbing	**-3,9**	**2,5**
Medienkonsum	1,3	-0,9

*) Standardisierte Residuen > |2| (sign. Abweichungen) sind fett markiert.

Erwartungsgemäß korrespondieren „Clubbing" und Cliquenzugehörigkeit eng. Dagegen scheinen Bildung und Kreativität eher etwas für „Einzelgänger" zu sein. Da wir oben festgestellt hatten, daß eine Cliquenzugehörigkeit an sich noch keinen Rückschluß auf Delinquenz erlaubt, schließen wir unsere Betrachtung mit einer Analyse hinsichtlich der politischen Orientierung der Cliquen ab, der sich die an bestimmten Freizeitaktivitäten interessierten Jugendlichen zugehörig fühlen. Dabei erwarten wir nach den eben dargelegten Befunden eine eher rechtsextreme Orientierung in Verbindung mit dem Interesse am „Clubbing".

Tab. 23: Zusammenhang der Interessenschwerpunkte mit der politischen Orientierung der Clique (Standardisierte Residuen)*)

Interessenschwerpunkte	Politische Orientierung der Clique			
	Unpolitische Clique	Linke Clique	Indifferente Clique	Rechte Clique
Vereine & Organisationen	-0,4	1,8	0,6	-1,2
Bildung & Kreativität	-0,5	1,6	-0,2	-0,7
Sport	0,8	-0,7	-1,0	-0,1
Clubbing	-1,4	-0,9	0,4	**2,9**
Medienkonsum	1,9	**-2,0**	0,2	-1,2

*) Standardisierte Residuen > |2| (sign. Abweichungen) sind fett markiert.

Unsere Vermutung bestätigt sich: Angehörige rechter Cliquen zeigen ein ausgeprägtes Interesse am „Clubbing". Als Nebenbefund zeigt sich, daß an Medienkonsum interessierte Jugendliche politisch orientierte Cliquen eher meiden.

Abschließend haben wir mögliche Zusammenhänge der Freizeitinteressen mit schulischen Leistungen und Verhaltensweisen geprüft, und zwar jeweils differenziert für die Sekundarstufen I und II. Hinsichtlich der Schulleistungen zeigen sich generell keine Zusammenhänge. Die Schulmotivation variiert in der Sekundarstufe I nicht mit der Vorliebe für bestimmte Interessenschwerpunkte. In der Sekundarstufe II treten jedoch Unterschiede zutage: Wir finden die höchste Schulunlust in Verbindung mit Clubbing. Die geringste Schulunlust respektive die beste Schulmotivation besitzen erwartungsgemäß diejenigen, die Interesse an Bildung und Kreativität in der Freizeit haben.

6.4 Fazit

Im Vergleich zur Befragung von 1996 ist die Zufriedenheit der Jugendlichen mit dem Freizeitangebot 1999 gestiegen. Nichts destoweniger ist bei einzelnen Angeboten, die direkt oder indirekt in kommunaler Verantwortung liegen, auch mehr Kritik zu verzeichnen als im Rahmen der Erhebung von 1996. Dies betrifft namentlich die Preise für Angebote zur künstlerischen Betätigung und die Erreichbarkeit von Jugendclubs und Jugendtreffs.

Ein Zusammenhang zwischen der Zufriedenheit mit Freizeitangeboten und der Größe des Wohnortes konnte nicht gefunden werden. Auch die konkreten finanziellen Spielräume beeinflussen aus Sicht der Jugendlichen kaum ihre Möglichkeiten, die Freizeit zu gestalten. Dabei hat sich der Umfang des verfügbaren Geldes bei den brandenburgischen Jugendlichen gegenüber 1996 deutlich erhöht. Während 1996 noch fast 60 Prozent der Jugendlichen monatlich über weniger als 100 DM verfügen konnten, waren es 1999 nur noch 43 Prozent.

Die Zufriedenheit mit den Freizeitangeboten unterscheidet sich interessenbedingt zwischen Mädchen (diese sind anspruchsvoller und weniger häufig zufrieden) und Jungen. Darüber hinaus wandeln sich die Freizeitinteressen und -ansprüche mit dem Alter und der eingeschlagenen Bildungslaufbahn. So stellten wir fest, daß brandenburgische Mädchen mehr Interesse für künstlerische Tätigkeiten hegen sowie Bibliotheken und Volkshochschulen häufiger nutzen als die Jungen. Dagegen legen Jungen mehr Wert auf Sport und handwerkliche Hobbys. Die auffälligsten Interessenunterschiede im Vergleich der Geschlechter gibt es bei den künstlerischen Tätigkeiten, bei der Nutzung von Bibliotheken (Mädchen: 54,6%, Jungen: 34,4%) und bei den Freizeitaktivitäten in Sportvereinen (Jungen: 76,4%, Mädchen: 68,9%). Jugendliche bis zu 15 Jahren bevorzugen Angebote im Sportbereich, sind aber auch interessiert an der Mitarbeit in Vereinen und (helfenden) Organisationen. Dieses Interesse sollte stärker, auch im präventiven Sinne gegen Gewalt, Ausländerfeindlichkeit und politischen Extremismus, aufgegriffen werden. Mit zunehmendem Alter differenzieren sich die Freizeitinteressen aus: Jugendliche auf dem gymnasialen Bildungsweg bevorzugen Angebote mit Bezug zu Bildung und Kreativität; Auszubildende frönen häufiger dem „Clubbing". Letzteres geht mit einer Anfälligkeit für deviantes und insbesondere ausländerfeindliches Verhalten einher.

7 Soziale Schulqualität aus der Sicht von Jugendlichen in Brandenburg

Manfred Leiske, Dietmar Sturzbecher & Jan-Gerrit Keil

7.1 Problemstellung

Angesichts einer als bedrohlich empfundenen Kinder- und Jugendkriminalität gerät die Sozialisationsinstanz „Schule" immer mehr in den Mittelpunkt öffentlicher Diskussionen. Insbesondere wird die Frage gestellt, was Schule im Bereich der Sozialerziehung und Gewaltprävention leisten kann und muß. Auch wir sind bereits in unserer Jugendstudie von 1996 dieser Frage nachgegangen, wobei unser besonderes Interesse sich einerseits auf schulische Ursachen von Jugendgewalt (Langner & Sturzbecher, 1997) und andererseits auf Erscheinungen von Schulverweigerung (Dietrich & Freytag, 1997) richtete. In diesem Kapitel wollen wir darstellen, wie sich seitdem die Zufriedenheit der brandenburgischen Schülerschaft mit dem Sozialraum „Schule" verändert hat. Verglichen mit der Jugendstudie von 1996 wurde 1999 zu diesem Themenbereich ein umfangreicheres Datenmaterial erhoben und ausgewertet.

Ein wichtiges Ziel unserer Untersuchungen besteht in der Ermittlung von Determinanten und Bedingungskonstellationen von „Sozialer Schulqualität". Unser besonderes Interesse gilt dabei nach wie vor den Interaktionsprozessen zwischen Schülern sowie zwischen Schülern und Lehrern. Dies erscheint naheliegend, wenn man bedenkt, daß nahezu alle innerschulischen Vorgänge (Unterrichten, Strafen und Loben, Beurteilen etc.) als sozialer Austausch zwischen Personen ablaufen. Mit dieser Sichtweise ist aber keineswegs gemeint, daß etwa schulische Sozialisationsforschung ausschließlich Interaktionsphänomene zu untersuchen hätte. In die Analyse müssen vielmehr auch die soziostrukturellen und institutionellen Bedingungen mit ihren Auswirkungen auf das soziale Leben an der Schule und den Unterricht einbezogen werden.

Insgesamt gesehen unterscheidet man die vielfältigen Bedingungen, die mit der Qualität des sozialen Systems „Schule" zusammenhängen, meist in objektiv-materielle Gegebenheiten an der Schule einerseits und das subjektiv-repräsentierte Schulerleben andererseits. Neben diesen schulischen Bedingungen im engeren Sinne beeinflussen weitere Faktoren die Schulqualität: Bei der Schülerschaft sind beispielsweise die familialen Sozialisationseinflüsse oder subkulturelle Orientierungsmuster zu nennen. Bei den Lehrern wirken sich die Ausbildung und berufliche Situation sowie auch ihre Begabungs-, Persönlichkeits- und Unterrichtstheorien auf die Schulqualität aus. Die Zusammenarbeit von Schülern und Lehrern steht schließlich auch in engem Zusammenhang mit institutionell-organisatorischen Bedingungen, denken wir an die Organisationsstruktur der Schule oder Unterrichtsformen.

Um diese Bedingungsvielfalt zu erfassen, arbeiten neuere theoretische Konzeptionen, die auch den Ausgangspunkt dieser Untersuchung darstellen, mit komplexen Konstrukten wie „Schulklima" oder „Schulqualität". Mittels verschiedener inhaltlicher Facetten dieser Konstrukte wird versucht, Einflußgrößen innerhalb des Sozialsystems „Schule" zu beschreiben, die wesentlich zur Erklärung von Lernschwierigkeiten und Verhaltensstörungen unter Schülern beitragen. Dazu werden strukturell-organisatorische Rahmenbedingungen der Schule (Schülerzahlen, Klassenfrequenzen, Schulform), didaktisch-methodische Kriterien der Unterrichtsqualität, Erwartungsmuster von Schülern an die Schulqualität sowie Interaktionsformen und Beziehungsstrukturen von Lehrern und Schülern methodisch und datentechnisch erfaßt und wissenschaftlich ausgewertet. Die Auswertungsergebnisse bilden sodann wieder eine Basis zur Weiterentwicklung von Schulkonzeptionen.

Auch unsere Studie versteht sich als ein Beitrag in diesem Forschungsfeld. Im Mittelpunkt steht die Frage, wie Schüler aus ihrer subjektiven Sicht Schule wahrnehmen und inwieweit die von der Schülerschaft wahrgenommene Schulqualität mit der Schulmotivation korrespondiert. Es sei angemerkt, daß sich die Schulforschung erst seit relativ kurzer Zeit damit beschäftigt, wie Schule aus Sicht der Schülerschaft erlebt wird, während die Jugendforschung schon länger systematisch das Erleben von Kindern und Jugendlichen in Hinblick auf ihre Lebens- und Entwicklungsbedingungen analysiert. Wir wollen dazu beitragen, diesen Rückstand ein Stück abzubauen.

7.2 Theoretische Bemerkungen

Was ist eine gute Schule? Bei unserer Suche nach Antworten auf diese Frage wollen wir zunächst Ansätze betrachten, die in der „alten" Bundesrepublik Deutschland ab den siebziger Jahren mehr und mehr in den Mittelpunkt der Schulforschung rückten. Damals wurden im Rahmen von Schulreformen und großangelegten Schuluntersuchungen vor allem Vergleiche von Gesamtschulen mit dem dreigliedrigen Schulsystem Hauptschule, Realschule und Gymnasium angestellt. Ziel dieser Schulvergleiche war es, die Überlegenheit der einen bzw. die Unterlegenheit der anderen Schulstruktur zu belegen. Aus heutiger Sicht können die Ergebnisse dieser „Systemvergleiche" dahingehend zusammengefaßt werden, daß sich im Hinblick auf die Schulqualität keine der genannten Schulstrukturen gegenüber den anderen als überlegen erwies. Allerdings zeigte sich in den Untersuchungen, daß bei einem Leistungsvergleich zwischen Schulen der gleichen Schulart große Unterschiede bestehen können (Kraus, 1997). Diese Erfahrungen und Überlegungen darüber, inwieweit die Schule auf gesellschaftliche Veränderungen eingestellt sei, gaben gegen Ende der 70er Jahre und Anfang der 80er Jahre in der Bundesrepublik den Anstoß, sich verstärkt innerschulischen Prozessen zu widmen; das Interesse der Schulforschung entfernte sich von der Betrachtung struktureller Merkmale wie etwa der Schulform, demgegenüber wurden die pädagogischen Handlungszusammenhänge und deren Wechselwirkungen zunehmend stärker berücksichtigt. Letztlich war das Ergebnis der im Kontext der Schulreformphase im Hinblick auf die Gesamtschule angelegten Untersuchungen die Wiederentdeckung der „einzelnen" Schule. Als wichtiger Befund wurde ermittelt, daß die einzelne Schule deutlich mehr Einfluß auf das Zustandekommen fachlicher und überfachlicher Leistungen von Schülern hat als die Systemzugehörigkeit zu einer Schulform. Es zeigte sich, daß trotz weitgehend einheitlicher makroorganisatorischer Rahmenbedingungen an den einzelnen Schulen sehr unterschiedliche Bedingungen beobachtet werden konnten, die durch innerschulische Prozesse und Gegebenheiten beeinflußt wurden.

Auch aus den anglo-amerikanischen Ländern kamen zu dieser Zeit Impulse, Merkmale des Gelingens von Schule in den Mittelpunkt der Schulforschung zu stellen (z.B. Rutter, 1983). Die Forschungen in Großbritannien und den USA zielten darauf ab, Kriterien und Merkmale zu ermitteln, durch die sich gute Schulen von weniger guten abheben und auf denen die Wirksamkeit von Schulen hinsichtlich ihres pädagogischen Auftrags beruht. Die Ergebnisse dieser Untersuchungen gipfelten im Konzept der „Schulkultur", welche die Gesamtheit des schulischen Geschehens und des pädagogischen Umgangs abbildet. Beobachtete Unterschiede zwischen Schulen bzw. Schulkulturen wurden durch das Zusammenwirken verschiedener schulischer Situations- und Prozeßvariablen erklärt; man kam zu der Schlußfolgerung, daß für jede Schule eine Grundstruktur von Wertorientierungen, Einstellungen und Verhaltensmustern charakteristisch sei, die ihre Qualität bestimmt. Damit war auch ein Wechsel in den Auffassungen zur Schulentwicklung verbunden: Anstelle einer zentralistischen staatlichen Bildungsplanung sollte eine entbürokratisierte schulinterne Planung und Steuerung von Reformprozessen Garant für eine langfristige Verbesserung der Schulqualität sein. Die Einzelschule selbst wurde zum Dreh- und Angelpunkt einer auf Qualitätssteigerung abzielenden permanenten Reform schulischer Prozesse. Melzer (1997) spricht von einem Ansatz der Organisationsentwicklung, Selbstorganisation und Schulautonomie.

In der Diskussion um die „Qualität" von Schulen zeigte sich, daß eine Schule nicht schon als „gute Schule" bezeichnet werden kann, wenn sie eine gute „Wissensvermittlungsanstalt" ist, sondern erst dann, wenn sie Schülern auch Handlungsspielräume im Rahmen eines pädagogisch gestalteten Schullebens bietet. Dennoch läßt sich eine verstärkte Tendenz ausmachen, Schulen in internationalen Vergleichsstudien wie z.B. TIMMS vor allem auf ihr Leistungsniveau, in diesem Falle bezüglich mathematischer Kenntnisse, hin zu vergleichen (Baumert & Lehmann, 1997). Solche Leistungsevaluationen sind einerseits richtig und wichtig; übrigens weisen die Befunde Deutschland im angesprochenen Fall nur einen Mittelplatz im internationalen Vergleich zu. Eine gute Schule sollte sich andererseits aber neben einer meßbaren, lebensnahen Wissens- und Stoffvermittlung auch durch eine gelungene Vermittlung von sozialen Kompetenzen und durch die Förderung des Selbstwertgefühls der Schüler auszeichnen. Die Wege zu diesem Ziel können natürlich sehr verschieden sein, Melzer und Hurrelmann (1990) sprechen hier von einer sich aus der Pluralität unserer Gesellschaft ergebenden „Diversifizierung des Bildungssystems".

Mit der Bestimmung von Faktoren der sozialen Schulqualität beschäftigt sich ausführlich die „Schulklima"-Forschung, in deren Zentrum die Frage steht, wie Schüler – aber auch Lehrer, Eltern und Schulleiter – subjektiv die Schul- und Unterrichtsrealität wahrnehmen und erleben. So versteht Fend (1980) unter „Schulklima" „... das, was Schüler und Lehrer schaffen, wenn sie die für sich allein toten gesetzlichen und institutionellen Regelungen von ‚Schule halten‘ zu lebendigen Interaktionsformen des Lehrens und Lernens gestalten" (Fend, 1980, S. 15). Die Schulklima-Forschung verfolgt dabei das Ziel zu bestimmen, welche Faktoren das Klima einer Schule maßgeblich konstituieren und welche Zusammenhänge zwischen dem Schulklima und dem Erreichen kognitiver und sozialer Lernziele sowie der Entwicklung von Lernmotivation bei den Schülern bestehen. Dabei unterscheiden Schulklimaforscher zwischen dem „Schulklima" im allgemeinen und dem „Klassenklima" (Eder, 1998). Das „Schulklima" bezieht sich auf die ganze Institution Schule, während beim „Klassenklima" die Mitschüler und Lehrer der Klasse sowie der Unterricht im Fokus der Beurteilung stehen. Das Klima einer Schule und das Klima in einzelnen Klassen tragen entscheidend zur sozialen Qualität einer Schule bei.

Eine gute soziale Schulqualität stellt einen entscheidenden Protektionsfaktor im Hinblick auf Jugenddelinquenz dar (Rutter et al., 1979). Boehnke et al. (1998) stellen in diesem Zusammenhang übrigens die umstrittene Hypothese auf, daß die Jugendlichen in der ehemaligen DDR mehr soziales Kapital erworben hätten als Jugendliche in der alten Bundesrepublik. Sie beschreiben das Schulsystem der DDR als weniger kompetitiv und mehr auf die Betonung der kollektiven Leistung ausgerichtet; hinzu kommt nach ihrer Ansicht die Tatsache einer positiveren Leistungsbewertung. Mit dem Schulsystemwechsel 1991 sei es in den neuen Bundesländern zu einer durchschnittlichen Notenverschlechterung von einer halben Note gekommen. Diese beiden Gründe, eine schülerfreundlichere Leistungsbewertung und die Betonung kollektiver Leistungen, werten die Autoren als Ursachen eines besseren schulischen Selbstkonzeptes der Schüler und Schülerinnen in der ehemaligen DDR, welches wiederum zur Senkung jugendlicher Delinquenzbereitschaft beigetragen hätte. Die Vernachlässigung dieses sozialen Kapitals und das Fehlen kompensatorischer Angebote wären neben anderen gesellschaftlichen Faktoren eine alternative Erklärung zur verstärkten Delinquenzgefährdung jugendlicher Ostdeutscher. Gegenüber Pfeiffer (1999), der die Jugendgewalt im Osten als Folge der autoritären DDR-Erziehung ansieht, liefern Boehnke et al. (1998) damit also einen weiteren Erklärungsansatz.

Zurück zum Konstrukt „Schulklima". Es sei noch einmal darauf hingewiesen, daß es uns nicht darum geht, die Wissensvermittlung an der Schule und ihre Erziehungsfunktion gegeneinander auszuspielen; beide Aspekte sind zwei Seiten ein und derselben Medaille. Jedoch erscheint es uns aus forschungsmethodischen Gründen und zur besseren Durchdringung unseres Forschungsgegenstandes, dem Zusammenhang von Schulklima und Delinquenz, erlaubt, in unserer Studie die Leistungsdimension zugunsten der sozialen Dimension zu vernachlässigen. Zu den Faktoren eines guten Schulklimas zählt zum Beispiel die Attraktivität der schulischen Angebote. Eder (1998) spricht hier von Anregung und Vielfalt, die eine Schule durch gute Sportmöglichkeiten, eine Cafeteria, einen ansprechenden Pausenhof, interessante AG-Angebote, Projektwochen, Schulfeste, eine Schülerzeitung etc. den Schülern bieten sollte. Andere Schulklima-Faktoren betreffen das „Profil" einer Schule, den Grad der Identifikation mit der eigenen Schule bei Schülern wie auch bei Lehrern und Eltern, die „soziale Wärme" in der Art des Umgangs miteinander, die Kollegialität und Kontinuität der Zusammenarbeit im Lehrerkollegium, das Zusammenwirken von Lehrern und Eltern, aber auch die Transparenz der Leistungsbewertung und die persönlichkeitsfördernde Bewertung der Umstände der Leistungserbringung. Viele der genannten Faktoren sind in ihrem Einfluß auf die Schulqualität offensichtlich: Ein Schüler, der sich mit seiner Schule stark identifiziert, wird kaum mit der Spraydose „seine" Schule beschmieren und sich für „seine" Schule auch außerhalb der Unterrichtszeit engagieren.

Auf der Basis der aufgezählten Einzelaspekte des Schulklimas lassen sich nach Tillmann (1989) vier Einzeldimensionen von sozialer Schulqualität finden. Dazu gehörten die materielle Attraktivität der Schule und ein vertrauensvolles soziales Verhältnis aller Schulangehörigen, wobei die Verfügbarkeit von Sachmitteln und ein guter sozialer Umgang gleichermaßen entscheidend für ein gutes Schulklima seien. Außerdem zähle der Grad der Identifikation mit der Schule sowie die Anspruchshaltung und Leistungsbetonung der Schule. Ähnliche Faktoren des Schulklimas sieht Eder (1998), der in seinem Meßinstrument zur Bestimmung der Qualität von Schulen – dem „Linzer Fragebogen zum Schul- und Klassenklima" (LFSK) – die „Anregung und Vielfalt", die „Wärme", die „Leistungsbetonung" und die „Regelbarkeit" als grundlegende vier Faktoren von Schulklima unterscheidet. Auch das Schulklima-Modell von Bessoth (1989) basiert auf vergleichbaren Faktoren, wenn er die ökologisch-materiellen Bedingungen, das soziale Milieu und seine handelnden Personen sowie die Verhaltensmuster innerhalb des Sozialsystems „Schule" als bestimmende Faktoren des Schulklimas bezeichnet.

Das Klassenklima wird nach Ansicht von Schulklimaforschern vor allem durch die Güte der sozialen Beziehungen zwischen Lehrerschaft und Schülerschaft einerseits und innerhalb der Schülerschaft andererseits bestimmt (v. Salden & Lettig, 1987). Aspekte der Lehrer-Schüler-Beziehung sind u.a. die Qualität der Vermittlung des Lehrstoffes durch das Lehrpersonal sowie eine sich am Lernvermögen und den Interessen der Schüler orientierende didaktisch-methodische Qualität der Unterrichtsgestaltung. Die Schüler-Schüler-Beziehungen lassen sich charakterisieren durch das Ausmaß des Gruppenzusammenhalts in der Klasse in bezug auf Aspekte der Solidarität, des gegenseitigen Helfens, des Verstehens und der Konfliktlösungsfähigkeit bzw. im negativen Sinne auch durch das Ausmaß unangemessenen egoistischen Leistungsverhaltens, das sich in Form von Eigennutz und rücksichtslosem Wettbewerbsverhalten manifestiert.

Wir hatten bereits angemerkt, daß bei allen Bemühungen zur Erfassung und Verbesserung der Schulqualität vor allem der Aspekt im Mittelpunkt stehen muß, wie Schüler ihre Schule wahrnehmen. Die seit Mitte der 80er Jahre verstärkt durchgeführten Schulforschungsvorhaben zu diesem Thema weisen bemerkenswert übereinstimmende Ergebnisse auf: Schüler und Schülerinnen nehmen die Schule einerseits als eine Einrichtung zum Lernen wahr, in der sie Kenntnisse bzw. Fähigkeiten vermittelt bekommen und Leistungen erbringen müssen; andererseits sehen sie in der Schule einen sozialen Lebensraum, in dem sie Kontakte knüpfen und sich wohlfühlen möchten (Czerwenka et al., 1990; Haecker & Werres, 1983). Schulischer Unterricht werde im Hinblick auf seine Qualifikationsfunktion von den Schülern und Schülerinnen zwar als notwendig erachtet, allerdings häufig als langweilig erlebt, da sie nur wenig Raum für selbstbestimmte Lernprozesse und Mitbestimmungsmöglichkeiten wahrnehmen (Haecker & Werres, 1983; Reinert & Heyder, 1983). Eine Konsequenz hieraus sei, daß Schüler sich oft als fremdbestimmte Konsumenten von fixen, unbeeinflußbaren Curricula sehen, das Interesse an den Unterrichtsthemen zunehmend verlieren und im Unterricht vornehmlich nur auf Prüfungssituationen hin lernen (Ackermann, 1997).

Der Zwang zum Erbringen schulischer Leistungen wird anscheinend von den Schülern als ein Hauptkritikpunkt an der Schule gesehen; Leistungsbeurteilung wird kritisiert, Leistungsdruck beklagt, aber die Gültigkeit des schulischen Leistungsprinzips nicht grundlegend in Frage gestellt (Furtner-Kallmünzer & Sardei-Biermann, 1982; Czerwenka et al., 1990). Leistungsdruck, verbunden mit Verhaltenseinschränkungen, die sich aufgrund der institutionellen Diszipli- und Ordnungsfunktion der Schule ergeben, führen zusammengenommen vermutlich verstärkt zu Gefühlen der Entfremdung. Die Erfüllung schulischer Anforderungen wird nicht mehr als sinnvolles Handeln erlebt. Viele Jugendliche praktizieren dabei eine „Als-ob-Anpassung", d.h. eine innere Distanzierung von der Schule. Zugleich resultieren aus dieser Konstellation auch Lern- und Unterrichtsverweigerung, wenn die Schüler und Schülerinnen sich nicht als Subjekte, sondern nur noch als Objekte eines administrativen Lehrplans sehen. Unterrichtsverweigerung und Schulschwänzen erscheinen dann oft die einzigen Möglichkeiten, die eigene Subjektivität zur Geltung zu bringen (Held, 1993).

Aber auch als sozialer Raum weist die Schule nach den Ergebnissen verschiedener Studien in den Augen der Schüler nicht selten Defizite auf; beispielsweise seien eigene Initiative und selbstgesteuertes Handeln nur eingeschränkt möglich. Trotzdem wurden Kontakte und Beziehungen vor allem zu Mitschülern oft als einzige positive Momente der Schule von den Schülern herausgehoben (Ackermann, 1997; Brutscher, 1996; Haecker & Werres, 1983).

Insgesamt kommen die Studien zu dem Ergebnis, daß der Schulalltag von Schülern und Schülerinnen oft als langweilig und monoton erlebt wird, als ein Erfahrungsbereich, in dem sie sich selbst zu wenig als aktiv Mitbestimmende einbringen können. Der Sinn des schulischen Handelns als Vorbereitung auf das spätere Leben wird von ihnen dabei in Frage gestellt. Dies hat wiederum zur Folge, daß Schule nur als eine unvermeidliche Durchgangsphase im Lebenslauf betrachtet wird und deshalb von der Schülerschaft eine desinteressierte oder auch scheinangepaßte Arbeitshaltung an den Tag gelegt wird. Schule wird weder als Schonraum noch als Chancenraum begriffen; der positive Schulbezug der Schüler betrifft eher informelle Randzonen des Schullebens wie beispielsweise die Freundschaften zu gleichaltrigen Mitschülern.

Wir wollen nun prüfen, inwieweit auch brandenburgische Schulen dem oben beschriebenen Bild entsprechen. Dazu stellen wir zunächst vor, welche Konstrukte und Indikatoren wir im Rahmen unserer Schülerbefragungen benutzt haben, um zu erfassen, wie Schüler und Schülerinnen ihre Schule wahrnehmen und erleben. Unsere Indikator-Skalen wurden auf der Basis von Faktorenanalysen gebildet. Im Anhang sind die den Skalen zugrundeliegenden Einzelitems sowie zentrale statistische Kennwerte der Skalen detailliert aufgeführt.

7.3 Methodische Bemerkungen

Bei unseren Indikatoren für die soziale Schulqualität handelt es sich zum einen um die Konstrukte „Schulmotivation", „Schulstreß" und „Schulspaß", die Schulzufriedenheit abbilden; zum anderen um Skalen, die eine Beurteilung des Schulklimas aus der Sicht der Schüler widerspiegeln. Die Skala zur Erfassung der Schulmotivation besteht aus sieben Items. Diese bringen die Überzeugung von der Nutzlosigkeit von schulischen Lernangeboten zum Ausdruck, („Vieles, was ich in der Schule lernen soll, ist nutzlos"), führen Lernprozesse auf äußere Zwänge zurück („Ich lerne, um mir Ärger mit meinen Eltern und den Lehrern zu ersparen") oder beziehen sich auf eine gewisse Passivität gegenüber schulischen Anforderungen („Meistens sitze ich in der Schule nur die Zeit ab"). Ein geringer Wert auf der Skala „Schulmotivation" indiziert demnach eine hohe Schulunlust; wir verwenden deshalb und zur besseren Verständlichkeit der Ergebnisdarstellung im vorliegenden Band für die Skala auch noch den Begriff „Schulunlust".

Die Items der Skala „Schulspaß" thematisieren Aspekte des schulischen Lebens, die ohne direkten Bezug zum Unterrichtsgeschehen das Vergnügen am Schulleben und den sozialen Zusammenhalt in der Schule abbilden („Mal unabhängig vom Unterricht: In der Schule gibt es Situationen, wo wir richtig Spaß haben"; „In der Schule ist mir wichtig, daß ich mit meinen Kumpels/Freunden zusammen bin"). Wie schon in der Jugendstudie von 1996 gehört interessanterweise auch ein Item zu dieser Skala, das die Freude am „Begreifen" thematisiert („Es ist ein gutes Gefühl, wenn ich im Unterricht Dinge begreife, die mir vorher unklar waren"). Zusätzlich wurde durch die Faktorenanalyse bestätigt, daß auch ein Item dieser Skala zugeordnet werden kann, das den Lebensbezug der Unterrichtsinhalte thematisiert („In der Schule lerne ich Dinge, die ich später im Leben gebrauchen kann"): Offensichtlich erleben Schüler einen Erkenntnisfortschritt in vergleichbarer Weise „lustvoll" wie den sozialen Spaß im Umgang mit Mitschülern.

Zur Erfassung psychischer Belastungen der Schüler im Schulalltag hatten wir schon in der Jugendstudie 1996 die aus fünf Items bestehende Skala „Schulstreß" gebildet. Zu den Indikatoren dieser Skala gehören Items, die sich auf Leistungs- und Versagensängste („Ich gerate in Panik, wenn plötzlich unvorbereitet eine Leistungskontrolle geschrieben wird"; „Ich habe Angst, mich in der Schule zu blamieren") wie auch auf psychosomatische Belastungsmomente beziehen („Die Schule verfolgt mich bis in den Schlaf").

Weitere Skalen thematisieren Aspekte der sozialen Schulqualität. Die neuerarbeitete, aus sechs Items bestehende Skala „Schulattraktivität" bildet ab, inwieweit die Schule ihrer Schülerschaft Möglichkeiten und Anregungen für eine aktive Mitgestaltung des Schulalltags bietet („In meiner Schule können wir unsere Ideen bei der Gestaltung der schulischen Räumlichkeiten einbringen"; „In meiner Schule gibt es eine aktive Schülerzeitung"; „In meiner Schule gibt es interessante Arbeitsgemeinschaften") und dadurch ein „Wir-Gefühl" sowie die Identifikation mit der Schule gefördert wird („In meiner Schule gibt es guten Kontakt zwischen den Schülern einzelner Klassen"; „Meine Schule hat einen guten Ruf").

Ein weiterer Aspekt sozialer Schulqualität ist darin zu sehen, wie die Schülerschaft das Verhältnis zur Lehrerschaft der Schule insgesamt wahrnimmt. Unsere diesbezügliche, aus sieben Items bestehende Skala „Unterstützung durch die Lehrerschaft" erfaßt die Möglichkeiten der Schüler, sich bei schulischen oder auch außerschulischen Problemen vertrauensvoll an die Lehrerschaft bzw. die Schulleitung wenden und Hilfe erhalten zu können („In meiner Schule kann man mit den Lehrern über Probleme reden"; „In meiner Schule hat die Schulleitung ein offenes Ohr für die Probleme der Schüler"; „Ich kann Klassen-/Vertrauenslehrer auch fragen, wenn ich außerschulische Probleme habe"). Darüber hinaus bildet die Skala ab, ob die Schülerinnen und Schüler mit ihren Problemen ernstgenommen und unterstützt werden („Der Klassen-/Vertrauenslehrer unterstützt mich, wenn ich Probleme habe").

Die Unterrichtsqualität wird vor dem Hintergrund der Lehrer-Schüler-Beziehungen über zwei Skalen abgebildet: Die Skala „Soziale Lehrqualität" besteht aus sechs Items und umfaßt einerseits Aussagen, die sich auf die an den Lernkapazitäten und Interessen der Schüler orientierte didaktisch-methodische Qualität der Unterrichtsgestaltung durch den Lehrer beziehen („Die Lehrer gehen auf unsere Fragen ein"; „Unsere Lehrer berücksichtigen unsere Vorschläge zur Unterrichtsgestaltung und Stoffauswahl"); andererseits werden Items berücksichtigt, die die Transparenz und Gerechtigkeit der Leistungsbeurteilung, beispielsweise im Rahmen einer lehrzielorientierten Leistungsmessung betreffen („Unsere Lehrer sind gerecht und werden deshalb geachtet"; „Unsere Lehrer erklären, wie unsere Noten gebildet werden") und ein förderndes Lehrerengagement beschreiben („Sie gehen auf die Bedürfnisse fachlich stärkerer und schwächerer Schüler ein").

Die Skala „Fachliche Lehrqualität" umfaßt acht Items, die abbilden, inwieweit schulische Lerninhalte von den Lehrern interessant vermittelt werden („Unsere Lehrer zeigen uns, wie spannend das Fach sein kann"; „Der Schulstoff wird meist anhand von anschaulichen Beispielen erklärt"; „Der Unterricht, den unsere Lehrer geben, ist gut organisiert und macht Spaß"; „Der Schulstoff wird meistens lebendig und abwechslungsreich vermittelt") und ob sich die Art der Stoffvermittlung durch einen Realitätsbezug zu Erfahrungen und Interessen der Schüler auszeichnet („Sie zeigen uns, welche Bedeutung das Fach für das tägliche Leben hat").

Die Schüler-Schüler-Beziehungen in der Klasse werden als zentrales Moment des Klassenklimas durch die Skala „Klassenkohäsion" abgebildet. Die Skala umfaßt sieben Aussagen, die sich auf den sozialen Gruppenzusammenhalt in der Klasse beziehen, und betrifft Aspekte wie soziale Bindung und Freundschaftsbildung in der Klasse („In meiner Klasse gibt es ein Gefühl des Zusammenhalts"; „In meiner Klasse unternehmen die Schüler auch privat etwas zusammen"; „In meiner Klasse herrscht ein gutes freundschaftliches Klima"), Aspekte des Wohlbefindens („In meiner Klasse fühle ich mich wohl"), der gemeinsamen Konfliktlösungsfähigkeit („In meiner Klasse sprechen wir miteinander, wenn wir ein Problem mit dem Lehrer oder der Schule haben, und versuchen gemeinsam eine Lösung zu finden") und der Solidarität („In meiner Klasse helfen Schüler schwächeren Schülern beim Lernen"; „In meiner Klasse kann ich meine Probleme mit meinen Mitschülern diskutieren").

7.4 Untersuchungsergebnisse

7.4.1 Schulmotivation und Schulspaß

Insgesamt stufen knapp 30 Prozent der befragten Jugendlichen ihre Schulunlust mit „Eher hoch" bzw. „Hoch" ein (s. folgende Tabelle). Mädchen haben eine höhere Schulmotivation. Während bei den Jungen 33 Prozent ihre Schulunlust als „Eher hoch" bzw. „Hoch" einschätzen, äußern lediglich 25 Prozent der Mädchen eine ausgeprägte Schulunlust. Die geringere Schulmotivation der Schülerschaft der Sekundarstufe I ist im wesentlichen auf einen Alterseffekt zurückzuführen: Ältere Schülerinnen und Schüler schätzen ihre Schulmotivation deutlich höher ein als jüngere (r_p = -.13). Die Schülerschaft von Gymnasien zeigt die höchste Schulmotivation.

Tab. 1: Schulunlust brandenburgischer Jugendlicher (Angaben in %)

Subpopulationen		Skala „Schulunlust"			
		Niedrig	Eher niedrig	Eher hoch	Hoch
Geschlecht	Männlich	14,7	52,4	30,6	2,3
	Weiblich	22,5	51,9	24,1	1,5
Sek. I	Sek. I – O	13,3	45,7	38,0	3,1
Schultypen	Sek. I – OR	15,4	51,4	31,5	1,7
	Sek. I – OG	21,7	50,9	25,9	1,5
	Sek. I gesamt	15,8	48,1	33,8	2,4
Sek. II allg./	O/OG u. OG	25,9	57,1	16,6	0,5
berufl. Bildung	OSZ – BA	20,8	59,2	18,5	1,5
Gesamt		18,6	52,2	27,4	1,9

Betrachtet man den Zeitraum von 1993 bis 1999, so läßt sich von 1993 bis 1996 ein deutlicher Rückgang der Schulmotivation beobachten (s. folgende Tabelle). Dieser Rückgang hat sich im Zeitraum von 1996 bis 1999 nicht fortgesetzt.

Tab. 2: Schulunlust brandenburgischer Jugendlicher – 1993 bis 1999 (Angaben in %)

Erhebung	Skala „Schulunlust"			
	Niedrig	Eher niedrig	Eher hoch	Hoch
1993	31,4	53,0	14,5	1,1
1996	19,4	54,2	24,4	2,1
1999	19,1	52,3	26,7	2,0

Die Untersuchungsergebnisse zu einzelnen Items der Skala „Schulmotivation" über den Zeitraum 1993 bis 1999 finden sich in der folgenden Abbildung. Die dort erkennbaren Veränderungen bestätigen den Trend zu größerer Schulunlust unter brandenburgischen Jugendlichen im Gesamtzeitraum von 1993 bis 1999. Stimmten beispielsweise 1993 lediglich 36 Prozent der befragten Jugendlichen der Aussage „Vieles, was ich in der Schule lernen soll, ist nutzlos" völlig bzw. teilweise zu, so sind es 1999 mit 55 Prozent bereits über die Hälfte. Korrespondierend zu diesem Ergebnis haben immer mehr Schüler nach eigener Einschätzung das Gefühl, in der Schule „Nur ihre Zeit abzusitzen"; und dies auch nur, um „Ärger mit Eltern bzw. Lehrern zu vermeiden".

Abb. 1: Bewertungen von Aussagen zur Schulunlust – 1993 bis 1999 (Angaben in %)

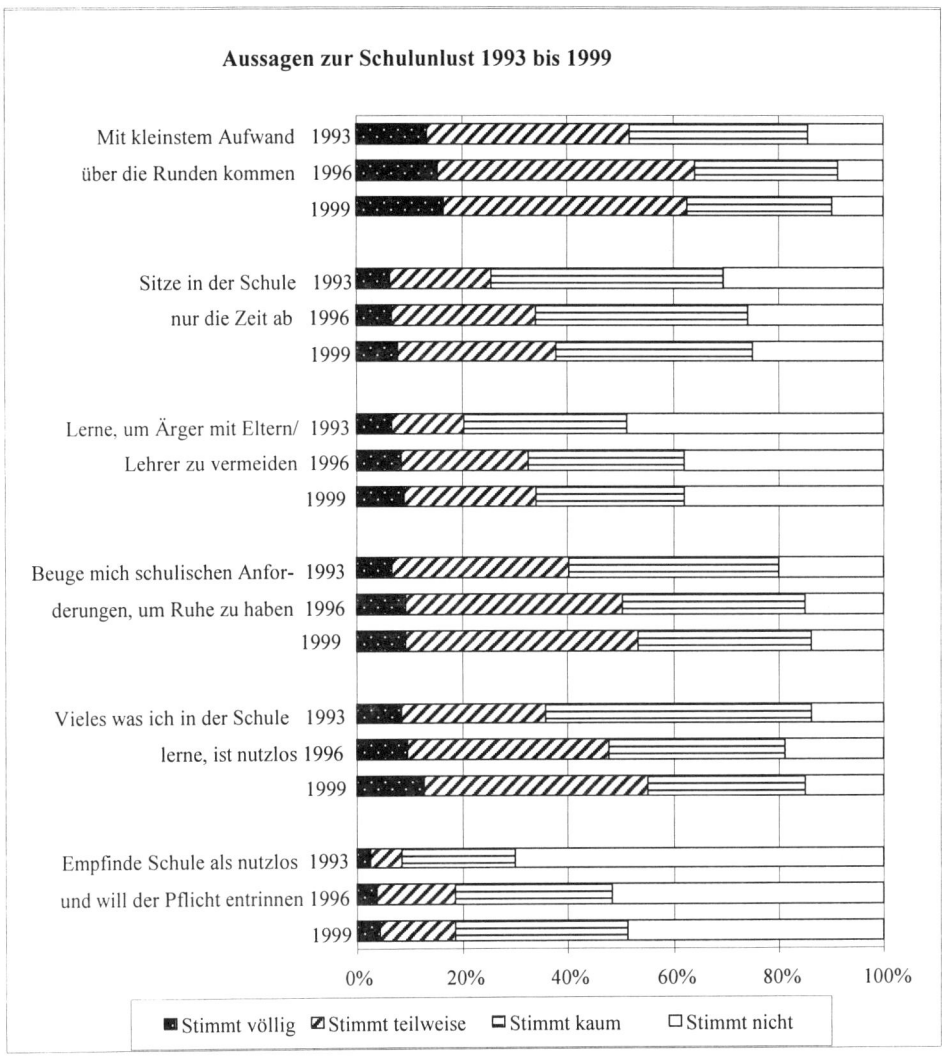

Die folgenden Tabellen illustrieren die Untersuchungsbefunde von 1999 für Teilgruppen Jugendlicher anhand von Einzelitems. Der Aussage „Ich empfinde die
Schule als nutzlos und versuche, wenn möglich dieser Pflicht zu entrinnen" stimmt
am deutlichsten die Schülerschaft der Sekundarstufe I zu. Der schon beschriebene
geschlechtsspezifische Unterschied wird auch anhand der Antworten zu diesem Item
deutlich. Unter den vier Prozent der befragten Schülerinnen und Schüler, die nach eigenen Aussagen die Schule als völlig nutzlos empfinden, sind überproportional viele
Schüler zu finden, die nach eigenen Angaben der Schule oft stundenweise fernbleiben. Die nach Alter und Geschlecht kontrollierten Zusammenhänge dieses Items mit
der Häufigkeit des Schwänzens einzelner Schulstunden oder ganzer Schultage sind
hochsignifikant (r_p= .38 bzw. r_p= .31).

Tab. 3: Einschätzung der Nutzlosigkeit der Schule – 1999 (Angaben in %)

Subpopulationen		„Ich empfinde die Schule als nutzlos und versuche, wenn möglich dieser Pflicht zu entrinnen"			
		Stimmt völlig	Stimmt teilweise	Stimmt kaum	Stimmt nicht
Geschlecht	Männlich	5,2	15,8	33,3	45,7
	Weiblich	2,4	11,8	33,9	51,9
Sek. I Schultypen	Sek. I – O	6,3	19,8	30,6	43,2
	Sek. I – OR	3,4	13,6	36,9	46,1
	Sek. I – OG	2,6	11,5	36,4	49,4
	Sek. I gesamt	4,9	16,8	34,0	44,4
Sek. II allg./ berufl. Bildung	O/OG u. OG	1,7	5,5	35,0	57,9
	OSZ – BA	2,5	11,8	31,6	54,1
Gesamt		3,8	13,9	33,6	48,8

Bezogen auf die Aussage „Vieles, was ich in der Schule lernen soll, ist nutzlos" ist der Anteil derer, die völlig oder teilweise zustimmen, innerhalb der Gesamtstichprobe sogar noch um knapp 30 Prozent höher als beim vorangegangenen Item (s. folgende Tabelle). Geschlechtsspezifische Unterschiede sind hier kaum zu erkennen. Auffällig ist unter den Schülerinnen und Schülern von Gymnasien der relativ hohe Anteil derer, die der Meinung sind, in der Schule viel Nutzloses lernen zu müssen. Auszubildende an Oberstufenzentren sind von der Nützlichkeit des Lernangebotes am ehesten überzeugt.

Tab. 4: Meinung zum Nutzen des schulischen Lernangebotes – 1999 (Angaben in %)

Subpopulationen		„Vieles, was ich in der Schule lernen soll, ist nutzlos"			
		Stimmt völlig	Stimmt teilweise	Stimmt kaum	Stimmt nicht
Geschlecht	Männlich	13,8	40,6	31,0	14,7
	Weiblich	11,5	44,7	28,3	15,5
Sek. I Schultypen	Sek. I – O	14,1	41,3	27,7	16,9
	Sek. I – OR	11,7	36,3	31,6	20,3
	Sek. I – OG	13,6	47,7	26,3	12,3
	Sek. I gesamt	13,7	42,9	28,1	15,3
Sek. II allg./ berufl. Bildung	O/OG u. OG	14,5	49,2	27,6	8,7
	OSZ – BA	9,0	37,7	34,7	18,6
Gesamt		12,7	42,6	29,7	15,1

Mittels partieller Korrelationsanalysen, bei denen Geschlechts-, Schultypen- und Klassenstufen-Effekte kontrolliert wurden, haben wir nach Zusammenhängen zwischen der Schulmotivation brandenburgischer Jugendlicher einerseits und Merkmalen ihrer Persönlichkeit und ihrer Entwicklungskontexte andererseits gesucht. Die Ergebnisse zeigen, daß die Skalen „Soziale Unterstützung" (s. Anlage; r_p= -.07), „Selbstvertrauen" (r_p= -.10) und „Zukunftsoptimismus" (r_p= -.10) nur in geringem Ausmaß mit der Schulunlust korrespondieren: Jugendliche, die wenig soziale Unterstützung erfahren, wenig Selbstvertrauen besitzen und wenig optimistisch in die Zukunft blicken, weisen eine etwas geringere Schulmotivation auf. Ein deutlicher positiver Zusammenhang besteht hingegen zwischen der Schulunlust und der Skala „Hoffnungslosigkeit/Externale Kontrollüberzeugung" (r_p= .34). Schüler, die glauben, ihre Lebensperspektive überwiegend selbst bestimmen zu können, weisen eine deutlich höhere Schulmotivation als andere Schüler auf. Eine geringe Schulmotivation findet sich besonders bei Jugendlichen, die Gewalt akzeptieren (r_p= .24), selbst eine hohe Gewaltbereitschaft aufweisen (r_p= .30) und häufig in Schlägereien verwickelt sind (r_p= .22). Jugendliche mit geringer Schulmotivation berichten häufiger als andere über einen restriktiven Erziehungsstil (Skala „Elterliche Restriktion"; r_p= .22) und eine geringe Verfügbarkeit der Eltern („Elterliche Vernachlässigung"; r_p= .21) sowie über ein schlechtes Familienklima (r_p= -.21).

Erwartungsgemäß korrespondieren die Schulleistungen (r_p= .31) und die Zufriedenheit mit den eigenen Schulleistungen (r_p= -.17) mit der Schulmotivation. Es gibt auch eine deutliche Wechselwirkung zwischen Schulunlust und Schulstreß (r_p= .33), während der „Schulspaß" (r_p= .-11) kaum mit der Schulmotivation zusammenhängt. Die Ergebnisse der Auswertung zur Skala „Schulspaß" zeigt die folgende Tabelle. Es zeigt sich, daß über 90 Prozent der Jugendlichen in Brandenburg Spaß an der Schule haben (Skalenkategorien „Eher hoch" und „Hoch"). Mädchen finden sich häufiger als Jungen in der Kategorie „Hoch". Die Unterschiede zwischen der Schülerschaft verschiedener Schultypen der Sekundarstufe I in Hinblick auf den Schulspaß fallen gering aus; die geringste Freude an der Schule haben die Auszubildenden. Der Anteil der Schülerinnen und Schüler mit Spaß an der Schule ist im Zeitraum von 1996 bis 1999 in Brandenburg nahezu unverändert geblieben.

Tab. 5: **Schulspaß unter brandenburgischen Jugendlichen – 1999** (Angaben in %)

Subpopulationen		Skala „Schulspaß"			
		Niedrig	Eher niedrig	Eher hoch	Hoch
Geschlecht	Männlich	0,4	9,4	50,9	39,3
	Weiblich	0,1	5,7	49,1	45,0
Sek. I **Schultypen**	Sek. I – O	0,3	7,6	48,7	43,3
	Sek. I – OR	0 ,0	7,9	51,5	40,6
	Sek. I – OG	0,3	4,1	45,2	50,4
	Sek. I gesamt	0,3	7,0	48,4	44,3
Sek. II allg./ **berufl. Bildung**	O/OG u. OG	0,0	3,9	43,1	53,0
	OSZ – BA	0,4	11,5	58,4	29,8
Gesamt		0,3	7,6	50,0	42,1

Eine Betrachtung der einzelnen Aussagen der Skala „Schulspaß" (s. Abb. 2) bestätigt, daß sich auch im Detail die diesbezüglichen Einstellungen im Zeitraum von 1996 bis 1999 nicht wesentlich geändert haben. Die Schule wird von den Schülerinnen und Schülern als sozialer Lebensraum positiv eingeschätzt. Es wurde bereits darauf hingewiesen, daß zum Spaß an der Schule auch die Aneignung von neuem Wissen beiträgt: Mehr als 90 Prozent der befragten Schüler erleben es als eine lustvolle Erfahrung, neue Einsichten zu erlangen. Vor diesem Hintergrund ist es nicht überraschend, daß hoher Schulspaß mit der Zufriedenheit mit den eigenen Schulleistungen (r_p= .14) und einer hohen Schulmotivation (r_p= .11) einhergeht.

Abb. 2: Bewertungen von Aussagen zum Schulspaß (Angaben in %)

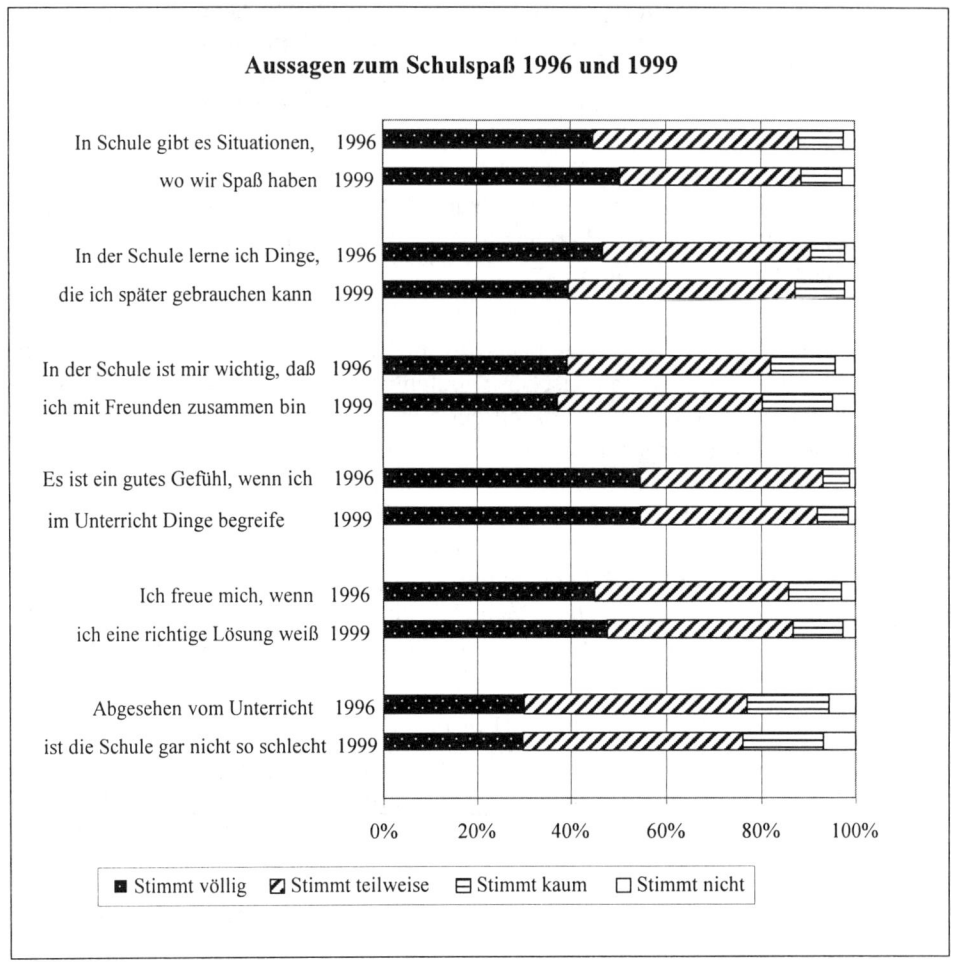

Schüler mit Spaß an der Schule reflektieren ihre Zukunftsaussichten optimistischer (Skala „Berufsbezogener Zukunftsoptimismus"; r_p= .14), haben ein höheres Selbstvertrauen (r_p= .12) und stehen ihrem weiteren Entwicklungsweg weniger fatalistisch gegenüber (Skala „Hoffnungslosigkeit/Externale Kontrollüberzeugung"; r_p= -.13). Zwischen der Skala „Schulspaß" einerseits und der „Gewaltakzeptanz" (r_p= -.06), der „Instrumentellen Gewaltbereitschaft" (r_p= -.09) und dem „Gewalthandeln" (r_p= -.10) andererseits bestehen äußerst schwache negative Zusammenhänge.

7.4.2 Schulstreß

Für jeden vierten Jugendlichen in Brandenburg ist der Besuch der Schule mit Streßbelastungen verbunden (s. folgende Tabelle). Jungen empfinden die Schule dabei erheblich weniger streßbelastend als Mädchen. Zwischen der Schülerschaft verschiedener Schultypen lassen sich hierbei kaum Unterschiede finden. Lediglich Gymnasiasten der höheren Klassenstufen äußern deutlich höhere „Belastungswerte" als gleichaltrige Auszubildende in Oberstufenzentren.

Tab. 6: **Schulstreß unter Jugendlichen – 1999** (Angaben in %)

Subpopulationen		Skala „Schulstreß/Schulangst"			
		Niedrig	Eher niedrig	Eher hoch	Hoch
Geschlecht	Männlich	29,0	49,5	20,0	1,5
	Weiblich	20,0	50,7	26,6	2,6
Sek. I	Sek. I – O	19,7	51,3	26,4	2,6
Schultypen	Sek. I – OR	19,1	55,8	24,2	0,9
	Sek. I – OG	20,3	51,3	26,1	2,2
	Sek. I gesamt	19,6	51,8	26,4	2,2
Sek. II allg./	O/OG u. OG	21,6	49,9	25,5	3,1
berufl. Bildung	OSZ – BA	38,6	46,2	14,3	0,9
Gesamt		24,5	50,1	23,3	2,0

Bei Schülern aller Schulformen ist mit steigendem Alter eine kontinuierliche Abnahme der wahrgenommenen Streßbelastung festzustellen (r_p= -.15). Auch bei Kontrolle des Geschlechts bleibt dieser Alterseffekt erhalten. Dieses Ergebnis kann als Hinweis dafür gesehen werden, daß sich ältere Schüler im Verlauf ihrer Schulzeit Kompetenzen aneignen, mit schulischen Streßsituationen gelassener umzugehen. In gleicher Weise wie bei der Schulmotivation und dem Schulspaß lassen sich auch hinsichtlich der schulischen Streßbelastung aus der Sicht der Schüler im Zeitraum von 1996 bis 1999 kaum Veränderungen finden (s. folgende Tabelle).

Tab. 7: **Schulstreß/Schulangst unter Jugendlichen – 1996 und 1999** (Angaben in %)

Erhebung	Skala „Schulstreß/Schulangst"			
	Niedrig	Eher niedrig	Eher hoch	Hoch
1996	23,1	51,2	23,5	2,2
1999	26,1	49,0	22,9	2,0

Bestätigt wird dieses Ergebnis, wenn man die Einzelitems der Indikatorenskala „Schulstreß/Schulangst" im Zeitverlauf betrachtet (s. folgende Tabelle). Lediglich der Umfang der Freizeit, der für Schularbeiten aufzubringen ist, hat bis 1999 relativ deutlich abgenommen. Zwei Items des Konstruktes „Schulstreß/Schulangst" seien genauer betrachtet. Der Aussage „Ich habe Angst, mich in der Schule zu blamieren" stimmt etwas mehr als ein Drittel der Befragten völlig oder teilweise zu. Die Antworten von Jungen und Mädchen zeigen insgesamt kaum Unterschiede. Die Angst vor sozialen Blamagesituationen ist bei Schülern der siebten und achten Klassen am größten und in diesen Klassenstufen bei Mädchen stärker ausgeprägt als bei Jungen. Diese größere Angst vor Blamage bei den Schülern der unteren Klassenstufen könnte darauf zurückzuführen sein, daß diese Jugendlichen sich stärker mit der Aufgabe konfrontiert sehen, soziale Beziehungen in der Klasse aufzubauen und im Klassenkontext die Akzeptanz bei den Mitschülern in hohem Maße von den Schulleistungen beeinflußt wird.

Tab. 8: **Bewertungen von Items zum Schulstreß – 1996 und 1999** (Angaben in %)

Items zum Schulstreß	Erhebung	Antwortvorgaben			
		Stimmt völlig	Stimmt teilweise	Stimmt kaum	Stimmt nicht
„Ich gerate in Panik, wenn plötzlich unvorbereitet eine Leistungs- kontrolle geschrieben wird"	1999	17,7	45,2	26,4	10,7
	1996	17,9	40,1	30,8	11,2
„Ich erreiche ohne große Mühe die in der Schule geforderten Leistun- gen"	1999	10,9	56,5	26,1	6,5
	1996	10,7	54,9	29,0	5,5
„Ich muß einen großen Teil meiner Freizeit für Schularbeiten verwen- den, um in der Schule mitzukom- men"	1999	7,8	24,5	37,6	30,1
	1996	9,4	27,0	38,8	24,8
„Ich habe Angst, mich in der Schule zu blamieren"	1999	8,5	27,6	34,1	29,8
	1996	9,1	28,0	34,4	28,6
„Ich habe Angst, daß ich an die Tafel muß"	1999	10,1	23,2	31,6	35,0
	1996	8,4	24,9	32,3	34,4
„Die Schule verfolgt mich bis in den Schlaf"	1999	5,9	15,6	28,1	50,4
	1996	5,4	17,0	32,5	45,1

Die Angst vor einer solchen Blamagesituation in den unteren Klassenstufen drückt sich auch dadurch aus, daß ein Drittel der befragten Schüler der Aussage „Ich habe Angst, daß ich an die Tafel muß" völlig oder teilweise zustimmt und 25 Prozent der Schüler „in Panik gerät, wenn plötzlich unvorbereitet eine Leistungskontrolle geschrieben wird"; der entsprechende Anteil in der Gesamtstichprobe liegt lediglich bei 18 Prozent.

Inwieweit moderieren allgemeine Persönlichkeitsmerkmale das Streßerleben in schulischen Situationen? Eine partielle Korrelationsanalyse, bei der die Einflüsse der Variablen Geschlecht, Schultyp und Klassenstufe wiederum kontrolliert wurden, zeigt, daß Schüler mit erhöhter Schulangst erwartungsgemäß über weniger Selbstvertrauen verfügen (r_p = -.28), ihre Lebensperspektive eher fatalistisch beurteilen (Skala „Hoffnungslosigkeit/Externale Kontrollüberzeugung"; r_p = .34), einen eher geringeren berufsbezogenen Zukunftsoptimismus angeben (r_p = -.12) und auf der Skala „Soziale Unterstützung" geringere Werte aufweisen (r_p = -.13) als andere Schüler. „Gestreßte" Jugendliche berichten häufiger über elterliche Restriktion (r_p = .20) und Vernachlässigung durch die Eltern (r_p = .13). Deutlich wird der Einfluß des elterlichen Verhaltens auf die Ausprägung von Schulstreß auch, wenn das Item „Wie zufrieden sind Ihre Eltern im allgemeinen mit Ihren schulischen Leistungen?" in die Betrachtung einbezogen wird: Unzufriedenheit der Eltern mit den schulischen Leistungen ihres Kindes steigert die empfundene Streßbelastung des betreffenden Jugendlichen deutlich (r_p = .20).

Weiterhin geben solche Schülerinnen und Schüler eine geringere schulische Streßbelastung an, die selbst mit ihren Schulleistungen zufrieden sind (r_p = .21), deren Schulnoten überdurchschnittlich gut sind (r_p = .26) und die über eine hohe Schulmotivation verfügen (Skala „Schulmotivation"; r_p= .28). Es wäre weiterhin anzunehmen, daß ein ausgeprägtes Gefühl von Schulspaß zu einer Verminderung von Streßbelastungen in der Schule beitragen kann. Bemerkenswerter Weise läßt sich diese These jedoch nicht bestätigen: Zwischen der Skala „Schulstreß/Schulangst" und der Skala „Schulspaß" findet sich kein signifikanter Zusammenhang. Schulstreß korrespondiert nur äußerst schwach mit Gewaltakzeptanz (r_p= .11) und der Skala „Allgemeine Gewaltbereitschaft" (r_p= .11).

7.4.3 Schulschwänzen

Stundenweises Schwänzen des Unterrichts

Die folgende Tabelle zeigt die Ergebnisse zur Selbsteinschätzung des stundenweisen Schulschwänzens („Ist es schon vorgekommen, daß Sie einzelne Unterrichtsstunden geschwänzt haben?"). In unseren Erhebungen von 1993 und 1996 hatten wir dieses „Stundenschwänzen" auf die erste bzw. letzte Stunde begrenzt und „Eckstundenschwänzen" genannt („Ist es schon vorgekommen, daß Sie die erste bzw. letzte Stunde vom Unterricht geschwänzt haben, weil Sie andere wichtige Dinge vorhatten?"). Obwohl in allen Erhebungsjahren als Antwortvorgaben den Jugendlichen die Kategorien „Oft", „Manchmal", „Selten" und „Nie" zur Verfügung standen, erlaubt die veränderte Fragestellung einen Vergleich der Ergebnisse von 1993 bis 1999 deshalb nur mit Einschränkungen. Unter diesen Voraussetzungen kann festgehalten werden, daß sich die Häufigkeit des Schwänzens von Schulstunden im Zeitraum 1993 bis 1999 kaum verändert hat.

Tab. 9: **Stundenweises Schwänzen des Unterrichts – 1993 bis 1999** (Angaben in %)

Erhebung	Stundenweises Schwänzen			
	Oft	Manchmal	Selten	Nie
1993	5,2	18,9	28,4	47,5
1996	7,6	20,4	28,1	43,9
1999	6,4	18,4	28,1	47,0

In der folgenden Tabelle haben wir die Ergebnisse zum „Stundenschwänzen" differenziert nach Geschlecht, Schultyp und Schulstufe dargestellt. Mädchen bleiben einerseits zwar seltener dem Unterricht „Oft" oder „Manchmal" fern, andererseits ist jedoch auch der Anteil der Schülerinnen, die nie stundenweise Schule schwänzen, geringer als bei männlichen Schülern: Mädchen bevorzugen anscheinend gelegentliches Fernbleiben vom Unterricht und lehnen das Stundenschwänzen weniger kategorisch ab; Jungen schwänzen hingegen entweder gar nicht oder bleiben relativ oft dem Unterricht fern. Bei der Schülerschaft der Sekundarstufe I schwänzen die Gesamtschüler am häufigsten Schulstunden; insgesamt ein Fünftel bleibt oft oder manchmal der Schule fern. Berufsschüler zeigen, wie schon in unseren letzten Studie von 1996, die schlechteste „Anwesenheitsrate": Nur ein Drittel der Auszubildenden schwänzt nicht stundenweise. Grundsätzlich gibt es einen deutlichen Alterseffekt; ältere Jugendliche schwänzen häufiger Schulstunden als jüngere.

Tab. 10: Stundenweises Schwänzen des Schulunterrichts – 1999 (Angaben in %)

Subpopulationen		Stundenweises Schwänzen			
		Oft	Manchmal	Selten	Nie
Geschlecht	Männlich	6,6	17,2	24,0	52,3
	Weiblich	4,9	16,7	28,6	49,8
Sek. I	Sek. I – O	5,9	14,5	22,1	57,6
Schultypen	Sek. I – OR	3,1	10,5	16,9	69,5
	Sek. I – OG	3,3	9,7	19,5	67,6
	Sek. I gesamt	4,6	12,1	21,4	61,9
Sek. II allg./	O/OG u. OG	5,8	23,8	32,7	37,7
berufl. Bildung	OSZ – BA	8,7	24,6	34,2	32,5
Gesamt		5,8	16,9	26,2	51,1

Das Schwänzen ganzer Schultage

Das tageweise unentschuldigte Fernbleiben von der Schule ist gegenüber dem „Stundenschwänzen" ein „stärkerer" Indikator zur Charakterisierung schulverweigerischen Verhaltens. Die folgende Tabelle zeigt denn auch, daß das Schwänzen ganzer Schultage wesentlich seltener vorkommt als das unentschuldigte Versäumen einzelner Unterrichtsstunden. Nur die Hälfte der Schüler hat noch nie eine einzelne Schulstunde geschwänzt, aber fast drei Viertel der Jugendlichen behaupten, noch niemals einen ganzen Schultag geschwänzt zu haben. Anders als beim Schwänzen von Unterrichtsstunden ist beim tageweisen Schulschwänzen festzustellen, daß Mädchen sich 1999 nicht nennenswert von Jungen unterscheiden. Die Gymnasiasten der Sekundarstufe I zeigen eine bessere Schulpräsenz als Jugendliche aus Gesamt- oder Realschulen. Die Tatsache, daß ältere Schüler die Schule häufiger schwänzen als jüngere, gilt für das Stundenschwänzen wie auch für das Schwänzen ganzer Tage.

Tab. 11: Tageweises Schwänzen des Unterrichts – 1999 (Angaben in %)

Subpopulationen		Tageweises Schwänzen			
		Oft	Manchmal	Selten	Nie
Geschlecht	Männlich	2,4	5,3	16,2	76,1
	Weiblich	1,9	7,3	17,6	73,2
Sek. I	Sek. I – O	2,3	5,0	14,8	77,9
Schultypen	Sek. I – OR	1,7	5,8	13,9	78,6
	Sek. I – OG	1,5	2,4	10,8	85,4
	Sek. I gesamt	2,0	4,1	12,7	81,1
Sek. II allg./	O/OG u. OG	0,4	8,3	26,3	65,0
berufl. Bildung	OSZ – BA	3,4	10,4	21,4	64,9
Gesamt		2,1	6,3	16,9	74,7

Im Gegensatz zum Stundenschwänzen ist die Frageformulierung beim tageweisen Schulschwänzen bei den Erhebungen von 1993 bis 1999 unverändert geblieben. Die folgende Tabelle läßt erkennen, daß im Zeitraum zwischen 1993 und 1996 eine Tendenz zum häufigeren Schwänzen ganzer Tage festzustellen war. Diese Entwicklung hat sich jedoch nicht weiter fortgesetzt; zwischen den Erhebungen von 1996 und

1999 zeigen sich keine Veränderungen mehr. Dies trifft jedoch nicht für alle Teil-gruppen zu. So hat der Anteil der Mädchen, die oft oder manchmal einen ganzen Schultag schwänzen, von 1993 bis 1999 kontinuierlich zugenommen; männliche Schüler machen hingegen 1999 im Vergleich zu 1996 deutlich seltener einen ganzen Schultag „blau". Bei den Berufsschülern ist festzustellen, daß das Ausmaß des Schwänzens ganzer Schultage seit 1993 kontinuierlich zugenommen hat.

Tab. 12: **Tageweises Schwänzen des Unterrichts – 1993 bis 1999** (Angaben in %)

Erhebung	Tageweises Schwänzen			
	Oft	Manchmal	Selten	Nie
1993	1,0	3,5	16,4	79,1
1996	2,5	7,1	17,8	72,6
1999	2,4	6,9	17,8	73,0

Um die alters- und schultypbezogenen Unterschiede beim Schulschwänzen zu illu-strieren, haben wir in der folgenden Abbildung den Anteil der Schülerinnen und Schüler, die der Schule „Oft", „Manchmal" oder „Selten" stunden- bzw. tageweise fernbleiben, differenziert dargestellt. Eine nichtparametrische Korrelationsanalyse ergab hochsignifikante Zusammenhänge zwischen dem Alter der Befragten einerseits und ihrem stundenweisen (r_p= .36) und tageweisen Schulschwänzen (r_p= 24). Insge-samt findet sich erwartungsgemäß zwischen dem stunden- und tageweisen Fernblei-ben von der Schule ein starker positiver Zusammenhang (Alters-, Geschlechts-, und Schultypeneffekte wurden kontrolliert; r_p= .63).

Abb. 3: **Schwänzen des Unterrichts in einzelnen Schultypen – 1999** (Angaben in %)

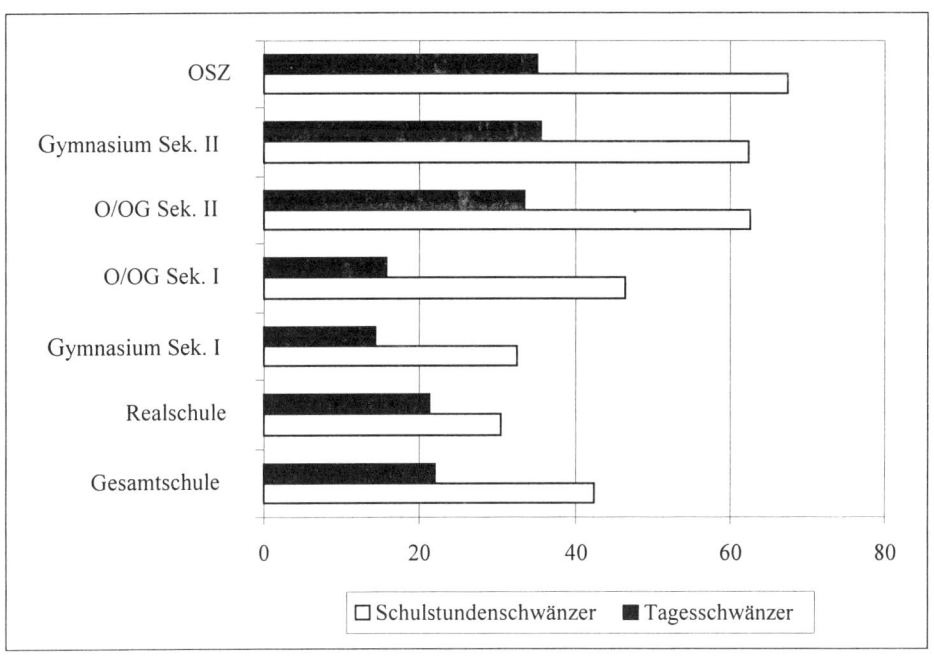

Schulschwänzen, Persönlichkeitsmerkmale und Kontextbedingungen

Wenden wir uns nun der Frage zu, inwieweit das unentschuldigte stunden- und tageweise Fernbleiben vom Unterricht von schulischen Variablen, allgemeinen Persönlichkeitsmerkmalen, familialen Kontextbedingungen und Gewalterfahrungen moderiert wird. Alters-, Geschlechts- und Schultypeneinflüsse wurden dabei wieder statistisch ausgeschlossen. Erwartungsgemäß ist eine ausgeprägte Schulunlust ein Kennzeichen der Stundenschwänzer (r_p= .24) wie auch der Tagesschwänzer (r_p= .20). Im Gegensatz zu den Ergebnissen unserer 96er Studie zeigen sich 1999 deutliche Zusammenhänge zwischen der Häufigkeit des stundenweisen Fernbleibens vom Unterricht und der Zufriedenheit mit den eigenen Schulleistungen (r_p= -.18) sowie dem Notendurchschnitt (r_p= -.15): Schüler, die mit ihren Schulleistungen eher nicht zufrieden sind und auch im Durchschnitt eher schlechte Schulnoten aufweisen, bleiben häufiger dem Unterricht stundenweise fern als andere Schüler. Vergleichbare Zusammenhänge finden sich beim Tagesschwänzen (Schulleistungen r_p= -.18; Zufriedenheit mit den eigenen Schulleistungen r_p= -.11). Beim stundenweisen wie auch beim tageweisen Fernbleiben vom Unterricht besteht kein Zusammenhang zum Schulstreß.

Jugendliche, die stunden- bzw. tageweise der Schule fernbleiben, berichten eine stärkere Vernachlässigung durch die Eltern (Zusammenhang zur Skala „Elterliche Vernachlässigung" r_p= -.14 bzw. r_p= -.11) und weniger Zusammenhalt in ihren Familien („Familienkohäsion" r_p= -.15 bzw. r_p= -.15). Schulschwänzer sprechen auch seltener als andere Jugendliche mit ihren Eltern, wenn es Schwierigkeiten in der Schule gibt (r_p= -.13 bzw. r_p= -.13). Weiterhin finden sich Anhaltspunkte dafür, daß das Phänomen „Schulschwänzen" einen engen Bezug zum Problemfeld „Gewalt" aufweist: Schüler, die häufig stundenweise schwänzen, zeigen sich gewaltbereiter (Zusammenhang zur Skala „Allgemeine Gewaltbereitschaft" r_p= .22) und beteiligen sich häufiger als andere an Schlägereien (r_p= .23). Gleiches gilt für die Tageschwänzer (r_p= .19 und r_p= .22).

Schulschwänzen und die Verwendung der so gewonnenen Freizeit

Wir haben die Schulschwänzer danach gefragt, was sie denn mit der auf diese Weise frei gewordenen Zeit angefangen (s. folgende Tabelle). Insgesamt verbringen diese Jungen und Mädchen am häufigsten ihre „geschwänzte" Zeit zu Hause oder bei Freunden. Ein direkter Vergleich zwischen den Geschlechtern zeigt, daß Mädchen etwas häufiger „zu Hause" bleiben und Jungen ihre frei gewordene Zeit eher „bei Freunden" verbringen. Auffällig ist, daß besonders viele Schüler der Sekundarstufe II (O/OG und OG) zu Hause bleiben.

Auch wenn nicht auszuschließen ist, daß die während des „Blaumachens" von der Schule zu Hause verbrachte Zeit meist in die (berufliche) Abwesenheit der Eltern fällt, ist dennoch davon auszugehen, daß das Fernbleiben von der Schule nicht selten von den Eltern geduldet wird. Für diese Vermutung spricht auch die Tatsache, daß immerhin über drei Prozent der Schulschwänzer direkt angeben, ihre so gewonnene Freizeit mit den Eltern verbracht zu haben.

Tab. 13: Alternative Aktivitäten von „Schulschwänzern" – 1999 (Angaben in %)

Subpopulationen		„Was haben Sie in der freigewordenen Zeit gemacht?" Ich war...			
		...zu Hause	...mit Freunden unterwegs	...mit Eltern unterwegs	...anderweitig tätig
Geschlecht	Männlich	44,3	40,7	3,5	11,5
	Weiblich	48,3	35,9	2,8	13,0
Sek. I	Sek. I – O	43,7	44,0	3,7	8,6
Schultypen	Sek. I – OR	50,6	34,9	3,6	10,8
	Sek. I – OG	36,2	44,3	5,4	14,1
	Sek. I gesamt	43,1	41,6	4,3	11,1
Sek. II allg./	O/OG u. OG	62,6	21,4	3,2	12,8
berufl. Bildung	OSZ – BA	43,5	41,4	1,6	13,5
Gesamt		46,3	38,3	3,2	12,2

Gründe für Schulschwänzen

Schon in der Erhebung von 1993 hatten wir nach den Gründen für Schulschwänzen gefragt. Die folgende Tabelle zeigt die Veränderungen bei den entsprechenden Antworten für den Zeitraum von 1993 bis 1999 differenziert nach dem Geschlecht; dabei wurden die Prozentsätze der Kategorien „Stimmt völlig" und „Stimmt teilweise" zusammengefaßt. Der am häufigsten genannte Grund für das Schulschwänzen ist, unabhängig vom Geschlecht der Jugendlichen, bei allen drei Erhebungen Langeweile. Am unteren Ende der angeführten Rangfolge der Gründe für Schulschwänzen stehen bei Jungen und Mädchen „Probleme mit Mitschülern und Lehrern"; solche Probleme werden häufiger von Schülern der siebten und achten Klassen angeführt; jüngere wie ältere Jugendliche fehlen zuweilen auch, weil sie „jobben". Für ältere Schüler an Gymnasien hat eine Begründung im gesamten Zeitraum kontinuierlich an Bedeutung gewonnen, die als Flucht vor Leistungskontrollen verstanden werden kann: „Ich wußte, daß wir an diesem Tag eine Klassenarbeit schreiben".

Tab. 14: Gründe für Schulschwänzen (Angaben in %, Mehrfachnennungen)

Grund für Schwänzen	Geschlecht	1993	1996	1999
Klassenarbeit	Männlich	21,1	46,7	32,6
	Weiblich	13,1	27,2	22,6
Fächer langweilig	Männlich	40,0	56,8	51,8
	Weiblich	36,4	54,5	48,5
Spaß mit Freunden	Männlich	29,1	37,1	33,0
	Weiblich	25,7	28,7	26,9
Probleme mit Mitschülern	Männlich	8,9	22,2	11,0
	Weiblich	7,8	11,7	9,5
Probleme mit Lehrern	Männlich	17,4	28,5	19,1
	Weiblich	8,7	15,0	9,8
Jobben	Männlich	Nicht	Nicht	15,8
	Weiblich	erhoben	erhoben	7,6

Welche Akzeptanz findet das Schulschwänzen von Mitschülern? Im Gegensatz zur Erhebung von 1996 haben wir 1999 die Anzahl der Antwortvorgaben zu dieser Frage um eine erweitert: „Ich bin absolut gegen Schulschwänzer und sage auch offen meine Meinung zu diesem Thema". Die folgende Tabelle zeigt, daß 1999 etwas mehr als die Hälfte der Befragten das Verhalten von „blaumachenden" Mitschülern uneingeschränkt akzeptiert („Ich akzeptiere dies als Entscheidung der Schüler. Sie selbst müssen wissen, ob sie zur Schule kommen oder nicht"). Unter Jungen ist diese Akzeptanz ausgeprägter als unter Mädchen; vor allem die älteren Schüler der Sekundarstufe II und Auszubildende, die selbst häufig schwänzen, akzeptieren das Schulschwänzen anderer. Die zweithäufigste Reaktionsform ist eine „stille Duldung": „Ich finde es nicht in Ordnung, aber ich denke, ich sollte mich nicht in die Angelegenheiten anderer Schüler einmischen". Diese Reaktionsweise findet sich eher unter Mädchen und unter der Schülerschaft der Sekundarstufe I. Weniger Verbreitung finden solche Einstellungsmuster hingegen in höheren Klassenstufen und unter Auszubildenden. Eine unterschiedliche Einstellung zeigen die beiden letztgenannten Gruppen bei der Toleranz gegenüber Schwänzen bei entsprechender Schulleistung („Wenn die Schüler die geforderten Leistungen erbringen, können sie auch bestimmen, ob sie zur Schule kommen oder nicht"). Während immerhin fast 18 Prozent der Gymnasiasten (O/OG und OG) eine solche Meinung vertreten, stimmen nur acht Prozent der Jugendlichen an Oberstufenzentren dieser Auffassung zu. Eher selten finden sich Meinungen, die ablehnende Positionen zum Schulschwänzen von Mitschülern beziehen („Ich bin absolut dagegen, daß Schüler die Schule schwänzen, traue mich aber nicht, dagegen etwas zu sagen" und „Ich bin absolut gegen Schulschwänzer und sage offen meine Meinung zu diesem Thema"). Unter diesen Schülerinnen und Schülern äußert allerdings die Mehrzahl ihre ablehnende Meinung auch.

Tab. 15: Tolerierung und Ablehnung des Schwänzens − 1999 (Angaben in %)

Subpopulationen		„Was halten Sie davon, daß Schüler öfter einmal nicht zur Schule gehen?"				
		Akzeptanz	Nicht ok, Duldung	Bei Leistungen ja	Dagegen, sage nichts	Dagegen, sage was
Geschlecht	Männlich	58,7	18,1	10,5	3,7	8,9
	Weiblich	51,4	23,5	11,8	4,1	9,3
Sek. I **Schultypen**	Sek. I – O	52,5	22,8	8,0	6,2	10,6
	Sek. I – OR	49,6	26,4	9,8	5,4	8,7
	Sek. I – OG	43,4	23,4	15,7	2,2	15,3
	Sek. I gesamt	49,7	23,2	10,6	5,1	11,4
Sek. II allg./ **berufl. Bildung**	O/OG u. OG	61,2	15,4	17,6	1,3	4,5
	OSZ – BA	64,6	18,2	8,4	2,5	6,3
Gesamt		55,1	20,8	11,1	3,9	9,1

Die folgende Abbildung 4 zeigt den Anteil derer, die das Schulschwänzen bei Mitschülern ablehnen, im Zeitraum von 1993 bis 1999 und differenziert nach Altersstufe und Schultyp. Für die Erhebungen von 1993 und 1996 bezieht sich die Graphik auf das Item: „Ich bin absolut dagegen, daß Schüler die Schule schwänzen, traue mich aber nicht, dagegen etwas zu sagen". Bei der Erhebung von 1999 haben wir diese Kategorie mit der neuen Kategorie „Ich bin absolut gegen Schulschwänzer und sage auch offen meine Meinung zu diesem Thema" zusammengefaßt. Trotz der damit verbundenen eingeschränkten Vergleichbarkeit der Ergebnisse zeichnet sich ab, daß bei jüngeren Schülern im Zeitraum von 1993 bis 1999 die Ablehnung gegenüber dem Schulschwänzen von Mitschülern gewachsen ist, während bei älteren Schülerinnen und Schülern auf Gymnasien und bei Auszubildenden die Ablehnung gesunken ist.

Abb. 4:   Ablehnung von Schulschwänzen – 1993 bis 1999 (Angaben in %)

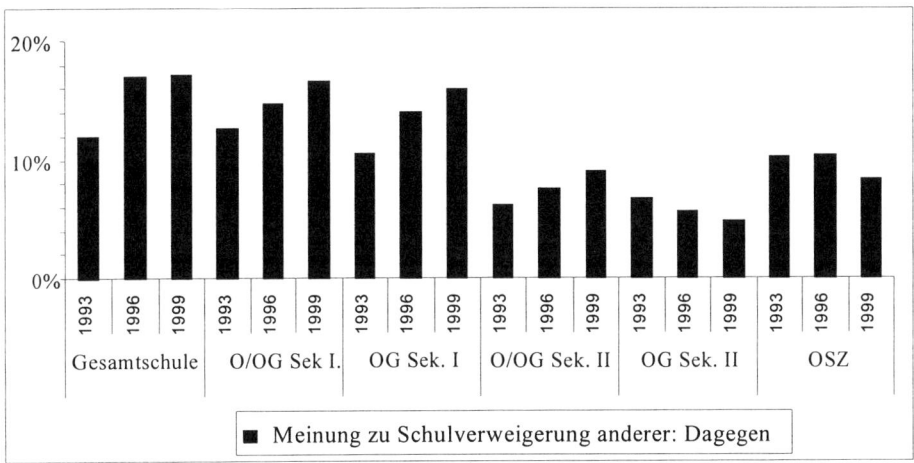

In den beiden folgenden Tabellen wird der Zusammenhang zwischen der Meinung zum Schulschwänzen und der Toleranz gegenüber Gewalt dargestellt. Es soll dabei der Frage nachgegangen werden, ob die Akzeptanz gegenüber dem Schulschwänzen von Mitschülern in einem Zusammenhang mit der Akzeptanz von Gewaltaktionen durch Mitschüler steht. Sind – anders formuliert – Jugendliche, die eine mäßige Form abweichenden Verhaltens wie Schulschwänzen tolerieren, auch eher bereit, harte Formen von delinquentem Verhalten wie Gewaltaktionen anderer zu akzeptieren, oder ziehen Jugendliche hier eine erkennbare „Grenze" der Tolerierbarkeit? Oder umgekehrt: Sind Jugendliche, die sich offen gegen das Schulschwänzen anderer aussprechen, auch eher bereit, gegen das Gewalthandeln anderer einzuschreiten? Die Antwortvorgaben zur Gewalttoleranz entsprechen dabei in etwa den Antwortvorgaben für die Toleranz gegenüber dem Schulschwänzen. Die Tabelle 16 zeigt, zeilenweise prozentuiert, wie sich die Meinungen der Jugendlichen über Schulschwänzer hinsichtlich ihrer Auffassung zum Gewalthandeln anderer verteilen. In Tabelle 17 ist es genau umgekehrt, hier wurden die befragten Jugendlichen nach ihrer Meinung zum Gewalthandeln geordnet.

Die beiden Tabellen verdeutlichen, daß die Akzeptanz gegenüber dem Schulschwänzen anderer wesentlich höher liegt als die Akzeptanz gegenüber Gewaltaktionen. Während mehr als jeder zweite Jugendliche nichts gegen das Schulschwänzen anderer einzuwenden hat, ist dies bei Gewalthandlungen nicht einmal bei jedem fünften der Fall. Der Gesamtzusammenhang zwischen beiden Formen abweichenden Verhaltens besteht darin, daß Jugendliche, die tolerant gegenüber Gewalthandlungen eingestellt sind, gleichzeitig einen hohen Akzeptanzwert gegenüber dem Schulschwänzen aufweisen, während umgekehrt Schüler, die die Schulverweigerung ihrer Mitschüler tolerieren, keineswegs mehrheitlich bereit sind, Gewaltaktionen hinzunehmen. Unter den Jugendlichen, die Gewalt akzeptieren, haben 71 Prozent auch nichts gegen das Schulschwänzen einzuwenden; aber nur etwa 25 Prozent derjenigen, die das Verhalten von Schulschwänzern akzeptieren, tolerieren auch Gewalthandlungen anderer. Jugendliche ziehen also offensichtlich eine ziemlich klare Trennlinie zwischen akzeptablen Formen abweichenden Verhaltens und intolerablen Handlungsweisen.

Tab. 16: Zusammenhang der Akzeptanz gegenüber Schwänzen mit der Akzeptanz gegenüber Gewalt (Angaben in %)

Meinung zu Schulverweigerung anderer	Meinung zu Gewaltanwendung anderer				
	Akzeptanz	Nicht ok, nicht einmischen	Nicht gegen Schwächere	Dagegen, sage nichts	Dagegen, sage was
Akzeptanz	25,7	22,4	22,6	8,0	21,3
Nicht ok, Duldung	11,5	34,4	19,4	14,1	20,6
Bei Leistungen ja	15,5	23,4	26,2	7,6	27,5
Dagegen, sage nichts	12,6	18,5	22,4	32,2	14,3
Dagegen, sage was	12,4	17,6	15,0	12,1	43,0
Gesamt	19,9	24,4	21,6	10,5	23,6

Tab. 17: Zusammenhang der Akzeptanz gegenüber Gewalt mit der Akzeptanz gegenüber Schwänzen (Angaben in %)

Meinung zu Gewaltanwendung anderer	Meinung zu Schulverweigerung anderer				
	Akzeptanz	Nicht ok, Duldung	Bei Leistungen ja	Dagegen, sage nichts	Dagegen, sage was
Akzeptanz	71,4	12,1	8,5	2,3	5,7
Nicht ok, nicht einmischen	50,6	29,6	10,5	2,8	6,6
Nicht gegen Schwächere	57,8	18,8	13,3	3,8	6,3
Dagegen, sage nichts	42,0	28,3	7,9	11,2	10,5
Dagegen, sage was	49,9	18,4	12,8	2,2	16,7
Gesamt	55,1	20,8	11,1	3,9	9,1

Allerdings ist zu betonen, daß sich die Nichtakzeptanz von Gewalt keineswegs immer in Gestalt offener Interventionen äußert. Nur innerhalb der kleinen Teilgruppe Jugendlicher, die sich aktiv gegen die Schulverweigerung anderer Schüler stellt, findet sich ein substantieller Anteil engagierter Schüler von immerhin 43 Prozent, die auch bereit sind, offen gegen das Gewalthandeln anderer einzuschreiten. Diese kleine Untergruppe ist jedoch insofern interessant, da die in ihr zusammengefaßten Jugendlichen die oben angedeutete Unterscheidung zwischen „akzeptablen" und „nichtakzeptablen" Formen abweichenden Verhaltens so nicht übernehmen, sondern vielmehr couragiert gegen jegliche Art von Delinquenz offen Stellung beziehen.

Reaktionsweisen der Eltern auf das Schulschwänzen ihrer Kinder

Die folgende Tabelle zeigt auf, wie die Eltern der von uns befragten Schülerinnen und Schüler auf das Schulschwänzen ihrer Kinder reagieren. Über die Hälfte der Eltern versucht, durch eine „Problemdiskussion" auf das Verhalten ihrer Kinder einzuwirken. Vor allem bei Mädchen und bei älteren Jugendlichen reagieren Eltern mit einem Gespräch. Etwas weniger als ein Viertel der befragten Jugendlichen gibt an, daß die Eltern mit ihnen schimpfen würden, wenn sie vom Schulschwänzen erfahren; vor allem die Eltern von jüngeren männlichen Schülern aus Gesamt- und Realschulen greifen zu diesem Mittel. Härtere Sanktionsmaßnahmen wie Hausarrest sind unter brandenburgischen Eltern weniger gebräuchlich und nehmen mit zunehmendem Alter der Jugendlichen erwartungsgemäß schnell ab. Die Eltern älterer Jugendlicher sehen ihre Kinder offensichtlich bereits als eigenverantwortlich handelnde Personen und zeigen vergleichsweise wenig Interesse beim Schulschwänzen ihrer Kinder. Am wenigsten verbreitet sind Prügelstrafen als elterliche Reaktion auf Schulschwänzen.

Tab. 18: Elterliche Reaktion auf Schulschwänzen (Angaben in %)

Subpopulationen		Elterliche Reaktion auf Schulschwänzen				
		Tracht Prügel	Hausarrest usw.	Schimpfen	Diskussion	Wenig Interesse
Geschlecht	Männlich	1,5	5,3	26,9	53,3	13,1
	Weiblich	1,3	5,9	17,7	61,4	13,6
Sek. I **Schultypen**	Sek. I – O	3,4	10,6	30,0	48,4	7,6
	Sek. I – OR	2,1	10,7	28,4	51,2	7,7
	Sek. I – OG	2,9	9,8	20,4	56,5	10,4
	Sek. I gesamt	2,7	10,1	27,8	51,0	8,4
Sek. II allg./ **berufl. Bildung**	O/OG u. OG	0,0	0,8	22,9	60,7	15,6
	OSZ – BA	0,2	1,4	14,0	64,7	19,6
Gesamt		1,4	5,6	22,4	57,2	13,3

1999 haben wir die Jugendlichen auch gefragt, wie häufig zu Hause über die Schule gesprochen wird. Bei den diesbezüglichen Items „Meine Eltern fragen, wie es in der Schule läuft" und „Ich spreche mit meinen Eltern, wenn es Schwierigkeiten in der Schule gibt" konnten die Schüler jeweils zwischen den Vorgaben „Oft", „Manchmal", „Selten" oder „Nie" wählen. In der folgenden Tabelle sind wegen der Übersichtlichkeit nur die Kategorien „Oft" und „Nie" angeführt. Es zeigt sich deutlich, daß Eltern, die oft nachfragen, wie es in der Schule läuft, oder mit denen Jugendliche jederzeit sprechen können, wenn es in der Schule Schwierigkeiten gibt, sich weitaus häufiger im Falle der Schulverweigerung ihres Kindes auch die Zeit für ein Gespräch nehmen, als Eltern, die hinsichtlich der Schulbelange ihres Kindes keine Fragen stellen oder ihrem Kind keine Möglichkeiten bieten, über Schulprobleme zu sprechen. Die letztgenannten Eltern zeigen dafür am Schulschwänzen ihrer Kinder wenig Interesse oder greifen zum einfachen, aber rabiaten Mittel einer „Tracht Prügel". Diese Reaktionsweisen sind jedoch keineswegs geeignet, einem schulverweigernden Verhalten von Jugendlichen vorzubeugen, wie die folgenden Zahlen belegen: Die Kinder von Eltern, die auf Schulschwänzen mit Prügel reagieren, geben zu rund 30 Prozent an, oft der Schule stundenweise fernzubleiben. Unter Schülerinnen und Schülern, deren Eltern mit Desinteresse reagieren, schwänzen immerhin 18 Prozent oft die Schule. Bei allen anderen Reaktionsformen liegt der entsprechende Anteil unter 10 Prozent. Zumindest unter jüngeren Jugendlichen scheinen härtere Maßnahmen wie „Hausarrest" besonders effektiv: Jugendliche, die auf diese Weise von ihren Eltern sanktioniert werden, bleiben nur zu sieben Prozent oft der Schule fern; umgekehrt geben hier 28 Prozent an, nie die Schule zu schwänzen – dieser Anteil liegt rund dreimal höher als im Gesamtdurchschnitt.

Tab. 19: Elterliche Reaktion auf Schulschwänzen – 1999 (Angaben in %)

Wie häufig wird zu Hause über die Schule gesprochen?		Elterliche Reaktion auf Schwänzen				
		Tracht Prügel	Hausarrest usw.	Schimpfen	Diskussion	Wenig Interesse
Eltern fragen, wie es in der Schule läuft	Oft	1,8	7,1	26,2	58,1	6,8
	Nie	9,1	0	6,8	31,8	52,3
Mit Eltern sprechen, wenn es in der Schule Schwierigkeiten gibt	Oft	1,5	3,4	19,0	69,7	6,4
	Nie	6,4	4,0	18,4	36,0	35,2

7.4.4 Die Wahrnehmung des Schulklimas an brandenburgischen Schulen

Eine Fülle von Untersuchungen (Brusten & Hurrelmann, 1973; Fend, 1977 und 1980; Maughan, 1989) hat deutlich belegen können, daß der Sozialisationskontext der Schule nicht unerheblichen Einfluß auf das Verhalten und die Persönlichkeitsentwicklung von Schülern ausübt und in „guten" Schulen abweichendes bzw. delinquentes Verhalten nur in geringerem Maße zu beobachten ist. Als „gute" Schulen werden solche beschrieben, in denen ein vielfältiges und für die Schüler anregendes Schulleben stattfindet, sich das pädagogische Engagement der Lehrer an den Interessen der Schüler orientiert, eine gute Kooperation der Lehrer untereinander existiert, die Schulleitung einen integrativen Führungsstil pflegt und letztlich – vielleicht als Resultat der sicher unvollständigen Liste von Faktoren – eine starke Identifikation der Schüler mit ihrer Schule vorhanden ist. Die Befunde der oben angeführten Studien haben die Bedeutung dieser „Schulfaktoren" für die Sozialisation der Jugendlichen aufgezeigt und deuten darauf hin, daß abweichendes Verhalten in der Schule nicht allein durch schulexterne Bedingungen (Familie, Peergroups) erklärt werden kann, sondern auch von der jeweiligen Gestaltung der Schule als Lern- und Lebenswelt beeinflußt wird.

Diesen Forschungsansatz im Sinne eines sozialökologischen Paradigmas menschlichen Verhaltens (Bronfenbrenner, 1979) aufgreifend, soll – aus der Sicht der Schülerschaft – im folgenden die Bedeutsamkeit einzelner Merkmale des Schulkontextes für die Schulmotivation von Schülerinnen und Schülern aufgezeigt werden. Es soll dabei der Frage nachgegangen werden, inwieweit Schulunlust, mangelnder Schulspaß und erlittener Schulstreß mit dem wahrgenommenen Schulklima der Schule korrespondieren. Mit welchen Indikatoren wir erfassen wollen, wie die Schüler ihr Schulklima wahrnehmen, hatten wir bereits vorgestellt („Schulattraktivität", „Unterstützung durch die Lehrerschaft", „Soziale Lehrqualität", „Fachliche Lehrqualität", „Klassenkohäsion"); wenden wir uns nun den Ergebnissen im Detail zu.

Ergebnisse zur Schulattraktivität

Mehr als die Hälfte der befragten Jugendlichen schätzt die Attraktivität ihrer Schule als „Niedrig" bzw. „Eher niedrig" ein (s. folgende Tabelle). Während diese Einschätzung bei Jungen und Mädchen kaum differiert, zeigen sich deutliche Unterschiede zwischen den verschiedenen Schultypen. Aus der Sicht der Schülerschaft ist es vor allem mit der Attraktivität der Oberstufenzentren arg bestellt. Über 95 Prozent der Befragten dieser Schulen schätzen die Möglichkeiten, beispielsweise an Arbeitsgemeinschaften teilzunehmen oder sich in anderer Weise an der Schule kreativ zu betätigen, als gering ein. Allgemeinbildende Schulen werden demgegenüber von ihrer Schülerschaft besser bewertet. Ein detaillierter Vergleich im Rahmen der Sekundarstufe I zeigt, daß vor allem an Gymnasien die Möglichkeiten, aktiv das schulische Leben und den Schulalltag mitzugestalten, gut eingeschätzt werden.

Tab. 20: Beurteilung der Schulattraktivität – 1999 (Angaben in %)

Subpopulationen		Skala „Schulattraktivität"			
		Niedrig	Eher niedrig	Eher hoch	Hoch
Geschlecht	Männlich	17,9	36,0	38,8	7,3
	Weiblich	10,9	37,7	44,9	6,5
Sek. I	Sek. I – O	7,4	46,0	42,3	4,3
Schultypen	Sek. I – OR	1,7	35,4	53,4	9,4
	Sek. I – OG	0,7	13,4	72,6	13,3
	Sek. I gesamt	4,5	34,8	52,8	8,0
Sek. II allg./	O/OG u. OG	3,5	28,1	56,0	12,4
berufl. Bildung	OSZ – BA	47,7	48,0	3,7	0,5
Gesamt		14,5	36,8	41,8	6,9

Eine differenzierte Betrachtung der einzelnen Items der Skala „Schulattraktivität" findet sich in der folgenden Tabelle.

Tab. 21: Einzelitems zur Beurteilung der Schulattraktivität – 1999 (Angaben in %)

In meiner Schule ...	Antwortvorgaben			
	Stimmt völlig	Stimmt ziemlich	Stimmt wenig	Stimmt gar nicht
... gibt es eine aktive Schülerzeitung.	28,7	18,1	14,2	39,0
... meine Schule hat einen guten Ruf.	24,3	41,0	24,6	10,1
... gibt es guten Kontakt zwischen den Schülern einzelner Klassen.	20,3	49,0	24,7	6,0
... können wir unsere Ideen bei der Gestaltung der schulischen Räumlichkeiten einbringen.	13,2	38,1	35,0	13,8
... gibt es interessante Arbeitsgemeinschaften.	12,2	27,0	35,0	25,8
... gibt es viele außerschulische Veranstaltungen.	10,2	24,5	45,8	19,4

Es zeigt sich, daß das Fehlen einer aktiven Schülerzeitung und interessanter Arbeitsgemeinschaften am stärksten von den Befragten bemängelt wird. Rund 70 Prozent der befragten Schüler geben an, daß zwischen Schülern verschiedener Klassen gute Kontakte bestehen. Immerhin fast zwei Drittel der befragten Jugendlichen bewerten den Ruf ihrer Schule als gut. Ob dieser Befund dahingehend zu interpretieren ist, daß sich die Mehrheit der Schüler mit ihrer Schule stark identifiziert und ein ausgeprägtes „Wir-Gefühl" herrscht, ist anhand der vorliegenden Daten nicht eindeutig zu klären. Zumindest ist aber davon auszugehen, daß an brandenburgischen Schulen noch Potentiale ungenutzt bleiben, um entsprechende Einstellungen unter der Schülerschaft zu fördern. Dies lohnt sich bestimmt, denn Anstrengungen zur Verbesserung der Möglichkeiten, am schulischen Alltag aktiv mitzuwirken, werden von der Schülerschaft aufmerksam registriert: Schüler, die ihre Schule als attraktiv beurteilen, empfinden deutlich mehr Schulspaß (r_p= .24).

Ergebnisse zum Verhältnis zwischen Schülern und Lehrern

In der folgenden Tabelle ist zu erkennen, daß etwas mehr als die Hälfte der Schülerschaft in Brandenburg die Unterstützung durch die Lehrerschaft mit „Gut" bzw. „Eher gut" beurteilt.

Tab. 22: Beurteilung der Unterstützung durch die Lehrerschaft – 1999 (Angaben in %)

Subpopulationen		Skala „Unterstützung durch die Lehrerschaft"			
		Schlecht	Eher schlecht	Eher gut	Gut
Geschlecht	Männlich	11,4	32,9	40,1	15,6
	Weiblich	11,7	31,3	41,2	15,9
Sek. I **Schultypen**	Sek. I – O	13,2	27,6	40,4	18,9
	Sek. I – OR	7,7	27,9	41,8	22,6
	Sek. I – OG	8,6	33,9	42,5	15,0
	Sek. I gesamt	11,0	30,1	41,1	17,8
Sek. II allg./ **berufl. Bildung**	O/OG u. OG	4,6	25,7	50,4	19,4
	OSZ – BA	17,3	40,9	33,4	8,4
Gesamt		11,5	32,1	40,6	15,8

Ist dieses Ergebnis als befriedigend anzusehen? Sicherlich nicht, denn – und das ist die Kehrseite dieses Befunds – ein Anteil von 44 Prozent der Schülerschaft, der das Verhältnis zu bzw. die Kommunikation mit den Lehrern an ihrer Schule tendenziell als schlecht bewertet, erscheint uns zu hoch. Ähnlich wie schon bei der Beurteilung der „Schulattraktivität" zeigt sich das Problem einer mangelnden Qualität der sozialen Beziehungen zwischen Schülern und Lehrern in den Oberstufenzentren am deutlichsten. Hier kumulieren offensichtlich schulische Problemlagen; lediglich acht Prozent der Auszubildenden schätzt die Unterstützung durch die Lehrerschaft als gut ein. Unter Berücksichtigung der Befunde zur Schulattraktivität überrascht es, daß unter den Schülern der Sekundarstufe I der Anteil der Schüler an Gymnasien, die die Unterstützung durch die Lehrerschaft als gut einschätzen, mit 15 Prozent am geringsten ausfällt. Dies mag damit zu tun haben, daß in den unteren Klassen der Gymnasien der Leistungsdruck höher als in anderen Schultypen empfunden wird und dies die Herausbildung eines Vertrauensverhältnisses zu den Lehrern erschwert.

Eine Betrachtung der Einzelitems der Skala „Unterstützung durch die Lehrerschaft" (s. folgende Abbildung) verdeutlicht, daß es in diesem Zusammenhang nicht zuletzt an einem vertrauensvollen Verhältnis zu den Lehrern der Schule mangelt. Die Möglichkeiten, sich bei Problemen an einen Lehrer der Schule wenden zu können, werden von einer Mehrheit der befragten Schülerinnen und Schüler als unzureichend angesehen. Diese Beurteilung kann als Indiz dafür gelten, daß viele Lehrer anscheinend kein ausreichendes Interesse entwickeln, sich mit den Problemen ihrer Schüler auseinanderzusetzen und sie im Hinblick auf mögliche Lösungen zu beraten. Etwas positiver fallen die Urteile der Schüler aus, wenn es darum geht, inwieweit sich die Lehrerschaft für die schulischen Belange der Schüler bzw. der Klassen einsetzt. Ebenfalls vergleichsweise positiv kann das Verhältnis der Schülerinnen und Schüler zu ihrem Klassen- bzw. Vertrauenslehrer beschrieben werden; rund zwei Drittel der Schülerschaft berichten hier von guten Kontakten.

Abb. 5:   Einzelitems zur Unterstützung durch die Lehrerschaft (Angaben in %)

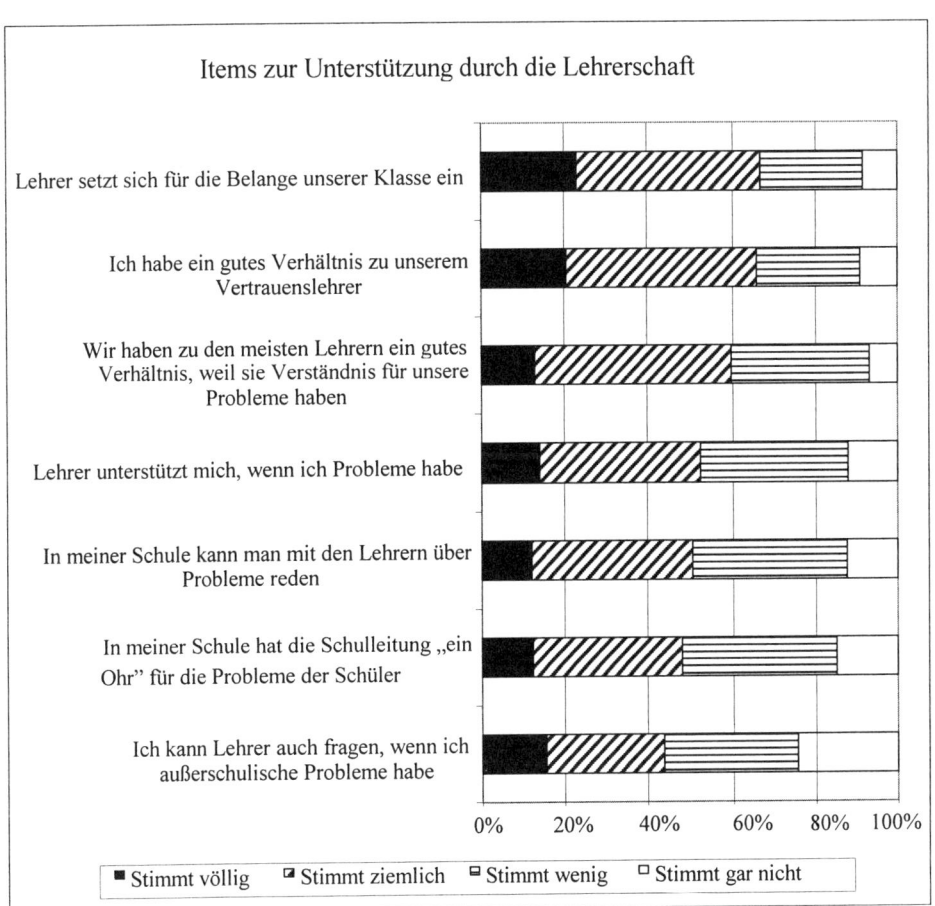

Wie wichtig ein vertrauensvoller Umgang zwischen Schülern und Lehrern ist, in dem sich die Schüler mit ihren Problemen ernst genommen fühlen und ein konstruktives Miteinander erleben, zeigen u.a. die folgenden Befunde: Schüler, die das Verhältnis zur Lehrerschaft positiv beurteilen, zeigen eine höhere Schulmotivation (r_p = .13), mehr Spaß an der Schule (r_p = .24) und auch mehr Optimismus bezüglich ihrer Lebens- und Berufsperspektiven (r_p = .17). Überraschend ist allerdings das Ergebnis, daß sich die erfahrene Unterstützung durch die Lehrerschaft nicht mindernd auf den erlebten Schulstreß auswirkt. Allerdings erscheint es nicht unplausibel, daß sich gute zwischenmenschliche Kontakte auch weitgehend unabhängig von einzelnen, beispielsweise über Leistungsdruck vermittelten Schulbelastungen entwickeln können.

Ergebnisse zur Klassenkohäsion

Die Schülerbeziehungen in der Klasse sind für jeden Schüler bzw. für sein Wohlbefinden von großer Bedeutung. Sozialer Zusammenhalt, gegenseitige Hilfe und Solidarität tragen zur Lernbereitschaft und Leistungsfähigkeit eines jeden Schülers bei. Auch wir haben erwartungsgemäß festgestellt, daß Schüler, die das soziale Klima in ihrer Klasse positiv beurteilen, mehr Spaß an der Schule und eine deutlich höhere Schulmotivation als andere haben. Allerdings erlauben es unsere Befragungsergebnisse noch nicht, mit der Qualität des Klassenklimas zufrieden zu sein (s. folgende Tabelle).

Tab. 23: Beurteilung der Klassenkohäsion – 1999 (Angaben in %)

Subpopulationen		Skala „Klassenkohäsion"			
		Niedrig	Eher niedrig	Eher hoch	Hoch
Geschlecht	Männlich	6,0	29,0	49,2	15,8
	Weiblich	8,3	29,0	46,2	16,5
Sek. I	Sek. I – O	8,7	30,3	45,1	15,9
Schultypen	Sek. I – OR	5,5	27,0	52,8	14,7
	Sek. I – OG	3,2	22,7	55,2	18,9
	Sek. I gesamt	6,6	26,8	50,1	16,4
Sek. II allg./	O/OG u. OG	3,9	24,3	45,9	26,0
berufl. Bildung	OSZ – BA	10,5	37,4	42,8	9,3
Gesamt		7,1	29,0	47,7	16,2

Etwa 36 Prozent der Befragten beurteilen den sozialen Zusammenhalt in ihrer Klasse mit „Niedrig" bzw. „Eher niedrig". Geschlechtsspezifische Unterschiede lassen sich bei der Beurteilung des Klassenzusammenhalts nicht erkennen, es existieren aber deutliche Unterschiede in den Urteilen der Schülerinnen und Schüler verschiedener Schultypen. Diese Unterschiede korrespondieren vermutlich mit organisatorischen Rahmenbedingungen des Unterrichts; beispielsweise dürften Kurssysteme an Schulen oder praktische Ausbildungsphasen in der Lehre die Möglichkeiten für gemeinsame Klassenaktivitäten begrenzen. Wahrscheinlich deshalb sind es vor allem die Auszubildenden an Oberstufenzentren, bei denen sich im Vergleich zu anderen Schultypen eine geringere Klassenkohäsion findet; fast die Hälfte von ihnen beurteilt den Zusammenhalt ihrer Klasse mit „Niedrig" bzw. „Eher niedrig". Ein Vergleich der Schüler der Sekundarstufe I weist auf zusätzliche, bemerkenswerte Unterschiede zwischen einzelnen Schultypen hin. So beurteilen beispielsweise die Schülerinnen und Schüler der Gesamtschulen den Klassenzusammenhalt signifikant schlechter als die Schülerinnen und Schüler an Realschulen oder an Gymnasien.

Wiederum erweist sich ein Blick auf die Einzelitems unserer Skala als aufschlußreich (s. folgende Tabelle). Mehr als die Hälfte der Befragten findet nicht, daß in ihrer Klasse Schwächeren beim Lernen geholfen wird oder Probleme mit den Mitschülern diskutiert werden. Dementsprechend viele Jugendliche nehmen demzufolge ein Gefühl des Zusammenhalts in ihrer Klasse nicht oder kaum wahr. Diese Schülerurteile sollten zu denken geben, denn daß ein schlechtes Klassenklima die Lernmotivation mindert, hatten wir schon hervorgehoben. Zugleich werden dadurch der Einsatz kooperativer Lernformen wie auch eine Binnendifferenzierung im Unterricht erschwert.

Tab. 24: Einzelitems zur Klassenkohäsion – 1999 (Angaben in %)

In meiner Klasse ...	Antwortvorgaben			
	Stimmt völlig	Stimmt ziemlich	Stimmt wenig	Stimmt gar nicht
... sprechen wir miteinander, wenn wir ein Problem mit dem Lehrer oder der Schule haben	24,8	39,4	26,5	9,4
... fühle ich mich wohl	23,6	51,6	19,0	5,7
... herrscht eine gutes, freundschaftliches Klima	21,3	52,1	20,8	5,7
... unternehmen die Schüler auch privat etwas zusammen	19,6	40,1	31,7	8,6
... gibt es ein Gefühl des Zusammenhalts	14,9	41,9	31,6	11,7
... kann ich meine Probleme mit meinen Mitschülern diskutieren	12,1	35,3	36,6	16,0
... helfen Schüler schwächeren Mitschülern beim Lernen	8,8	31,0	44,2	16,0

Ergebnisse zur sozialen Lehrqualität

Inwieweit sich die Unterrichtsgestaltung am Lernvermögen und an den Interessen der Schüler orientiert und ob die befragten Schüler den Unterricht aktiv mitgestalten können, ist Tabelle 25 zu entnehmen. Insgesamt schätzen rund 40 Prozent der befragten Schüler diese Möglichkeiten als eher gering ein; relativ viele Schüler meinen also, daß ihre Lehrer individuellen Lernfortschritt nicht genügend fördern, zu wenig schülerzentrierte Hilfestellungen zur Vermeidung von Leistungsschwächen geben und bei der Leistungsbewertung zu wenig auf Transparenz und Gerechtigkeit achten.

Geschlechtsspezifische Unterschiede lassen sich bei der Beurteilung der sozialen Qualität des Unterrichtsgeschehens nicht erkennen. Dagegen finden sich auch bei dieser Beurteilungsdimension Unterschiede zwischen einzelnen Schultypen. Und wiederum sind es die Auszubildenden an den Oberstufenzentren, die sich in ihrer Beurteilung von den Schülern anderer Schultypen deutlich unterscheiden. Weit über 50 Prozent der Auszubildenden geben an, daß das Unterrichtsgeschehen an ihren Schulen in nur geringem Maße „schülerorientiert" im Sinne des von uns gebildeten Konstruktes sei.

Tab. 25: Beurteilung der sozialen Lehrqualität – 1999 (Angaben in %)

Subpopulationen		Skala „Soziale Lehrqualität"			
		Niedrig	Eher niedrig	Eher hoch	Hoch
Geschlecht	Männlich	6,5	35,8	47,9	9,8
	Weiblich	4,3	32,8	54,2	8,8
Sek. I	Sek. I – O	7,5	34,4	47,5	10,6
Schultypen	Sek. I – OR	4,2	30,3	51,0	14,5
	Sek. I – OG	3,5	25,6	60,6	10,3
	Sek. I gesamt	5,6	31,9	51,9	10,6
Sek. II allg./	O/OG u. OG	0,4	25,3	64,6	9,6
berufl. Bildung	OSZ – BA	8,0	45,9	40,3	5,9
Gesamt		5,4	34,3	51,0	9,3

Die folgende Tabelle zeigt Ergebnisse zu Einzelaspekten der „Sozialen Lehrqualität". Unerwartet gering ist mit etwa 50 Prozent der Anteil von Befragten, die ihren Lehrern Sinn für Gerechtigkeit zusprechen. Diese Beurteilung scheint sich jedoch nicht nur auf die Leistungsbewertung der Lehrer im engeren Sinne zu beziehen, denn die Transparenz der Notengebung wird von immerhin 76 Prozent der Befragten positiv beurteilt. Ein weiteres markantes Ergebnis ist, daß die Mehrheit der Lehrer (ca. 59%) anscheinend Schülervorschläge zur Unterrichtsgestaltung und Stoffauswahl kaum oder nicht berücksichtigt. Wenig erfreulich erscheint weiterhin, daß über 40 Prozent der Schüler meinen, daß ihre Lehrer zu wenig auf die Bedürfnisse fachlich stärkerer und schwächerer Schüler eingehen, also ihre Unterrichtsanforderungen zu wenig differenzieren. Zumindest aus Schülersicht scheint also die Unterrichtsqualität im Sinne von Schülerorientierung noch optimierbar.

Tab. 26: Einzelitems zur sozialen Lehrqualität – 1999 (Angaben in %)

Items	Antwortvorgaben			
	Stimmt völlig	Stimmt ziemlich	Stimmt wenig	Stimmt gar nicht
Lehrer erklären, wie unsere Noten gebildet werden	29,6	46,0	19,2	5,3
Lehrer geben Möglichkeit, am Unterricht aktiv teilzunehmen (Vorträge)	17,9	48,9	26,0	7,2
Die Lehrer gehen auf unsere Fragen ein	17,6	57,2	21,5	3,6
Lehrer gehen auf stärkere / schwächere Schüler ein	14,0	44,6	34,7	6,7
Lehrer berücksichtigen Vorschläge zur Unterrichtsgestaltung und Stoffauswahl	7,8	33,4	47,4	11,4
Lehrer sind gerecht und werden deshalb geachtet	7,1	43,1	40,1	9,6

Ergebnisse zur fachlichen Lehrqualität

Weit über 50 Prozent der Befragten empfinden die fachliche Lehrqualität als eher niedrig (s. folgende Tabelle). Auch hinsichtlich dieser Beurteilungsdimension fällt das Urteil der Auszubildenden an Oberstufenzentren am schlechtesten aus.

Tab. 27: Beurteilung der fachlichen Lehrqualität – 1999 (Angaben in %)

Subpopulationen		Skala „Fachliche Lehrqualität"			
		Niedrig	Eher niedrig	Eher hoch	Hoch
Geschlecht	Männlich	9,9	44,3	36,3	9,5
	Weiblich	9,5	49,0	35,0	6,5
Sek. I **Schultypen**	Sek. I – O	11,4	42,8	35,3	10,5
	Sek. I – OR	7,1	37,5	42,8	12,6
	Sek. I – OG	6,9	43,6	39,7	9,9
	Sek. I gesamt	9,4	42,4	38,0	10,1
Sek. II allg./ **berufl. Bildung**	O/OG u. OG	5,3	51,5	38,8	4,4
	OSZ – BA	13,2	54,0	27,8	5,1
Gesamt		9,7	46,6	35,6	8,0

Tabelle 28 ist zu entnehmen, daß von der Schülerschaft vor allem die langweilige Vermittlung des Lehrstoffes kritisiert wird. So stimmen z.B. fast zwei Drittel der Aussage „Unsere Lehrer zeigen uns, wie spannend das Fach sein kann" nur wenig bzw. gar nicht zu. Umgekehrt wird von fast 60 Prozent der Jugendlichen die Art der Stoffvermittlung als wenig lebendig und abwechslungsreich erfahren. Dennoch stellen, bei aller Kritik hinsichtlich der didaktischen Lehrqualität, mehr als drei Viertel aller Schülerinnen und Schüler die fachliche Kompetenz ihrer Lehrer nicht in Frage.

Tab. 28: Einzelitems zur fachlichen Lehrqualität – 1999 (Angaben in %)

Items	Antwortvorgaben			
	Stimmt völlig	Stimmt ziemlich	Stimmt wenig	Stimmt gar nicht
Wir haben fachlich gute Lehrer, bei denen wir eine Menge lernen können	23,2	55,4	17,4	4,1
Sie zeigen uns, welche Bedeutung das Fach für das tägliche Leben hat	12,7	39,0	38,7	9,6
Die Lehrer nehmen sich insgesamt ausreichend Zeit zum Erklären des Unterrichtsstoffes	11,1	41,5	39,2	8,2
Der Schulstoff wird meistens anhand von anschaulichen Beispielen erklärt	9,2	42,1	41,0	7,7
Die Lehrer geben uns Hinweise, wie wir außerhalb der Schule etwas für das Fach tun können	9,0	37,6	40,0	13,3
Der Schulstoff wird meistens lebendig und abwechslungsreich vermittelt	8,6	32,4	47,6	11,3
Unsere Lehrer zeigen uns, wie spannend das Fach sein kann	8,2	26,5	50,3	15,0
Der Unterricht, den die Lehrer geben, ist gut organisiert und macht Spaß	6,0	33,9	48,6	11,5

Schließlich bleibt festzuhalten, daß die Skalen „Schulmotivation" und „Schulspaß" einerseits mit „Sozialer Lehrqualität" (r_p= .16 bzw. r_p= .30) und andererseits mit "Fachlicher Lehrqualität" (r_p= .11 bzw. r_p= .27) korrespondieren. Ein Unterricht, der Schülern Mitgestaltungsmöglichkeiten bietet, Lerninhalte interessant vermittelt und sich an der Lebenswelt der Schüler orientiert, fördert also den Spaß an der Schule im allgemeinen und die Lernmotivation im besonderen. Diese Ergebnisse bestätigen unsere eingangs dargestellte Vermutung, daß die Lehrer-Schüler-Beziehungen wesentlich die soziale Schulqualität und die Schulzufriedenheit der Schülerinnen und Schüler moderieren.

7.4.5 Ein Modell zur Erklärung der Schulmotivation Jugendlicher

Während in der bisherigen Ergebnisdarstellung der Einfluß der schulklimatischen Faktoren auf die Schulzufriedenheit der Jugendlichen separat anhand von Einzelkorrelationen aufgezeigt wurde, soll im folgenden anhand einer multivariaten Pfadanalyse die kumulative Wirkung der einzelnen Beurteilungsdimensionen von Schulqualität auf die Schulmotivation betrachtet werden. Darüber hinaus werden im Pfadmodell (s. folgende Abbildung) die Einflüsse des familialen Umfeldes der Jugendlichen berücksichtigt. Weiterhin wird die Frage beantwortet, inwieweit die Wahrnehmung der schulischen Umwelt allgemeine Persönlichkeitsmerkmale und Einstellungen der Jugendlichen beeinflußt.

Das Ergebnis der Pfadanalyse zeigt, daß die Schulmotivation der befragten Jugendlichen direkt vom empfundenen Schulstreß (Pfadkoeffizient, b= .20), vom Schulspaß (b= -.08) und von den schulischen Leistungen (b= -.25) beeinflußt wird. Während der Spaß am Zusammensein mit anderen Jugendlichen in der Schule die Schulmotivation nur relativ wenig erhöht, trägt Schulstreß deutlich zur Entstehung von Schulunlust bei. Gute schulische Leistungen fördern hingegen die Schulmotivation. Der Einfluß der schulischen Leistungen auf die Schulmotivation ist einerseits unmittelbarer Art, andererseits vermittelt er sich über den Schulstreß: Jugendliche mit schlechten Schulleistungen nehmen in höherem Maße Streßbelastungen wahr (b= -.21), was ihre Schulmotivation mindert. In umgekehrter Richtung fördern gute schulische Leistungen den Spaß an der Schule (b= .08) und erhöhen dadurch die Schulmotivation.

Einen maßgeblichen Einfluß auf die Schulmotivation Jugendlicher übt ihr familiales Umfeld aus: Jugendliche, deren Familienkontext durch einen restriktiven Erziehungsstil der Eltern, durch einen geringen Zusammenhalt der Familie und durch ein geringes Interesse der Eltern für die Belange ihres Kindes gekennzeichnet ist, besitzen eine deutlich geringere Schulmotivation (b= .16). Die Familie beeinflußt einerseits unmittelbar und andererseits über die Schulstreßwahrnehmung die Schulmotivation. Der über eine erhöhte Streßwahrnehmung in der Schule vermittelte Einfluß eines negativen Familienklimas ist vermutlich Ausdruck restriktiver Reaktionen der Eltern auf auftretende schulische Probleme. Wahrscheinlich aus Angst vor der Gefährdung beruflicher Lebenschancen ihrer Kinder durch schulische Leistungsprobleme neigen Eltern dazu, bei Schulversagen den Druck auf ihre Kinder durch restriktive Erziehungsmaßnahmen zu erhöhen. Somit kommt zum Schulstreß im eigentlichen Sinne noch der durch die Eltern induzierte Schulstreß dazu.

Abb. 6: Schulmotivation und Wahrnehmung des schulischen Kontextes

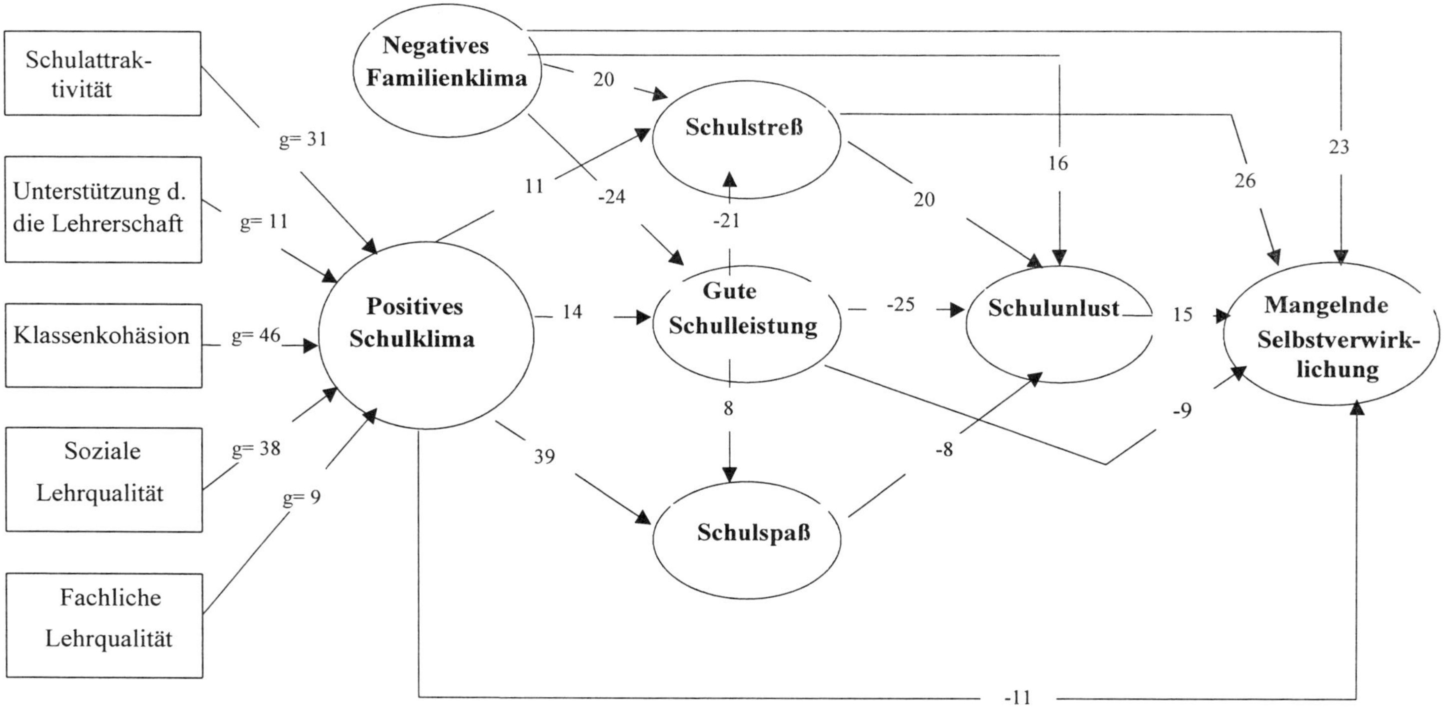

243

Wenden wir uns nun anhand unserer Pfadanalyse der Frage zu, inwieweit die Beurteilung des Schulklimas einen Einfluß auf die Schulmotivation ausübt. Das Pfadmodell läßt zunächst erkennen, daß die Wahrnehmung des Schulklimas die Schulmotivation der Jugendlichen nicht unmittelbar beeinflußt.

Mittelbar läßt sich der Einfluß des Schulklimas auf die Schulmotivation über die schulischen Leistungen, den wahrgenommenen Schulstreß und den empfundenen Schulspaß erklären. Das Schulklima steht dabei in einem ambivalenten Zusammenhang zur Schulmotivation der Jugendlichen. Einerseits erhöht ein gutes Schulklima deutlich den Spaß an der Schule (b= .39); Jugendliche, die ihr Schulklima positiv beurteilen, erreichen auch bessere Schulleistungen und sind mit ihren Schulleistungen zufriedener (b= .14). Auf diesem Wege trägt ein gutes Schulklima zur Erhöhung der Schulmotivation bei. Andererseits – und dieses Ergebnis ist zunächst überraschend – geht ein positiv wahrgenommenes Schulklima auch mit einer stärkeren Streßbelastung der Schüler einher, die eine Minderung der Schulmotivation zur Folge haben kann. Dieses Ergebnis kann dahingehend interpretiert werden, daß ein gutes Schulklima einerseits das Lernen begünstigt und fördert, andererseits jedoch auch höhere Forderungen und Ansprüche an die Schüler stellt, die wiederum kontraproduktiven Schulstreß erzeugen können. Eine aus der Sicht der Schüler gute Schule erhöht also die Chancen auf bessere Lernleistungen und vermittelt den Schülern Freude am Lernen im Kontext einer fördernden und fordernden Lernumwelt, Leistungsstreß eingeschlossen.

Welches sind nun die Faktoren, die aus der Sicht der Jugendlichen ein positives Schulklima und damit eine gute Schule ausmachen? Die Gewichtung der Indikatoren, die zur Bildung der latenten Variablen „Schulklima" herangezogen wurden, zeigt die Einflußstärke der verschiedenen Schulklimafaktoren. Den stärksten Einfluß übt dabei die Beurteilung des Klassenklimas aus (Gewicht „Klassenkohäsion", g= .46). Von fast gleich hoher Bedeutung für das Schulklima sind die soziale Lehrqualität, also eine individualisierte, schülerorientierte Unterrichtsgestaltung (g= .38), sowie die Schulattraktivität (g= .31). Von etwas geringerer Bedeutung sind die Unterstützung durch die Lehrerschaft bei schulischen oder auch außerschulischen Problemen (g= .11) und die fachliche Lehrqualität der Lehrer im Unterricht (g= .09). Unser Ergebnis zeigt also deutlich, daß die Qualität der allgemeinen schulischen Angebote bzw. Mitgestaltungsmöglichkeiten für Jugendliche, das soziale Klassenklima und die auf den einzelnen Schüler hin differenzierte Gestaltung des Unterrichts die wesentlichen Faktoren eines guten Schulklimas sind.

Das Pfadmodell zeigt auch, daß das wahrgenommene Schulklima in einem engen Zusammenhang mit Persönlichkeitsmerkmalen steht, die wir unter der latenten Variablen „Mangelnde Selbstverwirklichung" (b= -.11) zusammengefaßt haben. Hinter dieser Variablen „Mangelnde Selbstverwirklichung" verbergen sich ein geringes Selbstvertrauen, externale Kontrollüberzeugungen und ein geringer beruflicher Zukunftsoptimismus. Es zeigt sich also, daß Jugendliche, die aktive Gestaltungsmöglichkeiten in der Schule, ein gutes soziales Klassenklima und eine an den Bedürfnissen der Schüler orientierte Unterrichtsgestaltung berichten, zugleich selbstbewußt in die Zukunft schauen und der Meinung sind, ihres eigenen Glückes Schmied zu sein.

Wir wollen nachfolgend den Einfluß des Schulklimas auf die Schulmotivation anhand einer weiteren Pfadanalyse prüfen, bei der die Angaben der Jugendlichen auf Schulebene aggregiert wurden. Die Zweckmäßigkeit dieses Vorgehens begründet sich damit, daß aus den Urteilen einzelner Schüler über schulische Merkmale nicht geschlußfolgert werden kann, wie die beurteilten Aspekte in der Schule tatsächlich ausgeprägt sind. Mit der Aggregation wird erreicht, daß die individuellen Varianzen und damit die subjektiven Einflüsse auf die Schulbeurteilung minimiert werden. Im folgenden Pfadmodell sind die Urteile aller Jugendlichen einer Schule über Mittelwerte aggregiert. Somit können die Schulen hinsichtlich der erhobenen Merkmale in Schulen mit hoher, mittlerer und niedriger Merkmalsausprägung unterteilt werden. Dem Pfadmodell (s. folgende Abbildung) auf Schulebene liegen die Angaben der Jugendlichen aus insgesamt 40 Schulen zugrunde.

Abb. 7:   Pfadmodell auf Schulebene

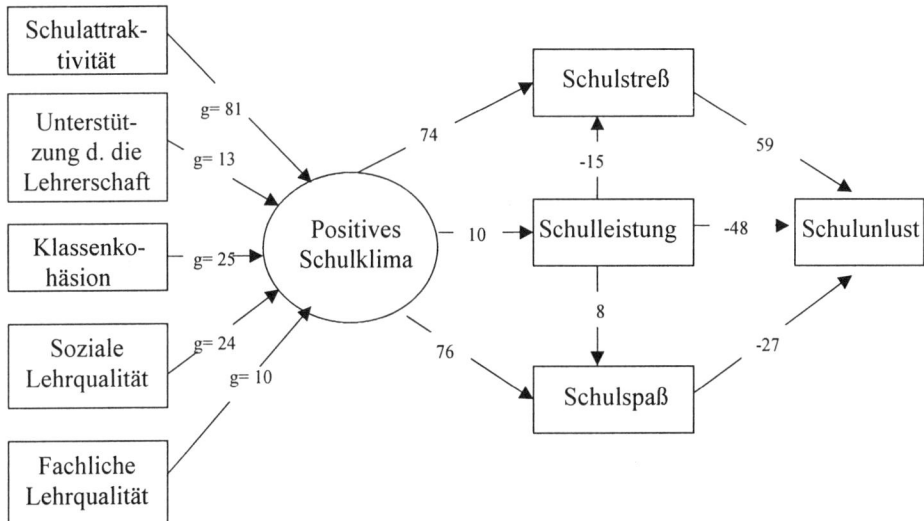

Zunächst bestätigt sich das bei der Auswertung der Individualdaten festgestellte Ergebnis, daß das Schulklima die Schulmotivation nur mittelbar beeinflußt. Die durchschnittliche Schulmotivation der Jugendlichen einer Schule ist unmittelbar vom Schulstreß, vom Schulspaß und von den Schulleistungen abhängig. Wiederum beeinflussen am stärksten die Schulattraktivität (vielfältige Veranstaltungsangebote und Anregungen für die aktive Mitgestaltung des schulischen Lebens, g= .81), der soziale Zusammenhalt in der Klasse und ein an den Interessen und individuellen Lernvoraussetzungen der Schülerschaft orientierter Unterricht die Schulmotivation. Auch dieses zweite Pfadmodell verdeutlicht also ganz klar die bereits bekannten Zusammenhänge und zugleich das „bipolare Spannungsfeld" einer guten Schule: Eine gute Schule wird einerseits durch eine das Lernen und den Schulspaß begünstigende Lernumwelt (b= .76) gekennzeichnet und erhöht damit die Chancen auf bessere Lernleistungen; dies alles führt zu hoher Schulmotivation. Andererseits wird eine gute Schule durch Lernforderungen und entsprechend hohe Ansprüche an die Lern- und

Leistungsbereitschaft der Schülerinnen und Schüler charakterisiert. Die Pfadanalyse zeigt, daß Schulen mit einem guten Schulklima auch in höherem Maße Schulstreß verursachen (b= .74).

7.5 Fazit

Schulmotivation und Schulstreß

Schulunlust ist bei Jungen deutlich häufiger anzutreffen als bei Mädchen; ältere Jugendliche empfinden seltener Schulunlust als jüngere. Betrachten wir den Zeitraum seit 1993, so zeigte sich bis 1996 eine Abnahme der Schulmotivation unter brandenburgischen Jugendlichen; in den letzten drei Jahren finden wir ein unverändertes Bild. Bedenklich erscheint, daß mittlerweile über die Hälfte der brandenburgischen Schülerschaft viele der schulischen Lerninhalte als nutzlos für den eigenen Lebenserfolg wahrnimmt. Dies gilt vor allem vor dem Hintergrund, daß diese Schüler sowohl zum Schuleschwänzen als auch zu Gewalt und anderen Formen abweichenden und delinquenten Verhaltens neigen.

Ein Viertel aller Jugendlichen verbindet mit dem Schulbesuch erhebliche Streßbelastungen. Mädchen haben eine geringere Streßresistenz als Jungen, und jüngere Jugendliche empfinden eine höhere Belastung als ältere. Vor allem die Angst vor Leistungskontrollen und Blamagen stellt für viele Schülerinnen und Schüler ein Problem dar, dem aus schulpsychologischer Sicht noch mehr Beachtung geschenkt werden sollte. Während erwartungsgemäß gute Noten und eine hohe Schulmotivation den Schulstreß mindern, finden sich keine Anhaltspunkte für ein reduziertes Streßempfinden bei hohem Schulspaß. Im Vergleich mit 1996 zeigen sich keine wesentlichen Veränderungen bei der Verbreitung von Schulstreß unter der Schülerschaft.

Schulschwänzen

Im Zeitraum von 1996 bis 1999 läßt sich keine Zunahme des Schulschwänzens feststellen. Die Häufigkeit des tageweisen Fernbleibens von der Schule erscheint unverändert; beim Schwänzen von einzelnen Schulstunden deutet sich sogar eine leichte Verbesserung an. Von dieser Verbesserung kann man ausgehen, weil wir 1999 statt der geschwänzten „Eckstunden" wie 1996 alle geschwänzten Schulstunden erfaßt haben und deshalb der von uns gefundene leichte Trend die reale Veränderung eher unterschätzt. Erwartungsgemäß neigen Jugendliche mit geringer Schulmotivation deutlich stärker dazu, einzelne Stunden oder ganze Tage der Schule fernzubleiben; Zusammenhänge mit dem Schulstreß finden sich wie schon bei der letzten Erhebung nicht. Jugendliche, die ein gutes Familienklima und einen hohen Familienzusammenhalt berichten, schwänzen signifikant seltener den Unterricht. Umgekehrt neigen Schülerinnen und Schüler, die sich von ihren Eltern restriktiv behandelt und vernachlässigt fühlen, stärker zum Schulschwänzen. Ähnlich wie in der Befragung von 1996 zeigen Jugendliche, die häufig die Schule zu schwänzen, auch ein höheres Maß an Gewaltakzeptanz, Gewaltbereitschaft und Beteiligung an Gewaltaktionen. Das Wissen um diese Zusammenhänge einerseits und die relativ hohe Akzeptanz des Schulschwänzens in der Schülerschaft andererseits erfordern, Präventionsmöglichkeiten gegen das Schulschwänzen intensiv zu diskutieren.

Schulklima

Im Gegensatz zu unserer Jugendstudie von 1996 haben wir in der vorliegenden Studie umfassend die Wahrnehmung und Beurteilung des Schulkontextes durch die Jugendlichen erfaßt. In Anlehnung an die Schulklimaforschung wollten wir herausarbeiten, welche Faktoren und Qualitätskriterien ein positives Schulklima konstituieren. Es wurden fünf Einflußfaktoren gefunden. Am wichtigsten erscheinen die Schulattraktivität und der Zusammenhalt in der Klasse; es folgen die soziale Lehrqualität, die wahrgenommene Unterstützung durch die Lehrerschaft und die fachlich-didaktische Lehrqualität. In Übereinstimmung mit der Grundphilosophie der Schulklimaforschung, die einzelne Schule als Einheit zu begreifen, wurden die Daten auf Schulebene aggregiert und einer Pfadanalyse unterzogen. Die Ergebnisse demonstrieren eindrucksvoll, daß die gefundenen Schulklimafaktoren die Schulmotivation der Jugendlichen über die Moderatorvariablen „Schulstreß", „Schulleistung" und „Schulspaß" maßgeblich beeinflussen. Der heuristische Wert unseres Pfadmodells liegt in der plausiblen Darstellung des Grundsatzdilemmas einer guten Schule: Eine gute Schule muß die Balance zwischen Fordern und Fördern einhalten. Mit einem verbesserten Schulklima geht in der Regel auch ein erhöhter Leistungsanspruch der Schule einher, der wiederum auch zu stärkerem Schulstreß führen kann. Gute Leistungen machen einerseits Spaß und kosten andererseits „Nerven"; sie haben ihren Preis. Diese Ambivalenz betrifft auch die Lehrerrolle: Der Lehrer, der mir hilft, ist auch der Lehrer, der mich prüft. An diesen grundsätzlichen Ambivalenzen dürfen Bemühungen um die Schulentwicklung nicht vorbeigehen.

Schlußfolgerungen

Ausgehend von der Überlegung, daß sich Schulqualitätsforschung nicht nur mit der Leistungsqualität der Schule, sondern auch mit ihrer sozialen Qualität auseinandersetzen sollte, haben wir es uns zur Aufgabe gemacht, die Schulzufriedenheit und soziale Schulqualität in Brandenburg und ihren Zusammenhang zur Jugendgewalt genauer abzubilden. Wie schon in den Jugendstudien von 1993 und 1996 findet sich auch 1999 eine starke Wechselwirkung zwischen der Schulmotivation und der Gewaltbereitschaft Jugendlicher. Interventionsstrategien gegen Jugendgewalt und andere Formen von Jugenddelinquenz müssen deshalb auch Bemühungen um eine Verbesserung der sozialen Schulqualität und der Schulzufriedenheit der Jugendlichen einschließen. Mehr als 90 Prozent aller Schüler macht es Spaß, wenn sie in der Schule Dinge lernen, die sie im späteren Leben gebrauchen können; aber 55 Prozent aller Schüler bemängeln, daß sie genau diese Erfahrung nicht machen, sondern ihr Lernen weitgehend nutzlos für den eigenen Lebenserfolg sei. Der Abbau dieser Diskrepanz durch lebensnahe Lerninhalte und eine didaktisch anspruchsvolle Unterrichtsgestaltung, eine umfassende Demokratisierung der Schule durch die aktive Einbeziehung der Schülerschaft bei der Gestaltung des Unterrichts und das Zugestehen von Partizipationsmöglichkeiten in allen Bereichen schulischen Lebens sowie damit verbunden die Anhebung der sozialen Schulqualität sollten zugleich die wichtigsten pädagogischen Aufgaben bei der Schulentwicklung wie auch die zentrale Präventionsstrategie gegen Jugenddelinquenz sein.

Die Analyse und Auseinandersetzung mit sozialer Schulqualität kann sich für die Schule also im doppelten Sinne als Mittel zur Steigerung der Leistungsfähigkeit und als Möglichkeit zur Verringerung von Verhaltensstörungen und Delinquenz lohnen, wie unsere und verschiedene andere Studien (beispielsweise Melzer, 1998) eindeutig gezeigt haben. Es sollte in Zukunft noch mehr berücksichtigt werden, daß über das Schulklima auch die Leistungsqualität von Schule verbessert werden kann. So fordern Gage und Berliner (1996) im Sinne unserer Überlegungen, daß jeder Schüler die Möglichkeit haben müsse, sich schulisch zu engagieren; er müsse sowohl leistungsbezogen als auch sozial beheimatet sein. Wenn die Schule sich nicht mehr um das soziale Wohlbefinden der Schüler kümmere und nicht auf die physischen und sozialen Bedürfnisse der Kinder eingehe, solle sie sich auch keine großen Hoffnungen machen, daß ihre bildenden und erzieherischen Maßnahmen fruchten. Dadurch würden die menschlichen Potentiale nicht ausgeschöpft – ein persönlicher und gesellschaftlicher Verlust!

Wir schließen uns diesen Forderungen gern an, und wenn man diesen hohen Anspruch an Schule vertritt, ist festzustellen, daß die soziale Qualität der Schulen in Brandenburg – zumindest aus der Sicht der Schüler – noch Verbesserungsmöglichkeiten aufweist: Es gibt an brandenburgischen Schulen offensichtlich noch nicht überall ein ausreichendes Angebot an schulischen Veranstaltungen, die den Jugendlichen die Möglichkeit bieten, aktiv das schulische Leben und den Schulalltag mitzugestalten. Insbesondere ist auch festzustellen, daß die Qualität der sozialen Beziehungen zwischen Lehrern und Schülern vielfach sehr negativ wahrgenommen wird. Ebenso wird von einer Vielzahl von Schülerinnen und Schülern das soziale Klassenklima bemängelt. Damit sind pädagogische Ansatzpunkte genannt, die genutzt werden können, um die Schulmotivation und damit letztlich den Leistungsstand der Schülerinnen und Schüler in den Schulen Brandenburgs maßgeblich zu erhöhen und auch präventiv gegen Jugenddelinquenz wirksam zu werden.

8 Jugendgewalt unter ostdeutschen Jugendlichen

Dietmar Sturzbecher, Detlef Landua & Hossein Shahla

8.1 Problemstellung

„Seine Hand schmerze vom Zuschlagen. Der Schädel sei so hart gewesen. Das hat ein Neunzehnjähriger aus dem brandenburgischen Eberswalde seinen Vernehmern gesagt. Er fesselte, zusammen mit seinem zehn Jahre alten Cousin und zwei Freundinnen (13 und 18 Jahre), den nackten Jungen an einen Baum. Sie prügelten ihn fast zu Tode, zündeten seine Haare an, auch die Schamhaare. Zuletzt habe der Neunzehnjährige seine Zigarette auf dem Hoden des Jungen ausgedrückt..." (Berliner Zeitung vom 11.08.1998, S. 18).

Dieses Kapitel setzt sich mit einem brisanten Thema auseinander, wie das oben angeführte Beispiel drastisch verdeutlicht. Mit einer Mischung aus Entsetzen und Ratlosigkeit reagiert die Gesellschaft angesichts der rohen Brutalität solcher Gewalthandlungen und auch in Hinblick auf die Gleichgültigkeit, mit der viele jugendliche Gewalttäter reagieren, wenn sie mit ihrer Tat und den Folgen für die Opfer konfrontiert werden. Entsetzen allein führt jedoch noch nicht zu einer gewaltfreien Welt; um die Gewaltbereitschaft unter der Jugend zurückzudrängen, sind auch präzise Bestandsaufnahmen und sachlich-fundierte Ursachenanalysen des Problems nötig. Dabei sollte zunächst nicht übersehen werden, daß Gewalt auch von Erwachsenen in vielfältiger Form ausgeübt wird und selbstverständlich in jeder Altersgruppe einen zivilisatorischen Tiefpunkt darstellt. Bevor wir versuchen, einen empirischen Zugang zu diesem komplexen Problemfeld zu erarbeiten, scheinen deshalb einige versachlichende Bemerkungen angebracht.

Gewalttaten von Jugendlichen sind in der Berichterstattung der Medien an der Tagesordnung. Dabei werden die unterschiedlichsten Phänomene gewalttätigen und oft strafbaren („delinquenten") Verhaltens in Verbindung mit politischem Extremismus, Ausländerfeindlichkeit, Antisemitismus und Vandalismus, die in Schulen, Fußballstadien oder auf Bahnhofsvorplätzen ablaufen, ziemlich undifferenziert unter dem Begriff „Jugendgewalt" subsumiert. Daraus wird dann öffentlichkeitswirksam ein Bild zunehmender Gewaltbereitschaft unter Jugendlichen abgeleitet. Diese sensationsgierige Form der Berichterstattung hat zur Folge, daß Jugendliche pauschal als gewaltbereit stigmatisiert werden (Golz, 1995); die mediale Konstruktion von Jugendgewalt (Böllert, 1997) führt dazu, daß Jugendliche in der Wahrnehmung der Bevölkerung mittlerweile als Bedrohungsfaktor der öffentlichen Sicherheit angesehen werden.

In der öffentlichen Diskussion wird für die Zunahme von Jugendgewalt als empirische Basis häufig die Polizeiliche Kriminalstatistik (PKS) herangezogen. In dieser Anzeigenstatistik werden alle einer Straftat verdächtigen Jugendlichen registriert. Der Rückgriff auf diese Statistik führt zuweilen zu Fehleinschätzungen bei der Beantwortung der Frage, ob in den letzten Jahren eine Zunahme von Jugendgewalt festzustellen sei. So kann ein Anstieg polizeilich registrierter jugendlicher Gewalttäter nicht nur durch häufigere Gewalttaten Jugendlicher verursacht sein, sondern auch auf einer gewachsenen Anzeigenbereitschaft der Bevölkerung beispielsweise infolge einer zunehmenden Sensibilisierung gegenüber Gewalt beruhen. Darüber hinaus bleibt festzuhalten, daß auch die in der PKS registrierten gewalttätigen Jugendlichen in Relation zur Gesamtzahl aller Jugendlichen nur eine relativ kleine Minderheit darstellen; über 90 Prozent aller Jugendlichen werden überhaupt nicht straffällig (Dünkel, Besch & Geng, 1997).

Weiterhin fokussiert die in den Medien und in der Öffentlichkeit geführte Diskussion bei den angebotenen Erklärungsmustern für die vermeintlich steigende Jugendgewalt oftmals einseitig auf einzelne Ursachenkomplexe. Einerseits werden persönlichkeitszentrierte Erklärungsansätze hervorgehoben, bei denen vorwiegend nach individuellen Defiziten jugendlicher Gewalttäter gefragt wird; dabei lenkt man die öffentliche Aufmerksamkeit von den sich wandelnden Anforderungen und Problemen weg, die Jugendliche in modernen Gesellschaften zu bewältigen haben. Andererseits werden gesellschaftszentrierte Wahrnehmungsmuster von Jugendgewalt bevorzugt; man erklärt Jugendgewalt als Ausdruck von gesellschaftlichen Verhältnissen und Basismechanismen (z.B. Geschlechterverhältnis oder Konkurrenz) sowie von sozio-ökonomischen Krisen oder geschichtlichen Umbruchsituationen (z.B. sozialer Wandel in Ostdeutschland). Dies wird der persönlichen Verantwortung jedes Gewalttäters für sein Tun und den oft banalen Gewaltaktionen in der Jugendszene nicht gerecht.

Wie kann man nun unsere Ausgangspunkte definieren? So notwendig die Beschäftigung mit politischer Gewalt oder Gewalt gegen Ausländer (s. dazu Kapitel 3 und 5) auch ist, geht es uns an dieser Stelle um die „allgemeine" Bereitschaft, physische Gewalt zur Interessendurchsetzung oder zu Unterhaltungszwecken einzusetzen, also um andere damit aus Bequemlichkeit, Geltungssucht und Langeweile zu drangsalieren. Unsere folgenden Analysen und Darstellungen dienen dem Ziel, die Ursachen für eine so verstandene Gewaltbereitschaft unter brandenburgischen Jugendlichen unter Berücksichtigung der speziellen Situation in den neuen Bundesländern zu erfassen und Informationen für die Erarbeitung effizienter, zielgruppenbezogener Präventions- und Interventionsprogramme bereitzustellen. Um dieses Ziel zu erreichen, nutzen einengende Sichtweisen auf Ursachenstrukturen nicht, sondern wir müssen das Phänomen „Jugendgewalt" in seiner ganzen Komplexität erfassen. Gewalt wollen wir deshalb nicht einseitig als individuelles Problem einzelner Jugendlicher verstehen; vielmehr entwickelt sich das Verhalten Jugendlicher in seiner aktiven Auseinandersetzung mit dem sozialen Umfeld und kann damit auch als Ausdruck individueller Strategien zur Bewältigung struktureller Bedingungen und gesellschaftlicher Anforderungen verstanden werden (Heitmeyer et al., 1992a; Heitmeyer, 1993).

Trotzdem ist und bleibt Gewalt immer eine Verhaltensoption, für die der Einzelne, moralisch und strafrechtlich, Verantwortung trägt und die nicht zuletzt mit pädagogischen Mitteln zu beeinflussen ist. Deshalb stellen wir die persönlichkeits- und pädagogisch-psychologische Betrachtung ins Zentrum unserer Diskussion. Wir gehen davon aus, daß es sich bei jugendlichen Gewalttätern um Menschen handelt, die in einer wichtigen Phase ihrer Identitätsentwicklung stehen und dabei schwierige Entwicklungsaufgaben mit altersspezifischen Mitteln bewältigen müssen. Welche Persönlichkeitsdispositionen und welche Lebens- und Erfahrungskontexte tragen in dieser Lebenssituation dazu bei, daß Gewaltbereitschaft zur Beteiligung an Gewaltaktionen führt? Welche Rolle spielen in diesem Zusammenhang gruppendynamische Prozesse in Jugendcliquen?

8.2 Theoretische Bemerkungen

8.2.1 Verschiedene theoretische Ansätze zum Gewaltbegriff

Oft wird über die verschiedenen Erklärungsansätze für Jugendgewalt diskutiert, ohne daß man sich zuvor darüber verständigt hat, was man unter Gewalt verstehen will. Eine solche Diskussion ohne Zugrundelegung eines übereinstimmenden Begriffsverständnisses kennzeichnet den öffentlichen Gewaltdiskurs wie auch teilweise die Gewaltforschung und führt zu widersprüchlichen Forschungsergebnissen. Die Folge ist, daß selbst eine Verständigung über die Zu- oder Abnahme von Gewalt kaum möglich ist und der Gewaltbegriff häufig wie ein Kampfbegriff verwendet wird (Willems et al., 1993). Trotzdem bleibt es natürlich für eine seriöse Beschäftigung mit dem Thema und erst recht für die Suche nach Gewaltursachen unverzichtbar, zuvor das den eigenen Thesen zugrundeliegende Begriffsverständnis zu deklarieren. Wir wollen dies hiermit tun und dabei auch auf unsere Ausführungen im Forschungsbericht zu unserer Jugendstudie von 1996 verweisen (Sturzbecher & Langner, 1997). In diesem Forschungsbericht hatten wir verschiedene theoretische Zugänge zum Gewaltbegriff wie auch ihre Implikationen für die öffentliche und wissenschaftliche Diskussion ausführlich beschrieben (ebda., S. 19 ff.). Zu diesen Zugängen gehören:

1. Gewaltdefinitionen, die auf die Begleitumstände und die Intentionalität des als aggressiv verstandenen Verhaltens rekurrieren (Dollard et al., 1939; Diese Auffassung entspricht unserem Rechtsempfinden, was man daran sieht, daß sich Gewalttäter oft mit der Floskel: „Das hab ich nicht gewollt!" entschuldigen oder daß gewalttätige Eltern das Prügeln ihrer Kinder mit ihren Erziehungszielen rechtfertigen. Im Sinne dieser Gewaltdefinition unterscheidet auch der Gesetzgeber sorgfältig, ob Aggressionen vorsätzlich, im Affekt oder in Notwehr verübt werden. Allerdings kann Intentionalität nur vom Täter zuverlässig beurteilt werden; Opfer oder auch Dritte lassen sich bei ihrer Beurteilung, ob eine Aggression intendiert war oder nicht, oft von bisherigen Erfahrungen mit dem Täter leiten.);

2. Gewaltdefinitionen, die auf die Folgen des als aggressiv verstandenen Verhaltens rekurrieren (Bandura, 1983; Buss, 1961; Ein solches Gewaltverständnis tritt uns ebenfalls im Alltag oft entgegen; beispielsweise verniedlichen Täter die Folgen von Schlägen mit dem Argument: „Es ist ja gar nichts zu sehen!") sowie

3. Gewaltdefinitionen, die auf soziomoralische Bewertungen des als aggressiv verstandenen Verhaltens durch Beobachter rekurrieren (Walters & Parke, 1964; Ein solches Verständnis birgt Probleme, da die Maßstäbe für das Vorliegen von Gewalt pluralisiert werden und nun abhängig sind von situativen Gegebenheiten und sozialen Bewertungen der Beteiligten und ihres Umfelds).

Neben den unterschiedlichen Auffassungen zu konstituierenden Bedingungen beeinflussen qualitative Abgrenzungen das Gewaltverständnis. Willems (1993) differenziert den „restriktiven" Gewaltbegriff (physische Einwirkung bzw. diesbezügliche Drohungen), den um „psychische" Gewalt erweiterten Gewaltbegriff (z.B. Mobbing) und den auf strukturelle Gewalt ausgeweiteten Gewaltbegriff (vgl. auch Galtung, 1975). Bemerkenswert sind in diesem Zusammenhang auch die Auffassungen von Olweus (1996), der unter „Bullying" das anhaltende Drangsalieren Schwächerer durch physische Attacken, üble Nachrede, Mobbing oder Erpressung versteht.

Auch wenn es unmöglich erscheint, die vielfältigen Formen von Gewalt im Alltag mit einer einzigen Gewaltdefinition zu bezeichnen (Parke & Slaby, 1983), fehlt es also nicht an diesbezüglichen Bemühungen. Diese sind durchaus nicht nur scholastische Übungen, sondern sollen helfen, die Forschungsbefunde zu systematisieren und die öffentliche und wissenschaftliche Diskussion zu versachlichen. Deshalb legte auch Brain (1994) eine Gewaltdefinition mit vier konstituierenden Bedingungen vor, die allerdings eher eine heterogene Kategorie als eine inhaltliche Einheit beschreiben. Nach seiner Ansicht müssen Gewaltaktionen immer

- ein Potential für Zerstörung, Schaden oder Leid aufweisen (obwohl nicht alle Aktionen mit solchem Potential, denken wir an den Zahnarzt, als Gewaltaktionen zählen können),
- durch einen Täter verübt werden, der einen Schaden oder Leid für ein Opfer intendiert (obwohl diesbezügliche Einschätzungen nicht zuverlässig sind und sich bei Tätern, Opfern und Beobachtern unterscheiden können),
- mit einer kortikalen Anregung („Erregung") einhergehen (auch in diesem Fall sind entsprechende Einschätzungen wenig zuverlässig) und
- gegen ein bestimmtes Opfer gerichtet sein.

Diesem multifaktoriellen Modell schließen auch wir uns mit minimalistischen Ansprüchen an, wenn wir im Sinne eines restriktiven Gewaltverständnisses in unserem Fragebogen „Gewalt" als Schlägereien bzw. physische Gewaltaktionen operationalisieren, die sich beispielsweise als Ohrfeigen, Schläge oder Tritte zeigen.

8.2.2 Verschiedene theoretische Ansätze zur Erklärung von Jugendgewalt

Die Aktualität des Problems „Jugendgewalt" in der öffentlichen Wahrnehmung hat, wie jedes gesellschaftliche Problem, auch die wissenschaftliche Auseinandersetzung mit dieser Thematik gefördert. Dementsprechend beschäftigten sich zahlreiche Jugendstudien der letzten Jahre aus unterschiedlichen disziplinären und inhaltlichen Blickwinkeln mit dem Thema „Jugend und Gewalt". Neben der Frage nach dem Ausmaß und der quantitativen Entwicklung von Jugendgewalt versuchten diese empirischen Untersuchungen, den Ursachen und Entstehungsbedingungen von Jugendgewalt auf den Grund zu gehen. In diesem Zusammenhang wurden gesellschaftliche Bedingungen, Persönlichkeitsstrukturen oder das engere soziale Umfeld von Jugendlichen wahlweise ins Zentrum der Betrachtung gerückt. Einige dieser Ansätze sollen hier mit ihren Erklärungsmechanismen kurz vorgestellt werden.

Jugendgewalt als Modernisierungsfolge

Ein Zugang zur Bestimmung von Einflußgrößen auf die Jugendgewalt fußt auf der Annahme, daß Modernisierungs- und Individualisierungstendenzen auf der makrostrukturellen Ebene als Ursachen von Jugendgewalt zu betrachten seien (Engel & Hurrelmann, 1989; Heitmeyer, 1993; Mansel & Hurrelmann, 1998). Als destabilisierender Modernisierungseffekt wird dabei vorwiegend die Massen- und Dauerarbeitslosigkeit identifiziert; aber auch der Abbau sozialer Sicherungen und die Wahrnehmung allgemeiner Lebensrisiken (z.B. Umwelt- und Friedensgefährdung) werden als Ursachen von Verunsicherungen unter Jugendlichen und Jugendgewalt angesehen. Ein besonderes Gewicht zur Erklärung von Jugendgewalt wird der Wirkung zunehmender Risiken in der beruflichen Laufbahn – besonders an der Nahtstelle des Übergangs von Schule und Beruf – zugeschrieben. Unsicherheiten in der schulischen Laufbahn und Berufskarriere geraten nach diesen Erklärungsansätzen mit konsumorientierten Lebensweisen in Konflikt, die vornehmlich über mediale Einflüsse vermittelt werden. Resultat dieser Konflikte sind auf der einen Seite ein konkurrenzorientierter Habitus des „Sichdurchsetzenmüssen" und des Eigennutzes, auf der anderen Seite aber auch Gefühle von Resignation und Ohnmacht. Nach Heitmeyer finden Desintegrationsprozesse auf sozialstruktureller Ebene ihren Ausdruck in Ungleichheitsphänomenen, auf sozialer Ebene in einer abnehmenden sozialen Partizipation und Unterstützung sowie auf personaler Ebene in Störungen der Identitätsentwicklung. Negative Folgen von Individualisierungsprozessen sind nach Heitmeyer einerseits Gefühle von „Nichtzugehörigkeit" und „emotionaler Nichtakzeptanz", also sozio-emotionale Ausgrenzung und Deprivation, andererseits ökonomische Ausgrenzung und Deprivation. Sowohl die soziale als auch die ökonomische Deprivation müssen nicht objektiv existieren, um ihre Effekte zu entfalten; vielmehr genügen dafür auch eine Abstiegsbedrohung oder der Vergleich mit bessergestellten Gruppen („relative Deprivation"). Zu den Effekten derartiger psychischer Verunsicherungen können nach Heitmeyer bei Kindern und Jugendlichen auch delinquente Bewältigungsmuster zählen; allerdings seien derartige Bewältigungsformen keine notwendige Konsequenz von Individualisierungsprozessen allein, sondern auch von Milieufaktoren (Familie, Schule, Peergroup) abhängig (Heitmeyer, 1993).

Jugendgewalt im Rahmen sozialökologischer Ansätze

Einer Reihe aktueller Untersuchungen liegt die Absicht zugrunde, Jugendgewalt als Effekt von spezifischen Sozialisationsbedingungen und Erziehungskontexten aufzufassen und in Zusammenhang mit entsprechenden Einflußfaktoren zu untersuchen. So stellten Schubarth und Melzer (1995), Holtappels et al. (1999), Melzer (1998) sowie Tillmann und Holtappels (2000) die Bedeutung der Sozialisationsinstanz „Schule" in den Mittelpunkt ihrer Studien und untersuchten die Bedeutsamkeit von schulischen Faktoren (Schulklima, Lernkultur, Lernatmosphäre) für die Herausbildung abweichenden und straffälligen Verhaltens bei Schülern. In dieser Sichtweise tragen Sinndefizite, Entfremdungssituationen und Distanzgefühle bei Jugendlichen zu Verhaltensmustern in Form von Privatisierung, Rückzug oder auch Aggressionen bei. Funk (1995) konnte in seiner Studie weiterhin den Einfluß von „Schulklimavariablen" (z.B. Lehrer-Schüler-Verhältnis und Partizipationsmöglichkeiten für die Schülerschaft) auf die gewaltbezogenen Einstellungen und das Gewalthandeln belegen. Schwerpunkt einer Reihe anderer Studien ist die Bedeutsamkeit der primären und der sekundären Sozialisation (Familie und Peergroup) als Einfluß- und Orientierungsinstanz für Jugendliche. Hopf und Schmidt (1993) sowie Hefler et al. (1999) weisen bei der Erforschung der Ursachen von Jugendgewalt auf die subjektive Verarbeitung der Erfahrungen aus dem Familienleben hin. Ohder (1992) konzentriert sich auf die Bedeutung der Peergroup in jugendlichen Lebenskontexten, um die Entstehung von Gewaltbereitschaft und Gewalthandeln bei Jugendlichen zu erklären.

Jugendgewalt im Rahmen anomietheoretischer Ansätze

Bezugnehmend auf die Theorien von Durkheim und Merton unterstellen diese Ansätze eine erhöhte Gewaltbereitschaft, wenn über leistungsbezogene und soziale Etikettierungs- und Selektionsprozesse die soziale Integration von Jugendlichen gestört wird (Bründel & Hurrelmann, 1994). Eine mögliche Konsequenz hiervon ist, daß das Selbstwertgefühl und die soziale Integration von Jugendlichen durch Versagenserlebnisse beeinträchtigt wird. Durch die Anwendung von Gewalt wird von Jugendlichen versucht, ihre beeinträchtigten Selbstwertgefühle wieder aufzubauen (Dettenborn, 1993). Dieses Problem verschärft sich dann, wenn andere soziale Systeme (Familie, Peergroup) diesem Prozeß nicht kompensatorisch entgegenwirken (Böhnisch & Winter, 1993).

Jugendgewalt im Rahmen persönlichkeitspsychologischer Ansätze

Die letztgenannte Kategorie (wir möchten an dieser Stelle bemerken, daß unsere Übersicht weder erschöpfend ist noch die Kategorien als disjunktiv aufzufassen sind) führt uns zu persönlichkeitspsychologischen Ansätzen zur Erklärung von Aggressionen und Gewalt. Dazu zählen:

- ethologische und triebtheoretische Ansätze (z.B. Lorenz, 1966),
- die Frustrations-Aggressionsthese (Dollard et al., 1939),
- die „Soziale Lerntheorie" (Aggressivität wird vor allem durch Beobachtungslernen, oft verbunden mit aversiven Erfahrungen in unterschiedlichen sozialen Kontexten erworben; innere Faktoren wie Erregbarkeit und äußere Faktoren wie repressive Sanktionen beeinflussen die Gewaltbereitschaft unter quantitativen und qualitativen Aspekten; Bandura, 1973) und
- sozio-kognitive Ansätze (Aggressivität hat Ursachen in Defiziten bei der Verarbeitung sozialer Informationen, also beispielsweise bei der Interpretation sozialer Situationen, beim Reaktionsrepertoire oder bei der Folgenantizipation; Dodge, 1982).

Wenn auch alle diese Theorien nur einen mehr oder minder großen Teilbetrag zur Erklärung von Gewaltursachen leisten, haben sie doch historisch gesehen zu unserem diesbezüglichen Wissen beigetragen; vor allem die lerntheoretischen Vorstellungen spiegeln sich auch stark in unserem ökopsychologischen Ansatz wider.

Den derzeitigen Stand des entwicklungspsychologischen Wissens um Gewaltursachen beschreiben John Coie und Kenneth Dodge (1998) auf der Grundlage einer umfassenden Sichtung der internationalen Literatur folgendermaßen: Aggression und

Gewalt gingen meist mit Frustration, Bedrohungerleben und instrumentellen Absichten einher. Die Risikofaktoren für die Entstehung von Gewaltbereitschaft ließen sich zu fünf (nicht disjunkten) Gruppen zusammenfassen:

- genetische Faktoren (Familien- und Zwillingsstudien zeigen eine beträchtliche Heritabilität („Vererbbarkeit"), vermittelt beispielsweise über Temperament, Hyperreaktivität und Aufmerksamkeitsdefizite),
- biologische Faktoren (das Niveau an aggressionsrelevanten Hormonen und Neurotransmittern, die Belastung durch Umweltgifte sowie Herz- und Kreislaufprobleme sind beispielsweise Korrelate von Aggression),
- ökologische Faktoren (Armut, Nachbarschaftskriminalität, gewaltdefinierte Subkulturen, Familienstressoren und Rassendiskriminierung sind beispielsweise Prädiktoren von Aggression),
- Defizite in der familialen Frühsozialisation (emotional arme Eltern-Kind-Beziehungen, verbunden mit Kontextstressoren wie Zwang, inkonsistente und harte Strafen, physische Mißhandlung und Mißbrauch beeinflussen die kindliche Intelligenz- und Moralentwicklung und fördern eine Hyperaufmerksamkeit gegenüber feindlichen Reizen, aversive Fehlattribuierungen, aggressives Problemlösen und den Glauben an die Funktionalität von Aggression),
- soziale Faktoren (Zurückweisung durch peers in jungen Jahren, frühe Opferstigmatisierung und der soziale Druck in Gewaltgruppen erhöhen die Gewaltbereitschaft).

Unser theoretischer Rahmen

Wie die überblicksartigen Darstellungen von Coie und Dodge (1998) und eine Fülle anderer Befunde (vgl. auch Sturzbecher & Langner, 1997) zeigen, haben die Vielzahl der mittlerweile vorhandenen Untersuchungen und die Pluralität der methodologischen Ansätze in der Gewaltforschung (einen Überblick bieten z.B. Holtappels et al., 1999; Albrecht, 1998) dazu beigetragen, sowohl die Komplexität des Gewaltphänomens empirisch zu belegen als auch die Bedeutung verschiedener Einflußfaktoren im Prozeß der Gewaltentstehung zu veranschaulichen. Gleichwohl besteht nach wie vor die Notwendigkeit für Forschungsdesigns, die die Komplexität des Jugendgewaltproblems umfassender berücksichtigen und mittels geeigneter Untersuchungsanlagen das Zusammenwirken vieler Einflußfaktoren parallel und längsschnittlich untersuchen (Holtappels et al., 1999).

Um dies zu leisten, hatten wir 1996 ein ökopsychologisches Modell als Ansatz für unsere Kohortensequenzanalyse „Jugend in Brandenburg" erarbeitet (Sturzbecher & Langner, 1997) und empirisch bestätigt (Langner & Sturzbecher, 1997). Dieses Modell griff insbesondere lerntheoretische (z.B. Bandura, 1973) und öko-systemische (z.B. Brim, 1975; Bronfenbrenner, 1979) Ansätze in Anlehnung an das ökopsychologische aggressionstheoretische Modell von Parke und Slaby (1983) auf. Es scheint damals wie heute für eine auf Jugendgewalt und sozialen Wandel gerichtete angewandte Forschung nützlich, weil es unsere Aufmerksamkeit auf die spezifischen Einflüsse von Entwicklungskontexten auf die Entwicklungsverläufe von gewalttätigen Jugendlichen lenkt, ohne dabei die Bedeutung von Persönlichkeitsdispositionen und ihre pädagogische Beeinflußbarkeit aus den Augen zu verlieren. Wir haben bereits das allgemeine Anliegen und die Vorzüge ökopsychologischer Theoriemodelle im Kapitel 1 des vorliegenden Buches sowie die Details unseres gewaltbezogenen Modells und die damit verbundenen Hypothesen in der Publikation zur Vorläuferstudie (Sturzbecher, Hrsg., 1997) sehr ausführlich erläutert. Deshalb wird auf eine Darstellung dieses Modells an dieser Stelle verzichtet.

Gleiches gilt auch für die Darstellung der theoretischen Quellen und vielfältigen empirischen Befunde zum Zusammenhang von Jugendgewalt einerseits und den Lebens- und Entwicklungsbedingungen in Familie, Schule und Peergroup andererseits. Unsere diesbezüglichen Ausführungen im o.g. Forschungsbericht zur Vorläuferstudie, der gleichzeitig auch die Ergebnisse der nur in Brandenburg veröffentlichten Studien von 1991 und 1993 enthält, sind nach wie vor aktuell und seien dem interessierten Leser empfohlen. Aufgreifen und ergänzen wollen wir jedoch im vorliegenden Band unsere Diskussion darüber, warum und wie sich mit dem Lebensalter die typischen Ursachen und Erscheinungsformen von Gewalt wandeln. Wer das Phänomen „Jugendgewalt" verstehen oder gar präventiv etwas dagegen unternehmen will, muß sich darüber im klaren sein, daß Gewaltbereitschaft weder wie eine „Kinderkrankheit" plötzlich und unvermittelt Jugendliche befällt noch wie ein Erkältungseffekt nach kurzer Zeit und völlig folgenlos von den Betroffenen überwunden wird. Gewaltbereitschaft in der Jugend hat eine lange Vorgeschichte in der Kindheit. Die Fokussierung der öffentlichen Diskussion auf Gewalt im Jugendalter ist lediglich Ausdruck dessen, daß einerseits die Gewaltaktionen Jugendlicher, im Gegensatz zu denen von Kindern, für Erwachsene in der Öffentlichkeit oft eine unmittelbare Bedrohung darstellen und andererseits jugendliche Gewalttäter nach jugendtypischen Gewaltdelikten und entsprechenden Sanktionen nicht unbedingt friedfertig werden, meist aber ihre aggressiven Durchsetzungsstrategien und Unterhaltungsbedürfnisse in die gesellschaftlich tolerierten Formen subtiler Gewalt kleiden bzw. statt in der Öffentlichkeit im privaten Raum der Familie ausleben. Obwohl sicher auch die Frage nach dem Gewaltpotential Erwachsener interessant wäre, interessiert uns hier nachfolgend vor allem die Vorgeschichte der „Jugendgewalt" in der Kindheit, weil diese Vorgeschichte Anhaltspunkte bietet, um altersgerechte Präventionsangebote für Kinder zu konzipieren und um Erziehungsschwerpunkte zu setzen, die Jugendgewalt verhindern. Betrachten wir also Jugendgewalt unter entwicklungspsychologischen Gesichtspunkten, als „Entwicklungsphänomen".

8.2.3 Jugendgewalt als Entwicklungsphänomen

Wir haben bei der Betrachtung der Ursachen von Gewalt dargestellt, daß auch genetische und biologische Risikofaktoren die Gewaltbereitschaft beeinflussen. Da diese gegenüber den sozialen Risikofaktoren wenig veränderbar erscheinen, erhebt sich die Frage, ob nicht vielleicht die Gewaltbereitschaft in Kindheit und Jugend eine stabile Persönlichkeitsdisposition darstellt, die man durch Prävention und Intervention wenig beeinflussen kann. In der Tat zeigen Längsschnittstudien (Huesmann et al., 1984; Olweus, 1982), daß es bei der Gewaltbereitschaft im Lebensverlauf einen „substantiellen Grad von Stabilität" gibt, der besonders für Jungen gesichert erscheint (Parke & Slaby, 1983). Dieser resultiert einerseits aus den biologisch-genetischen Entwicklungsvoraussetzungen, die ein individuumspezifisches Aktivierungs- bzw. Erregbarkeitsniveau determinieren und damit mitbestimmen, wie „schnell man ausrastet". Entwicklungspsychopathologische Studien (Loeber, 1990; Patterson et al., 1989) zeigen eine hohe Stabilität dieses Aktivierungsniveaus in der Kindheit: Hoch aggressive Kinder und Jugendliche waren beispielsweise schon „Schrei"-Babys, fielen dann im Alter von zwei Jahren oft durch Hyperaktivität auf und hatten später wegen ihrer Erregbarkeit oft soziale Adaptationsprobleme in Kindergruppen. Andererseits ist eine stabile Gewaltbereitschaft aber auch Ausdruck der Entwicklungseinflüsse stabiler Umwelten mit einem spezifischen Gewaltklima. Solchen „gewaltträchtigen" Umwelten sind Kinder nicht nur ausgeliefert; mit zunehmendem Alter werden solche Umwelten dann auch speziell gesucht bzw. gestaltet (Olweus, 1979). Aggressive Kinder bevorzugen beispielsweise Gewaltfilme (Baron & Richardson, 1994; Huesmann & Miller, 1994) und schließen sich eher gewalttätigen Gleichaltrigen an als andere (Goldstein, 1994).

Trotz dieser Stabilitäten verändern sich sowohl die Gewaltbereitschaft im quantitativen Sinne als auch die Erscheinungsformen von Gewalthandeln im individuellen Lebensverlauf bzw. im Vergleich der Altersgruppen. Cairns (1979) erfaßte die Häufigkeit direkter aggressiver Akte in einem bestimmten Zeitraum (z.B. Beißen, Schlagen, Schubsen) und wies darauf hin, daß entsprechend der beobachteten Verhaltenshäufigkeiten Vorschulkinder die aggressivsten Menschen seien und danach mit steigendem Alter eine log-lineare Abnahme der Häufigkeit solcher aggressiven Akte stattfände. Olweus (1979; 1981) fand heraus, daß sich im Vorschulalter beobachtete aggressive Verhaltensmuster in den ersten Schuljahren stabilisieren und Gewaltbereitschaft bei Kindern im Vor- und Grundschulalter vermuten läßt, daß sich diese Kinder auch in Jugend und Alter antisozial verhalten. Sicher erscheint auch, daß es einen vorübergehenden Anstieg der Gewaltbereitschaft in der frühen Jugend mit Delinquenzepisoden und ernsthaften Gewaltdelikten gibt und danach die Gewaltbereitschaft sinkt, mit einem deutlichen Rückgang nach dem 40. Lebensjahr (Moffitt, 1993a; 1993b). Mit der familialen Gewalt sammeln die Menschen am häufigsten Erfahrung, als Opfer wie auch als Täter. Erfaßt man physische Gewalt, so zeigen sich Jungen gewaltbereiter als Mädchen; mißt man aber verbale Gewalt, Reputationsschädigung und soziale Ausgrenzung, sind Mädchen in jedem Alter aggressiver als Jungen (Coie & Dodge, 1998).

Wir hatten Vorschulkinder als am meisten „gefährliche" Altersgruppe kennengelernt und das Vorschulalter als Entwicklungsperiode geschildert, ab der sich Gewaltbereitschaft im individuellen Entwicklungsverlauf stabilisiert. Deshalb wollen wir unsere Betrachtung zur Gewaltbereitschaft der Vorschulkinder an dieser Stelle noch etwas vertiefen. Warum sind gerade Vorschulkinder in besonderer Weise gewaltbereit? Der Grund dafür ist darin zu suchen, daß im Spielverhalten der Drei- bis Vierjährigen eine „Revolution" stattfindet: Der Anteil des kooperativen Spiels, bei dem die Kinder gemeinsame Ziele und Strategien für ihr Spiel aushandeln müssen, wächst auf ca. 25 Prozent aller Spielaktivitäten, und der Anteil des Allein- und Parallelspiels sinkt entsprechend; später gibt es keine Steigerung in der Häufigkeit dieser Spielform mehr (Parten & Newhall, 1943). Wodurch wird dieser Anstieg ausgelöst? Kinder dieser Altersgruppe erkennen, daß sich interessante Spielerfahrungen eher im Zusammenwirken mit anderen als allein machen lassen. Zunächst einmal sind es die Ideen und das Spielzeug anderer Kinder, die das eigene Spiel bereichern können. Gemeinsam mit anderen erweitert sich der Umfang der Spielmöglichkeiten beträchtlich. Für viele Regel- oder Rollenspiele ist ein verläßlicher Spielpartner eine unverzichtbare Spielvoraussetzung. Nicht zuletzt kann man soziale Anerkennung durch den Spielpartner erwerben. Mit anderen Worten, kooperatives Spielen verspricht mehr Spaß als Alleinspiel. Und die stetig gewachsene soziale Kompetenz ermöglicht es den Kindern dieser Altersgruppe nun auch, die notwendigen Aushandlungsprozesse über die gemeinsamen Ziele und Strategien des Spiels sowie über die Verteilung von Spielfunktionen und Spielzeug zu führen.

Allerdings ist diese Aushandlungskompetenz nicht schlagartig gegeben; sie muß im gemeinsamen Spiel erst erworben werden. Diesbezüglichen Erfolgen als „Sozial-Manager" des gemeinsamen Spiels stehen oft noch alterstypische Defizite bei sozio-kognitiven Fähigkeiten gegenüber, die für Kooperation wichtige Voraussetzungen darstellen. Die Kinder dieser Altersstufe müssen erst lernen,

- die Intentionen anderer zu durchschauen und zu „berechnen" sowie Handlungsfolgen und ihre emotionale Bewertung durch andere zu antizipieren („Perspektivenübernahmefähigkeiten"),
- kooperationsrelevante Informationen zu erkennen und zu geben,
- ihre Impulsivität zu zügeln, abzuwarten und sich abzustimmen und nicht zuletzt
- das Eigentum anderer zu respektieren; dies ist bei all den Bedeutungsnuancen zwischen „Zur Verfügung stellen", Ausleihen, Schenken, Stehlen und „Unbefugt benutzen" nicht ganz einfach.

Weil der Erwerb all dieser Fähigkeiten Übungsmöglichkeiten und Zeit erfordert, sind soziale Mißerfolge zunächst häufig. Diese sozialen Mißerfolge heißen „Konflikte" und weisen nach Schmidt-Denter (1980) in dieser Altersgruppe eine Reihe von Besonderheiten auf: Vorschulkinder setzen in der Regel Gewalt ein, um bestimmte Ziele zu erreichen (z.B. ein Spielzeug zu bekommen oder Spielwünsche durchzusetzen). Es handelt sich also um instrumentelle Gewalt, nicht um aversive Gewalt, die andere verletzen soll. Konflikte dauern oft nur kurz an; meist sind die Kinder danach unbeschwert und spielen fröhlich weiter. Die Konflikte erwachsen vor allem aus dem Zusammenspiel und sind Bestandteil insgesamt freundschaftlicher Beziehungen (gute Freunde sind häufiger in Konflikte verstrickt als andere Kinder). Darüber hinaus werden die Konflikte meist durch das Nachgeben des angegriffenen Kindes beendet; Kompromisse sind selten, weil die Kinder sie aufgrund ihrer Kommunikationsfähigkeiten nicht aushandeln können. Der Aggressor ist also in der Regel erfolgreich!

Dies kann zu gefährlichen Lerneffekten führen, wenn Erziehungspersonen nicht konsequent dafür sorgen, daß gewalttätige Durchsetzungsstrategien sozial geächtet werden und der Einsatz von Gewalt sozial und vom sachlichen Ergebnis her einen Mißerfolg nach sich zieht. Dies geschieht nicht immer. Eltern und auch das pädagogische Personal in Kindergärten (Neubauer, 1980) akzeptieren oder ignorieren zumindest nicht selten erfolgreiche gewalttätige Durchsetzungsstrategien ihrer Kinder aus Bequemlichkeit oder auch, weil sie solche Aktionen im sozialdarwinistischen Sinne als Indiz für die „Lebenstüchtigkeit" ihrer Kinder ansehen. Auf diese Weise entwickeln sich bei den Kindern aus physischer Überlegenheit und psychischer Unerschrockenheit sowie begünstigt durch pädagogisches Fehlverhalten eine stabile Gewaltbereitschaft und die Überzeugung von der Funktionalität von Gewalt als Mittel für den persönlichen Erfolg. Hier erkennt man das Zusammenspiel biologischer und sozialer Risikofaktoren bei der Stabilisierung von Gewaltbereitschaft unter Kindern und Jugendlichen. Deshalb kann nicht oft genug auf die pädagogische Verantwortung von Eltern und auch professionellem Erziehungspersonal verwiesen werden. Siegel und Kohn (1959) stellten sogar fest, daß in Kindergruppen, in denen die Erzieherinnen aggressives Verhalten der Kinder ignorieren, mehr Gewaltaktionen auftreten als in Gruppen, in denen keine Erzieherinnen anwesend sind, weil das Nichteingreifen der Erzieherinnen von den Kindern als Bestätigung der Legitimität aggressiver Durchsetzungsstrategien gewertet wird.

Ist also die von Cairns (1979) gefundene Gewaltbereitschaft von Vorschulkindern Ausdruck unentwickelter Aushandlungskompetenzen, so müssen mit zunehmendem Alter Gewaltaktionen von Kindern und Jugendlichen eine andere Bewertung erfahren, nicht nur weil sich die sozio-kognitiven und kommunikativen Fähigkeiten der Heranwachsenden entwickeln und damit die Erklärung von Gewalt durch Defizite im sozialen Wissen und Können an Bedeutung verliert. Darüber hinaus verändern sich die Anforderungen an den einzelnen; neue Entwicklungsaufgaben (Havighurst, 1948) sind zu bewältigen. So muß der einzelne sich soziale Anerkennung in neuen Lebensbereichen (Gleichaltrigengruppe, Partnerschaft, Arbeitsteam) erwerben und den Übergang von der Schule in die Erwerbstätigkeit meistern. Gerade mit dem genannten Übergang gewinnt der Jugendliche viele neue Erfahrungen, die Bezugsgruppen wechseln (statt der Lehrer und Mitschüler setzen nun Lehrmeister und andere Auszubildende Verhaltensmaßstäbe), und er erhält existentiell bedeutsame Rückmeldungen (beispielsweise zu seinem „Arbeitsmarktwert") aus neuen Systemen. Eine Fülle von Einflußfaktoren moderiert die Bewältigung dieser Entwicklungsaufgabe und den Erfolg bei der Integration in die Erwachsenenwelt.

Nicht immer gelingt diese Integration in die Leistungsgesellschaft erfolgreich. Einzelne Jugendliche sammeln Desintegrationserfahrungen, die wiederum in der Regel nicht die Abwendung vom gesellschaftlichen System mit seinen zentralen Werten wie Durchsetzung, Stärke und Überlegenheit bewirken, sondern eher die Akzeptanz für diese systemtragenden Werte erhöhen (Ewald, 1993). Gelingt die Realisierung dieser verinnerlichten Werte der Durchsetzung, des Erfolgs und der Leistungsfähigkeit im Rahmen gesellschaftlicher Normen nur partiell oder überhaupt nicht, wird Gewalt im Sinne der sozialpsychologischen Theorie der „Symbolischen Selbstergänzung" (Wicklund & Gollwitzer, 1982) zur Selbststabilisierung und Statusdefinition genutzt; werden Stärke und Durchsetzung mit anderen Mitteln, Methoden und Objekten ausgelebt (Ohder, 1993). Die Faszination, die von Gewalt ausgeht, ist vielfältig: Gewalt vermittelt außeralltägliche Erfahrung, reduziert die Komplexität sozialer Beziehungen, schafft ein Gefühl der Selbstwirksamkeit durch ultimative Über- bzw. Unterordnung, steigert das Solidaritätsgefühl in der Clique und erschafft ein Identitätsgefühl durch Abgrenzung nach außen (Eckert & Willems, 1987). Allerdings erschließt sich diese Faszination nicht plötzlich und unvermittelt allen Jugendlichen gleichermaßen; gefährdet sind vor allem die Jugendlichen, die seit frühester Kindheit daran gewöhnt sind, daß man seine Interessen ohne eine Abwägung der Bedürfnisse anderer mit Macht durchsetzt; statt Konflikte auszuhandeln und dabei die Interessen anderer zu respektieren.

Gewaltaktionen sind für Jugendliche auch mit Risikoerfahrungen verbunden. Schwarzer (1995) weist unter Rückgriff auf die sozial-kognitive Selbstwirksamkeits-theorie von Bandura (1994) auf die Bedeutung von Risikoerfahrung für die Entwicklung im Jugendalter hin: Für das Erlernen von Verhaltensstrategien zur Lebensbewältigung sei es wichtig, aus Fehlern zu lernen; Risiken und damit verbundene Fehler würden Grenzerfahrungen der eigenen Wirksamkeit vermitteln, die Fehlersuche könne Kompetenzdefizite, falsche Selbstwahrnehmungen und Fehlregulationen enthüllen. Auch gewalttätige Aktionen mit der Clique bieten solche Lernmöglichkeiten. Die möglichen Lerneffekte sind vielfältig: Sie reichen, besonders in Verbindung mit eigenen Opfererfahrungen oder Strafen, von der künftigen Ablehnung von Gewalt bis hin zur Realisierung „dosierter Gewalt", die strafbare Formen von Gewalt meidet, ohne deshalb weniger aggressiv zu sein. Im erstgenannten Fall ist Gewalterfahrung als Täter und als Opfer dann auch in dem Sinne ein Entwicklungsphänomen, daß die moralische Entwicklung gefördert wird. Entsprechend verweist Jeffrey Arnett in seiner „Developmental Theory of Reckless Behavior in Adolescence" (1992) auch auf die Doppelrolle der Risikobereitschaft bei delinquentem Verhalten als Risikofaktor in der Persönlichkeitsentwicklung und zugleich als Lernmöglichkeit. Sein biologisch-kognitiver, kulturübergreifender Ansatz geht davon aus, daß Jugendliche jeder Epoche im Vergleich mit anderen Generationen höhere Raten leichtsinnigen, rücksichtslosen Verhaltens (risk-taking; sensation bzw. thrill seeking) gezeigt haben und nur die Formen und Ausdrucksmöglichkeiten (Verbote) interkulturell und kulturhistorisch differieren. In den heutigen westlichen Gesellschaften gehören nach Arnett (ebenda) so verschiedene Dinge wie ungeschützter Sex, Autodiebstahl und illegale Autorennen, S-Bahnsurfen, Drogenmißbrauch und Graffitischmierereien zum Erscheinungsspektrum des rücksichtslosen bzw. leichtsinnigen Verhaltens. Aus unserer Sicht sind auch Rechtsextremismus, Fremdenfeindlichkeit und Jugendgewalt hier einzuordnen; zu fragen bleibt in diesem Sinne, warum unsere Kultur gerade die Entstehung dieser Erscheinungsformen jugendlichen Risikoverhaltens begünstigt.

Wir wollen unsere Betrachtung an dieser Stelle nicht vertiefen und den interessierten Leser auf unsere ausführlicheren Darstellungen zu theoretischen Positionen und empirischen Befunden zum „jugendlichen Leichtsinn" in der Publikation zur Studie „Jugend in Brandenburg 1996" (Sturzbecher & Langner, 1997) verweisen. Dort gingen wir den aus Arnetts Sicht jugendtypischen (biologischen und sozio-kognitiven) Ursachen von Risikoverhalten nach und fragten in diesem Zusammenhang nach der Rolle von „Sensation Seeking" (Zuckerman, 1979), „Adoleszentem Egozentrismus" (Elkind, 1967) und problematischen Entscheidungsfindungsprozessen (Furby & Beyth-Marom, 1992). Darüber hinaus diskutierten wir unter Rückgriff auf die Darstellungen von Michael Kohlstruck (Sturzbecher, Dietrich & Kohlstruck, 1994), inwieweit Jugendgewalt als politisch motiviertes Handeln oder subkultureller Stil anzusehen sei, und erläuterten unsere Auffassungen von Gewalt als selbstsymbolisierendes Handeln (Wicklund & Gollwitzer, 1982).

Die Schlußfolgerung aus unseren theoretischen Überlegungen kann nur lauten, das Phänomen „Jugendgewalt" im Zusammenspiel von Sozialisationskontext, jugend- und situationstypischen Denk- und Entscheidungsprozessen sowie neuro-biologischen Korrelaten aggressiven Verhaltens zu untersuchen und dabei längsschnittliche und kohortenbezogene Untersuchungsstrategien zu verbinden. Obwohl wir solche hohen Ansprüche mit der vorliegenden Studie noch nicht erfüllen können, wollen wir nun unsere methodischen Ausgangspositionen kurz skizzieren.

8.3 Methodische Bemerkungen

8.3.1 Abhängige Variablen

Im Rahmen unserer Dunkelfeldstudie fragen wir anhand der Selbstberichte von Jugendlichen danach, welche Entwicklungsbedingungen bei Jugendlichen zur Entstehung von Gewaltakzeptanz und Gewaltbereitschaft beitragen und unter welchen (situativen) Bedingungen Gewaltbereitschaft zur Beteiligung an Gewaltaktionen führt. Um diese Facetten der Entstehung von Gewalt differenziert erfassen zu können, haben wir in allen bisherigen Studien unserer Kohortensequenzanalyse „Jugend in Brandenburg" in Hinblick auf das Phänomen „Jugendgewalt" drei verschiedene Ebenen unterschieden:

1. die *Akzeptanzebene* („Was halten die Befragten von Gewalt als Interaktionsform?"),
2. die *Ebene der Verhaltensintentionen* („Sind die Befragten selbst bereit, Gewalt beispielsweise zur Durchsetzung von Interessen einzusetzen?") und
3. die *Handlungsebene* („Haben sich die Befragten bereits an Gewaltaktionen beteiligt?").

Für die analytische Unterscheidung dieser drei Dimensionen sprechen gute Gründe, die wir auch schon in unseren vorhergehenden Studien mit Beispielen aus der Forschungsliteratur belegt haben (Langner & Sturzbecher, 1997): Jugendliche, die gewalttätiges Handeln als legitime Durchsetzungsstrategie akzeptieren, sind nicht notwendigerweise zur Durchsetzung ihrer Interessen mit Gewalt bereit, und nicht jeder Jugendliche, der seine Bereitschaft bekundet, mit Gewalt seine Interessen durchzusetzen, wird auch gewalttätig handeln. Gewaltakzeptierende Einstellungen sind nicht einmal eine notwendige Bedingung für die Beteiligung an Gewaltaktionen, denn Gewalthandeln ist stark an situative Bedingungen geknüpft, denken wir an Alkoholgenuß oder die soziale Dynamik von „Mutproben"; trotzdem wird nicht selten in Gewaltstudien bei der Interpretation von Forschungsergebnissen die Gewaltakzeptanz mit tatsächlichem Gewalthandeln gleichgesetzt. Bei uns liegt die Stärke des Zusammenhangs zwischen den Variablen „Gewaltakzeptanz" und „Instrumentelle Gewaltbereitschaft" 1999 lediglich bei $Tau_b= .37$, zwischen „Instrumenteller Gewaltbereitschaft" und „Gewalthandeln" bei $Tau_b= .41$.

Betrachten wir nun unsere Indikatoren etwas genauer. Die Skala „Gewaltakzeptanz" setzt sich aus insgesamt fünf Einzelaussagen zusammen, die abbilden, inwieweit Gewalt von Jugendlichen als berechtigtes Mittel zur Regelung von Beziehungen und Konflikten und damit als ein „normales" Handlungsmuster wahrgenommen und gebilligt wird. Zur Skala gehören Items mit sozialdarwinistischen („Es ist völlig normal, wenn Männer sich im körperlichen Kampf mit anderen beweisen wollen") und jugendzentristischen („Über Gewalttätigkeiten schaffen Jugendliche klare Verhältnisse. Die Erwachsenen reden nur herum") Inhalten (zu den Items und zur Güte der Skala s. Anhang).

„Gewaltbereitschaft" hatten wir in der Studie „Jugend in Brandenburg 1993" lediglich durch ein Einzelitem operationalisiert („Ich bin in bestimmten Situationen durchaus bereit, auch körperliche Gewalt anzuwenden, um meine Interessen durchzusetzen"). Wenn wir im vorliegenden Forschungsbericht Ergebnisse zu diesem Einzelitem darstellen, sprechen wir unter Berücksichtigung des inhaltlichen Charakters unseres Indikators von „Instrumenteller Gewaltbereitschaft".

„Gewalthandeln" wurde ab 1993 unverändert anhand des Einzelindikators „Wie häufig beteiligen Sie sich an Schlägereien oder gewalttätigen Aktionen?") erfaßt. Darüber hinaus wollen wir im Zusammenhang mit Gewalthandeln darstellen, wieviel Schüler Waffen mitführen, welche Motive Gewalttäter für ihr Handeln angeben, welche Empfindungen sie bei ihren Gewaltaktionen hegen und nicht zuletzt wie ihre Eltern und Schulkameraden auf ihre Gewaltaktionen reagieren.

Wir wollen das Phänomen „Jugendgewalt" wegen seiner politischen Brisanz und der Implikationen für zielgruppenspezifische Präventionsprogramme möglichst differenziert erfassen und auswerten. Dafür besitzt die Verwendung unserer drei Indikatorebenen eine Fülle von Vorteilen. Ein Nachteil entsteht jedoch bei der Verwendung dieser differenzierten Indikatoren immer dann, wenn man sich dem komplexen Phänomen „Jugendgewalt" mit verallgemeinerndem Anspruch nähern will. Beispielsweise scheidet der relativ „harte" Indikator „Gewalthandeln" für solche Betrachtungen aus, weil nur relativ wenige Jugendliche sich als gewalttätig einstufen, was nicht nur durch Friedfertigkeit, sondern auch durch Versuchsleitereffekte bedingt sein kann. Außerdem sind aus statistischen Gründen Skalen wegen ihrer höheren psychometrischen „Stabilität" besser für multivariate Auswertungen geeignet als Einzelindikatoren; Skalen erfassen meist auch mehr inhaltliche Facetten eines Forschungsgegenstandes. Aus all diesen Gründen kann es sinnvoll sein, unsere differenzierten Daten wieder zu komplexeren Konstrukten bzw. Indikatoren zu „verdichten".

Wir haben einen solchen Aggregierungsprozeß schon 1996 (Langner & Sturzbecher, 1997) vorgenommen und ausführlich beschrieben. Als Ergebnis bildeten wir die Skala „Gewaltbereitschaft 1996", die als komplexer Indikator einerseits die Einzelitems für „Instrumentelle Gewaltbereitschaft" und „Gewalthandeln" sowie ausgewählte Items aus der Skala „Gewaltakzeptanz" beinhaltete. Andererseits hatten wir 1996 zusätzliche Items erprobt wie „Wenn ich richtig gut drauf bin, würde ich mich auch schon mal daran beteiligen, jemanden aufzumischen". Diese Items erfassen den Unterhaltungswert („Fun-Faktor") von Gewaltaktionen für Gewalttäter unter motivationalen Aspekten und wurden deshalb zusätzlich in die Skala „Gewaltbereitschaft 1996" aufgenommen. Da sich die faktorenanalytische Struktur und die Güte dieser Skala auch 1999 bestätigten, haben wir sie im vorliegenden Bericht für die (in Hinblick auf Gewalt weniger differenzierte) Auswertung in den anderen Kapiteln wie auch bei multivariaten Analysen in diesem Kapitel verwendet. Zugleich aber haben wir nach einem neuen, „zeitlosen" Namen gesucht. Deshalb heißt dieser Indikator nun „Allgemeine Gewaltbereitschaft", was allerdings die Gefahr der Verwechslung mit dem Einzelindikator „Instrumentelle Gewaltbereitschaft" birgt. Dieser Sachverhalt, der mit der schrittweisen Optimierung der psychometrischen Güte unserer Indikatoren über die Meßpunkte zusammenhängt, ist unbedingt zu berücksichtigen, wenn man unsere Forschungsergebnisse über die Jahre 1993, 1996 und 1999 vergleicht!

8.3.2 Unabhängige Variablen

Persönlichkeit

Viele Persönlichkeitseigenschaften stehen in einem engen Zusammenhang zur Gewaltbereitschaft; wir greifen an dieser Stelle nur einige wenige heraus, die wir für besonders wichtig halten und deshalb in unsere Studie einbezogen haben: „Erregbarkeit" (im Sinne des Aktivierungsniveaus für Aggressionen), „Externale Kontrollüberzeugungen", „Selbstvertrauen" und „Zukunftsoptimismus". Zusammenhänge zwischen der Erregbarkeit bei Provokationen und dem Testosteronniveau fanden Olweus et al. (1980), die zugleich konstatierten, daß der Aktivierungseffekt bei 15- bis 17jährigen Jungen am stärksten auftritt. Die Autoren legten allerdings großen Wert auf die Feststellung, daß dieser Zusammenhang komplex und kontrollierbar sei sowie bidirektional wirke: Hormonausschüttungen erhöhen die Gewaltbereitschaft genauso, wie gewaltträchtige Situationen zu verstärkten Hormonausschüttungen führen. Hormonelle Einflüsse sind also nur ein Teil des multivariaten Bedingungsgefüges der Gewalt. Mit unserer Skala „Erregbarkeit" ist ein vom situativen und insbesondere sozialen Kontext unabhängiger Indikator in die Analyse eingeflossen, der wahrscheinlich auch genetisch-biologische Gewaltursachen erfaßt und stark habitualisierte aggressive Verhaltensmuster abbildet. Die neun Items dieser Skala (s. Anhang) entstammen verschiedenen Instrumenten (s. Sturzbecher, Dietrich & Kohlstruck, 1994) und beschreiben einen leicht reizbaren Verhaltenstypus, der gut durch das Item mit der höchsten Trennschärfe repräsentiert wird: „Ich raste schnell aus".

Zu den im Zusammenhang mit Gewaltbereitschaft am häufigsten thematisierten Persönlichkeitsmerkmalen gehören Selbstwirksamkeitsüberzeugungen (Heitmeyer et al., 1995a; Petermann, 1995; Schwarzer, 1993). Untersuchungen zeigen, daß Gewaltbereitschaft oft mit externalen Kontrollüberzeugungen sowie darüber hinaus mit Selbstüberschätzung und Zukunftsoptimismus einhergeht (Kury, 1991; Boers et al., 1992; Dettenborn, 1992). Petermann (1995) versucht diese Zusammenhänge über die Einführung des Terminus „scheinbare Handlungskompetenz" zu erklären: Jugendliche, die „im Spektrum angemessener Handlungen verhaltenseingeengt" sind, differenzieren anstelle dessen ihr aggressives Verhaltensrepertoire aus und trainieren es. In der Folge erleben sie sich gerade über das Gewalthandeln als „scheinbar handlungskompetent" und leistungsfähig (vgl. auch Loeber, 1990), was nicht ohne Effekte auf ihr Selbstwertgefühl bleiben dürfte. Die Indikatoren zu den angesprochenen und in der nachfolgenden Analyse berücksichtigten Konstrukten „Hoffnungslosigkeit/Externale Kontrollüberzeugungen", „Selbstvertrauen" und „Berufsbezogener Zukunftsoptimismus" wurden alle bereits im Kapitel 2 vorgestellt (s. Anhang).

Schließlich galt es auch, Befunde aus eher „politisierenden" Ansätzen zu berücksichtigen, die Gewalt als Reaktion auf politische Enttäuschung und Ohnmacht bzw. als Bestandteil eines Rechtsextremismus- und Fremdenfeindlichkeitssyndroms betrachten. Auch wir hatten bereits in den theoretischen Überlegungen Interesse an der Frage bekundet, ob und ggf. mit welcher Stärke politische Partizipation und extremistische Einstellungen mit der Gewaltbereitschaft Jugendlicher in Wechselwirkung stehen. Zur Beantwortung dieser Frage greifen wir nachfolgend auf die Skalen „Bereitschaft zu legalem politischen Engagement", „Bereitschaft zu zivilem Ungehorsam", „Rechtsextremismus" und „Ausländerfeindlichkeit" zurück (s. Anhang).

Familie

Wir haben bereits mehrfach und ausführlich die Zusammenhänge zwischen familialen Entwicklungsbedingungen und der kindlichen Entwicklung dargestellt (vgl. Kapitel 2), auch in Hinblick auf Gewaltbereitschaft (Sturzbecher & Langner, 1997). Es sei deshalb nur noch kurz darauf verwiesen, daß das Kind durch die Interaktion mit Familienmitgliedern prosoziale wie auch aggressive Verhaltensmuster lernt, die sein Verhalten auch im späteren Leben nachhaltig beeinflussen (Baron & Richardson, 1994). Eltern, die sich helfend, kooperativ und wenig restriktiv gegenüber ihren Kindern verhalten, fördern einerseits die soziale Kompetenz ihrer Kinder gegenüber Gleichaltrigen (Cassidy et al., 1992; Patterson et al., 1991; Pettit et al., 1988); andererseits zeigen Kinder im Elternhaus kennengelernte aggressive Verhaltensmuster gegenüber anderen und später sogar gegenüber ihren eigenen Kindern (Crockenberg, 1987). Zwar deutet eine Studie von Kalmuss (1984) darauf hin, daß die intergenerationale Transmission von Gewalt nicht automatisch abläuft und man ihr nicht ausgeliefert ist, trotzdem stellen fehlende elterliche Zuwendung und Verfügbarkeit, eine fehlende Aufmerksamkeit für die Probleme des Kindes sowie eine streng kontrollierende elterliche Erziehung, die Aushandlungsmöglichkeiten nicht zuläßt, eine hochwirksame familiale Ausgangslage für die Entwicklung von Gewaltbereitschaft dar (Emery, 1989).

Diese Zusammenhänge lassen sich nicht nur lerntheoretisch begründen. So fanden Weiss et al. (1992) aus kognitionspsychologischer Perspektive, daß durch eine strenge Erziehung in früher Kindheit ein nicht situationsadäquater, unangepaßter Stil der Verarbeitung sozialer Informationen verursacht wird, der im Schulalter zu Aggressionen gegen Mitschüler führt. Mangelnde elterliche Erziehungstüchtigkeit kann durch sozioökonomische Belastungen verstärkt werden (Flanagan, 1990; Conger et al., 1994; McLoyd, 1989). Um die genannten Zusammenhänge für brandenburgische Familien zu prüfen, werden wir vorrangig auf folgende familiale Indikatoren zurückgreifen (s. Anhang): „Elterliche Vernachlässigung" (mangelnde Verfügbarkeit der Eltern, Desinteresse für die Probleme des Kindes), „Elterliche Restriktion" (mangelnde Entscheidungsfreiräume, physische Strafe, strenge Kontrolle), „Familienkohäsion", die Häufigkeit von Schlägen durch die Eltern, die Beschäftigungssituation beider Eltern und die finanzielle Situation der Familie.

Zu den bedeutendsten Längsschnittstudien, die schulische Entwicklungsbedingungen als Ursachen für Jugenddelinquenz untersucht haben, zählt das „Inner London Education Authority Junior School Project" (Rutter et al., 1979). Barbara Maughan (1989) gelangte auf der Grundlage der genannten Studie und der Auswertung einer Fülle weiterer Längsschnittanalysen aus Europa und den USA resümierend zu der Feststellung, daß „gute" Schulen, die die Entwicklung von Selbstwertgefühl und Problemlösefähigkeiten anregen sowie sozialen und Leistungserfolg fördern, die Wahrscheinlichkeit von emotionalen und Verhaltensstörungen reduzieren würden und daß die entwicklungspsychologische Forschung ein konsistentes Bild über die Merkmale „guter" Schulen biete. Diese Merkmale bezögen sich auf drei Bereiche, die in erfolgreichen Schulen gut aufeinander abgestimmt zusammenwirken: die Schülerstruktur, das soziale Schulklima (vgl. dazu auch Ames, 1992; Goodnow, 1988) und das Lehrmanagement.

Da wir die diesbezüglichen Zusammenhänge in Sturzbecher und Langner (1997) ausführlich dargestellt haben, seien nur die Merkmale noch einmal erwähnt, die wir auch im vorliegenden Band in ihrem Zusammenhang zur Jugendgewalt betrachten wollen. Maughan (1989) betont, daß die schulischen Inhalte auch für Schüler erkennbar Relevanz für eine erfolgreiche Lebensbewältigung besitzen und auf diese Weise die Schulmotivation fördern müßten. Neben der Schulmotivation gelte es den Schulerfolg zu fördern, ein weiterer protektiver Faktor gegen Jugendgewalt. Mittels unserer Skala „Schulmotivation" wurde deshalb erfaßt, inwieweit die Jugendlichen schulisches Lernen, seine Inhalte und Organisationsformen, als nützlich für die eigene Entwicklung und Lebensbewältigung empfinden; ob sie aus „eigenem Antrieb" am Lernen in der Schule interessiert sind und Spaß daran haben („Schulspaß", „Schulstreß") und ob ihre Lehrer die Unterrichtsinhalte interessant aufbereiten und die Jugendlichen in die Unterrichtsgestaltung einbeziehen („Fachliche Lehrqualität" und „Soziale Lehrqualität"). Darüber hinaus gilt unser Blick der sozialen Schulqualität: Sind die Schulleitung und die Lehrerschaft verläßliche Ansprechpartner bei schulischen Belangen und außerschulischen Problemen („Unterstützung durch die Lehrerschaft")? Wir wollen nachfolgend die Wechselwirkung zwischen diesen Indikatoren zur Schulmotivation, zu Schulleistungen und zur Lehrerzufriedenheit einerseits und Gewaltbereitschaft andererseits prüfen; nähere Beschreibungen zu den Indikatoren bietet der Anhang.

Neben diesen eher vermittelten Zusammenhängen zwischen der Schulqualität und der Gewaltbereitschaft der Schüler stellt Olweus (1994) das „Gewaltklima" der Schule als wichtige Bedingung für die Ausprägung von Gewaltbereitschaft in der Schülerschaft heraus. Dieses „Gewaltklima" werde vor allem auch dadurch bestimmt, wie zuverlässig und engagiert Lehrer bei beobachteten Gewaltaktionen gegen die Akteure vorgehen. Olweus (1994) fand keinen Zusammenhang beispielsweise zwischen Gewalt in der Schule und der Schulgröße oder Klassenstärke; wohl aber zwischen der Gewaltbereitschaft der Schüler und der Qualität der Pausenaufsicht. Das gewaltbezogene Klima an der Schule als Rahmenbedingung individueller Gewaltaktionen erfaßten wir einerseits mittels einer Einschätzung der Befragten hinsichtlich der Häufigkeit beobachteter Gewaltaktionen an ihrer Schule. Andererseits haben wir die Jugendlichen nach ihren Einschätzungen zur Interventionsfreudigkeit der Lehrer bei Gewaltaktionen an der Schule gefragt.

Peers und Freizeit

Die Beziehungen zu Gleichaltrigen und die Erfahrungen in Cliquen und Freundschaften gelten insbesondere in der Jugendphase als wichtige Sozialisationsfaktoren. Ein letzter Indikatorenkomplex betrifft deshalb die sozialen Beziehungen zu Gleichaltrigen und das Freizeitverhalten. Die Gewaltakzeptanz im Gleichaltrigenkontext wurde zum einen anhand der Bewertungen zur Aussage „Gewalt findet die Mehrheit in der Gruppe nicht so schlimm" operationalisiert. Dabei fielen diejenigen, die die Aussage mit „Stimmt völlig" oder „Stimmt teilweise" beantworteten, unter die Kategorie „Gewaltakzeptierende Gruppe". Der Rest, einschließlich derjenigen ohne Clique oder Freundeskreis, wurde als „Ohne gewaltakzeptierende Gruppe" kategorisiert.

Für die multivariate Auswertung wurde darüber hinaus eine Skala zur Gewaltakzeptanz in der Gruppe gebildet (s. Anhang). Da im öffentlichen Diskurs die vermeintlich zunehmende Jugendgewalt auch mit unzureichenden Jugendfreizeitangeboten in Verbindung gebracht wird, wurde die Zufriedenheit mit dem Freizeitangebot schließlich ebenfalls in den Auswertungen berücksichtigt. Die dazu in die Analyse einbezogene Frage lautete „Wie zufrieden sind Sie mit dem Angebot zur Freizeitgestaltung in Ihrem Heimatort?" und konnte auf einer vierstufigen Ratingskala beantwortet werden.

8.4 Untersuchungsergebnisse

Wir beginnen unsere Ergebnisdarstellung zunächst mit einer Übersicht zum Ausmaß und zu Trends von Gewaltakzeptanz, Gewaltbereitschaft und Gewalthandeln unter brandenburgischen Jugendlichen. Anschließend werden wir darstellen, wie sich Jugendliche auf „Angriffe" anderer vorbereiten, was Gewaltakteure bei Schlägereien empfinden und welche Begründungen sie für ihr Gewalthandeln nennen. Weiterhin werden wir untersuchen, welche Opfergruppen dabei zum Ziel der Gewalt werden. Von Interesse sind für uns auch Bedingungen und Reaktionen des sozialen Umfeldes von Jugendlichen: Wie reagieren Eltern auf die Gewalt ihrer Kinder, welche Bedeutung haben Jugendcliquen?

8.4.1 Gewaltakzeptanz, instrumentelle Gewaltbereitschaft und Gewalthandeln unter brandenburgischen Jugendlichen

Gewaltakzeptanz

Betrachten wir zunächst die Ergebnisse zur Gewaltakzeptanz unter brandenburgischen Jugendlichen (s. folgende Tabelle), die wir differenziert nach dem Geschlecht und dem Alter der Befragten dargestellt haben. Die Ergebnisse zeigen, daß 19 Prozent der befragten Jugendlichen eine tendenzielle oder hohe Gewaltakzeptanz aufweisen. Die Billigung von Gewalt unter sozialdarwinistischen und jugendzentristischen Aspekten ist bei Jungen in stärkerem Maße zu beobachten als bei Mädchen. Mit zunehmendem Alter nimmt die Gewaltakzeptanz unter Jugendlichen deutlich ab.

Tab. 1: **Gewaltakzeptanz brandenburgischer Jugendlicher – 1999** (Angaben in %)

Subpopulationen		Skala „Gewaltakzeptanz"			
		Niedrig	Eher niedrig	Eher hoch	Hoch
Geschlecht	Männlich	29,0	44,2	21,5	5,2
	Weiblich	46,7	42,3	10,1	0,9
Alters-gruppen	12 bis 14 Jahre	30,8	44,3	20,8	4,2
	15 bis 17 Jahre	36,0	45,0	15,6	3,4
	Ab 18 Jahre	46,8	39,5	11,9	1,7
Gesamt		37,6	43,3	16,0	3,2

Die Ergebnisse aus Tabelle 2 zeigen, daß die Gewaltakzeptanz unter brandenburgischen Jugendlichen seit 1993 nicht gravierend, aber überzufällig und stetig abgenommen hat. Verschiebungen zwischen einzelnen Antwortkategorien der Skala zur Gewaltakzeptanz zeigen sich darin, daß der prozentuale Anteil der Jugendlichen mit einer gering ausgeprägten Gewaltakzeptanz im Zeitraum 1993 bis 1999 angestiegen ist und vor allem der Anteil der Jugendlichen mit einer eher hohen Gewaltakzeptanz kleiner geworden ist. Dies ist ein erstes Indiz für eine insgesamt gesunkene Duldsamkeit brandenburgischer Jugendlicher gegenüber Gewalt.

Tab. 2: **Gewaltakzeptanz brandenburgischer Jugendlicher – 1993 und 1996*)** (Angaben in %)

Erhebung	Skala „Gewaltakzeptanz"			
	Niedrig	Eher niedrig	Eher hoch	Hoch
1993	32,6	41,8	21,4	4,2
1996	32,4	45,8	18,5	3,4
1999	37,3	43,3	16,1	3,3

*) Hier wie auch für die folgenden Tabellen, die Vergleiche der Erhebungen 1993 bzw. 1996 mit 1999 beinhalten, gilt die Struktur der Stichprobe des Jahres 1996 (ohne Realschulen) als einheitliche Vergleichsbasis. Daraus können im Einzelfall von den repräsentativen Daten für 1999 abweichende Werte entstehen.

Allerdings findet sich auch eine Teilgruppe von Jugendlichen, die von diesem Gesamttrend abweicht. So ist die Gewaltakzeptanz unter männlichen Jugendlichen im Alter zwischen 12 und 14 Jahren von 1993 und 1996 zwar leicht gesunken, aber im Zeitraum 1996 bis 1999 entgegen dem allgemeinen Trend erheblich angestiegen. Fast 39 Prozent der Jugendlichen dieser Gruppe äußerten 1999 eine hohe (Kategorie „Hoch") oder tendenziell hohe (Kategorie „Eher hoch") Gewaltakzeptanz – dies ist der höchste gefundene Wert überhaupt. Es soll daran erinnert werden, daß es gerade diese Teilgruppe männlicher Jugendlicher ist, die auch im Zusammenhang mit Rechtsextremismus und Ausländerfeindlichkeit (s. Kapitel 3 und 5) durch besorgniserregende Trends aufgefallen ist.

Betrachten wir die Ergebnisse zu einzelnen Items der Skala „Gewaltakzeptanz", so zeigen sich bei einigen Aussagen deutliche Veränderungen im Zeitraum von 1993 bis 1999 (Abb. 1). Bei der Aussage „Über Gewalt schaffen Jugendliche klare Verhältnisse ..." zeigt sich die größte Veränderung. Der Anteil der Jugendlichen, die dieser Aussage zustimmen, geht bis 1999 kontinuierlich zurück. Eine ähnliche Tendenz ist bei dem Item „Man muß zur Gewalt greifen, weil man nur so beachtet wird" zu erkennen. Die Ergebnisse zu den Aussagen, „Ich finde es gut, wenn es Leute gibt, die mit Gewalt für Ordnung sorgen" und „Es ist völlig normal, wenn Männer sich im körperlichen Kampf mit anderen beweisen wollen" haben sich eher gering verändert, wobei auffällig ist, daß sich der Anteil zustimmender Antworten von 1999 jeweils wieder an die Verteilung von 1993 angeglichen hat. Es ist jedoch auch ein Aspekt von Gewaltakzeptanz zu finden, dem seit 1993 kontinuierlich immer mehr Jugendliche zustimmen: „Der Stärkere soll sich durchsetzen, sonst gibt es keinen Fortschritt".

Abb. 1: Bewertung von gewaltakzeptierenden Aussagen (Angaben in %)

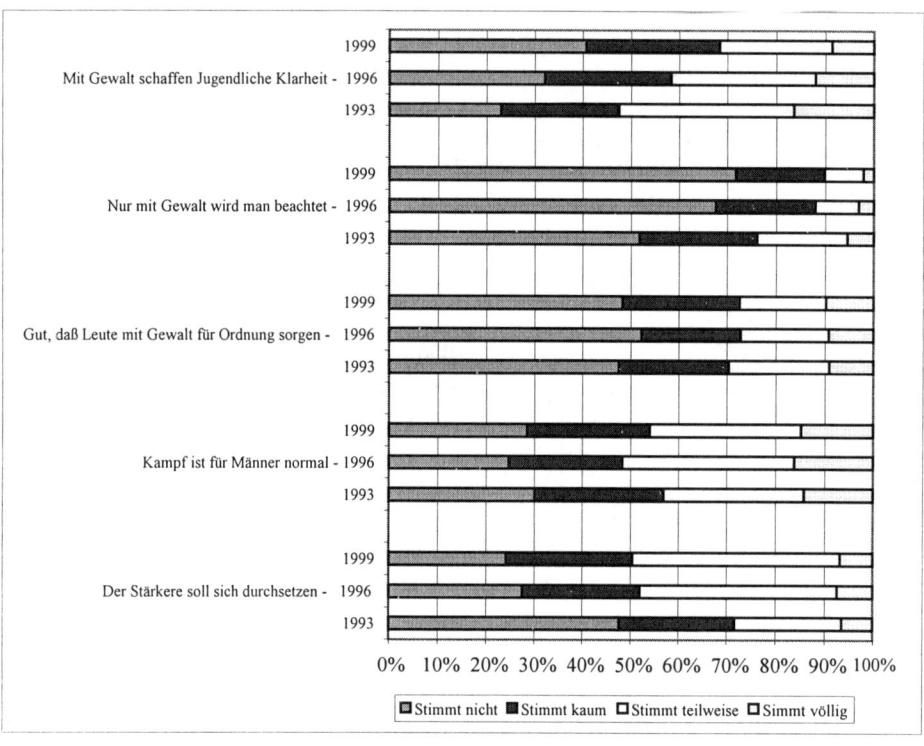

Die Ergebnisse unserer Jugendstudie zeigen also im Untersuchungszeitraum von 1993 bis 1999 einerseits eine Abschwächung gewaltakzeptierender Einstellungen, die im Sinne einer „jugendzentrierten" Protesthaltung gedeutet werden können („Mit Gewalt schaffen Jugendliche Klarheit"), andererseits gewinnen gewaltakzeptierende Einstellungen an Bedeutung, die durch „sozialdarwinistische" Argumente („Der Stärkere soll sich durchsetzen") legitimiert werden. Entsprechende Überzeugungen vertritt 1999 fast die Hälfte aller befragten Jugendlichen. Unter männlichen Jugendlichen überwiegt hier sogar der Anteil zustimmender Aussagen. Es ist nicht auszuschließen, daß sich in dieser Entwicklung eine jugendspezifische Adaption an gesamtgesellschaftliche Veränderungen in Ostdeutschland widerspiegelt, die seit 1990 durch Individualisierungsprozesse und zunehmende Konkurrenzverhältnisse vor allem beim Erwerb von Arbeits- und Ausbildungsplätzen gekennzeichnet waren.

Gewaltbereitschaft

Tabelle 3 zeigt die Ergebnisse zur Bereitschaft, Gewalt zur Durchsetzung eigener Interessen einzusetzen („Instrumentelle Gewaltbereitschaft"). Der Anteil der Jungen,
die nach eigener Einschätzung bereit sind, instrumentelle Gewalt einzusetzen, liegt –
unter Berücksichtigung der Ergebnisse zur Gewaltakzeptanz – erwartungsgemäß
über dem entsprechenden Anteil der Mädchen. Weiterhin zeigen sich deutliche Unterschiede zwischen den Altersgruppen. Wie bereits bei den Ergebnissen zur Gewaltakzeptanz, zeigen jüngere Schülerinnen und Schüler im Vergleich zu älteren eine
höhere Bereitschaft, körperliche Gewalt zur Durchsetzung ihrer Interessen zu nutzen.

Tab. 3: **Instrumentelle Gewaltbereitschaft unter Jugendlichen – 1999** (Angaben in %)

Subpopulationen		„Ich bin in bestimmten Situationen bereit, auch kör- perliche Gewalt anzuwenden, um meine Interessen durchzusetzen"			
		Stimmt Völlig	Stimmt teilweise	Stimmt kaum	Stimmt nicht
Geschlecht	Männlich	15,1	27,0	31,1	26,8
	Weiblich	3,8	13,0	24,3	58,9
Alters- gruppen	12 bis 14 Jahre	11,3	23,3	27,9	37,6
	15 bis 17 Jahre	10,4	18,8	28,2	42,6
	Ab 18 Jahre	6,9	19,2	27,2	46,7
Gesamt		9,7	20,2	27,8	42,3

Wir hatten bereits dargelegt, daß für den Zeitraum von 1993 bis 1999 eine geringe,
jedoch stetige Abnahme der Gewaltakzeptanz unter brandenburgischen Jugendlichen
erkennbar ist. Bei der instrumentellen Gewaltbereitschaft findet sich dagegen zwischen 1993 und 1996 zunächst ein Anstieg; während von 1996 bis 1999 die Bereitschaft, Interessen gewaltsam durchzusetzen, zurückgegangen ist. Der Langzeittrend
von 1993 bis heute ist bei der instrumentellen Gewaltbereitschaft genau wie bei der
Gewaltakzeptanz insgesamt rückläufig.

Tab. 4: **Trends zur instrumentellen Gewaltbereitschaft – 1993 bis1999** (Angaben in %)

Erhebung	„Ich bin in bestimmten Situationen bereit, auch körperliche Gewalt anzuwenden, um meine Interessen durchzusetzen"			
	Stimmt völlig	Stimmt teilweise	Stimmt kaum	Stimmt nicht
1993	8,7	17,9	29,5	43,9
1996	12,1	22,7	27,4	37,8
1999	9,8	20,4	27,5	42,3

Diese Gesamtentwicklung kann für Jungen und Mädchen sowie für die einzelnen
Altersgruppen bestätigt werden. Dagegen heben sich auch bei der instrumentellen
Gewaltbereitschaft männliche Jugendliche der jüngsten Altersgruppe negativ hervor.
Zum einen gibt es in dieser Gruppe nicht den insgesamt festgestellten Rückgang der
instrumentellen Gewaltbereitschaft zwischen 1996 und 1999; zum anderen ist das
absolute Ausmaß an instrumenteller Gewaltbereitschaft in dieser Gruppe sehr hoch.
Jeder zweite befragte Jugendliche dieser Teilgruppe ist zur gewaltsamen Interessen-
durchsetzung 1999 völlig oder teilweise bereit.

Wir wollen nun der Frage nachgehen, in welchem Ausmaß sich Jugendliche an Schlägereien beteiligen. Die Ergebnisse zum Gewalthandeln sind in Tabelle 5 dargestellt. Insgesamt kann zunächst festgehalten werden, daß sich über die Hälfte der Jugendlichen – nach eigenen Angaben – „Nie" an Schlägereien beteiligen. Die andere Hälfte der brandenburgischen Jugendlichen, die sich „Oft", „Manchmal" oder auch nur „Selten" an Gewaltaktionen beteiligen, werden wir im folgenden als „Gewaltakteure" bezeichnen. Auch auf der Handlungsebene finden sich deutliche geschlechtsspezifische Unterschiede. Mädchen akzeptieren demnach nicht nur weniger Gewalt als eine legitime Interaktionsform und zeigen eine geringere Bereitschaft, ihre persönlichen Interessen mit Gewalt durchzusetzen; sie beteiligen sich auch im Alltag seltener an Gewaltaktionen. Fast drei Viertel aller Mädchen sind nie in Schlägereien verwickelt, dies ist nur bei 40 Prozent der Jungen der Fall. Aber auch unter Mädchen spielt Gewalt eine Rolle – immerhin beteiligt sich rund ein Viertel der Mädchen zumindest gelegentlich an Schlägereien (zur Rolle der Mädchen in Gewaltgruppen vgl. Bruhns & Wittmann, 1999). Darüber hinaus ist zu bedenken, daß unser Meßinstrumentarium keineswegs alle Ausdrucksformen von Gewalt erfaßt; bestimmte subtile und eher für Mädchen typische Gewaltformen sind, obwohl auch ein fester Bestandteil der Jugendkultur, in diesen Ergebnissen nicht repräsentiert.

Tab. 5: Beteiligung an Schlägereien unter Jugendlichen – 1999 (Angaben in %)

Subpopulationen		Beteiligung an Schlägereien			
		Oft	Manchmal	Selten	*Nie*
Geschlecht	Männlich	2,4	11,9	45,3	*40,5*
	Weiblich	0,4	2,9	23,7	*73,0*
Altersgruppen	12 bis 14 Jahre	1,3	9,6	47,0	*42,0*
	15 bis 17 Jahre	2,0	7,1	32,7	*58,3*
	Ab 18 Jahre	0,6	6,0	25,8	*67,7*
Gesamt		1,4	7,5	34,9	*56,2*

Die Beteiligung an gewalttätigen Aktionen geht mit dem Alter der Jugendlichen deutlich zurück. Dies bestätigt Befunde anderer Studien, die davon ausgehen, daß Gewalthandeln und Delinquenzepisoden in der Frühadoleszenz Entwicklungsphänomene darstellen, die bei den meisten Jugendlichen infolge von aversiven Tatererfahrungen, Sanktionserfahrungen und Reifungsprozessen nicht zu Rückfällen führen (Schneider & Rheinberg, 1995). Allerdings sprechen einige Untersuchungsergebnisse dafür, daß sich diese jugendspezifische Delinquenzphase in den letzten Jahren verlängert hat (Mansel, 1995).

Die folgende Tabelle spiegelt die Veränderungen hinsichtlich der Beteiligung von brandenburgischen Jugendlichen an Schlägereien zwischen 1993 und 1999 wider. Dabei ist zu erkennen, daß sich die Tendenz einer wachsenden Beteiligung Jugendlicher an Gewaltaktionen, die sich zwischen 1993 und 1996 zeigte, im Zeitraum von 1996 bis 1999 nicht weiter fortgesetzt hat. Der Anteil der Gewaltakteure unter brandenburgischen Jugendlichen ist seit 1996 insgesamt kleiner geworden. Aber auch im Zusammenhang mit der Häufigkeit von Gewalthandeln muß die Problematik der 12- bis 14jährigen Jungen betont werden. Wie schon bei der Gewaltbereitschaft findet sich auch hinsichtlich der Häufigkeit der Beteiligung an Schlägereien in dieser Teil-gruppe nur ein unbedeutender Rückgang, und in keiner anderen Gruppe ist 1999 ein vergleichbar hohes Ausmaß an Gewalthandeln festzustellen: Fast 75 Prozent dieser Jungen sind Gewaltakteure.

Tab. 6: **Beteiligung an Schlägereien – 1993 bis 1999** (Angaben in %)

Erhebung	Beteiligung an Schlägereien			
	Oft	Manchmal	Selten	*Nie*
1993	1,6	5,9	19,5	*73,0*
1996	2,5	9,7	33,7	*54,1*
1999	1,6	7,8	34,2	*56,4*

Um die Frage nach der Beteiligung Jugendlicher an Gewaltaktionen noch konkreter und sicherer beantworten zu können, haben wir den Gewaltakteuren an anderer Stelle im Fragebogen die Frage gestellt: „Wie häufig beteiligen Sie sich an Schlägereien oder gewalttätigen Aktionen?". Für die Beantwortung dieser Frage boten wir den Gewaltakteuren die zeitraumbezogenen Antwortmöglichkeiten „Mehrmals täglich", „Fast täglich", „Mehrmals in der Woche", „Mehrmals im Monat" und „Mehrmals im Jahr". Die Ergebnisse zu dieser Frage sind in Tabelle 7 dargestellt. Danach ist nur ei-ne kleine Minderheit von weniger als zwei Prozent der Gewaltakteure täglich in Schlägereien verwickelt. Diese Jugendlichen können in der Tat als „harter Kern" unter den Gewaltakteuren bezeichnet werden; Schlägereien gehören für sie buchstäb-lich zum „Alltagsgeschehen". Überproportional häufig sind in dieser Gruppe männ-liche und vor allem jüngere (männliche) Befragte zu finden. Etwa 16 Prozent der Gewaltakteure beteiligen sich immerhin noch mehrmals in der Woche oder im Monat an Schlägereien, mit ähnlicher Häufigkeit nehmen durchaus auch weibliche Gewalt-akteure an Schlägereien teil.

Tab. 7: **Zeitraumbezogene Beteiligung an Schlägereien – 1999** (Angaben in %)

Subpopulationen		Beteiligung an Schlägereien			
		Mehrmals/ fast täglich	Mehrmals in d. Woche	Mehrmals im Monat	Mehrmals im Jahr
Geschlecht	Männlich	2,3	2,3	15,4	80,0
	Weiblich	0,8	1,6	10,8	86,8
Altersgrup-pen	12 bis 14 Jahre	2,4	3,0	17,1	77,5
	15 bis 17 Jahre	1,6	2,3	13,9	82,3
	Ab 18 Jahre	1,2	0,0	8,9	89,9
Gesamt		1,8	2,1	14,1	82,0

Wahrnehmung von Gewaltaktionen in Freizeit und Schule

Neben dem eigenen Gewalthandeln wurden die Schülerinnen und Schüler in unseren Befragungen von 1996 und 1999 auch danach gefragt, wie häufig sie in ihrem Frei-zeitumfeld oder in ihrer Schule ernsthafte Gewaltaktionen (Ohrfeigen, Schläge, Trit-te, Zerstörung von persönlichem Eigentum anderer, Erpressungen unter Androhung der genannten Gewaltaktionen) beobachten. Die entsprechenden Angaben liefern Hinweise darüber, wie sehr Gewalt im unmittelbaren Lebensumfeld von Jugendlichen verbreitet ist. Dies bezieht natürlich das eigene Gewalthandeln mit ein, betrifft jedoch auch darüber hinausgehende Gewaltaktionen anderer Personen, die sich auf die Einstellungen Jugendlicher zum Phänomen „Jugendgewalt" auswirken können.

Tab. 8: **Wahrnehmung von Gewaltaktionen in Freizeit und Schule – 1996 und 1999** (Angaben in %)

Erhebung	Wahrnehmung von Gewaltaktionen							
	Mehrmals/ fast täglich		Mehrmals in der Woche/Monat		Mehrmals im Jahr		Fast nie	
	Freizeit	Schule	Freizeit	Schule	Freizeit	Schule	Freizeit	Schule
1996	9,7	9,7	29,8	18,5	15,2	15,7	45,2	56,2
1999	5,7	4,9	25,6	13,7	12,9	14,9	55,9	66,5

Den Angaben aus Tabelle 8 ist zu entnehmen, daß die Häufigkeit der wahrgenommenen Gewaltaktionen sowohl im Freizeitumfeld als auch in der Schule zwischen 1996 und 1999 erheblich gesunken ist. Der Anteil der Jugendlichen, die angeben, in ihrem Freizeitumfeld „Fast nie" Gewaltaktionen beobachtet zu haben, stieg in diesem Zeitraum von 45 auf fast 56 Prozent. In der eigenen Schule nehmen mittlerweile zwei Drittel der Schülerinnen und Schüler keine Gewalttätigkeiten mehr wahr. Diese Entwicklung ist in allen von uns untersuchten Schultypen festzustellen – allerdings ist das wahrgenommene Gewaltniveau an Schulen nach wie vor sehr unterschiedlich. Am seltensten wurden an Gymnasien und Oberstufenzentren Gewaltaktionen beobachtet; über 80 Prozent der Schülerschaft bzw. der Auszubildenden beobachten hier 1999 keine Gewaltaktionen mehr. An Gesamtschulen nahmen 1996 noch 21 Prozent der Schülerinnen und Schüler täglich Gewalttätigkeiten wahr. Dieser Anteil hat sich zwar bis 1999 halbiert, dennoch haben auch in diesem Befragungsjahr immer noch rund 60 Prozent der Schülerschaft von Gesamtschulen Gewaltaktionen an ihrer Schule beobachtet.

Zusammenfassung der Ergebnisse zum Gewalthandeln

Die Beteiligung an Gewaltaktionen ist unter Jugendlichen unterschiedlich stark ausgeprägt. Eine besondere Risikogruppe stellen die 12- bis 14jährigen Jungen dar. Mädchen scheinen Schlägereien eher zu meiden und ihre Konflikte, wenn überhaupt, durch subtilere Aggressionen auszutragen. Die Neigung, sich an Gewaltaktionen zu beteiligen, geht mit dem Alter der Jugendlichen zurück. Darüber hinaus hat sich auch der Gesamtumfang der Beteiligung an Schlägereien in den letzten Jahren verändert. Wir können zwischen 1996 und 1999 unter brandenburgischen Jugendlichen insgesamt und konsistent über alle Indikatoren einen Rückgang der Gewaltbereitschaft und der Beteiligung an gewalttätigen Aktionen erkennen, nur 12- bis 14jährige Jungen heben sich negativ von diesem Trend ab. Korrespondierend mit dem Rückgang der Gewaltbereitschaft beobachteten Jugendliche auch in ihrem Freizeitumfeld und in ihrer Schule 1999 deutlich weniger Gewalttätigkeiten als noch drei Jahre zuvor. Wir wollen nun im folgenden Abschnitt der Frage nachgehen, vor welchem Hintergrund diese rückläufigen Gewaltaktionen von Jugendlichen verstanden werden müssen und ob dem festgestellten Rückgang nicht eine Desensibilisierung gegenüber

Gewalt zugrundeliegt. Deshalb betrachten wir nun die Reaktionen von Lehrern, Eltern und Mitschülern auf Gewaltaktionen Jugendlicher.

8.4.2 Reaktionen von Lehrern, Eltern und Mitschülern auf Jugendgewalt

Reaktionen der Lehrer auf Gewalttätigkeiten in der Schule

Wie reagieren Lehrerinnen und Lehrer, wenn sie Zeugen von ernsthaften Gewaltaktionen (s.o.: Ohrfeigen, Schläge, Tritte, Zerstörung von persönlichem Eigentum, Erpressungen) in der Schule werden, und lassen sich Reaktionsformen identifizieren, die zur Reduktion von Gewalt beitragen? Die von uns befragten Schülerinnen und Schüler sollten das Verhalten ihrer Lehrer anhand der Aussagen in der folgenden Tabelle einschätzen. Dabei muß berücksichtigt werden, daß in einer konkreten Situation durchaus mehrere Reaktionsweisen eine Rolle spielen können. Lediglich die Aussage „Sie sehen weg" stellt hiervon eine Ausnahme und im Verhältnis zu den anderen Aussagen eine echt alternative Antwortoption dar.

Tab. 9: **Reaktionen der Lehrerschaft auf Gewalt an der Schule – 1999** (Angaben in %)

Aussage:	Antwortvorgaben:			
	Stimmt völlig	Stimmt teilweise	Stimmt kaum	Stimmt nicht
„Sie schimpfen"	44,2	38,8	11,7	5,3
„Sie fragen nach den Gründen und diskutieren, ob diese Gründe gerechtfertigt sind"	35,2	39,5	17,9	7,4
„Sie gehen dazwischen und beenden die Gewalt mit körperlichem Einsatz"	28,1	42,1	19,2	10,6
„Sie bestrafen die Beteiligten"	23,5	44,1	22,3	10,1
„Sie sehen weg"	4,1	15,8	22,6	57,5

Am häufigsten beobachten die Befragten verbale Reaktionen seitens der Lehrerschaft auf Gewaltsituationen unter Jugendlichen („Schimpfen", „Diskutieren"). Weitaus weniger häufig greifen Lehrer selbst körperlich ein, um Gewalt zu beenden, oder bestrafen sie die an Gewaltaktionen Beteiligten. Fast jeder fünfte Jugendliche glaubt, daß Lehrerinnen und Lehrer im Falle von Gewalt unter Schülern „einfach wegsehen". Ein nennenswerter Unterschied zwischen den einzelnen Schultypen, vor allem in bezug auf die zuletzt genannte Reaktionsform, ist nicht zu finden. Ein Zusammenhang zwischen einzelnen Reaktionsformen der Lehrerschaft und dem Ausmaß von Gewalttätigkeiten an der Schule findet sich nur in Hinblick auf die Bestrafung von Gewalttätern und das „Wegsehen" der Lehrer; beide beeinflussen die Häufigkeit von Gewalt an der Schule: An Schulen, an denen der Lehrkörper strafend interveniert, wird von einem geringeren Ausmaß an Schülergewalt berichtet (Tau_b= -.06); an Schulen, an denen Lehrer eher „wegsehen", werden häufiger ernsthafte Gewaltaktionen beobachtet (Tau_b= .14). Dieser Befund entspricht der folgenden Binsenweisheit: Schimpfen, Diskutieren und auch der körperliche Einsatz zur Beendigung von Gewalt sind in der Schule allemal besser als „Wegsehen", wenn auch nicht besonders wirkungsvoll; wenn Jugendgewalt wirklich zurückgedrängt werden soll, müssen die Gewalttäter bestraft werden!

Wenn ein Jugendlicher angab, sich an Schlägereien oder gewalttätigen Aktionen zu beteiligen, wurde er/sie danach gefragt, wie denn die Eltern im allgemeinen reagieren würden, wenn sie erfahren, daß sich ihr Kind an solchen Gewaltaktionen beteiligt hat. Abbildung 2 zeigt, daß fast drei Viertel der Eltern in diesem Fall mit ihren Kindern darüber diskutieren; 14 Prozent der Eltern reagieren mit Desinteresse. Bestrafungen wie „Schimpfen (11%)", „Hausarrest (3%)" und „eine Tracht Prügel (1%)" als Reaktion der Eltern auf die Gewaltaktionen ihrer Kinder sind hingegen eher selten.

Abb. 2: Elternreaktionen auf die Gewaltbeteiligung ihrer Kinder (Angaben in %)

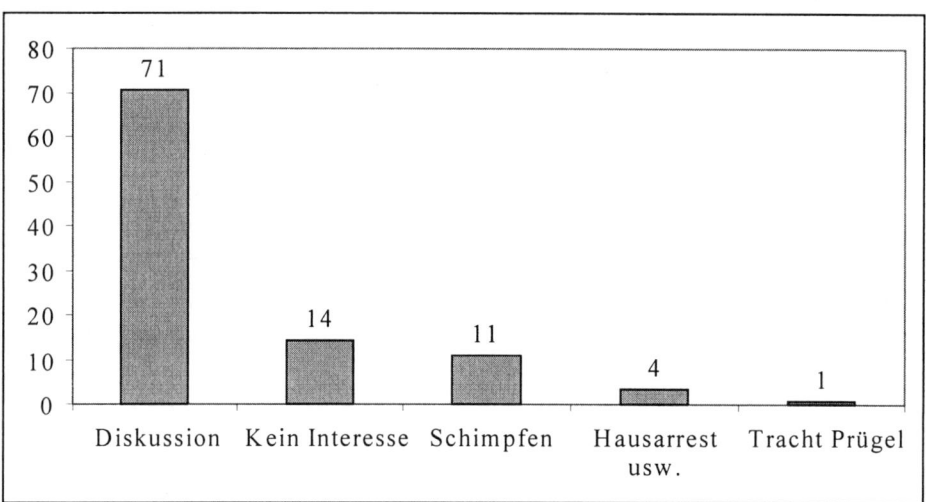

Zwischen den jeweiligen Reaktionsweisen der Eltern und der Häufigkeit der Beteiligung ihrer Kinder an Schlägereien (aber auch der allgemeinen Gewaltbereitschaft der Kinder) bestehen deutliche Zusammenhänge. Jugendliche, die von ihren Eltern als Reaktion auf Gewaltaktionen geprügelt werden, berichten am häufigsten, in Schlägereien verwickelt zu sein (Mittelwert: 2,46)[1]. Prügelstrafen schrecken demnach keineswegs von Schlägereien ab, vielmehr bedingen sich elterliche Gewalt und die Gewalttätigkeit Jugendlicher wechselseitig. Fast ebenso negativ wirkt sich jedoch auch elterliches Desinteresse auf das Gewalthandeln von Jugendlichen aus (Mittelwert: 2,38). Mäßige elterliche Sanktionen wie Schimpfen (Mittelwert: 2,14) oder Hausarrest (2,09), vor allem aber die inhaltliche Auseinandersetzung in Form von Diskussionen (2,09) führen zu einer deutlich geringer ausgeprägten Neigung Heranwachsender, sich an Schlägereien zu beteiligen.

---

[1] Mittelwert auf einer Skala zur Erfassung der Häufigkeit der Beteiligung an Schlägereien unter Gewaltakteuren. Wertebereich von 2 „Selten" bis 4 „Oft". Mittelwert aller Gewaltakteure: 2,23.

Gewaltbereitschaft und Gewalthandeln sind nicht nur das Resultat individueller Dispositionen, sondern stehen auch im Zusammenhang mit dem sozialen Kontext. In einem sozialen Umfeld, in dem eine Mehrheit gleichgültig oder sogar billigend auf Gewaltaktionen von einzelnen Gewalttätern reagiert, werden solche Verhaltensweisen schneller eine „Normalität" sein und in ihrem Umfang zunehmen, als in einem Umfeld, das auf Gewalt grundsätzlich ablehnend und sanktionierend reagiert. Wie schon 1996, haben wir auch 1999 die brandenburgischen Jugendlichen gefragt, wie sie auf Schlägereien und andere Gewaltaktionen im sozialen Umfeld reagieren; wir können also auch hinsichtlich dieser Einschätzungen zur Duldsamkeit gegenüber Gewalt Trends analysieren (s. folgende Tabelle). Auf unsere Frage: „Was halten Sie davon, wenn andere zu Schlägereien/gewalttätigen Aktionen greifen?" hatten die befragten Jugendlichen die Wahl zwischen folgenden Antwortmöglichkeiten:

- „Ich akzeptiere dies als ihre Entscheidung. Jeder soll so handeln, wie er es für richtig hält" (Akzeptanz)
- „Wenn es ohne ernsthafte Verletzungen abläuft oder nicht gegen Schwächere geht, habe ich nichts dagegen" (Billigung unter Vorbehalt)
- „Ich finde es nicht in Ordnung, aber ich denke, ich sollte mich nicht in die Angelegenheiten anderer einmischen" (Ablehnung ohne Engagement)
- „Ich bin absolut gegen jegliche Gewaltaktionen und sage auch offen meine Meinung zu diesem Thema" (Absolute Ablehnung).

Tab. 10: Reaktionen Jugendlicher zur Gewalt anderer Personen – 1996 und 1999
(Angaben in %)

| Subpopu-lationen | Reaktionen zur Gewalt anderer Personen | | | | | | | |
| | „Akzeptanz" | | „Billigung unter Vorbehalt" | | „Ablehnung ohne Engagement" | | „Absolute Ablehnung" | |
	1996	1999	1996	1999	1996	1999	1996	1999
Geschlecht								
Männlich	25,1	29,3	32,7	27,8	26,6	20,4	15,5	22,5
Weiblich	11,7	12,0	18,8	15,1	37,8	25,2	31,8	47,7
Altersgruppen								
12 bis 14 Jahre	19,3	23,3	24,9	21,1	35,1	28,6	20,6	27,0
15 bis 17 Jahre	18,5	20,5	26,8	22,9	32,1	24,1	22,6	32,5
Ab 18 Jahre	17,8	18,9	25,0	20,3	29,2	17,6	28,0	43,2
Schultyp								
O	21,5	25,2	23,3	22,4	34,1	25,2	21,0	27,2
O/OG	12,8	16,4	21,2	22,5	35,1	21,3	30,9	39,8
OG	11,5	9,8	28,7	21,5	32,8	27,1	27,1	41,6
OSZ	22,7	25,8	27,7	20,1	28,8	18,9	20,7	35,2
Gesamt	18,5	20,7	25,8	21,5	32,2	22,8	23,5	35,0

Betrachten wir den Antworttrend hinsichtlich der Reaktionen Jugendlicher auf Gewalt im Zeitraum von 1996 bis 1999, so läßt sich eine Polarisierung erkennen: Auf der einen Seite des Reaktionsspektrums ist die Akzeptanz von Gewalt leicht gestiegen; auf der anderen jedoch ist gleichzeitig die absolute Ablehnung jeglicher Gewalt erheblich gewachsen. Die letztgenannte Veränderung basiert vor allem darauf, daß in den letzten Jahren die Zahl Jugendlicher zurückgegangen ist, die Gewalt unter Vorbehalt tolerieren oder, obwohl sie Gewalt eigentlich ablehnen, nichts dagegen unternehmen wollen: Die Gewaltablehnung vieler brandenburgischer Jugendlicher ist heute kompromißloser und wehrhafter!

Die verstärkte Gewaltablehnung ist jedoch nicht unter allen Jugendlichen gleichermaßen zu finden. Auffallend sind hier vor allem wieder geschlechtsspezifische Unterschiede. Während Jungen auch 1999 noch relativ häufig Gewalt akzeptieren, lehnen mittlerweile fast die Hälfte aller Mädchen Gewalt grundsätzlich ab. Ebenfalls starke Unterschiede sind zwischen den einzelnen Altersgruppen zu finden; eine grundsätzlich ablehnende Haltung zur Gewalt findet sich mit zunehmendem Alter häufiger. Dieser Alterseffekt hat bis 1999 deutlich zugenommen. Bemerkenswert sind schließlich auch die Unterschiede bei den Reaktionen auf Gewalt zwischen der Schülerschaft verschiedener Schultypen. Während sich an Gesamtschulen gewaltakzeptierende und gewaltablehnende Grundpositionen etwa die Waage halten, dominiert an Gymnasien die absolute Gewaltablehnung (42%). Mit diesen Ergebnissen soll nicht etwa eine Bewertung einzelner Schultypen vorgenommen werden (wir nutzen die Kategorie „Schultyp" lediglich zu deskriptiven Zwecken), aber es erscheint offensichtlich, daß in bestimmten Schultypen höhere Bildungsaspirationen („Schulmotivation") der Schüler, protektive familiale Bedingungen gegen Gewalt in den Elternhäusern und ein strikt gewaltablehnendes Schulklima in ihrem Zusammenspiel überzufällig oft zu einer unterdurchschnittlichen Gewaltbelastung führen.

Zusammenfassend kann damit festgehalten werden, daß unter Jugendlichen in Brandenburg zwischen 1996 und 1999 nicht nur ein Rückgang der Gewaltbereitschaft und der eigenen Gewaltaktionen zu verzeichnen ist, sondern sich vielmehr auch eine allgemein geringere Duldsamkeit gegenüber Gewaltaktionen anderer abzeichnet. Wir sehen diese positive Entwicklung durchaus im Zusammenhang mit der erfolgreichen Wirkung mittlerweile eingeleiteter Interventionsprogramme in diesem Bereich. Dieser Erfolg sollte jedoch nicht zu einer vorschnellen „Entwarnung" führen: Jede Gewaltaktion ist eine zuviel. Wir wollen deshalb in den folgenden Abschnitten unsere Betrachtung durch eine Analyse der Täterpersönlichkeiten und der situativen Kontexte von Gewaltaktionen präzisieren.

8.4.3 Motive und Empfindungen von jugendlichen Gewalttätern

Motive für Schlägereien und Empfindungen von Gewaltakteuren

Wie bereits dargestellt, beteiligten sich 1999 über 40 Prozent der brandenburgischen Jugendlichen zumindest gelegentlich an Schlägereien. Diese Gewaltakteure wurden nach den Hintergründen und Motiven befragt, die bei ihrer Beteiligung an Schlägereien oder Gewaltaktionen eine Rolle gespielt haben. Die folgende Tabelle zeigt anhand von Mittelwerten eine Rangreihe verschiedener Motive. „Sich gegen Angriffe anderer zu wehren" wird von männlichen und weiblichen Gewaltakteuren als häufigster Grund für eine Beteiligung an Gewaltaktionen genannt; fast drei Viertel stimmen diesem Motiv jeweils völlig zu. An zweiter Stelle steht der „Frustfaktor"; auch hier unterscheiden sich Jungen und Mädchen kaum voneinander. Weiterhin spielt das

„Spannungsmoment", der „Kick" des Risikos in solchen Situationen als Motiv für Schlägereien eine große Rolle. Dagegen wird das Nachahmen von „Helden" oder Vorbildern aus den Medien nur von wenigen Jugendlichen als ein wichtiger Beweggrund für die Beteiligung an Gewaltaktionen genannt. Unterschiede zwischen den Altersgruppen lassen sich hinsichtlich der Bedeutung einzelner Motive kaum finden.

Tab. 11: Begründungen für die Beteiligung an Gewaltaktionen (Mittelwerte)*)

Item	Insgesamt	Jungen	Mädchen
1. Bei Angriffen anderer muß ich mich wehren	3,68	3,73	3,56
2. Irgendwann muß der Frust ja mal raus	2,24	2,24	2,21
3. Solche Aktionen sind eigentlich nicht ernst gemeint	2,15	2,11	2,25
4. Solche Auseinandersetzungen sind spannend, man weiß nicht was rauskommt	2,14	2,17	2,08
5. Wenn ich mich durchsetzen will, kann ich in der Wahl der Mittel nicht zimperlich sein	2,01	2,06	1,88
6. Man nimmt mich doch erst richtig wahr, wenn ich mal ordentlich auf den Putz haue	1,76	1,84	1,60
7. Bei solchen Aktionen mache ich vor allem mit, weil meine Freunde auch mitmachen	1,74	1,80	1,60
8. Schließlich will man doch auch mal einen Erfolg haben	1,68	1,75	1,53
9. Meistens ist es nur der Spaß, um keine Langeweile mehr zu haben	1,65	1,70	1,54
10. Ich mache nach, was ich im Fernsehen/Kino/Video gesehen habe	1,31	1,37	1,17

*) Mittelwerte einer Skala von 1= „Stimmt nicht" bis 4= „Stimmt völlig".

Im Zusammenhang mit den Tatmotiven haben wir auch Jugendliche mit unterschiedlicher Neigung zum Rechtsextremismus verglichen. Erwartungsgemäß weichen die Tatmotive von hoch rechtsextremen Gewalttätern (zum Indikator „Rechtsextremismus" s. Kap. 3) deutlich von denen anderer Gewaltakteure ab; die Unterschiede gestatten Rückschlüsse auf ein rechtsextremes Täterprofil. Zunächst ist festzustellen, daß rechtsextreme Gewalttäter alle vorgegebenen Begründungen zur Rechtfertigung ihrer Gewaltaktionen erheblich stärker betonen als andere Gewaltakteure. Fast jeder Rechtsextreme (Mittelwert: 3,93) stützt sich auf das Notwehrrecht, was als wenig glaubhaft anzusehen ist (s. Kap. 3). Auch der „Frustabbau" spielt für diese Gruppe eine sehr starke Rolle (3,01), ebenso der „Spannungsfaktor" (2,74). Im Gegensatz zu anderen Gewaltakteuren betonen hoch rechtsextreme Gewalttäter stärker das Motiv, „sich durchsetzen zu wollen" (2,82); auch das „Spaß"-Motiv (2,31) und der Wunsch nach einem „Erfolgserlebnis" (2,28) sind ihnen wichtig.

Was empfinden Gewaltakteure bei Schlägereien? Die Antworten auf diese Frage, entsprechend der Vorgaben im Fragebogen, finden sich in der folgenden Tabelle.

Tab. 12: Empfindungen von Gewaltakteuren (Mittelwerte)*)

Item: Während oder nach solchen Aktionen ...	Insg.	Jungen	Mädchen
1. ... tun mir die anderen auch ein bißchen leid	2,55	2,41	2,86
2. ... habe ich auch Angst, selbst etwas einzustecken	2,49	2,46	2,55
3. ... habe ich ein schlechtes Gewissen, weil man ja so etwas eigentlich nicht macht	2,48	2,37	2,73
4. ... finde ich, daß ich recht hatte, so zu handeln	2,41	2,50	2,21
5. ... habe ich auch Angst, erwischt zu werden.	2,37	2,37	2,38
6. ... habe ich oft einfach nur einen totalen Ausraster gehabt	2,26	2,27	2,22
7. ... habe ich das Gefühl, erfolgreich zu sein.	1,80	1,90	1,57
8. ... bin ich richtig gut drauf, hier kann ich tun, wonach mir ist	1,76	1,80	1,66
9. ... verspüre ich eine gewisse Befriedigung	1,70	1,75	1,57

*) Mittelwerte einer Skala von 1= „Stimmt nicht" bis 4= „Stimmt völlig".

Die meiste Zustimmung bei Gewaltakteuren findet die Aussage, Mitleid mit dem Opfer zu haben. Diese Empfindung wird jedoch in erster Linie von weiblichen Gewaltakteuren genannt – häufig verbunden mit einem „schlechten Gewissen". Unter männlichen Gewalttätern zeigt sich weniger moralische Sensibilität; vielmehr dominieren die Angst, „selbst etwas einzustecken", und die Überzeugung, „Recht getan" zu haben. Gefühle der „Befriedigung" oder des „Gut-drauf-seins" werden im Zusammenhang mit Schlägereien nur von wenigen Tätern genannt. Allerdings unterscheiden sich auch in dieser Hinsicht Jungen und Mädchen überzufällig. Unterschiede zwischen den Altersgruppen existieren nur bei einigen Aussagen bzw. Empfindungen. Hierzu gehören das Mitgefühl für die Opfer, die Angst, selbst etwas einzustecken oder erwischt zu werden, und ein schlechtes Gewissen. Für jede dieser Aussagen läßt die Zustimmung der Gewaltakteure mit zunehmendem Alter nach. Die im Vergleich der Altersgruppen geringere Zahl älterer Gewalttäter wird also bei Gewaltaktionen weniger von Selbstzweifeln, Angst, Reue oder gar Sorge in bezug auf die Folgen ihrer Gewalttätigkeit geplagt als die jüngeren Gewalttäter. Wir möchten in diesem Zusammenhang an unsere Ausführungen über die unterschiedlichen motivationalen Dispositionen von Erst- und Intensivtätern sowie über den unterschiedlichen protektiven Wert der Taterfahrung erinnern: Ältere Gewalttäter erleben ihre Gewalttaten nicht aversiv; sie sind vielmehr süchtig nach dem Rausch der Gewalt, den sie bei Prügeleien finden. Dies hat sich auch bei Interviews mit Gewalttätern, die wir 1996 geführt haben, eindrucksvoll gezeigt. In diesem Zusammenhang möchten wir auf die detaillierten Ausführungen von Tobias Krettenauer (1997) zu den moralischen Entwicklungsbesonderheiten hochgewaltbereiter Täter verweisen.

Auch hinsichtlich ihrer Empfindungen bei Gewaltaktionen unterscheiden sich hoch rechtsextreme Täter von anderen Gewaltakteuren. Rechtsextreme Schläger fühlen sich im Rahmen solcher Aktionen in stärkerem Maße „richtig gut drauf", sie verspüren häufiger eine „gewisse Befriedigung" und das Gefühl, „erfolgreich zu sein". Dabei fühlen sie sich im Gegensatz zu anderen Tätern meist „im Recht", räumen jedoch auch ein, oft einfach „nur einen totalen Aussetzer" gehabt zu haben. Weitaus weniger als andere Gewaltakteure fühlen rechtsextreme Schläger Mitleid mit ihren Opfern oder auch Angst, „selbst etwas einstecken zu müssen".

8.4.4 Opfergruppen von Jugendgewalt

Wer sind nun die „Adressaten" der Jugendgewalt? Danach gefragt, gegen wen sich ihre Gewaltaktionen richten, antworteten die Gewaltakteure am häufigsten (s. folgende Tabelle), daß ihre Opfer unter anderen Jugendlichen und „Ausländern" zu finden seien. Jeweils rund 13 Prozent aller Gewalttäter richten ihre Gewaltaktionen „Oft" bzw. „Manchmal" gegen Ausländer. Seltener richten sich Gewalttätigkeiten von Jugendlichen gegen Asoziale, Obdachlose oder „Schwule". Dabei ist jedoch zu beachten, daß es zwischen den Opfergruppen Überschneidungen geben kann: Mit einem „anderen Schüler aus meiner Schule" kann durchaus auch ein „Ausländer" oder ein „Schwuler" gemeint sein.

Tab. 13: Opfergruppen von jugendlichen Gewaltakteuren – 1999 (Angaben in %)

Solche Aktionen richten sich gegen ...	Häufigkeit solcher Aktionen			
	Oft	Manchmal	Selten	Nie
... Schüler aus meiner Klasse	4,3	14,7	34,8	46,2
... andere Schüler aus meiner Schule	4,0	20,9	34,7	40,4
... Jugendliche, die nicht in meiner Schule sind	6,3	24,8	34,6	34,3
... Asoziale, Obdachlose	4,1	6,7	13,3	75,9
... Schwule	5,1	4,2	11,9	78,7
... politische Gegner	7,8	10,2	18,2	63,8
... Ausländer	13,2	13,1	18,0	55,7

Auch die Vorliebe für bestimmte Opfergruppen variiert in Abhängigkeit vom Geschlecht, vom Alter und von politischen Positionen der Täter erheblich. Beispielsweise sind die Opfer jüngerer Gewaltakteure häufiger unter den Klassenkameraden zu finden. So geben nur 28 Prozent der 12- bis 14jährigen Gewaltakteure an, sich nie mit Klassenkameraden zu schlagen; bei den volljährigen Gewalttätern liegt dieser Anteil bei 76 Prozent. Ähnlich verhält es sich bei Mitschülern aus der eigenen Schule (33% vs. 67%). Offensichtlich verbinden sich mit den Gewalttätigkeiten jüngerer Jugendlicher vor allem Konflikte unter Gleichaltrigen, die im Rahmen der Persönlichkeitsentwicklung schnell an Bedeutung verlieren. Gewalt gegen Asoziale, Obdachlose und „Schwule" ist in allen Altersgruppen und für Jungen und Mädchen gleichermaßen selten; rund drei Viertel aller Täter sehen diese Personen nicht als Zielgruppe von Gewalttätigkeiten. „Politische Gegner" sind dagegen vor allem für männliche Gewaltakteure eine Zielgruppe von Gewaltaktionen. Fast 40 Prozent aller Jungen sind zumindest gelegentlich in Schlägereien mit politisch Andersdenkenden verwickelt; dies trifft nur für rund 25 Prozent der Mädchen zu. Mit zunehmendem Alter und der damit einhergehenden Herausbildung eigener politischer Positionen erhalten gewalttätige Auseinandersetzungen mit politischen Gegnern ein stärkeres Gewicht. Während noch fast drei Viertel aller 12- bis 14jährigen sich nie mit politischen Gegnern prügeln, trifft dies bereits für fast jeden zweiten volljährigen Gewaltakteur zu. Ausländerfeindliche Gewalt ist bei Jungen und Mädchen gleichermaßen verbreitet, es finden sich jedoch auch hier signifikante Altersunterschiede: Ein Drittel aller 12- bis 14jährigen Täter, aber mehr als jeder zweite volljährige Gewaltakteur ist zumindest gelegentlich an einer Schlägerei mit „Ausländern" beteiligt.

Das besonders hohe Gewaltpotential der rechtsextremen Gewaltakteure richtet sich im Vergleich mit anderen Tätern zwar auf überzufällig viele der genannten Opfergruppen, die Gruppen sind also austauschbar; trotzdem wird dieses Gewaltpotential hochgradig zielgerichtet wirksam. So sind für rechtsextreme Täter beispielsweise Klassenkameraden relativ selten Gewaltopfer. Die „klassische" Zielgruppe rechtsextremer Gewalt ist erwartungsgemäß unter der ausländischen Bevölkerung zu finden, rund 90 Prozent aller rechtsextremen Gewaltakteure suchen sich in diesem Personenkreis mehr oder weniger häufig ihre Opfer. Wie gesagt sind „Ausländer" jedoch keineswegs die einzige Zielgruppe; auch „Politische Gegner" (75%), „Schwule" (63%) und „Obdachlose" (59%) werden häufig mit Gewalt von „rechts" konfrontiert.

8.4.5 Bewaffnung und Vorbereitung auf Gewaltaktionen

Vor allem männliche Jugendliche beteiligen sich einerseits zwar recht häufig an Schlägereien; andererseits weisen „Raufereien" und ein gelegentliches „Kräftemessen" gerade unter Jungen allein noch nicht auf eine akute Gewaltbelastung hin. Um die Gewaltbelastung tiefergehend zu sondieren, empfiehlt es sich zu betrachten, in welchem Maße und in welcher Weise sich Jugendliche auf „Angriffe" anderer vorbereiten. Zweifellos hat die (mögliche) Nutzung einer Waffe im Rahmen von Schlägereien nichts mehr mit einer tolerierbaren „Rauferei" gemeinsam.

Der Tabelle 14 ist zu entnehmen, daß fast drei Viertel aller Jugendlichen auf einen möglichen „Angriff" nicht besonders vorbereitet sind. Der Umfang von Vorbereitungsmaßnahmen steigt allerdings mit der Häufigkeit, mit der sich Jugendliche selbst an Schlägereien beteiligen, kontinuierlich an. So sind unter Jugendlichen, die sich nie an Schlägereien beteiligen, mehr als 80 Prozent auf Angriffe nicht vorbereitet. „Professionelle" Schläger (meist Jungen), die sich oft an Schlägereien beteiligen, sind hingegen lieber auf der „sicheren Seite"; der Anteil von Personen ohne „Sicherheitsvorkehrungen" liegt in dieser Gruppe nur noch bei rund 30 Prozent.

Tab. 14: Vorbereitung auf Angriffe anderer*) (Angaben in %)

Subpopulationen		Vorbereitungsarten			
		Nicht vorbereitet	Ausschließlich SV-Techniken	Ausschließlich Waffe	SV-Technik und Waffe
Geschlecht	Männlich	64,4	23,1	8,5	4,0
	Weiblich	82,2	13,3	3,5	1,0
Alters-gruppen	12 bis 14 Jahre	73,0	18,3	6,2	1,9
	15 bis 17 Jahre	71,7	19,6	5,8	2,2
	Ab 18 Jahre	76,4	13,8	5,6	3,4
Gesamt		73,1	18,3	6,1	2,5

*) „Wie sind Sie auf Angriffe von anderen vorbereitet?" Angaben: „Nicht besonders vorbereitet"; „Durch Selbstverteidigungstechniken/physisches Training vorbereitet"; „Durch das Tragen einer Waffe oder anderer Mittel zur Selbstverteidigung (Gaspistole, Schlagstock, Reizspray, Messer usw.) vorbereitet"; „Durch Selbstverteidigungstechniken ... und das Tragen einer Waffe ... vorbereitet"

Unter jenen, die Vorbereitungsmaßnahmen treffen, vertrauen 18 Prozent auf soge-nannte „Selbstverteidigungstechniken" (wobei eine klare Trennung zwischen Selbst-verteidigungs- und Kampftraining in der Praxis kaum möglich ist), sechs Prozent der Jugendlichen führen eine Waffe mit sich, und weitere drei Prozent setzen auf die Kombination von Selbstverteidigungstechniken und Waffen. Auch hier zeigen sich erwartungsgemäß deutliche Unterschiede zwischen Jungen und Mädchen. Bei fast 13 Prozent der Jungen spielt das Mitführen von Waffen als „Sicherheitsvorkehrung" ei-ne Rolle. Altersunterschiede finden sich in diesem Zusammenhang nicht.

Im Zeitraum von 1996 bis 1999 ist unter Jugendlichen in Brandenburg ein deutlicher Rückgang bei den Vorbereitungsmaßnahmen auf „Angriffe" und auch speziell bei der Bewaffnung zu erkennen (s. folgende Tabelle). Dieser Trend bestätigt die bereits dargestellten Veränderungen in Hinblick auf die Gewaltbereitschaft unter Jugendli-chen. Der Anteil Jugendlicher ohne besondere Vorbereitung auf mögliche „Angriffe" stieg von 68 auf 73 Prozent, der Anteil bewaffneter Jugendlicher ging von 13 auf rund acht Prozent zurück. Dieser Trend ist für Jungen und Mädchen sowie für fast alle Altersgruppen kennzeichnend. Eine Ausnahme bilden auch in diesem Zusam-menhang männliche Jugendliche im Alter von 12 bis 14 Jahren; für diese Teilgruppe findet sich bei den Vorbereitungsmaßnahmen keine signifikante Veränderung.

Tab. 15: **Trends bei der Vorbereitung auf Angriffe – 1996 und 1999** (Angaben in %)

Erhebung	Vorbereitungsarten			
	Nicht vorbereitet	Ausschließlich SV-Techniken	Ausschließlich Waffe	SV-Technik und Waffe
1996	68,4	18,5	9,8	3,3
1999	73,1	18,3	6,1	2,5

Erstaunlicherweise zeigen sich in diesem Zusammenhang gerade unter hoch rechts-extremen Jugendlichen die größten Veränderungen. Waren 1996 gerade 28 Prozent dieser Jugendlichen auf „Angriffe" anderer nicht vorbereitet und rund 56 Prozent bewaffnet, so stieg der Anteil ohne vorbereitende Maßnahmen bis 1999 auf 47 Pro-zent – umgekehrt ging der Bewaffnungsgrad auf 37 Prozent zurück. Inwieweit sich in diesen Veränderungen auch eine gestiegene Sensibilität rechtsextremer Jugendli-chen bei der Beantwortung von Fragen nach dem – nicht selten illegalen – Mitführen von Waffen widerspiegelt, kann nicht beantwortet werden.

Was sind das für Waffen, mit denen sich Jugendliche auf Angriffe anderer vorberei-ten bzw. die sie als Mittel zur Selbstverteidigung zu nutzen bereit sind (s. folgende Tabelle)? Auch in diesem Zusammenhang finden sich deutliche Unterschiede zwi-schen Jungen und Mädchen. So greifen Jungen – und hier besonders die 12- bis 14jährigen – zu ihrem Selbstschutz vor allem zum Messer. Fast 17 Prozent aller be-waffneten männlichen Jugendlichen geben an, eine solche Waffe mit sich zu führen. Die Popularität dieser Waffe unter Jungen kann sich sowohl durch ihre hohe Effekti-vität als auch durch ihre einfache Zugänglichkeit erklären. Mädchen nutzen zur Selbstverteidigung hingegen am häufigsten ein Reizspray, das sich in seiner Funkti-on, anders als ein Messer, Schlagstock oder Schlagring, eher als Defensivwaffe be-zeichnen läßt. Die Tatsache, daß Jungen eher zum Messer und Mädchen weitaus häufiger zum Reizspray greifen, legt die Vermutung nahe, daß Jungen im Rahmen von Gewaltaktionen häufiger als Mädchen nicht nur als Opfer reagieren, sondern als Gewalttäter agieren und ihre Waffen keineswegs ausschließlich zur Selbstverteidigung, sondern auch als Angriffswaffen im Rahmen selbstprovozierter Gewaltaktionen nutzen. Erwartungsgemäß gewinnen mit zunehmendem Alter Waffen an Bedeutung, die für ihren Erwerb die Volljährigkeit des Käufers voraussetzen.

Tab. 16: Waffenkategorien bei der Vorbereitung auf Angriffe – 1999 (Angaben in %)

Subpopulationen		Waffenkategorien				
		Messer	Gaspistole	Schlag-stock	Reizspray	Schlagring
Geschlecht	Männlich	16,8	4,5	7,4	4,5	4,4
	Weiblich	6,4	0,4	1,1	10,6	0,7
Alters-gruppen	12 bis 14 Jahre	15,6	1,3	4,1	7,1	2,4
	15 bis 17 Jahre	12,2	1,7	3,4	7,5	2,8
	Ab 18 Jahre	7,0	4,9	6,2	7,7	2,5
Gesamt		11,8	2,5	4,3	7,4	2,6

Wir wollten von den Befragten auch wissen, wie hoch ihrer Einschätzung nach der Anteil der Mitschüler in ihrer Klasse sei, die Hilfsmittel zur Selbstverteidigung nutzen. Die entsprechenden Angaben sind in der folgenden Abbildung dargestellt. Danach behaupten nahezu drei Viertel der befragten Jugendlichen, daß Mitschüler aus ihrer Klasse Hilfsmittel zur Selbstverteidigung nutzen.

Abb. 3: Geschätzter Anteil vorbereiteter Mitschüler aus der Klasse (Angaben in %)

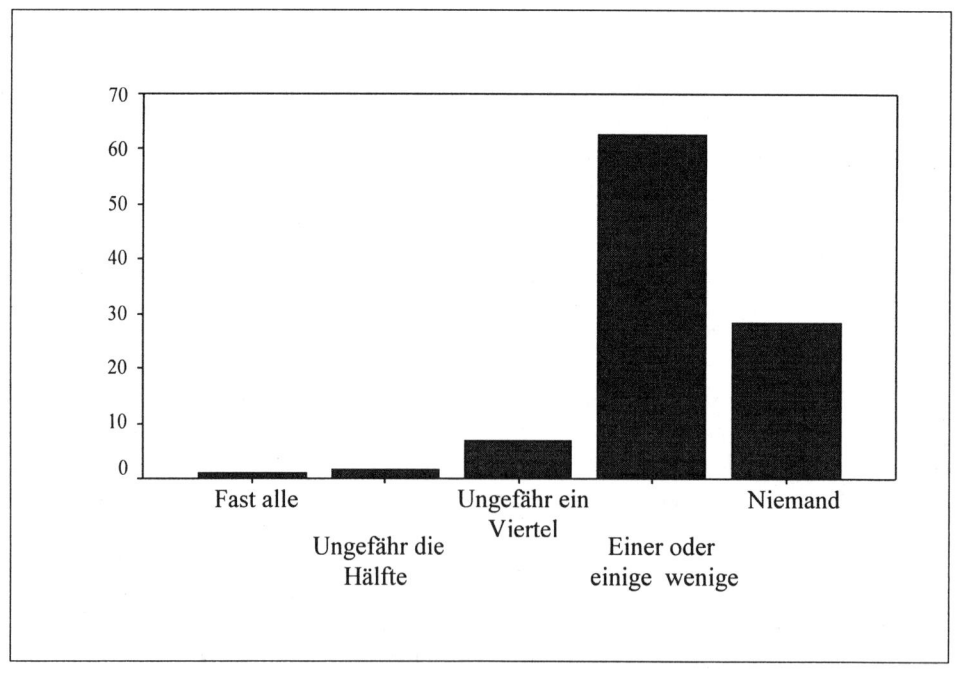

Entsprechend der Abbildung kann man wohl davon ausgehen, daß meist nur einer oder einige wenige der Klassenkameraden solche Hilfsmittel benutzen (63% der Nennungen). Die (wahrgenommene) Anzahl auf Angriffe vorbereiteter Mitschüler korrespondiert dabei mit dem eigenen Verhalten der Befragten: Je mehr Mitschüler der eigenen Klasse auf Angriffe vorbereitet sind, desto eher sind die Befragten auch bereit, sich selbst auf Angriffe vorzubereiten.

8.4.6   Der Einfluß von Freizeitcliquen

Die folgenden Tabellen geben Aufschluß darüber, welches Gewaltklima in Jugend-cliquen mit unterschiedlichen politischen Orientierungen zu finden ist und welcher Einfluß von einem gewaltbefürwortenden Gruppenklima auf die allgemeine Gewalt-bereitschaft von Jugendlichen ausgeht. Es zeigt sich, daß ein Zusammenhang zwi-schen den politischen Positionen der Cliquenmitglieder und einem gewaltbefürwor-tenden Gruppenklima nur in rechtsgerichteten Gruppen zu finden ist: Je mehr rechts-orientierte Gruppenmitglieder in einer Clique vorhanden sind, desto ausgeprägter ist das gewaltbejahende Gruppenklima (Tau$_b$= .35). Eine Wechselwirkung zwischen der Anzahl linksorientierter Gruppenmitglieder und der gruppeninternen Befürwortung von Gewalt existiert nicht (Tau$_b$= -.05, n.s.).

Tab. 17: Gewaltklima in Jugendcliquen mit verschiedenen politischen Orientierungen
    – 1999 (Angaben in %)

Aussage	Anzahl rechter Gruppenmitglieder				Anzahl linker Gruppenmitglieder			
„Gewalt findet die Gruppenmehrheit nicht so schlimm"	Fast alle	Die Hälfte	Nur Weni-ge	Gar kei-ner	Fast alle	Die Hälfte	Nur We-nige	Gar kei-ner
Stimmt völlig	32,0	12,6	7,2	5,0	12,0	4,2	4,2	14,1
Stimmt teilweise	44,3	50,7	37,6	23,5	27,0	44,6	34,7	32,3
Stimmt kaum	16,3	28,2	40,2	33,9	30,4	33,7	37,2	30,5
Stimmt nicht	7,4	8,5	15,0	37,6	30,6	17,4	23,9	23,0

Tab. 18: Gewaltklima in Jugendcliquen und sein Einfluß auf die allgemeine Gewaltbe-
    reitschaft – 1999 (Angaben in %)

Allgemeine Gewaltbereit-schaft	„Gewalt findet die Gruppenmehrheit nicht so schlimm"			
	„Stimmt völlig"	„Stimmt teilweise"	„Stimmt kaum"	„Stimmt nicht"
Niedrig	17,0	45,4	67,6	86,4
Eher niedrig	41,5	35,0	24,5	10,6
Eher hoch	23,6	17,1	7,2	2,0
Hoch	17,9	2,4	0,7	1,0

Die Einstellungen der Gruppenmitglieder einer Jugendclique zur Gewaltanwendung wirken sich direkt auf die allgemeine Gewaltbereitschaft von Jugendlichen aus: Je ausgeprägter das gewaltbejahende Gruppenklima ist, desto höher ist die allgemeine Gewaltbereitschaft von Jugendlichen. Ein nicht unerheblicher Teil von jugendlichen Gewaltaktionen erfolgt aus dem Gruppenkontext heraus. Das Phänomen „Jugendgewalt" kann in seiner ganzen Komplexität also nur unter Berücksichtigung der Zugehörigkeit von Gewalttätern zu bestimmten Jugendcliquen begriffen werden.

Schlußfolgerungen: Wer sind die jugendlichen Gewaltakteure?

Wir können anhand der bisherigen Darstellungen einige wesentliche Kennzeichen jugendlicher Gewaltakteure identifizieren. Bei den Tatmotiven erwähnen die Gewalttäter häufig den „Frustabbau" und das „Spannungsmoment". In bezug auf die Taterfahrung und die Empfindungen bei Gewaltaktionen heben sich rechtsextreme Gewaltakteure besonders deutlich von anderen Gewalttätern ab: Sie zeigen ein „kampfhundartiges" Naturell, ohne Angst, ohne Mitgefühl, ohne Nachdenken über mögliche Folgen ihrer Gewalt für die Opfer. Die Zielgruppen jugendlicher Gewaltaktionen sind teilweise eher unspezifisch, teilweise aber auch – vor allem im Zusammenhang mit rechtsextrem motivierten Gewaltakteuren – „politisch selektiert". Besonders aggressive Gewaltakteure sind auf ihre häufigen Schlägereien durch Training oder Waffenbesitz entsprechend vorbereitet. Vorbereitungsmaßnahmen dieser Art unterliegen bei brandenburgischen Jugendlichen in den letzten drei Jahren jedoch einem rückläufigen Trend. Schließlich läßt sich ein klarer Zusammenhang zwischen Jugendgewalt und der Zugehörigkeit zu gewaltbefürwortenden Cliquen feststellen. Wir wollen im folgenden unsere Analyse durch einen Extremgruppenvergleich von Tätern und Opfern vertiefen.

8.4.7 Jugendliche als Täter und Opfer von Jugendgewalt

Zum Erscheinungsbild der Jugendgewalt gehören immer Täter und Opfer. Wer sind die Täter, wer sind die Opfer; gibt es besondere Persönlichkeitsmerkmale oder Lebensbedingungen in Familie, Schule und Freizeit, die Jugendliche für die Täter- oder Opferrolle prädestinieren? Da sich aus der Beantwortung dieser Frage Rückschlüsse auf die Ursachen von Jugendgewalt wie auch Hinweise für die Gestaltung von Präventionsmaßnahmen ergeben, wollen wir nun unsere brandenburgischen Jugendlichen in Täter- und Opfergruppen einteilen und ihre Persönlichkeitsstrukturen und Lebensumstände analysieren.

Für die Einteilung der Gruppen berücksichtigen wir die Opfererfahrungen der Jugendlichen und ihre Gewaltbereitschaft. Um die Opfererfahrungen zu erfassen, haben wir sie gefragt, ob und ggf. wie oft sie von anderen Jugendlichen geschlagen werden. Jeweils rund ein Prozent der Jugendlichen wurde durch Mitschüler bzw. andere Jugendliche, die nicht zu eigenen Schule gehören, oft geschlagen; weitere jeweils sechs Prozent erhielten manchmal Schläge. 70 Prozent der Jugendlichen haben keine Opfererfahrungen durch Mitschüler; 65 Prozent wurden noch nie durch andere, nicht zur Schule gehörende Jugendliche geschlagen. Als Indikator für Gewaltbereitschaft haben wir bei der Gruppeneinteilung die Skala „Allgemeine Gewaltbereitschaft" genutzt, deren Zusammensetzung in den methodischen Bemerkungen (s. Kapitel 5.3) ausführlich dargelegt wurde. Die Ergebnisse zur Skala „Allgemeine Gewaltbereitschaft" zeigt die folgende Tabelle im Trend und für 1999 nach Jungen und Mädchen differenziert. Wir finden zwei bereits bekannte Befunde bestätigt: Jungen sind in deutlich höherem Maße gewaltbereit als Mädchen; die Gewaltbereitschaft unter Jugendlichen hat in den letzten drei Jahren in Brandenburg abgenommen.

Tab. 19: Gewaltbereitschaft brandenburgischer Jugendlicher (Angaben in %)

Erhebung		Skala „Allgemeine Gewaltbereitschaft"			
		Niedrig	Eher niedrig	Eher hoch	Hoch
1996		59	27	11	3
1999		62	27	9	2
Geschlecht 1999	Männlich	48	34	13	4
	Weiblich	78	18	4	0

Die folgende Tabelle zeigt, welche Gruppen Jugendlicher mit welcher Größe entstehen, wenn wir die Selbstzuschreibung des Opferstatus und die Einschätzung der eigenen Gewaltbereitschaft als Kriterien für eine Gruppeneinteilung anwenden. Dabei haben wir die möglichen Kombinationen aus Opferstatus und Gewaltbereitschaft zu vier Gruppen zusammengefaßt. Eine relativ große Gruppe von Jugendlichen (86%) erscheint uns „unauffällig". Diese „unauffälligen" Jugendlichen sind niedrig gewaltbereit und werden selten oder nie Opfer von Gewalt anderer Jugendlicher, oder sie gehören hinsichtlich ihrer allgemeinen Gewaltbereitschaft der Kategorie „Eher niedrig" an und werden nie, selten oder manchmal zu Gewaltopfern. Knapp ein Zehntel der befragten Jugendlichen gehören zur zweiten Gruppe, die wir als „Reine Täter" bezeichnet haben. Diese Jugendlichen sind hoch gewaltbereit oder zeigen eine Tendenz zu hoher Gewaltbereitschaft und werden selten oder nie Opfer von Gewalt durch andere Jugendliche. Die Opfergruppe („Reine Opfer") bilden 2,3 Prozent der Jugendlichen, die entweder eine niedrige Gewaltbereitschaft aufweisen und manchmal oder oft Gewaltopfer werden oder die in der Tendenz niedrig gewaltbereit sind und oft Opfer von Gewalt durch andere Jugendliche werden.

Tab. 20: Überblick über Täter- und Opfergruppen (Angaben in %)

Gewaltbereitschaft	Opfererfahrung durch andere Jugendliche			
	Nie	Selten	Manchmal	Oft
Niedrig	Unauffällige: 86,3		Reines Opfer: 2,3	
Eher niedrig				
Eher hoch	Reine Täter: 9,1		Täter & Opfer: 2,3	
Hoch				

Ein Teil der selbst hochgradig gewaltbereiten Jugendlichen deklariert sich zugleich als Opfer, d.h. die Frage nach Opfererfahrungen wird von diesen Jugendlichen mit „Oft" oder „Manchmal" beantwortet. Dies sind mit großer Wahrscheinlichkeit Jugendliche, die während ihrer eigenen Gewaltaktionen auf Gegenwehr gestoßen sind und Schläge einstecken mußten bzw. die Opfer von Vergeltungsaktionen gegnerischer Gruppen wurden. Für diese Vermutung spricht, daß diese „Opfer" nach eigenen Angaben in ihrer Freizeit häufiger „Gegen andere Gangs kämpfen", also die Gewalt säen, die sie bei Gelegenheit auch einmal ernten. Denkbar, wenn auch nach unseren folgenden Analysen unwahrscheinlich, wäre allerdings auch, daß bei einigen der gewaltbereiten Opfer („Täter & Opfer") die eigene Gewaltbereitschaft erst nach dem Erfahren von Gewalt durch andere Jugendliche entstanden ist.

Mit der gleichen Systematik hatten wir schon 1996 die befragten Jugendlichen in die Gruppen „Unauffällige", „Reine Opfer" „Reine Täter", und „Täter & Opfer" eingeteilt. Die folgende Tabelle zeigt die Größe der jeweiligen Gruppen für beide Meßpunkte differenziert nach dem Geschlecht. Insgesamt gesehen wird konsistent zu den anderen Befunden deutlich, daß die Gruppe der „unauffälligen" Jugendlichen seit der letzten Erhebung zugenommen hat: Mit dem Rückgang der Jugendgewalt in Brandenburg wächst die Gruppe der Jugendlichen ohne Täter- und Opfererfahrungen, und die Zahl der Täter wie auch der Opfer geht zurück. Den deutlichsten Rückgang verzeichnet die Gruppe der reinen Opfer. Extreme geschlechtsspezifische Unterschiede bestehen bei der Zugehörigkeit zu den Gruppen „Reine Täter" und „Täter & Opfer", wobei sich diese Unterschiede in den letzten Jahren sogar vergrößert haben. Ebenso hat der Anteil der Jungen bei den reinen Opfern zugenommen.

Tab. 21: Überblick über Täter und Opfergruppen, differenziert nach Geschlecht – 1996 und 1999 (Angaben in %)

Erhebung	Subpopulationen	Täter und Opfergruppen			
		Unauffällige	Reines Opfer	Reiner Täter	Täter & Opfer
1996	Gesamt	80	6	11	3
	Männlich	46	51	78	73
	Weiblich	54	49	22	27
1999	Gesamt	87	2	9	2
	Männlich	47	58	81	88
	Weiblich	53	42	19	12

Tab. 22: Täter und Opfergruppen, differenziert nach Geschlecht und Alter – 1999 (Angaben in %)

Subpopulationen	Täter und Opfergruppen			
	Unauffällige	Reine Opfer	Reine Täter	Täter & Opfer
Insgesamt	86,4	2,2	9,1	2,3
Geschlecht				
- Männlich	79,4	2,9	13,8	3,9
- Weiblich	93,8	1,6	3,9	0,6
Altersgruppen				
12- bis 14 Jahre				
- Insgesamt	80,6	1,8	15,0	2,6
- Männlich	72,8	1,7	22,0	3,6
- Weiblich	88,5	1,9	7,9	1,7
15- bis 17 Jahre				
- Insgesamt	86,8	2,6	8,2	2,4
- Männlich	78,8	4,0	12,7	4,5
- Weiblich	95,2	1,1	3,4	0,2
Ab 18 Jahre				
- Insgesamt	91,6	2,1	4,3	2,0
- Männlich	86,5	2,3	7,8	3,4
- Weiblich	97,5	1,9	0,3	0,3

Tabelle 22 stellt die Verteilung der Täter- und Opfergruppen differenziert nach Alter und Geschlecht dar. Es zeigt sich ein klarer Alterseffekt: Die 12- bis 14jährigen Jungen und Mädchen ragen im Vergleich der Altersgruppen als Täter wie auch bei den „Täter & Opfern" deutlich heraus. Bei den reinen Tätern kann man grob betrachtet sagen, daß sich ihr Anteil von Altersgruppe zu Altersgruppe halbiert. Dies trifft nicht für die Angehörigen der Gruppe „Täter & Opfer" zu, die einen relativ stabilen Anteil von insgesamt rund zwei Prozent aller Jugendlichen bzw. vier Prozent der Jungen über die Altersgruppen stellen. Jungen sind in beiden Tätergruppen überrepräsentiert.

Vergleichen wir nun die verschiedenen Gruppen von Jugendlichen (vgl. dazu ausführlich auch Olweus, 1994) und greifen wir dabei sowohl auf unsere folgende Tabelle als auch darüber hinaus auf vertiefende korrelationsstatistische Analysen zurück. Die Mittelwerte in Tabelle 23 zeigen die „Durchschnittswerte" pro Gruppe und können von der Handhabung her mit Schulnoten verglichen werden. Fast alle aufgeführten Skalen erstrecken sich von der Stufe (bzw. Note) „1" („Niedrig") bis zur Stufe „4" („Hoch"). Skalen mit anderen Skalenstufen („0" und „1"oder „1" bis „6") sind entsprechend gekennzeichnet. Als Testgröße wurde der Kruskal-Wallis-Test angewandt, die mit „**" markierten Mittelwertunterschiede sind auf dem 1%- Niveau signifikant und die mit nur einem „*" versehenen Mittelwertunterschiede sind auf dem 5%-Niveau signifikant. Die nicht signifikanten Mittelwertunterschiede sind durch ein „n.s." ausgewiesen.

In den ersten Zeilen der Tabelle zeigt sich deutlich, daß entsprechend unserer Kriterien bei der Gruppenbildung die reinen Täter und die Gruppe der „Täter & Opfer" die höchste Gewaltbereitschaft aufweisen; die niedrigste findet sich bei den Opfern. Während sich die beiden Tätergruppen hinsichtlich der allgemeinen Gewaltbereitschaft nicht unterscheiden, ist die politische Gewaltbereitschaft der „Täter & Opfer" deutlich höher. Offensichtlich gehört es gerade zu den Kennzeichen und zum Reiz der gewalttätigen Auseinandersetzungen von politisch unterschiedlich orientierten Banden, daß man wechselseitig, je nach Situation, das eine Mal Prügel austeilt und das andere Mal Prügel einsteckt. Dies erinnert an Hooligans, die nicht wirklich am Sport interessiert sind, sondern Sportveranstaltungen nutzen, um Gewalt gegen andere Gruppen auszuüben und sich auf diese Weise zu unterhalten. Anscheinend haben Jugendliche der Gruppe „Täter & Opfer" die Politik für diesen Zweck entdeckt; sie sind „Politik-Hooligans" geworden, die Gewalt nicht über sportliche Rivalität, sondern über politische Rivalität legitimieren: Gewalt gegen politische Gegner wird von 34 Prozent dieser Jugendlichen oft ausgeübt. Dies läßt auf ständige Auseinandersetzungen von rivalisierenden Cliquen (z.B. linke Szene vs. rechte Szene) schließen. So sagen 26 Prozent der Jugendlichen aus dieser Gruppe, daß sie dreimal oder öfter gewaltsame Aktionen gegen Linke, Rechte oder Ausländer verübt haben; insgesamt stufen 28 Prozent aus dieser Gruppe ihre politische Gewaltbereitschaft als hoch ein.

Für die hohe Gewaltbereitschaft spricht auch, daß man sich in dieser Gruppe am stärksten auf Gewaltaktionen durch die Mitführung von Waffen vorbereitet. So behaupten drei Viertel der unauffälligen Jugendlichen, nicht besonders auf Angriffe vorbereitet zu sein; bei der Gruppe „Täter & Opfer" sagen dies weniger als die Hälfte. Auffällig ist, daß die Häufigkeit der Vorbereitung auf Angriffe durch eine Selbstverteidigungstechnik bei allen vier Gruppen ähnlich ausfällt und sogar bei den Unauffälligen am höchsten ist, während bei der Verwendung von Waffen die Gruppe der „Täter & Opfer" mit 26 Prozent deutlich am häufigsten zu solchen Mitteln greift (Unauffällige 4%; reine Opfer 14%).

Tab. 23: Überblick über Mittelwerte von Persönlichkeits- und Kontextvariablen bei Jugendlichen mit unterschiedlichen Opfer- und Tätererfahrungen – 1999

Merkmal	SD*)	Unauf-fällige	Reine Opfer	Reine Täter	Täter & Opfer	Signifi-kanz**)
Gewalt						
Allgemeine Gewaltbereitschaft	0,76	1,3	1,1	3,2	3,2	**
Politische Gewaltbereitschaft	0,66	1,2	1,3	2,0	2,4	**
Bewaffnung (0-1)	0,29	0,1	0,2	0,3	0,4	**
Persönlichkeit						
Erregbarkeit	0,78	2,2	2,3	2,7	2,9	**
Wert: „Viel Geld verdienen"	0,66	3,2	3,2	3,5	3,3	**
Wert: „Ohne Anstrengung ein angenehmes Leben führen"	0,86	2,9	2,8	3,1	3,2	**
Externale Kontrollüberzeugungen	0,81	2,0	2,0	2,4	2,6	**
Soziale Kompetenz	0,54	3,7	3,6	3,6	3,7	n.s.
Selbstvertrauen	0,61	3,5	3,4	3,6	3,7	*
Berufsbezogener Zukunftsoptimismus	0,64	2,8	2,9	2,9	2,8	n.s.
Politische Engagementbereitschaft (legal)	0,84	2,6	2,6	2,6	2,8	n.s.
Politikinteresse	0,96	2,1	2,3	2,2	2,6	**
Rechtsextremismus	0,82	1,7	1,6	2,6	2,7	**
Ausländerfeindlichkeit	0,98	2,0	1,9	2,9	2,9	**
Familie						
Familienkohäsion	0,69	3,5	3,2	3,4	3,1	**
Elterliche Vernachlässigung	0,72	1,4	1,6	1,6	1,7	**
Elterliche Restriktion	0,70	1,6	1,7	1,8	2,0	**
Familiale finanzielle Situation	0,75	2,3	2,4	2,6	2,3	**
Schule						
Schulunlust	0,72	2,1	2,2	2,5	2,5	**
Schulspaß	0,62	3,4	3,2	3,2	3,0	**
Schulstreß/Schulangst	0,75	2,0	2,1	2,1	1,9	*
Zufriedenheit mit Schulleistungen	0,89	3,0	3,1	2,7	2,9	*
Unterstützung durch die Lehrerschaft	0,89	2,6	2,7	2,5	2,5	n.s.
Soziale Lehrqualität der Lehrer	0,73	2,7	2,7	2,5	2,4	*
Fachliche Lehrqualität der Lehrer	0,77	2,4	2,6	2,4	2,4	*
Klassenkohäsion	0,81	2,7	2,4	2,7	2,6	*
Gewaltniveau in der Schule (1-6)	1,23	1,6	2,3	2,5	2,4	**
Schwänzen von Eckstunden	0,93	1,7	2,0	2,0	2,4	**
Schwänzen von Schultagen	0,69	1,3	1,5	1,5	1,8	**
Freizeit/Peers						
Zufriedenheit mit dem Freizeitangebot	0,97	2,5	2,4	2,7	2,8	**
Gewaltakzeptanz im Freundeskreis (0-1)	0,46	0,3	0,3	0,6	0,6	**
Cliquenzugehörigkeit (0-1)	0,46	0,7	0,7	0,8	0,7	**

*) Standardabweichung; **) Kruskal-Wallis-Test

Eine genaue Untersuchung der Vorbereitung auf Angriffe deutet darauf hin, daß bei allen Gruppen, aber vor allem bei der Gruppe der „Täter & Opfer" das Messer die Hauptbewaffnung darstellt. Das Reizspray, als eine „Verteidigungswaffe", wird von den Unauffälligen und den reinen Opfern verhältnismäßig häufig eingesetzt. Die folgende Tabelle zeigt, daß beide Tätergruppen Gewalt zur Durchsetzung ihrer Interessen und „zum Spaß" einsetzen und der diesbezügliche Unterschied zu anderen Jugendlichen sehr groß ist; das Spaßmotiv ist den Angehörigen der Gruppe der „Täter & Opfer" besonders wichtig.

Tab. 24: Motive von Tätergruppen im Vergleich mit den Opfergruppen (Mittelwerte)*)

Merkmal	Täter- und Opfergruppen			
	Unauf-fällige	Reine Opfer	Reine Täter	Täter & Opfer
„Ein bißchen Gewalt gehört manchmal einfach dazu, um Spaß zu haben"	1,6	1,3	3,3	3,4
„Ich bin in bestimmten Situationen durchaus bereit, auch körperliche Gewalt anzuwenden, um meine Interessen durchzusetzen"	1,8	1,8	3,4	3,4

*) Mittelwerte eine Skala von „1" („Stimmt nicht") bis „4" („Stimmt völlig").

Wenden wir uns nun den Persönlichkeitsmerkmalen der Jugendlichen dieser Gruppen bzw. den diesbezüglichen Gruppenunterschieden in unserer Überblickstabelle zu. Bereits 1996 hatten wir mittels Regressionsanalysen festgestellt, daß man anhand der von uns untersuchten Persönlichkeitsmerkmale die Gewaltbereitschaft unserer Befragten am besten prädiktieren kann. Den stärksten Zusammenhang mit der Gewaltbereitschaft fanden wir damals bei der „Erregbarkeit"; auch heute zeigt sich, daß in den Gruppen der reinen Täter und der „Täter & Opfer" die eigene Erregbarkeit deutlich höher eingeschätzt wird als in den beiden anderen Gruppen. Bei den „Unauffälligen" schätzen 30 Prozent ihre Erregbarkeit als hoch bzw. eher hoch ein, bei den reinen Opfern beträgt dieser Anteil 39 Prozent. Demgegenüber stufen 57 Prozent der reinen Täter und sogar 64 Prozent der „Täter & Opfer" ihre Erregbarkeit als hoch oder eher hoch ein. Das Ergebnis verrät, daß die Täter insbesondere der letztgenannten Gruppe wissen, daß sie „schnell ausrasten", trotzdem aber bewußt Gelegenheiten zur Gewaltausübung bzw. die damit verbundene Erregung („Kick") suchen. Wenn auch zu vermuten ist, daß diese Jugendlichen quasi im „Rausch des Prügelns" ihr Verhalten nicht mehr in allen Situationen vollständig kontrollieren können, sollte aus unserer Sicht aufgrund der vorsätzlichen Erregungssuche („sensation seeking") die auch genetisch-biologisch bedingte höhere Erregbarkeit der Täter nicht entschuldigend (oder strafmildernd) berücksichtigt werden. Neben der höheren Erregbarkeit zeigt sich in unserer Tabelle auch, daß Tätern Geldverdienen wichtiger als anderen Jugendlichen erscheint und sie gleichzeitig leistungsfeindlicher eingestellt sind, also ohne Anstrengung ein angenehmes Leben führen wollen.

Als besonders guter Prädiktor für Gewaltbereitschaft erwies sich 1996 das Konstrukt „Hoffnungslosigkeit/Externale Kontrollüberzeugungen" in Wechselwirkung mit dem Selbstvertrauen der Befragten. Offensichtlich haben hoch Gewaltbereite zwar ein hohes Selbstvertrauen (bzw. sie überschätzen sich), aber wenig Hoffnung, daß sie ihr Leben eigenverantwortlich gestalten und persönliche Vorstellungen verwirklichen können. Mit der Erwartung einer düsteren beruflichen Zukunft schien dies 1996 jedoch nicht zusammenzuhängen, denn berufsbezogener Zukunftsoptimismus korrespondierte (zumindest bei den Jungen) sogar positiv mit Gewaltbereitschaft. Diese Befunde können wir mit den Daten von 1999 und der nun gewählten Methode des (Extrem-)Gruppenvergleichs voll und ganz bestätigen. Wiederum zeigen die Jugendlichen der beiden Tätergruppen mit Abstand am stärksten Fatalismus und externale Kontrollüberzeugungen sowie auch in stärkerem Maße Selbstvertrauen. So stuften 71 Prozent der „Täter & Opfer" ihr Selbstvertrauen als hoch ein, bei den reinen Opfern nur 46 Prozent. Wiederum gibt es keinen Unterschied zwischen den Täter- und Opfergruppen hinsichtlich ihres beruflichen Zukunftsoptimismus, was die These widerlegt, daß die hohe Gewaltbereitschaft in Brandenburg vor allem eine Folge der beruflichen Perspektivlosigkeit der brandenburgischen Jugendlichen sei.

1996 wie auch 1999 zeigte sich kein Einfluß des Konstrukts „Soziale Kompetenz" auf die Gewaltbereitschaft bzw. die Gruppenzugehörigkeit der Jugendlichen; Gewaltbereite schätzten sich also nicht als weniger sozial kompetent ein als andere Jugendliche. Dies widerlegt zumindest aus der Perspektive der Jugendlichen und in Verbindung mit der schon genannten hohen Akzeptanz der Täter für Gewalt als Mittel der Interessendurchsetzung und Unterhaltung die These, daß Gewaltbereite wegen Defiziten in ihren kommunikativen Fähigkeiten Gewalt realisieren. Gewaltaktionen stellen also in der Regel nicht die „Fortführung des Aushandelns mit anderen Mitteln" in Situationen dar, in denen die Täter wegen Defiziten an Aushandlungskompetenz überfordert sind. Dies zeigt die Grenzen gewaltpräventiver Schüler-Mediatorenkonzepte auf, die auf solche Defizite aufbauen: Gewalttäter wollen in der Regel gewalttätig sein und sind an konstruktiven Konfliktlösungen nicht besonders interessiert. Trotzdem begrüßen wir natürlich den mit diesen Konzepten verbundenen Fluß konfliktpsychologischen Wissens in die Schulen. Allerdings sind diese Konzepte keine „Wunderwaffe" gegen Gewalt, sondern eher für „Unauffällige" geeignet, sich auf die vielfältigen künftigen Aushandlungsprozesse beispielsweise in Beruf und Partnerschaft vorzubereiten.

Schließlich finden sich im Komplex „Persönlichkeitsmerkmale" noch politische Einstellungen und Einstellungen gegenüber Ausländern. Diese Einstellungen leisteten von allen einbezogenen Bedingungskomplexen separat betrachtet 1996 den größten Erklärungsbeitrag für Jugendgewalt; insbesondere rechtsextremistische Einstellungen korrespondierten stark mit Gewaltbereitschaft. Unabhängig vom Niveau rechtsextremistischer Einstellungen neigten auch ausländerfeindliche Jugendliche eher zur Gewalt als andere. Rechtsextreme und ausländerfeindliche Einstellungen boten die beste Voraussage für Gewaltbereitschaft. Ähnlich wie 1996 finden wir auch 1999, daß die Jugendlichen beider Tätergruppen mit deutlichem Abstand die höchsten Werte in Hinblick auf Rechtsextremismus aufweisen und ihre Ausländerfeindlichkeit im Vergleich mit den anderen beiden Gruppen und auch absolut gesehen im Mittel sehr hoch ausgeprägt ist. Reine Täter zeigen zu 41 Prozent eine eher hohe und zu 17 Prozent sogar eine extrem hohe rechtsextreme Einstellung; bei Jugendlichen der Gruppe „Täter & Opfer" liegen die entsprechenden Werte bei 38 Prozent und 22 Prozent.

Was die Ausländerfeindlichkeit anbelangt, so ergibt sich ein ähnliches Bild. Von den reinen Tätern zeigen 41 Prozent eine extrem hohe und zusätzlich 25 Prozent eine tendenziell hohe Ausländerfeindlichkeit. In der Gruppe der reinen Opfer zeigen sich 39 Prozent der Jugendlichen nicht ausländerfeindlich (Kategorie „Niedrig"); trotzdem soll nicht unerwähnt bleiben, daß auch ein Viertel dieser Gruppe eher hoch ausländerfeindlich eingestellt ist.

Wiederum stoßen wir in unserer Tabelle auf einen beunruhigenden Befund, der sich schon mehrfach zeigte und den wir nun weiter präzisieren können: Die Angehörigen der Gruppe „Täter & Opfer" sind überdurchschnittlich stark politisch interessiert und auch stärker als andere bereit, sich politisch legal zu engagieren, d.h. in politischen Organisationen mitzuarbeiten (vgl. Kapitel 3)!

Wenden wir uns nun dem Familienkontext zu. 1996 erklärte der Komplex der von uns untersuchten Familienmerkmale bei den komplexbezogenen Regressionsanalysen (Komplexe: Persönlichkeit, Familie, Schule, Peers, Politische Einstellungen) nur acht (Jungen) bzw. sechs (Mädchen) Prozent der Varianz der Gewaltbereitschaft; die Familie trug von allen betrachteten Komplexen also am wenigsten dazu bei, die Entstehung von Gewaltbereitschaft zu erklären. Schon dieser Befund entkräftete einerseits Klischeevorstellungen, die der Familie an der als bedrohlich empfundenen Jugendgewalt allein „die Schuld zuschieben" wollen. Andererseits zeigen unsere Gruppenvergleiche 1999 Unterschiede zwischen den familialen Entwicklungsbedingungen der Jugendlichen verschiedener Gruppen. Reine Opfer genauso wie reine Täter, am stärksten aber die Jugendlichen der „Täter & Opfer"-Gruppe werden von ihren Eltern stärker vernachlässigt („die Eltern kümmern sich nicht um Probleme und sind nicht da, wenn man sie braucht") als unauffällige Jugendliche. Ein ähnliches Bild bietet sich hinsichtlich der elterlichen Restriktion (körperliche Strafen, strenge Kontrolle ohne Freiräume); auch hier weisen die „Täter & Opfer" die mit Abstand höchsten Werte auf. Am geringsten von allen Gruppen schätzen diese Jugendlichen jedoch ihren familialen Zusammenhalt ein („Mutter und Vater halten zu mir, gehen liebevoll mit mir um, unternehmen etwas mit mir in der Freizeit").

Es fällt auf, daß 1999 auch die reinen Opfer im Vergleich mit den unauffälligen Jugendlichen mehr Vernachlässigung und weniger Familienzusammenhalt berichten, darüber hinaus werden sie von ihren Eltern etwas restriktiver behandelt als unauffällige Jugendliche. So beklagen beispielsweise 21 Prozent der Jugendlichen aus der Gruppe der reinen Opfer eine niedrige bzw. eher niedrige Familienkohäsion; bei der Gruppe der Unauffälligen beträgt dieser Anteil nur neun Prozent. Die schlechtesten familialen Lebensbedingungen berichten jedoch die Jugendlichen der Gruppe „Täter & Opfer", nämlich die höchste Restriktion und Vernachlässigung sowie den schlechtesten Familienzusammenhalt. So schätzen acht Prozent der Jugendlichen aus der Gruppe der „Täter & Opfer" die elterliche Restriktion als hoch und weitere 12 Prozent als eher hoch ein. Bei den „Unauffälligen" leiden nur ein Prozent unter einer hohen elterlichen Restriktion; umgekehrt fühlen sich 49 Prozent der unauffälligen Jugendlichen, jedoch nur 32 Prozent der „Täter & Opfer"-Gruppe nicht restriktiv behandelt. Auf die besondere Gefährlichkeit und auch politische Gewaltbereitschaft dieser Gruppe hatten wir schon hingewiesen. Die Ergebnisse in der Tabelle zeigen auch, daß es den Familien der Jugendlichen dieser Gruppe finanziell nicht schlechter geht als den Familien der großen Gruppe der unauffälligen Jugendlichen. Wir hatten dies bereits 1996 herausgestellt (Sturzbecher & Langner, 1997): Finanzielle Probleme erzeugen nicht automatisch Gewaltbereitschaft!

Die Merkmale des schulischen Kontextes klärten 1996 mit 23 Prozent (Jungen) bzw. 22 Prozent (Mädchen) in den komplexbezogenen Regressionsanalysen zwar weniger Varianz bei der Gewaltbereitschaft auf als die Gesamtheit der erfaßten Persönlichkeitsmerkmale, jedoch bedeutend mehr als die familialen Merkmale; die Schule ist also bei der Suche nach den Ursachen von Jugendgewalt nicht zu vernachlässigen. Als stärkster Prädiktor erwies sich 1996 insbesondere bei den Jungen die Schulunlust bzw. Schulmotivation: Jugendliche, die keinen Sinn in der Schule sehen bzw. extrinsisch motiviert sind, zeigten sich deutlich stärker gewaltbereit als andere. Insbesondere bei Mädchen hingen schlechte Schulleistungen bzw. die Zufriedenheit mit den Schulleistungen eng mit Gewaltbereitschaft zusammen: Gewaltbereite Mädchen zeigten sich leistungsschwach, aber mit ihren Leistungen zufrieden. Schulstreß hatte keinen signifikanten Einfluß auf die Gewaltbereitschaft. Jugendliche aus Schulen, in denen die Gesamtheit der befragten Schüler mehr Gewaltaktionen beobachtet hatte, waren auch gewaltbereiter.

Auch unsere Daten von 1999 bzw. die Gruppenvergleiche zeigen wieder deutlich, daß die Täter beider Gruppen die geringste Lust haben, zur Schule zu gehen. Jeweils genau 55 Prozent der Schülerinnen und Schüler aus den Gruppen „Reine Täter" und „Täter & Opfer" schätzten ihre Schulunlust als eher hoch oder hoch ein; bei den anderen Gruppen ist dieser Anteil deutlich niedriger (Unauffällige 26%; reine Opfer 35%). Reine Opfer besitzen also, ähnlich wie die unauffälligen Jugendlichen, eine relativ hohe Schulmotivation und unterscheiden sich damit von Jugendlichen mit Tätererfahrungen. Insbesondere die Angehörigen der „Täter & Opfer"-Gruppe scheinen nicht nur wenig Lust zum Unterricht und schlechte Schulleistungen, sondern auch wenig Spaß an der Schule überhaupt und am Zusammensein mit Schulkameraden zu haben. Die meisten anderen erfaßten Merkmale mit Schulbezug haben wie schon 1996 keinen oder nur einen geringen Zusammenhang zur Gewaltbereitschaft bzw. zur Gruppenzugehörigkeit der Jugendlichen. Dies gilt für Schulstreß, für die Zufriedenheit mit den eigenen Schulleistungen und auch für die Zufriedenheit mit den Lehrern, obwohl erwartungsgemäß die Täter beider Gruppen eine geringere Zufriedenheit mit der sozialen Unterstützung und Responsivität ihrer Lehrer zeigen als die anderen Jugendlichen (sicher wegen der höheren Delinquenzbereitschaft der Täter und darauf folgender Lehrersanktionen). Hinsichtlich des sozialen Zusammenhalts in der Klasse („Klassenkohäsion") fallen nicht die Täter, sondern die reinen Opfer auf: Sie berichten die mit Abstand geringste Klassenkohäsion; wahrscheinlich müssen die Täter wegen der geringen sozialen Integration der Opfer in der Klasse bei Mißhandlungen der Opfer kaum Widerspruch von Mitschülern erwarten; die soziale Ausgrenzung prädestiniert anscheinend die reinen Opfer als Leidtragende.

Gute Schülerinnen und Schüler („Streber") werden bevorzugt Opfer von Gewalttattacken. Die Gruppe der reinen Opfer setzt sich vorrangig aus Jugendlichen zusammen, die in hohem Maße Schulspaß (38% in dieser Gruppe, zweiter Platz nach den

„Unauffälligen" mit 43%) erleben und deren Notendurchschnitt zwischen den Noten „1" und „2" liegt (48% der Schüler aus der Gruppe reiner Opfer, 41% der „Unauffälligen"). Bei den beiden Tätergruppen fällt der Anteil guter Schüler kleiner aus; so sehen nur 23 Prozent der reinen Täter ihre Noten im Schnitt bei „Gut" bis „Sehr gut", und bei Jugendlichen aus der Gruppe „Täter & Opfer" sind es gar nur 14 Prozent. Schüler aus den beiden letztgenannten Gruppen stufen sich jedoch deutlich häufiger bei der Note „4" ein (jeweils 18%), bei der beiden erstgenannten Gruppen tun dies nur jeweils sieben Prozent der Befragten. Erstaunlich erscheint, daß trotz dieser Befunde nicht nur die Täter, sondern auch die Opfer überdurchschnittlich oft die Schule schwänzen; vielleicht spielt in diesem Zusammenhang die Angst der Opfer vor Übergriffen in der Schule eine Rolle. Die besondere Delinquenzbereitschaft der Jugendlichen der Gruppe „Täter & Opfer" zeigt sich auch in ihrer mit Abstand höchsten Neigung zum Schulschwänzen. Opfer und Täter berichten ein höheres Gewaltniveau in ihrer Schule als die „Unauffälligen"; dies ist ein weiteres Indiz dafür, daß in bestimmten Schulen Gewaltaktionen eine Normalität darstellen und dies die Gewaltbereitschaft an der Schule fördert.

Wenden wir uns abschließend dem Freizeitkontext zu. Die von uns erfaßten Merkmale des Peer- bzw. Freizeitbereichs klärten 1996 16 Prozent (Jungen) bzw. 11 Prozent (Mädchen) der Varianz von Gewaltbereitschaft auf. Dabei übte die Zugehörigkeit zu einem gewaltakzeptierenden Freundeskreis erwartungsgemäß den größten Einfluß aus. Aber auch die nicht unmittelbar gewaltbezogenen Prädiktoren dieses Bereichs trugen zur Vorhersage von Gewaltbereitschaft bei. So hing bei Jungen die Vermutung, daß man bei Mädchen durch einen risikofreudigen, durchsetzungsfähigen und „coolen" Habitus attraktiver erscheinen würde, deutlich mit der Stärke der Gewaltbereitschaft zusammen. Darüber hinaus schienen gewaltbereite Jungen aber nicht mehr und nicht weniger zufrieden mit ihren Beziehungen zu Gleichaltrigen zu sein als andere Jungen. Die reinen Opfer ähnelten in ihren sozialen Kontakten zu Gleichaltrigen eher den unauffälligen Jugendlichen als den Tätern, beispielsweise waren ihnen Sexualkontakte weniger wichtig als Jugendlichen mit Tätererfahrungen, und sie glaubten auch nicht wie diese, durch Aggressivität beim anderen Geschlecht an Attraktivität zu gewinnen. Die Opfererfahrungen durch Gewaltaktionen Gleichaltriger standen nicht in Wechselwirkung mit der Intensität sozialer Kontakte zu Peers; sowohl hinsichtlich der Verfügbarkeit eines besten Freundes/einer besten Freundin als auch hinsichtlich der Zugehörigkeit zu einer Clique unterschieden sich die Opfer nicht von den Angehörigen anderer Gruppen. 1999 können wir diese Ergebnisse im wesentlichen bestätigen: Die Täter sind zwar nur etwas häufiger als andere Jugendliche in Freizeitcliquen organisiert; die Freizeitcliquen der Täter sind aber sehr viel häufiger gewaltakzeptierend als die der anderen Jugendlichen.

Schließlich ließ sich aus unseren Analyseergebnissen von 1996 keine Unterstützung für die landläufige Vermutung ableiten, Gewaltbereitschaft sei eine Folge fehlender Jugendfreizeitmöglichkeiten. Gewaltbereite waren mit dem Freizeitangebot in ihrem Heimatort sogar etwas zufriedener als andere Jugendliche. Nicht auszuschließen ist allerdings auch hier wieder ein Kompensationsmechanismus, nachdem gewaltbereite Jugendliche aufgrund ihrer „befriedigenden" gewalttätigen Freizeitaktivitäten keine Freizeitangebote vermissen, weil sie ihre Freizeit selbst als „Action-Film" inszenieren. Auch 1999 finden wir wieder, daß die unauffälligen Jugendlichen und die reinen Opfer mit dem Freizeitangebot deutlich weniger zufrieden sind als die Täter beider Tätergruppen und insbesondere die Angehörigen der Gruppe „Täter & Opfer".

Haben wir bislang die Einflüsse der Persönlichkeitsmerkmale und der verschiedenen Lebenswelten wie Familie, Schule und Freizeitclique auf die Gewaltbereitschaft bzw. auf die Zugehörigkeit zu Täter- und Opfergruppen sozusagen blockweise betrachtet, wollen wir nun einen Gesamtblick auf alle Ergebnisse wagen. Dazu nehmen wir eine multivariate Analyse vor, die es erlaubt, neben den Effekten von Ursachenstrukturen auf das Phänomen „Jugendgewalt" auch die Wechselwirkung der unterschiedlichen Ursachenstrukturen untereinander zu berücksichtigen.

8.4.8 Ein multivariates Modell der Jugendgewalt

Nachdem wir bislang die Gewaltbereitschaft von Jungen und Mädchen stets in Verbindung mit einzelnen Erklärungsfaktoren (Gewaltakzeptanz, Reaktionen der Eltern, Lehrer oder von Mitschülern usw.) betrachtet haben, wenden wir uns nunmehr einem multivariaten Erklärungsansatz der allgemeinen Gewaltbereitschaft zu. Dabei steht nicht mehr die Frage im Vordergrund, welchen Beitrag einzelne Variablen zur Erklärung dieses Gewaltphänomens leisten können; vielmehr konzentriert sich das methodische Vorgehen nun auf die simultane Analyse der Zusammenhangsstruktur mehrerer Prädiktoren bei der Erklärung unterschiedlicher Ausprägungen der Gewaltbereitschaft unter Jugendlichen. Bei dem in Abbildung 4 dargestellten Modell handelt es sich um ein Strukturgleichungsmodell mit latenten Variablen. Da ein solches Modell auf einem komplexen methodischen Verfahren basiert, seien einige erläuternde Bemerkungen vorangestellt. Anders als in den bisher vorgestellten Analysen werden im Pfadmodell die Einzelitems der verschiedenen Skalenkonstrukte (z.B. die Skala „Allgemeine Gewaltbereitschaft") direkt in das Modell aufgenommen und dem jeweiligen Konstrukt zugeordnet. Damit handelt es sich bei den Konstrukten des Pfadmodells um latente Variablen und nicht um additiv verknüpfte Skalenvariablen. Der Vorteil dieses Vorgehens besteht darin, daß dabei auch die Zuverlässigkeit einzelner Indikatoren, d.h. ihre Tauglichkeit zur Bildung der jeweiligen latenten Variablen (bzw. des Konstrukts), getestet werden kann (z.B. setzt sich die „Allgemeine Gewaltbereitschaft" als Zielvariable des Modells ja aus insgesamt neun Items – s. Anhang – zusammen).

Unsere Prädiktoren lassen sich, entsprechend unserem zu Beginn dieses Kapitels vorgestellten psycho-ökologischen Ansatz, in mehrere Variablengruppen zusammenfassen. Diese Variablengruppen betreffen sowohl Persönlichkeitseigenschaften von Jugendlichen (wie Selbstvertrauen, Erregbarkeit usw.) als auch Kontextbedingungen der Heranwachsenden in der Familie, in der Schule und in ihrem Freundeskreis. Die Konstrukte „Politikinteresse", „Zufriedenheit mit dem Freizeitangebot", „Wegschauen der Lehrer bei Schlägereien in der Schule", „Schulisches Gewaltniveau", „Alter" und „Bessere Finanzsituation der Familie" wurden im Pfadmodell jeweils durch einen einzigen Indikator und „Leistungsfeindlichkeit" wurde durch zwei Indikatoren operationalisiert. Zur Messung aller anderen latenten Konstrukte wurden, anders als bei der Skalierungsmethode, jeweils nur drei Indikatoren herangezogen, um eine inflationäre Komplexität der Pfadanalyse zu vermeiden.

Abb. 4: Multivariates Modell zur Erklärung der Jugendgewalt

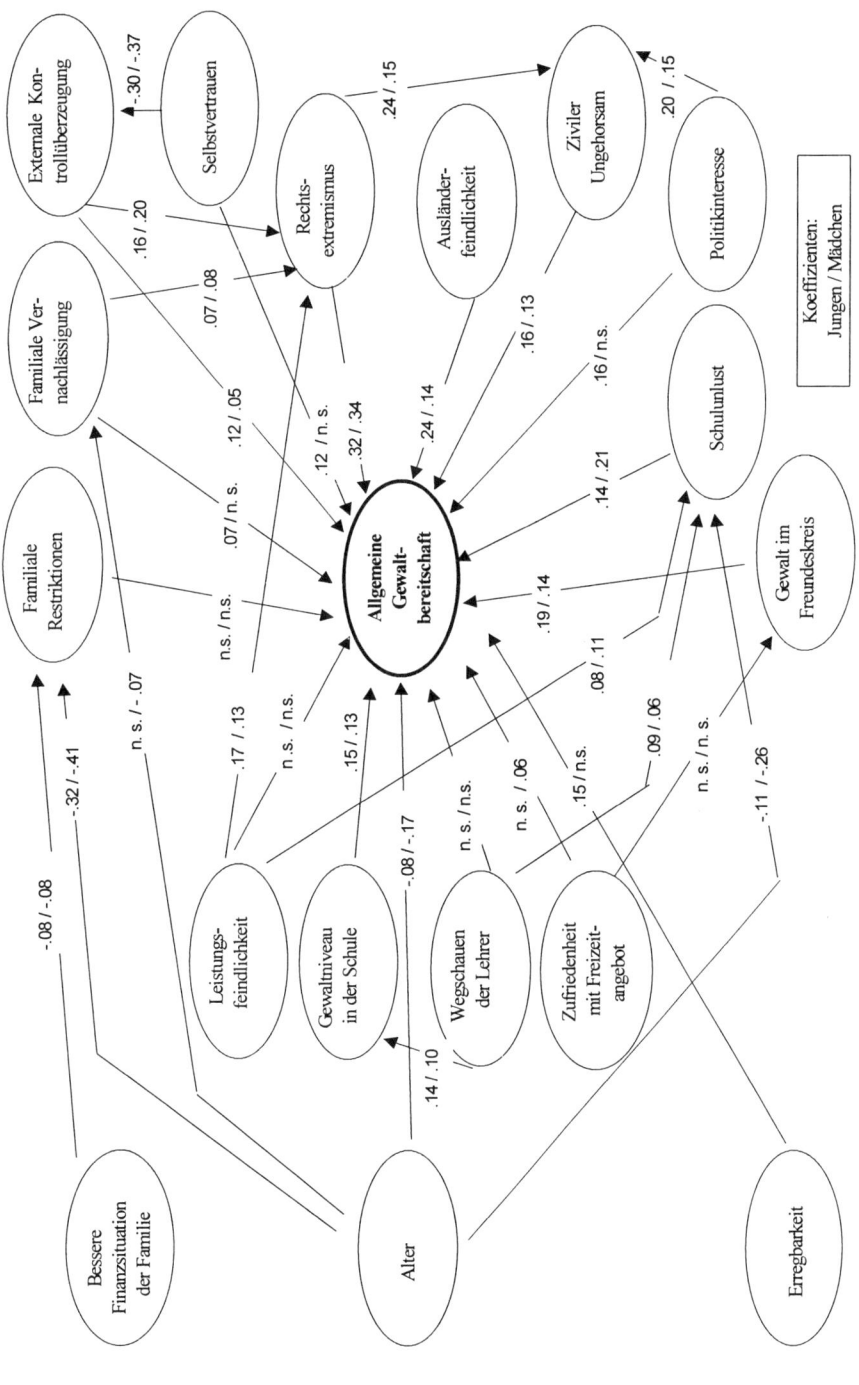

Für Jungen und Mädchen wurden getrennte Modellschätzungen vorgenommen. Beide Modelle weisen eine recht hohe Anpassungsgüte auf (RMSEA= .042/.044; NNFI= .86/.82). Durch die berücksichtigten Prädiktoren wird die Variation der zentralen abhängigen Variablen des Modells, der „Allgemeinen Gewaltbereitschaft", bei den Jungen zu 50 Prozent und bei den Mädchen zu 41 Prozent erklärt.

Kommen wir zu den Ergebnissen. Die Koeffizienten des Modells bestätigen im wesentlichen unsere bereits in den bivariaten Analysen festgestellten Zusammenhänge, weisen jedoch auch auf darüber hinausgehende Effekte hin. Wir beginnen die Interpretation des Modells mit Variablen, die sich auf Persönlichkeitsmerkmale der befragten Jugendlichen beziehen. Der stärkste Einfluß auf die allgemeine Gewaltbereitschaft von Jugendlichen geht erwartungsgemäß von der Ausprägung rechtsextremer Einstellungen aus. Dieser Effekt ist für Jungen und Mädchen etwa gleich stark ausgeprägt (.32 und .34). Der Einfluß rechtsextremer Positionen auf die Gewaltbereitschaft von Jugendlichen äußert sich aber nicht nur über einen direkten Effekt. Vielmehr tragen entsprechende Orientierungen auch zu einer höheren Bereitschaft zu Aktionen des „Zivilen Ungehorsams" bei, die wiederum einen Einfluß auf die Gewaltbereitschaft ausüben.

Umgekehrt ist das Ausmaß rechtsextremer Einstellungen unter Jugendlichen wiederum nur vor dem Hintergrund ihrer Persönlichkeitsmerkmale und Lebensumstände zu verstehen. Leistungsfeindliche Werthaltungen, externale Kontrollüberzeugungen und auch ein vernachlässigender Erziehungsstil der Eltern verstärken die Herausbildung rechtsextremer Orientierungen und damit indirekt auch die Gewaltbereitschaft unter Jugendlichen. Darüber hinaus tragen ausländerfeindliche Einstellungen, wenn auch erheblich schwächer als rechtsextreme, direkt zur Gewaltbereitschaft von Heranwachsenden bei. Allerdings findet sich dieser Zusammenhang bei Jungen in stärkerem Maße als bei Mädchen (.24 und .14).

Hinsichtlich des Einflusses der Persönlichkeitsmerkmale „Hoffnungslosigkeit/Externale Kontrollüberzeugung" und „Selbstvertrauen" trägt das Modell zur Erklärung eines in vielen Jugendstudien beobachteten Paradoxons bei. Wie erwartet führen Hoffnungslosigkeit und externale Kontrollüberzeugungen zu einer erhöhten Gewaltbereitschaft. Ein nicht leicht zu erklärender, aber – wie erwähnt – oft beobachteter Zusammenhang ist der positive Einfluß von Selbstvertrauen auf die Gewaltbereitschaft, der sich in unserem Modell zumindest bei Jungen zeigt. Diesem positiven direkten Effekt steht jedoch ein über das Konstrukt „Externale Kontrollüberzeugung" indirekt wirkender Einfluß von Selbstvertrauen auf Gewaltbereitschaft entgegen, der im Saldo negativ ist (-.30*.12 bzw. -.37*.05). Ein hohes Selbstvertrauen baut also auch Hoffnungslosigkeit und externale Kontrollüberzeugungen in einem beachtlichen Maße ab und vermindert auf diesem Wege die allgemeine Gewaltbereitschaft unter Jugendlichen. Die Wirkungsweise dieser beiden Konstrukte untereinander und ihr Einfluß auf die Gewaltbereitschaft bestätigen unsere an anderer Stelle mehrfach erläuterte Vermutung, daß der gewaltfördernde Anteil des Konstrukts „Selbstvertrauen" vor allem unter männlichen Jugendlichen im Sinne von „Selbstüberschätzung" zu deuten ist.

Das „Politikinteresse" wirkt sich direkt zwar nur auf die Gewaltbereitschaft von männlichen Jugendlichen aus (je höher das Interesse an politischen Sachverhalten, desto eher sind Jungen zu Gewaltaktionen bereit); dennoch findet sich auch für Mädchen ein indirekter Wirkungszusammenhang, der vom politischen Interesse ausgeht: Weibliche Jugendliche, die politisch interessiert sind, neigen – ebenso wie Jungen – eher zu Aktionen des zivilen Ungehorsams. Eine stärkere Befürwortung entsprechender Aktionen führt dann sowohl für Jungen als auch für Mädchen zu einer höheren Gewaltbereitschaft.

Auch eine leichte individuelle „Erregbarkeit" (z.B. „Ich raste schnell aus") steht in direktem Zusammenhang mit der Gewaltbereitschaft von männlichen Jugendlichen. Bemerkenswert ist, daß bei Mädchen diese biologisch-psychische Disposition offensichtlich weniger zwangsläufig zu Gewaltbereitschaft führt. „Leistungsfeindliche" Einstellungen unter Jugendlichen („Viel Geld verdienen" und „Ein angenehmes Leben ohne Anstrengung führen") haben keinen direkten Einfluß auf die Gewaltbereitschaft. Das heißt aber nicht, daß von dieser Variablen überhaupt kein diesbezüglicher Einfluß ausgeht. Vielmehr wirken entsprechende Werthaltungen unter Jugendlichen sogar in mehrfacher Hinsicht auf die Zielvariable. Zum einen tragen sie verstärkt zur Herausbildung einer geringen Schulmotivation bei („Schulunlust") – unter wenig motivierten Schülerinnen und Schüler findet sich dann ein erhöhtes Gewaltniveau. Zum anderen zeichnen sich rechtsextreme Jugendliche durch leistungsfeindliche und hedonistische Grundeinstellungen aus. Es bestehen also über zwei „Pfade" indirekte, verstärkende Wirkungen entsprechender Werthaltungen auf die allgemeine Gewaltbereitschaft.

Wir haben in diesem Kapitel bereits an anderer Stelle auf den negativen Zusammenhang zwischen dem Alter von Jugendlichen und ihrer Gewaltbereitschaft aufmerksam gemacht. Auch unser Pfadmodell bestätigt diesen Befund in Gestalt eines direkten Effektes sowohl für Jungen als auch für Mädchen (-.08 und -.17). Es finden sich in unserem Modell darüber hinaus noch eine Reihe indirekter Einflüsse der Altersvariablen auf die Gewaltbereitschaft unter Jugendlichen, auf die der modellanalytisch interessierte Leser an dieser Stelle nur hingewiesen werden soll.

Wenden wir uns nun Variablen zu, die dem sozialen Umfeld von Jugendlichen zuzuordnen sind. „Gewalt produziert Gewalt ..." – so könnte man die Zusammenhänge zwischen dem (wahrgenommenen) Gewaltniveau in der Schule bzw. der Zugehörigkeit zu einem gewaltakzeptierenden Freundeskreis einerseits und der Gewaltbereitschaft von Jugendlichen andererseits auf den Punkt bringen. Beide Kontextvariablen tragen nicht unerheblich und in direkter Weise zur Erklärung der Gewaltbereitschaft von Jungen und Mädchen bei. Eine besondere Rolle spielen im Rahmen des schulischen Gewaltniveaus dabei auch die Reaktionen der Lehrerschaft auf Gewalt unter Schülerinnen und Schülern. Das einfache „Ignorieren" von schulinterner Gewalt seitens der Lehrer trägt nicht unerheblich zum Gewaltniveau in der Schule bei und verstärkt auf diese Weise indirekt die Gewaltbereitschaft unter Jugendlichen.

Die familialen Entwicklungsbedingungen sind dagegen weniger von Bedeutung. Ein restriktives elterliches Erziehungsverhalten zeigt keinen Einfluß auf die Zielvariable „Allgemeine Gewaltbereitschaft". Ein vernachlässigender Umgang der Eltern mit ihren Kindern ist nur für männliche Jugendliche mit einer erhöhten Gewaltbereitschaft verbunden. Allerdings fördern vernachlässigende Erziehungsstile der Eltern sowohl bei Jungen als auch bei Mädchen die Herausbildung rechtsextremer Orientierungen und verstärken auf diese Weise indirekt die Gewaltbereitschaft unter Heranwachsenden.

8.5 Fazit

Die Berichterstattung der Medien vermittelt, daß Jugendgewalt vermutlich auch in Zukunft Anlaß zur Besorgnis geben wird und die Resistenz der Jugendlichen dagegen nicht von selbst wächst. Wird es in Brandenburg nun wirklich immer gefährlicher? Oder sind immer neue Meldungen über die wachsende Jugendgewalt nur ein Produkt sensationsgieriger Medien?

Unsere Forschungsergebnisse bieten auf diese Fragen eine Antwort, die auf konsistenten Befunden und einem langen Beobachtungszeitraum basiert: Die Jugendgewalt hat gegenüber 1993 nicht zugenommen und ist in den letzten drei Jahren rückläufig. Dazu gehört, daß die Gewaltakzeptanz, die instrumentelle Gewaltbereitschaft und die Beteiligung Jugendlicher an Gewaltaktionen abgenommen haben, daß die Anzahl der beobachteten Gewaltaktionen in der Schule und im Freizeitbereich gesunken ist (es hat also keine Verdrängung der Gewalt etwa von der Schule auf die Straße stattgefunden) und daß Jugendliche seltener Waffen bei sich tragen.

Worauf ist dieser Rückgang von Jugendgewalt zurückzuführen? Sicher nicht auf eine Desensibilisierung gegenüber Gewalt im Alltag. Im Gegenteil: Die Ignoranz der brandenburgischen Jugendlichen gegenüber Gewalt in der Schule und in der Clique ist gesunken; Gewalt wird heute kritischer wahrgenommen, und immer mehr Jugendliche zeigen im Vergleich mit 1996 bei Gewaltaktionen Zivilcourage. Dieser Trend, den wir leider in Hinblick auf politischen Extremismus oder Ausländerfeindlichkeit nicht finden können, resultiert wohl daraus, daß Gewalt im Gegensatz zu Extremismus und Ausländerfeindlichkeit als Bedrohung der Lebensqualität unmittelbar erfahrbar ist: Wenn man Angst haben muß, läßt man sich – Jugendliche, Eltern oder Lehrer – leicht überzeugen, gemeinsam etwas gegen die Bedrohung zu tun. Deshalb ist es relativ einfach, Gewalt zu ächten und Verbündete im Kampf gegen Gewalt zu finden.

Unser diesbezüglicher Optimismus hat aber Grenzen. Es gibt eine Gruppe von schätzungsweise zwei bis drei Prozent meist männlicher Jugendlicher, die hoch gewalttätig und in der Regel bewaffnet sind, die meist rechtsextreme Ansichten vertreten und die bei ihren Eltern weder Unterstützung noch Kontrolle finden. Mit viel Spaß und in Cliquen, aber ohne Angst, ohne Mitgefühl, ohne Nachdenken über mögliche Folgen ihrer Gewalt drangsalieren diese „Polit-Hooligans" ihre Opfer. Obwohl die Opfer, meist „Ausländer", bewußt ausgewählt werden, sind die Täter nicht wählerisch: Obdachlose, „Schwule", fremde Jugendliche – die Opfergruppen sind austauschbar. Gegen diese Tätergruppe mit ihrem exorbitanten Bedrohungspotential werden weder rationale Argumentationen noch Appelle an die Zivilcourage ihrer sozialen Umgebung allein helfen. Wenn überhaupt, auch dafür liefern unsere Befunde Indizien, kann Intervention hier nur erfolgreich sein, wenn sie Entwicklungsförderung und Strafe verbindet. Trotzdem ist und bleibt natürlich Zivilcourage wichtig; ist jede Meinungsäußerung gegen Gewalt ein Zeichen an die Täter, daß ihr Treiben nicht geduldet wird und, wichtiger noch im Falle ausländerfeindlicher und antisemitischer Gewalt, nicht von der Mehrheit der Bevölkerung stillschweigend mitgetragen wird.

Die vorgelegten Ergebnisse bestätigen die theoretischen Annahmen unseres Untersuchungsansatzes, nach dem sowohl Entwicklungsbedingungen in verschiedenen Sozialisationskontexten als auch Persönlichkeitsmerkmale und insbesondere politische Einstellungen eigenständige Beiträge zur Erklärung von Jugendgewalt leisten. Gewalt hat also viele Ursachen; deshalb muß Gewaltprävention alle Sozialisationskontexte Jugendlicher – Familie, Schule, Cliquen – im Auge behalten und für den Kampf gegen eine Verrohung der Gesellschaft mobilisieren und integrieren.

Neben der Mobilisierung breiter Bevölkerungsteile muß die Gewaltprävention vielfältige inhaltliche Wege gehen. Dazu gehören: Hilfen an den Entwicklungsübergängen (Übergänge zur autonomen Freizeitgestaltung, zu anspruchsvollen Partnerbeziehungen, zur Erwerbstätigkeit); emotionale Zuwendung, Mut zur Erziehung und soziale Kontrolle vor allem durch die Eltern; Risiko- und Folgesimulation in Hinblick auf delinquentes Handeln (auch durch die Einbindung von Polizei und Justiz) sowie nicht zuletzt eine Verbesserung der Lebensnähe schulischer Inhalte, verbunden mit einer Demokratisierung der Schule und einer Verbesserung der sozialen Partizipation von Jugendlichen an der Gestaltung des schulischen Alltags.

Und nicht zu vergessen: Die „gefährlichste" Bevölkerungsgruppe sind die Vorschulkinder! Erfassen wir die Häufigkeit direkter aggressiver Akte in einem bestimmten Zeitraum (z.B. Beißen, Schlagen, Schubsen), so stellen entsprechend der beobachteten Verhaltenshäufigkeiten Vorschulkinder die aggressivste Altersgruppe dar. Darüber hinaus wissen wir, daß sich im Vorschulalter beobachtete aggressive Verhaltensmuster meist in den ersten Schuljahren stabilisieren und Gewaltbereitschaft bei Kindern im Vor- und Grundschulalter vermuten läßt, daß sich diese Kinder auch in der Jugend und als Erwachsene antisozial verhalten. Deshalb müssen explizite Bemühungen zur Gewaltprävention in dieser Altersgruppe ansetzen und unbedingt die Eltern einbeziehen, indem man sie über die Risiken von elterlicher Ignoranz gegenüber kindlicher Gewalt aufklärt und als Verbündete im Kampf gegen Gewalt und Kriminalität gewinnt (Reid, 1993; zu Elterninterventionsprogrammen vgl. Kazdin, 1993; einen Überblick über Interventionsprogramme zur Förderung der sozialen Entwicklung und ihre Effekte bieten Weissberg & Greenberg, 1998).

Wenn auch die inhaltlichen Facetten einer wirksamen Gewaltprävention vielfältig sind, so müssen sie doch alle auf ein Ziel fokussieren: die Förderung der moralischen Entwicklung von Kindern und Jugendlichen. Aber wie fördert man moralische Entwicklung? Wie schon Krettenauer (1997) ausführte, haben insbesondere für viele Jugendliche unserer Risikogruppe der 12- bis 14jährigen die vorgegebenen Regeln und Autoritäten, Normen und Gesetze der Kindheit ihre unbedingte und unhinterfragte Geltung verloren. In die entstandene Lücke sind aber noch keine verbindlichen moralischen Orientierungen im Rahmen konkreter Gemeinschaftsbezüge (etwa im Sinne der Regel: „Behandle andere so, wie du selbst von ihnen behandelt sein möchtest") getreten. Stattdessen dominiert eine konkret-individualistische Perspektive: „Rechtens ist, Regeln nur dann zu befolgen, wenn es irgend jemandes unmittelbaren Interessen dient, die eigenen Interessen und Bedürfnisse zu befriedigen" (Colby & Kohlberg, 1986). Hier muß moralische Erziehung ansetzen: Weniger durch hochfliegende ethisch-theoretische Diskussionen im Ethik- und Sozialkundeunterricht um einen moralischen Konsens, sondern vielmehr durch die Bearbeitung alltäglicher Konflikte der Jugendlichen und die Förderung ihrer Einsicht in die Rechte anderer. Getreu dem Sprichwort „Was du nicht willst, daß man dir tu', das füg' auch keinem andern zu!" ist zu vermitteln, daß die Billigung von Gewalt gegen andere die eigene Bedrohung durch Gewalt impliziert.

Oser und Althof (1992) weisen darauf hin, daß Bemühungen um moralische Erziehung in der Regel keine schnellen Erfolge produzieren. Kurzzeitige Interventionen haben meist keinen Effekt; die Förderung der moralischen Entwicklung ist in der Regel nur langfristig und über viele Problembearbeitungen möglich. Aber die Autoren nennen auch viele Einflußgrößen auf diesen Prozeß, so daß wir ihn mit pädagogischen Mitteln vorantreiben können. Am wichtigsten ist aus unserer Sicht der Hinweis, daß für die pädagogische Bearbeitung von alltäglichen Konflikten beispielsweise mit Gewalttätern die Gleichaltrigen zu mobilisieren sind. Wenn wir unsere eigene Lebenserfahrung befragen, bestätigt sich dieser Hinweis: Waren nicht auch uns die Argumente der Gleichaltrigen wichtiger als die unserer Eltern und Lehrer? Gewaltprävention kann also nur erfolgreich sein, wenn sie auf die aktive Partizipation der Jugendlichen und Meinungsstreit setzt!

Ein letzter Gedanke: Das Leben ist keine Schulstunde; im Leben gilt es aus Fehlern, auch aus Gewaltepisoden zu lernen. „Jugendsünden" vermitteln (aversive) Grenz- und Delikterfahrungen über das Ende der eigenen Möglichkeiten und führen über Fehleranalysen zur tieferen Selbsterkenntnis (Schwarzer, 1995). Für die meisten von uns ist die Erfahrung aus Jugendsünden eine wichtige Lebenslektion, ein „Schutzfaktor" gegen die Wiederholung schmerzlicher Fehler. Jungsein ist also aufgrund fehlender Lebenserfahrung immer auch ein Risiko, dessen Bewältigung die Gesellschaft fördern muß: durch Orientierungsangebote, um alterstypische Antizipationsdefizite und noch instabile Wertemuster zu überbrücken; durch Herausforderungen, um Abenteuerlust und Spannungssuche zu kanalisieren. Das Auffangen gefährdeter Jugendlicher, die Vermeidung der Stigmatisierung von Jugendlichen als Opfer oder Täter werden in einer sich immer schneller wandelnden Gesellschaft an Bedeutung gewinnen. Eine gute Entwicklung wird jedoch nicht durch die Abwesenheit von Risiken und individueller Verletzlichkeit garantiert, sondern durch den Erwerb von Kompetenz beim Umgang mit Risiken und Verletzlichkeit. Deshalb müssen Schulen in ausreichendem Maße Möglichkeiten zu diesbezüglicher Erfolgserfahrung vermitteln sowie soziale und Problembewältigungsfähigkeiten fördern. Deshalb müssen auch Risikogruppen von Jugendlichen Chancen zu identitätsstiftender und bei Delinquenzneigung oft heilsamer Erwerbstätigkeit bekommen. Und deshalb dürfen Eltern, egal ob sie gerade zu den Gewinnern oder Verlierern des ökonomischen Wandels gehören, über ihre eigenen Anstrengungen zur Lebensbewältigung hinaus nicht vergessen, daß auch Jugendliche noch Zuwendung und Kontrolle brauchen.

Literatur

Ackermann, H. (1997). Wie nehmen Schüler und Eltern Schule wahr? Neue Ansatzpunkte für die Qualitätsdiskussion. In: Schul-Management 28, 4, S. 9-16.

Adorno, T.W. et al. (1950). The authoritarian personality. New York: Harper and Brothers.

Alba, R., Schmidt, P. & Wasmer, M. (Hrsg.). (2000). Deutsche und Ausländer: Freunde, Fremde oder Feinde? Empirische Befunde und theoretische Erklärungen. Opladen: Westdeutscher Verlag.

Albrecht, H.J. (1998). Jugend und Gewalt. In: Monatsschrift für Kriminologie und Strafrechtsreform 81, S. 381-398.

Albrecht, H.T. (1994). Über den Zusammenhang von Kontrollüberzeugungen und psychosozialer Anpassung im Jugendalter. Frankfurt/M.: Peter Lang.

Allport, G.W. (1971, Original: 1954). Die Natur des Vorurteils. Köln: Kiepenheuer & Witsch.

Ames, C. (1992). Classrooms: goals, structures, and student motivation. In: Journal of Educational Psychology 84, S. 261-271.

Arnett, J. (1992). Reckless behavoir in adolescence: A developmental perspective. In: Developmental Review 12, S. 39-373.

Aschwanden, D. (1995). Jugendlicher Rechtsextremismus als gesamtdeutsches Problem. Baden-Baden: Nomos Verlag.

Bandura, A. (1973). Aggression: A social learning analysis. New York: Holt.

Bandura, A. (1983). Psychological mechanisms of aggression. In: R.G. Green, & E. Donnerstein (Eds). Aggression: Theoretical and empirical reviews. New York: Academic Press.

Bandura, A. (1994). Self-efficacy: The exercise of control. New York: Freemann.

Bannenberg, B. & Rössner, D. (2000). Hallenser Gewaltstudie – Die Innenwelt der Gewalttäter. In: DVJJ-Journal 11. Jg. – 2, S. 121-134.

Baron, R. & Richardson, D. (1994). Human aggression (2nd ed.). New York, London: Plenum Press.

Battenberg, F. (1990a). Das Europäische Zeitalter der Juden. Zur Entwicklung einer Minderheit in der nichtjüdischen Umwelt Europas. Band I: Von den Anfängen bis 1650. Darmstadt: Wissenschaftliche Buchgesellschaft.

Battenberg, F. (1990b). Das Europäische Zeitalter der Juden. Zur Entwicklung einer Minderheit in der nichtjüdischen Umwelt Europas. Band II: Von 1650 bis 1945. Darmstadt: Wissenschaftliche Buchgesellschaft.

Bauer, Y. (1994). In Search of a Definition of Antisemitism. In: M. Brown (Ed.). Approaches to Antisemitism. Context and Curriculum. New York/Jerusalem: The American Jewish Committee and The International Center for University Teaching of Jewish Civilization, S. 10-23.

Baumert, J. & Lehmann, J. (1997). TIMMS – Mathematisch-naturwissenschaftlicher Unterricht im internationalen Vergleich. Leverkusen.

Beck, U. (1986). Risikogesellschaft. Auf dem Weg in eine andere Moderne. Frankfurt /M.: Suhrkamp.

Beck-Gernsheim, E. (1988). Die Neue Elternpflicht: Genetik vor Bildung? Sozialwissenschaftliche Rundschau 11, S. 83-91.

Behnken, I. (1991). Schülerstudie `90. Jugendliche im Prozeß der Vereinigung. Weinheim, München: Juventa.

Benz, W. (Hrsg.). (1992). Legenden, Lügen, Vorurteile. Ein Wörterbuch zur Zeitgeschichte. München: Deutscher Taschenbuch Verlag.

Berger Waldenegg, G.C. (2000). Antisemitismus: Eine gefährliche Vokabel? Zur Diagnose eines Begriffs. In: W. Benz (Hrsg.). Jahrbuch für Antisemitismusforschung 9. Frankfurt/M., New York: Campus Verlag, S. 108-126.

Bergmann, W. & Erb, R. (1991). Antisemitismus in der Bundesrepublik Deutschland. Ergebnisse der empirischen Forschung 1946-1989. Opladen: Verlag Leske + Budrich.

Bergmann, W. & Erb, R. (1995). Wie antisemitisch sind die Deutschen? Meinungsumfragen 1945-1994. In: W. Benz (Hrsg.). Antisemitismus in Deutschland. Zur Aktualität eines Vorurteils. München: Deutscher Taschenbuch Verlag, S. 47-63.

Berliner Zeitung (1999). Jeder neunte Jugendliche glaubt, Ausländer nähmen Arbeitsplätze weg. Ausgabe vom 20./21. Februar.

Berliner Zeitung (2000a). Zu Hause wird Toleranz erlernt – oder eben nicht. Ausgabe vom 4. August.

Berliner Zeitung (2000b). Nur ein Drittel erkennt die Demokratie an. Ausgabe vom 12./13. August.

Bessoth, R. (1989). Organisationsklima an Schulen. Frankfurt/M.: Luchterhand.

Bien, W. & Karig, U. et al. (1994). Cool bleiben – erwachsen werden im Osten. Ergebnisse der Leipziger Längsschnitt-Studie 1. Weinheim, München: Verlag Deutsches Jugendinstitut.

Boehnke, K. et al. (1998). Jugendlicher Rechtsextremismus: Zur Bedeutung von Schulerfolg und elterlicher Kontrolle. In: Zeitschrift für Pädagogische Psychologie 12 (4), S. 236-249.

Boers, K. et al. (1992). Methodenbericht zum Forschungsbericht: Sozialer Umbruch und Kriminalitätsentwicklung in der früheren DDR. KFB-Materialien (5).

Böhnisch. L. & Winter. R. (1993). Männliche Sozialisation: Bewältigungsprobleme männlicher Geschlechtsidentität im Lebenslauf. Weinheim: Juventa.

Bolger, K.E., Patterson, C.J., Thompson, W.W. & Kupersmidt, J.B. (1995). Psychosocial adjustment among children experiencing persistent and intermittent family economic hardship. In: Child Development 66, S. 1107-1129.

Böllert, K. (1997). Jugend und Gewalt – Möglichkeiten einer gewaltpräventiven Jugendarbeit. In: Neue Praxis. Zeitschrift für Sozialarbeit, Sozialpädagogik und Sozialpolitik 4. Jg. 27, S. 328-337.

Bornewasser, M. (1994). Arbeitsgruppe: Fremdenfeindlichkeit – Ursachen und Veränderungsmöglichkeiten. In: A. Thomas (Hrsg.). Psychologie und multikulturelle Gesellschaft. Göttingen, Stuttgart: Hogrefe.

Brain, P.F. (1994). Hormonal aspects of aggression and violence. In: A.J. Reis & J.A. Roth (Eds). Understanding and control of biobehavioral influences on violence (Vol. 2). Washington, DC: National Acadamy Press, S. 177-244.

Brehm, S.S. & Brehm, J.W. (1982). Psychological reactance. A theory of freedom and control. New York: Academic Press.

Brim, O.G. (1975). Macro-structural influences on child development and the need for childhood social indicators. In: American Journal of Orthopsychiatry 45, S. 516-524.

Bronfenbrenner, U. (1979). The ecology of human development. Cambridge: Harvard University Press.

Brück, W. (1992). Skinheads als Vorboten der Systemkrise. Die Entwicklung des Skinhead-Phänomens bis zum Untergang der DDR. In: K.-H. Heinemann & W. Schubarth (Hrsg.). Der antifaschistische Staat entläßt seine Kinder. Jugend und Rechtsextremismus in Ostdeutschland. Köln: PapyRossa Verlag, S. 37-46.

Bründel, H. & Hurrelmann, K. (1994). Gewalt macht Schule. Wie gehen wir mit aggressiven Kindern um? Muenchen: Droemer Knaur.

Bründel, H. & Hurrelmann, K. (1996). Einführung in die Kindheitsforschung. Weinheim und Basel: Beltz.

Bruhns, K. & Wittmann, S. (1999). Mädchendelinquenz. In: Recht der Jugend und des Bildungswesens 47, 3, S. 355-371.

Brusten, M. & Hurrelmann, K. (1973). Abweichendes Verhalten in der Schule. Eine Untersuchung zu Prozessen der Stigmatisierung. München: Juventa.

Brusten, M. (1995). Wie sympathisch sind uns die Juden? Empirische Anmerkungen zum Antisemitismus aus einem Forschungsprojekt über Einstellungen deutscher Studenten in Ost und West. In: Zentrum für Antisemitismusforschung der TU Berlin (Hrsg.). Jahrbuch für Antisemitismusforschung 4. Frankfurt/M., New York: Campus Verlag, S. 107-129.

Brutscher, B. (1996). Sich in der Schule wohl fühlen – was denken Kinder und Jugendliche? In: Schulmagazin 5 bis 10, 11, S. 8-11.

Bubis, I. (1994). Antisemitismus heute. Ignatz Bubis im Gespräch mit Studierenden der Pädagogischen Hochschule Schwäbisch Gmünd. In: G. E. Becker & U. Coburn-Staege (Hrsg.). Pädagogik gegen Fremdenfeindlichkeit, Rassismus und Gewalt. Mut und Engagement in der Schule. Weinheim und Basel: Beltz.

Bundesamt für Verfassungsschutz (2000). Verfassungsschutzbericht 1999. Bonn, Bundesamt für Verfassungsschutz.

Burgess, R.L. & Conger, R. (1978). Family interactions in abusive, neglectful, and normal families. In: Child Development 49, S. 1163-1173.

Buss, A. H. (1961). The psychology of aggression. New York: Wiley.

Butterwege, Ch. (1996). Rechtsextremismus, Rassismus und Gewalt: Erklärungsmodelle in der Diskussion. Darmstadt: Primus Verlag.

Butz, P. (1998). Familie und Jugend im sozialen Wandel: dargestellt am Beispiel Ost- und Westberlins. Hamburg: Kovac.

Cairns, R.B. (1979). Social development: The origins and plasticity of interchanges. San Francisco: Freeman.

Cartwright, D. (1971). Risk taking by individuals and groups: An assessment of research employing choice dilemmas. In: Journal Pers. Soc. Psychology 20, S. 361-378.

Cassidy, J., Parke, R.D., Butkovsky, L. & Braungart, J.M. (1992). Family-peer connections: The roles of emotional expressiveness within the family and children's understanding of emotions. In: Child Development 63, S. 603-618.

Coie, J.D. & Dodge, K.A. (1998). Aggression and Antisocial Behavior. In: W. Damon & N. Eisenberg (1998). Handbook of Child Psychology. Vol. 3: Sozial, Emotional, and Personality Development. New York: John Wiley & Sons, Inc.

Colby, A. & Kohlberg, L. (1986). Das moralische Urteil: Der kognitionszentrierte entwicklungspsychologische Ansatz. In H. Bertram (Hrsg.). Gesellschaftlicher Zwang und moralische Autonomie. Frankfurt/M.: Suhrkamp, S. 130-162.

Conger, R.D. & Elder, G.H. Jr. (1994). Families in troubled times: Adapting to change in rural America. New York: Aldine de Gruyter.

Conger, R.D., Conger, K.J., Elder, G.H. Jr., Lorenz, F.O., Simons, R.L. & Whitbeck, L.B. (1992). A family process model of economic hardship and adjustment of early adolescent boys. In: Child Development 63, S. 526-541.

Conger, R.D., Ge, X., Elder, G.H., Lorenz, F.O. & Simons, R.L. (1994). Economic stress, coercive family process, and developmental problems of adolescents. In: Child Development 65, S. 541-561.

Crockenberg, S. (1987). Predictors and correlates of anger toward and punitive control of toddlers by adolescent mothers. In: Child Development 58, 964-975.

Csikszentmihalyi, M. & Larson, R. (1984). Being Adolescent. Conflict and Growth in the Teenage Years. New York: Basic Books Inc.

Czerwenka, K., Nölle, K., Pause, G., Schlotthaus, W., Schmidt, H.J. & Tessloff, J. (1990). Schülerurteile über die Schule. Bericht über eine internationale Untersuchung. Frankfurt/M., Bern, New York, Paris: Peter Lang.

Dettenborn, H. (1992). Wie Schüler Gewalt in der Schule erleben. Ergebnisse einer empirischen Studie mit 2.552 Ost- und Westberlinern Schülern. (unveröff. Manuskript). Humboldt-Universität. Berlin.

Dettenborn, H. (1993). Wie Schüler Gewalt und Aggression in der Schule erleben. In: Zeitschrift für Pädagogik 5. Jg. 39, S. 745-774.

Deusinger, I.M. (1986). Frankfurter Selbstkonzeptskalen (FSKN). Göttingen: Hogrefe.

Deutsche Shell (Hrsg.). (1992). Jugend '92: Lebenslagen, Orientierungen und Entwicklungsperspektiven im vereinigten Deutschland. 11. Shell Jugendstudie. Opladen: Leske + Budrich.

Deutsche Shell (Hrsg.). (1997). Jugend '97. Zukunftsperspektiven – Gesellschaftliches Engagement – Politische Orientierungen. 12. Shell Jugendstudie. Opladen: Leske + Budrich.

Deutsche Shell (Hrsg.). (2000). Jugend 2000. 13. Shell Jugendstudie. Opladen: Leske + Budrich.

Dietrich, P. & Freytag, R. (1997). „... für das Leben lernen?" – Schulzufriedenheit in Brandenburg. In: D. Sturzbecher (Hrsg.). Jugend und Gewalt in Ostdeutschland. Lebenserfahrungen in Schule, Freizeit und Familie. Göttingen: Verlag für Angewandte Psychologie, S. 82-112.

DJI & IFK (1998). Lebenslagen und -perspektiven junger Menschen in ländlichen Regionen des Landes Brandenburg. Forschungsbericht. München, Vehlefanz: Deutsches Jugendinstitut e.V.

Döbert, R. & Nunner-Winkler, G. (1979). Adoleszenzkrise und Identitätsbildung. Psychische und soziale Aspekte des Jugendalters in modernen Gesellschaften. Frankfurt/M.: Suhrkamp Verlag.

Dodge, K.A. (1982). Social information processing variables in the development of aggression and altruism in children. In: C. Zahn-Waxler, M. Cummings & M. Radke-Yarrow (Eds.). The development of aggression and altruism: Social and sociobiological origins. New York: Cambridge University Press.

Dollard, J., Doob, L.W., Miller, N.E., Mowrer, O.H. & Sears, R.R. (1939). Frustration and aggression. New Haven: Yale University Press.

Dünkel, F., Besch, D. & Geng, B. (1997). Jugendkriminalität in Mecklenburg-Vorpommern und Möglichkeiten der Prävention unter besonderer Berücksichtigung von polizeilich mehrfach registrierten jugendlichen und heranwachsenden Tatverdächtigen. Unveröffentl. Forschungsbericht. Universität Greifswald, Rechts- und Staatswissenschaftliche Fakultät. Greifswald.

Easton, D. (1975). A Re-Assessment of the Concept of Political Support. In: British Journal of Political Science 5, S. 435-457.

Eckert, R. & Willems, H. (1987). Jugendproteste im internationalen Vergleich. Jugendliche Subkulturbildung, städtische Gewaltpotentiale und staatliche Reaktionen – eine vergleichende Untersuchung von Eskalationsbedingungen. (unveröffentl. Manuskript). Universität Trier.

Eckert, R. & Willems, H. (1996). Fremdenfeindliche Gewalt – Eine historische Emergenz. In: W. Edelstein & D. Sturzbecher (Hrsg.). Jugend in der Krise. Ohnmacht der Institutionen. Potsdam: Verlag für Berlin-Brandenburg, S. 95-130.

Eckert, R., Reis, Ch. & Wetzstein, Th. A. (2000). „Ich will halt anders sein wie die anderen". Abgrenzung, Gewalt und Kreativität bei Gruppen Jugendlicher. Opladen: Leske + Budrich.

Edelstein, W. (1992). Projekt: Die Entwicklung und der Wandel sozio-moralischer Orientierungen Berliner Jugendlicher im Ost/West-Vergleich. (unveröffentl. Manuskript), Max-Planck-Institut für Bildungsforschung, Berlin.

Edelstein, W. & Sturzbecher, D. (Hrsg.). (1996). Jugend in der Krise. Ohnmacht der Institutionen. Potsdam: Verlag für Berlin-Brandenburg.

Eder, F. (19~~). Linzer Fragebogen zum Schul- und Klassenklima, LFSK. Göttingen: Hogrefe.

Elder, G.H. (1974). Children of the Great Depression. Social change in life experience. Chicago: The University of Chicago Press.

Elder, G.H. (1979). Historical change in life patterns and personality. In P. Baltes & O.G. Brim (Eds.). Life span development and behavior (Vol. 2). New York: Academic Press.

Elder, G.H. & Caspi, A. (1991). Lebensläufe im sozialen Wandel. In: A. Engfer, B. Minsel & S. Walper (Hrsg.). Zeit für Kinder! Kinder in Familie und Gesellschaft. Weinheim, Basel: Beltz, S. 32-60.

Elder, G.H., Conger, R.D., Foster, E.M., & Ardelt, M. (1992). Families under economic pressure. In: Journal of Family Issues 13, S. 5-37.

Elder, G.H., Van Nguyen, T. & Caspi, A. (1985). Linking family hardship to childrens-lifes. In: Child Development 56, S. 361-375.

Elkind, D. (1967). Egocentrism in adolescence. In: Child Development 38, S. 1025-1034.

Emery, R.E. (1989). Family violence. In: American Psychologist 44, No.2, S. 321-328.

Engel, U. & Hurrelmann, K. (1989). Psychosoziale Belastung im Jugendalter. Empirische Befunde zum Einfluß von Familie, Schule und Gleichaltrigengruppe. Berlin: de Gruyter.

Ewald, U. (1993). Identitätsprobleme und Gewaltpotentiale. In: H.U. Otto & R. Merten (Hrsg.). Rechtsradikale Gewalt im vereinigten Deutschland. Bonn: Bundeszentrale für politische Bildung, S. 247-255.

Farin, K. & Weidenkaff, I. (1999). Jugendkulturen in Thüringen. Bad Toelz: Tilsner Verlag.

Feinberg-Jütte, A. (1995). Shylock. In: J.H. Schoeps & J. Schlör (Hrsg.). Antisemistismus. Vorurteile und Mythen. Frankfurt/M.: Zweitausendeins, S. 119-126.

Fend, H. (1977). Schulklima. Weinheim: Beltz.

Fend, H. (1980). Theorie der Schule. München: Urban & Schwarzenberg.

Fend, H. (1990). Vom Kind zum Jugendlichen. Der Übergang und seine Risiken. Entwicklungspsychologie der Adoleszenz in der Moderne. Band 1. Bern: Huber.

Festinger, T. (1983). No one ever asked us. New York: Columbia University Press.

Fischer, A. (1992). Politik und jugendliche Lebenswelt. In: Jugendwerk der Deutschen Shell (Hrsg.). Jugend '92. Lebenslagen, Orientierungen und Entwicklungsperspektiven im vereinigten Deutschland, Bd. 2. Opladen: Leske + Budrich, S. 49-58.

Fischer, A. (1997). Engagement und Politik. In: Jugendwerk der Deutschen Shell (Hrsg.). Jugend '97. Zukunftsperspektiven – Gesellschaftliches Engagement – Politische Orientierungen. Opladen: Leske + Budrich, S. 303-342.

Fitzgerald, M. et al. (1995). Leisure activities of adolescent schoolchildren. Dublin: Journal of Adolescence 18, S. 349-358.

Flanagan, C.A. (1990). Families and schools in hard times. In: V.C. McLoyd & C.A. Flanagan (Eds.). Economic stress: Effects on family life and child development. New directions for child development (No. 46). San Francisco, Oxford: Jossey-Bass, S. 7-26.

Florin, C. (1997). Bloss nichts verpassen. Rheinischer Merkur, Jugend und Freizeit, 4/97.

Forschungsgruppe Schulevaluation (1998). Gewalt als soziales Problem in Schulen. Die Dresdner Studie. Untersuchungsergebnisse und Präventionsstrategien. Opladen: Leske + Budrich.

Frankfurter Rundschau (2000). Von der Isolation zum Extremismus ist es nicht weit. Ausgabe vom 28. Juli.

Freytag, R. (2000). Antisemitismus im Nachkriegsdeutschland. In: D. Sturzbecher & R. Freytag (Hrsg.). Antisemitismus unter Jugendlichen. Göttingen, Bern, Toronto, Seattle: Hogrefe Verlag für Psychologie, S. 49-75.

Freytag, R. & Sturzbecher, D. (1998). Die zweite Entdeckung Amerikas. Einstellungen ostdeutscher Jugendlicher zu den USA. Potsdam: Verlag für Berlin-Brandenburg.

Freytag, R. & Sturzbecher, D. (2000). Die Psychologie des Antisemitismus. In: D. Sturzbecher & R. Freytag (Hrsg.). Antisemitismus unter Jugendlichen. Göttingen, Bern, Toronto, Seattle: Hogrefe Verlag für Psychologie, S. 9-20.

Friedrich, W. (1993a). Über Ursachen der Ausländerfeindlichkeit und rechtsextremer Verhaltensweisen in den neuen Bundesländern. In: Ausländerfeindlichkeit und rechtsextreme Orientierungen bei der ostdeutschen Jugend. Leipzig: Friedrich-Ebert-Stiftung, Büro Leipzig, S. 6-21.

Friedrich, W. (1993b). Einstellungen ostdeutscher Jugendlicher zu Ausländern. In: Ausländerfeindlichkeit und rechtsextreme Orientierungen bei der ostdeutschen Jugend. Leipzig: Friedrich-Ebert-Stiftung, Büro Leipzig, S. 22-46.

Frindte, W. (Hrsg.). (1995). Jugendlicher Rechtsextremismus und Gewalt zwischen Mythos und Wirklichkeit. Sozialpsychologische Untersuchungen. Münster, Hamburg: LIT Verlag.

Frindte, W. (Hrsg.). (1999). Fremde, Freunde, Feindlichkeiten. Sozialpsychologische Untersuchungen. Opladen, Wiesbaden: Westdeutscher Verlag.

Frindte, W. et al. (1999). Neu-alte Mythen über Juden: ein Forschungsbericht. In: R. Dollase et al. (Hrsg.). Politische Psychologie der Fremdenfeindlichkeit: Opfer – Täter – Mittäter. Weinheim, München: Juventa, S. 119-130.

Fritzsche, Y. (2000a). Moderne Orientierungsmuster: Inflation am Wertehimmel. In: Deutsche Shell (Hrsg.). Jugend 2000. Opladen: Leske + Budrich, S. 93-156.

Fritzsche, Y. (2000b). Modernes Leben: Gewandelt, vernetzt, verkabelt. In: Deutsche Shell (Hrsg.). Jugend 2000. Opladen: Leske + Budrich, S. 181-220.

Frodi, A.M. & Lamb, M.E. (1980). In: Childabusers' responses to infants' smiles and cries. In: Child Development 51, S. 238-241.

Fuchs D., Roller, E. & Weßels, B. (1997). Die Akzeptanz der Demokratie des vereinigten Deutschlands. In: Aus Politik und Zeitgeschichte. Beilage zur Wochenzeitung Das Parlament (Bonn). B 51/97, S. 3-12.

Funk, W. (Hrsg.). (1995). Nürnberger Schüler-Studie 1994: Gewalt an Schulen. Regensburg: Roderer.

Furby, L. & Beyth-Marom, R. (1992). Risk taking in adolescence: A decision-marking perspective. In: Developmental Review 12, S. 1-44.

Furtner-Kallmünzer, M. & Sardei-Biermann, S. (1982). Schüler: Leistung, Lehrer und Mitschüler. In: H. Beisenherz et al. (Hrsg.). Schule in der Kritik der Betroffenen. München: Juventa.

Gage, N.L. & Berliner, D.C. (1996). Pädagogische Psychologie. Weinheim: Beltz.

Galtung, J. (1975). Strukturelle Gewalt. Beiträge zur Friedens- und Konfliktforschung. Hamburg: Reinbek.

Garbarino, J. (1992). The meaning of poverty in the world of children. In: American Behavioral Scientist 35, S. 220-237.

Garmezy, N. (1991). Resiliency and Vulnerability to Adverse: Developmental Outcomes Associated With Poverty. In: American Behavioral Scientist 34, S. 416-430.

Gehlen, A. (1957). Die Seele im technischen Zeitalter. Sozialpsychologische Probleme der industriellen Gesellschaft. Hamburg.

Gensicke, T. (1995). Modernisierung, Wertewandel und Mentalitätsentwicklung in der DDR. In H. Bertram, S. Hradil & G. Kleinhenz (Hrsg.). Sozialer und demografischer Wandel in den neuen Bundesländern. Schriftenreihe der KSPW: Transformationsprozesse, Bd. 6. Opladen: Leske+Budrich, S. 101-140.

Gidal, N.T. (1997). Die Juden in Deutschland von der Römerzeit bis zur Weimarer Republik. Köln: Könemann Verlagsgesellschaft.

Gille, M. et al. (2000). Die 16- bis 29jährigen in Ost und West seit dem Mauerfall. Ergebnisse aus der ersten und zweiten Welle des DJI-Jugendsurvey. In: Das Forschungsjahr 1999. München: Deutsches Jugendinstitut e.V., S. 4-36.

Goldstein, A.P. (1994). Delinquent gangs. In: L.R. Huesmann (Ed.). Aggressive behavior: Current perspectives. Plenum series in social/clinical psychology. New York: Plenum press, S. 255-273.

Golub, J. (1994). Current German Attitudes Towards Jews and Other Minorities. Working Papers on Contemporary Antisemitism. Arbeitspapier des American Jewish Committee. New York: Eigenverlag.

Golz, L. (1995). Zur Befindlichkeit Jugendlicher in den Städten Neubrandenburg, Greifswald und Schwerin (Mecklenburg-Vorpommern). In: H. Sydow, U. Schlegel & A. Helmke (Hrsg.). Chancen und Risiken im Lebenslauf: Beiträge zum gesellschaftlichen Wandel in Ostdeutschland. Berlin: Akademie Verlag, S. 45-72.

Goodnow, J.J. (1988). Parents ideas, actions and feelings: Models and methods from developmental and social psychology. In: Child Development 59, S. 286-320.

Greve, W. & Wetzels, P. (1999). Kriminalität und Gewalt in Deutschland: Lagebild und offene Fragen. In: Zeitschrift für Sozialpsychologie 30, S. 95-110.

Großmann, H. (1998). Sozialer Wandel und seine Folgen für die Lebenssituation von Kindern. In: D. Sturzbecher (Hrsg.). Kindertagesbetreuung in Deutschland – Bilanzen und Perspektiven. Freiburg: Lambertus, S. 142-167.

Großmann, H. & Schmidtke, H. (1994). Zur Lebenssituation von Familien mit Kindern in der Sozialhilfe im Land Brandenburg. Eine repräsentative Untersuchung in Zusammenarbeit mit dem Ministerium für Arbeit, Soziales, Gesundheit und Frauen. Forschungsbericht. MASGF des Landes Brandenburg. Potsdam.

Grusec, J.E. (1991). Socializing concern for others in the home. In: Developmental Psychology 27, S. 338-342.

Haecker, H. & Werres, W. (1983). Schule und Unterricht im Urteil der Schüler. Frankfurt/M.: Peter Lang.

Hauser, R.M. & Featherman, D.L. (1977). The process of stratification: Trends and analysis. New York: Academic Press.

Havighurst, R.J. (1948). Developmental tasks and education. New York: David McKay.

Havighurst, R.J. (1972). Developmental tasks and education. New York: McKay.

Hefler, G., Boehnke, K. & Butz, P. (1999). Zur Bedeutung der Familie für die Genese von Fremdenfeindlichkeit bei Jugendlichen: Eine Längsschnittanalyse. In: Zeitschrift für Soziologie der Erziehung und Sozialisation 19, S. 72-87.

Hefler, G., Rippl, S. & Boehnke, K. (1998). Zum Zusammenhang von Armut und Ausländerfeindlichkeit bei west- und ostdeutschen Jugendlichen. In: A. Klocke & K. Hurrelmann, (Hrsg.). Kinder und Jugendliche in Armut: Umfang, Auswirkungen und Konsequenzen. Opladen: Westdeutscher Verlag, S. 183-204.

Heid, L. & Schoeps, J.H. (Hrsg.). (1994). Juden in Deutschland. Von der Aufklärung bis zur Gegenwart. München, Zürich: Piper Verlag.

Heitmeyer, W. (1988). Rechtsextremistische Orientierungen bei Jugendlichen. 2. Aufl. Weinheim, München: Juventa.

Heitmeyer, W. (1991a). Individualisierungsprozesse und Folgen für die politische Sozialisation von Jugendlichen. Ein Zuwachs an politischer Paralysierung und Machiavellismus? In W. Heitmeyer & J. Jacobi (Hrsg.). Politische Sozialisation und Individualisierung. Weinheim: Juventa, S. 15-34.

Heitmeyer, W. (1991b). Wenn der Alltag fremd wird. In: Blätter für deutsche und internationale Politik 7, S. 851-858.

Heitmeyer, W. (1993). Gesellschaftliche Desintegrationsprozesse als Ursachen von fremdenfeindlicher Gewalt und politischer Paralysierung. Aus Politik und Zeitgeschichte, 93/2-3, S. 3-13.

Heitmeyer, W. (Hrsg.). (1994). Das Gewalt-Dilemma. Frankfurt/M.: Suhrkamp.

Heitmeyer, W. et al. (1992a). Die Bielefelder Rechtsextremismus-Studie. Erste Langzeituntersuchung zur politischen Sozialisation männlicher Jugendlicher. Weinheim, München: Juventa.

Heitmeyer, W., Moeller, K. & Sünker, H. (Hrsg.). (1992b). Jugend – Staat – Gewalt. Politische Sozialisation von Jugendlichen, Jugendpolitik und politische Bildung. 2. Aufl. Weinheim: Juventa.

Heitmeyer, W., Collmann, B., Conrads, J., Kraul, D., Kühnel, W., Matuschek, I, Möller, R. & Ulbrich-Herrmann, M (1995a). Gewalt. Schattenseiten der Individualisierung bei Jugendlichen aus unterschiedlichen Milieus. Weinheim: Juventa.

Heitmeyer, W., Conrads, J., Kraul, D., Möller, R., & Ulbrich-Herrmann, M. (1995b). Gewalt in sozialen Milieus. Darstellung eines differenzierten Ursachenkonzeptes. Zeitschrift für Sozialisationsforschung und Erziehungssoziologie 15, S. 145-167.

Held, J. (1993). Lernverweigerung aus der Sicht der Psychologie. In: K. Kunert (Hrsg.). Schule im Kreuzfeuer. Auftrag, Aufgaben, Probleme. Baltmannsweiler: Schneider Verlag.

Hinsch, R. & Langner, W. (1997). „Null Bock auf Politik!" – Politische Einstellungen und Ausländerfeindlichkeit in Brandenburg. In: D. Sturzbecher (Hrsg.). Jugend und Gewalt in Ostdeutschland. Lebenserfahrungen in Schule, Freizeit und Familie. Göttingen: Verlag für Angewandte Psychologie, S. 143-169.

Hoffmann-Lange, U. (Hrsg.) (1995). Jugend und Demokratie in Deutschland. DJI-Jugendsurvey 1. Opladen: Leske + Budrich.

Hoffmann-Lange, U. (1996). Das rechte Einstellungspotential in der deutschen Jugend. In: Falter, W. et al. Rechtsextremismus. Ergebnisse und Perspektiven der Forschung. Opladen: Westdeutscher Verlag, S. 121-137.

Holtappels, H.G., Heitmeyer, W., Melzer, W., Tillmann, K.-J. (Hrsg.). (1999). Forschung über Gewalt an Schulen: Erscheinungsformen und Ursachen, Konzepte und Prävention. 2. Aufl. Weinheim, München: Juventa.

Hopf, Ch. & Schmidt, C. (Hrsg.). (1993). Zum Verhältnis von innerfamilialen sozialen Erfahrungen, Persönlichkeitsentwicklung und politischen Orientierungen. Dokumentation und Erörterung des methodischen Vorgehens in einer Studie zu diesem Thema. Hildesheim: Institut für Sozialwissenschaften an der Universität Hildesheim.

Hopf, Ch. (1993). Rechtsextremismus und Beziehungserfahrungen. In: Zeitschrift für Soziologie 22. Heft 6, S. 449-463.

Hopf, Ch., Rieker, P., Sanden-Marcus, M. & Schmidt, C. (1995). Familie und Rechtsextremismus. Familiale Sozialisation und rechtsextreme Orientierungen junger Männer. Weinheim: Juventa.

Hopf, Ch. et al. (1999). Ethnozentrismus und Sozialisation in der DDR. Überlegungen und Hypothesen zu den Bedingungen der Ausländerfeindlichkeit von Jugendlichen in den neuen Bundesländern. In: Rechtsextremistische Jugendliche – was tun? 5. Weinheimer Gespräch. Weinheim, Basel: Beltz, S. 80-121.

Hopf , W. (1994). Rechtsextremismus von Jugendlichen: Kein Deprivationsproblem? In: Zeitschrift für Sozialisationsforschung und Erziehungssoziologie 14, S. 194-211.

Hornstein, W. (1988). Vater ist arbeitslos – Was passiert in der Familie. In: Deutsches Jugendinstitut (Hrsg.). Wie geht's der Familie? Ein Handbuch. München.

Huesmann, L.R., Eron, L.D., Lefkowitz, M.M. & Walder, L.O. (1984). Stability of aggression over time and generations. In: Developmental Psychology 20, S. 1120-1134.

Huesmann, L.R. & Miller, L.S. (1994). Long-term effects of repeated exposure to media violence in childhood. In: L.R. Huesmann (Ed.). Aggressive Behavior. Current perspectives. New York, London: Plenum Press, S. 153-186.

Hug, E. et al. (1995). Wir sind o.k. Stimmungen, Einstellungen, Orientierungen der Jugend in den 90er Jahren. Die IBM Jugendstudie. Köln: Bund-Verlag.

Hurrelmann, K. & Pollmer, K. (1994). Gewalttätige Verhaltensweisen von Jugendlichen in Sachsen – ein speziell ostdeutsches Problem? In: Kind – Jugend – Gesellschaft 39, S. 3-12.

Inglehart, R. (1971). The silent revolution in Europe. Intergenerational change in postindustrial societies. In: American Political Science Review 4, S. 991-1017.

Inglehart, R. (1989). Kultureller Umbruch. Frankfurt/M., New York.: Campus Verlag.

Isralowitz, R. & Singer, M. (1986). Unemployment and its impact on adolescent work values. In: Adolescence 21, S. 145-158.

Jelpke, U. (1995-2000). Antworten der Bundesregierung auf Kleine Anfragen der Abgeordneten Ulla Jelpke. Bonn/Berlin: Bundesdrucksachen. 13/2964, 13/3768, 13/4552, 13/5375, 13/6044, 13/6865, 13/7575, 13/8324, 13/9117, 13/9737, 13/10671, 14/171, 14/374, 14/957, 14/1496, 14/2051, 14/2615, 14/3260.

Jülisch, B.-R. (1996). Zwischen Engagement, Apathie und Resignation. Politische Orientierungen Jugendlicher in Ost- und West-Berlin. In: J. Mansel & A. Klocke (Hrsg.). Die Jugend von heute. Weinheim, München: Juventa, S. 69-87.

Kaase, M. (1987). Jugend und Politik. In: H. Reimann & H. Reimann (Hrsg.). Die Jugend. Opladen: Westdeutscher Verlag, S. 112-139.

Kalmuss, D. (1984). The intergenerational transmission of marital aggression. In: Journal of Marriage and the Family 47, S. 11-19.

Karig, U. (1994). Freizeit zwischen Lust und Frust oder Jugend auf dem Markt der Möglichkeiten. In: W. Bien, et al. Cool bleiben – erwachsen werden im Osten. Ergebnisse der Leipziger Längsschnitt-Studie 1. München: DJI-Verlag, S. 137-164.

Kazdin, A.E. (1993). Treatment of conduct disorder: Progress and directions in psychotherapy research. In: Development and Psychopathology, 5, 276-310.

Kelly, R., Sheldon, A. & Fox, G. (1985). The impact of economic dislocation on the health of children. In: J. Boulet, A. M. DeBritto, & S. A. Ray (Eds.). The impact of poverty and unemployment on children. Ann Arbor: University of Michigan, Bush Program in Child Development and Social Policy, S. 94-108.

Keßler, M. (1995). Die SED und die Juden – zwischen Repression und Toleranz. Politische Entwicklungen bis 1967. Berlin: Akademie Verlag.

Kirsch, B. (1993). Zum Problemerleben jugendlicher Schüler im Alter von 12 bis 18 Jahren – Ergebnisse einer Untersuchung an Potsdamer Schulen. In: Neue Praxis der Schulleitung 19. Stuttgart: Raabe, S. 1-18.

Klawe, W. & Matzen, J. (Hrsg.). (1993). Thema: Ausländerfeindlichkeit. Pädagogische Arbeitsstelle des Deutschen Volkshochschul-Verbandes e.V. Berichte, Materialien, Planungshilfen. Frankfurt/M.: Suhrkamp Verlag.

Klein-Allermann, E., Wild, K.-P., Hofer, M., Noack, P. & Kracke, B. (1995). Gewaltbereitschaft und rechtsextreme Einstellungen ost- und westdeutscher Jugendlicher als Folge gesellschaftlicher, familialer und schulischer Bedingungen. In: Zeitschrift für Entwicklungspsychologie 27, S. 191-209.

Kowalsky, W. (1993). Rechtsextremismus und Anti-Rechtsextremismus in der modernen Industriegesellschaft. In: Das Parlament, 8. Januar.

Kraak, B. & Eckerle, G.-A. (1999). Selbst- und Weltbilder Gewalt bejahender Jugendlicher. In: R. Dollase, Th. Kliche & H. Moser (Hrsg.). Politische Psychologie der Fremdenfeindlichkeit. Weinheim, München: Juventa, S. 173-186.

Krampen, G. (1981). IPC Fragebogen zu Kontrollüberzeugungen. Göttingen: Hogrefe.

Krampen, G. (1991). Entwicklung politischer Handlungsorientierungen im Jugendalter. Göttingen: Hogrefe.

Krampen, G. (1994). H-Skalen zur Erfassung von Hoffnungslosigkeit (H-Skalen). Deutsche Bearbeitung und Weiterentwicklung der H-Skala von Aaron T. Beck. Testmappe. Göttingen: Hogrefe.

Kraus, J. (1997). Die jüngsten Schulstudien als politische Herausforderung. In: Aktuelle Fragen der Politik 50: Was soll die Schule heute leisten? Bonn, Konrad-Adenauer-Stiftung.

Krebs, D. (1995). Soziale Desorientierung und Devianzbereitschaft. In: U. Hoffmann-Lange (Hrsg). Jugend und Demokratie in Deutschland. DJI-Jugendsurvey 1. Opladen: Leske + Budrich, S. 337-357.

Krettenauer, T. (1997). Jenseits von Gut und Böse? – Probleme der moralischen Sozialisation gewalttätiger Jugendlicher. In: D. Sturzbecher (Hrsg.). (1997). Jugend und Gewalt in Ostdeutschland. Göttingen: Hogrefe.

Krettenauer, T. et al. (1994). Die Entwicklung und der Wandel sozio-moralischer Orientierungen von Berliner Jugendlichen im Ost-West-Vergleich. In: G. Trommsdorff (Hrsg.). Psychologische Aspekte des sozio-politischen Wandels in Ostdeutschland. Berlin: de Gruyter, S. 65-76.

Krettenauer, T. & Edelstein, W. (1996). Ausländerfeindlichkeit unter Jugendlichen: Ansätze einer psychologischen Erklärung. In: W. Edelstein & D. Sturzbecher (Hrsg.). Jugend in der Krise. Ohnmacht der Institutionen. Potsdam: Verlag für Berlin-Brandenburg, S. 79-93.

Kühn, H. (1993). Jugendgewalt und Rechtsextremismus in Brandenburg. In: H.-U. Otto & R. Merten (Hrsg.). Rechtsradikale Gewalt im vereinigten Deutschland. Jugend im gesellschaftlichen Umbruch. Schriftenreihe der Bundeszentrale für politische Bildung, Bd. 319. Bonn: Bundeszentrale für politische Bildung, S. 267-276.

Kühnel, W. (1995). Die Bedeutung von sozialen Netzwerken und Peer-group-Beziehungen für Gewalt im Jugendalter. In: Zeitschrift für Sozialisationsforschung und Erziehungssoziologie 15, S. 122-144.

Kühnel, W. & Matuschek, I. (1995). Gruppenprozesse und Devianz. Risiken jugendlicher Lebensbewältigung in großstädtischen Monostrukturen. Weinheim: Juventa.

Kürten, K. et al. (1995). Die IBM Jugendstudie. In: „Wir sind o.k.!" Stimmungen, Einstellungen, Orientierungen der Jugend in den 90er Jahren. Die IBM Jugendstudie. Köln: Bund-Verlag, S. 11-159.

Kury, H. (1991). Crime and victimization in East and West. Legal Protection, Restitution and Support, Freiburg i. Brsg., S. 45-98.

Lang, S. (1985). Lebensbedingungen und Lebensqualität von Kindern. Frankfurt/M: Campus Verlag.

Lange, E., (1997). Jugendkonsum im Wandel. Konsummuster, Freizeitverhalten, soziale Milieus und Kaufsucht 1990 und 1996. Opladen: Leske und Budrich.

Langlois, J.H. & Stephan, C. (1981). Beauty and the beast: The role of physical attractiveness in the development of peer relations and social behavior. In: S.S. Brehm S.M. Kassin & F.X. Gibbon (Eds.). Developmental Social Psychology. New York: Oxford.

Langner, W. & Sturzbecher, D. (1997). „Aufklatschen, plattmachen, Zecken jagen!" – Jugendgewalt in Brandenburg. In: D. Sturzbecher (Hrsg.). Jugend und Gewalt in Ostdeutschland. Lebenserfahrungen in Schule, Freizeit und Familie. Göttingen: Verlag für Angewandte Psychologie, S. 170-208.

Larrance, D.T. & Twentyman, C.T. (1983). Maternal attributions and child abuse. In: Journal of Abnormal Psychology 92, S. 449-457.

Larson, R.W. (1983). Adolescents Daily Experiences with Family and Friends: Contrasting Opportunity Systems. In: Journal of Marriage and the Family 45, S. 739-750.

LDS (2000). Pressemitteilung vom 20.07.2000 (79/00) des Landesamtes für Datenverarbeitung und Statistik Brandenburg.

Lempers, J.D., Clark-Lempers, D. & Simons, R.L. (1989). Economic hardship, parenting and distress in adolescence. In: Child Development 69, S. 25-39.

Levine, J.M. & Murphy, G. (1943). The learning and forgetting of controversial material. In: Journal for Abnormal Social Psychology 31, S. 507-517.

Lieberknecht, C. (1997). Nach 50 Jahren Totalitarismuserfahrung: Neue Zugänge zum jüdischen Erbe in den neuen Bundesländern. In: S. Eisel & C. Koecke (Hrsg.). Deutschland und die amerikanischen Juden. Versöhnung – Begegnung – Perspektiven. Sankt Augustin: Interne Studien der Konrad-Adenauer-Stiftung, Nr. 144, S. 21-32.

Liker, J. & Elder G.H., Jr. (1983). Economic hardship and marital relations in the 1930s. In: American Sociological Review 48, S. 343-359.

Loeber, R. (1990). Development and risk factors of juvenile antisocial behavoir and delinquency. In: Clinical Psychologie Review 10, S. 1-41.

Lorenz, K. (1966). On aggression. New York: Harcourt.

Mansel, J. (1995). Quantitative Entwicklung von Gewalthandlungen Jugendlicher und ihrer offiziellen Registrierung. In: Zeitschrift für Sozialisationsforschung und Erziehungssoziologie 15, S. 101-121.

Mansel, J. (2000). Determinanten für Gewaltbereitschaft und Gewalt im Jugendalter. In: Journal für Konflikt- und Gewaltforschung (2), Heft 1, S. 70-93.

Mansel, J. & Hurrelmann, K. (1991). Alltagsstreß bei Jugendlichen. Eine Untersuchung über Lebenschancen, Lebensrisiken und psychosoziale Befindlichkeiten im Statusübergang. Weinheim: Juventa.

Mansel, J. & Hurrelmann, K. (1998). Aggressives und delinquentes Verhalten Jugendlicher im Zeitvergleich. Befunde der ‚Dunkelfeldforschung' aus den Jahren 1988, 1990 und 1996. In: Kölner Zeitschrift für Soziologie und Sozialpsychologie 50, S. 78-109.

Maßner, S. (o.J.). Rechtsextreme Orientierung unter Ostberliner Jugendlichen. Eine sozialwissenschaftliche Untersuchung. Hefte zum Rechtsextremismus 2. Herausgegeben vom Berlin-Brandenburger Bildungswerk e.V. Berlin: Widerschein Verlag.

Maughan, B. (1989). School experiences as risk/protective factors. In: M. Rutter (Ed.). Studies of Psychosocial Risk. New York: Press Syndicate of the University of Cambridge, S. 200-220.

MBJS (1998). Ministerium für Bildung, Jugend und Sport des Landes Brandenburg. Kinder- und Jugendbericht 1998. Potsdam.

McLoyd, V.C. (1989). Socialization and development in a changing economy: The effects of paternal lost job and income loss on children. In: American Psychologist 44, S. 293-302.

McLoyd, V.C. & Wilson, L. (1990). Maternal behavior, social support, and economic conditions as predictors of distress in children. In: V.C. McLoyd & C.A. Flanagan (Eds.). Economic stress: effects on family life and child development. New directions for child development (No. 46). San Francisco-Oxford: Jossey-Bass Inc. Publishers, S. 49-69.

McLoyd, V.C., Jayaratne, T.E., Ceballo, R., & Borquez, J. (1994). Unemployment and work interruption among African American single mothers: Effects on parenting and adolescent socioemotional functioning. Special Issue: Children and poverty. In: Child Development 65, 562-589.

Melzer, W. (1997). Der Beitrag der Schulforschung zur Qualitätssicherung und Entwicklung von Schule. In: Erziehungswissenschaft 16 (8). Augsburg: Leske + Budrich, S. 16-21.

Melzer, W. (1998). Gewalt als soziales Problem in Schulen. Opladen: Leske + Budrich.

Melzer, W. & Hurrelmann, K. (1990). Individualisierungspotentiale und Widersprüche in der schulischen Sozialisation Jugendlicher. In: W. Heitmeyer & T. Olk (Hrsg.). Individualisierung von Jugend. Weinheim und München: Beltz.

Melzer, W. & Schubarth, W. (1995). Das Rechtsextremismussyndrom bei Schülerinnen und Schülern in Ost- und Westdeutschland. In: W. Schubarth & W. Melzer (Hrsg.). Schule, Gewalt und Rechtsextremismus. Opladen: Leske + Budrich, S. 51-71.

Merkens, H. (1999). Schuljugendliche in beiden Teilen Berlins seit der Wende. Reaktionen auf den sozialen Wandel. Baltmannsweiler: Schneider Verlag.

Mertens, L. (1995). Antizionismus: Feindschaft gegen Israel als neue Form des Antisemitismus. In: W. Benz (Hrsg.). Antisemitismus in Deutschland. Zur Aktualität eines Vorurteils. München: Deutscher Taschenbuch Verlag, S. 89-100.

Merwald, G. (1997). Der Jugendliche in Weiden. Studien zu Freizeitverhalten. Weiden.

Ministerium des Innern des Landes Brandenburg (1999a). Pressemitteilung Nr. 33/99 vom 21. April 1999.

Ministerium des Innern des Landes Brandenburg (1999b). Verfassungsschutzbericht des Landes Brandenburg 1998. Potsdam, Ministerium des Innern des Landes Brandenburg.

Moen, P., Kain, E. & Elder, G.H.(1983). Economic conditions and family life: Contemporary and historical perspectives. In: R.R. Nelson & F. Skidmore (Eds.). American families and the economy: The high costs of living. Washington DC: National Academic Press, S. 213-259.

Moffitt, T.E. (1993a). Adolescence-limited and life-course-persistent antisocial behavior: A development taxonomy. In: Psychological Review 100, S. 674-701.

Moffitt, T.E. (1993b). The neuropsychology of conduct disorder. In: Development and Psychology 5, S. 135-151.

Mommsen, H. (2000). Antisemitischer Jude? Stellungnahmen verschiedener Wissenschaftler, Schriftsteller und Funktionäre zum Buch „The Holocaust-Industry" von N.G. Finkelstein. In: Die Woche. 28. Juli 2000, S. 19.

Müller, H.-U. (1991). Familie und Wohnen – Wohnung und Wohnumfeld. In: H. Bertram (Hrsg). Die Familie in Westdeutschland (DJI-Familiensurvey, Bd. 1). Opladen: Leske + Budrich.

Müntzel, Th. (1998). Rechtsextremistische Gewalttaten von Jugendlichen und Heranwachsenden in den neuen Bundesländern; eine empirische Untersuchung von Erscheinungsformen und Ursachen am Beispiel des Bundeslandes Sachsen-Anhalt. München: Fink.

Nauck, B. & Joos, M. (1996). Kinderarmut in Ostdeutschland. Zum Zusammenwirken von Institutionentransfer und familialer Lebensform im Transformationsprozeß. In: H.P. Buba & N.F. Schneider (Hrsg.). Familie zwischen gesellschaftlicher Prägung und individuellem Design. Opladen: Westdeutscher Verlag.

Neubauer, E. (1980). Erziehungsstrategien von Kindergärtnerinnen zur Bewältigung sozialer Konflikte bei Vorschulkindern. In: Psychologie in Erziehung und Unterricht 5, S. 257-266.

Neuberger, Ch. (1997). Auswirkungen elterlicher Arbeitslosigkeit und Armut auf Familien und Kinder. Ein mehrdimensionaler, empirisch gestützter Zugang. Opladen.

Noack, A. (1992). Freunde, Bekannte, Peers: Die Familie und Beziehungen zu Gleichen. In: M. Hofer, E. Klein-Allermann, A. Noack (Hrsg.) Familienbeziehungen. Eltern und Kinder in der Entwicklung. Göttingen: Hogrefe, S. 82-104.

Oerter, R. & Dreher, E. (1995). Jugendalter. In: R. Oerter & L. Montada (Hrsg.). Entwicklungspsychologie. Ein Lehrbuch. Weinheim: PVU, S. 310-395.

Oerter, R. & Montada, L. (Hrsg.). (1995). Entwicklungspsychologie. Ein Lehrbuch. Weinheim: PVU.

Oesterreich, D. (1993). Jugend in der Krise. Ostdeutsche Jugendliche zwischen Apathie und politischer Radikalisierung; eine Vergleichsuntersuchung Ost- und Westberliner Jugendlicher. In: Aus Politik und Zeitgeschichte. Beilage zur Wochenzeitung Das Parlament (Bonn). B 19; S. 21-31.

Offer, D., Ostrow, E. & Howard, K.I. (1984). The self-image of normal adolescents. In: D. Offer, E. Ostrow, K.I. Howard (Hrsg.). Patterns of Adolescent Self-Image. New Directions for Mental Health Services, No. 22. San Francisco: Jossey-Bass, S. 5-17.

Ohder, C. (1992). Gewalt durch Gruppen Jugendlicher. Eine empirische Untersuchung am Beispiel Berlins. Berlin: Hitit Verlag.

Ohder, C. (1993). Gewalt durch Gruppen Jugendlicher. Berlin: Fachhochschule für Verwaltung und Rechtspflege.

Ohlemacher, Th. (1993). Bevölkerungsmeinung und Gewalt gegen Ausländer im wiedervereinigten Deutschland. Empirische Anmerkungen zu einem unklaren Verhältnis. Arbeitspapier FS III 93-104. Wissenschaftszentrum Berlin für Sozialforschung. Berlin.

Olweus, D. (1979). Stability of aggressive reaction patterns in males. A review. In: Psychological Bulletin 86, S. 852-875.

Olweus, D. (1981). Continuity in aggressive and inhibited, withdrawn behavior patterns. In: Psychatry and Social Sciences 1, S. 141-159.

Olweus, D. (1982). Development of stable aggressive reaction patterns in males. In: R. Blanchard & C. Blanchard (Eds.). Advances in the study of aggression (Vol.1). New York: Academic Press.

Olweus, D. (1994). Bullying at school: Long-term outcomes for the victims and an effective school-based intervention program. In: L.R. Huesmann (Ed.), Aggressive behavior. Current perspectives. New York, London: Plenum Press, S. 97-130.

Olweus, D. (1996). Gewalt in der Schule. Was Lehrer und Eltern wissen sollten – und tun können. Göttingen: H. Huber.

Olweus, D., Mattsson, A., Schalling, D. & Low, H. (1980). Testosterone, aggression, physical and personality dimensions on normal adolescent males. In: Psychosomatic Medicine 42, S. 253-269.

Orland, N. (1995). Der Israeli. In: J. Schoeps & J. Schlör. Antisemitismus. Vorurteile und Mythen. Frankfurt/M.: Zweitausendeins (Lizenzausgabe, ursprünglich erschienen bei Piper, München), S. 279-293.

Oser, F. & Althof, W. (1992). Moralische Selbstbestimmung. Stuttgart: Klett-Cotta.

Ostow, R. (1988). Jüdisches Leben in der DDR. Frankfurt/M.: Jüdischer Verlag Athenäum.

Oswald, H. (1992). Beziehungen zu Gleichaltrigen. In: Jugendwerk der Deutschen Shell (Hrsg.). Jugend '92. Band 2. Im Spiegel der Wissenschaften. Opladen: Leske + Budrich, S. 319-332.

Parke, R.D. & Slaby, R.G. (1983). The development of aggression. In E.M. Hetherington (Ed.). Socialization, Personality and Social Development. Handbook of Child Psychology, Vol. IV. New York: Wiley, S. 547-641.

Parker, G., Tupling, H. & Brown, L.B. (1979). A parental bonding instrument. British Journal of Medical Psychology 52, S. 1-10.

Parten, M. & Newhall, S.M. (1943). Social behavior of preschool children, In: Barker R.G. et al. (Ed.). Childbehavior and development. New York.

Patterson, C.J., Vaden, N.A. & Kupersmidt, J.B. (1991). Family background, recent life events, and peer rejection during childhood. In: Journal of Social and Personal Relationships 8, S. 347-361.

Patterson, G.R. (1983). Stress: A change agent for family process. In N. Garmezy & M.Rutter (Eds.). Stress, coping and development in children. New York: McGraw Hill, S. 235-264.

Patterson, G.R., DeBaryshe, B.D. & Ramsey, E. (1989). A developmental perspective on antisocial behavior. In: American Psychologist 44, S. 329-335.

Petermann, U. (1995). Selbstwirksamkeit und Modifikation aggressiven Verhaltens von Jugendlichen. In W. Edelstein (Hrsg.). Entwicklungskrisen kompetent meistern. Heidelberg: Asanger, S. 52-62.

Pettit, G.S., Dodge, K.A. & Brown, M.M. (1988). Early family experience, social problem solving patterns, and children's social competence. In: Child Development 59, S. 107-120.

Pfeiffer, Ch. (1998a). Jugendgewalt: Täter, Opfer und Interpretationsangebote. In: Jugend und Kriminalität in Brandenburg. Eine Materialsammlung. Potsdam: Ministerium des Innern des Landes Brandenburg.

Pfeiffer, Ch. (1998b). Juvenile Crime and Violence in Europe. In: M. Tonry (Ed.): Crime and Justice. A Review of Research. Volume 23. University of Chicago Press: Chicago, S. 255-328.

Pfeiffer, Ch. (1999). Fremdenfeindliche Gewalt im Osten – Folgen der autoritären DDR-Erziehung? In: Der Spiegel Nr. 12/99 vom 23.3.99.

Pfeiffer, Ch. & Wetzels, P. (1999). The structure and development of juvenile violence in Germany. KFN Forschungsberichte Nr. 76. Hannover: Kriminologisches Forschungsinstitut Niedersachsen e.V. (KFN).

Pickel, G. (1996). Politisch verdrossen oder nur nicht richtig aktiviert?. In: R.K. Silbereisen, L.A. Vaskovics & J. Zinnecker (Hrsg.). Jungsein in Deutschland. Opladen: Leske + Budrich, S. 85-98.

Pilz, G.A. (1994). Jugend, Gewalt und Rechtsextremismus: Möglichkeiten und Notwendigkeiten politischen, polizeilichen (sozial-)pädagogischen und individuellen Handelns. Münster, Hamburg: LIT Verlag.

Poliakov, L. et al. (1984). Über den Rassismus. Sechzehn Kapitel zur Anatomie, Geschichte und Deutung des Rassenwahns. Frankfurt/M., Berlin, Wien: Ullstein.

Rausch, Th. (1999). Zwischen Selbstverwirklichungsstreben und Rassismus. Soziale Deutungsmuster ostdeutscher Jugendlicher. Opladen: Leske + Budrich.

Reid, J.B. (1993). Prevention of conduct disorder before and after school entry: Relating interventions to developmental findings. In: Development and Psychopathology 5, S. 243-262.

Reinert, G.-B. & Heyder, S. (1983). Lebensort Schule. Weinheim, Basel: Beltz-Verlag.

Reitzle, M. & Silbereisen, R.K. (1996). Werte in den alten und neuen Bundesländern. In: R.K. Silbereisen, L.A. Vaskovics & J. Zinnecker (Hrsg.). Jungsein in Deutschland. Jugendliche und junge Erwachsene 1991 und 1996. Opladen: Leske + Budrich, S. 41-56.

Rochlitz, M. (1997). Ostdeutsche Jugendliche und Ausländer – Anmerkungen aus der Tourismussoziologie. In: U. Schlegel & P. Förster (Hrsg.). Ostdeutsche Jugendliche. Vom DDR-Bürger zum Bundesbürger. Opladen: Leske + Budrich, S. 373-376.

Rollmann, A. (2000). Häkeln für das Vierte Reich. Junge Frauen und Rechtsextremismus. In: Das Parlament, 5./12. Mai.

Rotter, J.B. (1966). Generalized expectancies for internal versus external control of reinforcement. In: Psychological Monographs: General and Applied 80, S. 1-28.

Runge, I. (1993). Verschobene Proportionen: Ausländer im Osten. In: Ausländerfeindlichkeit und rechtsextreme Orientierungen bei der ostdeutschen Jugend. Leipzig: Friedrich Ebert-Stiftung, Büro Leipzig, S. 76-81.

Rutter, M. (1983). School effects on pupil progress: Research findings and policy implications. In: Child Development 54, S. 1-29.

Rutter, M. (1985). Family and school influences on behavioral development. In: Journal of Child Psychology and Psychiatry 26, S. 349-368.

Rutter, M. (1987). Psychosocial resilience and protective mechanismus. In: American Journal of Orthopsychiatry 57, S. 316-331.

Rutter, M. (1989). Pathways from childhood to adult life. In: Journal of Child Psychology and Psychiatry 30, S. 23-51.

Rutter, M. & Garmezy, N. (1983). Developmental psychopathology. In: E.M. Hetherington (Ed.). Socialization, Personality and Social Development. Handbook of Child Psychology, Vol. IV. New York: Wiley, S. 775-911.

Rutter, M., Maughan, B., Mortimore, P. & Ouston, J. (1979). Fifteen thousand hours: Secondary schools and their effects on children. London: Open Books.

Schlegel U. & Förster, P. (Hrsg.). (1997). Ostdeutsche Jugendliche. Vom DDR-Bürger zum Bundesbürger. Opladen: Leske + Budrich.

Schmidt-Denter, U. (1980). Soziale Konflikte im Kindesalter – Eine Übersicht über empirische Forschungsergebnisse und theoretische Konzepte. In: K.J. Klauer & H.J. Konradt (Hrsg.). Jahrbuch für Empirische Erziehungswissenschaft. Düsseldorf: Schwann, S. 173-207.

Schmitz, B. & Wurm, S. (1999). Soziale Beziehungen, aktuelle und habituelle Befindlichkeit in der Adoleszenz. In: Zeitschrift für Pädagogische Psychologie 13 (4), S. 223-235.

Schnabel, K. (1994). Zur Fremdenfeindlichkeit bei Jugendlichen in Ost- und Westdeutschland. In: D. Hartung (Hrsg.). Ausländerfeindlichkeit, Rechtsradikalismus, Gewalt. Berlin: Max-Planck-Institut für Bildungsforschung, S. 66-87.

Schneewind, K.A. (1996). Gesellschaftliche Veränderungswahrnehmung und Wandel des elterlichen Erziehungsstils im Generationenvergleich. In: H.P. Buba & N.F. Schneider (Hrsg.). Familie zwischen gesellschaftlicher Prägung und individuellem Design. Opladen: Westdeutscher Verlag.

Schneewind, K.A., Beckmann, M. & Hecht-Jackl, A. (1987). Familiendiagnostisches Testsystem. München: Universität München, Institut für Psychologie.

Schneider, H. (1995). Politische Partizipation – zwischen Krise und Wandel. In: U. Hoffmann-Lange (Hrsg). Jugend und Demokratie in Deutschland. DJI-Jugendsurvey 1. Opladen: Leske + Budrich, S. 274-334.

Schneider, K. & Rheinberg, F. (1995). Erlebnissuche und Risikomotivation. In: M. Amelang (Hrsg.). Interindividuelle Unterschiede: Temperament und Persönlichkeit. Enzyklopädie der Psychologie, (C/VIII/Bd. 3). Göttingen: Hogrefe, S. 407-439.

Schott-Winterer, A. (1990). Wohlfahrtsdefizite und Unterversorgung. In: D. Döring, W. Hanesch & E.U. Huster (Hrsg.). Armut im Wohlstand. Frankfurt/M.: Suhrkamp Verlag.

Schubarth, W. (2000). Gewaltprävention in Schule und Jugendhilfe. Theoretische Grundlagen. Empirische Ergebnisse. Praxismodelle. Neuwied, Kriftel: Luchterhand.

Schubarth, W. & Melzer, W. (1995). Schule, Gewalt und Rechtsextremismus. In: W. Schubarth & W. Melzer (Hrsg.). Schule, Gewalt und Rechtsextremismus, Analyse und Prävention. Opladen: Leske & Budrich.

Schubarth, W. & Melzer, W. (Hrsg.). (1995). Schule, Gewalt und Rechtsextremismus. Opladen: Leske + Budrich.

Schubarth, W. & Schmidt, T. (1992). „Sieger der Geschichte." Verordneter Antifaschismus und die Folgen. In: K.-H. Heinemann & W. Schubarth (Hrsg.). Der antifaschistische Staat entläßt seine Kinder. Jugend und Rechtsextremismus in Ostdeutschland. Köln: PapyRossa Verlag, S. 12-28.

Schuder, R. & Hirsch, R. (1989). Der gelbe Fleck. Wurzeln und Wirkungen des Judenhasses in der deutschen Geschichte. Berlin: Rütten & Loening.

Schüpp, et al. (Hrsg.). (1994). Rechtsextremismus und Gewalt. Phänomene, Analysen, Antworten. Schriften des Fachbereiches Sozialwesen an der Fachhochschule Niederrhein, Bd. 11. Mönchengladbach.

Schwarzer, R. (1993). Streß, Angst und Handlungsregulation (3. Aufl.). Stuttgart: Kohlhammer.

Schwarzer, R. (1995). Entwicklungskrisen durch Selbstregulation meistern. In W. Edelstein (Hrsg.). Entwicklungskrisen kompetent meistern. Heidelberg: Asanger, S. 25-34.

Schwarzer, R. & Leppin, A. (1990). Social Support, Health, and Health Behavior. In: K. Hurrelmann & F. Lösel (Eds.). Health hazards in adolescence. Berlin: de Gruyter, S. 363-384.

Selg, H., Mees, U. & Berg, D. (1988). Psychologie der Aggressivität. Göttingen, Toronto, Zürich: Hogrefe.

Shaw, D.S. & Emery, R.E. (1988). Chronic family adversity and school-age children's adjustment. In: Journal of the American Academy of Child and Adolescent Psychiatry 27, S. 200-206.

Sherif, M. et al. (1961). Inter-group conflict and cooperation: The robbers cave experiment. Norman: University of Oklahoma Press.

Sherif, M. & Sherif, C.W. (1969). Social Psychology. New York: Harper & Row.

Siegel, A. & Kohn, L. (1959), Permissiveness, permission, and aggression: The effect of adult presence or absence on children's play. In: Child Development 30, S. 131-141.

Silbereisen, R.K., Vaskovics, L.A. & Zinnecker, J. (Hrsg.). (1997). Jungsein in Deutschland. Jugendliche und junge Erwachsene 1991 und 1996. Opladen: .

Silbereisen, R.K., Walper, S. & Albrecht, H.T. (1990). Family income loss and economic hard ship: Antecedents of adolescents problem behavior. In: V.C. McLoyd & C.A. Flanagan (Eds.). Economic stress: Effects on family life and child development. New directions for child development (No. 46). San Francisco, Oxford: Jossey-Bass, S. 27-47.

Silbermann, A. (1982). Sind wir Antisemiten? Hier indiziert nach: L. Heid & J.H. Schoeps (Hrsg.). (1994). Juden in Deutschland. Von der Aufklärung bis zur Gegenwart. Ein Lesebuch. München, Zürich: Piper Verlag, S. 342-350.

Skepenat, M. (2000). Jugendliche und Heranwachsende als Tatverdächtige und Opfer von Gewalt – Eine vergleichende Analyse jugendlicher Gewaltkriminalität in Mecklenburg-Vorpommern anhand der Polizeilichen Krininalstatistik unter besonderer Berücksichtigung tatsituativer Aspekte. Dissertation. Universität Greifswald, Lehrstuhl für Kriminologie.

Starke, U. (1995). Gewalt bei ostdeutschen Schülerinnen und Schülern. In: W. Schubarth & W. Melzer (Hrsg.). Schule, Gewalt und Rechtsextremismus. Opladen: Leske + Budrich, S. 72-83.

Statistisches Bundesamt (Hrsg.). (2000). Internet Veröffentlichungen. Bevölkerung nach Geschlecht und Staatsangehörigkeit. Unter: http://www.statistik-bund.de/basis/d/bevoe/ bevoetabl.htm. Juni – September 2000.

Strobl, R. (2000). Das Interaktionsgeflecht lokaler Akteure und die Normalisierung rechtsextremistischer Gewalt in ostdeutschen Städten. In: Journal für Konflikt- und Gewaltforschung, S. 106-111.

Sturzbecher, D. (Hrsg.). (1997). Jugend und Gewalt in Ostdeutschland. Lebenserfahrungen in Schule, Freizeit und Familie. Göttingen: Hogrefe.

Sturzbecher, D. & Dietrich, P. (1992). Die Situation von Jugendlichen in Brandenburg. Zusammenfassende Darstellung zu den Feldstudien „Jugendszene und Jugendgewalt im Land Brandenburg" und „Freizeitverhalten Jugendlicher und Freizeitangebote im Land Brandenburg" (Arbeitsberichte des Insituts für angewandte Familien-, Kindheits-und Jugendforschung an der Universität Potsdam, Band 2). Vehlefanz: IFK.

Sturzbecher, D. & Dietrich, P. (1993). Schulverweigerung im Land Brandenburg (Arbeitsberichte des Instituts für angewandte Familien-, Kindheits- und Jugendforschung an der Universität Potsdam, Band 3). Vehlefanz: IFK.

Sturzbecher, D. & Freytag, R. (2000b). Antisemitismus unter Jugendlichen in Brandenburg und Nordrhein-Westfalen. In: D. Sturzbecher & R. Freytag (Hrsg.). Antisemitismus unter Jugendlichen. Göttingen, Bern, Toronto, Seattle: Hogrefe, S. 76-152..

Sturzbecher, D. & Freytag, R. (Hrsg.). (2000a). Antisemitismus unter Jugendlichen. Fakten, Erklärungen, Unterrichtsbausteine. Göttingen, Bern, Toronto, Seattle: Hogrefe.

Sturzbecher, D. & Langner, W. (1997). „Gut gerüstet in die Zukunft?" – Wertorientierungen, Zukunftserwartungen und soziale Netze brandenburgischer Jugendlicher. In: D. Sturzbecher (Hrsg.). Jugend und Gewalt in Ostdeutschland. Lebenserfahrungen in Schule, Freizeit und Familie. Göttingen: Verlag für Angewandte Psychologie, S. 11-81.

Sturzbecher, D. & Lenz, H.-J. (1997). Wir woll`n Spass, wir woll`n Spass ... –Freizeitangebote in Brandenburg und ihre Nutzung. In: D. Sturzbecher (Hrsg.). Jugend und Gewalt in Ostdeutschland. Lebenserfahrungen in Schule, Freizeit und Familie. Göttingen: Hogrefe, S. 82-112.

Sturzbecher, D. & Waltz, C. (1998). Erziehungsziele und Erwartungen an die Kindertagesbetreuung. In: D. Sturzbecher (Hrsg.). Kindertagesbetreuung in Deutschland. Bilanzen und Perspektiven. Freiburg: Lambertus, S. 86-104.

Sturzbecher, D., Dietrich, P. & Kohlstruck, M. (1994). Jugend in Brandenburg '93. Potsdam: Brandenburgische Landeszentrale für politische Bildung.

Sturzbecher, D., Grundmann, M. & Welskopf, R. (2000). Befragungstechniken in Familie und Kindergarten aus kindlicher Sicht. In: D. Sturzbecher (Hrsg.). (2000). Spielbasierte Befragungstechniken. Interdiagnostische Verfahren für Begutachtung, Beratung und Forschung. Göttingen: Hogrefe.

Sturzbecher, D., Welskopf, R. & Schmidt-Buthenhoff, A. (2000). Welche Bildungsangebote wünschen sich Schüler zum Thema Antisemitismus? In: D. Sturzbecher & R. Freytag. Antisemitismus unter Jugendlichen. Fakten, Erklärungen, Unterrichtsbausteine. Göttingen, Bern, Toronto, Seattle: Hogrefe Verlag, S. 153-172.

Tauss, V. (1976). Working wife – house husband: Implications for counseling. In: Journal of Family Counseling 4, S. 52-55.

Thomas, W.I. (1909). Sourcebook for social origins. Boston: Badger.

Tillmann, K.-J. (Hrsg.). (1989). Was ist eine gute Schule? Hamburg: Bergmann + Helbig Verlag.

Tillmann, K.-J. & Holtappels, H.G. (2000). Gewalt in der Schule – Problemanalyse und schulpädagogische Prävention. 2. Aufl. Weinheim, München: Juventa.

Timm, A. (1997). Hammer, Zirkel, Davidstern. Das gestörte Verhältnis der DDR zu Zionismus und Staat Israel. Bonn: Bouvier Verlag.

Trommsdorff, G. (1999). Sozialisation und Werte. In: G. Berger & P. Hartmann (Hrsg.). Soziologie in konstruktiver Absicht. Knut Reim Verlag, S. 167-190.

Ulbrich, C. & Sydow, H. (1996). Werthaltungen von Jugendlichen in Ost- und West-Berlin. Value orientations of adolescents in East and West Berlin. In: Unterrichtswissenschaft 24, S. 142-159.

Ulbrich, R. (1990). Wohnverhältnisse einkommensschwacher Schichten. In: D. Döring, W. Hanesch & E.U. Huster (Hrsg.). Armut im Wohlstand. Frankfurt/M., S. 206-226.

Ulich, K. (1991). Schulische Sozialisation. In: K. Hurrelmann & K. Ulich (Hrsg.) Neues Handbuch der Sozialisationsforschung. Weinheim: Beltz, S. 377-396.

v. Salden, M. & Lettig, K.-E. (1987). Landauer Skalen zum Sozialklima 4.-13. Klassen, LASSO 4-13. Weinheim: Beltz.

Wagner, B. (1995). Jugend – Gewalt – Szenen. Zu kriminologischen und historischen Aspekten in Ostdeutschland. Die achtziger und neunziger Jahre. Berlin: dip.

Wagner, B. (2000). Rechtsextremismus und völkische Orientierung – Zur gegenwärtigen Lage in den neuen Bundesländern. In: W. Benz (Hrsg.). Jahrbuch für Antisemitismusforschung 9. Frankfurt/M., New York: Campus Verlag, S. 22-34.

Walper, S. (1988). Familiäre Konsequenzen ökonomischer Deprivation. München, Weinheim: PVU.

Walper, S. (1995). Kinder und Jugendliche in Armut. In: K.-J. Bieback & H. Milz. Neue Armut. Frankfurt/M., New York: Campus Verlag, S. 181-220.

Walters, R.H. & Parke, R.D. (1964). Social motivation, dependency, and susceptibility to social influence. In: L. Berkowitz (Ed.), Advances in Experimental Social Psychology (Vol. 1). New York: Academic Press.

Walz, D. & Brunner, W. (1997). Das Sein bestimmt das Bewußtsein. Oder: Warum sich die Ostdeutschen als Bürger 2. Klasse fühlen. In: Aus Politik und Zeitgeschichte. Beilage zur Wochenzeitung Das Parlament, 12. Dezember, S. 13-19.

Wasmund, K. (1982). Das Verhältnis der Jugend zu Staat und Gesellschaft. In: K. Wasmund (Hrsg.). Jugendliche – Neue Bewußtseinsformen und politische Verhaltensweisen. Stuttgart: Klett.

Watts, M. (1996). Politische Beteiligung außerhalb der Institutionen. In: R.K. Silbereisen, L.A. Vaskovics & J. Zinnecker (Hrsg.). Jungsein in Deutschland. Opladen: Leske + Budrich, S. 99-112.

Weiss, B., Dodge, A., Bates, J.E. & Pettit, G.S. (1992). Some consequences of early harsh discipline: Child aggression and a maladaptive social information processing style. In: Child Development 63, S. 1321-1335.

Weissberg, R.P. & Greenberg, M.T. (1998). School and community competence-enhancement and prevention programs. In: W. Damon, I.E. Sigel, & K.A. Renninger (1998). Handbook of child psychology. Vol. 4. New York: John Wiley & Sons, Inc.

Welskopf, R., Freytag, R. & Sturzbecher, D. (2000). Antisemitismus unter Jugendlichen in Ost und West. In: W. Benz, (Hrsg.). Jahrbuch fürAntisemitismusforschung, Frankfurt/M., New York: Campus Verlag, S. 35-70.

Westle, B. (1995). Nationale Identität und Nationalismus. In: U. Hoffmann-Lange (Hrsg). Jugend und Demokratie in Deutschland. DJI-Jugendsurvey 1. Opladen: Leske + Budrich, S. 195-244.

Wetzstein, A. & Eckert, R. (2000). Zwischen Kreativität und Gewalt. Über die Bedeutung von Gruppenbildung und Gruppenzugehörigkeit für Jugendliche. In: Frankfurter Rundschau, Dokumentation, 29. März.

Wicklund, R.A. & Gollwitzer, P.M. (1982). Symbolic self-completion. Hillsdale, NJ: Lawrence Erlbaum Associates.

Wiegand, E. (1993). Einstellungen zu Fremden in Deutschland und Europa. In: W. Glatzer (Hrsg.). Einstellungen und Lebensbedingungen in Europa. Soziale Indikatoren XVII. Frankfurt/M., New York: Campus, S. 45-70.

Wiesenthal, S. (1988). Forderungen zur Vergangenheitsbewältigung. Hier indiziert nach: L. Heid & J.H. Schoeps (Hrsg.). (1994). Juden in Deutschland. Von der Aufklärung bis zur Gegenwart. Ein Lesebuch. München, Zürich: Piper Verlag, S. 333-338.

Willems, H. (1992). Fremdenfeindliche Gewalt: Entwicklung, Strukturen, Eskalationsprozesse. In: Gruppendynamik 23, Heft 4, S. 433-448.

Willems, H. et al. (1993). Fremdenfeindliche Gewalt. Einstellungen, Täter, Konflikteskalation. Opladen: Leske + Budrich.

Willisch, A. (1999). Drogen am Eichberg oder Feuer im Ausländerheim. Die Ghettoisierung ländlicher Räume. In: Mittelweg 36. Hamburg Nr. 6/99, S. 73-87.

Wittenberg, R., Prosch, B. & Abraham, M. (1991). Antisemitismus in der ehemaligen DDR. Überraschende Ergebnisse der ersten Repräsentativ-Umfrage und einer Befragung von Jugendlichen in Jena. In: Tribüne. Vol. 30, S. 102-120.

Wittenberg, R., Prosch, B. & Abraham, M. (1995). Struktur und Ausmaß des Antisemitismus in der ehemaligen DDR. Ergebnisse einer repräsentativen Umfrage unter Erwachsenen und einer regional begrenzten schriftlichen Befragung unter Jugendlichen. In: Zentrum für Antisemitismusforschung der TU Berlin (Hrsg.). Jahrbuch für Antisemitismusforschung 4. Frankfurt/M., New York: Campus Verlag, S. 88-106.

Zimmermann, M.A. & Arunkumar, R. (1994). Resiliency research: Implications for schools and policy. In: Social Policy Report. Vol. III 4.

Zinnecker, J. & Strzoda (1996). Zeitorientierungen, Zukunftspläne, Identität – Von den Grenzen des Projektes Jugend. In: R.K. Silbereisen, L.A. Vaskovics & J. Zinnecker (Hrsg.). Jungsein in Deutschland. Jugendliche und junge Erwachsene 1991 und 1996. Opladen: Leske + Budrich, S. 199-225.

Zirk, W. (1999). Jugend und Gewalt. Stuttgart: Richard Boorberg Verlag.

Zuckerman, M. (1979). Sensation seeking: Beyond the optimal level of arousal. Hillsdale, New York.

Anhang

Nachstehend sind alle in den Auswertungen verwendeten Skalen aufgeführt. Für jede Skala sind die einzelnen Items und der Wert für die interne Konsistenz der Skala (Cronbachs Alpha – α) angegeben. Auf Instrumente beziehungsweise Konzepte, aus denen die Indikatoren entstammen oder an die sie sich anlehnen, wurde im Text verwiesen. In einigen Skalen sind Items mit einem Sternchen gekennzeichnet. Diese Fragen waren nur 1996 Bestandteil des Fragebogens und können deshalb nicht für Vergleiche zu allen drei Erhebungszeitpunkten berücksichtigt werden. Items, die mit einem „+" markiert sind, wurden nur 1993 erfragt und stehen ebenfalls nicht für alle Vergleiche zur Verfügung. Skalen in Kursivschrift wurden nur 1996 erhoben; solche in Fettschrift nur 1999.

Die Items wurden von den Jugendlichen in der Regel auf einer vierstufigen Ratingskala bewertet (z.B. „Stimmt", „Stimmt eher", „Stimmt eher nicht", „Stimmt nicht").

Bereich: Persönlichkeit

Skala „Selbstvertrauen" (8 Items, α= .84) **99 α= .84**
- Ich bin zufrieden mit mir.
- Ich kann mit meinen persönlichen Problemen gut fertig werden.
- Mich wirft so schnell nichts aus der Bahn.
- Ich finde mich ganz in Ordnung.
- Eigentlich bin ich mit mir ganz zufrieden.
- Ich werde auch in Zukunft meine Probleme meistern.
- Wenn ich mich mit anderen Menschen meines Alters vergleiche, schneide ich eigentlich ganz gut ab.
- Ich kann genauso gut zurechtkommen wie andere.

Skala „Berufsbezogener Zukunftsoptimismus" (3 Items, α= .69) **99 α= .74**
- Mein Berufswunsch wird in Erfüllung gehen.
- Ich werde einen sicheren Arbeitsplatz finden.
- Ich denke, ich werde eine gesicherte Zukunft haben.

Skala „Hoffnungslosigkeit/Externale Kontrollüberzeugung" (8 Items α= .82) **99 α= .84**
- Ich glaube nicht, daß ich jemals das in meinem Leben bekomme, was ich mir wirklich wünsche.
- Menschen wie ich haben nur geringe Möglichkeiten, ihre Interessen gegenüber mächtigeren Leuten durchzusetzen.
- Es nützt nichts etwas anzustreben, das ich gerne hätte, da ich es wahrscheinlich doch nicht erreiche.
- Es lohnt sich nicht sich anzustrengen, weil sowieso alles anders kommt.
- Ich glaube, daß ich in meinem Leben nie eine richtige Chance bekomme.
- Mein Leben wird größtenteils von den Mächtigen kontrolliert.
- Ich bekomme einfach nicht das, was ich will; es ist also Unsinn, überhaupt etwas zu wollen.
- Wenn ich bekomme, was ich will, so geschieht das hauptsächlich, weil ich Glück habe.

Skala „Erregbarkeit" (1993/96: 6 Items, α= .61) **99 9 Items α= .83**
* Manchmal bin ich schnell auf der Palme.
* Ich verliere leicht den Kopf.
– Ich fühle mich ständig angegriffen.
– Es bringt mich zum Kochen, wenn sich jemand über mich lustig macht.
– Ich kann mir nicht helfen, aber ich behandle Leute, die ich nicht mag, ziemlich grob.
– Manchmal gehen mir die Leute allein durch ihre Anwesenheit auf die Nerven.
– Ich bin reizbarer, als die meisten Leute glauben.
* Ich raste schnell aus.
– Ich gerate schnell in Wut, aber das legt sich auch rasch wieder.

Bereich: Familie

*Skala „Familienkohäsion" 99 10 Items (andere als 96) α= .87
– In meiner Familie kann ich mich auf die anderen verlassen.
– Meine Mutter hält zu mir.
– Mein Vater hält zu mir.
– Meine Mutter geht liebevoll mit mir um.
– Mein Vater geht liebevoll mit mir um.
– Meine Mutter unterstützt mich bei meinen Problemen.
– Mein Vater unterstützt mich bei meinen Problemen.
– Meine Mutter unternimmt etwas mit mir in meiner Freizeit.
– Mein Vater unternimmt etwas mit mir in meiner Freizeit.
– Ich bin mit dem Klima in unserer Familie zufrieden.

Skala „Elterliche Restriktion" (8 Items, α= .68) **99 8 Items α= .73**
– Meine Mutter hat mich Dinge selbst entscheiden lassen.
– Mein Vater hat mich Dinge selbst entscheiden lassen.
– Meine Mutter hat mich nie körperlich bestraft.
– Mein Vater hat mich nie körperlich bestraft.
– Meine Mutter hat versucht, alles zu kontrollieren, was ich mache.
– Mein Vater hat versucht, alles zu kontrollieren, was ich mache.
– Ich hatte oft Auseinandersetzungen mit meiner Mutter.
– Ich hatte oft Auseinandersetzungen mit meinem Vater.

Skala „Elterliche Vernachlässigung (4 Items, α= .79) **99 α= .78**
– Meine Mutter ist nie dagewesen, wenn ich sie brauchte.
– Meine Mutter hat sich nicht darum gekümmert, was ich tue.
– Mein Vater ist nie dagewesen, wenn ich ihn brauchte.
– Mein Vater hat sich nicht darum gekümmert, was ich tue.

Bereich: Politik

Skala „Pol. Kompetenz" (93: 4 Items, α=.73, 96: 4 Items, α=.78) **99 4 Items α= .78**
* Ich verstehe eine Menge von Politik.
– In der Bewertung politischer Sachverhalte bin ich eher unsicher.
– Ich verstehe überhaupt nicht genug von Politik. Dafür habe ich einfach keine Antenne.
– Die Teilnahme an Diskussionen über politische Themen fällt mir leicht.

Skala „**Bereitschaft zu** politischem Engagement" (5 Items, α= .75) **99 α= .74**
In Zukunft würde ich das machen:
- mich in Versammlungen an Diskussionen beteiligen
- in einer politischen Bewegung aktiv mitarbeiten
- Teilnahme an einer genehmigten Demonstration
- Beteiligung an einer Unterschriftenaktion
- Beteiligung an Bürgerinitiativen

Skala „**Bereitschaft zu** zivilem Ungehorsam" (3 Items, α= .73) **99 α= .75**
In Zukunft würde ich das machen:
- Teilnahme an einer nicht genehmigten Demonstration
- Besetzung von Ämtern, Schulen oder anderen Einrichtungen
- Aufhalten des Verkehrs mit einer Demonstration

Skala „Politische Gewaltbereitschaft" (2 Items, α= .70) **99 α= .73**
In Zukunft würde ich das machen:
- Beschädigung fremden Eigentums (Fenster einschlagen, Mülltonnen anzünden u. a.)
- Anwenden von Gewalt gegen Personen (z. B. Schlägereien mit Polizisten, Demonstranten von der Gegenseite)

Skala „Rechtsextremismus" (7 Items, α= .83) **99 6 Items α= .79**
- Das Wichtigste in der heutigen Zeit ist die Aufrechterhaltung von Recht und Ordnung, notfalls auch mit Gewalt.
- Deutschland braucht wieder einen Führer/starken Mann, der zum Wohle aller regiert.
- Der Faschismus hatte auch seine guten Seiten.
- Die Deutschen sind anderen Völkern grundsätzlich überlegen.
- In den Berichten über Konzentrationslager und Judenverfolgung wird viel übertrieben dargestellt.
- Die Juden sind mitschuldig, wenn sie gehaßt und verfolgt werden.
- * Die Juden sind Deutschlands Unglück.

Skala „Machtstreben" 4 Items α= .67
- Lebensziel: Macht und Einfluß haben
- Lebensziel: Andere Menschen führen
- Ich bewundere Menschen, die die Fähigkeit haben, andere zu beherrschen.
- Ich sehe zu, immer auf der Seite des Stärkeren zu sein.

Skala „Ausländerfeindlichkeit" (7 Items, α= .89) **99 α= .88**
- Was würden Sie generell zu der Anzahl der Ausländer im Land Brandenburg sagen?
- Bei entsprechender Qualifikation sollten Ausländer dieselben Chancen auf dem Arbeitsmarkt haben wie Deutsche.
- Deutschland den Deutschen - Ausländer raus.
- Die Ausländer haben Schuld an der Arbeitslosigkeit in Deutschland.
- Die Ausländer muß man aufklatschen und raushauen.
- Die meisten Kriminellen sind Ausländer.
- Wir sollten jeden Ausländer, der in unserem Land leben möchte, willkommen heißen.

Skala „Quietismus" 4 Items α= .62
- Ich wünsche mir für die Zukunft ein möglichst ruhiges Leben.
- Neue und ungewöhnliche Situationen sind mir unangenehm.
- Ich versuche, Dinge immer in der üblichen Art und Weise zu machen.
- Veränderungen sind mir unangenehm.

Bereich: Schule

*Skala „Schulattraktivität" 6 Items (L) α= .75

- In meiner Schule können wir unsere Ideen bei der Gestaltung der schulischen Räumlichkeiten einbringen.
- In meiner Schule gibt es eine aktive Schülerzeitung.
- In meiner Schule gibt es viele außerschulische Veranstaltungen.
- In meiner Schule gibt es interessante Arbeitsgemeinschaften.
- In meiner Schule gib es guten Kontakt zwischen den Schülern einzelner Klassen.
- Meine Schule hat einen guten Ruf.

Skala „Schulmotivation" (7 Items, α= .71, 1993/96: 6 Items, α= .70)
99 6 Items „Schulunlust" α= .71

- Vieles, was ich in der Schule lernen soll, ist nutzlos.
- Ich lerne, um mir Ärger mit meinen Eltern und den Lehrern zu ersparen.
- Ich beuge mich den schulischen Anforderungen, um in Ruhe gelassen zu werden.
- Ich versuche, mit dem kleinsten Aufwand „über die Runden zu kommen".
- Meistens sitze ich in der Schule nur die Zeit ab.
- Ich empfinde die Schule als nutzlos und versuche, wenn möglich, dieser Pflicht zu entrinnen.
- * Meine Eltern machen Terror, wenn ich schlechte Zensuren bekomme.

Skala „Schulstreß/Schulangst" (5 Items, α= .74) **99 6 Items α= .70**

- Ich gerate in Panik, wenn plötzlich unvorbereitet eine Leistungskontrolle geschrieben wird.
- + Ich erreiche ohne größere Mühe die in der Schule geforderten Leistungen.
- Die Schule verfolgt mich bis in den Schlaf.
- Ich muß einen großen Teil meiner Freizeit für Schularbeiten verwenden, um in der Schule mitzukommen.
- * Ich habe Angst, daß ich an die Tafel muß.
- * Ich habe Angst, mich in der Schule zu blamieren.

Skala „Schulspaß" (5 Items, α= .63) **99 6 Items α= .61**

- * Mal unabhängig vom Unterricht: In der Schule gibt es Situationen, wo wir richtig Spaß haben.
- * In der Schule ist mir wichtig, daß ich mit meinen Kumpels/Freundinnen zusammen bin.
- + In der Schule lerne ich Dinge, die ich später im Leben gebrauchen kann.
- * Es ist ein gutes Gefühl, wenn ich im Unterricht Dinge begreife, die mir vorher unklar waren.
- * Ich freue mich, wenn ich eine richtige Lösung für eine Aufgabe weiß.
- * Abgesehen vom Unterricht, ist die Schule gar nicht so schlecht.

Skala „Lehrerzufriedenheit" (7 Items, α= .87) **99 (kein Faktor) α= .86**

- Unsere Lehrer sind gerecht und werden deshalb geachtet.
- Wir haben fachlich gute Lehrer, bei denen wir eine Menge lernen können.
- Der Unterricht, den unsere Lehrer geben, ist gut organisiert und macht Spaß.
- Der Schulstoff wird meistens lebendig und abwechslungsreich vermittelt.
- Die Lehrer nehmen sich insgesamt ausreichend Zeit zum Erklären des Unterrichtsstoffes.
- Der Schulstoff wird meistens anhand von anschaulichen Beispielen erklärt.
- Wir haben zu den meisten Lehrern ein gutes Verhältnis, weil sie Verständnis für unsere Probleme haben.

*Skala „Soziale Lehrqualität" 6 Items 99 α= .80

- Unsere Lehrer sind gerecht und werden deshalb geachtet.
- Die Lehrer gehen auf unsere Fragen ein.
- Unsere Lehrer berücksichtigen unsere Vorschläge zur Unterrichtsgestaltung und Stoff-auswahl.
- Sie geben uns Möglichkeiten, am Unterricht aktiv teilzunehmen (durch Vorträge, De-monstrationen, Gesprächsrunden, etc.)
- Unsere Lehrer erklären, wie unsere Noten gebildet werden.
- Sie gehen auf die Bedürfnisse fachlich stärkerer und schwächerer Schüler ein.

*Skala „Fachliche Lehrqualität" 8 Items 99 α= .86

- Wir haben fachlich gute Lehrer, bei denen wir eine Menge lernen können.
- Der Schulstoff wird meistens lebendig und abwechslungsreich vermittelt.
- Die Lehrer nehmen sich insgesamt ausreichend Zeit zum Erklären des Unterrichtsstoffes.
- Der Unterricht, den unsere Lehrer geben, ist gut organisiert und macht Spaß.
- Der Schulstoff wird meistens anhand von anschaulichen Beispielen erklärt.
- Sie zeigen uns, welche Bedeutung das Fach für das tägliche Leben hat.
- Unsere Lehrer zeigen uns, wie spannend das Fach sein kann.
- Die Lehrer geben uns Hinweise, wie wir außerhalb der Schule etwas für das Fach tun können.

*Skala Unterstützung durch die Lehrerschaft 7 Items α= . 85

- In meiner Schule kann man mit den Lehrern über Probleme reden.
- In meiner Schule hat die Schulleitung ein „offenes Ohr" für Probleme der Schüler.
- Wir haben zu den meisten Lehrern ein gutes Verhältnis, weil sie Verständnis für unsere Probleme haben.
- Ich habe ein gutes Verhältnis zu meinem Klassenlehrer/Vertrauenslehrer/Tutor.
- Der Klassenlehrer/Vertrauenslehrer/Tutor unterstützt mich, wenn ich Probleme habe.
- Der Klassenlehrer/Vertrauenslehrer/Tutor setzt sich für die Belange unserer Klasse ein.
- Ich kann den Klassenlehrer/Vertrauenslehrer/Tutor auch fragen, wenn ich außerschuli-sche Probleme habe.

*Skala „Klassenkohäsion" 7 Items (L) α= .80

- In meiner Klasse gibt es ein Gefühl des Zusammenhalts.
- In meiner Klasse unternehmen die Schüler auch privat etwas zusammen.
- In meiner Klasse herrscht ein gutes freundschaftliches Klima.
- In meiner Klasse fühle ich mich wohl.
- In meiner Klasse sprechen wir miteinander, wenn wir ein Problem mit dem Lehrer oder der Schule haben, und versuchen gemeinsam eine Lösung zu finden.
- In meiner Klasse helfen Schüler schwächeren Schülern beim Lernen.
- In meiner Klasse kann ich meine Probleme mit meinen Mitschülern diskutieren.

Bereich: Gewalt

Skala „Gewaltakzeptanz" (5 Items, α= .70) **99 α= .68**

- Ich finde es gut, wenn es Leute gibt, die mit Gewalt für Ordnung sorgen.
- Man muß zu Gewalt greifen, weil man nur so beachtet wird.
- Der Stärkere soll sich durchsetzen, sonst gibt es keinen Fortschritt.
- Es ist völlig normal, wenn Männer sich im körperl. Kampf mit anderen beweisen wollen.
- Über Gewalttätigkeiten schaffen Jugendliche klare Verhältnisse. Die Erwachsenen reden nur herum.

Skala „Allgemeine Gewaltbereitschaft" *96* (9 Items, α= .88) **99 α= .86**
- Wie häufig beteiligen Sie sich an Schlägereien oder gewalttätigen Aktionen?
- Ich bin in bestimmten Situationen durchaus bereit, auch körperliche Gewalt anzuwenden, um meine Interessen durchzusetzen.
* Ein bißchen Gewalt gehört manchmal einfach dazu, um Spaß zu haben.
* Ohne Gewalt wäre das Leben viel langweiliger.
* Wenn ich richtig gut drauf bin, würde ich mich auch schon mal daran beteiligen, jemanden aufzumischen.
* Wenn ich zeigen muß, was ich draufhabe, würde ich auch Gewalt anwenden.
* Wenn ich Frust habe, würde ich auch mal jemandem eine verpassen oder ihn anderweitig attackieren.
- Ich finde es gut, wenn es Leute gibt, die mit Gewalt für Ordnung sorgen.
- Man muß zu Gewalt greifen, weil man nur so beachtet wird.

Bereich: Antisemitismus

Skala „Antisemitische Vorurteile" (9 Items, 96 α= .93); **99 α=.91**
- Die Juden arbeiten mehr als andere Menschen mit üblen Tricks, um das zu erreichen, was sie wollen.
- Die Juden kümmern sich nur um ihr eigenes Wohlergehen.
- Die Juden streben nach Macht und Einfluß in Politik und Wirtschaft.
- Die Juden verstehen ganz gut, das schlechte Gewissen der Deutschen auszunutzen.
- Die meisten Juden haben nichts anderes als Geschäfte im Kopf.
- Juden sind religiöse Fanatiker.
- Die Juden haben versucht, Deutschland zu ruinieren.
- Die Juden haben auf der Welt zuviel Einfluß.
- Die Juden halten sich für etwas Besonderes.

Skala „Verantwortungsabwehr" (6 Items, 96 α= .79); **99 α=.81**
- Mich beschämt, daß Deutsche soviel Verbrechen an Juden begangen haben.
- (Für die Skalenbildung wurden die Antworten dieses Items umgepolt.)
- Von den Verbrechen an den Juden haben die Deutschen nichts gewußt.
- Viele Juden waren damals asozial.
- Viele Juden versuchen heute aus der Vergangenheit einen Vorteil zu ziehen.
- Die Juden sind mitschuldig, wenn Sie gehaßt und verfolgt werden.
- In den Berichten über Konzentrationslager und Judenverfolgung wird viel übertrieben dargestellt.